Phaedo Christianus

Europäische Hochschulschriften

Publications Universitaires Européennes
European University Studies

Reihe XX

Philosophie

Série XX   Series XX

Philosophie
Philosophy

Bd./Vol. 188

PETER LANG
Frankfurt am Main · Bern · New York

Charalambos Apostolopoulos

Phaedo Christianus

Studien zur Verbindung und Abwägung des Verhältnisses zwischen dem platonischen „Phaidon" und dem Dialog Gregors von Nyssa „Über die Seele und die Auferstehung"

PETER LANG
Frankfurt am Main · Bern · New York

CIP-Kurztitelaufnahme der Deutschen Bibliothek

Apostolopoulos, Charalambos:

Phaedo Christianus : Studien zur Verbindung u. Abwägung d. Verhältnisses zwischen d. platon. "Phaidon" u.d. Dialog Gregors von Nyssa „Über die Seele und die Auferstehung" / Charalambos Apostolopoulos. — Frankfurt am Main ; Bern ; New York : Lang, 1986.
  (Europäische Hochschulschriften : Reihe 20, Philosophie ; Bd. 188)
  ISBN 3-8204-8357-8
NE: Europäische Hochschulschriften / 20

ISSN 0721-3417
ISBN 3-8204-8357-8

© Verlag Peter Lang GmbH, Frankfurt am Main 1986
Alle Rechte vorbehalten.
Nachdruck oder Vervielfältigung, auch auszugsweise, in allen Formen wie Mikrofilm, Xerographie, Mikrofiche, Mikrocard, Offset verboten.

printed in Germany

*Meinen Eltern Iohannes und Helene
in Dankbarkeit*

τῶν καὶ ἐγώ νῦν εἰμι, φυγὰς θεόθεν καὶ ἀλήτης
Empedokles VS I 358, frgm. B. 115, 13

INHALTSVERZEICHNIS   Seite

EINLEITUNG

Anliegen und Aufbau der Arbeit. Methodische Vorbemerkungen 1

ERSTER TEIL

PLATONS "PHAIDON" ALS RELIGIÖS-PHILOSOPHISCHER ANSATZ
(*Eine Dionysik des Geistes*)   26

1. Kapitel: Bemerkungen zur thematischen Reichweite und Eigenart des "Phaidon": Philosophie als Einübung ins Sterben 27

2. Kapitel: Von der rituell-moralischen Reinigung des orphisch-pythagoreischen Mysteriendenkens zum geistigen Läuterungsprozeß des platonischen "Phaidon": Die Wiederherstellung des Verhältnisses zum Göttlichen durch Katharsis ....
(*Über den tieferen Sinn der Philosophie als Einübung ins Sterben*) 52

ZWEITER TEIL

STICHWORTE ZUR GEISTESGESCHICHTLICHEN SITUATION DER SPÄTANTIKE: PLATONISMUS UND CHRISTENTUM   86

1. Kapitel: Platonismus als Philosophie und Religion 87
2. Kapitel: Platonismus und Christentum 102

DRITTER TEIL

GREGORS VON NYSSA DIALOG "ÜBER DIE SEELE UND DIE AUFERSTEHUNG"
— *mit ständiger Rücksicht auf Platons "Phaidon"* —
Untersuchungen zum einzigen Dialog des Kappadokiers Gregor,
"des Philosophen auf dem Bischofsstuhle" von Nyssa   108

1. Kapitel: Einführung

*(Ein Prolog, der auch Epilog sein könnte:
Die bewußte Tarnung und die philosophisch-anthropologische Ausrichtung des Gregor von Nyssa als unabdingbare Voraussetzungen seines Verständnisses)*

    A. Allgemeines zum Leben, Charakter und Denken des "stillen" Gregor und zur Sonderstellung seines Dialogs 109

    B. Zum Stand der Forschung und zur Hermeneutik Gregors von Nyssa

       (mit einer Zusammenfassung der wichtigsten Einsichten und Ergebnisse unserer Arbeit) 125

2. Kapitel: Die Angst vor dem Tode

    (Das Proömium des Dialogs "De anima et resurrectione") 154

3. Kapitel: Die Überwindung der Todesangst durch die Einsicht in die ontologische Andersheit der Seele

    (Das Leib-Seele-Verhältnis bei Gregor von Nyssa)

    A. Die begriffliche Entsprechung zwischen Einfachem und Unauflösbarem 176

    B. Die Transzendenz der Seele

       - Die Seele als das *Andere* im Menschen und die Frage ihrer Vereinigung mit dem Körper - 197

4. Kapitel: Der Geist als die transzendente nicht ganz bestimmbare Eigentlichkeit der Seele

    (Oder: Der Geist als der "natürliche" Träger der Gottähnlichkeit, bzw. Gottebenbildlichkeit (εἰκών) des Menschen)

    - auch mit Rücksicht auf die Schrift "De hominis opificio" - 229

    EXKURS: Über die Entscheidungsfreiheit des Menschen

       (auch mit Rücksicht auf die Schriften "De hominis opificio", "Oratio catechetica magna" und "De beatitudinibus") 251

5. Kapitel: Metaphysische Unsterblichkeitstheorie und Auferstehungsglaube... 271

6. Kapitel: Der unersättliche Eros
    (Eine Dionysik des Strebens. Oder: Von dem Aufstieg der Seele und dem sogenannten "Schauen Gottes")

    Über das Unendliche und Unbestimmte des Göttlichen und dessen anthropologische Fundierung

    (auch mit Rücksicht auf die Schriften "Contra Eunomium", "Canticum Canticorum" und besonders "De vita Moysis") 321

    ANHANG: Der Zusammenhang des "Phaidon" mit Kronos und Melancholie

       (Ein offener Versuch ins Psychologische auf dem Hintergrund des griechischen - insbesondere aristotelischen - Melancholiebegriffs und der spätantiken Astrologie).... 383

ABKÜRZUNGS- UND LITERATURVERZEICHNIS

I. ABKÜRZUNGEN

    A. *Siglen* für Ausgaben, Reihen, Buchtitel, Aufsatzsammlungen, Lexika und Sammelwerke 390

    B. *Periodika* 392

    C. *Häufig verwendete Abkürzungen* 393

II. LITERATURVERZEICHNIS (NEBST ANGABE DER ANGEWANDTEN ABKÜRZUNGEN)

    A. *Textausgaben* 395

    B. *Literatur* 400

VORWORT

Die vorliegende Arbeit ist die unveränderte Fassung einer Dissertation, die im Sommersemester 1985 von der Philosophisch-Historischen Fakultät der Ruprecht-Karls-Universität in Heidelberg angenommen wurde.

Mein Dank gilt vor allem Prof. Michael Theunissen (z.Z. Freie Universität Berlin) für die Anregung des Themas, für die technische Seite der Betreuung und nicht zuletzt für die Bereitschaft zu jener offenen Kritik, ohne die die philosophische Forschung nicht gedeihen kann. Mein Dank gilt ebenso Prof. Herwig Görgemanns und Prof. Reiner Wiehl, die das Korreferat übernommen haben. Besonders verpflichtet fühle ich mich Herrn Prof. H. Görgemanns. Er gewährte mir nicht nur sehr günstige Arbeitsbedingungen am Seminar für Klassische Philologie der Universität Heidelberg, sondern auch wertvolle Einblicke in die Methode wissenschaftlichen Arbeitens.

Vom April 1979 bis Juli 1982 wurde ich durch ein Promotionsstipendium der Friedrich-Naumann-Stiftung unterstützt, wofür ich herzlichen Dank sagen möchte. Ferner ist es mir ein Bedürfnis, Herrn Eugen Braun, M.A. und Herrn Stephan Rhein (Doktorand) dafür zu danken, daß sie mit freundlichem Interesse die eine oder die andere Formulierung sprachlich verbessert haben.

Ein besonderer Dank gebührt nicht zuletzt meinen lieben Eltern, denen meine verlängerte Studienzeit zusätzliche psychische und materielle Lasten auferlegte, ferner meiner Frau, Dipl.-Phys. Dimitra Apostolopoulos, für die Mühen, die sie bei der Abschrift des Manuskripts bereitwillig auf sich genommen hat, und vor allem dafür, daß sie viele Jahre hindurch die treue Mitwanderin auf allen rauhen und einsamen, von vielen Allzuvielen unserer Landsleute versperrten Wegen gewesen ist.

Heidelberg, im September 1985   Ch.A.

EINLEITUNG

Anliegen und Aufbau der Arbeit. Methodische Vorbemerkungen

Unter all den Dialogen Platons, die sich auf die eine oder andere Weise mit der Seele befassen, erinnert keiner so stark an das Christentum und dessen drängende "Besorgtheit um diese Mitte des Menschlichen"[1] wie der "Phaidon". Die besondere, im Hinblick auf die geistige Einstellung anderer Dialoge oft 'extrem' jenseitige Ausrichtung dieses Dialogs kennzeichnet vielleicht am esten die Haltung des Stoikers Panaitios, dem das Fortleben des Menschen o innerlich zuwider war, daß er gerade "den Phaidon am liebsten aus Platons Jerken verbannt hätte"[2]. So entschieden stößt Platon mit seinen Gedanken im "Phaidon" in den Bereich des Transzendenten vor, daß man sich sogar des Eindrucks kaum erwehren kann, hier verlasse er Boden und Maß des griechischen Kosmos. Wenn der Grieche tatsächlich als "ein sinnlich schauender Mensch" zu definieren ist, als ein politischer Mensch, "ein in den natürlichen Kosmos eingebettetes Wesen",[3] so läßt sich die einsame Seele, die Platon im "Phaidon" meint, in diesen natürlichen Kosmos kaum einordnen: Sie ist über das unmittelbare Dasein und dessen natürliche Bindungen hinausgerichtet und bestimmt, es zu transzendieren. In dem Maße kann sich der Mensch hier selbst als Mensch finden, als er die beengende Basis des leiblichen Lebens und der ihm zugeordneten sinnlichen Erscheinungen verläßt und, durch Verzicht und Übung in den *Tod*, d.h. die Trennung/Befreiung der Seele vom Leibe, "in das reine Gegenüber von Geist und Idee einzutreten sucht".[4] Im Kontext dieser berühmt gewordenen "Einübung ins Sterben" ($\mu\varepsilon\lambda\acute{\varepsilon}\tau\eta$ $\theta\alpha\nu\acute{\alpha}\tau\text{ou}$), die - als Definition der Philosophie schlechthin im "Phaidon" - zu Recht von R. Guardini als der beständige "Hinübergang aus dem Unmittelbar-Vitalen und -Psychologischen in das Geistige"[5] bestimmt worden ist, rückt der Mensch bereits ins Licht eines "Neinsagers" des natürlichen Lebens und Bewußtseins. Der Denkende sorgt nicht für den Leib und das Leben, geschweige denn das Leben in der Gemeinschaft, er sorgt für die Seele und das "Sterben". Als die endgültige Befreiung der Seele vom Körper symbolisiert der Tod - wie noch genau zu zeigen sein wird - die Vollendung des philosophischen Daseins: Er ist quasi das erlösende Tor zum *ursprünglichen*, wandellos mit sich identischen Schönen-Guten, dem unvergänglichen, göttlichen Sein.[6] Das ist das "Vaterland" der Seele, nach dem sie sich in diesem Leben - gefesselt in und mit dem Leibe - so sehr sehnt. Ihre Sehnsucht kennt keine Grenzen: sie ist enthusiastisch, dionysisch [7] und weist als solche auf die archaischen religiösen Strömungen zurück, die den zu sich rufenden Gott, Dionysos, als zentrale Gestalt ihrer Weihen verehrt haben müssen.[8]

Konkreter: Die den ganzen "Phaidon" tragende Überzeugung, daß die Seele als innerster Wesenskern des Menschen einer anderen Seinsordnung angehört als der Leib oder überhaupt die wechselvolle, vergängliche empirisch-materielle Welt, und sie daher aus dem Grunde dieser *werdenden* Lebenswirklichkeit mit ihren Unbilden "heraustreten" *(existere)* und sich von der Befleckung reinigen könne und solle, welche die Gemeinschaft mit dem Leib für sie bedeutet, nimmt offenkundig zentrale Motive einer bestimmten archaisch-religiösen Seelenauffassung auf. Schon Erwin Rohde hat mit Nachdruck auf die Herkunft dieser Motive aus dem Bereich der orphisch-pythagoreischen Erlösungsmysterien[9] und in weiterer Folge aus einem dem Schamanismus verwandten Wundermänner- und Sühnepriestertum hingewiesen.[10] Seine Annahme, daß die platonische Seelenmetaphysik zumal des Dialogs "Phaidon" durch das orphisch-pythagoreische Mysteriendenken wesentlich bestimmt ist, scheint heute von der Mehrzahl der Forscher nicht mehr bestritten zu werden.[11] Mit gutem Grund nimmt man sogar zuweilen an, hier habe Platon den philosophischen Kern des Orphismus-Pythagoreismus freigelegt, beibehalten, weiterentwickelt.[12] Denn der Seele im "Phaidon" wird, wie wir in Teil I unserer Arbeit zu zeigen versuchen, die Vitalität und der selbständige Transzendenzstatus, ja der religiöse Sinn der "okkulten" göttlichen Psyche der orphisch-pythagoreischen Weihen tatsächlich gewährt. Diese vom Körper loslösbare und der "befleckenden" Wirklichkeit der empirisch-materiellen Welt potentiell überlegene Seele, die aus dem der Welt transzendenten Göttlichen kommt und zu ihm zurückstrebt - durch Reinigung (κάθαρσις)-, wollen wir mit Ernst Topitsch *ekstatisch-kathartische* Seele nennen.[13] Obwohl sie bei Platon eine charakteristische Intellektualisierung zur "denkenden Vernunft" erfährt, behält sie auch bei ihm ihre Bestimmung und ihr Ziel. Die wichtigste Aufgabe der Philosophie im "Phaidon", die Seele durch Reinigung von allem Körperlichen (zu welchem auch die Leidenschaften gehören) aus der Gefangenschaft in der Sinnenwelt und der eigenen endlichen Existenz zu erlösen, sie "an und für sich" (αὐτὴ καθ'αὑτήν) wieder zur "rein geistigen Erkenntnis" (φρόνησις) des wahren Seins, ja zum wahren Sein selbst, dem Reinen und Ewigen und wandellos mit sich identischen Göttlichen hinzuführen[14], ist mit anderen Worten offenkundig durch das gleiche Motiv inspiriert, welches den ekstatisch-kathartischen Seelenvorstellungen der geheimen Weihen zugrundeliegt, nämlich den Wunsch und (gegebenenfalls) die Möglichkeit oder Notwendigkeit, sich über die Schranken der uns in unserer sinnlichen Erfahrung umgebenden Welt und der eigenen endlichen Existenz zu erheben, ja über sie hinauszudenken. Angesichts der Tatsache, daß das Motiv der ekstatisch-kathartischen Seele sich wie ein roter Faden auch durch die Seelenvorstellungen des Bischofs von Nyssa zieht und sowohl die intellektualistisch-asketischen als auch die ekstatisch-enthusiastischen Heilswege seiner Lehre vom Menschen bestimmt[15], haben wir es für sinnvoll gehalten, in die "Genese", den spezifischen Charakter und die intentionale Struktur dieser "ganz anderen"Seele im Kontext der archaischen Religiosität näher einzudringen, selbst auf die Gefahr hin, daß dies wie eine Abschweifung vom Thema aussehen mag.[16] Den Sinn und die Berechtigung unserer Darstellung der archaischen Kathartik zeigt auch und nicht zuletzt das auf, was gerade in manchen platonischen Dialogen wie dem "Phaidon" vorbereitet, in den neuplatonischen und gnostischen Spekulationen vollendet werden sollte, nämlich die Deutung des gesamten Weltprozesses nach dem Leitbild des zeitlich-überzeitlichen Dramas von Fall und Wiederaufstieg der Seele. Auch Gregor von Nyssa erneuert im Grunde dieses gnostische Schema.[17]"Christianity is, according to Gregor, the mystery of the separation and liberation of the soul from all material bondage to the senses and its ascent and return to God"[18], wie Werner Jaeger zu Recht dazu schreibt, der auch auf die Relevanz einer Behandlung Gregors im größeren sachlichen Zusammenhang der griechischen Philosophie hingewiesen hat: Die dabei entspringenden philosophischen Probleme "lassen sich mit Hilfe bloßer Lexikographie nicht erfassen und noch weniger beantworten, wenn nicht Hermeneutik im tieferen Sinne die Untersuchung lenkt."[19] Mag unser Exkurs in die archaischen ekstatisch-kathartischen Seelenvorstellungen und deren philosophische Ausgestaltung durch Platon in manchem zu weit gehen,so erscheint er doch im ganzen auch für das innere Verständnis eines Denkers gerade wie Gregor von Nyssa unentbehrlich.Denn der Kappadokier ist ein Philosoph, dessen starke denkerische Potenz tief im Boden der griechischen Tradition verwurzelt ist.Oder sollte man eher die außergewöhnliche Radikalität und Ursprünglichkeit seines Fragens in den Vordergrund rücken,angesichts der Tatsache etwa, daß bei ihm so viele und so entscheidende "Glaubensgesetze" des zeitlich weit entfernten Empedokles,den E.R.Dodds kurzweg als "Schamanen" betitelt,[20] als philosophisch ausgestaltete Grundprinzipien wieder auftauchen? Wir meinen das "Glaubensgesetz" der Homoiotes (Gleiches geht zu Gleichem: ὅμοιον ὁμοίῳ), oder die Stilisierung des höchsten Grades ("ἀκρότατον") der Trennung der Elemente, bzw. der Verdrängung der Liebe durch den Haß zum Moment des Umschlags zum neuen Sphairos der Liebe, oder gar noch den gleichsam "negativistischen" Standpunkt, den Empedokles einnimmt, indem er von den in ewigem Wechsel aufeinander folgenden Weltentwicklungsabschnitten nur einen, den, in dem wir jetzt noch stehen, und der nach Aristoteles' Ansicht kein anderer sein kann als die Epoche der zunehmenden Herrschaft des Hasses (de caelo 2, 301 15), genauer ausmalt.[21]

Eine Seelenmetaphysik wie die Platons im "Phaidon" mußte freilich in jener Zeit ein großes Echo finden, in der die Polis, der Stadtstaat, auf den hin noch Platon selbst seine Aussagen zur Politik - in einem Werk wie "Der Staat" etwa - verstanden haben dürfte, seine Bedeutung einbüßte und der einzelne Mensch sich auf sich selbst zurückgeworfen fand. Da haben verständlicherweise die im "Phaidon" mehr oder minder explizit auftauchenden Postulate der Flucht aus der Welt, der Entleiblichung, des "Zu-sich-selbst-kommens" als Voraussetzung der Eröffnung des Zugangs zum inneren Halt und Erfüllung verheißenden Göttlichen, tief zu wirken vermocht. In der religiös bewegten Atmosphäre der Spätantike namentlich, in der Pythagoras und Orpheus charakteristischerweise zu Autoritäten werden[22], erfahren diese Gedanken Platons eine Neubelebung und Befruchtung ohnegleichen. Anderswo werden wir versuchen, der Eigentümlichkeit dieser Epoche, in der der Platonismus Philosophie *und* Religion zugleich zu sein scheint, näherzukommen; hier wollen wir uns lediglich auf den konkreten platonischen Dialog selbst als den locus *classicus* konzentrieren, wo die "Abschiedshaltung" der Spätantike, ihre Beurteilung und Verurteilung der empirischen Lebenswirklichkeit, am deutlichsten vorgezeichnet wird. Es ist beispielsweise nicht schwer zu erkennen, daß die später zu Lehre und Allgemeingut erhobene Möglichkeit der Apathie insofern Platon und besonders seinen Dialog "Phaidon" zur Voraussetzung hat, als auch diesem, wie wir noch genauer sehen werden, die geistige Autarkie des Menschen vorschwebt, der von der Außenwelt unabhängig geworden ist und auch die aus ihm selbst oder besser noch aus seinem Körper aufsteigenden Antriebe und Neigungen unter Kontrolle gebracht hat.[23] Denn im "Phaidon" wird bereits die Seele als *einfach* und daher als etwas Göttliches an sich betrachtet.[24] Hier ist der Gedanke anderer Dialoge, die Seele sei

Mischung, durchaus verlassen. Die Seele scheint schon entschieden in die Nähe der uneingeschränkten Transzendenz der Seelenvorstellung Plotins zu rücken. Die echt philosophische Seele hat nämlich in diesem Dialog der auffallend starken religiösen Stimmung nicht nur "etwas vom νοῦς, nämlich νόησις, in sich", wie H. Dörrie etwa glaubt,[25] sondern sie wird - in ihrem dionysischen Streben zum "Sterben" - selber gleichsam "νοῦς", ja sie geht bei ihrem Erkenntnisakt in den "Νοῦς" über ihr ein, ins Göttliche und ewig Seiende und ihr Verwandte. Nicht von ungefähr werden hier ψυχή und διάνοια als Synonyme verwendet. Selbst der berühmte Appell der ὁμοίωσις θεῷ klingt im "Phaidon" soteriologisch an.[26] Daher glauben wir sagen zu dürfen, daß das neuplatonische Seelenkonzept bereits im "Phaidon" aufleuchtet. Um Mißverständnissen vorzubeugen, fügen wir gleich hinzu, wir möchten mit dieser Aussage in den Streit um einen "gleichsam neuplatonisch zu interpretierenden Platon"[27] nicht verwickelt werden. Schon angesichts der ins uferlose schwellenden Literatur hierüber wollen wir dem oft leidenschaftlichen Streit um die sog. Prinzipienlehre aus dem Wege gehen. Unser Versuch zielt nicht auf die Konstituierungsvorgänge im Bereich der Ontologie, sondern - soweit das an sich überhaupt möglich ist - lediglich auf die viel bescheidenere Aufgabe eines Tastens der "aktualen" Seite, also eines Tastens der "Bewußtseins"ebene im "Phaidon". Es ist die Seele in ihrer ek-statischen Selbsterfahrung (griechisch gesprochen: τὸ καθαρτικῶς γνῶναι ἑαυτόν), die als Hauptthema (bzw. Hauptziel (σκοπός)) des "Phaidon" uns bereits neuplatonisch anmutet.[28] Dem Selbst- und Seinserkenntnisakt der Seele hier ist u.E. eine religiöse, risikofreudige Entschiedenheit eingehaucht (vgl. Phaid. 114 d καλὸς ὁ κίνδυνος), die (in inhaltlicher sowie methodologischer Hinsicht faßbar) ins Geistige-Göttliche selbst will.[29] Auch deshalb ist "Phaidon" der Dialog, von dem man eine Brücke in die Religiosität der Spätantike oder gar ins Christentum am leichtesten schlagen könnte. Die Seele, die in richtiger Weise philosophiert und das "Sterben" übt, antizipiert auf erstaunliche Art und Weise das asketische Ideal der christlichen Moral. Seele und Körper, Idee und Einzelding werden im "Phaidon" in radikalster pythagoreischer Art entgegengesetzt, so daß Platon, wenn überhaupt, hier eine Art "Zwei-Welten-Lehre" zu vertreten scheint (Nicht ohne Grund ist daher gerade dieser Dialog schon seit der Antike ins Fadenkreuz der Kritik geraten.[30]). In mancher Hinsicht herrscht sogar volle Übereinstimmung zwischen der platonischen Lehre im "Phaidon" und der christlichen

Eschatologie, jedenfalls der christlichen Eschatologie eines Gregor von Nyssa. Beide lehren übereinstimmend: "Dies Leben ist Tod, und erst nach dem Tod beginnt das wahre Leben."[31] Beide halten somit fest an dem orphisch-pythagoreischen Konzept vom Leibe: σῶμα σῆμα ψυχῆς.[32] Der Unsterblichkeits- bzw. Auferstehungsglaube (bei Gregor) drückt den Status und die Hoffnung auf vollkommene Katharsis aus. Daß der Bischof von Nyssa den christlichen Gedanken einer verklärten Leiblichkeit formal beizubehalten scheint, ändert - wie noch genau zu zeigen sein wird - nichts an seiner radikalen Abwertung des Leiblichen (zu dem sowohl die gesamten biologischen Funktionen als auch die Leidenschaften gehören).[33] Daß er die Mönche seiner Zeit, deren Ethik vom im "Phaidon" so entschieden hervortretenden Hang zur Abkehr von der Welt maßgeblich bestimmt war, charakteristischerweise als Philosophen versteht, zeigt nicht nur sein (offenbar bis ins Institutionelle hineinreichende) Konzept vom Christentum als einer Philosophie[34], sondern legt umgekehrt vielleicht auch nahe, in welchem konkreten und allerdings ins Praktisch-Anthropologische übertragenen Sinne eine sich als "Einübung ins Sterben" und Ablösung von der Welt verstehende Philosophie - jenseits aller Polemik - als "präexistentes Christentum" (Nietzsche) auffaßbar wäre. In Hinblick auf seine vielfach christlich anmutende Perspektivität[35], dürfte wohl doch der platonische Dialog als "Phaedo Christianus" bezeichnet werden. Der Titel unserer Studien ist ohnehin auch auf den Dialog Platons beziehbar. Wir versuchen daher im ersten Teil, allerdings sehr umrißhaft und vielleicht fragmentarisch, der besonderen, durch das orphisch-pythagoreische Mysteriendenken tief beeinflußten Atmosphäre dieses Dialogs näherzukommen, und jene seine Momente vor allem hervorzuheben, die mindestens tendenziell die Geisteshaltung der Spätantike vorwegzunehmen scheinen. Dieser Versuch steht aber auch in innigem Bezug zu dem eigentlichen Anliegen dieser Arbeit: Sie will versuchen, das Verhältnis des Dialogs Gregors von Nyssa "Über die Seele und die Auferstehung" zum "Phaidon" Platons zu entschlüsseln und dadurch, oder besser noch *dafür*, einen Zugang zu dem eigenen philosophischen Anliegen des Kappadokiers zu eröffnen.[36] Denn ohne die Erschließung der platonischen Vorlage läßt sich offenbar der Sinn der eventuellen Nachbildung kaum oder nur falsch einschätzen. Aber auch für das adäquate Verständnis des umfassenderen Verhältnisses zwischen Platonismus und Christentum wäre die Klärung etwa der grundlegenden, im "Phaidon" bereits aufzunehmenden Frage nach dem *Wesen* des platonischen Eros von höchster Relevanz. Bedeutet der

Eros für Platon bloß das Erkenntnisstreben? Führt das Streben zum "Sterben" nur zu Einsicht und Weisheit hin? Wird denn dieses Streben eigentlich von "der von Gott gelösten ratio" getragen, wie von manchem (nicht unbedeutenden) Gregorforscher so leicht angenommen wurde?[37]

Ein weiterer methodischer Umweg wird nötig angesichts des so langen geschichtlichen Zeitraums, der uns von Gregor (und Gregor von Platon) trennt. Genauer: Die platonische Lehre besaß für die Zeit Gregors einen unmittelbar religiösen Wert, der unserem modernen Verständnis der Philosophie als eines weltlich-rationalen Fragens nach Grundsätzlichem sehr fern liegt. Soll nicht unser "Bild" von Philosophie oder Christentum, das wir uns "machen", in unhistorischer Weise an die Stelle des wirklichen rücken, dann müssen wir empfänglich dafür sein, daß den Menschen des ausgehenden Altertums der Platonismus auch als Religion sowie umgekehrt das Christentum auch als Philosophie erscheinen konnte. Man müßte sich schon die Aufgabe des genaueren *Einfühlens* (und *Eindenkens*) in die geistige Situation der Spätantike stellen. Auch diese Aufgabe, die an sich das Werk eines ganzen Lebens sein könnte, haben wir uns nicht anzugehen gescheut, soweit dies im Rahmen dieser Arbeit überhaupt möglich war. Den zweiten Teil unserer Studien haben wir daher einem Versuch des Annäherns gewidmet: Wir versuchen, den Prozeß der Entstehung und Entwicklung "der großen spätantiken Geistesreligion, der Neuplatonismus genannt"[38], aufzuzeigen und ihr Verhältnis zum sich parallel zu einer philosophisch begründeten, allumfassenden Weltanschauung entwickelnden Christentum anzudeuten. Aus dem, was bisher gesagt wurde, ergibt sich der Charakter der Teile I und II unserer Arbeit: Es handelt sich lediglich um tastende Versuche in Gebieten des "Vielleicht", wo bisher keinerlei unerschütterliche Sicherheit - wenn wir recht sehen - erzielt worden ist. Doch haben wir die Aufgabe dieser ideengeschichtlichen γυμνασίαι (in der Sprache Gregors) für sinnvoll gehalten. Bei einer Arbeit, die ihren inneren Ausgangspunkt in Gregor von Nyssa hat, erschien es uns schon aus methodischen Erwägungen heraus als angezeigt,

1. die grundsätzliche Übereinstimmung zwischen Gregors Gedanken und denen des Griechentums vom Boden des religiös bestimmten platonischen Dialogs "Phaidon" aufzuzeigen, und

2. die Unbefangenheit, mit der der Bischof von Nyssa Gebrauch von dem Gedankenerbe der griechischen Philosophie macht, von dem spätantikischen

Milieu her verständlich zu machen, zumal damals Philosophie und Christentum, wenn nicht miteinander zuweilen verschmolzen, so doch enger verknüpft waren, als es manchem heutigen Theologen statthaft erscheint.

Scheinen trotzdem diese skizzenhaft bleibenden Präambeln dem strengen Kenner unfertig oder gar abwegig und überflüssig, so möge er sie entschuldigen.

Wir wenden uns nun dem Anliegen zu, das diese Arbeit im dritten und wichtigsten Teil eigentlich verfolgt: Sie will, gemäß der Formulierung des Themas, das Verhältnis des Dialogs Gregors von Nyssa "Über die Seele und die Auferstehung" zum platonischen "Phaidon" systematisch untersuchen, abwägen, ja beide Dialoge letztlich miteinander verbinden. Wie läßt es sich aber historisch rechtfertigen, daß Gregor von Nyssa und sein Dialog unmittelbar mit Platons "Phaidon" verglichen wird? Daß Gregor den "Phaidon" gelesen hat, steht heute ohne Zweifel fest.[39] Mehr noch: Sein Dialog περὶ ψυχῆς καὶ ἀναστάσεως, "son traité philosophique par excellence"[40], stellt - dem Inhalt wie der Form nach - so offenkundig ein Pendant zu Platons Φαίδων ἢ περὶ ψυχῆς, dem religiösesten oder gar "christlichsten" der Dialoge dar, daß sich die Forschung sogar schon längst veranlaßt sah, zwischen beiden Werken einen direkten Vergleich herzustellen.[41] Mit gutem Grund hat man bereits von dem Versuch Gregors gesprochen, "einen christlichen 'Phaidon' zu schreiben".[42] Die vorliegende Arbeit hat gerade diese Anregungen aufgegriffen und sie zu dem umfassenden Entschluß ausgebaut, das Selbstverständnis Gregors in seinem Dialog mit- und nachzuvollziehen. Dazu mußten wir den Rahmen bloßer Lexikographie und ideenloser Mikrologie, in dem die bisherige Forschung sich des Verhältnisses der beiden Dialoge kurzweg entledigt hat, verlassen. Denn dieses Verhältnis, geschweige denn die Hypothese, daß Gregor bei der Niederschrift seines Dialogs den platonischen "Phaidon" auf dem Tisch gehabt haben müßte, läßt sich mit Hilfe eines methodischen Verfahrens, das sich auf einseitig quellenkritische Untersuchungen beschränkt oder gar lediglich 'voces et verba' registriert[43], kaum erhellen, wenn nicht nach dem eigenen *und* eigentlichen philosophischen Anliegen des Nysseners gefragt wird. Weil es grundsätzlich um das Verständnis des Gregor,"des Philosophen auf dem Bischofsstuhle"[44] von Nyssa geht, der - wie sich noch genau im Laufe unserer Untersuchung zeigen wird - nicht zu den kleineren Geistern aller *saecula* gehört hat, die nur addieren oder in direkter Abhängigkeit nachbilden,[45] genügt es nämlich nicht, ihn nur in quellenkritischer Hinsicht zu befragen. Der Charakter sowie der Stil seiner Schriften sind zu komplex, um ihnen mit einer rein philologischen Behandlung, die ausschließlich an das vereinzelte Wort anknüpft, gerecht zu werden. Unseres Erachtens sind diese Schriften vor aller quellenkritischen Erwägung als Dokument ihrer Zeit -, einer durch den Kampf aber merkwürdigerweise auch die Vereinigung der entgegengespannten Kräfte des Christentums und des Platoismus gekennzeichneten Zeit (vgl. dazu Teil II) -, und als Äußerung eines ungewöhnlichen Mannes[46] wie Gregor von Nyssa zu betrachten, der seine ausserordentliche Bildung und Freude an der philosophischen Spekulation vor den frommen und gegenüber dem philosophischen Element offenbar kritisch eingestellten Behütern des bereits befestigten kirchlichen Dogmas gut zu tarnen wußte (vgl. hierzu Teil III, Kap. 1 A und B)[47]. Es ist daher ein Ziel dieser Arbeit, Gregor selbst, der sowieso um seiner selbst willen gelesen und interpretiert zu werden verdient, zu Wort kommen zu lassen, ehe über sein Werk hinausgefragt wird. Unser nachhaltiger Versuch, Gregors Gedanken möglichst so vorzuführen, wie er selbst in seinem Schrifttum und besonders dem Dialog "de anima et resurrectione" diese entwickelt hat, und sie in einem Bezugsrahmen zu belassen, wie er aus seinen Schriften selbst zu erheben ist, wird manchen Leser sogar bisweilen irritieren, doch mußten wir gerade angesichts der Gregorforschung selbst die Gefahr einer eventuellen Abwegigkeit gelegentlich in Kauf nehmen.[48] Unser Bemühen, nach einer Möglichkeit Ausschau zu halten, Gregors Gedanken in ihrem ursprünglichen, größeren Bezugsrahmen zu belassen, geht nämlich von der überraschenden Erkenntnis eines häufigen Mißverständnisses des Bischofs von Nyssa in der dogmenhistorisch orientierten theologischen Szene der Gregorforschung aus. Anstatt die Vergangenheit unvoreingenommen zu durchforschen, filtern viele Gregorforscher, wie wir noch genauer sehen werden, aus ihr heraus, wonach sie suchen.[49] So entsteht nicht selten eine erschütternde Verzerrung des wirklichen Profils von Gregor. Nichts veranschaulicht die - u.a. auch durch sein eigenes gern zurückhaltendes, hinter biblischen Floskeln bewußt sich tarnendes Wesen geförderte - Verkennung Gregors besser als die Tatsache, daß kein geringerer als U.v. Wilamowitz ihn für "hominem nec mentis acumine (sic!) nec civitatis aut ecclesiae regendae scientia praecellentem, sed probum, sincerum, amabilem" gehalten hat[50], ihn, der heutzutage allgemein als "der nachdenklichste und scharfsinnigste" Kopf seines Jahrhunderts gilt[51] und eine Renaissance kennt wie keine andere Gestalt in der Theologiegeschichte.[52]

Unser Versuch, Gregors Gedanken in ihrem ursprünglichen, größeren Bezugsrahmen zu belassen, ist allerdings nicht nur im Kontext der Polemik gegen die allzu eklektizistischen Tendenzen eines großen Teils der Gregorforschung gedacht, sondern dient in einer sehr wichtigen Hinsicht auch der konkreten Aufgabe dieser Arbeit, die sich um die Erschließung des Verhältnisses zwischen dem Dialog "de anima et resurrectione" und dem "Phaidon" bemüht. Es wäre voreilig geurteilt, wenn man aus Gregors eigenen, dennoch formalen und vereinzelten Bibelkenntnissen schließen wollte, daß er als Christ denke oder gar, daß "la costante preoccupazione dell' oratore e dello scrittore (sc. di Gregorio Nisseno) e di discernere e approfondire il dogma", wie M. Pellegrino bei seiner unserem Thema am nächsten liegenden, dennoch unbeirrbar "frömmelnd" bleibenden Abhandlung *"Il Platonismo di San Gregorio Nisseno nel dialogo 'Intorno all' anima e alla risurrezione'"* in den dreißiger Jahren behauptet hat.[53] Aus unserer Untersuchung dagegen wird sich Gregor als griechisch Denkender erweisen. Zugleich wird sich zeigen, daß es sich bei seinem Dialog tatsächlich um einen Versuch handelt, den *Phaedo Christianus* zu verfassen. Zu diesem Ergebnis sind wir aber nicht auf bequemem Umweg gekommen. Dabei haben wir uns weder durch seine eigenen verbalen Zusicherungen, noch durch vordergründige Biblizismen (d.h. Ausdrücke in Bibelzitaten und Anspielungen auf biblische Bilder)[54] allzu leicht beruhigen lassen. Denn Gregor selbst läßt in Wirklichkeit nicht erkennen, daß er sich bei seinem Dialog von einem spezifisch christlichen Sinn, geschweige denn Frömmigkeitsgefühl, als Träger seiner Gedanken abhängig weiß. Im Gegenteil: Bei genauerem Betrachten seines Textes, das die sprachliche sowie sachliche Verflochtenheit seiner Aussagen, ja eigentlich das Verhältnis seiner beiden Sprachen: der griechisch-philosophischen und der biblisch-christlichen zu berücksichtigen weiß, erweist sich das christliche Dogma, nicht der Platonismus wie J. Daniélou in seinem bekannten Buch "Platonisme et Théologie Mystique . Essai sur la doctrine spirituelle de S. Grégoire de Nysse" geglaubt hat, als nur ein Akzidens seines Denkens. Fast will es scheinen, als philosophiere Gregor (so wie der Platon des "Phaidon") δι' ἀπορρήτων und stelle aus kirchenpolitischer Rücksichtnahme seinen Gedanken zuweilen eine dem christlichen Dogma geläufige Formel, ein Schlagwort oder besser noch ein *Kennwort* für seine Kirchentreue voran, so daß die Kühnheit ihres Inhalts manchem zeitgenössischen frommen Ohr nicht allzu skandalös klingt.[55] Wenn wir kurz zuvor nicht nur vom eigenen, sondern auch vom eigentlichen philosophischen Anliegen Gregors gesprochen haben, hatten wir den wesentlichen Bestandteil seines Denkens im Sinn, der hinter der sprachlich-stilistischen Oberflächenschicht dieser spezifisch christlichen Schlagworte liegt. Würde man weiterhin nach der innersten Intention fragen, die Gregor verfolgt, so ließe auch sie sich erst in einem groß angelegten Zusammenhang seiner Gedanken aufdecken. Denn Gregor geht es im Grunde genommen - wie noch genau zu zeigen sein wird - um eine philosophische Anthropologie, die gewiß auf dem Boden der ontologisch bestimmten griechischen Philosophie fußend, das Menschsein unserer gegenwärtigen Erfahrung zum Gegenstand hat und intendiert.[56] Diese grundlegende anthropologische Ausrichtung, wie sie sich auch und gerade bei der Übernahme und Umformung der primär erkenntnistheoretisch orientierten Perspektive des platonischen "Phaidon" im Dialog "de anima et resurrectione" erkennen läßt, kann man allerdings mit Hilfe eines nach Belieben eklektizistischen oder gar lexikographischen Vorgehens nicht erfassen.

Welches methodische Vorgehen verfolgt diese Arbeit aber nun wirklich?

Der Verfasser hat versucht, sich dem Texte Gregors als unvoreingenommener Zuhörer (bzw. Leser), nicht als heutiger dogmentragender Gläubige, hinzugeben. Hier wird deshalb kein Mosaik des "Christen" Gregors aus zweiter Hand (durch Vermittlung etwa der angeblich 'glänzenden' Untersuchungen anderer Gregorinterpreten) oder mit vereinzelten und meist aus ihrem Zusammenhang gewaltsam herausgerissenen Zitaten zusammengesetzt. Es wird vielmehr versucht, hinter den aus den Zeitverhältnissen zu verstehenden biblizistisch-theologischen Übermalungen seiner Texte dem Denker und dem Menschen Gregor zu begegnen.[57] Daher wird bei der Darstellung die Methode der Interpretion ganzer Texte gewählt. Wiederholungen sind dabei in Kauf zu nehmen, zumal wir es bei Gregor nicht mit einem linearen Denken zu tun haben, das stets logisch eines aus dem anderen abfolgert und so weiterschreitet, sondern mit einem eher zyklischen (genauer: zyklisch-existentiellen) Denken, das sein Objekt immer wieder umkreist und von stets neuen Zugängen her zu beleuchten sucht.[58] Die Texte selber werden in eigener Übersetzung angeführt; Begriffe und Ausdrücke, auf die es darin besonders ankommt, stehen auf griechisch in Klammer. In Hinblick auf unsere konkrete Aufgabe ist uns ein bloßer direkter Vergleich zwischen dem Dialog "de anima et resurrectione" und dem platonischen "Phaidon" - schon wegen des großen chronologischen Abstands zwischen den beiden Werken[59] - kaum oder nur wenig ergebnisträchtig erschienen. Wir haben deshalb versucht, in Teil III, Kap. 2, 3 und z.T. auch Kap. 4 dem gregorianischen Text nahe zu bleiben, ihn zu verstehen und in erster Linie quellenkritisch zu erforschen, gewiß aber "mit ständiger Rücksicht auf Platons 'Phaidon'". Dazu mußte allerdings besonders die Seelentheorie Gregors im Mittelpunkt unserer Blickrichtung stehen. Die als nicht näher zu bestimmende, intelligible Natur der Seele stellt für Gregor ebenso wie für den Platon des "Phaidon", den "griechischen Schamanen" Empedokles vorher (vgl. das Motto dieser ganzen Arbeit!) und vor allem Plotin und Porphyrios nachher etwas ganz anderes dar als die sinnlich wahrnehmbare Welt, nämlich etwas, das durch Reinigung von der realen Leiblichkeit sowie den endlichen Verhältnissen und natürlichen Bindungen überhaupt zu sich selbst und dadurch zu seinem Ursprung zurückkehren kann und muß. Das ist sicherlich - wir greifen hier schon vor - nicht ein beliebiger formaler "Einfluß" der Philosophie, wie sich manche Gregorforscher gewünscht hätten, sondern vielmehr Übernahme des Kernstückes der spiritualistischen Richtung der antiken Philosophie (bzw. Psychologie) im unüberbrückbaren Gegensatz zum Kerygma des Evangeliums. Auf die Fülle der Nebenergebnisse und Nebenfragen, wie die nach Bedeutung von der bereits in seinem Dialog durchschimmernden Ansicht Gregors über die (im letzten Sinne) Nicht-Bestimmbarkeit der Seele oder gar des Göttlichen schlechthin, kann hier nicht näher eingegangen werden. Suchen wir in den soeben erwähnten ersten Kapiteln des dem Bischof von Nyssa gewidmeten dritten Teils unserer Arbeit vornehmlich seine intensiven Beziehungen zu der herkömmlichen philosophischen Tradition aufzuzeigen, so trachten wir im Exkurs des Kap. 4 und besonders im letzten Kapitel (d.h. in Kap. 6) danach, dem philosophischen Gehalt des Schrifttums Gregors von Nyssa selber, der besonderen Ausrichtung, Fundierung und Systematik sowie dem eventuellen Variieren seines eigenen Denkens näherzukommen. Dabei schlagen wir selbstverständlicherweise u.a. auch Wege ein, die über den Dialog "de anima et resurrectione" hinaus zu anderen Schriften Gregors hinführen. Auch dieses gleichsam horizontale methodische Verfahren steht allerdings in innigstem Bezug zu dem eigentlichen Anliegen dieser Arbeit, und zwar insofern, als erst dadurch - durch die Gegenüberstellung des als *Phaedo Christianus* hingestellten Dialogs zu anderen gregorianischen Schriften - Perspektive und Anliegen des Autors bei der Niederschrift seines Dialoges weitaus deutlicher freigesetzt werden können. Den Grundmotiven Gregors sind wir auch in Kap. 5 nachgegangen, wo wir das Verhältnis der dominanten platonischen Seelen- und Unsterblichkeitstheorie zum christlichen Auferweckungsglauben thematisieren und zeigen, daß "this typical fusion of pagan and Christian ideas expressed in the very title of the book (sc. de anima et resurrectione), which contains them both"[60] vom griechischen Standpunkt her begünstigt wird. Die Auferstehung qua Vollendung des Vergeistigungsprozesses des Menschlichen ließe sich dabei wohl als die eigenste Entscheidung des Nysseners verstehen. Besonders in diesem Kapitel kann man auch die Heterogenität unseres Vorgehens am leichtesten verfolgen, wie sie durch die einseitig orientierte Forschung und die ungünstigen Textverhältnisse des Dialogs bedingt wird. Aus der kaum abgeklopften Textgrundlage bei Migne, die selbst die rücksichtslosesten Interpolationen unverändert beibehält, hat sich nämlich ergeben, daß wir oft von philologischer Kleinarbeit ausgehen mußten, um angesichts der sich am liebsten mit dogmenhistorischen Problemen befassenden Forschung endlich zu großen philosophiegeschichtlichen Perspektiven zu gelangen.

Das Ergebnis dieser Untersuchung kann nicht etwa in einer ganz einfachen Antwort auf die bereits aufgeworfene Frage bestehen, ob Gregor bei der Niederschrift des Dialogs "de anima et resurrectione" den platonischen "Phaidon" auf dem Tisch gehabt habe oder nicht. So bequem kann man sich der Frage nach dem Verhältnis der beiden Dialoge, geschweige denn der Frage nach dem umfassenden Verhältnis des Gregor zu Platon schon wegen der vielen Jahrhunderte, die sie trennen sowie der persönlichen Eigenart des "zitatenscheuen" kappadokischen Bischofs nicht entledigen (Anlehnungen oder Auseinandersetzungen werden bei Gregor vorzugsweise verdeckt geführt[61]; sein Bildungserbe überhaupt "war nichts Angelerntes, es war lebendiger Besitz"[62].). Vieles spricht dennoch dafür, daß Gregor doch auf die eine oder andere Weise den "Phaidon" Platons vor sich gehabt haben müsse, und daß er mit seinem Dialog tatsächlich den Versuch unternommen habe, einen "christlichen Phaidon" zu schreiben:

1. Die vielen einzelnen "Phaidon"-Motive, die in "de anima et resurrectione" wieder wörtlich auftauchen: Die Vorstellung etwa von der Leiblichkeit als einer Fessel, bzw. eines "Nagels" für die Seele[63] oder als eines bloßen Gewandes ihrer "anders seienden" (transzendenten), einfachen und (daher) ewigen οὐσία[64] und die daraus resultierende

Forderung nach totaler, kompromißloser Katharsis, ja nach "Einübung ins Sterben" (Phaid. 81 a μελέτη θανάτου)[65], so daß die Seele nach dem Tode nicht zu denen σκιοειδῆ φαντάσματα (Phaid. 81 d$_2$ und de an. et resurr. 88 B) gehöre, die immer noch irdisch und schwer um die Gräber, die Stätten des geistlosen Fleisches, herumspuken[66]; die Idee der "Schiffahrt durchs Leben" auf dem Brett einer risikofreudig zu ergreifenden, möglichst zuverlässigen "ersten Hypothese", bzw. auf dem Brett der Tugend[67]; die Veranschaulichung des möglichen Entschwindens der Seele als sich zerstreuender Rauch (Platon), bzw. sich verzehrende Flamme (Gregor von Nyssa)[68]; die Anspielung auf das Κώνειον[69] etc..

2. Die Identität der Glaubensgesetze und Seelentheorieansätze bei beiden Dialogen: Das alte "eleatische Prinzip der analogen Seinsweisen"[70], nach dem im "Phaidon" auf die Zugehörigkeit der erkennenden Seele zu dem Bereich intelligiblen Seins geschlossen wird (*Homoiotesprinzip:* ὅμοιον ὁμοίῳ - Gleiches kann nur durch Gleiches erkannt werden), bildet nicht nur für Platon eine nicht mehr zu hinterfragende metaphysische Konstanz[71], sondern vermag auch die Gedanken des Bischofs von Nyssa - wie noch genau zu zeigen sein wird - vielfach zusammenzuhalten.[72] Wie bei dem platonischen "Phaidon" - der ekstatisch-kathartische Vorstellungen aus der Mysterienreligiosität übernimmt - ist dann auch beim Dialog Gregors die Überzeugung leitend, daß die Seele, die wohl mit dem Geist gleichzusetzen ist, *einfach* ist, d.h. allen organischen Zusammenhangs enthoben ist, sich in das Unmittelbar-Vitale und - Psychologische nicht einbeziehen läßt. Unser Geist sei vielmehr nur zu verstehen, wenn man ihn auf seinen Archetyp: den im Gegenzug gegen die Veränderlichkeit und Bedingtheit der sinnlich wahrnehmbaren Welt zu denkenden kosmischen Logos, bezieht.[73] Sowohl Platon als auch Gregor, jedenfalls der Gregor von "de anima et resurrectione", betrachten den Geist des Menschen, oder besser noch den Geist im Menschen (Mikrokosmos), als "Statthalter" des kosmischen Geistes, des Logos und seiner Gesamtordnung (Makrokosmos). Beide können deshalb an die "Seelengröße" (μεγαλοψυχία) des Menschen, seine "höheren" Erkenntnisfähigkeiten, ja seinen göttlichen Urgrund, appellieren und die Erdendinge verachten. Die heroische Bereitschaft zur Anstrengung und zum Wagnis, sich über das Sinnlich-Nächste hinauszubegeben, eignet nach ihrem Verständnis dem Erkennenden. Der Mensch überhaupt kann sich als

Mensch nur selbst finden, wenn er alles Menschliche: sein natürliches unreflektiertes Verhältnis zu sich selbst sowie der ihn in seiner Erfahrung umgebenden Welt übersteigt, um an einem Übermenschlichen und Unbedingten Teilhabe zu gewinnen.

3. Die Parallelität des szenischen Geschehens in beiden Werken: Wie Platon im "Phaidon" seinen Lehrer Sokrates am letzten Tag seines Lebens in einem letzten Gespräch mit seinen Freunden über Seele, Tod und Unsterblichkeit sprechen läßt, so läßt Gregor von Nyssa in "Macrinia" seine "Schwester und Lehrerin" Makrina am letzten Tag ihres Lebens in einem letzten Gespräch mit ihm vor Publikum[74] - über Seele, Tod und Auferstehung sprechen. Das scheint nicht von ungefähr so zu sein, denn Makrina und Sokrates sterben offenkundig in ähnlicher Weise: "freiwillig, in namenloser Überlegenheit und ohne Trotz"[75] sterben sie nämlich und geben das παράδειγμα des Pädagogen und des Märtyrers. So wie Sokrates mit voller Gelassenheit und Ruhe den Giftbecher nimmt und sich von seinen Freunden verabschiedet, ohne im geringsten der Todesangst Raum zu geben - da er in Wirklichkeit den Tod als ein Fremdes erkennt, jenseits dessen, in der Unsterblichkeit, er sich wiederzufinden erwartet - , so sieht auch die Meisterin der christlichen Orthodoxie, Makrina, dem Tode beherrscht, ja heiter ins Auge wie ein "Sterblich-Unsterblicher"[76]; auch sie begreift den Tod als etwas Irreales, das die innersten, gottähnlichen Strukturen des Menschen als eines Geisteswesens nicht zu bedrohen vermag. Der Tod steht auch für sie nicht als das Ende bevor; er ist nur ein *Übergang* zu einer anderen "formlosen" Seinsform, die als conditio sine qua non für die *Voll-endung*, d.h. die potentielle Steigerung des Menschen zu seiner ursprünglichen, transzendenten Eigentlichkeit angesehen wird.[77]

4. Der im Unterschied zu anderen gregorianischen Schriften auffallend intellektualistische Charakter des Dialogs "de anima et resurrectione". Wie wir noch genauer im letzten Kapitel unserer Untersuchung sehen werden[78], lassen sich bei Gregor ausgeprägte Tendenzen finden, der Andersheit des Göttlichen in einer Weise zu begegnen, die, indem sie die Unerkennbarkeit, Unbegrenztheit und Unendlichkeit zu konstituierenden Prädizierungen des sich *jedem* denkenden Zugriff eigentlich entziehenden göttlichen Wesens herausarbeitet, über die intellektualistisch be-

stimmte griechische philosophische Tradition hinauszugehen scheint. Es ist u.E. nicht ohne Bedeutung für unser Thema, daß diese Tendenzen bei seinem Dialog nicht direkt hervortreten. Hier wird die Andersheit des Göttlichen wiederholt und mit Nachdruck als Geistigkeit, wenn auch als eine nicht näher zu bestimmende Geistigkeit, gedeutet und dementsprechend der Akzent bei der Bestimmung des Menschlichen oder der οὐσία der Seele, entschieden auf den Intellekt gelegt. Gerade der Vergleich mit dem zu einer Überwindung des griechischen Intellektualismus hintendierenden späteren Werk (von Relevanz sind vor allem die Schriften *"Contra Eunomium"*, *"Canticum Canticorum"* und *"De Vita Moysis"*) kann deshalb genauer aufzeigen, ob und inwieweit der Dialog "Über die Seele und die Auferstehung" als ein Pendant zum platonischen "Phaidon" konzipiert worden ist. Ob sich etwa die auch ihn kennzeichnende rigorose Apathie-Forderung nach Abtötung des Fleisches und vernünftiger Überwindung *aller* seelischen Regungen (auch der ἐπιθυμία) von dem übrigen Werk, wo der Akzent anscheinend meist auf das ἀπαθον (spirituelle) πάθος der für den ganzen Menschen verantwortlich gemachten ἐπιθυμία, des zum Göttlichen, dem Unendlichen und Unbedingten strebenden Gemüts, gelegt wird[79], so deutlich abhebt, daß man auf eine bewußte Anlehnung Gregors an den geist-leiblichen Dualismus der platonischen Anthropologieansätze im "Phaidon" schließen kann. Wir persönlich würden diese Frage bejahen, auch wenn unsere Untersuchung sich im Hinblick auf das nichtdialogische gregorianische Werk auf Stichproben und Auszüge beschränken mußte. Denn die im "Phaidon" vorgenommene Intellektualisierung der ekstatisch-kathartischen Seele, ihre Umstilisierung zur "denkenden Vernunft", zum "reinen Geiste", wird im Dialog "de anima et resurrectione" samt allen ihren Implikationen aufrechterhalten, im Unterschied gerade zu einer für griechisches Denken kaum faßbaren "Voluntarisierung" der ekstatisch-kathartischen Seele bei Texten wie dem von *"De Vita Moysis"* oder *"Canticum Canticorum"*, die das Grundgewicht nicht auf die Geistigkeit, sondern auf die Unerkennbarkeit und Unendlichkeit (τὸ ἀόριστον) des Göttlichen legen. Hier aber sei zugleich auch auf dieses eine hingewiesen, das die beiden anscheinend verschiedenartig akzentuierten Gedankengänge Gregors auf einer tieferen Ebene zusammenhält: daß menschlicher Geist, Seelengrund oder -wesen, Ebenbild Gottes und zu Gott strebendes Gemüt (ἐπιθυμία) im Grunde ein- und dasselbe sind, die eine unteilbare, allerdings höchst dynamisch verstandene Grundgegebenheit unseres Lebens. Mag Gregor diese aus der Welt hinausragende Grundgegebenheit von stets neuen Zugängen her beleuchten, ausschlaggebend bleibt, daß er in ihr das als *Werden* zu begreifende Wesen oder "Selbst" des Menschen erblickt: ein sich radikal vollziehendes Streben nach dem Un-endlichen und Immateriellen, dem Geistigen und Freien, d.h. der Ananke und dem blinden Zufall der Physis nicht zu Unterwerfenden. Dieses Streben des wirklichen Menschen läßt sich freilich - im Unterschied etwa zu Menschenbildern der jüngsten Moderne - von der Dingwelt oder den äußeren Umweltverhältnissen kaum beinträchtigen. Im Gegenteil: Indem es das Materielle und Endliche nicht als "an-und-für-sich" seiend anspricht und alle seine Wesensbestimmungen, ja selbst alle Maße des Sollens und Dürfens sprengt, zeigt es eine metaphysisch-religiöse Unbedingtheit auf, die uns geradezu dionysisch anmutet. Dies unbedingte Streben, sei es als Streben zum Geist (Vernunft; exemplarischer Text: *"De anima et resurrectione"*) oder als Streben zum Un-endlichen (Ek-sistenz; exemplarischer Text etwa: *"De vita Moysis"*) akzentuiert, scheint bei Gregor gerade als der einzig mögliche Bezug zum inhaltlich nicht ganz bestimmbaren Ewigen, das eigentlich Entscheidende, ja das eigentlich zu Erstrebende selbst zu sein.[80]

Angesichts der Tatsache, daß auch den platonischen "Phaidon" eine "Dionysik des Geistes" gleichsam durchzieht, auf die bereits angespielt worden ist[81], hätten wir daher unsere Arbeit mit der gleichen Berechtigung und Hoffnung auf Bewahrung ihrer Einheitlichkeit einfach "Gestalten des Dionysischen in der Antike" oder besser noch: "Gestalten des Dionysischen in den antiken Vorstellungen der ekstatisch-kathartischen Seele: Vom dionysischen Geist zur dionysischen Epithymia" nennen können. Bleibt im Falle des νοῦς διονυσιακός in erster Linie die Aufhebung der Sinnlichkeit (ἀ-πάθεια) Ziel und Bedingung der Verwirklichung der Vernunft ("Phaidon", *"de anima et resurrectione"*), so rückt im Falle der ἐπιθυμία διονυσιακή (Gregor spricht charakteristischerweise von der "Entzündung des Begehrenden": ἀνάφλεξις τοῦ ἐπιθυμητικοῦ!)[82], wie sie sich etwa in den späteren Werken Gregors von Nyssa (*"Canticum Canticorum"* oder *"De vita Moysis"*) darstellt, der Begriff der inneren Freiheit und Selbstmächtigkeit (ἀπάθεια als Sublimierung der sinnlichen Regungen: eine Art Umgestaltung des "Passiven" und "Schweren" der menschlichen Natur in die Selbstbehauptung und Leichtigkeit des Geistes) in den Vordergrund des Vergeistigungspostulats. Aus dem soeben angedeuteten Konzept Gregors über die Grundgegebenheit des seelischen Lebens ergibt sich freilich, daß bei ihm die schematischen Grenzen zwischen νοῦς διονυσιακός (richtiger hier: νοῦς τις διονυσιακός) und ἐπιθυμία διονυσιακή fließend sein müssen: Auch in seinem Dialog, wo die kompromißlose Forderung zur Katharsis und Befreiung der νοερά οὐσία der *Seele* von jeder Art äußeren Strebungen (zu denen auch die ἐπιθυμία gehört) offenbar ausschlaggebend ist, taucht das zweite positive Konzept von ἀπάθεια beim Auferstehungsverständnis explizit auf.[83]

Ein Wort ist schließlich notwendig zu unserem ursprünglichen Arbeitsvorhaben. Dem aufmerksamen Leser wird nicht entgehen, daß dazu auch die Untersuchung des *"Phaedo Judaicus"* gehörte, des "Phädon" nämlich, den Moses Mendelssohn im Kontext der Aufklärung (1767) verfaßt hat. Da sind gewaltige, aus naheliegenden Gründen verständliche Unterschiede, aber auch erstaunliche Parallelen zu dem "Phaedo Christianus" des Gregor von Nyssa zu entdecken, die durchaus Gegenstand einer besonderen, freilich auch die platonische Vorlage umfassenden Untersuchung sein könnten. Der platonische Idealismus mit seiner Askese und Flucht in die intelligible Welt, der das Denken der griechischen Christen so stark in seinen Bann zog, wird zwar bei Mendelssohn faktisch beiseite gelassen,[84] doch wird der Dualismus zwischen Körper und Seele, zwischen Ausdehnung und Geist im wesentlichen aufrechterhalten und mit dem begrifflichen Gerüst der Zeit weiter ausgebaut (Materie-Subjekt). Ebenso wie für Platon im "Phaidon" und Gregor von Nyssa in "de anima et resurrectione" ist für Mendelssohn die Seele, das Denken oder der Geist, im Unterschied zur Teilbarkeit des materiellen Seins einfach (unteilbar) und einheitlich, und dieser ihr metaphysischer Unterschied ist auch für ihn wohl die Quintessenz des Beweises für ihre Unsterblichkeit.[85]

ANMERKUNGEN

[1] Ein Ausdruck F. Dirlmeiers, Phaidon 206 (zit. unten I 1 (=Teil I, Kap. 1), S. 30)

[2] U. v. Wilamowitz, GdH II, S. 253

[3] Vgl. H. Kuhn in: Gnomon 27 (1955), S. 548 (Rez. zu P. Friedländers Platonbuch, Bd 1)

[4] R. Guardini, Der Tod des Sokrates, S. 207

[5] Ebd., S. 196

[6] Siehe dazu I 1, unten S.28 f; 35 ff; I 2, S. 81 ff, Anm.78

[7] Vgl. hierzu I 1,S.34 f; I 2, S. 65 ff

[8] Vgl. dazu I 2,bes. S.72 f, Anm. 27

[9] Vgl. hierzu I 2, S. 69,Anm.2

[10] Näheres dazu in Kap. I 2, u. S. 52 ff und bes. S. 56 ff

[11] Man vergleiche etwa die jüngst erschienene Habilitationsschrift von H.D. Voigtländer, Der Philosoph und die Vielen. Wiesbaden 1980, S. 245. Zur Kontroverse um die Annahme E. Rohdes früher vgl. I 2, u. S. 72, Anm. 27

[12] Vgl. K. Albert, Griechische Religion und Platonische Philosophie. Hamburg 1980, S. 92: "Die Gedankenwelt der orphischen Religion ist nicht nur Mittel zur Darstellung der Platonischen Lehre von der Unsterblichkeit der Seele, die selber dann auf ganz andere Ursprünge zurückgeführt werden müßte. Es liegt vielmehr weit näher anzunehmen, daß Platon den philosophischen Kern des Orphismus freilegte, beibehielt und weiter entwickelte."

[13] Vgl. E.Topitsch, "Die platonisch-aristotelischen Seelenlehren in weltanschauungskritischer Beleuchtung" in: Sitzungsberichte der Österreichischen Akademie der Wissenschaften, Bd 233, 4 (1959), S. 6

[14] Vgl. bes. Phaid., 79cd (übers. und interpret. unten I 2, S.59 und bes. III 4, S. 243 ff)

[15] Siehe dazu gleich unten S. 15 ff

[16] Zur Notwendigkeit eines Eindringens in die Rätselsprache der archaischen Mystik vgl. noch I 1, u. S. 37 ff

[17] Vgl. hierzu unsere Ausführungen im dritten Teil (III),bes. Kap.5, S. 299 ff

[18] W. Jaeger, Two Rediscovered Works, S. 74

[19] W. Jaeger in: Gnomon 27 (1955), S. 573 (Rez. zu H. Merkis Dissertation Ὁμοίωσις θεῷ). Man vgl. ebd., S. 574: "Man könnte natürlich bei einem minder wörtlichen Verfahren Platos Forderung (sc. der ὁμοίωσις θεῷ) in Verbindung bringen mit früheren Formen des Glaubens an die göttliche Herkunft der Seele und an ihre Rückkehr zu ihrem Ursprung (Orphik,Pythagoreer, Empedokles, Pindar), aber die philologische Behandlung knüpft lieber an das geprägte Wort an, dessen Aufkommen sich zeitlich bestimmen läßt, um es von dort durch die literarische Überlieferung zu verfolgen."

Und weiter heißt es: "Ein nicht so unbeirrt lexikographisches Vorgehen...".
Ders., ebd.

[20] E.R. Dodds. Irr., S. 145 f

[21] Zu Empedokles' philosophischer Lehre vgl. E. Wellmann, Art."Empedokles",RE V, 2, Sp. 2507 ff, bes. Sp. 2510. Zur Neubelebung seiner "Prinzipien" bei Gregor vgl.u. III 1 B,S.131 ff (Homoiotesprinzip); III 5,S.318, Anm.87 (ἀκρότατον des Bösen als Moment des Umschlags zum Guten);III 4 (Exkurs),S.265 f (vom "negativistischen" Ansatz der philosophischen Anthropologie des Bischofs von Nyssa). Relevant für unser Forschungsergebnis ist schließlich auch die Empedoklesauffassung von Nicolai Walter,"Der Mythos vom Sündenfall der Seele (bei Empedokles und Platon)",Gymnasium 88 (1981),S. 521: "Empedokles ersetzt den Göttermythos - ähnlich wie es die vorsokratische Kosmologie tut - durch die Aussage über einen empirisch erfahrbaren Gegenstand, nämlich über den Menschen; was Empedokles intendiert, ist also eine *anthropologische Aussage,* zwar in Form einer Erzählung (weil sich die Eigenart der menschlichen Seele für ihn nur narrativ erklären läßt), aber eigentlich kein Mythos mehr, sondern beinahe eine wahre Geschichte mit autobiographischem Charakter, da sie Empedokles selbst erlebt hat" (mit Hinweis auf U. v. Wilamowitz, Die Katharmoi des Empedokles, Berlin 1929, S. 642: "Form der persönlichen Erfahrung") /Hervorhebung vom Verfasser/.

[22] Vgl. hierzu etwa C. Zintzen, Einleitung zum Sammelband "Die Philosophie des Neuplatonismus, S. VIII

[23] Vgl. dazu I 1, u. S. 29 mit S. 43, Anm. 13 und bes. S. 35 f. Siehe auch P. Friedländer, Platon III 33 f

[24] Nur ein Wesen ist nach allgemeingültiger griechischer Auffassung *einfach*, nämlich das Göttliche. Göttlich ist freilich für Platon das reine Sein; alle anderen Dinge haben ihr Wesen nur in der Teilhabe an ihm und sind deswegen aus Sein und Nichtsein *zusammengesetzt*. Die Seele aber vermag das reine Sein zu erkennen, ist ihm also ähnlich und einheitlich wie dieses. Der dritte sog. metaphysische Beweis des "Phaidon" konzediert der Seele daher die Unzerstörbarkeit und Unvergänglichkeit des einfachen reinen, d.h. intelligiblen Seins. Ontologisch sowie logisch wird die Seele in diesem Dialog als eine ideelle Entität behandelt (näheres dazu III 3 A, u. S.176 ff und bes. S.189 f, Anm. 13).

[25] Zum Folgenden vgl. III 4, u. S.243 ff, bes. S.245

[26] Wie F. Dirlmeier zu Recht bemerkt hat (Phaidon 256), ist der berühmte Satz des "Theaitet" (176 b) von der ὁμοίωσις θεῷ im "Phaidon" schon vorbereitet: vgl. bes. 79 d mit 80 b τῷ μὲν θείῳ ... ὁμοιότατον εἶναι ψυχή. Besonders potenziert und soteriologisch akzentuiert tritt diese Tendenz zur ὁμοίωσις θεῷ natürlich im Bereich der irdisch inkorporierten Seele(n) auf (vgl. vor allem Phaid. 81a- 84b). Die Energie des Eros, der letztlich auf Einswerdung mit dem Ursprung zielt (vgl. hierzu noch die treffende Skizze von W. Jaeger,"The Greek Ideas of Immortality" in: HThR 52 (1959), S. 136-147, bes. 144 f), erweist sich jedoch im "Phaidon" auf allen ontologischen Stufen ausgesprochen stark. So streben z.B. im Phaid. 74d-75b die sinnlich wahrnehmbaren Dinge gerade wegen ihrer ontologischen Defizienz ausdrücklich danach, sich der Idee, der sie zugeordnet sind, anzugleichen.

[27] J. Wippern, Einleitung zum Sammelband "Das Problem der ungeschriebenen Lehre Platons", S. XIV

[28] Vgl. hierzu I 1, u. S. 30 und bes. I 2, S. 58 f mit S. 76, Anm. 48

[29] Näheres dazu unten I 2, S. 59 ff

[30] Siehe dazu etwa unsere Anmerkung 17 im Kap. I 1, u. S. 45 f.

[31] Eine lapidare Formulierung W. Bröckers (Platos Gespräche 189) in Hinblick auf die grundsätzliche Übereinstimmung zwischen der platonischen Jenseitslehre und der christlichen Eschatologie

[32] Zur orphisch-pythagoreischen Herkunft der σῶμα-σῆμα Formel, vgl. I 2, u. S. 71, Anm. 19

[33] Näheres dazu unten III 5, bes. S.281 ff

[34] Vgl. dazu III 1 A, u. S.112 ff

[35] Es kommt doch nicht von ungefähr, daß die sokratischen Argumente zum Beweis der Unsterblichkeit bei den nicht wenigen neuzeitlichen Nachbildungen des "Phaidon" bzw. des Todes des Sokrates meist als heidnische Präfiguration der christlichen Überwindung des Todes betrachtet worden sind. Siehe dazu auch I 1, u. S.30.

[36] Daß Gregor nicht zu jenen kleinen Geistern aller *saecula* gehört hat, die nur addieren oder imitieren, diskutieren wir gleich danach, vgl. unten, S. 8 f

[37] Vgl. hierzu etwa E. Mühlenberg, Die Unendlichkeit, S. 161, Anm. 3 : "Es bleibt ... ungereimt, warum gerade ἔρως das eigentliche Agens zu Gott hin sein soll. Nach platonischer Tradition ist ἔρως das Erkenntnisstreben"(sic!). Dasselbe scheint auch H. Merki 'Ὁμοίωσις θεῷ 142 f, zu glauben, wenn er dem Gottähnlichkeitskonzept Gregors "die von Gott gelöste ratio im Sinne des griechischen Rationalismus, als etwas nicht auf Gott Bezogenes" entgegenzustellen sucht. Beiden Forschern ist allerdings zuzugestehen, daß sie sich nicht auf Gregor beschränkt haben, sondern im ersten Teil ihrer Arbeit der Geschichte ihres jeweiligen philosophischen Denkmotivs von Platon an durch alle Phasen der Entwicklung nachzugehen versucht haben.

[38] W. Jaeger, Nemesios von Emesa, S.1

[39] Vgl. hierzu vor allem H.F. Cherniss, The Platonism, S.60 f. Cherniss hat überzeugend gezeigt, daß überhaupt "Gregory knew Plato at first hand and knew him exceedingly well" (vgl. bes. S. 20/21; 33-49; 83 Anm. 56). Wie sehr und wie direkt übrigens der platonische Dialog "Phaidon" bei anthropologischen und psychologischen Fragen auch noch in den letzten Jahrhunderten des ausgehenden Altertums berücksichtigt wurde, läßt die Tatsache erkennen, daß der syrische Bischof Nemesios von Emesa im zweiten Hauptkapitel seiner philosophisch-anthropologischen Schrift περὶ φύσεως ἀνθρώπου, - das mit dem Titel περὶ ψυχῆς fälschlicherweise auch als Opus des Nysseners überliefert ist (siehe MPG 45, 188-221), - eine erstaunlich genaue Wiederholung der gegen den Harmonie-Einwand des Simmias (Phaid. 85 e_3 - 86 d_4) gerichteten Argumente des Sokrates vorlegt (vgl. de nat. höm. 83, 3 ff).

[40] J. Gaïth, La conception de la liberté chez G.d.N., S. 23

[41] Vgl. A.M. Akylas, Die Unsterblichkeitslehre Platons im Vergleich zu der Unsterblichkeitsbehauptung Gregors von Nyssa, Diss. (in grch.) Jena, Athen 1888.K. Gronau, De Basilio, Gregorio Nazianzeno Nyssenoque Platonis imitatoribus, Diss. Göttingen 1908, bes. S. 27-38; M. Pellegrino,"Il Platonismo di San Gregorio Nisseno nel dialogo 'Intorno all' anima e alla risurrezione'",RFN 30 (1938), S. 437-474; Schon F. Böhringer, Die Kirche Christi und ihre Zeugen, Stuttgart 1876, Bd 8^2,2, S.43 hat den Dialog Gregors als "eine Fortsetzung des platonischen Phädons im christlich-kirchlichen Sinne jener Zeit" betrachtet. Ähnlich R. Hirzel, Der Dialog, S.371. Dazu vgl. noch Otto Bardenhewer, Geschichte der altchristlichen Literatur, Freiburg i. Br. ^{2}1923, Bd 3, S. 203: "Von besonderem Interesse, dem Inhalt wie der Form nach, ist der "Dialogus de anima et resurrectione qui inscribitur Macrinia" (46, 11-160), ein Pendant zu Platons Φαίδων ἢ περὶ ψυχῆς"; H.F. von Campenhausen, Griechische Kirchenväter,S.116:"Später hat er (sc. Gregor von Nyssa) nach dem Muster des platonischen "Phaidon" noch einen Dialog verfaßt, ein Gespräch 'über die Seele und die Auferstehung'".

[42] So Ekkehard Mühlenberg, Die Unendlichkeit, S. 91

[43] Typische Beispiele eines solchen extrem lexikographischen Vorgehens bieten die alten Dissertationen von A.M. Akylas und K.Gronau (vgl. oben Anm. 41).

[44] Ein Ausdruck J.B. Aufhausers, Die Heilslehre des hl.Gregor von Nyssa S. III

[45] Vgl. dazu H. Dörrie,"Gregors Theologie ",in: GRuPH 22 f

[46] Ebd., S. 23

[47] Vgl. hierzu III 1 A, bes. S.110 f; III 1 B, S. 128 ff

[48] So vor allem im nachträglich geschriebenen Exkurs zu Kap. 4 über die *Entscheidungsfreiheit,* wo die in einer an Deutlichkeit nichts mehr zu wünschenden Weise erfreuliche Bestätigung unserer Entdeckungen in de an. et resurr. uns dazu geführt hat, gregorianische Gedanken bei den Schriften "de hominis opificio" und "oratio catechetica" auszuführen, die mit dem Thema der Entscheidungsfreiheit nicht unmittelbar verbunden waren.

[49] Vgl. dazu bes. III 1 B, u. S.125 f

[50] Siehe U$_2$ v. Wilamowitz zum 1. Bd der Jaeger-Ausgabe, Gregorii Nysseni opera I^2, S. X-XI

[51] Man vergleiche etwa A. Dihle, *Entscheidungsfreiheit* , S.28; H.Dörrie, "Gregors Theologie",in: GRuPH 22 f; H.F. v. Campenhausen, Griechische Kirchenväter, S. 114. Ähnlich schon K. Holl, Amphilochius, S. 198 ff; J.B. Aufhauser, Die Heilslehre des hl.Gregors von Nyssa,S. 25; M. Pellegrino, "Platonismo",in: RFN 30 (1938), S. 472

[52] Vgl. hierzu etwa G. Mays Aufsatz über G.v.N, in: Klassiker der Philosophie, Bd I, S. 91. Bezeichnend für das wachsende Interesse an Gregor sind auch und nicht zuletzt die zahlreichen internationalen Gregorkongresse der letzten Jahre. Um Gregor kristallisierte sich allmählich eine stabile Forschungsgruppe. Der Forscherkreis tagte zum erstenmal in Chevetogne unter dem Thema: "Schrift und philosophische Geisteskultur im Denken Gregors von Nyssa" und veröffentlichte seine "Acts du Colloque" im Jahre 1971, vgl. "Écriture et culture philosophique dans la pensée de G.d.N.", Leiden (Brill), 1971, Hrsg. M. Harl. Auch das zweite Kolloquium stand unter

dem Leitthema "Gregor von Nyssa und die Philosophie" und fand 1972 in Münster statt; seine Akten, herausgegeben von H. Dörrie, M. Altenburger und U. Schramm erschienen ebenfalls bei Brill, Leiden 1976. Ein dritter Gregor-Konreß fand in England unter Leitung von C. Stead statt; auch dessen Referate sollen der Öffentlichkeit vorgelegt worden sein. Der neueste Gregor-Kongreß fand u.W. 1982 in Mainz unter Leitung von A. Spira statt.

[53] M. Pellegrino,"Il Platonismo", in: RFN 30 (1938), S. 472. Ähnlich lautet seine *conclusione* auch in der nächsten Seite 473: "Evidente è nel Nisseno lo storzo constante d'ispirarsi alla dottrina rivelata e di dare alla medesima una sistemazione filosofica." Das Maß der Voreingenommenheit des Paters Pellegrino zeigen wir mit einer unserer Anmerkungen zum Kap. III 5, unten S. 311, Anm. 47.

[54] Vgl. hierzu III 1 B, unten S. 142, Anm. 13

[55] Näheres hierzu im Kap. III 1 B, unten S. 128 f

[56] Für alle Einzelbelege und weiteren Ausführungen verweisen wir auf die Zusammenfassung unseres Forschungsergebnisses in Kap. III 1 B, unten S. 133 ff

[57] Jede Interpretation, die Gregor angemessen sein will, müßte u.E. der Einsicht von H.F. Cherniss beizupflichten wissen: "His (sc. Gregory's) writing illuminates his life as his life explains his writing" (The Platonism, S. 63).

[58] So zu Recht R. Zemp, Die Grundlagen heilsgeschichtlichen Denken bei G.v.N., S. 4, mit weit. Lit.

[59] Zum chronologischen Abstand zwischen Platon und Gregor von Nyssa, vgl. unsere Anm. 58 im Kap. II 1, unten S. 100

[60] W. Jaeger, "The Greek Ideas of Immortality", in HThR 52 (1959), S. 136

[61] Ähnlich auch G. May in seinem Aufsatz über "G.v.N.", in: Klassiker der Philosophie, Bd 1, S. 93

[62] So zu Recht H. Dörrie, "Gregors Theologie", in: GRuPH 23

[63] Vgl. Phaid. 82 e f ὅτι παραλαβοῦσα ... τὴν ψυχὴν ἡ φιλοσοφία ἀτεχνῶς δ ι ά δ ε μ έ ν η ν ἐν τῷ σώματι καὶ π ρ ο σ κ ε - κ ο λ λ η μ έ ν η ν etc. mit de an. et resurr. 88 A τὰ λείψανα τῆς σαρκώδους κ ό λ λ η ς ἀποκαθαίροντος (sc. τοῦ θανάτου) · ἀλλὰ καθάπερ δ ε σ μ ῶ ν τῇ ψυχῇ περιῤῥαγέντων etc. Vgl. Phaid. 83d ὅτι ἑκάστη ἡδονή καὶ λύπη ὥσπερ ἧ λ ο ν ἔχουσα προσηλοῖ αὐτήν πρός τό σῶμα καὶ π ρ ο σ π ε ρ ο ν ᾷ ... mit de an et resurr. 97B Εἰ δέ τοῖς τῆς προσπαθείας ἧ λ ο ι ς εἰς τὴν πρός τά ὑλώδη σχέσιν κ α τ α π α ρ ῇ (sc. ἡ ψυχή) ... /Sperrung vom Verfasser/.

[64] Vgl. bes. Phaid. 87 b ff (Näheres dazu im Kap. III 5, unten S. 305, Anm. 8) mit de an. et resurr. 148 C f (siehe dazu unsere Ausführungen im Kap. III 5, unten S. 278 f).

[65] Bei Gregor tritt die Forderung nach "Einübung ins Sterben" ausdrücklich in de an. et resurr. 88 A hervor: τὸ δεῖν ὅτι μάλιστα τούς ἐν σαρ- κί βιοτεύοντας, διὰ τῆς κατά ἀρετὴν ζωῆς, χωρίζεσθαί πως καὶ ἀπολύεσθαι τῆς πρός αὐτήν σχέσεως, ἵνα μετά τόν θάνατον μή πάλιν ἄ λ λ ο υ θ α ν ά τ ο υ δεώμεθα, τά λείψανα τῆς σαρ- κώδους κόλλης ἀποκαθαίροντος /Sperrung vom Verfasser; die Stelle wird übersetzt und interpretiert in Kap. III 5, unten S. 282 f/.

[66] Näheres dazu in Kap. III 5, unten S. 308, Anm. 26

[67] Vgl. Phaid. 85 c$_7$ ff (bes. d$_2$ διαπλεῦσαι τὸν βίον) mit de an. et resurr. 84 c (beachte bes. die Wendung πάντες οἱ δι' ἀρετῆς τὸν παρόντα διαπλέοντες βίον; Näheres dazu beim Exkurs zu Kap. 4, unten S. 262f). Zur Bedeutung der "ersten Hypothese" im "Phaidon" vgl. I 2, unten, S. 60 f.

[68] Vgl. Phaid. 70 a$_1$ ff mit de an. et resurr. 16 B (Näheres dazu in Kap. III 2, unten S. 163 f).

[69] Vgl. de an. et resurr. 112 A mit Phaid, 115 a ff

[70] Eine Formulierung A. Graesers, Probleme der platonischen Seelenteilungslehre, S. 57

[71] Zum Homoiotesprinzip als wichtiger Konstante des Platonismus schlechthin vgl. II 1, unten S. 89 ff

[72] Für alle Einzelbelege und weiteren Ausführungen verweisen wir auf die Zusammenfassung unseres Forschungsergebnisses in Kap. III 1 B, unten S. 131 ff, bes. S. 146, Anm. 42.

[73] Zum Folgenden vgl. vor allem Kap. III 3 B, unten S. 197 ff. Man beachte besonders die verblüffenden, zuweilen bis in Wörtliche hineingehenden Ähnlichkeiten zwischen der Polemik Gregors und der Platons gegen ihre jeweiligen materialistischen Leugner (Epikur, bzw. "die weisen Hasser des Logos") ihres prinzipiellen Versuchs, den Menschen und seinen Geist im Rahmen einer metaphysischen Gesamtdeutung des Seienden im Ganzen abzuhandeln, ebd. S. 216, Anm. 9.

[74] Vgl. de an. et resurr. 129 A τοῖς πολλοῖς παρακαθημένοις (od. τῶν παρακαθημένων nach der Version der Handschriften A und B). Wie stark der Dialog "Macrinia" an die leiblichen Vorgänge und die Form überhaupt des "Phaidon" anlehnt, lehrt der Vergleich (ein Beispiel für viele) der Passage de an. et resurr. 145 B mit Phaid. 103 b$_{1-2}$ oder 107 b$_3$.

[75] So W. Benjamin, Ursprung des deutschen Trauerspiels, S. 95, in bezug auf *den sterbenden Sokrates* : "das neue Ideal der edlen griechischen Jugend" (vgl. hierzu I 1, unten, S. 28 f). Zur Todesbereitschaft des Sokrates vgl. bes. I 1, S. 43 f, Anm. 15; I 2, S. 81 ff, Anm. 78.

[76] Der paradoxe Ausdruck stammt aus der Welt der intuitiven Vorstellungen Heraklits: VS I 164, frgm. 62 ἀθάνατοι θνητοί, θνητοί ἀθάνατοι, ζῶντες τὸν ἐκείνων θάνατον, τὸν δὲ ἐκείνων βίον τεθνεῶτες. Wie bewußt die Christen im allgemeinen ihr Ideal an die sokratische Lebens- und vor allem Todeseinstellung anknüpfen, haben schon Hermann Usener, Religionsgeschichtliche Untersuchungen I 111, R. Hirzel, Der Dialog 366 f., und Adolf von Harnack, Lehrbuch der Dogmengeschichte I 422 f, gezeigt. Für viele Christen hatte Sokrates tatsächlich den *Märtyrertod* erlitten, weil er einen anderen, höheren Begriff von der Gottheit hatte als die Menge. Er wurde somit für Christen wie etwa Justinus Martyr ein Vorbild "und erschien fast wie ein τύπος Christi, als der leidende Gerechte, gleich den Figuren des AT" (W. Jaeger, Paideia Christi, Erziehung und Bildung 490 (Hum. Red. u. Vortr. 253)). Zu dem "Beispiel des Sokrates bei den frühchristlichen Märtyrern und Apologeten" vgl. insbesondere Klaus Döring, Exemplum Socratis (H. Einzelschriften 42; Wiesbaden 1979), S. 143-161. Die Entschiedenheit, mit der Sokrates von manchen Christen als Christ vor Christus in Anspruch genommen wurde, beruht freilich auf bestimmten Zügen der Sokratesdarstellung Platons selber. Vgl. etwa die Gedanken, mit denen Platon das sokratische Martyrium in jener erstaunli-

chen Geschichte von dem verfolgten und *gekreuzigten* Gerechten in der "Politeia" (2, 361 b – 362 a) steigert (siehe dazu Leopold Ziegler, Von Platons Staatheit zum christlichen Staat, S. 86f).

[77] Vgl. hierzu vor allem de an. et resurr. 48 C und 148 C ff. Ausführlicher darüber unten III 5, S. 277 ff. Es ist gerade die Verwunderung Gregors vor der "übernatürlichen" Todesvorstellung und -haltung Makrinas der Punkt, an dem das eigentliche Gespräch zwischen ihm und seiner Schwester sich entzündet.Gregor selbst will freilich das "natürliche" Bewußtsein vertreten und starrt gebannt auf den Tod als das Ende...

[78] Zum Folgenden vgl. Kap. III 6, unten bes. S.336 ff

[79] Für alle Einzelbelege und weiteren Ausführungen verweisen wir abermals auf die Zusammenfassung unseres Forschungsergebnisses in Kap. III 1 B, unten S. 136 ff

[80] Siehe dazu etwa unsere Ausführungen über den paradoxen Satz der mit der Schau Gottes zu identifizierenden,unstillbaren ἐπιθυμία in Kap. III 6, u. bes. S. 346 ff

[81] Der Ausdruck "Dionysik des Geistes" stammt aus R. Guardini, Der Tod des Sokrates ,S. 208. Näheres dazu in Kap. I 1, u. S. 34 f

[82] Vgl. etwa Cant. or. I, VI 21, 16. Siehe dazu Kap. III 6, u. S.350 ff, bes. S. 242

[83] Vgl. hierzu bes. III 5, u. S.283 ff

[84] Näheres zu der Art, in der Mendelssohn den platonischen "Phaidon" bearbeitet und *gemildert* hat, in den Kap. I 1, S.31 ff und III 2, S. 166 f.

[85] Vgl. hierzu III 3, A, u. S.190 f. Anm. 16. Darüber hinaus kann man sich des Eindrucks kaum erwehren, Mendelssohn halte oft an einem populärphilosophischen Stufenbau des Seins fest, der offenbar neuplatonisch inspiriert ist und deshalb schlagende Parallelen zum ontologischen Konzept Gregors von Nyssa aufweist. Auf einzelne Aspekte der Parallelität zwischen den ontologischen aber auch den erkenntnistheoretischen Ansätzen Mendelssohns und Gregors - wie die Unbegreiflichkeit des die Welt begreifenden höchsten Wesens oder die Auffassung des menschlichen Daseins als *"Inter-esse"*-einzugehen, ist hier nicht der Ort, doch können wir bereits darauf hinweisen, daß die auffallende Ähnlichkeit zwischen ihren Dialogen nicht einfach aus ihrer gemeinsamen platonischen Vorlage zu erklären ist. Ob und wieweit im einzelnen von einem direkten oder indirekten Einfluß anderer Quellen gesprochen werden kann, bedarf noch der Erforschung. Manche gedankliche Übereinstimmungen weisen allerdings schon auf Origines als einer solchen Quelle hin. An den Alexandriner erinnert vor allem das Postulat der Erlösung durch allgemeine Vergeistigung in beiden Werken. Kann man den Einfluß des Origenes auch auf Mendelssohn nachweisen? Angedeutet sei hier lediglich das Verhältnis des Origines einerseits zu der Welt freier Geister in der Philosophie des Leibniz und andererseits zu der umfassenden, dem Zeitalter des "ewigen Evangeliums" zustrebenden "Erziehung des Menschengeschlechts" bei Lessing (vgl. dazu Origenes, De Principiis, hrsg. und eingel. von H. Görgemanns u. H. Karpp. Darmstadt 1975, S. 30 (Einleitung)).M. Mendelssohn war bekanntlich ein Leibnizianer und Freund Lessings.

ERSTER TEIL

PLATONS "PHAIDON" ALS RELIGIÖS-PHILOSOPHISCHER ANSATZ

(Eine Dionysik des Geistes)

Ὅταν δέ γε αὐτή καθ' αὑτήν σκοπῇ, ἐκεῖσε οἴχεται εἰς τὸ καθαρόν τε καὶ ἀεὶ ὂν καὶ ἀθάνατον καὶ ὡσαύτως ἔχον, καὶ ὡς συγγενὴς οὖσα αὐτοῦ ἀεὶ μετ' ἐκείνου τε γίγνεται ὅτανπερ αὐτή καθ' αὑτήν γένηται.

Platon, "Phaidon" 79 d$_{1-4}$

δεῖν γὰρ περὶ αὐτὰ ἕν γέ τι τούτων διαπράξασθαι, ἢ μαθεῖν ὅπῃ ἔχει ἢ εὑρεῖν, ἤ, εἰ ταῦτα ἀδύνατον, τὸν γοῦν βέλτιστον τῶν ἀνθρωπίνων λόγων λ α β ό ν τ α καὶ δυσεξελεγκτότατον, ἐπὶ τούτου ὀχούμενον ὥσπερ ἐπὶ σχεδίας κ ι ν δ υ ν ε ύ ο ν τ α διαπλεῦσαι τὸν βίον ⟨Sperrung vom Verfasser⟩.

Platon, "Phaidon" 85 c$_7$-d$_2$

1. BEMERKUNGEN ZUR THEMATISCHEN REICHWEITE UND EIGENART DES "PHAIDON": PHILOSOPHIE ALS EINÜBUNG INS STERBEN

"Ein Wort und Begriff ist es vor allem, der von alters her in apollinischen Riten und orphischen Weihen heimisch, in das Seelische, Platonische geläutert und erhoben, wie das alte Jenseits überhaupt, im Phaidon uns belehrt, wie Denken und Beweis mit Ahnung und Gewißheit, wie der Weg der Seele und der Weg des Logos einander begegnen: *Katharsis*. Philosophie ist 'Reinigung' der Seele, Läuterung, Entleiblichung, Lösung von allen Unvollkommenheiten, allen schmerzenden Begierden; Todesnähe, Todessehnsucht."[1] Diese Äußerung Karl Reinhards trifft nicht nur den Kern der platonischen Problematik im Dialog "Phaidon", sondern sie wird auch der ganzen Schwierigkeit inne, die ihr sachliches Verständnis bereitet und bereitet hat. Der Begriff der Katharsis, die Bestimmung der Philosophie als Entleiblichung und Todessehnsucht muten in der Tat heute so fremdartig an, daß sie uns der Sache nach schlicht unzugänglich zu sein scheinen. So kommt der moderne Platonleser oft in die Verlegenheit, entweder nicht mehr zu verstehen, was Platon der Sache nach meint, oder seine Worte zum großen Teil im Sinne der eigenen Begriffe umzudeuten. Greifbar wird diese Verlegenheit vor allem an den zahlreichen neuzeitlichen Nachbildungen des "Phaidon".

Doch seien zunächst Inhalt und Bedeutung dieses platonischen Dialogs kurz skizziert. Freilich stellt der "Phaidon" "in vieler Hinsicht eine der großartigsten und bedeutendsten Schriften der griechischen Philosophie dar."[2] Er ist nicht nur das wesentliche Zeugnis für die Unsterblichkeitsargumentationen Platons. Durch die Tatsache, daß hier Platon seinen Lehrer, den Philosophen Sokrates, gerade vor seinem Tode in einem letzten Gespräch mit seinen Freunden über die Philosophie, das Sterben und die Unsterblichkeit sprechen läßt, gewinnt der "Phaidon" existentielle Dimensionen, ja er wird zum Zeugnis par excellence der existentiell zu verstehenden subjektiv-ethischen Einheit von Rede und Tat bei Sokrates.[3] Daß man in diesem Dialog noch weniger als sonst "das Geschehen und die Gespräche" (58 c_7) oder Ereignis und Philosophem trennen kann[4], ist eben kein Zufall. Denn besonders in dem Dialog über Tod und Unsterblichkeit scheinen Rede und Tat, oder, wie es P. Friedländer schön formuliert,"Seinswahrheit und Lebenswirklichkeit, Idee und Existenz", dringlich einander gegenseitig zu fordern: "Gesetzt, Sokrates hätte der Verordnung des Beamten, der das Gift verwaltet, sich gefügt und an seinem letzten Tage geschwiegen, so hätte er der Nachwelt wenig zu sagen ... Die Logoi wiederum erreichen bei der Größe der Aufgabe und bei der menschlichen Schwachheit ihr Ziel nicht völlig (107 A B) ... Kein Gespräch also bedarf mehr als das von Tod und Unvergänglichkeit der Gegenwart dessen, der es mannhaft führt, und den wir furchtlos und adlig enden sehen."[5] Die Überlegenheit und Gelassenheit des Sokrates vor dem Tode ist tatsächlich zum Symbol einer neuen Ära geworden. Diese Haltung des sterbenden Sokrates ist, wie Nietzsche treffend gesagt hat, das neue Ideal überhaupt, dem sich die edelste griechische Jugend hingab, anstelle jenes älteren Heldenideals eines Achilles.[6] Wie tief dieser Wandel gewesen ist, läßt sich am besten an der Haltung des Achilles in der Unterwelt veranschaulichen. Homer läßt den Achilles in der Unterwelt sagen, er möchte lieber unter den Lebenden Ackerknecht sein als unter den Toten zu herrschen - das ist kein Trost. Das natürliche Dasein unter dem hellen Sonnenscheine der "leichtlebenden"[7] olympischen Götter wird offensichtlich von Achilles als das an sich Erstrebenswerte empfunden. "Wolle mir doch den Tod nicht wegschwatzen"[8], so antwortet Achilles im Hades zornig dem Odysseus, und so würde jeder homerische Mensch Sokrates antworten, wenn er ihm den Zustand nach Ablauf des Erdenlebens als das wahre Leben vorspiegeln wollte. Denn nichts ist ihm, wie schon E. Rohde mit Recht bemerkt hat, "so verhasst wie der Tod und die Thore des Hades."[9] Sokrates hingegen *dürstet* im "Phaidon" nach dem als Befreiung der Seele vom Leibe konzipierten Tod.[10] Er sieht im Tod die Vollendung des philosophischen Daseins schlechthin. Dies deutet er schon im Einleitungsteil des "Phaidon" an, wenn er sagt: "Männer, die im wahren Sinn des Wortes nach Erkenntnis streben, üben das Sterben und der Tod ist für sie am wenigsten von allen Menschen schrecklich" (67 e_4). Da das als immer reinere Erkennen erlebte Philosophieren sich an immer größerer Unabhängigkeit vom Körper entwickelt, muß die Seele im Tode, wenn nämlich der Widerstand des irreführenden Körpers völlig aufgehört hat, die reinste Erkenntnis erreichen. "Denn erst in diesem Augenblick wird die Seele für sich allein sein, abgesondert vom Leibe, vorher aber nicht. Und solange wir leben, werden wir, wie sich zeigt, nur dann der Erkenntnis am nächsten sein, wenn wir soweit wie möglich nichts mit dem Leibe zu schaffen noch mit ihm gemein haben, was nicht höchst nötig ist, und wenn wir mit seiner Natur uns nicht

anfüllen, sondern uns von ihm rein halten, bis der Gott selbst uns befreit.
Und so rein, der Torheit des Leibes entledigt, werden wir uns wahrscheinlich zu unseresgleichen gesellen und durch unser eigentliches Selbst alles Ungetrübte (πᾶν τὸ εἰλικρινές) erkennen, und dies ist eben wohl das Wahre. Denn wer nicht rein ist, darf schwerlich an das Reine heran" (66 e_6 - 67 b_2)[11]. Dieser an die Offenbarungen der orphischen Mysterien unverkennbar anknüpfenden philosophischen Aufgabe der Vergeistigung steht das Leben, "das heißt die Verbindung von Leib und Seele",[12] feindlich gegenüber. Der Philosoph wendet sich allein der Seele zu, gegenüber den leiblichen Freuden und überhaupt den Ansprüchen des Leibes und des Lebens ist er gleichgültig.[13] Innerhalb eines solchen Zusammenhangs erscheint die Todesfurcht als "große Unvernunft" (68 b_5); die Aufregung, das innere Widerstreben vor dem Tode, ist für Sokrates ein "hinlänglicher Beweis" (68 b_8 ἱκανὸν τεκμήριον), daß jemand nicht die Weisheit, sondern irgendwie den Leib liebe, "daß er nicht φιλόσοφος, sondern φιλοσώματος ist." Am Schluß des "Phaidon" veranschaulicht und bekräftigt Sokrates seine Haltung: "Kriton, wir schulden dem Asklepios einen Hahn" (118 a_7). Das war "sein letztes Wort". Ist das nicht "das Rätselwort eines Genesenden"[14], der nach üblichem Brauch dem Asklepios, dem Gott der Heilkunst, ein Dankopfer bringen will? Und die Krankheit, von der er sich als genesen betrachtet, ist sie nicht das Leben? Dankt Sokrates eigentlich nicht für den Tod?[15] - Die Distanz zur griechischen Lebensfreude und Heiterkeit sowie zum heutigen Denken überhaupt, die hier in die Augen fällt, macht den "Phaidon" offenkundig auch zu einem Exemplum des antiken und besonders des platonischen Pessimismus, zu einem Dokument des tiefgreifenden Einflusses der orphisch-pythagoreischen Weltverachtung auf die Philosophie und Religiosität Platons. Die weltflüchtige Haltung, die (der platonische) Sokrates[16] in diesem Dialog einnimmt, die krasse Entwertung der Sinnenwelt und die unaufhaltsame Neigung zum Tode haben entscheidend dazu beigetragen, Platon sogar den Vorwurf des Nihilismus zu machen.[17]

Φαίδων ἢ περὶ ψυχῆς : Man darf den signifikanten Untertitel des platonischen Dialogs nicht außer acht lassen, wenn man wirklich verstehen will, warum der "Phaidon" schon seit dem Moment seines Erscheinens zum Rang eines Klassikers der Philosophie erhoben worden ist und in vieler Hinsicht noch bleibt. Im "Phaidon" wird wohl zum ersten Mal im Abendland Wort und Begriff der Seele an sich thematisiert, und zwar in einer Weise, "die in ihrer drängenden Besorgtheit um diese Mitte des Menschlichen bereits an christliche Intonation erinnert."[18] Philosophische Seinserkenntnis und Selbsterkenntnis der Seele bedingen sich hier dermaßen, daß die Seele in ihrer ek-statischen Selbsterfahrung sich als das eigentliche Thema des "Phaidon" erweist. Die zahlreichen antiken Reminiszenzen, Kommentare und Nachbildungen dieses Dialogs legen ein gutes Zeugnis davon ab.[19] Und wenn der Gedanke an Unsterblichkeit heute, um mit F. Dirlmeier zu sprechen, zu maßlos erscheint, "als daß er sich aus der allgemeinen Müdigkeit erheben könnte,"[20] dann ist es gerade dieser tiefere Sachverhalt des "Phaidon", die Selbsterfahrung der Seele, die auch den heutigen Leser durchaus treffen kann -, die Frage nämlich, was das eigentliche Selbst des Menschen ist und "ob es eine objektive Erkenntnis gewesen ist, im Menschen ein hochentwickeltes Tier zu sehen, oder ob erst jenseits des Animalisch-Vegetativen ein "eigentlicher" Mensch beginnt".[21] In diesem Zusammenhang scheint es auch kein Zufall zu sein, daß erst der neueren Platonforschung das sachliche Eindringen in die Todesproblematik *und* die Selbsterkenntnis der Seele als dem Grundthema des "Phaidon" gelang. Durch seine sog. "Unsterblichkeitsbeweise" und vor allem durch die Art seiner poetischen Darstellung (z.B. die Gefängniszelle des sterbenden Sokrates) hat der "Phaidon" nämlich lange die Vorstellung begünstigt, es handle sich hier schlicht um den Dialog des Todes und der Unsterblichkeit. Da man im "Phaidon" die eigene Lebensfrage nach dem Tod und der Unsterblichkeit wiederfand, hatte man bis zum 19. Jahrhundert meist weder Anlaß noch Befähigung, mögliche Implikationen dieser Grundfrage zu bedenken, geschweige denn die ursprüngliche Gestalt zu erforschen, in der sie bei Platon selbst und den Platonikern aufgetreten war. Nicht selten hat man lediglich angenommen, die sokratischen Argumente zum Beweis der Unsterblichkeit seien eo ipso eine Art heidnische Präfiguration der christlichen, bzw. rationalistisch-metaphysischen Überwindung des Todes. Typische Beispiele dafür sind die nicht wenigen neuzeitlichen Nachbildungen und Umbildungen des platonischen Dialogs. In Lamartines "La Mort de Sokrate" (1823) ist beispielsweise das griechische Vorbild völlig christianisiert.[22] Vor allem aber im 18. Jahrhundert, als die Beschäftigung mit Sokrates' Schicksal und Tod zur Mode wird und der "Phaidon" innerhalb des Corpus Platonicum zu besonderer Geltung kommt,[23] kann man die anschaulichsten Beispiele der einseitigen Behandlung oder gar Verkennung Platons im Sinne moderner Begrifflichkeit und Systematik finden. Moses Mendelssohn, der

Philosoph der "Preußischen Aufklärung" und Initiator der Bewegung für die soziale Gleichberechtigung der Juden in Deutschland, stellt mit seinem "Phädon" (1767) ein solches Beispiel dar. Schon programmatisch hält er es für nötig, "die metaphysischen Beweisthümer nach dem Geschmacke unserer Zeiten einzurichten";[24] er legt daher seine Gründe bewußt "dem Sokrates in den Mund".[25] So wird aber das Sterben des Sokrates zu "einem rührenden Schauspiel",[26] in dem das "Zeugnis der Seele", d.h. die wohltuende Resonanz des Unsterblichkeitsgedankens auf das Innenleben des Menschen - entgegen Platons ausdrücklicher Meinung - zum ausschlaggebenden Argument für die Unsterblichkeit der individuellen Seele stilisiert wird. Evident erscheint dies freilich allein im Rahmen der Begriffe "des wahren Judenthums" (die sich nach Mendelssohns Ansicht mit den in seinem "Phädon" dokumentierten Begriffen der "vernünftigen Religion"[27] völlig decken). Nach diesen Begriffen, deren eigentlicher Kern durch das Vertrauen in die göttliche Vorsehung entscheidend geprägt ist, sind alle Menschen zur Glückseligkeit bestimmt,[28] - wir haben, wie M. Mendelssohn sagt, alle Mittel zur Glückseligkeit zur Verfügung, weil wir "von jenem allerheiligsten Wesen, das uns hervorgebracht ... auf das zärtlichste geliebt werden".[29] Gewiß haben wir auch die "dem gesunden Menschenverstand" ursprünglich vertraute Unsterblichkeitslehre zur Verfügung, weil sie dringlich, für unsere Glückseligkeit unentbehrlich sei.[30] Für Platon hingegen kann die Tröstlichkeit des Unsterblichkeitsgedankens kein Argument für die Unsterblichkeit sein. Der platonische Sokrates sieht in seinem Interesse an seiner Unsterblichkeit geradezu eine Gefahr für die philosophische Erörterung der Unsterblichkeitsfrage; er fürchtet, eben weil er so interessiert ist, sich nicht philosophisch verhalten zu können; er warnt darum seine Freunde vor sich selbst (Phaid. 91 a - c).[31] Mendelssohn konnte natürlich diesen Passus in seinen "Phädon" nicht übernehmen; sein erstes Anliegen war - zugegebenermaßen - nicht die historische Aufgabe, d. h. das Zuhören und das Eingehen auf die Meinung des platonischen Textes, sondern die Verteidigung der rationalen Unsterblichkeitslehre wider den zeitgenössischen Materialismus und die "Sophisterey" seiner Tage.[32]

Moses Mendelssohn, der sich ausgesprochen überlegen gegenüber Platon fühlt[33] und die antike geschichtliche Wirklichkeit fälschlicherweise nach der seinigen umdeutet, ist allerdings keine Ausnahme. Eigentlich hat erst die neuere Forschung die sachliche Möglichkeit des platonischen Denkens, unabhängig von unserer eigenen Wirklichkeit, zu erkennen versucht. In radikaler Ausein-

andersetzung mit dem eigenen, Platon so fremden Denken, hat man sich nämlich
bemüht, das selbstgenügsame Bewußtsein der Moderne zu hinterfragen und "in
sokratischem Nichtwissen Plato ernstlich zu befragen".[34] Es ist heute unbestreitbar, daß damit ein wesentlicher Wandel in dem Verständnis des platonischen Philosophierens eingeleitet worden ist. In einem der bedeutendsten
Bücher über Platon, mit dem Titel: "Einsicht und Leidenschaft" von Gerhard
Krüger, wird dieser Wandel sehr treffend folgendermaßen beschrieben:

> "Wir kommen aus dem leeren Raume einer nur scheinbar autarken Bewußtheit zurück auf den Boden konkreten Menschseins, auf dem auch der philosophisch Denkende nicht mit sich allein lebt, sondern innerhalb der
> Natur und in geschichtlicher Gemeinsamkeit. Wir haben die 'Menschlichkeit' der Philosophie wieder sehen gelernt. So werden wir es eher als
> bisher würdigen, daß Plato die Philosophie als das Suchen, nicht als
> den Besitz der Wahrheit in 'Lehre' und 'System' versteht, und wir werden es nicht nur als eine unwesentliche Einkleidung auffassen, wenn
> Plato das Wesen der Philosophie mit den 'menschlichen' Situationen verquickt, die er dichterisch darstellt. Daß philosophische 'Existenz' im
> 'Sterben' oder in 'liebender Kommunikation' gesucht wird, philosophisches 'Leben' in einem 'zeugend'- schöpferischen Tun oder in der Sorge um staatliche Ordnung bestehen könnte, liegt nicht mehr fern, und
> man könnte hoffen, das immer noch fremd Erscheinende - etwa die
> 'Flucht' zu Gott, die 'Erleuchtung' oder den Aufstieg zum 'Schönen
> Selbst' - von hier aus erschließen zu können."[35]

Das Ausmaß des Wandels läßt sich richtig erfassen, wenn man wieder Moses
Mendelssohn zum Vergleich heranzieht: Bezeichnenderweise wendet sich Mendelssohns Sokrates nicht wie der platonische dazu, das Wahre zu betrachten
(Plat. Phaid. 66 d$_7$) oder zu suchen, sondern er "macht sich bereit, die Wahrheit zu *umarmen*".[36] Typisch äußert sich die Entfremdung Mendelssohns vom
Geist der platonischen Philosophie auch darin, daß er mehr den poetischen
Rahmen und die poetischen Motive des platonischen Dialogs reproduziert als
den metaphysischen und logischen Gehalt der Argumente. Dem nüchternen jüdischen Sinn Mendelssohns liegt der platonische Idealismus mit seiner Flucht
in die intelligible Welt, der das Denken der griechischen Christen, wie
sich noch zeigen wird, so stark in seinen Bann zog, überhaupt nicht. Die
Rehabilitierung der Sinnlichkeit im Zeitalter der Aufklärung[37] hat zweifellos dazu beigetragen, daß M. Mendelssohn den zentralen Punkt des platonischen "Phaidon", nämlich die Sachproblematik der Philosophie als Katharsis
und Einübung ins Sterben (μελέτη θανάτου) nur am Rande berührt. Weshalb
der Tod, die endgültige Trennung der Seele vom Leib, in der Sinnrichtung

des Philosophierens selbst liegt, scheint Mendelssohn nicht ganz wahrgenommen zu haben. Daß Philosophieren im "Phaidon" erkennendes Streben nach dem Unsinnlichen als dem wahrhaften Sein ist, daher ein Sichfreimachen der Seele von den leiblichen Sinnen, von dem durch Furcht und Begierde gefesselten Leib überhaupt -, diesen wesentlichen Sachverhalt hebt Mendelssohn ausdrücklich auf und ebnet die radikale Dichotomie des ontologischen und erkenntnistheoretischen Ansatzes Platons entschieden ein:

> "Die lange und heftige Deklamation wider den menschlichen Körper und seine Bedürfnisse, die Plato mehr in dem Geiste des Pythagoras, als seines Lehrers geschrieben zu haben scheint, mußte, nach unseren *besseren* Begriffen von dem Werthe dieses göttlichen Geschöpfes, sehr *gemildert* werden; und dennoch wird sie den Ohren manches jetzigen Lesers fremd klingen. Ich gestehe es, daß ich bloß der siegenden Beredsamkeit des Plato zu Gefallen, diese Stelle beybehalten habe."[38]

Als Milderung der platonischen Strenge läßt sich aber im Ganzen die historizistische Art bezeichnen, in der Mendelssohn den platonischen "Phaidon" im Kontext der Aufklärung bearbeitet hat.[39] Die moderne Platonforschung hingegen scheint gerade durch die Notwendigkeit eines sachlichen Eindringens in den tieferen Sinn der platonischen Strenge zu dem Ergebnis gekommen zu sein, daß es im "Phaidon" eigentlich um die Selbsterkenntnis der Seele geht.[40]

Das berühmte γνῶθι σαυτόν in der Vorhalle des delphischen Apollontempels dürfte tatsächlich als die innerste Mahnung dieses platonischen Dialogs gelten, der von vornherein ohnehin im Zeichen Apollons steht: seinem Kultus ist die Muße dieser letzten Zeit der Besinnung zu danken, da die Todesstunde durch das Ausbleiben der athenischen Festgesandtschaft nach Delos aufgehalten wird (58 a-c); und der Philosoph, der oft im "mythischen" Zustand des Traumes die Weisung vernommen hatte, musische Kunst zu treiben, hat jetzt, um nicht ungehorsam zu sein, dem Gott der musischen Kunst und der Reinheit ein "Proömium" geweiht, das ihn vor seinem Ende entsühnen soll (60 d - 61 b). Er nennt sich sogar den "Mitsklaven" und "Geweihten" des Herrn der Schwäne, mit denen er im seherischen Abschiedsgesang seiner letzten Gespräche wetteifert (84 c - 85 b).[41] Dennoch hat die Aufforderung des "Phaidon" zur Selbsterkenntnis nicht mehr die ursprüngliche Bedeutung des delphischen Spruches, der den sich dem Tempel nahenden Menschen - im Sinne der allgemein herrschenden griechischen Religion - hauptsächlich auf den tiefen Unterschied des Menschlichen zum Göttlichen aufmerksam machte und damit auf die Überlegenheit und Distanz des Gottes hinwies.[42] Die Aufforderung des "Phaidon" hingegen will nicht die Distanz, sondern die Nähe zum Göttlichen heraufbeschwören; γνῶθι σαυτόν bedeutet hier daher: Erkenne Deine durch das vielfältige Schwanken und Wandeln der menschlichen Leiblichkeit hindurchleuchtende Gottverwandtschaft, wie sie sich Deiner denkenden Seele offenbart und strebe in kompromißlosem Kampf gegen die destruktive Instanz des Leibes und seiner Bedürftigkeit danach, Dich dieser Deiner dauernden, eigentlich seienden Komponente anzugleichen. Also, um mit einem berühmt gewordenen Wort Pindars zu sprechen: "Sei der Du bist, erkennend!"[43] Sei Geist! So lautet letzten Endes die strikte Forderung Platons im "Phaidon".[44] Bei dieser Forderung rückt nicht so sehr der auf Distanz, Maß und Ordnung gerichtete apollonische Wille in den Blick als vielmehr die in die Nähe des Göttlichen überschwenglich strebende dionysische Ek-statik.[45] In der Tat handelt es sich im "Phaidon" eigentlich, wie schon R. Guardini richtig erkannt hat, um eine "Dionysik des Geistes": "Im letzten also nichts Ethisches mehr, auch nicht das Ethos des philosophischen Einstehens, sondern etwas Metaphysisch-Religiöses, welches alle Maße des Sollens und Dürfens sprengt."[46] Dieser über alle Grenzen hinauswollende "Wille zum Geist" führt freilich auch den tieferen Sinn des sokratischen "Willens zum Tode" auf, insofern der Tod als die totale Befreiung des Geistes gedacht wird.[47] Die krasse platonische Todesforderung läßt sich u.E. dennoch auf dem Boden des "Phaidon" allein kaum entschärfen. Daß nämlich die Lebens- und Leibverneinung im "Phaidon" nicht ernstgemeint, daß der "Haß" gegen die Welt des Leibes und Dinges hier "ein liebender" sei,[48] - diese Vorstellung zu begründen, bedarf unbedingt der unterstützenden Ergänzung *anderer* platonischer Werke; im "Phaidon" an sich ist die Begründung einer solchen Vorstellung nur schwer nachvollziehbar.[49] Denn: Dionysos ist unter anderem auch Ἀνθρωπορραίστης (Ael. nat. 12, 34), und "Phaidon" scheint gerade an dieses dionysische Motiv besonders gebunden zu sein, insofern er die radikale Lösung der Seele von dem menschlichen, allzu menschlichen Bereich des Leibes und der ihm zugeordneten sinnlichen Erscheinungen verlangt. Man kann und muß diese Forderung freilich mit R. Guardini wiederum als menschlich auffassen, d.h., "menschlich in dem sehr wesentlichen Sinne, dass es nur des Menschen ist, so über alle sichernden Grenzen hinaus in *Gefahr* und Zerstörungsmöglichkeit vorzudringen",[50] wie es durch den erkennenden, auf den Geist hin gewagten Menschen im "Phaidon" geschieht. Auf jeden Fall aber beruht dieses dionysische Wagnis auf den Geist hin auf einem tiefen existentiellen Unbefriedigtsein mit der Vielfalt des empirischen, werdenden Lebens, und es wird vollbracht in einer solch starken Anlehnung an die orphisch-pythagoreischen Vorstellungen von Reinigung, Reinigungsweihen, Lösung aus Fesseln, daß schließlich der Tod, nicht das Leben, als das "erlösende" Tor zum ursprünglichen, dauernden und eigentlichen Sein in den Blick rückt.

Dies wird uns besser einleuchten, wenn wir auf die schroffe Entgegensetzung von Seele und Leib im "Phaidon" achten: Die Seele oder besser noch, die Denkseele, der Geist, stellt das eigentliche Selbst des Menschen dar: Sie steht, weil sie der Dimension der Ideen ursprünglich zugehörig ist, über dem Körper und der werdenden Welt des Körperlichen, die durch die dem Ideenbezirk entgegengesetzten Prädikate gekennzeichnet ist. Das Körperliche ist vielgestaltig, veränderlich, sinnlich und vergänglich. Der Seele würden daher - dies ist anthropologisch bedeutsam - die Prädikate zukommen, die den Ideen zugesprochen werden: eingestaltig (μονοειδές), sich gleichbleibend (ἀεί ὡσαύτως κατά ταὐτά ἔχον ἑαυτῷ), intelligibel (νοητόν) und vor allem: unsterblich (ἀθάνατον) und unauflöslich (ἀδιάλυτον). Wenn auch Platon diese Attribute absoluten Seins der Seele nicht ganz vorbehaltlos zuschreibt, sondern genaugenommen von einer höchsten Ähnlichkeit (80 b ὁμοιότατον) der Seele zu den ideenbezogenen Attributen spricht, neigt er unter dem starken Einfluß des orphisch-pythagoreischen Mysteriendenkens unverkennbar dazu, der Seele den Status der Transzendenz doch zuzubilligen, sie als dem Unwandelbaren, Einfachen und Ewigen am nächsten verwandt, dem wechselnden, zusammengesetzten und sterblichen Körper diametral entgegenzusetzen. Diese Tendenz Platons läßt sich nicht zuletzt bei der Darstellung jenes Widerstreits von Vernunft und Affekt deutlich erkennen. Platon scheint zwar schon zur Zeit des "Phaidon" zu der Theorie eines differenzierten Seelischen, die später in der "Politeia"(4,435 aff) entfaltet wird, gelangt zu sein. Trotz der offensichtlichen "Negierung des Körperlichen als einer selbständigen Instanz der Affektion",[51] neigt er aber dennoch meist dahin, die Affekte mechanisch auf den Körper zurückzuführen. Diese ontologisch mechanische Betrachtung der Affekte und Triebe tritt so betont in den Vordergrund, daß Platons eigentlicher Ansatz von der ethischen Dispositio der Seele zu dem Körperlichen fast völlig zurückgedrängt wird.[52] Im "Phaidon" fehlt jeder Hinweis auf niedere Seelenfunktionen. Die Vereinigung der Seele mit

dem Körper wird als eine äußere dargelegt, sie ist nicht wesensnotwendig.
Die Seele hat überhaupt eine eigene Existenz. Sie ist ja nicht von derselben Seinsart wie der Leib: Sie gehört nach orphisch-pythagoreischem Muster dem wahren, göttlichen und dauernden Sein, während der Leib dem als modus deficiens betrachteten Menschlichen, d.h. dem Unvollkommenen, Werdenden und Sterblichen zukommt (80 b). Erst bei der Geburt wird die Seele mit dem Körper verbunden und muß nun im Leben danach trachten, sich vom Körperlichen zu lösen und zu reinigen. Denn solange sich noch die Sinne und die Emotionen in das Denken mischen und die Seele "mit dem Leibe, diesem Übel, verkoppelt sei" (66 b), wird sie nie recht erlangen können, wonach sie sich eigentlich sehnt: die Seins- und Selbsterkenntnis oder genauer noch, das nach Möglichkeit erkennende Eingehen in das ihr Verwandte, das wahre-göttliche, übersinnliche Sein, wo es ihr bestimmt ist, eudämonisch zu sein (81 a). Vor dieser höchsten Aufgabe stehend, muß der Philosoph sich mit dem reinen Denken-an-sich zu dem reinen An-sich-Seienden wenden (66 e). Er soll sich bemühen zu sterben; denn wenn er sich vom Körper und dessen Sinnen, Bedürfnissen, Emotionen und Genüssen abwendet, bereitet er sich in Wahrheit auf das Moment des Todes vor, in dem, wie gesagt, die Seele vom Körper völlig befreit wird (64 a ff; 80 c - 84 b). Todesbereitschaft ist demnach die natürliche Haltung des philosophischen Daseins. Echtes Philosophieren heißt Sterben-lernen, Einübung ins Sterben (81 a_1 - μελέτη θανάτου): Das ist die Definition und die Aufgabe der Philosophie im "Phaidon", die weit in die Zeiten, vor allem in die Spätantike und ins Mittelalter hinein, gewirkt hat.[53] Offenkundig wird dieses Auf-den-Tod-gerichtet-Sein aus dem Gedanken der *Katharsis*, der Katharsis des Somatischen, wesentlich geformt. Die radikale Zurückdrängung des sehr weit zu fassenden Somatischen[54] ist, mit anderen Worten, im "Phaidon" die funktionelle Bedingung der Befreiung und Ent-fesselung des Geistigen. Je heftiger, je "dionysischer" der Drang zum letzteren, desto düsterer müssen (unter den Bedingungen des gegebenen Aufrisses zweier Welten (79 a)) die Bindungen des ersteren erscheinen. Je größer der Abstand zwischen der im Tode erwarteten und im ek-statischen Streben zum Geistigen schon vorerlebten Freiheit und Seligkeit der Seele und der alltäglichen empirischen Lebens- und Denkerfahrung des Individuums in und *mit* dem Körper sich entwickelt, desto tiefer muß der Körper als hemmende und lähmende Fessel, als Gefangenschaft einer an sich freien und göttlichen Seele empfunden werden. Nicht zufällig also hat die Erörterung schon am Anfang des Dialogs die "Geheimlehre" berührt, "daß wir hier im Leben wie in einem Warttum sind" -

(62 b); daß der Leib ein Kerker ist, von dem die Seele sich loszulösen habe (67 d). Die endgültige Lösung, die vollkommene Katharsis, gelingt ihr freilich erst im Tod. Im Tod allein können wir, "wenn überhaupt", das Wissen erlangen (66 e). So erweist sich tatsächlich der Tod als die Erfüllung des philosophischen Lebens, die Mysteriensymbole als hinweisend in diese philosophische Existenz.

In die Rätselsprache jener archaischen Mystik einzudringen, deren Forderungen Platon in der Aufgeklärtheit seiner Logik wieder-holt, wäre demnach conditio sine qua non einer angemessenen Interpretation des "Phaidon", bzw. seiner eventuellen Umbildung. Denn es sind nicht nur die orphisch-pythagoreischen Motive der "Reinigung", der "Lösung aus den Fesseln des Leibes", deren sich Platon zur Artikulierung des geistigen Läuterungsprozesses in diesem Dialog nachdrücklich bedient. Auch die Werte, die dem Philosophen aus solcher Läuterung zuwachsen - nämlich die Sophrosyne, die Gerechtigkeit, die Tapferkeit, die wahre Tugend überhaupt - erfahren eine überraschende Interpretation als "Reinigungen" von den Lüsten und Ängsten und "allem Sonstigen dieser Art"[55]. Die φρόνησις, die philosophische Einsicht, durch die allein das Wahre der ἀρετή erreicht wird, ist eo ipso καθαρμός τις ("eine Reinigungsweihe"). Scheiden sich dadurch bei den geheimen Weihen Geweihte und Ungeweihte, so deutet Platon diesen Gegensatz auf den Unterschied hin zwischen denen, die in richtiger Weise die Wahrheit gesucht haben, und den anderen. Echtes Philosophieren, echte Sittlichkeit wird also als eine Art Einweihung und Katharsis gedacht, als radikale Abkehr der Seele von dem in dauerndem Wechsel begriffenen Leib, als "läuternde Befreiung von verwirrenden Erregungszuständen aller Art".[56] Wer sie erreicht hat, für den ist Todesfurcht, d.h. letztlich Furcht vor dem alle hemmenden Fesseln der Seele sprengenden "Befreier" lächerlich, denn er wird ja im "Kreis der Götter" wohnen und das Wahre-Göttliche anschauen (vgl. 69 c mit 81 a und 114 bc). Das Ziel des Philosophen scheint somit mit dem des Mysten zusammenzufallen. Beiden bedeutet der Tod Lösung der Seele aus den Fesseln des fremden Leibes und Eingehen in das ihr Verwandte.[57] Eine sachliche Verbindung Platons mit den Archetypen und Forderungen der Mysterien, zumal vom orphisch-pythagoreischen Kultus, erscheint also im "Phaidon" geradezu unausweichlich. Immer wieder orientiert sich hier Platons Denken an der Symbolik der alten Mysterien und sucht ihre "rätselnden Hinweise" (69 c αἰνίττεσθαι) vor allem im

Hinblick auf seine Ethik und Eschatologie zu entschlüsseln.[58] Die Aufgabe eines tieferen Eindringens in die Vorstellungen der geheimen orphisch-pythagoreischen Weihen ist sogar bei einer Untersuchung, die insbesondere auf die Rezeption des "Phaidon" in der Spätantike hinzielt, um so dringlicher, als gerade diese platonischen Elemente, Eschatologie nämlich und Ethik, nicht die Ideenerkenntnis, in jener Epoche fruchtbar werden.[59] Neue Dringlichkeit gewinnt diese Aufgabe auch durch die heute zur opinio communis gewordene Tatsache, daß Vieles und Entscheidendes vom religiösen Aufschwung der Spätantike auf direkte(neu-)orphische und pythagoreische Impulse zurückzuführen ist. Vor allem die neu belebte orphische Anthropogonie mit ihrem Versuch, das Individuum in seinem Verhältnis zu Schuld und Vergeltung zum Kernpunkt der religiösen Problematik zu machen, hat in jener, auf die Erlösung des Einzelnen gerichteten Zeit, ungewöhnliche Resonanz gefunden.[60] Selbst die christliche Eschatologie läßt sich, wie wir sehen werden, in mancher entscheidenden Hinsicht im Lichte orphischer Vorstellungen deuten und begreifen. Was nun den philosophisch begabten Bischof Gregor von Nyssa anlangt, so hat dieser bei dem in seinem Dialog "de anima et resurrectione" dargelegten Versuch, einen christlichen "Phaidon" zu schreiben,[61] das Leitmotiv seines platonischen Vorbildes viel besser als gewisse Imitatoren oder Forscher der Moderne erkannt und entsprechend berücksichtigt. Die Begriffe 'Katharsis' und 'Reinheit', die im platonischen "Phaidon" alles durchdringen,[62] ziehen sich auch bei ihm wie ein roter Faden durch seinen ganzen Dialog; sie bilden in Wirklichkeit einen der Hauptpunkte seines Denkens schlechthin. Genau wie bei Platon und bei Plotin ist der Weg zur *Schau* des Wahren-Göttlichen beim Nyssener die Abwendung der Seele vom Äusseren und ihre Einkehr in sich selbst, die Reinigung der Seele von allem, was nicht sie selbst ist, die Erkenntnis ihres eigenen wahren Wesens, die *Selbsterkenntnis*.[63] Besonders in seinem Dialog läßt sich sehr gut erkennen, daß es auch bei ihm nicht bloß auf moralische Reinigung ankommt, sondern auf Katharsis des Denkens,[64] die allerdings von der dualistisch-radikalen platonischen Abwendung von den Sinnen im "Phaidon" zu differenzieren weiß.[65] Trotz aller Abweichung bleibt aber der gregorianische Katharsisbegriff von dem platonischen so maßgeblich bestimmt, daß man, auch um dieser Bestimmung eben auf den Grund zu gehen, etwas weiter ausholen und den Ausgangspunkt der rigorosen platonischen Forderung nach Katharsis in dem Bereich archaischer Religiosität orphisch-pythagoreischer Prägung suchen muß. Solch ein auf integrierendes Denken hinzielender Versuch, obgleich er freilich angesichts der dürftig und fragmentarisch vorhandenen Zeugnisse jener archaischen Zeit mit vielen Schwierigkeiten verbunden ist und hier nur andeutungsweise aufgeführt werden kann, würde nicht zuletzt den Blick dafür schärfen, Gregors von Nyssa eigene erkenntnistheoretische Ansätze, wie sie durch seine Leitbegriffe 'Katharsis' und 'Ekstase' hindurchleuchten, in ihrer strukturellen Beschaffenheit und Intention besser erschließen zu können. Denn mögen diese beiden letzteren Leitbegriffe im Rahmen der gregorianischen christlichen Version jenes gnostisch-neuplatonischen Schemas von dem Abfall und der Rückkehr der Seele zu ihrem göttlichen Ursprung und Zustand - was wiederum eine Erneuerung orphisch-pythagoreischer Normen darstellt - so viele neue philosophisch-anthropologische Dimensionen erhalten haben, sie bleiben gleichwohl grundsätzlich auf ihren Ursprung bezogen. Und dieser Ursprung heißt Orphik, respektive Pythagoreismus.

A N M E R K U N G E N

[1] Karl Reinhardt, Platons Mythen, S. 95 /Hervorhebung vom Verfasser/

[2] So H.G. Gadamer, Die Unsterblichkeitsbeweise, in: WuR 145

[3] R. Guardini, Der Tod des Sokrates, S. 16, erscheint Sokrates in der Situation des Todes als "existentielles Gegenbild der philosophischen Aussage" schlechthin; er sei "keine abstrakte Konstruktion, sondern lebendigste Wirklichkeit". Hier stellt sich aber unausweichlich die vieldiskutierte Frage, ob es sich bei den platonischen Dialogen überhaupt um den historischen Sokrates handelt. Von den sehr unterschiedlichen Antworten darauf sei hier nur auf zwei Maximen der Philosophiegeschichte hingewiesen: Nietzsche äußert sich bezüglich der Historizität des von Platon tradierten Sokratesbildes bekanntlich sehr kritisch. In der "Einleitung in das Studium der platonischen Dialoge" spricht er bei der Besprechung des "Phaidon" davon, daß Platon "Sokrates als mythisches Exempel zur Demonstration seiner Ansicht" benutze (K XIX 258); und in "Ecce homo", daß Platon Sokrates als "Semiotik für Plato" verwende (WW II 1116 (3)). Kierkegaard, der sich über die Frage in seiner Magisterarbeit "Über den Begriff der Ironie" auch überwiegend kritisch äußert (vgl. die These III ebd.), legt in seiner reifen Schrift "Abschließende unwissenschaftliche Nachschrift" die Unterscheidung zwischen "Sokratischem" und "Platonischem" folgendermaßen dar: "Sokrates akzentuiert wesentlich das Existieren, während Plato, dies vergessend, sich in Spekulationen verliert" (S.V. VII 172 - UN I, 196). Kierkegaard scheint hier die Historizität des von Platon tradierten Sokratesbildes grundsätzlich anerkennen und im Horizont *seiner* philosophischen Denkmotive erläutern zu wollen. Wenn auch die menschlich-geistige Haltung der Sokratesgestalt in den platonischen Dialogen den kierkegaardschen Ansatz des "Sokratischen" plausibel macht, sollte man sich stets darüber im klaren sein, daß Platon als derjenige, der das Sokratesbild am eindringlichsten geprägt hat, in hohem Maße Künstler gewesen ist und daß wir über die Persönlichkeit und Lehre des historischen Sokrates letzten Endes "kaum ein Minimum wissen" (O. Gigon, Sokrates, S. 13). Bei Sokrates stehen wir vielmehr vor der doppelten Tatsache, "daß es von ihm weder ein Selbstzeugnis gibt, da er nichts Geschriebenes hinterlassen hat, noch daß ein Historiker über ihn berichtet hat. Unter den Primärquellen, die uns für Sokrates zur Verfügung stehen, findet sich keine einzige, die sachlich hat Zeugnis geben wollen davon, wie der geschichtliche Sokrates gelebt und gesprochen hat. Es ergibt sich die unabweisliche Folgerung, daß wir über den geschichtlichen Sokrates praktisch nichts wissen, außer einigen wenigen Dingen ..., die aber gerade nicht das sind, worauf es der sokratischen Literatur eigentlich ankommt" (O. Gigon, a.a.O.,S. 314). Dieser skeptische Ansatz wird durch die Tatsache bekräftigt, daß Sokrates allzu oft und allzu gern in der Literatur und Philosophiegeschichte gleichsam als "Projektionswand" fremder Gedanken benutzt worden ist (vgl. etwa Xenophons Sokratesdarstellung in "Oikonomikos" oder die "interpretatorische" Bestimmung der sokratischen Methode durch Aristoteles in Met. M 4, 1078 b 17 ff . Für die Neuzeit ist besonders Moses Mendelssohn sehr charakteristisch,der sein Vorhaben in seinem "Phädon" ganz offen darlegt: "Meine Gründe lege ich dem Sokrates in den Mund..." (Brief an Thomas Abbt, 22. Juli 1766, JA XII/1, S. 118); wie Sokrates schließlich zur Verkörperung wesentlicher Grundfragen und -probleme Nietzsches selbst

diente, hat Hermann Josef Schmidt in seiner Mongraphie "Nietzsche und Sokrates" (Meisenheim a.G.1969) überzeugend gezeigt).
Dennoch hat neulich J. Beckman, The Religious Dimension of Sokrates' Thought (Waterloo/Ontario, 1979),mit gutem Grund von einer allzu strikten, skeptisch-positivistischen Haltung gewarnt. Im Hinblick auf "The Problem of Historical Sokrates" faßt er den geschichtlichen Gehalt der sokrati - schen Gespräche folgendermaßen zusammen: "In short, while the Sokratic discourse was not a work of history in the narrow sense, it nonetheless did have historical value (at least such was its *prima facie* claim), not so much with respect to particular scenes discribed and words exchanged as with respect to the general delineation of Sokrates in action discussing philosophical matters" (a.a.O., S. 10 /Hervorhebung im Original/). Der Einwand Gigons verliert dadurch aber nicht an Gewicht, zumal die Sokratesbezeichnungen Platons (oder Xenophons etwa) selbst in entscheidenden Punkten widersprüchlich sind. Gemeinhin werden vor allem die "Apologie" und der "Kriton" als die historisch korrektesten Dialoge angesehen. "Phaidon" scheint hingegen zu jenen Dialogen zu gehören, die dem historischen Sokrates am wenigsten entsprechen. Mit "Sokrates" wird daher weiterhin bei unserer Untersuchung grundsätzlich der platonische Sokrates des "Phaidon" bezeichnet.

[4] Vgl. P. Friedländer, Platon III, S. 2 ; O. Apelt, Phaidon, S. 11 ff.
Der stark mimetische Charakter des "Phaidon" muß bei jeder Untersuchung und Analyse des Dialogs mitberücksichtigt werden. Vollkommen richtig stellt H. G. Gadamer, Die Unsterblichkeitsbeweise, WuR 145 f, dazu fest: "Es handelt sich hier um eine poetische Darstellung, die von vornherein nicht unter den einseitigen Maßstab logischer Schlüssigkeit gestellt werden darf, sondern menschliches Gespräch erzählt, das als ein solches verstanden werden muß." Wer in den "Unsterblichkeitsbeweisen" des "Phaidon" systematische und dogmatische Demonstrationen sieht, verfehlt demnach den innersten Charakter dieses Dialogs. Er nimmt weder wahr, daß am Ende der Beweisanspruch aller platonischen Argumentationen auf das Hypothetische begrenzt wird, noch, daß die Grundtendenz des "Phaidon" letzten Endes auf ein "schönes Wagnis" (144 d_2; 85 d_1) hinausläuft; der dogmensuchende Leser Platons würde auch schlechthin "neuplatonische" Phantasie brauchen, um den bewußt gedämpften, annähernden Ton Platons (vgl. 66 d_9 τι; 67 a_3 ἐγγυτάτω) , die erstaunliche Häufigkeit von ἴσως (61 e_9, 62 c_6, 67 b_1 etc.) und anderen Wahrscheinlichkeitsausdrücken auch nur einigermaßen rechtfertigen zu können(Zur "neuplatonischen" Phantasie: L.G. Westerink (Hrsg.),The Greek Commentaries on Plato's Phaedo, Bd I (Olympiodoros), S. 64, Anm. zu Ol.2 § 6.7 - 11, hat vor kurzem darauf aufmerksam gemacht, daß "against the claims of the Middle Academy, which explained Plato's frequent use of 'perhaps, probably' etc. as expressing suspension of judgment, the Neoplatonic commentators try to find a satisfactory way of accounting for such particles *wherever* they occur" /Hervorhebung vom Verfasser/).Siehe dazu auch I 2, unten S. 79 f,Anm. 70.

[5] P. Friedländer, Platon III,S.29f. Zum Wagnis und zur Tapferkeit des Erkennenden bei Platon und Platonismus (Gregor von Nyssa) vgl. III 3 B, unten S. 199 ff

[6] Vgl. Nietzsche, Die Geburt der Tragödie, WW I 78 (13).Nietzsche sieht "in Sokrates den einen Wendepunkt und Wirbel der sogenannten Weltgeschichte" (ebd. WW I 85 (15)),insofern ihm die Person des Sokrates als Stammvater des im Dienste der Wissenschaft arbeitenden theoretischen Menschen, dieses

Ideals, wie er sagt, der modernen Welt, gilt. Sokrates ist für Nietzsche das Urbild des theoretischen Optimisten schlechterdings, "der in dem ... Glauben an die Ergründlichkeit der Natur der Dinge dem Wissen und der Erkenntnis die Kraft einer Universalmedizin beilegt und im Irrtum das Übel an sich begreift" (ebd. WW I 86 (15)). Diesen *Glauben* versteht Nietzsche als Geist der Wissenschaft, der theoretischen Weltbetrachtung, an deren Entgegenwirken die alte Tragödie, die tragische Weltbetrachtung überhaupt, sich brach (ebd. WW I 95 (17)).

Auch Hegel erblickt in Sokrates eine "welthistorische Person": Als Träger des Prinzips "der subjektiven Reflexion" resp. des "Innerlichseins des Bewußtseins" sei er "Hauptwendepunkt des Geistes in sich selbst" (Hegel,"Vorlesungen über die Geschichte der Philosophie I",in: Hegel, Werke, Bd 18, Frankfurt/M., 1971, S. 441). Die Darstellung der Person des Sokrates durch Hegel in seinen "Vorlesungen über die Geschichte der Philosophie"(a.a.O., S.441- 516)ist auch heute noch unübertroffen. Beachtenswert ist dabei vor allem der richtige Ausgangspunkt Hegels, wenn er über Sokrates schreibt: "Sein Schicksal und seine Philosophie muß als eins behandelt werden" (a.a. O., S. 447).

[7] ῥεῖα ζώοντες: Il. 6, 138; Od. 4, 805; 5, 122

[8] Od. 11, 488

[9] E. Rohde, Psyche I 2. Ähnlich schreibt auch Bruno Snell,Die Entdeckung des Geistes, S. 38, über die Todesverdrängung in der homerischen Welt."Tod und Dunkel ist überhaupt so weit wie möglich an den Rand dieser Welt geschoben. Der Tod ist ein Nichts oder wenig mehr als ein Nichts, in das die Menschen hinabsinken." Das "natürliche" Verhältnis des homerischen, ja des griechischen Menschen überhaupt zum Tode läßt sich erst im Rahmen seines Glaubens an die olympischen Götter begreifen. Denn in dem Sinnvollen und Natürlichen des Handelns und Lebens ihrer Götter deutet sich den Griechen das menmenschliche Dasein. Die olympischen Götter rechtfertigen das Menschenleben, indem sie es selbst - am vollkommensten - leben. Dadurch, daß die Götter ein leichtes und schönes Leben führen, rechtfertigt sich den Griechen, jedenfalls den frühen Griechen, auch das Elend und der Tod des irdischen Daseins (vgl. B. Snell, a.a.O., S. 35 ff; W. F. Otto, Theophania, S. 34 ff; F. Dirlmeier, Phaidon, S. 255; Nietzsche, Die Geburt der Tragödie, WW I 29 ff (3)).Die göttliche Geborgenheit des grch.Menschen läßt sich wohl auch in der Situation des Todes erkennen, wie sie uns durch die zahlreich erhaltenen Grabbildnisse des 5. und 4. Jahrhunderts v. Chr. zugänglich ist.Dies materielle Substrat für die allgemein herrschende Todesstimmung der Griechen (vgl. dazu Rohde, Psyche II 37, 102, 336 ff) zeigt uns genügend auf, mit welcher Ruhe und stiller Anerkennung sie dem Todesgeheimnis gegenüberstanden: "Da sind keinerlei Zeichen weder des Schreckens, noch einer auf einen bestimmten Jenseitsglauben gegründeten Hoffnung. Das gewesene Leben allein ist in feierlicher Stille als Gestalt gegenwärtig, und noch heute fühlen wir die ewige Ruhe, die es umweht. Aber auch die dauernde Verbundenheit mit den Überlebenden spricht sich durch liebevolles Händereichen aus" (W.F. Otto, a.a.O., S. 57 f).

[10] Vgl. Phaid. 64 b$_6$ οἱ φιλοσοφοῦντες θανατῶσι

[11] F.Dirlmeier schließt daraus: "Das Geistleben muß also über den Tod hinausreichen, oder: ohne Unsterblichkeit keine Vollendung der Erkenntnis" (Phaidon, S.255).

[12] Eine richtige Folgerung P.Friedländers, Platon III ,S.36

[13] Vgl. Phaid. 64 d - 65 a. P. Friedländer trifft den platonischen Sachverhalt genau, wenn er a.a.O. schreibt: "Der Leib und seine Begierden sind schuld an Krieg und Bürgerkrieg - das politische Moment klingt herein,- sie lassen uns nicht zum Philosophieren kommen und stören unser Denken, selbst wenn wir dorthin vordringen." Hierzu ist es aufschlußreich anzumerken, welche Bezüge Sokrates zwischen Krieg und Leib sieht: διὰ γὰρ τὴν τῶν χρημάτων κτῆσιν πάντες οἱ πόλεμοι γίγνονται, τὰ δὲ χρήματα ἀναγκαζόμεθα κτᾶσθαι διὰ τὸ σῶμα, δουλεύοντες τῇ τούτου θεραπείᾳ (Phaid. 66 c_7 f). Platons Geringschätzung des Lebens, zumal des politischen Lebens, läßt sich am besten anhand seiner Anspielung auf die Wiedergeburtslehre veranschaulichen: Bei der Wiedergeburt werden die leib- und lebensbefangenen unreinen Seelen in einen Leib gebunden von solchen Sitten, deren sie sich selbst im Leben befleißigt hatten (81 e ff). Wer der Völlerei und dem Zorn anhing, wird zu einem Esel oder ähnlichen Tier. Der Herrschsüchtige und Räuber wird zu einem Wolf, Habicht oder Geier. Die Glücklichsten unter diesen sind dann die, die der vulgären und bürgerlichen Areté (δημοτικὴ καὶ πολιτικὴ ἀρετή ,82 a) nachgeeifert haben, dem also, was man in Athen überlicherweise unter Areté verstanden hat (vgl. etwa Isokr. Antidosesrede § 278). Diese Leute werden in eine gesellige und zahme Gattung wiedergeboren und zu Bienen, Wespen oder Ameisen oder auch wieder zu Menschen und ganz durchschnittlichen Männern (ἄνδρας μετρίους 82 b) werden. Man kann also nicht sagen, daß es ein besonderer Anreiz zu dieser politischen Tugend ist, wenn sie den Effekt hat, daß man eine Ameise oder eine Wespe wird (ähnlich auch W. Brücker, Platos Gespräche, S.191).
Aus dem radikalen Gegensatz zwischen dem der Sinnenwelt angehörigen Körper und dem der Idee zugewandten Geist im "Phaidon" ergibt sich für das praktische Verhalten tatsächlich die Folgerung, der Sinnlichkeit abzusterben und aus dieser Welt in die jenseitige - die eigentliche "Heimat" - zu flüchten. Plotin wird dies später lapidar ausdrücken: I 6, 8, 16 : "φεύγωμεν δὴ φίλην ἐς πατρίδα", ἀληθέστερον ἄν τις παρακελεύοιτο κτλ.- Explizit wird Olympiodoros den echten Philosophen dem Politiker gegenüberstellen. In seinem Kommentar zu Phaid. 63 e_{9-10} εἰκότως ἀνὴρ τῷ ὄντι ἐν φιλοσοφίᾳ schreibt er: 'τῷ ὄντι φιλόσοφον' λέγει οὐ πρὸς ἀντιδιαστολὴν τοῦ σοφιστοῦ ... ἀλλὰ πρὸς ἀντιδιαστολὴν τοῦ πολιτικοῦ. καθαρτικὸς γὰρ ὁ διάλογος· οὐ κυρίως δὲ φιλόσοφος οὗτος, ὃς καὶ τοῖς πάθεσιν ἐν καιρῷ χρῆται καὶ θυμῷ καὶ ἐπιθυμίᾳ, θυμῷ μὲν ἀμυνόμενος τοὺς κατὰ τῆς πατρίδος πολεμίους, ἐπιθυμίᾳ δὲ διότι καὶ τοῦ σώματος καὶ τῆς γενέσεως φροντίδα ποιεῖται· ο ὐ γ ὰ ρ ἑ α υ τ ο ῖ ς γ ε γ ό ν α - μ ε ν , ἀ λ λ ὰ κ α ὶ τ ῷ π α ν τ ί (3 § 6, Westerink, S.73 /Hervorhebung vom Verfasser/).

[14] Eine Formulierung K. Reinhardts, Platons Mythen , S.102

[15] Daß Sokrates gewissermaßen freiwillig stirbt, daß er freiwillig von dieser "kranken Welt" (vgl. Phaid. 110 a) scheidet, fällt gewiß im "Phaidon" auf. Ausdrücklich ist er doch bereit, vom Leben zu scheiden, ὅταν ἀνάγκην τινα θεὸς ἐπιπέμψῃ (62 c_7) bzw. ὅταν ἡ εἱμαρμένη καλῇ (115 a5). Diese äußerste Notwendigkeit scheint eine Ausnahme zu der allgemeinen strengen Verurteilung des Selbstmordes bei Platon (vgl. Phaid. 61 c ff) zu bilden. Denn auch in den "Gesetzen" 9, 873 c, wo Platon verschiedene Fälle angibt, in denen ausnahmsweise der Selbstmord gestattet ist, fehlt die im "Phaidon" zugelassene Ausnahme nicht, sondern ist, wie schon R.

Hirzel, Der Selbstmord, in: ARW 11 (1908), S. 245, Anm. 2, richtig festgestellt hat -, in den Worten πόλεως ταξάσης δίκη enthalten. Auch Platon also - nicht nur Xenophon (vgl. Apol. Sokr. bes. §§ 1, 9, 23, 32, 33) - scheint den Tod des Sokrates als einen, allerdings aufgenötigten, Selbstmord aufgefaßt zu haben. Genaugenommen handelt es sich um einen freiwilligen Tod, zu dem Sokrates gezwungen wird. Daß an diesem Oxymoron die Alten keinen Anstoß nahmen, zeigt überzeugend Hirzel, a.a.O.. Siehe dazu auch O. Apelt, Phaidon 135, Anm. 16. Anders als Hirzel, der vor allem auf die vordergründige Tatsache des Trinkens des Schierlingsbechers hinweist, begreift J. Burckhardt, Griechische Kulturgeschichte^2 II 422, unter dem "tatsächlichen Selbstmorde" die "Verschmähung der Flucht und absichtliche Erbitterung der Richter". Auch Nietzsche, der versucht hat, gerade im Anschluß an das "letzte Wort" des Sokrates im "Phaidon" (118 a$_7$) "das Problem des Sokrates" (Götzen-Dämmerung, WW II 951-956) überhaupt zu lösen, äußert sich ähnlich: "... Sokrates *wollte* sterben - nicht Athen, *er* gab sich den Giftbecher, er zwang Athen zum Giftbecher..." (a.a.O.,S.956 /Hervorhebung im Original/). In diesem Sinne schreibt auch Hegel in seinen "Vorlesungen über die Geschichte der Philosophie" (Werke, Bd 18, S. 511): "Sokrates wollte sich auch nicht vor dem Volke demütigen, um Erlassung der Strafe bitten; Sokrates ist so deswegen zum Tode verurteilt und das Urteil an ihm vollzogen worden, weil er die Majestät des Volks nicht anerkannt hat, - nicht als Strafe der Vergehen, derer er schuldig gefunden wurde." Schließlich sei hier noch W. Benjamin erwähnt, der im Tode des Sokrates das dem "tragischen Tode" entgegenzusetzende "Sterben" eines Märtyrers" erblickt: "Wie der christliche Glaubensheld - das hat die Neigung mancher Kirchenväter wie der Haß Nietzsches mit unfehlbarer Witterung gespürt - so stirbt Sokrates freiwillig und freiwillig, in namenloser Überlegenheit und ohne Trotz verstummt er wo er schweigt" (Ursprung des deutschen Trauerspiels,S.95).Daß nicht nur die Moderne oder die Antike, sondern auch das Zeitalter des Humanismus Sokrates nicht selten unter die berühmtesten Selbstmorder des Altertums zählte, beweist die 1502 in Straßburg erschienene *Illustrierte* Ausgabe der "Aeneis" von Vergil (Hrsg. v. Sebastian Brant, Verleger: Johann Grüninger): In einem der 136 Holzschnitte dieser beachtlichen Ausgabe (leicht zugänglich sind heute diese Holzschnitte in der kommentierten Aeneisausgabe von M. Lemmer, Leipzig/München 1979) zögert der Herausgeber Brant interessanterweise kaum, die Insel der Selbstmörder in der Unterwelt (siehe Lemmer (Hrsg.), S. 160) mit Sokrates, Mithridates und Cato zu bevölkern, von denen bei Vergil (VI, 434 ff) allerdings keine Rede ist.
Zur inhaltlichen Bestimmung des sokratischen "Willens zum Tode" vgl. noch S. 35 ff und bes. I 2, S.81 ff, Anm. 78

[16] Sehr bemerkenswert ist der Versuch J. Beckmans, The Religious Dimension of Sokrates' Thought, S. 18-33 ("Sokrates and Plato on the ψυχή and Death"), die gewissermaßen immanentistische Seelen- und Todeskonzeption des "historischen" Sokrates von der völlig transzendenten Platons abzugrenzen: "In the middle dialogues Plato conceived the ψυχή to be the essential person or self, or, more specifically, the immortal, incorporeal *part* of the total living human being. This ψυχή, on separation from the body at death, was virtually equivalent to νοῦς, the intellect which apprehended the Forms. Thus, the essential ψυχή had a fate beyond and independent of the body. For Plato the body was extrinsic and non-necessary to the life or selfhood of the ψυχή. Sokrates, however, used the word ψυχή on the virtual equivalent of the whole, living, bodily human person" (a.a.O.,S. 19 /Hervorhebung im Original/).Auch hinsichtlich des Todes sieht Beckmann

tiefgreifende Unterschiede zwischen der agnostizistischen Haltung Sokrates' in der "Apologie" und der Platons im "Phaidon", wo "death turns out to be a good thing" (a.a.O, S. 26).Ferner: "Sokrates does not conceive of the after-life as some part of orphik purified state, *or* as a state of contemplation of divine realities as in Plato ... Sokrates conceives of the after-life of the soul as in no essential way different from the human condition here in this life" (a.a.O.,S. 27 f /Hervorhebung im Original/). Auch das Vergeltungsprinzip im Jenseits oder die Auffassung der Philosophie als Einübung ins Sterben begreift Beckman als genuin platonische Vorstellungen. Sein Ansatz bleibt jedoch, insofern er ausschließlich auf der Gegenüberstellung der frühen zu den mittleren Dialogen Platons beruht,dem Einwand O. Gigons über den dichterischen,primär nicht biographischen Charakter der platonischen Sokrateszeichnungen (vgl. o. Anm. 3),wesentlich ausgesetzt.

17 Zwar fehlt es auch bei anderen Werken Platons nicht an pessimistischen Äußerungen. So etwa in Apol. 40 de nennt Sokrates den Tod einen "tollen Gewinn" (θαυμάσιον κέρδος), selbst wenn er das eigene Nichtsein - "eine Nacht traumlosen Schlafes" - bedeutete. Denn er glaubt, letzten Endes wären es ganz wenige Tage und Nächte eines Menschen, - sei er auch der Großkönig selbst gewesen -, die besser und angenehmer als jene tiefe Nacht erlebt worden sind. In Leg. 1,644 d,sieht Platon einmal die Menschen nur als Drahtpuppen in der Hand der Götter, als Spielzeug, wie sie Heraklit auch auffaßt. "Phaidon" scheint jedoch im ganzen Corpus Platonicum ein Extrem darzustellen, dessen orphisch-pythagoreisch jenseitige Stimmung sich mit der der anderen Dialoge nur schwer vereinbaren läßt (vgl. dazu H. Kuhn, in: Gnomon 27 (1955), S.49,Rez.zu P. Friedländers Platonbuch, Bd 1). Kraß fällt vor allem der Unterschied zu dem etwa gleichzeitig entstandenen "Symposion" auf. Karl Praechter leitet beispielsweise seine Analyse des "Phaidon" so ein: "An Stelle der Lebensbejahung tritt die Lebensverneinung. Kommt die erstere beim Gelage des Symposions zum Ausdruck, so durchzieht die letztere das Gespräch in Sokrates' Todesstunde..." (Die Philosophie des Altertums, Berlin 1926[12], S. 265). Seele und Körper, Idee und Einzelding, werden hier einander so schroff gegenübergestellt, als ginge es tatsächlich um die Begründung einer Zweiweltenlehre. Es ist daher kein Zufall, daß auch die kritische Polemik des Aristoteles gegen den platonischen "Chorismos", das heißt die Abtrennung der Idee von den Erscheinungen, vor allem auf "Phaidon" (bes. 95 b - 108 c) Bezug nimmt. Auf die Radikalität des "Chorismos" im "Phaidon" vor allem bezieht sich auch der moderne Vorwurf des Nihilismus gegen Platon. Er deutet sich schon beim jungen Kierkegaard an, wenn er über den "Phaidon" schreibt: "Hier aber ist nun offenbar die *Seele* ebenso *abstrakt* verstanden wie das reine Wesen der Dinge, welches der Gegenstand der Tätigkeit der Seele ist. Und es bleibt ein bedenklicher Zweifel übrig, ob wohl eigentlich (möge die Philosophie gleich mit noch so großer Anstrengung versuchen, das reine Wesen der Dinge aus allen seinen Verstecken herauszuholen), ob also da etwas andres sich zeigen werde als das rein Abstrakte (Gesundheit, Größe usw.), welches als solches in seinem Gegensatz gegen das Konkrete ein Nichts ist. Hieraus folgt dann wiederum, daß die Seele in ihrer erkennenden Tätigkeit, um mit ihrem Gegenstand so recht übereinstimmend zu werden, in gleichem Maße zu einem Nichts werden muß" (S.V. XIII 161-BI 69 f). Daß auch und nicht zuletzt Nietzsche, allerdings von einem anderen Standpunkt aus, in der metaphysischen Suche Platons und Sokrates'- wie sie sich in erster Linie im "Phaidon" darstellt - Lebenstendenzen sieht, die

zum "Nichts" wollen, sei hier bloß erwähnt.
So betont die Weltverneinung, das Übersinnliche und Jenseitige im "Phaidon" sein mag, der Geist dieses Dialogs bleibt doch u.E. letztlich im größeren griechischen Kontext. Denn es gelingt Platon auch hier, sich über den Standpunkt einer trübasketischen Weltverachtung orientalischer Prägung hinauszuerheben. Man erinnere sich etwa an Phaid.89 de, wo Platon kräftige Worte gegen die törichten Menschenverächter findet, die ohne richtige Menschenkenntnis die Menschen für absolut schlecht und kränklich halten und sich daher enttäuscht der Welt verschließen. Für einen Menschenkenner hingegen würde die Mehrzahl der Menschen in der Mitte zwischen Gut und Böse stehen und wäre daher der Erziehung zum Ideale zugänglich. Platon ist - wie H. Diels, Der antike Pessimismus,S.23,sehr treffend sagt -, viel zu sehr Grieche, um in buddhistischem Büßertum oder auch "spezifisch christlicher" Mönchsaskese die Aufgabe des Menschen zu erblicken. Sehr einleuchtend beschreibt auch Kierkegaard, S.V. VIII 159 - BI 68, die Distanz des "Phaidon" zur orientalischen Mystik der Schwere und des Entwerdens: "Die Sehnsüchte, von denen hier (sc. im "Phaidon") die Rede sein kann, richten sich ... darauf, leichter und leichter zu werden, sich zu sammeln in einem immer noch feiner werdenden Äther, nicht darauf, in einer abstumpfenden Mattigkeit zu verdunsten."

[18] F. Dirlmeier, Phaidon,S.206.U.v. Wilamowitz, in: GdH II 253,schreibt dazu: "Es muß überhaupt gesagt werden, daß die Seele im Menschen erst durch Platon zu einem Objekte wissenschaftlicher Forschung geworden ist."

[19] Einen guten Überblick über "The greek commentaries on Plato's Phaedo" bietet L. G. Westerink in der Einleitung seines gleichnamigen Buches, Bd I (Olympiodorus), S. 7-20

[20] F. Dirlmeier, Phaidon S. 202

[21] Ebd., S. 204

[22] Vgl. K. Kerényi,"Unsterblichkeit und Apollonreligion",in "Apollon" (1941^2), S. 33; P. Friedländer,Platon III,S.29,hebt mit Recht hervor, daß diese Christianisierung jedenfalls "bei keinem anderen Werke Platons so sehr gelingen konnte wie bei diesem".

[23] Vgl. dazu Dominique Bourel, Nachwort zur Entstehung des "Phädon", in Moses Mendelssohn, Phädon (PhB 317, Hamburg 1979), S. 164 ff (dort weitere Literatur und Quellenangaben)

[24] M. Mendelssohn, Phädon , S.8, 17-18

[25] M. Mendelssohns Brief an T. Abbt vom 22. Juli 1766, JA: XII/1, S. 118; Vgl. dazu o. Anm. 3

[26] Leo Strauss, Einleitung zu M. Mendelssohns "Phädon", JA: III/1, S. XXI

[27] Unter dem Stichwort "vernünftige, bzw. natürliche Religion" versteht Mendelssohn die *bloß* vernünftige, nicht durch Offenbarung geleitete Religion

[28] Vgl. M. Mendelssohn, Jerusalem (Berlin 1783), II, S. 41; JA: VIII, S.161

[29] M. Mendelssohn, Phädon , S. 102, 15-17

[30] Vgl. M. Mendelssohn, Phädon,S.80,4-7: "... der Mensch, der Hoffnung zur Unsterblichkeit beraubt, ist das elendeste Thier auf Erden, das zu seinem Unglücke über seinen Zustand nachdenken, den Tod fürchten, und ver-

[31] Vgl. besonders Phaid.91 c3 ff:παντὶ λόγῳ ἀντιτείνετε,εὐλαβούμενοι ὅπως μὴ ἐγὼ ὑπὸ προθυμίας ἅμα ἐμαυτόν τε καὶ ὑμᾶς ἐξαπατήσας, ὥσπερ μέλιττα τὸ κέντρον ἐγκαταλιπὼν οἰχήσομαι.

[32] Vgl. M. Mendelssohn, Phädon, S. 149, 24-150, 7; vgl. bes. S. 150,6-7:"Ueberhaupt ist mein Sokrates nicht der Sokrates der Geschichte"

[33] Vgl. M. Mendelssohn, Phädon, S. 8, 26; 150, 7-151, 6 (Anhang zur 3. Auflage des Phädon)

[34] Gerhard Krüger, Einsicht und Leidenschaft, Frankfurt/M. 1973[4], S. XV

[35] a.a.O., S. XV-XVI

[36] M. Mendelssohn, Phädon, S. 56, 8-9 /Hervorhebung vom Verfasser/

[37] Vgl. dazu etwa Panajotis Kondylis, Die Aufklärung, Stuttgart 1981, S. 19 ff

[38] M. Mendelssohn, Phädon, S.8,23-30/Hervorhebung vom Verfasser/

[39] Vgl. Leo Strauss, Einleitung zu M. Mendelssohns Phädon, JA: III/1, S. XX

[40] Vgl. G. Krüger, Einsicht und Leidenschaft,S.30;H.G.Gadamer, Die Unsterblichkeitsbeweise, WuR 153; W. Schulz,"Zum Problem des Todes", in: Der Tod in der Moderne , S. 172 f

[41] Die Vorstellung, daß der Schwan (κύκνος) nur einmal, nämlich im Sterben, sagenhaft singe, behauptete sich durch das ganze Altertum. Es ist nicht ohne Belang für unser Thema, auch die anderen Besonderheiten anzumerken, die den Ruhm dieses vielgenannten Vogels in der alten Welt begründen: der lange, gewundene Hals, die weiße Farbe des Gefieders, seine Weisheit und natürlich seine Stimme. Ferner fiel seine kämpferische Natur auf (Belege und weitere Literatur bei Gossen, Art."Schwan",in: RE, 2 A, 1, Sp. 782-792).

[42] Vgl. Plat. Charm. 164 d- 165 a; Aesch. Prom.309. Vgl. dazu Walter F. Otto, Theophania, S. 99; E. Rohde, Psyche II 2: "Das ist nun aber in der Religion des griechischen Volkes der wahre Grundsatz, daß in der göttlichen Ordnung der Welt Menschentum und Götterwesen örtlich und wesentlich getrennt und unterschieden sind und bleiben sollen. Eine tiefe Kluft hält die Welten des Göttlichen und des Menschlichen auseinander. Das religiöse Verhältnis des Menschen zum Göttlichen gründet sich wesentlich auf diese Unterschiedenheit " /Hervorhebung im Original/.

[43] Pind. Pyth. 2, 72: γένοι', οἷος ἐσσὺ μαθών

[44] In Aristoteles' Protreptikos, eine dem Platon sehr nahestehende Schrift, läßt sich die platonische Ansicht über den göttlichen Sondercharakter des Geistes eindrucksvoll nachweisen: (B 108) Οὐδέν οὐ θεῖον ἢ μακάριον ὑπάρχει τοῖς ἀνθρώποις πλὴν ἐκεῖνό γε μόνον ἄξιον σπουδῆς,ὅσον ἐστίν ἐν ἡμῖν νοῦ καὶ φρονήσεως· τοῦτο γάρ μόνον ἔοικεν εἶναι τῶν ἡμετέρων ἀθάνατον καὶ μόνον θεῖον.(B 109) καί παρά τὸ τοιαύτης δυνάμεως δύνασθαι κοινωνεῖν, καίπερ ὢν ὁ βίος ἄθλιος φύσει καὶ χαλεπός, ὅμως οὕτως ᾠκονόμηται χαριέντως, ὥστε δοκεῖν πρὸς τὰ ἄλλα θεόν εἶναι τὸν ἄνθρωπον. (B 110) 'ὁ νοῦς γάρ ἡμῶν ὁ θεός',(εἴθ' Ἑρμότιμος εἴτ' Ἀναξαγόρας εἶπεν τοῦτο,) καί ὅτι ὁ θνητός αἰών μέρος ἔχει θεοῦ τινος'. ἢ φιλοσοφητέον οὖν ἢ χαίρειν εἰποῦσι τῷ ζῆν ἀπιτέον ἐντεῦθεν,ὡς τὰ ἄλλα γε πάντα φλυαρία τις ἔοικεν εἶναι πολλὴ καὶ λῆρος (Text in: I. Düring, Aristo-

tle's Protrepticus. An Attempt at reconstruction, S. 90f; Übersetzung und Erläuterungen bei I. Düring, Aristoteles, S. 429).

[45] Vgl. E.Rohde, Psyche II 1-37 ("Ursprünge des Unsterblichkeitsglaubens. Der thrakische Dionysosdienst"); Wilamowitz, GdH II 60-81 (bes. 67 ff: "Dionysos ... rief alle zu sich..."); W.F. Otto, Theophania, S. 97 ff, 105 ff; M.P. Nilson, GGrR I 577: "Das Eigenartige und Epochenmachende der dionysischen Orgien ist die innerliche Vertiefung des Strebens, sich mit dem göttlichen Wesen zu vereinigen und in ihm aufzugehen. Es bestand jedoch nicht nur in der Erregung des Gemüts, sondern es gab dafür auch äußere Ausdrücke, die als das Primäre betrachtet werden müssen, das Verschlingen von Stücken eines Tieres, das man dem Gotte gleichsetzte, und das Bekleiden mit dem Fell des getöteten Tieres, wodurch man wieder sich selbst mit dem Gott identifizierte".
Siehe auch Giorgio Colli, Die Geburt der Philosophie, Frankfurt/M. 1981, S. 31: "Dionysos ruft die Menschen zu sich, indem er ihre Welt entleert, ihr alle körperliche Konsistenz, alle Schwere, Härte und Kontinuität nimmt und die Individuation sowie die Zwecke der Individuen aller Wirklichkeit entkleidet."

[46] Romano Guardini, Der Tod des Sokrates, S. 208

[47] ebd.

[48] So. R. Guardini, a.a.O., S.209

[49] Vgl. etwa F. Dirlmeier, Phaidon, S. 244: "Zum 'Phaidon' gehört der 'Staat'. Da ist gezeigt, wie der Einsame seine soledad verlassen und hineinwirken soll in die Zeitlichkeit als 'Philosophenkönig'." An dasselbe "Staat"-Motiv des zur Welt des Leibes und Dinges zurückkehrenden Philosophen appelliert auch R. Guardini, Der Tod des Sokrates, S. 209. Ähnlich H. Görgemanns, Beiträge zur Interpretation von Platons "Nomoi", S. 127. Vgl. auch A. Graeser, Probleme der platonischen Seelenteilungslehre, S. 59, S. 61 ff.

[50] R. Guardini, a.a.O., S. 203 f /Hervorhebung vom Verfasser/

[51] A. Graeser, Probleme der platonischen Seelenteilungslehre, S. 62. Dies tritt am deutlichsten im Phaid. 82 d_9 - e_7 hervor: γιγνώσκουσι γάρ, ἦ δ'ὅς, οἱ φιλομαθεῖς ὅτι παραλαβοῦσα αὐτῶν τὴν ψυχὴν ἡ φιλοσοφία ἀτεχνῶς διαδεδεμένην ἐν τῷ σώματι καὶ προσκεκολλημένην, ἀναγκαζομένην δὲ ὥσπερ διὰ εἱργμοῦ διὰ τούτου σκοπεῖσθαι τὰ ὄντα ἀλλὰ μὴ αὐτὴν δι' αὑτῆν, καὶ ἐν πάσῃ ἀμαθίᾳ κυλινδουμένην, καὶ τοῦ εἱργμοῦ τὴν δεινότητα κατιδοῦσα ὅτι δι' ἐπιθυμίας ἐστίν, ὡς ἂν μάλιστα α ὐ τ ὸ ς ὁ δεδεμένος συλλήπτωρ εἴη τοῦ δεδέσθαι /Sperrung vom Verfasser/.

[52] Vgl.unsere diesbezügliche Kritik an A. Graeser in III 3 A, unten, S. 189 f, Anm. 13. Richtig hingegen ist die Darlegung des Problems bei I.M. Robinson, Platos' Psychology, S. 33

[53] Dazu vgl. P. Friedländer, Platon III, S. 437, Anm.8a. Philosophie als μελέτη θανάτου gehört, wie Hans Ebeling in der Einleitung zum Sammelband "Der Tod in der Moderne" (Meisenheim a.G. 1979), S. 11 mit Recht betont, zur ältesten Tradition, "die beinahe kontinuierlich von Platons "Phaidon" bis zu Montaignes These reicht, "que philosopher, c'est apprendre à mourir" (Essais I, 20), von Pascal erneuert, von Kant fast destruiert worden ist und seither ihre Kraft beinahe eingebüßt hatte." In neuester Zeit ist der Tod, der allerdings mit umgekehrtem Vorzeichen als das Ende und nicht mehr als

Voll-endung bevorsteht, wieder in einen ausgezeichneten Bezug zur Philosophie und philosophierenden Existenz gesetzt worden. Hier sei nur auf Kierkegaard und Heidegger hingewiesen, die den Tod, oder besser gesagt, den Gedanken an den Tod ("das Vorlaufen in den Tod") als jenes Konstituens des menschlichen Daseins verstehen, das dieses jeden Augenblick in allem seinem Tun und Lassen bestimmt. Beiden geht es bezeichnenderweise darum, daß der Mensch, aus der *eigenen*, aus "seiner" Todeszukunft auf sich zurückkommend, seine Gegenwart ergreift, diese Gegenwart aber versteht als *das jetzt schon geschehende Hineingehaltensein in den Tod*. Diese Seinsweise, "in der das Dasein zu seinem Tode ist", nennt Heidegger im Unterschied zum äußeren Ableben "Sterben". Der Tod wird also hier absolut verinnerlicht ; *"Der Tod als Ende des Daseins ist die eigenste, unbezügliche, gewisse und als solche unbestimmte, unüberholbare Möglichkeit des Daseins.Der Tod ist* als Ende des *Daseins* im Sein dieses Seienden zu seinem Ende"(Sein und Zeit,§ 52 ,S.258 f/Hervorhebung im Original/. Vgl. dazu auch H. Ebeling, a.a.O., S. 16 f). Das Denkmodell des "Vorlaufens" zum Tode, das der Heideggerschen existentialen Analyse der Zeitlichkeit des menschlichen Daseins zu Grunde liegt, ist aber erstmals von Kierkegaard entwickelt worden, wobei vor allem seine fiktive Rede "An einem Grabe" von Bedeutung ist (vgl. S. Kierkegaard, S.V.V 226 ff . - Erbauliche Reden 1844/45, in: Gesammelte Werke (hrsg. v. E. Hirsch, H. Gerdes u.a.), Abtl. 13/14, S. 173 ff; vgl. ferner dazu M. Theunissen, Der Begriff Ernst bei Sören Kierkegaard, Freiburg i.Br./München 1958, S. 140-147).Man könnte wohl sagen,daß dieses Denkmodell, das mit dem als Herausgetretensein des Menschen aus seiner direkten Umwelt und aus sich selbst zu verstehendem Begriff der Ek-sistenz innerlich verbunden ist, das phythagoreisch-platonische Motiv der Vorwegnahme des Todes und die ihm entsprechende Ek-statik (mehr dazu unten I 2, S. 56 ff),freilich in modernem reflexivem Selbstbezug, wieder aufgenommen hat.

[54] Wie weit der Begriff des Somatischen im "Phaidon" zu fassen ist, hat W. Schulz, Philosophie in der veränderten Welt, S. 341, trefflich beschrieben: "Alle Verhaltensweisen des'äußeren Menschen' - mit Augustin geredet -, also alle Verhaltensweisen, die auf Sichtbares und dessen Erwerb gerichtet sind, stehen hier im Blick. Alle diese Triebe kommen, so heißt es, "aus dem Körper". Dementsprechend erklärt Plato: der Körper begehrt, wünscht, strebt."

[55] So ist wohl die Stelle Phaid. 69 $b_8 - c_2$ τὸ δ' ἀληθές τῷ ὄντι ᾖ κάθαρσίς τις τῶν τοιούτων πάντων (sc.ἡδονῶν καὶ φόβων καὶ τῶν ἄλλων πάντων τῶν τοιούτων: b_4) καὶ ἡ σωφροσύνη καὶ ἡ δικαιοσύνη καὶ ἀνδρεία zu verstehen. Bestimmt falsch ist die Interpretation von Heinz J. Schaefer, Phronesis bei Platon, Bochum 1981, S. 120: "In Wirklichkeit sind Beherrschtheit, Gerechtigkeit und Tapferkeit nur eine Art von vollzogener Reinigung dieser Affekte (gemeint sind Lust und Furcht)." Der Genitiv τῶν τοιούτων πάντων ist wohl kein Genitivus objectivus, sondern ein Genitivus separativus, worauf schon W. Schadewaldt, in: H 83 (1955), S. 152, Anm. 2, aufmerksam gemacht hat. Ähnlich interpretiert die Stelle auch F. Dirlmeier, Phaidon, S. 45 und S. 257, der mit Recht bemerkt, daß das Problem hier ganz ähnlich wie in der berühmten Tragödiendefinition der aristotelischen "Poetik" (6, 1449 b, 27 f) liegt. Dazu vgl. ders., in: H 75 (1940), S. 81 f; H. Flashar, in: H 84 (1956), S. 12 ff; M. Pohlenz,in: H 84 (1956), S. 49 ff.

[56] Eine Formulierung F. Dirlmeiers, Phaidon, S. 257. Vgl. dazu vor allem Phaid. 82 c - 84 b

[57] Daß Platon, wenn auch in mythischen Bildern, durchaus vom individuellen Fortleben redet, darauf deutet schon die Definition des Todes hin, die er wiederholt gibt (vgl. 64 c; 80 c ff). Wenn der Tod an den Menschen herantritt, geht die Seele -, sich vom Körper lösend -, so erklärt Platon auch in Phaid. 106 e ff, heil und unversehrt von dannen. Zum Problem der persönlichen Unsterblichkeit bei Platon vgl. I 2, unten S.64 f.

[58] Wie die Struktur des platonischen Denkens mit der mystischen Bewußtseinsstruktur in vieler Hinsicht höchstähnlich ist, hat P. Friedländer, Platon I, S. 63-89 (Kap. III: "Arrheton"), überzeugend gezeigt. Ob allerdings seine Vermutung von einem möglichen Einfluß der Eleusinischen Mysterien gerade auf Platon zutrifft, muß stark bezweifelt werden.

[59] Vgl. dazu II 1, unten S. 88 ff

[60] Man orientiere sich darüber in dem ausgezeichneten Aufsatz von Clemens Zintzen, Die Wertung von Mystik und Magie in der neuplatonischen Philosophie, in dem Sammelband: Die Philosophie des Neuplatonismus, S. 391-426. Siehe auch H. Dörrie, Plotin, Philosoph und Theologe. Die Welt als Geschichte 23, 1963, S. 1-12 (=Plat.Min. 361-374). Wichtig in diesem Zusammenhang ist schließlich auch das noch immer sehr lesenswerte Übersichtswerk von Johannes Geffcken, Der Ausgang des griechisch-römischen Heidentums, Religionswiss. Bibl. 6, Heidelberg 1920.

[61] Zu dieser unserer "Arbeitshypothese" vgl. o. S. 8 und bes. S. 13 ff

[62] Mit vollem Recht hat daher K. Kerényi, "Unsterblichkeit und Apollonreligion", in: Apollon, S. 39, zu "der über allem stehenden Verstandesreinheit" im "Phaidon" bemerkt: "Sie durchleuchtet die ganze Todesbereitschaft und -vorbereitung dieses bittersüßen letzten Tages. Als seelische Wirklichkeit beherrscht sie auch uneingestanden den Gedankengang des Sokrates. Die sonst unerklärlichen Werturteile der theoretischen Beweisführung haben hier ihren Quell. Diese tödliche Sehnsucht nach Reinheit ist ebenso alles durchdringendes Element, Atmosphäre, Lebensader für den Phaidon, wie der Eros für den anderen großen platonischen Dialog von der Unsterblichkeit, das Symposion. Wir verstehen jetzt, wie Sokrates, der große Liebhaber der begrifflichen Klarheit, der Unsterblichkeitslehre zustimmen konnte, die er im Phaidon vorträgt."

[63] Vgl. etwa de an. et resurr. 89 BC (übers. und interpret. in III 5, unten S. 284 f); siehe auch III 4 (Exkurs), S. 266 f

[64] Vgl. bes. de an et resurr. 41 D - 44 A: διὰ τούτων (sc. τῶν εἰκόνων τῶν ἀφράστων ἐκείνων τῆς θεότητος ἰδιωμάτων), τὸν λόγον χειραγωγούμενον, μήτε ἀποπίπτειν τῆς κατὰ τὴν οὐσίαν τοῦ νοῦ καταλήψεως, ἀποκαθαιρομένης ἐν τῇ ἐξετάσει τοῦ σκέμματος τῆς σωματικῆς ἰδιότητος (übers., u. III 4, S. 233) [Hervorhebung vom Verfasser].

[65] Dazu vgl. unten III 3 B, S. 206 ff. Für die Bedeutung und Funktion der Katharsis bei Gregor von Nyssa verweisen wir schon hier auf die gute Darstellung A. H. Armstrongs (Hrsg), The Cambridge history of later Greek and early medieval philosophy. Cambridge 1970, S. 449 ff (vgl. bes. S. 452). Hingegen sind die Ausführungen darüber von E. Ivánka, Plato Christianus, S. 162 ff, J. Daniélou, Platonisme, S. 103; W. Völker, Gregor von Nyssa als Mystiker, S. 70 ff, 94 ff, 109 ff und M. B. von Stritzky, Zum Problem der Erkenntnis bei Gregor von Nyssa, S. 73-79, mit Vorsicht zu behandeln. Denn gemeinsam ist ihnen allen, daß sie Gregor, oft auf Ko-

sten der Texte, als Mystiker charakterisieren wollen und deshalb seine als gnadenhafte *Contemplatio Dei* verstandene "Mystik" als eine dem Denken überlegene Stufe werten. Ob aber die"mystischen" oder die "christlichen" Korrekturen Gregors an der griechischen Philosophie dermaßen ins Gewicht fallen, wie diese und andere Forscher meinen, muß stark bezweifelt werden (vgl. dazu A.M. Ritter, *Die Gnadenlehre*,in: GRuPh 229 und unsere Arbeit, bes. III 6, unten S., 321 ff, 329 ff, 360 ff, wo wir das Problem ausführlich erörtern).

2. VON DER RITUELL-MORALISCHEN REINIGUNG DES ORPHISCH-PYTHAGOREISCHEN MYSTERIENDENKENS ZUM GEISTIGEN LÄUTERUNGSPROZESS DES PLATONISCHEN "PHAIDON": DIE WIEDERHERSTELLUNG DES VERHÄLTNISSES ZUM GÖTTLICHEN DURCH KATHARSIS

(Über den tieferen Sinn der Philosophie als Einübung ins Sterben)

Mit Reinheitsvorschriften und -handlungen hatte sich das religiöse Denken während der ganzen archaischen Zeit vornehmlich befaßt. Eine erhöhte Bedeutung und Dringlichkeit bekam aber das allgemeine Streben nach ritueller Reinigung (Katharsis) vor allem in jener Gegend arachaischer Religiosität, in welcher auch Orphik und frühes Pythagoreertum wurzeln.[1] Im Rahmen der orphisch-pythagoreischen Mystik[2] mußte sich der Mensch nicht nur von besonderen Befleckungen (miasmata) und dämonischen Berührungen reinigen, sondern, soweit wie möglich, von jedem Makel der Sinnlichkeit. Er mußte die Seele *selbst* rein machen: "rein von dem Leibe und seiner befleckenden Gemeinschaft, rein vom Tode und dem Greuel seiner Herrschaft. Zur Buße einer "Schuld" ist die Seele in den Leib gebannt, der Sünde Sold ist hier das Leben auf Erden, welches der Seele Tod ist. Die ganze Mannichfaltigkeit des Daseins, der Unschuld ihrer Folge von Ursache und Wirkung entkleidet, erscheint diesen Eiferern (sc. den Orphikern) unter der einförmigen Vorstellung einer Verknüpfung von Schuld und Busse, Befleckung und Reinigung. Mit der Kathartik tritt hier die Mystik in einen engen Bund. Die Seele, die aus dem Göttlichen kommt und zurückstrebt zu Gott, hat auf Erden keine Aufgabe weiter zu erfüllen (und eben darum keiner Moral zu dienen); vom Leben selbst soll sie frei und rein von allem Irdischen werden."[3]

Rein vom Leibe, rein vom Tode, - dieser Vorstellungskreis bedeutet offensichtlich einen vollständigen Umschwung in der griechischen Einschätzung der Seele und des Körpers, des Lebens und des Todes. Im Vergleich zu Homer, der gerade den Körper als das "eigentliche Selbst" des Menschen und das Dasein der Seele nach dem Tod nur noch als einen kraftlosen Schein, ein wesenloses Schattenbild (εἴδωλον) auffaßt[4], ist die neue Konzeption in der Tat eine Revolution. Die Möglichkeit einer Art Unsterblichkeit des Sterblichen blieb dem Frühgriechentum überhaupt fremd. Für die Frühgriechen sterben die Menschen, weil sie gerade sterblich sind. Die Sterblichkeit erwies sich als Grundbestimmung des menschlichen Daseins: "Gleich wie Blätter im Walde ... so der Menschen Geschlecht; dies wächst und jenes verschwindet."[5]

Die Orphiker und die Pythagoreer hingegen scheinen diesen Grundzug des Menschlichen eben nicht ertragen zu können; darum trachten sie in titanischer Ablehnung der griechischen religiösen Grundhaltung[6] nach dem unsterblichen Göttlichen. Indem sie den Menschen mit einem verborgenen, todlosen "Selbst" göttlichen Ursprungs ausstatten und dadurch Seele und Leib radikal entzweien, führen sie in die griechische, ja europäische Kultur eine neue mystische Deutung des menschlichen Daseins ein, die "noch heute in der christlichen Eschatologie heilige Wahrheit für viele"[7] ist. Man wird nicht sehr fehlgreifen, wenn man diese neue Deutung mit E.R. Dodds als "puritanisch"[8] bezeichnet, zumal sie durch die Körper-Seele Antithese und die daraus hergeleitete Notwendigkeit der *purificatio* kat' exochēn gekennzeichnet ist. Woher stammt aber eigentlich diese neue Anschauung? Es wurde schon mehrmals dargelegt, wie die Berührung mit fremden, vor allem schamanistischen oder kleinasiatischen Glaubensvorstellungen und Praktiken den Griechen früh Ansätze zu einer "puritanischen" Psychologie nahegelegt haben konnte[9], wie die der orphisch-pythagoreischen oder, lokal definiert, großgriechisch-sizilianischen Kreise. Denn daß die Seele göttlichen Ursprungs ist und in ihrer Bindung an den Körper ihre volle Freiheit, ihre eigentliche Existenz einbüßt, ergibt sich gewiß nicht aus dem Kontext der Vorstellungen des alten, allgemein herrschenden Glaubens. E. Rohde hat sogar von einer Mystik gesprochen, die "ein fremder Blutstropfen im griechischen Blute"[10] war. In der Tat, für die daseinsfreudigen Ionier oder Athener, die noch im fünften Jahrhundert die Psyche mit der empirischen Person gleichsetzten und sie als das innerliche Korrelat zu 'Soma' betrachteten,[11] hatte die orphisch-pythagoreische düstere Behauptung, daß der Körper das Gefängnis oder gar das Grab der Seele sei, völlig unsinnig erscheinen müssen: Ein phantastisches Paradoxon, dessen komische Andeutungsmöglichkeiten dem Auge des Aristophanes gleichwohl nicht entgangen sind.[12]

Dennoch hat es auch für das orphisch-pythagoreische "Paradoxon" gewisse näher zu greifenden Voraussetzungen gegeben: Die im griechischen Raum weitverbreitete Vorstellung von Seelenexkursion im Schlaf oder in der Ohnmacht hat ohne Zweifel einen entscheidenden Anstoß zu der Körper-Seele-Antithese gegeben. Vor allem die freie, durch keine Kausalität eingeengte Beweglichkeit der Vorstellungen und Bilder im Traum führte zu der Folgerung, im Traum lebe die Seele ein zweites Leben, das oft als ihr eigenes, ihr eigentliches Leben angesehen wurde. Denn nur "dann hat sie eine Beweglichkeit, die ihr bei Tage versagt ist; nur dann blickt sie in Bereiche, die ihr sonst verschlossen sind, vor allem in die Zukunft."[13] Von diesem "zweiten Ich" im Innern des täglich sichtbaren Ichs, von diesem "Doppelgänger", zeugt klar ein berühmtes Fragment Pindars[14]: Es kommt ein Ende, das von den Mühen befreit. Der Körper aller folgt dem Tode, dem allgewaltigen. Lebendig aber bleibt das Abbild des Lebenden, das αἰῶνος εἴδωλον, "denn dieses allein stammt von den Göttern". Es schläft, während unsere Glieder in Bewegung sind, aber dem Schlafenden zeigt es oft im Traume Zukünftiges. Deutlicher kann nicht gesagt werden, daß an der Tätigkeit des wachen und nüchternen Menschen sein Seelenabbild keinen Anteil hat. Dessen Reich ist die Traumwelt,- jenseits des wachen Zustandes, jenseits der Bindung an den Körper. Während der Leib des Schlafenden unbeweglich verharrt, sieht und *erlebt* der "Doppelgänger" im Traume Vieles und Seltsames.[15] So ist also die Auffassung von dem "zweiten Ich" entstanden, das im Traume die göttliche Gabe besitzt, die Zukunft voraussehen zu können. Die Hervorhebung des göttlichen Ursprungs dieses "zweiten Ichs", das sich später als die Seele in ihrer transzendenten Eigentlichkeit erweisen wird, konnte sehr gut dazu dienen, den Glauben an die Wahrhaftigkeit der Träume zu bestätigen, denn schließlich werden die Vorzeichen von den Göttern gesandt, und die Seele kennt die Zukunft, weil sie göttlich ist.[16]

Von hier aus ist es nur ein kleiner Sprung zu der Vorstellung: Die Seele muß von den Fesseln des Körpers frei sein, um diese Fähigkeit des in die Zukunft-Schauens zu entwickeln.[17] Denn alles Wunderbare, Wesentliche und eigentlich Wirkliche scheint jenseits der Bindung an den Körper erlebt zu werden; dieser ist Gefängnis; Lösung von ihm ist Befreiung. Was die Seele im Traume sieht, ist der erste Blick in das sonst verschlossene Land des wirklichen Lebens. Σῶμα-σῆμα ψυχῆς, - solange der Körper lebt, ist die Seele in ihm begraben; der körperliche Tod bringt ihr die Freiheit: So ist letztlich dieser Sprung von der "als krönende Zusammenfassung der gärenden und mannigfaltigen religiösen Strömungen der archaischen Zeit"[18] zu verstehenden Orphik vollzogen worden.[19] Schlaf und Tod, Traum und Jenseits, Entrückung und Erlösung wurden damit in direkten Bezug miteinander gestellt.

Den Gedanken der "Entrückung" und Befreiung der "Seele" kannte man aber nicht nur vom Traumleben, sondern auch von der enthusiastischen Erregung des um die Mitte des siebten Jahrhunderts v. Chr. in Griechenland eingedrungenen dionysischen Kultes her. Nicht nur im Schlaf nämlich, sondern auch in der Gelöstheit des Rausches des Dionysoskultes, der, wohl bemerkt, trotz aller humanisierenden Hellenisierung in vielen Orten Griechenlands in der ursprünglichen altthrakischen Gestalt der bakchantischen Nachtfeiern sich hielt,[20] schien die "Seele" aus ihrem gewöhnlichen, alltäglichen Bannkreise *herauszutreten* und außerordentlich mystische Beseligungsgefühle und -möglichkeiten zu genießen. In diesen durch verschiedene physiologische und psychische Mittel[21] angestrebten Vorgang der ἔκ-στασις, d.h. des "Übersich-hinaus-Seins", sah der archaische Mensch einen anderen Weg, um zu jenem höheren, gesteigerten Sein zu gelangen, das ihm im Zustand des Nüchternseins verschlossen blieb. Es ist schon längst mit Recht bemerkt worden, daß das "Hinaustreten aus dem gewöhnlichen Selbst" einen Zustand darstellte, der tiefen, von der aufreibenden Zivilisation und dem Alltag unterdrückten Bedürfnissen und Neigungen des Menschen entsprach.[22] Nicht selten bedeutet der Rausch der Bakchen eine Ekstase, "deren der Alltagsmensch bedarf, um nicht in dem gewohnten öden Getriebe zu erstarren."[23] Bei der innerlichen Vertiefung des Strebens, die Grenzen des "normalen", d.h. gewöhnlichen oder beständigen "Bewußtseinsumfangs" zu verschieben und in äußerster Verzückung sich mit dem göttlichen Wesen zu vereinen, galt anscheinend dem jede Wunschvorstellung tagtraumartig anschaulich erlebenden Ekstatiker bald nicht mehr als unmöglich.[24] Die Vermutung, er habe dabei, wenn nicht die Überzeugung, so doch eine gewisse Ahnung von der göttlichen Dynamik, ja von der Göttlichkeit seiner "abgeschiedenen Seele" gehabt, liegt nahe. Die bei der Ekstasis gewonnenen psychischen Erfahrungen müssen schließlich den Ekstatiker allmählich dahin geführt haben, sein eigenes empirisches "Ich" selbst nur noch als einen modus deficiens des wahren, mit dem Göttlichen in direkter Gemeinschaft antretenden "Selbst" zu betrachten und es nur noch als eine ablegbare Larve und Verhüllung, als ein Kleid oder eine Gesichtsmaske des in der Ekstase erlebten mächtigen und freien "Selbst" zu empfinden. Es ist freilich sehr verwegen, in dem bei der dionysischen Ekstase erlebten Vorgang der Aufhebung des habituellen, individuellen "Selbst", in erster Linie die Beseitigung der hemmenden Bindungen der Sinnlichkeit und insbesondere des Körpers erblicken zu wollen. Denn nicht vom Leibe, sondern vom individuellen empirischen "Alltagsselbst", **befreit** sich eigentlich die Seele in der Ekstasis des orgiastischen Kultes. In dem "göttlichen Wahnsinn" der Ekstase fühlt sich der Bakche über die menschliche Sphäre schlechthin erhoben; er sucht primär die Fesseln des Alltagslebens und der sozialen Sitten zu sprengen. Man müßte also bei der dionysischen Raserei eher von *Entselbstung* als von *Entleiblichung* sprechen.[25] Entleiblichung, Heraustreten der Seele aus dem Leibe, bedeutet die Ekstase erst im Kontext des orphisch-pythagoreischen Mysteriendenkens. Erst in diesem Kontext hat sich das Urerlebnis von der geringen, ja fast zu vernachlässigenden Bedeutung des Körpers im Zustand des normalen Wach- und Nüchternseins zu der Notwendigkeit des An-sich-Sammelns der "reinen Seele" steigern können, so daß die Körper-Seele Antithese eingeführt und begründet wurde.[26] So kam man erst bei den als Reform des Dionysoskultes zu verstehenden orphisch-pythagoreischen Weihen[27] dazu, die Seele im Gegensatz zum Körper als den höheren, göttlichen, unsterblichen Teil des Menschen zu betrachten. Das Niedrige, das Unreine und Sterbliche am Menschen war sein Körper, das Grab der Seele. Dieser Glaube gab den tieferen Grund für die in den orphisch-pythagoreischen Sekten weitverbreitete sexuelle Askese ab, welche die Seele von der Unreinheit des Körpers zu befreien suchte, und für das Verbot des Genusses gewisser Speisen, insbesondere das Verbot, Tiere zu töten.[28] "Rein-sein" wird für die Orphiker, die Pythagoreer, den griechischen Schamanen-Philosophen Empedokles[29] zum obersten Gebot schlechthin. Nur unter der Bedingung der Reinheit kann die Seele nach der orphisch-pythagoreischen Eschatologie den weiten "Kreis der Notwendigkeit" (κύκλος ἀνάγκης) einer dauernden, immer neuen Einkörperung sprengen und in die leibfreie Seligkeit der Götter, jenseits des Werdens und Vergehens, gelangen. "Rein, von Reinen geboren, komme ich, Königin der Unterirdischen,"[30] so spricht bezeichnenderweise die Seele zu Persephone in den Versen der in Thurioi gefundenen Goldblättchen des vierten, bzw. dritten vorchristlichen Jahrhunderts. Und sie fährt fort: "... denn auch ich rühme mich, aus eurem seligen Geschlecht (sc. der Götter) zu stammen. Ich habe die Schuld wegen meiner ungerechten Taten abgebüßt /Text der nächsten Worte verderbt/. Jetzt aber komme ich als Schutzflehende zur erlauchten Persephone, auf daß sie mich huldvoll entsende zu den Wohnsitzen der Reinen und Heiligen."[31] In diesen mystischen "Paßworten" treten die Grundmotive der orphisch-pythagoreischen Seelenlehre in aller Deutlichkeit hervor: der göttliche Ursprung der unsterblichen Seele, das Schuldhafte des menschlichen Daseins auf Erden (erst nach Verbüßung einer Strafe für ungerechte Handlungen kann die Seele - post mortem - vor Persephone erscheinen), die Erlösungsbedürftigkeit und damit die Rückkehr zu dem göttlichen "reinen", d.h. leibfreien Ursprung.

Die Seele stammt von den Göttern, sie war ja von jeher Gott; sie ist aber um einer Schuld willen aus ihrem freien Götterdasein in die irdische Welt verbannt worden. In dem Menschendasein ist ihr göttliches Wesen durch den Leib und das Materielle überhaupt getrübt und entstellt. Die hohe Aufgabe der Seele im Leben ist daher, ihr göttliches Wesen zu reinigen, den Gott in seiner Reinheit wieder zu gewinnen.[32] So erweist sich die Katharsis als *die* Vorbedingung für die Wiederherstellung des Verhältnisses zum Göttlichen, als conditio sine qua non der "Befreiung ins Göttliche"[33]. Liegt der Ursprung der Idee von der göttlichen Herkunft, resp. Göttlichkeit der Seele, zweifelsohne im ekstatischen Dionysoskult, so hat der orphisch-pythagoreische Begriff der Katharsis unverkennbare Beziehungen zu der rituellen Reinheitsbeflissenheit des Kultes des Apollon.[34] Von zentraler Bedeutung ist aber die Tatsache, daß es nun zur Ethisierung dieses Begriffs kommt. In der Tat scheinen moralische Kriterien vorab in der orphisch-pythagoreischen Eschatologie eine entscheidende Rolle zu spielen. Die auf Orphisch-Pythagoreisches zweifellos beziehbaren Jenseitsmythen Platons in seinen Werken "Phaidon", "Phaidros", "Gorgias" und "Staat" wie auch die in denselben Bereich einzuordnenden, parallelen eschatologischen Bilder Pindars in der zweiten "Olympie" und im Threnosfragment 129 deuten wirklich auf eine Zuweisung im Jenseits nach moralischen Gesichtspunkten[35]: in allen diesen Fällen wird im Jenseits nämlich in Gute und Böse, nicht in Eingeweihte und Uneingeweihte geschieden.[36] Orpheus hat nach Diodor die "Jenseitsstrafen der *Frevler* und die Wiesen der *Frommen*" aus Ägypten in Griechenland eingeführt.[37] Die nach rein moralischen Kriterien durchgeführte Trennung von Frevlern und Frommen tritt wohl auch in jenem einzigen Fragment aus einer Dichtung des Orpheus auf, das durch Proklos wörtlich überliefert ist.[38] Daß Tugend im irdischen Dasein nach dem Tode im Jenseits belohnt würde, bezeugt schließlich Ion von Chios für Pythagoras[39] und Adeimantos im platonischen "Staat" für den zu Orpheus gehörenden Mysaios[40]. Bei Platons Anspielungen auf Orphisch-Pythagoreisches ist aber beachtenswert, daß aus ihnen oft eine merkwürdige Durchdringung von moralisch und rituell bedingter Dichotomie in den orphisch-pythagoreischen eschatologischen Vorstellungen deutlich wird.[41] Offensichtlich hat die "orphisch-pythagoreische Moral" einen anderen Sinn als die unsere. Man darf gewiß nicht unser modernes, durch das Christentum tief geprägtes Bewußtsein in die ferne Zeit jener archaischen Strömungen projizieren und Ethisches vom Rituellen um jeden Preis trennen wollen.[42] Es erscheint vielmehr vernünftig, im Bereich der orphisch-pythagoreischen Eschatologie von Rituell-Ethischem zu sprechen. Was nun die Katharsis insbesondere anlangt, ist es wohl sehr wahrscheinlich, daß dieser Begriff als kathartischer Ritus ursprünglich mit dem Jenseits nichts zu tun hatte, sondern rein magischer Natur war. Erst sekundär scheinen Reinigungen sich mit dem Glauben an eine Vergeltung im Jenseits zu verbinden, erst sekundär entwickelt sich die eschatologische Ausrichtung der magisch-religiösen Katharsishandlungen.[43] Und noch später kommt es anscheinend im Rahmen der orphisch-pythagoreischen Eschatologie zur Ethisierung: Unreinheit wird nun mit Sünde und Unrecht in direkten Bezug gestellt.[44] Der angedeuteten rituell-ethischen Dichotomie im Jenseits muß hier natürlich das Konzept einer rituell-ethischen Katharsis im Diesseits entsprechen. Weder rituelle Reinigung, das Festhalten nämlich an magisch-religiösen Reinigungsvorschriften und apotropäischen Kulthandlungen, noch weltflüchtige "nihilistische" Askese bestimmen also allein, wie man gedacht hat, die orphisch-pythagoreische Katharsiskonzeption.[45] Unabhängig davon, ob man zwischen plumpen Orpheotelesten und eigentlicher Orphik der mythischen Sänger und Theologen unterscheiden kann und muß, scheint gerade der ὀρφικὸς βίος (Plat. Leg. 6, 782 c) ein reines *und* sittliches Leben bedeutet zu haben. Reinheit und Rechtlichkeit dringen hier gegenseitig ineinander und werden zum Ideal und bevorzugten Mittel der Erlösung.[46]

Wenden wir uns zum platonischen Dialog "Phaidon"! Καθαρτικὸς ὁ διάλογος: So hat der nüchterne Alexandriner des sechsten Jahrhunderts, Olympiodoros, diesen Dialog mit gutem Grund gekennzeichnet.[47] Denn Katharsis ist gleichsam "die seelische Bewegung", die, wie wir bereits betont haben, sich durch den ganzen Dialog hindurchzieht.[48] Wort und Begriff der Katharsis nimmt Platon offenbar von jenen religiösen Strömungen der archaischen Zeit an, die er bei seinem Besuch um 390 in "Magna Graecia" - dieser besonderen Pflegestätte der Orphik und des Pythagoreertums - persönlich kennenlernte. Und wenn er auch sie zu einer erhöhten philosophischen Bedeutung steigert, so tritt die Analogie zur Karthasis der mystischen Weihen immerhin deutlich hervor. Platon selbst verhehlt das kaum:

Κάθαρσις δέ εἶναι ἆρα οὐ τοῦτο συμβαίνει, ὅπερ π ά λ α ι
ἐ ν τ ῷ λ ό γ ῳ λέγεται, τὸ χωρίζειν ὅτι μάλιστα ἀπὸ
τοῦ σώματος τὴν ψυχὴν καὶ ἐθίσαι αὐτὴν καθ'αὑτὴν παντα-
χόθεν ἐκ τοῦ σώματος συναγείρεσθαί τε καὶ ἀθροίζεσθαι, καὶ
οἰκεῖν κατὰ τὸ δυνατὸν καὶ ἐν τῷ νῦν παρόντι καὶ ἐν τῷ
ἔπειτα μόνην καθ'αὑτήν, ἐκλυομένην ὥσπερ /ἐκ/ δεσμῶν ἐκ
τοῦ σώματος ;[49]

Hier ist ausdrücklich die Katharsis als das sich Abscheiden der Seele vom Leibe definiert; "sich selbst in sich selbst zu sammeln und konzentrieren", "sich zu lösen vom Leibe wie aus Fesseln" -, das stellt Platon als höchste Aufgabe der Seele dar. Ein Grundzug der ekstatisch-karthartischen Seelenvorstellungen der Mysterienreligiosität wird somit aufrecht erhalten. Statt nach rituell-ethischer Reinheit ist nun allerdings zu streben nach der Reinhaltung der erkennenden Seele und des damit als gleichzeitig gesetzt gedachten "Willens" zur Erkenntnis[50] von der Verdunkelung durch den Leib und seine täuschenden Sinne, Bedürfnisse, Emotionen. Wenn die Seele rein ist, d.h, wenn sie sich - durch philosophische Selbstzucht oder, endgültig durch den Tod - vom Kerker des Leibes losgemacht und von allem "Fremden" (ἀλλότριον) der Sinnlichkeit selbst gereinigt hat, ist sie "selbst an sich selbst": "reiner Geist", lautere διάνοια, und kann das "Selbst-an-sich-selbst-Seiende", nämlich das Wahre, unveränderliche und übersinnliche Seiende einsehen.[51] Im "Phaidon" ist sogar ausdrücklich davon die Rede, daß die Seele, sobald sie "selbst an sich selbst" ist, in das übersinnliche Seiende, "das Reine und immer-Seiende und Ewige", kurz: ins Göttliche, das ihr Verwandte, eingeht. - "Und dieses ihr *Erlebnis* wird "Ein-sicht" (φρόνησις) genannt."[52] - So kann man wohl mit E. Rohde sagen, daß auch in der philosophischen Umdeutung der kultischen Katharsis zu geistiger Läuterung und Ablösung das Streben nach "Reinheit" einen *religiösen* Sinn behält.[53] Die philosophische Sorge um die Läuterung und Trennung der Seele vom Leibe oder m.a.W., die philosophische Sorge um den Tod, die Philosophie als Einübung ins Sterben (μελέτη θανάτου), erweist sich somit als ein Streben, das nicht bloß zur Einsicht und Weisheit, sondern auch zum "erlebnisartigen" Erfassen (Berühren: ἐφαπτομένη 79 d), des Göttlichen selbst hinzielt. Daß die Philosophie als Einübung ins Sterben nicht nur Streben zur Weisheit, sondern auch Streben zu etwas ist, was das Denken selbst zu übersteigen scheint, läßt sich übrigens nicht nur aus der platonischen Umdeutung der orphischen "Offenbarung" schließen, sondern auch (in methodologischer Hinsicht) aus der genuin platonischen "Hypothesis des Eidos". Wir erlauben uns hier einige Andeutungen darüber zu machen.

Man erinnere sich, wie Sokrates bei der Widerlegung des "biologistischen" Einwandes des Kebes (100 a ff)- dem unzweifelhaften Höhepunkt des ganzen "Phaidon" - jenen "zweitbesten Weg" durch die λόγοι, jenes Verfahren der "Hypothesis des Eidos", der Ansetzung von Ideen, entwickelt, durch das er aus der Verwirrung, in die ihn die "sophistische" Verbreitung und Verzerrung der "Wissenschaft" seiner Zeit gestürzt hat, wieder zu klarem Selbst- und Seinsverständnis zu gelangen sucht. Wichtig für unsere Fragestellung ist es zu beachten, daß die Hypothesis dabei als eine Art fundamentaler philosophischer *Glaubenssatz* eingeführt wird, der die Funktion des Wahrheitskriteriums übernimmt. Sokrates spricht es tatsächlich in aller Deutlichkeit aus: Was mit seiner Hypothesis übereinstimmt, das setzt er als wahr hin, was aber nicht, als nicht wahr.[54] Im Unterschied zu der Hypothese der neuzeitlichen Naturwissenschaft, die an der Erfahrung geprüft wird, wird offenbar die Hypothesis des "transzendenten" Eidos als des "Selbst-an-sich-selbst-Seienden", nicht geprüft, sondern auf ihre Konsequenzen hin entwickelt, um selbst den Prüfstein zu bilden, an dem die Sachangemessenheit von einem anderen Satz sich prüfen lassen muß. Daß man das Eidos "voraussetzen" und in seinen vollen Implikationen denken muß, dient in Wahrheit, wie H.G. Gadamer überzeugend gezeigt hat, dem "kommunikativen Einverständnis", das die platonische Dialektik als "die Kunst, ein Gespräch zu führen oder einen Gedankengang durchzuführen, ohne sich durch sophistische Argumentationskünste verwirren zu lassen"[55], beansprucht. Ohne die Hypothesis der "transzendenten" Eide, ohne die Ansetzung von Ideen wird alle Dialektik und Philosophie (angesichts der verwirrenden Künste der Sophistik) unmöglich.[56] Der *erste* entscheidende Schritt auf dem Wege des διαλέγεσθαι ist also die Hypothesis. Damit aber wird der Hypothesis als der ἀρχή eines gedanklichen Zusammenhangs (zur Gleichsetzung auch im Wort vgl. Phaid. 101 e_2f) ein ganz besonderer Vorrang innerhalb des philosophischen Denkprozesses zugeteilt. Gerade im "Phaidon" scheint die Möglichkeit, überhaupt philosophisch zu denken, auf der Hypothesis des "transzendenten" Eidos zu beruhen. Das philosophische Denken als solches ist hier von dieser "ersten Hypothesis" getragen, welche, wie jede "erste Hypothesis", "argumentativ zwar eingeholt, aber nicht überholt werden kann."[57] Denn, so energisch auch immer Sokrates dazu mahnt, die "ersten Hypothesen" - wenn sie freilich zuvor in allen ihren Implikationen *ohne* Widerspruch entwickelt worden sind -, selbst auf die Probe zu stellen, und eventuell zu ersetzen, die jeweils "erste Hypothese" muß immerhin den axiomatischen Status der ἀρχή, ja des "Glaubens" behalten.[58] Daß man die ersten Grundlagen seines Denkens immer neu prüfen müsse, deutet offenkundig auf das Übermächtige und Ungewisse der Unsterblichkeitsfrage hin -, es bildet auf jeden Fall keine Instanz gegen die religiöse Entschlossenheit, mit der die zur ersten Grundlage dienende Hypothesis des Eidos aufgegriffen und entwickelt wird. Die platonische Dialektik nimmt die Hypothesen nicht wie die Mathematik schon als bloße auswechselbare Ursprünge, sondern wirklich als Hypo-thesen ('Υπο-θέσεις), d.h. als "Unterstützungen" (Ἐπιβάσεις) und "Ausgangspunkte"(ὁρμαί) ,um bis zum "Unhypothetischen",zum nicht von uns gesetzten, sondern an sich selbst seienden "Ursprung des Alls" vorzudringen (Rep. 6, 511 b). Eine solche Hypo-thesis kat' exochēn ist zweifellos die Hypothesis des *"transzendenten"* Eidos im "Phaidon". Die Hypothesis nämlich, "daß es ein Schönes an sich gibt und ebenso ein Gutes und Großes und so weiter" (100 b$_5$); die Hypothesis, daß das Wahre, das wahrhafte Seiende, eben dieses "transzendente" Eidos ist (78 d$_3$ αὐτὸ τὸ ἴσον, αὐτὸ τὸ καλόν, αὐτὸ ἕκαστον ὃ ἔστιν, τὸ ὄν), und nicht das Ding, das erst durch Teilhabe am Eidos das ist, was es ist, und seinen Beinamen, d.h. sein Prädikat hat (100 c f.). Aus dieser 'Υπό-θεσις gerade hofft Sokrates begründen zu können ὡς ἀθάνατον ἡ ψυχή (100 b$_8$) -, die Psyche, die schon programmatisch im Sinne "der alten, geweihten Überlieferung"zum göttlich Seienden der Idee (dem Unwandelbaren, Einfachen und Ewigen) als dem ihr Verwandten eindringlich erhoben wurde.[59] Die "Hypothesis" des Eidos" dient wohl in diesem Dialog als eine σχεδία, als ein Notbehelf, auf dem man die Fahrt durchs Leben unternehmen kann, wenn diese Fahrt nicht "geborgener und ungefährdeter auf einem festeren Gefährt oder auf einer göttlichen Rede" zu bestehen ist (85 d). Daß nun "die Fahrt durchs Leben" auf dem Brett der "Hypothesis des Eidos", des Logos überhaupt, gefährdet[60] sein wird, weiß Platon sehr genau. Er ist sich dessen voll bewußt, daß die Frage der Seele und ihres Schicksals nach dem Tode für den schwachen Menschen zum Bereich des Übermächtigen gehört. Man könne bei dieser "Grenzfrage" einfach nicht auf starke, "dogmatische" Gewißheit rechnen und müsse daher τὰς ὑποθέσεις τὰς πρώτας immer neu prüfen.[61] Wohl aber kann und muß man auch bei dieser allerletzten Frage das "Wagnis" auf sich nehmen, "denn das Wagnis ist schön" (καλὸς γὰρ ὁ κίνδυνος: 114 d$_6$)[62]

Wagnis also ist es, das Platon im "Phaidon" fordert und durch das Aufgreifen der "Hypothesis des Eidos" realisiert. Wagnis bezeugt auch das autonome Horchen auf die Worte und Ziele der orphischen Eschatologie (: einer "göttlichen Rede") sowie die häufige Anwendung des Mythos. In der Tat heißt Platon das "Wagnis" gut, das, was unsere ins Einzelne dringende, diskursive Einsicht übersteigt, bildhaft-einleuchtend und annähernd - "so oder ähnlich ist es" (114 d$_2$ ἤ ταῦτ'ἐστίν ἤ τοιαῦτ' ἄττα)-kurz: mythisch doch auszusprechen. Offensichtlich können die Mythen für Platon diejenige Wahrheit in sich schließen, die dem fragmentarisch bleibenden Logos fehlt. In Platons geschichtlichem Horizont scheint gerade der Mythos, wie Gerhard Krüger in seiner wegweisenden Darstellung des "Eros und Mythos" mit Recht bemerkt hat, die einzige vorhandene Form zu sein, "in der das Übermächtige, religiöse Scheu Erregende überhaupt sagbar wird."[63] Deshalb ist es vielleicht kein Zufall, daß der Unsterblichkeitsdialog "Phaidon" nicht mit dem Logos, sondern mit dem Mythos schließt. Die blühende Pracht, mit der Platon gerade diesen Schlußmythos umkleidet, zeigt mehr als ein bewußter Hinweis, wie hier eo ipso neben dem Verstand das Herz, neben dem Wissen der Glaube beteiligt war.[64] Im "Phaidon" sind Mythos und Logos als polare Ausdruckskräfte einer zwieträchtigen Einheit zu verstehen. Beides ist dazu bestimmt, das Kind, das in uns steckt und sich durch alle guten Gründe, durch allen regen Zuspruch in seiner Angst vor dem Tode nie ganz beschwichtigen läßt (Phaid. 77 e), zu beschwören. Sokrates scheint sich dessen von Anfang an bewußt zu sein, als er am Eingang seiner Beweisführungen Kebes vorschlägt, sich darüber zu besprechen, was da wohl *wahrscheinlich* (70 b$_7$ εἰκός) sei, und ein Wort benutzt - i.e. διαμυθολογῶμεν - das Mythos und Logos vereinigt.[65] Wenn auch Sokrates also auf eine unbezweifelbare, apodiktische Gewißheit bewußt verzichtet, nimmt er jedoch das "schöne" Wagnis auf sich und sucht in einer Epoche allgemeiner Verunsicherung, in der die fortschreitende wissenschaftliche Aufklärung und Naturerkenntnis durch die "sophistischen" Kunststücke in unaufhaltsame Skepsis, in *Misologie* wie er selbst sagt (89 d), umschlägt, die Stärke des *Logos* zu verteidigen. Dabei muß man allerdings noch beachten, daß dieser Logos, wie schon der Logos Heraklits,[66] nicht nur eine universale Natur-Gesetzmäßigkeit bezeichnet, die einen invarianten Zusammenhang von Erscheinungen ausdrückt, sondern auch eine universale Gesetzlichkeit im moralischen Sinne, der als dem Wahren und Höchsten zu folgen geboten sei.[67] Dem entsprechend wird der menschliche Logos, der νοῦς, als Ausfluß des kosmischen Grundgesetzes meist in einer ebenso doppelten Perspektive betrachtet: Er drückt nicht nur das wertfreie diskursive Erkenntnisvermögen (dafür gewöhnlich : διάνοια) aus, sondern auch eine Instanz moralisch-normativen Charakters.[68] Deswegen appelliert Platon so oft an die μεγαλοψυχία des Erkennenden und tadelt die μικρόψυχοι.[69] Offensichtlich liegt Platon vieles daran, den *Zweifel* gegen die Unsterblichkeit der Seele zu *widerlegen*. "Beweisen" läßt sie sich wohl nicht, und Platon hat dies offenkundig selber gewußt.[70] Aber es ist sehr wichtig für ihn gewesen, die sich auf das ἀθάνατον τῆς ψυχῆς direkt beziehende Aufstiegsbewegung zum Idealen, das denkende Hinausfragen über das Hiesige, allem Zweifel zum Trotz aufrechterhalten und die religiöse Zuversicht - kühn und "schön" wagend - erkämpfen zu können. Denn der Mensch *selbst ist* letzten Endes für Platon gerade dieser "ek-statische" Überstieg zum Idealen und Übermenschlichen, der sich im "Phaidon" als Katharsis vollzieht. Der Mensch ist wahrhaft er selbst, nur wenn und insofern er alles Menschliche übersteigt, um an einem Übermenschlichen Teilhabe zu gewinnen, ja um in ein Übermenschliches einzugehen.[71] Er kann sich selbst als Mensch nur finden, wenn er das sinnlich Gegebene überschreitet,- zu überschreiten wagt, um sich der göttlichen Welt der Ideen zuzuwenden.

Wie treu Platon den ekstatisch-kathartischen Seelenvorstellungen aus dem Bereich der orphischen Erlösungsmysterien folgt, läßt sich auch dadurch erkennen, daß er den "ekstatischen" Überstieg zum Idealen: die "Reinigung" durch welche die Seele von allen Unvollkommenheiten ihres sterblichen und endlichen irdischen Daseins sich löst, nicht anders als eine Wiederherstellung ihres Verhältnisses zum Göttlichen und Vollkommenen in der transzendenten Ursprünglichkeit deutet. Denn schon "ihr Eintritt in den Menschenleib war für sie der Anfang des Verderbens, eine Art Krankheit" (95 d_1); und wie es in den "Geheimlehren" ja berichtet wird, "wir, /als/ Menschen, sind hier im Leben wie in einem Kerker (oder: Warttum)" (62 b_3).[72] Die in-sich-selbst gesammelte "reine " Seele, die sich schon in ihrer diesseitigen Existenz durch die Philosophie von der Macht der Welt und des Pathos freigehalten hat, wird sich aber nach dem Tode für immer vom Leben im Leibe befreien (114 c_2 f) und ins Unsichtbare, ins ihr Ähnliche zurückkehren -, ins "Göttliche und Unsterbliche und Vernünftige", wo ihr bestimmt ist, "glücklich zu sein, frei von Irrtum und Unwissenheit und Ängsten und den wilden Leidenschaften der Liebe und allen anderen menschlichen Übeln, und sie verbringt,

wie die Eingeweihten sagen, in Wahrheit die übrige Zeit mit den Göttern"
(81 a)[73]. Das empirische menschliche Dasein wird offenbar hier als etwas Entfremdetes und Entartetes betrachtet, von dem sich die vernünftige Seele durch geistige Sammlung und Konzentration zu reinigen habe, wenn sie ihre ursprüngliche Stärke und Glückseligkeit - "ins Göttliche" - wiedererlangen will. Ähnlich wünsche sich auch der Orphiker bekanntlich den Kreis der Geburten loszuwerden und vom Übel des "Mensch-seins" aufzuatmen[74] -, in die Gemeinschaft der Reinen überhaupt zurückzukehren.[75] Diese Theorie der Rückkehr zum Reinen und Göttlichen, auch Theorie der προβιοτή genannt, ist nach Platon vor allem von der mittelplatonischen Schule des Gaius festgehalten und in der heidnischen und christlichen Spätantike übermittelt worden, wo sie tiefgreifend eingewirkt hat.[76]

Es läßt sich also zusammenfassend sagen, daß Seins- und Selbsterkenntnis im "Phaidon" maßgeblich von dem religiösen Ursprungs Motiv der Katharsis bestimmt werden. Der Rekurs auf die Grundnorm und Funktion der Katharsis im Rahmen der orphisch-pythagoreischen Religiosität erweist sich abermals als notwendig, um Bedeutung und Funktion der strukturverwandten platonischen Katharsis entschlüsseln zu können. Ohne diesen Rekurs auf den Hintergrund des platonischen Ansatzes läßt sich die für den Dialog "Phaidon" grundlegende Tatsache kaum begreifen, daß die Katharsis das philosophische Leben *und* Sterben als *einheitlich* sinnvolles Sein, als "das Verlangen, reiner Geist zu werden" (Schleiermacher) deutet. Die moderne diametrale Gegenüberstellung von "Tot- oder Unsterblichsein" und "wachem Selbst- und Seinsverständnis"[77] beruht gerade auf einer Unterschätzung dieses, heutigem Denken so schwer zugänglichen Ansatzes, und wird überhaupt der alten griechischen Vorstellung des jenseits der Bindung an den Körper tätigen "Doppelgängers" im Menschen, die, von der Orphik und dem Pythagoreertum vertieft, in der platonischen Definition der Philosophie als Sterbenlernen (d.h. sich geistig jenseits des Unmittelbar-Vitalen und -Psychologischen *des Körpers* bewegen) ihre gedankliche Erhöhung findet, kaum gerecht. Der den "Phaidon" kennzeichnende "Wille zur Karthasis", der im Lichte des platonischen Verständnisses vom Tod eigentlich "Wille zum Tode und /zur/ Unsterblichkeit"[78] ist, wird in seiner dionysischen "Extremitas" nicht ganz gerechtfertigt, wenn man ihn *lediglich* als "Wille zur Ek-stase" deutet, als Wille nämlich,"über die uns in unserer sinnlichen Erfahrung umgebende Welt und die eigene endliche Existenz" hinauszudenken, bzw. zu sein.[79] Für sich genommen kann dieser letztere Ansatz auch das Prinzip der Unsterblichkeit im "Phaidon" als "unernst" zur Seite schieben und aus Platon einen bloßen Erkenntnistheoretiker machen. Es darf aber nicht vergessen werden, daß Platon, wenn auch mit Hypo-thesen und in mythischen Bildern, durchaus vom Fortleben, und zwar vom personalen Fortleben redet. Auch die Definition des Todes, die er wiederholt gibt, deutet ja darauf hin. Die Leichtigkeit, mit der Platon, im ganzen seiner Argumentation betrachtet -, die Frage nach dem persönlichen Fortleben behandelt, gründet freilich, wie W. Schulz ganz richtig dazu bemerkt hat, darin, "das das Individuum für ihn noch nicht die Bedeutung hat, die es in der christlichen Lehre gewinnt, nach der die Einzelseele einen ewigen Wert hat, weil sie Gott verantwortlich ist."[80] Daß es aber Platon Ernst war mit der Überzeugung von einem Leben nach dem Tode (bzw. mit der Hoffnung darauf), so wie er sie jedenfalls im "Phaidon" äußert, das ließe sich kaum bezweifeln.[81] Wie die Initiation bei den Mysterien eine rituelle Vorwegnahme des Todes darstellt, auf welche das ewige Leben folgt,[82] so ist Philosophie als μελέτη θανάτου eine geistige Vorwegnahme des Todes, auf welche sich gerade die Hoffnung auf Überwindung des Todes (und der Unvollkommenheit der Erkenntnis auf Erden) bezieht.

Wer sich mit den platonischen Beweisen von der Unsterblichkeit und mit seiner Todesauffassung auseinandersetzt, darf nie vergessen, daß die Hoffnung auf die Unsterblichkeit und Überwindung des Todes, ja die Überzeugung, der Tod könne zur endgültigen Befreiung aus dem Gefängnis der Vergänglichkeit werden, eben darauf beruht, daß in der philosophischen Lebensführung eine Befreiung des Menschen von dem Wechselnden, Unbeständigen und Vergänglichen in unserer diesseitigen Existenz möglich ist.[83] Wer so lebt, daß er sich "der Lüste und Begierden und Traurigkeiten und Ängste" ($83\ b_6$) enthält und dadurch über die eigene endliche Existenz *hinaus-ist*, wer sich von dem Sinnlichen und Vergänglichen überhaupt abwendet und dem Ewigen und Göttlichen zuwendet, der übt sich in diese Hoffnung ein und hält sie für ernst. Es ist gewiß kein Zufall, daß Bakchen die echten Philosophen für Sokrates sind (69 d_1 f). Wie Dionysos der *Lysios*, der Befreier ist, der den Menschen befähigt, von sich selbst loszukommen, sich durch eine außerordentliche, Über-das-Menschliche-hinaus-Steigerung des Lebensgefühls dem bedrückenden Alltag zu entziehen -, so löst auch die Philosophie die Seele von der Befangenheit der Welt und des Leibes und hilft ihr das Göttliche im Menschen über alle Schranken des Sinnlichen und Endlichen hinaus - zu behaupten.[84] Und wenn auch Platon selber aus ersichtlichen Gründen vermeidet, das Göttliche im Menschen mit dem "Dionysischen" in direkten Bezug zu stellen, so holen die Platoniker nach ihm, besonders die Platoniker der religiös sehr bewegten Spätantike, dieses "Versäumnis" eifrig nach. Sehr gern schließt man dabei vor allem an den Mythos von der Zerstückelung des orphischen Dionysos Zagreus an, den sogenannten "Zagreus-Mythos", der seit alters her das Ziel der orphischen Lehrdichtungen bildete.[85] In der Tat lassen sich bei neuplatonischen sowie christlichen eschatologischen Vorstellungen der ersten Jahrhunderte oft deutliche Anklänge dieses "Zagreus-Mythos" wahrnehmen, nach dem die Titanen das Dionysoskind zerrissen haben und die Glieder verschlungen und der Mensch aus dem Ruß in dem von den vom Blitz des Zeus erschlagenen Titanen aufsteigenden Dampf geschaffen worden ist, so daß dieser, wenn er das titanische irrationale Element in sich bekämpft und das göttlich-dionysische Vernünftige pflegt, durch Dionysos zu Erlösung kommt. Denn Dionysos entsteht nach der orphisch-pythagoreischen Lehre als *Einheit* wieder in dem neu aus Zeus entsprossenen Dionysos.[86] So schreibt der überwältigte, zerrissene und wieder auferstandene Gott[87] dem Menschen des ausgehenden Altertums den Weg vor, den sein Streben zu gehen hat: Er soll sich befreien von dem leibhaften, titanischen Element seiner als Selbstgefangenheit zu verstehenden Individuation und rein zurückkehren zu der kosmischen göttlichen Einheit des Logos, von dem in ihm ein Teil lebendig ist. Als Ausdruck des geistig-moralischen Konfliktes im Menschen und der Möglichkeit der *Wahl* setzt der "Zagreus-Mythos" in seiner neuplatonischen Auslegung offenkundig die platonische Umdeutung des orgiastischen Kultes auf das logoshaft-Sittliche hin fort. Als Ahnung einer wiederherzustellenden Einheit setzt er aber den Akzent des Dionysischen nicht nur auf das Ek-statische (wie Platon) an, sondern auch und vorallem - im Sinne des ursprünglichen Dionyoskultes - auf die Grunderkenntnis von der Einheit alles Vorhandenen. Daher wird die Zerstückelung des Dionysos bei den Neoplatonikern einerseits in makrokosmischer Hinsicht allegorisch gedeutet als der μερισμός des kosmischen Νοῦς in die Vielheit der Gestalten dieser Welt und andererseits, auf mikrokosmischer Ebene, als der μερισμός der prototypischen Menschenseele in ihrer Verbindung mit dem Körper. Die Forderung der *Rückkehr zum befreienden Ganzen* wird an den Menschen der Spätantike ganz ausdrücklich gestellt. "Wir müssen wieder Βάκχοι werden," - ὅ ἐστιν ὁλόκληροι κατὰ τὸν ἄνω μένοντα Διόνυσον," wie die lapidare Erläuterung des letzten Schulhauptes der Akademie, Damaskios, zu diesem Endziel "des mystischen und kosmischen Kreises der Seelen" lautet.[88] Nur wer Διονυσιακῶς lebt, d.h., nur wer auf das κ α θ ό λ ο υ εἶδος ausgerichtet ist, wird von den Fesseln des auf *sich selbst* "eingeengten" Lebens befreit.[89] Das nur auf sich selbst bezogene "autonome" Leben gilt offenkundig dabei als ein Abfall, als ein modus deficiens des dionysischen, auf das logoshaft-göttliche Ganze hin gerichteten Lebens. Modern ausgedrückt: Die Freiheit *zu* sich selbst stellt sich als eine verstümmelte Perspektive der Freiheit *von* sich selbst dar, als ein Gewaltakt, durch den "wir den Dionysos in uns auseinanderreißen". Das ist eigentlich das titanische Leben, ἡ ἄλογος Τιτανικὴ ζωή, das sich in der trotzigen Revolte und Partikularität[90] seiner "Schein-Eigenmächtigkeit" (τὸ δοκοῦν αὐτεξούσιον) verstrickt.[91] Damaskios, ein Zeuge für viele Neuplatoniker, betont ausdrücklich, daß, je mehr man seine Eigenmächtigkeit verabschiedet und in den Dienst der Götter stellt, desto mehr bemächtigt man sich der Welt, je mehr man sich aber von den Göttern entfremdet und auf sich selbst zurückzieht, desto mehr engt man seine Freiheit auf etwas Gesetztes (ἑτεροκίνητον) ein.[92]

Diese religiös getränkten Lehren der Spätantike haben einen sehr großen, bis heute noch kaum erforschten Einfluß auf die spätere Philosophie und Theologie gehabt. Ihre deutlichen Spuren werden wir freilich auch im vierten Jahrhundert bei dem christlichen Bischof von Nyssa, Gregor, finden. Sein Menschenbild, und insbesondere sein Freiheitsbegriff und die eschatologische Vorstellung von der Rückführung des Menschen zu seiner ursprünglichen "Schönheit" und Eigentlichkeit (ἀποκατάστασις-Lehre) weisen erstaunliche Parallelen zu der Dionysosmotivik der Neuplatoniker auf. Nach seinem Dialog "de anima et resurrectione" sind wir, das sei hier vorgreifend gesagt, Menschen auf Erden der einheitlichen prototypischen Menschennatur (πρῶτος ἄνθρωπος) beraubt und entfremdet, wir sind durch das Pathos πλῆθος geworden (157 AB).[93] Aber wir *alle* werden eines Tages zu unserer ursprünglichen eigentlichen Natur, zu unserem ἀρχέγονον κάλλος zurückkehren: diesem Zustand der Vergeistigung, Leidlosigkeit und Freiheit von der Macht des Pathos und überhaupt "der fließenden Bewegung der Natur"[94], wo wir unser gebrochenes Verhältnis zum Ganzen des *Seienden* und das heißt für Gregor zum Guten oder, zu Gott, "der Quelle aller echten Freiheit" (vgl. 101 C - 104 A), wiederherstellen werden.[95] Nichts anderes als diese Rückkehr, "die Wiederherstellung (restitutio= ἀποκατάστασις) unserer Natur in ihrer Ursprünglichkeit", ist nach dem Nyssener der Sinn der Auferstehung: ἀνάστασίς ἐστιν ἡ εἰς τὸ ἀρχαῖον τῆς φύσεως ἡμῶν ἀποκατάστασις (148 A). Wir werden Wer wir waren (157 C γενέσθαι ἐκεῖνο ὅπερ ἦμεν) und im Grunde noch sind.

ANMERKUNGEN

[1] Vgl.dazu E. Rohde, Psyche II, S. 48 ff, 126; E.R. Dodds, Irr. S. 35 ff, 153 f. Eine gute Übersicht über Ursprung, Bedeutung und Funktion sämtlicher frühgriechischen Reinheitsbegriffe und - handlungen bietet Louis Moulinier, Le pur et l'impur dans la pensée des Grecs (D'Homère à Aristote), Paris 1952.

[2] Orphisches von Pythagoreischem zu trennen, erscheint heute unmöglich und wohl auch unnötig. Die Gründe dafür hat neulich Fritz Graf, Eleusis und die orphische Dichtung Athens in vorhellenistischer Zeit, Berlin-New York,1974, S. 92-94, überzeugend zusammengestellt (dort weitere Literaturangaben). Man beachte besonders den Schluß W. Burkerts, Weisheit und Wissenschaft, S.108: "Aus den ältesten Quellen ergibt sich also, daß zwar Pythagoras als greifbare Persönlichkeit historischer Zeit im Unterschied zu Orpheus galt, daß aber ihre Lehren als zusammengehörig, ja als identisch empfunden wurden." Siehe auch K. Ziegler, Art. "Orphische Dichtung", in: RE 18,2, Sp.1383 ff; Dodds, Irr. S. 171, Anm. 95: "The most clearly recognisable differences are not doctrinal, but are concerned with cult (Apollo is central for Pythagoreanism, Dionysus apparently for the Ὀρφικά); with social status (Pythagoreanism is aristocratic, the Ὀρφικά probably were not); and, above all, with the fact that Orphik thought remained on the mythological level while the Pythagoreans at an early date, if not from the first, attempted to translate this way of thinking into more or less rational terms."

[3] E. Rohde, Psyche II, S. 126 f

[4] Vgl. schon Il.,1,1 f /Sperrung vom Verfasser/:

Μῆνιν ἄειδε, θεά, Πηληϊάδεω Ἀχιλῆος
οὐλομένην, ἣ μυρί' Ἀχαιοῖς ἄλγε' ἔθηκε,
πολλὰς δ' ἰφθίμους ψυχὰς Ἄϊδι προΐαψεν
ἡρώων, αὐτοὺς δὲ ἑλώρια τεῦχε κύνεσσιν...

Zu der Nichtigkeit des homerischen Eidolon im Hades vgl. Od. 11, 476: "Nichtig und sinnlos wohnen die Schatten gestorbener Menschen." Strikt genommen hat allerdings der homerische Mensch keine einheitliche Vorstellung von der Seele oder dem Leib an sich(vgl. dazu Bruno Snell, Die Entdeckung des Geistes, Kap. I: Die Auffassung des Menschen bei Homer, S. 13-29).

[5] Il.6, 146 f

[6] Zur griechischen religiösen Grundhaltung vgl. o., I 1, S. 47, Anm. 42. Der Grieche versteht sich selbst wesentlich aus der *Differenz* zum Göttlichen. Die Blindheit vor dieser Differenz gilt ihm als eine gefährliche Haltung, die mit Hybris und Strafe verbunden ist. Darin liegt das Wesen des T i - t a n i s c h e n: "Das Blindsein vor der eigenen Grenze gilt als die ursprüngliche Konkretisierung des Im-Unrecht-Seins - im griechischen Sinne. Das Blindsein vor der eigenen Grenze als Grundhaltung,welche die Hybris in sich birgt, fand ihren Ausdruck kat' exochēn in dem, was die Griechen als das Titanische aufgefaßt haben." (Nelly Tsouyopoulos, Strafe im frühgriechischen Denken. Freiburg i. Br./München 1966, S. 36).

[7] So F. Dirlmeier, Phaidon, S. 240, über die'orphisch-altägäische Ahnung' vom Fortleben der Seele nach dem Tode.

[8] Vgl. E. R. Dodds, Irr. S. 139

[9] Den schamanistischen Einfluß dabei hebt besonders E. R. Dodds, a.a.O., Kap. V, S. 135-176 hervor: "The Greek Schamans and the Origin of Puritanism".Der orientalische Ursprung ist vor allem von K. Ziegler, RE Art. Orphische Dichtung, Sp. 1369 und 1384 f, behauptet worden (dort weitere Literatur).

[10] E. Rohde, Die Religion der Griechen, S. 27 (Kleine Schriften II, S. 338)

[11] Vgl. dazu E.R. Dodds, Irr. S. 138 ff. Sehr schön zeigt Dodds, ebd.,S.159 Anm. 26, wie weit das Wort ψυχή in der Alltagssprache von religiösen oder metaphysischen Anklängen entfernt war, indem er auf eine Stelle des frommen Xenophon hinweist: "When he sets out to provide the uninventive with a liste of suitable names for dogs, the very first name that occurs to him is Ψυχή (Cyneg. 7.5)."

[12] Vgl. Aristoph. Ran. 424 ἐν τοῖς ἄνω νεκροῖσι, und die Parodie des Euripides (frgm. 638 Nauck), ebd. 1477 τίς οἶδεν εἰ τὸ ζῆν μέν ἐστι κατθανεῖν ...
Die hervorragende Stellung des Leibes im griechischen Menschenbild betont charakteristischerweise Richard Harder in seiner "Kulturpsychiognomischen Skizze": *Eigenart der Griechen*, in den "Kleinen Schriften" (München 1960), S. 1-38. So schreibt er auf S. 9: "Im Griechischen ist Leib und Person dasselbe Wort"; Und auf S.10-11, wo er das aktive Selbstgefühl des Leiblichen bei den Griechen behaupten will: "Das griechische Leibesgefühl ist mobilisierte Vitalität, ist Weckung und Steigerung der Möglichkeiten. Als eine typische Besonderheit hat man bei den Griechen selber und bei der Umwelt die Gymnastik empfunden. Ihre Stätten, die Gymnasien, sind noch im eroberten Orient die Lebenszentren, um die sich die Diaspora-Griechen scharen, wie die Engländer um Tennis- und Golfplätze." In offenkundiger Verlegenheit vor dem eklatanten Unterschied der orphischen Seele-Leib-Rangordnung von der der "Adeligen Homers" wagt übrigens F.Dirlmeier,Phaidon, S. 205, folgende Frage zu stellen: "Ist der Schluß zu kühn, daß die orphische Vorstellung die des Volkes war, jener Menschengestalten, deren Leiber nicht generell so schön waren, daß sie das "eigentliche Selbst" hätten repräsentieren können?" Einen solchen Schluß leugnet W.K.C. Gurthrie, The Greeks and their Gods, S. 326-332 (Kap. XI, iv:"Orphic influence". Was Orphism a religion of the lower classes?) entschieden.

[13] So mit Recht Heinrich Dörrie,Symmikta, S. 198

[14] Pindar, frgm. 131, Bergk[4]

[15] Schon E. Rohde, Psyche I, S. 7-8, hat darauf aufmerksam gemacht, daß die Traumerlebnisse für den archaischen Menschen nicht leere Einbildungen, sondern tatsächliche Vorgänge sind. Und wie das Traumerlebnis ein realer Vorgang ist, so derjenige, der es erlebt, ein reales "Ich".

[16] Vgl. M.P. Nilsson, GGrR I 694

[17] Sehr chrakteristisch dafür ist Xen. Kyrup. 8, 21: Ἐννοήσατε δ',ἔφη, ὅτι ἐγγύτερον μέν τῶν ἀνθρωπίνων θανάτῳ οὐδέν ἐστιν ὕπνου· ἡ δὲ τοῦ ἀνθρώπου ψυχή τότε δήπου θειοτάτη καταφαίνεται καὶ τότε τι τῶν μελλόντων προορᾷ· τότε γάρ,ὡς ἔοικε, μάλιστα ἐλευθεροῦται.

[18] M.P. Nilsson, GGrR I 699

[19] Es scheint uns eine überscharfe Interpretation, wenn man das, was von Plat. Krat. 400 c über das σῶμα als Grabmal (σῆμα) der Seele gesagt wird, so verstehen will, als habe Platon diese Deutung an dieser Stelle gerade nicht als orphisch bezeichnen wollen. Wegen ihrer Wichtigkeit führen wir hier diese viel behandelte Kratylosstelle auf: καὶ γάρ σ ῆ - μ ά τινές φασιν αὐτό (sc. τὸ σῶμα) εἶναι τῆς ψυχῆς, ὡς τεθαμμένης ἐν τῷ νῦν παρόντι· καὶ διότι αὖ τούτῳ σ η μ α ί - ν ε ι ἃ ἂν σημαίνῃ ἡ ψυχή, καὶ ταύτῃ "σῆμα" ὀρθῶς καλεῖσθαι. δοκοῦσι μέντοι μοι μάλιστα θέσθαι οἱ ἀμφὶ Ὀρφέα τοῦτο τὸ ὄνομα, ὡς δίκην διδούσης τῆς ψυχῆς ὧν δὴ ἕνεκα δίδωσιν. τοῦτον δὲ περίβολον ἔχειν, ἵνα σ ῴ ζ η τ α ι , δεσμωτηρίου εἰκόνα· εἶναι οὖν τῆς ψυχῆς τοῦτο, ὥσπερ αὐτὸ ὀνομάζεται, ἕως ἂν ἐκτείσῃ τὰ ὀφειλόμενα /τὸ/ " σῶμα", καὶ οὐδὲν δεῖν παράγειν οὐδ᾽ ἓν γράμμα /Sperrung im Original/. Eine Schlüsselfunktion kommt wohl dabei dem Wort μάλιστα (400 c[4]), das emphatisch, als nähere Bestimmung zu ὡς δίκην διδούσης κ.τ.λ. verstanden werden muß. Und wenn Platon sagt, Einige verbinden σῶμα mit σῆμα, "doch haben meiner Ansicht nach in erster Linie (μάλιστα = hauptsächlich) die Anhänger des Orpheus diesen Namen aufgestellt, weil nach ihnen die Seele, weswegen es nun auch sei, Strafe leide und deswegen nun diese Festigung habe, damit sie doch wenigstens erhalten werde (ἵνα σῴζηται: damit sie in Gewahrsam bleibe), wie in einem Gefängnis," - dürfen wir bestimmt nicht annehmen, daß diese letzte auf die Orphiker ausdrücklich zurückgeführte Auslegung des σῶμα (< σῴζω) als "Gewahrsam" die Deutung σῶμα - σῆμα ausschließt. In Wirklichkeit schließen die beiden Deutungen des σῶμα einander nicht aus, sondern ergänzen sich. K. Ziegler, RE, Art. Orphische Dichtung, Sp. 1378/80, scheint u. E. in diesem Punkt gegen den überskeptischen H.W. Thomas, ΕΠΕΚΕΙΝΑ, S. 51 f, vollkommen recht zu behalten. Gewiß ist es kein "hoary error" (so. E.R. Dodds, Irr.S.169, Anm. 87; ähnlich Wilamowitz GdH II 129; R. Harder, Über Ciceros Somnium Scipionis,S. 121, Anm. 4; Ivan M. Linforth, The Arts of Orpheus, S. 147 f) gewesen, die σῶμα-σῆμα-Vorstellung auf die Mysterienpriester des Orpheus zurückführen zu wollen.

[20] Vgl. E. Rohde, Psyche II, S. 55; eine dichterische Schilderung der Vorgänge "dieser fanatischen Nachtfeiern" bietet E. Rohde, ebd., S. 9 f

[21] Robert Eisler, Orphisch-dionysische Mysteriengedanken in der christlichen Antike (Vorträge d. Bibl. Warburg 1922/23, II. Teil), S. 329, führt folgende physiologische Mittel der Ek-stase vor: "alkoholische Getränke und andere Narkotika wie Hanfrauch, Lorbeerblätter- oder Epheubeerensaft, Stechapfel, Bilsenkraut, Drehschwindel erregende Tänze (δόνησις τῶν θεοφορήτων), Schreiausbrüche, betäubenden Lärm, Fasten, sexuelle Orgasmen"; als psychische Mittel erwähnt er das autohypnotische Starren in Spiegel, das eintönige Hersagen mystischer Spruchformeln (mañtram) u. dgl.m.

[22] Vgl. E. Rohde, Psyche II, S. 23; U.v. Wilamowitz, GdH II 69; M.P. Nilsson, GGrR I 578

[23] U.v. Wilamowitz, GdH II 69

[24] Vgl. Platon, Ion 534 a: In der Begeisterung der Ek-stase "schöpfen die Bakchen Milch und Honig aus den Strömen." Ähnlich Eurip., Bakchen 142: ῥεῖ δὲ γάλακτι πέδον, ῥεῖ δ᾽οἴνῳ, ῥεῖ δὲ μελισσᾶν νέκταρι, Συρίας δ᾽ὡς λιβάνου καπνός. Ähnlich äußert sich Euripides auch in

Hypsipyle Frgm. 57, G.W. Bond, S. 45. Die Ekstase als Prozeß der Selbststeigerung und Entfesselung des Menschen findet allerdings ihren krassesten Ausdruck erst in der gnostischen Aufforderung der hermetischen Schriften, "sich selbst für unsterblich zu halten und für fähig,alles zu tun, alles zu erkennen": "συναύξησον σεαυτόν τῷ ἀμετρήτῳ μεγέθει, παντός σώματος ἐκπηδήσας, καί πάντα χρόνον ὑπεράσας Αἰών γενοῦ ... μηδέν ἀδύνατον σεαυτῷ ὑποστησάμενος σεαυτόν ἥγησαι ἀθάνατον καί πάντα δυνάμενον νοῆσαι, πᾶσαν μέν τέχνην, πᾶσαν δέ ἐπιστήμην, παντός ζῴου ἦθος." (Corp.Herm. XI, 20 (=Hermès Trismégiste, Coll. Budé, Textes établi par A.D. Nock et traduit par A.-J. Festugière, Tome I, p. 155)).

[25] Vor allem E. Rohde, Psyche II, S. 19 f, neigt unverkennbar dazu, die dionysische Ekstase letzten Endes als Entleiblichung, als "Befreiung der Seele aus der beengenden Haft des Leibes" zu verstehen. Wenn er auch gelegentlich den ekstatischen Vorgang richtig als eine "Steigerung des Bewußtseins ins Überpersönliche" (a.a.O., S. 23), oder gar als "Untergang des Individuums in der Gottheit" (a.a.O., S. 26; vgl. auch S.32) bezeichnet, scheint er unter dem Zwang seines Themas, das Unsterblichkeit lautet, die Umdeutung ins Pythagoreisch-Platonische letztlich durchgeführt zu haben (vgl. bes. Psyche II, S. 33, über die Erfahrungen im Rausch der dionysischen Tanzorgien: "... wie die Seele, frei vom Leibe, an den Wonnen und Schrecken des Götterdaseins theilhaben könne, sie aber allein, die Seele, das unsichtbar im Menschen lebende Geisteswesen, nicht der ganze, aus Leib und Seele gebildete Mensch".). Die ekstatische Religion des Dionysos war aber Selbstzweck, und es ist im übrigen sehr fraglich, ob sie überhaupt eine vom Körper befreite "Seele" (im späteren Sinne) kannte (vgl. dazu die völkerpsychologischen Forschungen Walter F. Ottos in der Abhandlung "Die Manen", Berlin 1923 (und insbesondere seine Kritik an Rohde)). Zur Begründung der Deutung der Ekstase als Entselbstung verweisen wir noch auf Friedrich Pfister, Ekstasis, Pisciculi F.G. Dölger dargeboten, 1939, S. 177 ff (zit. nach M.P. Nilsson, GGrR I 577, Anm. 4), wo in ausführlicher Untersuchung des Wortgebrauchs diese Deutung gegen jene Rohdes festgestellt wird.

[26] Wie die angedeuteten ek-statischen "Erfahrungen" von dem abtrennbaren Sonderdasein des Menschen im Traum und Rausch die orphisch-pythagoreische Körper-Seele Antithese genauer genährt haben, werden wir angesichts der fragmentarischen und teilweise widersprüchlichen antiken Referenzen nicht verstehen können.

[27] Auf die vielschichtige Verflechtung der orphischen mit den dionysischen Weihen einzugehen, ist hier nicht der Ort. Wir begnügen uns mit einigen Literaturhinweisen, die Orphisches und Bakchisches in direkter Beziehung bringen: Herod. II 81: τοῖσι Ὀρφικοῖσι καλεομένοισι καί Βακχικοῖσι, ἐοῦσι δέ Αἰγυπτίοισι καί Πυθαγορέοισι (offensichtlich identifiziert Herodot hier die Βακχικά mit den Ὀρφικά und hält sie für pythagoreisch und ägyptisch; diese Texterfassung wird allerdings von U.v. Wilamowitz GdH II 189, Anm. 1 für unecht gehalten, der so weit geht, daß er unbegreiflicherweise nicht nur jede Beziehung des Orpheus zu dionysischen Mysterien leugnet (GdH II 193, 379), sondern geradezu die Existenz einer orphischen Seelenlehre und orphischer Mysterien in Abrede stellt. Vgl. aber hingegen E.R. Dodds, a.a.O., S. 176, Anm. 129, und die geistreichen Argumente K. Zieglers, RE, Art, Orphische Dichtung, Sp. 1365/66, 1370-1382). Eurip. Hipp. 953 Ὀρφέα τ' ἄνακτ' ἔχων βάκ-

χεύε, und frgm. der Kreter 472 (Nauck) ἁγνὸν δὲ βίον τείνων ἐξ οὗ Διὸς ’Ιδαίου μύστης γενόμην καὶ νυκτιπόλου Ζαγρέως βούτης τάς τ’ὠμοφάγους δαίτας τελέσας μητρί τ’ὀρείᾳ δᾷδας ἀνασχὼν μετὰ Βάκχος ἐκλήθην ὁσιωθείς. Man vergleiche auch die zahlreichen antiken Zeugnisse, die Orpheus,den Stifter der Mysterien des Dionysos, nennen, in Kern, OF test., S. 94-101. Schließlich sei noch Olympiodoros erwähnt, der in seinem Kommentar zu Platons "Phaidon" (8 § 7, Westerink, S. 123) den bedeutungsvollen Vers "ναρθηκοφόροι μὲν πολλοί, Βάκχοι δέ τε παῦροι"(Phaid. 69 c$_8$) ausdrücklich dem Orpheus zuschreibt. Daß es sich dabei tatsächlich um einen altorphischen Vers handelt, hat K. Ziegler a.a.O., Sp. 1377, überzeugend nachgewiesen; die Orphiker zielten also darauf hin, Bakchen zu werden. Dionysos steht zumal als Dionysos *Zagreus* im Mittelpunkt der orphischen Religiosität (siehe dazu, unten S. 66 f).
Gleichwohl bestehen auch tiefe Unterschiede zwischen den orphischen und den dionysischen Weihen. Es kann freilich nicht unsere Aufgabe sein, diese Unterschiede eingehend zu behandeln; wir müssen uns nur mit einigen Andeutungen und Hinweisen begnügen. Ein Unterschied zunächst, der sich aus der schroffen Gegenüberstellung des zentralen dionysischen Ritus der ὠμοφαγία zu der orphisch-pythagoreischen vegetarischen Askese oder gar dem Schrecken vor dem Zerreißen und Zerschlingen des Dionysoskindes herleitet (vgl. W.K.C. Guthrie, Orpheus and Greek Religion, S. 199 f; M.P. Nilsson, GGrR I 687, der die angeblich feindselige Beziehung zwischen den beiden Richtungen mit dem Verhältnis zwischen Juden und Christen vergleicht), scheint wenig sinnvoll zu sein. Ἁγνός βίος und ὠμοφάγος δίαιτα schließen sich nicht notwendigerweise aus, sondern können sich im Rahmen der orphischen Weihen gegebenenfalls auch ergänzen, wie Euripides in dem soeben angeführten Fragment der Kreter 472 (Nauck) bezeugt. Vgl. dazu die vortreffliche Deutung der ὠμοφαγία bei Dodds Irr.S.277,wo dieser Ritus als das Erlebnis einer Mischung von höchster Verzückung und äußerstem Widerwillen beschrieben wird: "It is at once holy and horrible, fulfilment and uncleanness, a sacrament and a pollution - the same violent conflict of emotional attitudes that runs all through the *Bacchae*(sc. of Euripdes) and lies at the root of all religion of the Dionysiac type" (mit Hinweis auf die Indianer Kwakiutl (Vancouver Island) und ihr Ritual der Menschenfresserei als "a fitting expression of the Dionysian virtue,that lies in the terrible and the forbidden" (S. 282, Anm. 51)). Bezeichnenderweise leitet Dodds diesen Ritus aus der primitiven Logik einer homöopathetischen Wirkung der Fleischnahrung her: "If you want to be a lion-hearted, you must eat lion; if you want to be subtle, you must eat snake ... By parity of reasoning, if you want to be like god you must eat god (or at any rate something which is θεῖον). And you must eat him quick and raw before the blood has oozed from him: only so can you add his life to yours, for 'the blood is the life'"(a.a.O. mit Anspielungen auf die christliche Kommunion).
Die auffallendsten Unterschiede zwischen den beiden Weihen sind vielmehr in ihrer Zusammensetzung, ihrer Funktion und Perspektivität zu suchen; der dionysische θίασος rief vornehmlich die Frauen zu sich; seine "Funktion" war magisch-religiös; als Ziel galt ihm die Befreiung vom Druck des Alltags, der sozialen Sitten und Schranken, der Zivilisation schlechthin (Ekstase als Entselbstung). Der orphische θίασος hingegen scheint hauptsächlich aus Männern zu bestehen; seine "Funktion" kann man als ethisch-religiös bezeichnen. Er hatte einen soteriologischen Logos (Ekstase als Entleiblichung und Hinwendung zum Gott). Eng zusammen hängt mit diesen Unter-

schieden die Subsumtion der irrationalen, bzw. alogischen Elemente des orgiastischen Kultes im logischen System der orphischen Kosmogonie und Anthropogonie. Der ekstatische Kult des Dionysos wich sodann allmählich dem moralischen Ideal eines ὅσιος βίος. Die Masseninitiation des dionysischen θίασος wurde durch individuellere Kulthandlungen ersetzt. Näheres dazu bei P. Lekarsas, Ἡ ψυχή /Athen 1956/, S. 435 f.

[28] Vgl. Eurip. Hipp. 952 ff; Aristoph. Ran. 1o32. Dieses Verbot hängt eng mit der Seelenwanderungslehre zusammen,die bei der Orphik und zumal dem Pythagoreismus eine zentrale Stellung einnimmt. Der Grundgedanke dieser Lehre, der Durchgang der unsterblichen Seele durch mehrere körperliche Existenzen , deren jede die Buße für die in der vorigen begangenen Verfehlungen darstellt, impliziert die Möglichkeit, daß die Seele auch in einen Tierkörper eingehen kann; das Töten eines Tieres würde daher gegebenenfalls dem Töten eines Menschen gleichkommen. Man darf den Kreislauf der Geburten nicht abbrechen.

[29] In fortschreitender Reinigung geht die Seele,der innere Dämon, wie Empedokles in seinem καθαρμοί sagt, durch die ganze belebte Welt, durch Pflanze, Tier, Mensch hindurch bis hinauf in die Gesellschaft der Götter. Vor allem Dodds, Irr.S. 145, hält deswegen Empedokles für den letzten griechischen Schamanen. Diese Deutung hat Charles H. Kahn abgelehnt in seinem Aufsatz "Religion and Natural Philosophy in Empedokles' Doctrine of the Soul", in: AGPh, 42 (1960), S. 3-35 (vgl. bes. S. 30 ff: "Empedokles among the Shamans"). Siehe aber auch E. Wellmann, Art. Empedokles,in: RE 5, 2. Sp. 2508 ff; E. Rohde, Psyche II, S. 171 ff; Mircea Eliade, Von Zalmoxis zu Dschingis-Khan, Köln-Lövenich 1982, S. 47 ff.

[30] Der verbreitetsten Ansicht nach sind diese - als eine Art 'Totenpässe' zu verstehenden - Blättchen orphisch, bzw. orphisch-pythagoreisch; die These, sie seien eleusinisch, wurde jüngst von Fritz Graf, Eleusis und die orphische Dichtung Athens in vorhellenistischer Zeit, S. 91, Anm. 53, überzeugend widerlegt.

[31] Kern OF frgm. 32 d = VS I 16, frgm. B 19 (in der Übersetzung von Wilhelm Capelle, Die Vorsokratiker, Stuttgart 1968, S. 43):

ἔρχομαι ἐκ καθαρῶν (χθονίων) καθαρά,χθονίων βασίλεια,
Εὔκλε καὶ Εὐβουλεῦ καὶ (ὅσοι) θεοὶ δαίμονες ἄλλοι·
καὶ γὰρ ἐγὼν ὑμῶν γένος εὔχομαι ὄλβιον εἶναι,
ποινὰν δ'ἀνταπέτεισ(α) ἔργων ἕνεκ(α) οὔτι δικαίων,
εἴτε με Μοῖρ(α) ἐδαμάσατο (?) (***
***) στεροπῆτι κεραυνῶι.
νῦν δ'ἱκέτι (ς ἥ) κω παρ' ἀγαυὴν Φερσεφόνειαν,
ὥς με πρόφρων πέμψηι ἕδρας εἰς εὐαγε(ὁν)τω(ν).

[32] E. Rohde, Die Religion der Griechen, S. 20 f (=Kleine Schriften II, S. 331 f). So läßt sich auch gut verstehen, warum die Orphiker es sind, "die sich allein oder vor Anderen mit dem Namen der "Reinen" grüssen dürfen" (Rohde, Psyche II, S. 127).

[33] Eine schöne Formulierung E. Rohdes, Die Religion der Griechen, a.a.O.

[34] W.K.C. Guthrie, The Greeks and their Gods, S. 317 f, vergegenwärtigt diese Beziehungen, führt aber den orphisch-pythagoreischen Glauben an die Unsterblichkeit der Seele auf "the religion of the original Thracian Dionysos" zurück. Diese Vermutung, welche die bekannte These Rohdes, Psyche

II, S. 3 ff, wieder aufnimmt, läßt sich jedoch nicht ohne weiteres bestätigen. Auch wenn man mit Guthrie im getischen Gott Zalmoxis, der nach Herodots Bericht (IV, 94-96) seinen Anhängern die "Unsterblichkeit" verlieh (vgl. dazu M. Eliade, a.a.O., S. 31-83), den Repräsentanten der wahren thrakischen Religion, ja den "brothergod" von Dionysos erblicken will (a.a.O., S. 176), läßt die immerhin ungenügend bekannte Natur dieses Gottes es nicht zu, seinen orgiastischen Kult als eine Verheißung der Unsterblichkeit der Seele aufzufassen (vgl. dazu o. Anm.25). Zu dem Verhältnis des Dionysos zum hellenischen Seelenglauben überhaupt vgl. die sehr besonnenen Ausführungen von U.v. Wilamowitz, GdH II 77 ff.

[35] Vgl. dazu Fritz Graf, Eleusis und die orphische Dichtung, S. 84-89; zur orphisch-pythagoreischen Herkunft der platonischen Jenseitsmythen, insbesondere, vgl. ebd., S. 89, Anm. 13 (dort weitere Literatur).

[36] Es genügt hier, auf Phaid. 107 c - 108 c hinzuweisen.

[37] Diod. 1, 96, 5 /Hervorhebung vom Verfasser/

[38] Kern, OF frgm. 222 (=Procl. in Plat.Rempubl. II 340, 11 Kroll):Es werden gegenübergestellt: οἳ μὲν κ'εὐαγέωσι ... οἱ δ'ἄδικα ῥέξαντες ὑπ' αὐγὰς ἠελίοιο; daß diese Verse durchaus alt sein können, hat F. Graf, Eleusis und die orphische Dichtung, S. 90, Anm. 52, überzeugend gezeigt.

[39] Ion VS I 380, frgm. B 4

[40] Plat. Rep. 2, 363 c (Hinweis auf die orphische Herkunft der Stelle in: K. Ziegler, RE Art, Orphische Dichtung, Sp. 1376, Anm. 1); zum engen Verhältnis von Orpheus und Musaios vgl. Plat. Rep. 2, 364 e; Prot. 316 d; Apol. 41 a; Ion 536 b; siehe auch F. Graf, Eleusis und die orphische Dichtung, S. 9 ff; E. Rohde, Psyche II, S. 129, Anm. 3; L. Moulinier, Orphée et l'orphisme à l'époque classique, S. 37 ("qui dit Musée dit, presque, Orphée").

[41] Vgl. etwa Platons Bericht über das Treiben der gewinnsüchtigen Orpheotelesten in Rep. 2, 364 e: Das Jenseits ist für Gerechte und Ungerechte verschieden, durch Riten, "die sie heilige Handlungen (τελεταί) nennen", wird aber ein Übergang von den Verdammten zu den Seligen ermöglicht. Vgl. auch die Anspielungen im Phaid. 108 b$_4$ /Sperrung vom Verfasser/ : τὴν μὲν ἀκάθαρτον καί τι πεποιηκυῖαν τοιοῦτον, ἢ φόνων ἀδίκων ἡμμένην ἢ ἄλλ' ἄττα τοιαῦτα εἰργασμένην ... ἡ δὲ καθαρῶς τε καὶ μετρίως τὸν βίον διεξελθοῦσα (c$_3$); 113 d$_3$ οἵ τε καλῶς καὶ ὁσίως βιώσαντες καὶ οἱ μή (²zur Bedeutung von ὅσιοι, vgl. Rohde, Psyche II, S. 127, Anm.1).

[42] Vgl. dazu W.K.C. Guthrie, Orpheus and Greek Religion, S. 200

[43] F. Pfister,Art."Katharsis",in:RE,Suppl.6, Sp. 151,weist interessanterweise darauf hin, daß Reinigungen, auch bloße Waschungen mit Wasser, ursprünglich 'transzendente' Handlungen gewesen sind, "wobei 'transzendent' das bezeichnet, was außerhalb des Ich, des Subjektes, liegt und in höherem Grade als das Subjekt wirksam ist, was also transsubjektiv und kraftbegabt ist." Solche Kräfte zu entfernen sei der ursprüngliche Sinn der Reinigung gewesen. Die Entwicklung des profanen Reinlichkeitsbedürfnisses wie auch die Ethisierung der apotropäisch-kathartischen Kulthandlungen sieht sodann F. Pfister als sekundäre, spätere Erscheinungen an.

[44] Zu der berechtigten Vermutung, die moralisch bedingte Katharsis habe sich gerade aus der rituell bedingten entwickelt, vgl. E.R. Dodds Irr., S. 36 f (seine Ansicht von den "magischen Techniken" der orphischen Katharsis, ebd., S. 154, ist jedoch u.E. zu ergänzen); siehe auch H.W. Thomas, ΕΠΕΚΕΙΝΑ, S. 34 f.

[45] Die Möglichkeit einer moralischen Katharsis und überhaupt einer "Moral" bei der Orphik scheint vor allem E. Rohde, Psyche II, S. 125 ff und Kleine Schriften, S. 333-334 ("Die Religion der Griechen"), abzulehnen (siehe auch W.K.C. Guthrie, The Greeks and their Gods, S. 317). Doch hierdurch gerade unterscheidet sich diese große religiöse Strömung der archaischen Zeit von den eleusinischen Mysterien, wo allein die Weihe, das Ritual, die Kathartik und die Dichotomie der Toten im Jenseits bestimmt (zur Ablehnung der Vorstellung einer "eleusinischen Moral" vgl. Rohde, Psyche I, S. 298 f ; Wilamowitz, GdH II 53; Nilsson, GGrR I 666; Graf, a.a.O.,S.79-93 ("Die eleusinische Eschatologie")). Gleichwohl sollte man aber zögern, hier scharfe Trennungslinien zu ziehen. Denn schon das Lied der Mysten in den scheinbar Eleusis zugehörigen Jenseitsvorstellungen der aristophanischen "Frösche" (vgl. dazu A.Dieterich, Nekyia, S. 72) weist deutlich auf ein Übergangsstadium hin, in welchem die Moralisierung, vom orphisch-pythagoreischen Bereich her (siehe dazu F. Graf, a.a.O., S. 86 ff), auch in die ritualistische eleusinische Eschatologie einzudringen beginnt. In der Tat ist diesem Chorlied der "Frösche" (455 ff) nach nicht nur Einweihung, sondern auch Rechtlichkeit nötig für den Aufenthalt bei den Seligen im Hades, - "an Orten voller Licht und Sonnenschein" /Sperrung im Original/ :
μόνοις γὰρ ἡμῖν ἥλιος
καὶ φέγγος ἱλαρόν ἐστιν,
ὅσοι μεμυήμεθ' ε ὐ -
σ ε β ῆ τε διήγομεν
τρόπον περὶ τοὺς ξένους
καὶ τοὺς ἰδιώτας.

[46] Vgl. Empedokles VS I 368/69, frgm. B 141 δειλοί, πάνδειλοι, κυάμων ἄπο χεῖρας ἔχεσθαι mit frgm. B 144 νηστεῦσαι κακότητος. Den Sinn der "orphischen Moral" als rein apotropäisch und individualistisch, versucht W.K.C. Guthrie, Orpheus and Greek Religion, S. 201, von dem der christlichen Ethik abzuheben: "His (sc. the Orphic's) object was the saring of his own soul. To accomplish this he had to abstain from certain actions, some of which we too should account as sins and some of which we should not. He did not distinguish between the two, and the question whether his prohibitions had a moral side to them would have had no meaning for him. But that he had to *perform* certain moral actions, to do good in the Christian sense of the words, we can not believe. His religion was the height of individualism" /Hervorhebung im Original/.

[47] Olymp. Komm. zu Phaid. 63 e$_{9-10}$, 3 § 6, Westerink 73

[48] Vgl. bes. I 1, o. S. 37 f. Katharsis ist der leitende Gesichtspunkt, neoplatonisch gesprochen, - der σκοπός des "Phaidon". Περὶ τοῦ καθαρτικῶς γνῶναι ἑαυτόν ἐστιν σκοπός προηγουμένως: so kann man wirklich das innere "Ziel" dieses platonischen Dialogs in Anlehnung an die Terminologie und Interpretationsmethode der Spätneuplatoniker (vgl. hierzu C. Zintzen, Einleitung zum Sammelband "Die Philosophie des Neuplatonismus", S. XX) epigrammatisch ausdrücken.

[49] Phaid. 67 c₅-d₂ /Sperrung vom Verfasser/. Der Ausdruck πάλαι ἐν τῷ λόγῳ (67 c₅) deutet schon allein auf Orphisch-Pythagoreisches hin; ähnlich die Ausdrücke ὁ ἐν ἀπορρήτοις λεγόμενος λόγος (62 b₂), bzw. παλαιός λόγος (70 c₅), τελεταί (69 c₃) etc. Vgl. dazu E. Rohde, Psyche II, S. 279, Anm. 1; K. Ziegler in: RE Art. Orphische Dichtung, Sp. 1378; F. Graf, Eleusis und die orphische Dichtung, S. 121, Anm. 132. Zu παλαιός λόγος, vgl. insbesondere Olympiod. Komm. zu Phaid. 70 c₅ - 72 e₂, 10 § 1, Westerink 137.

[50] Vgl. Phaid. 89 d f. die Ausführung über die Gefahr der μισολογία

[51] Vgl. Phaid. 66a ἀλλ' αὐτῇ καθ'αὑτήν εἰλικρινεῖ τῇ διανοίᾳ χρώμενος αὐτὸ καθ' αὑτὸ εἰλικρινὲς ἕκαστον ἐπιχειροῖ θηρεύειν τῶν ὄντων; 66 e αὐτῇ τῇ ψυχῇ θεατέον αὐτὰ τὰ πράγματα; 83 a αὐτὴν δὲ εἰς αὑτήν συλλέγεσθαι καὶ ἀθροίζεσθαι ...πιστεύειν δὲ μηδενὶ ἄλλῳ ἀλλ' ἢ αὐτὴν αὑτῇ, ὅτι ἂν νοήσῃ αὐτὴ καθ' αὑτήν αὐτὸ καθ' αὑτὸ τῶν ὄντων -, lehrt ἡ φιλοσοφία die Seele.

[52] Vgl. Paid. 79 d /Sperrung vom Verfasser/: Ὅταν δέ γε αὐτὴ καθ' αὑτὴν σκοπῇ, ἐκεῖσε οἴχεται εἰς τὸ καθαρόν τε καὶ ἀεὶ ὂν καὶ ἀθάνατον καὶ ὡσαύτως ἔχον καὶ ὡς συγγενὴς οὖσα αὐτοῦ ἀεὶ μετ' ἐκείνου τε γίγνεται, ὅτανπερ αὐτὴ καθ'αὑτὴν γένηται καὶ ἐξῇ αὐτῇ, καὶ πέπαυταί τε τοῦ πλάνου καὶ περὶ ἐκεῖνα ἀεὶ κατὰ ταὐτὰ ὡσαύτως ἔχει, ἅτε τοιούτων ἐφαπτομένη· καὶ τοῦτο αὐτῆς τὸ πάθημα φρόνησις κέκληται;
Völlig "rein" und "selbst an sich selbst" wird freilich die Seele erst nach dem Tode, wenn die Leibesbande endgültig vernichtet werden; dann löst sich die Seele der φιλοσοφίᾳ ἱκανῶς καθηράμενοι für immer vom Leibe (Phaid. 114 c ἄνευ σωμάτων ζῶσι τὸ παράπαν εἰς τὸν ἔπειτα χρόνον) und geht endgültig zu dem ihr Verwandten (εἰς τὸ ξυγγενές Phaed. 84 b) und Gleichen ein: εἰς τὸ ὅμοιον αὐτῇ, τὸ ἀειδές ἀπέρχεται, τὸ θεῖόν τε καὶ ἀθάνατον καὶ φρόνιμον, οἶ ἀφικομένῃ ὑπάρχει αὐτῇ εὐδαίμονι εἶναι (Phaed. 81 a). Daß aber die Seele, die in richtiger Weise philosophiert und das "Sterben" geübt hat (Phaed. 80 e ὀρθῶς φιλοσοφοῦσα καὶ τῷ ὄντι τεθνάναι μελετῶσα ῥᾳδίως), schon auf Erden von den Niederungen des Werdenden in das wahre Sein, das ewig Bleibende und Göttliche und ihr selbst Ähnliche, kommen kann, legt Platon in aller Deutlichkeit dar (vgl. hierzu unsere Kritik an H. Dörrie hinsichtlich des καθ' ἑαυτήν γενέσθαι der Seele, in III 4 unten, S.243 f). Den Weg dahin weist die Dialektik, die als immer radikaler werdende Abstraktion zur höchsten Idee des Guten, diesem göttlichen Urquell alles Seins und alles Wissens, stufenweise aufsteigt und sich selbst zuletzt an ihr Ziel in einem *einzigen* mächtigen Schwung reißt, der das sehnsüchtig erstrebte an-sich-Gute auf einmal und unmittelbar vor ihr aufleuchten läßt. Diese überrationale, intuitive Erfassung des Absoluten, den τέλεα καὶ ἐποπτικά der Mysterien vergleichbar (Symp. 210 a), als ein "plötzliches" (ἐξαίφνης (Symp. 210 e₄; Rep. 7, 515 c₆ f; Epist. 7, 341 c)) Sicherheben und Sichzuwenden zu den Urbildern der Dinge selbst *geschieht*, stattet das denkende Emporsteigen der platonischen Dialektik zum letzten Grund alles Seins mit visionären, mystischen Zügen aus, die das diskursive Denken übersteigen und das neoplatonische Eintreten des ek-statischen Erfassens des Weltzusammenhangs vorbereiten. Bei Platon selbst bleiben jedoch diese beiden Aspekte des "Denkerlebnisses" vorab zusammen: Dialektik und Erlebnis, Mystik und Mathema-

tik, scheinen zu konvergieren. Vgl. dazu E. Rohde, Psyche II, S. 283 ff;
G. Krüger, Einsicht und Leidenschaft, S. 203, 229, 277 f; P. Friedländer,
Platon I, S. 73, 80 ff.; E.v. Ivánka, Plato Christianus, S. 35-44.Siehe
auch II 1, unten S.88.

[53] Vgl. E. Rohde, Psyche II, S. 282 ff

[54] Vgl. Phaid. 100 a καὶ ὑποθέμενος ἑκάστοτε λόγον ὃν ἂν κρίνω ἐρρωμενέστατον εἶναι, ἃ μὲν ἂν μοι δοκῇ τούτῳ συμφωνεῖν τίθημι ὡς ἀληθῆ ὄντα, καὶ περὶ αἰτίας καὶ περὶ τῶν ἄλλων ἁπάντων (ὄντων), ἃ δ'ἂν μή, ὡς οὐκ ἀληθῆ.

[55] H.G. Gadamer, Plato. Texte zur Ideenlehre, S. 76; siehe auch ders.,"Die Unsterblichkeitsbeweise",in: WuR 156 f

[56] Vgl. hierzu vor allem Platon, Parm. 135 bc

[57] Vgl. "Grenzbeschreibung". Gespräche mit Philosophen, hrsg. von Joachim Schickel, Hamburg 1980, S. 36: Das Interview mit Michael Theunissen (20. Februar 1975)

[58] Vgl. Phaid. 107 b₅f. Wenn man für die Hypothesis selber Rechenschaft zu geben (λόγον διδόναι) hat, sagt Sokrates bezeichnenderweise im "Phaidon" (101 d₅ f), dann muß man "eine *andere Hypothesis* wiederum aufgreifen, die sich den ursprünglich aufgestellten überlegen schiene" (101 d₆ f ἄλλην αὖ ὑπόθεσιν ὑποθέμενος ἥτις τῶν ἄνωθεν βελτίστη φαίνοιτο). Mit dieser würde man gegebenenfalls ebenso verfahren, bis man zu etwas kommt, was hinreichend (ἱκανόν) wäre.

[59] Vgl. Phaid. 78 d - 80 b

[60] "Unter Gefahren": vgl. Phaid. 85 d ἐπὶ σχεδίας κινδυνεύοντα διαπλεῦσαι τὸν βίον

[61] Vgl. Phaid. 107 b

[62] Darin, daß die Annahme des Lebens der Seele nach dem Tode als ein *Wagnis* beschrieben wird - ein Wagnis sogar, das auf sich zu nehmen sich lohnte - sieht H. Kuhn mit Recht einen Hinweis darauf, wie und in welchem Sinne die *Wahl* auch bei Platon zu einem Moment des Erkenntnisvorgangs werden kann: "Noch ehe wir wissen, müssen wir zu wissen wagen",oder mit anderen Worten -, "der Lebensprozeß muß dem Wissensprozeß vorauslaufen"(H. Kuhn, Die wahre Tragödie, in: Das Platonbild, hrsg. von Konrad Gaiser, Hildesheim 1969,S. 308).

[63] G. Krüger, Einsicht und Leidenschaft, S. 60

[64] Vgl. F. Dirlmeier, Phaidon, S. 240. Eine hervorragende Übersetzung und Deutung des Jenseitsmythos des "Phaidon" (108 d ff) findet sich in Karl Reinhardt, Platons Mythen, S. 97-102

[65] Dazu siehe auch K. Reinhardt, Platons Mythen, S. 94 f: "Auch im Phaidon wächst der Mythos aus dem Dialog, wie wiederum der Dialog nur wächst, weil er dem Mythos einwächst." Unbedingt korrekturbedürftig ist wohl P. Friedländers Formel: "Mythos stehe bei ihm (sc. Platon) in einem Gegensatz zum Logos" und "Mythos ist Täuschung" (Platon I, S.183 und S.221).Der Mythos Platons gründet in Wirklichkeit, weit entfernt,eine nebulöse Willkür zu sein, tief in der Natur des Seins selber und der menschlichen Erkenntnis dieses Seins. Er ist daher, wie H.W. Thomas in seiner Dissertation ΕΠΕΚΕΙΝΑ, S. 2, ganz richtig bemerkt, vieldeutig: "einmal Gleich-

nis, Abbild des Gedachten, einmal Gefäß des philosophischen Gedankens, einmal unmittelbare Formung einer metaphysischen Schau, eines Nur-so-Sagbaren." Im Rahmen der platonischen Mythopoiie wird nämlich nicht einfach eine Geschichte erzählt wie in den alten Göttermythen, die bekanntlich aus Platons Staat verbannt werden (vgl. hierzu U.v. Wilamowitz, GdH I 333 und besonders H.G. Gadamer, Platon und die Dichter,in:"Platos dialektische Ethik", S. 184 ff),sondern es werden Argumente, Logoi vorgebracht, aber eben solche, die sich der aus religiös-mythischem Bewußtsein geschaffenen Begriffssprache bedienen zur Darstellung eines logoshaft-dialektisch Unsagbaren: διὸ καὶ ὁ φιλόμυθος φιλόσοφός πώς ἐστιν (Arist. Metaph. A 2, 982 b 18).

Übrigens: Da Mythos und Logos im allgemeinen als relativ autonome komplementäre Größen erscheinen, scheint ein lineares Evolutionsthema im Sinne W. Nestles "Vom Mythos zum Logos" (Stuttgart 1940) wenig Bedeutung zu haben. Der Gegenwart des Mythos in der Philosophie würde eher entsprechen ein geschichtsneutrales Pluralitätsmodell, das die zeitlose Koexistenz des Mythos und des Logos anerkennen würde. Daß auch und vor allem im Bereich der philosophischen Anthropologie die Bedingung einer solchen Koexistenz des Mythos und des Logos im Menschen (der Mensch als ζῷον λογικόν und zugleich als ζῷον μυθικόν) sich als fruchtbar erweisen ließe, sei hier nur erwähnt.

[66] Vgl. hierzu etwa Maximilian Forschner, Die stoische Ethik, S. 11f

[67] Vgl. dazu vor allem Phaid. 90 c-e mit 114 c-e

[68] Als "zentrale Funktion" der platonischen Unterscheidung von νοῦς und διάνοια hat neulich P. Kondylis, Die Aufklärung, S. 13, Anm. 12, gerade "die Stärkung der moralisch-normativen Komponente des Geistesbegriffes" gewürdigt. Kondylis sieht in dieser Funktion den Grund dafür, daß die platonische Unterscheidung die ganze philosophische Tradition durchzieht (vgl. etwa die Gegenüberstellung von νοῦς-ἐπιστήμη (Aristoteles),intellectus-ratio (Augustin, Thomas v. Aquin) oder Vernunft-Verstand (Hegel)).

[69] Vgl. hierzu u. III 3 B, S. 199 ff

[70] H.G. Gadamer hat überzeugend gezeigt, daß die im "Phaidon" entwickelten, sogenannten "Beweise" für die Unsterblichkeit der Seele etwas tief Unbefriedigendes haben, wenn man sie an der Aufgabe, das persönliche Fortleben zu beweisen, mißt. Der Sinn jener Beweisführungen ist aber, so legt Gadamer dar, "daß sie Zweifel widerlegen, nicht daß sie den Glauben begründen" (Die Unsterblichkeitsbeweise, WuR 159). Man deutet in der Tat die Argumentation des "Phaidon" völlig falsch, wenn man sie überhaupt als Beweisführung im modernen Sinne nimmt, die sich auf empirisch kontrollierbare Gegenständlichkeit bezieht. Platon war über diesen logischen Status seines Gedankenganges durchaus im klaren und verstand ihn wohl letztlich nur als Explikation einer Hoffnung - einer "ersten Hypothese" -, die in unmittelbarer Erfahrung gründet, und als Versuch diese Hoffnung argumentativ zu stützen (vortrefflich dazu: Georg Scherer, Das Problem des Todes in der Philosophie, S. 90 f). Man beachte darüber hinaus auch die sehr besonnenen Bemerkungen Max Schelers, der mit seiner Abhandlung "Tod und Fortleben" in unserem Jahrhundert noch einmal den alten Versuch unternommen hat, von der Immaterialität des Geistigen her Taugliches über die Möglichkeit des Fortlebens vorzutragen: "Es ist nicht gefragt, wie man die 'Unsterblichkeit' beweisen oder den Glauben

an sie rechtfertigen kann. "Beweisen" - im Stile des 18. Jahrhunderts - kann man sie sicher *nicht*. Aber es ist wie bei so vielen philosophischen Fragen auch sehr problematisch, ob hier Beweis überhaupt einen *Sinn* hat und ob man sie beweisen soll. *Jede* Annahme, die in unmittelbarer Erfahrung gründet, ist eo ipso unbeweisbar und notwendige *Voraussetzung* aller möglichen Beweise. Dazu ist "unsterblich sein" ein negativer Sachverhalt, der schon als solcher keines Beweises fähig ist. Ausdrücklich sprechen *wir darum* von *Fortdauer* und *Fortleben* der Person, nicht von ihrer sog. Unsterblichkeit. Hätten wir erfahrungsmäßige Stützpunkte ihres Fortlebens, so könnte eventuell auch das daraus folgen, was man Unsterblichkeit nennt" (Max Scheler,"Tod und Fortleben",in: Schriften aus dem Nachlaß, Bd 1, Bern 1957, S. 36 /Hervorhebung im Original/).

71 Vgl. dazu Georg Scherer, Das Problem des Todes in der Philosophie, S. 94; E. Fink, Vom Wesen des Enthusiasmus, S. 27; Mircea Eliade, Der Mythos der ewigen Wiederkehr, S. 55 f, weist interessanterweise darauf hin, daß auch "primitive" ontologische Vorstellungen diese "platonische Struktur" aufweisen, insofern sie die *Wirklichkeit* ausschließlich durch Wiederholung oder Teilhabe an einem Archetyp erworben werden lassen: "alles, was kein exemplarisches Vorbild besitzt, ist 'des Sinnes entblößt', das heißt, es besitzt keine Wirklichkeit. Die Menschen müßten demnach die Tendenz haben, archetypisch und paradigmatisch zu werden. Eine solche Tendenz könnte paradox erscheinen in dem Sinne, daß der Mensch der frühen Kulturen sich nur in dem Maße für wirklich hält, als er aufhört, er selbst zu sein (in den Augen eines modernen Beobachters) und sich damit zufrieden gibt, die Handlungen eines *anderen* zu *wiederholen* und *nachzuahmen*. Mit anderen Worten: er erkennt sich als *wirklich* d.h. als 'wahrhaftig er selbst' nur, soweit er eigentlich aufhört, es zu sein. Man könnte also wohl sagen, daß diese 'primitive' Ontologie eine platonische Struktur besitzt,und Platon könnte in diesem Fall als der Philosoph der 'primitiven Mentalität' par excellence gelten, will sagen, als der Denker, dem es gelungen ist, die Arten des Seins und des Verhaltens der archaischen Menschheit philosophisch zu werten " /Hervorhebung im Original/.

72 Über die drei Bedeutungen von φρουρά als *praesidium, custodia* und "Gefängnis" siehe P. Friedländer, Platon III 436, Anm. 7

73 Vgl. dazu Phaedr. 248 c f, wo von der kyklischen Einkörperung gesprochen wird und der schnelleren Befreiung des Philosophen aus dem Kreis der Geburten, d.h. seiner Rückkehr in den überhimmlischen Ort (248 e$_5$ εἰς τὸ αὐτὸ ὅθεν ἥκει ἡ ψυχὴ ἑκάστη).

74 Vgl. Kern OF frgm. 229

75 Vgl. Kern OF frgm. 32

76 Vgl. hierzu Willy Theiler,"Antike und christliche Rückehr zu Gott", in: Forschungen zum Neuplatonismus, S. 313-325. Zu der christlichen Rückkehr zu Gott bei Origenes und insbesondere bei Gregor von Nyssa siehe unten III 5, S. 291 ff und S. 298 ff

77 Diese Gegenüberstellung liegt etwa der Behauptung H.G. Gadamers zu Grunde, Platon beabsichtigte im "Phaidon" nicht das Fortleben der Seele zu beweisen, sondern auf das hinzuweisen, "was Seele in ihrem eigentlichen Sinn, das heißt: nicht in ihrem möglichen Tot- oder Unsterblichsein, sondern in ihrem wachen Selbstverständnis und Seinsverständnis, ausmacht" (Die Unsterblichkeitsbeweise, WuR 153). Sokrates legt dennoch ausdrück-

lich in diesem Dialog dar, daß die Seele, wenn überhaupt, erst im Tode die Erkenntnis gewinnen kann (66 e₆ ἣ οὐδαμοῦ ἔστιν κτήσασθαι τὸ εἰδέναι ἣ τελευτήσασιν), daß sie, in der Mysteriensprache ausgedrückt, erst im τελευτᾶν der τελετή, d.h. der Initiation in eigentlicher Seins- und Selbsterkenntnis teilhaftig wird (zur Alliteration und Verbindung von τελευτᾶν und τελεῖσθαι vgl. Plut. frgm. 178)

[78] Freilich ist dieser "Wille zum Tode" anderer Art als Nietzsche (Götzen-Dämmerung , WW II 951-956) ihn - auf die Person des Sokrates hin - - gedeutet hat. R. Guardini hat sicher recht, wenn er hingegen den Willen des Sokrates folgendermaßen erläutert: "Es wäre der Wille, nach der 'Einübung in den Tod', welcher durch sein ganzes Leben als Philosoph gegangen ist, nun durch den endgültigen Tod in die Freiheit des reinen Gegenüber von Geist und Idee zu gelangen. Im letzten also nichts Ethisches mehr, auch nicht das Ethos des philosophischen Einstehens, sondern etwas Metaphysisch-Religiöses, welches alle Masse des Sollens und Dürfens sprengt; eine Dionysik des Geistes, wie sie sich auch im Worte von den wahren Thyrsoträgern anzeigt"(Der Tod des Sokrates, S. 208). Wie sehr jedoch diese "Dionysik des Geistes" *im* "*Phaidon*" die Zurückdrängung des empirisch Menschlichen voraussetzt und geradezu fordert, haben wir schon zu zeigen versucht (vgl. o. I 1, S. 36 f). Zur Ergänzung weisen wir hier noch auf den wichtigen Passus Phaid. 69 c₉ - 69 e₅ hin. Sehr aufschlußreich ist dabei vor allem die Auseinandersetzung zwischen Sokrates und Simmias über die Frage, ob die "Vielen" sich im klaren darüber sind, daß die Philosophen sich nach dem Tode sehnen (64 a f). Sokrates beharrt darauf, "daß sie sich nicht darüber im klaren sind, inwiefern die wahren Philosophen den Tod wünschen und ihn verdienen und *was für einen Tod* (64 b₈ f) λέληθεν γὰρ αὐτοὺς ᾗ τε θανατῶσι καὶ ᾗ ἄξιοί εἰσιν θανάτου καὶ ο ἵ ο υ θ α ν ά τ ο υ οἱ ὡς ἀληθῶς φιλόσοφοι)" /Sperrung vom Verfasser/.
Von entscheidender Bedeutung für unser Problem ist offenbar die Frage, ob Sokrates selbst wirklich von einem differenzierten Begriff des Todes ausgeht. Wir wollen im folgenden ein paar Gedanken darüber anstellen. Im Anschluß an seine soeben angeführten Worte definiert Sokrates den Tod als Trennung und Lösung der Seele vom Leibe, was merkwürdigerweise die Zustimmung des Simmias findet (64 c; für Simmias aber ist eigentlich der Tod Auflösung der Seele im Körper,vgl. 85 e ff). Diese Todesdefinition ist in Wahrheit,wie R. Hackforth,Plato's Phaedo, S. 44, Anm. 1, nachgewiesen hat, repräsentativ für "the normal contemporary view" (man beachte aber auch die Bemerkung Hackforths: "The definition does not, of course, prejudge the question of the soul's survival.").Sokrates deutet das selber an, als er weiter das philosophische Lebens- und Erkenntnisideal herauszustellen sucht (64 d ff): "Wer ist ein Philosoph? Einer, der keinen Wert legt auf die Genüsse von Essen und Trinken oder das des Geschlechtlichen, noch auf schöne Kleider, Schuhe und Schmuck, und überhaupt um das Leibliche nicht mehr bekümmert ist, als unbedingt nötig ist,vielmehr soweit möglich von ihm abgekehrt und der Seele zugekehrt ist (64 e).Also ist der Philosoph derjenige,der sich dadurch von den anderen Menschen unterscheidet, daß er seine Seele am meisten von der Gemeinschaft mit dem Leibe ablöst. Das aber halten die *anderen* schon beinahe für ein Gestorbensein (65 a)" (zit. nach der Paraphrase von Walter Brökker, Platos Gespräche, S. 173 /Hervorhebung vom Verfasser/). Daß der Philosoph beim Erkenntnisprozeß, "der Jagd nach dem Seienden" (66 a₃) wie Sokrates ferner sagt, den Leib verachtet, ihn flieht und in Wahrheit

auf den Tod, das als unanfechtbar (vgl. 67 d$_6$ παντάπασι) zu geltende
"Äquivalent" der Trennung der Seele vom Leibe, hinstrebt, zeigt also deutlich, wie auch die Philosophie als "Einübung ins *Sterben*" auf der allgemein verbreiteten "volkstümlichen" Auffassung des Sterbens als Absonderung der Seele vom Leibe beruht.
Ein Zweites: Der Satz, Tod sei besser als Leben, scheint im "Phaidon" nicht nur für den Philosophen, sondern für den *Menschen* schlechthin zu gelten. Hans-Dieter Voigtländer, Der Philosoph und die Vielen, S. 245, hat dies jüngst richtig gesehen und mit gutem Grund besonders auf Phaid. 62 a$_{2-5}$ hingewiesen: "Du magst dich freilich wundern", so spricht Sokrates an dieser Stelle zu Kebes, "daß die Sache hier (gemeint ist der Tod) so *einfach* stehe und es unter allen Umständen für den Menschen (τῷ ἀνθρώπῳ) besser sein sollte, zu sterben als zu leben, während doch sonst soviel von den Umständen und der Person abhängt." Zur Kontroverse um diese vieldiskutierte schwierige Stelle vgl. Leonardo Tarán, Platos "Phaedo" 62 A in: AJP 87 (1966), S. 326-336, der allerdings zu dem korrekturbedürftigen Schluß kommt: "Finally, the general preferability of death is never referred to in the Phaedo"(329). Trotz vieler guter Beobachtungen (vgl.bes. seine Kritik an den englischen Forschern Burnet und Hackforth,a.a.O.,S. 330 ff, oder seine Einsicht in den epexegetischen Charakter des Satzes: καὶ οὐδέποτε τυγχάνει τῷ ἀνθρώπῳ, ὥσπερ καὶ τἆλλα (Phaid. 62 a$_3$)) gelingt es L. Tarán nicht, einzusehen, daß das τοῦτο (Phaid. 62 a$_2$) sich ausdrücklich auf den Tod, bzw. den Satz "es ist besser zu sterben, als zu leben" (Guardini, a.a.O., S. 196) bezieht; er meint deswegen,"τοῦτο refers to the unlawfulness of suicide" (a.a.O., S. 334). Diese Interpretation stößt aber aber u.a. auch an die alten Phaidonkommentare, die u.E. immer noch richtungsweisend bleiben. Man vergleiche insbesondere,was Olympiodoros ad loc. schreibt: θαυμαστόν σοι φαίνεται᾽, φησίν,ὅτι τῶν ἄλλων πάντων ἐπαμφοτεριζόντων καὶ ἀγαθῶν καὶ κακῶν δυναμένων εἶναι, οἷον πλούτου, ξίφους, ὁ θάνατος μόνως ἀ γ α θ ό ς ἐστιν' (1 § 19, Westerink 59) /Sperrung vom Verfasser/. Olympiodoros ist gewiß kein erstbester Zeuge, der sich leicht irren könnte, sondern ein nüchterner,gebildeter Platoniker, dem hohe Bedeutung als Übermittler platonischen (und aristotelischen) Lehrgutes zukommt,"was nahezu ausschloß, daß er eigene Lehr-Entscheidungen fällte" (Vgl.KlP 4, Sp. 290, Art. Olympiodoros (5)). Er stand der Gedankenwelt Platons bestimmt näher als die modernen Gelehrten. Seine Deutung wird durch Simplicius, *Commentarius in Epicteti Enchiridion*,S.28, 33-40 (Dübner),bestätigt: ὁ δέ γε Πλάτων, καὶ ὁ τοῦ Πλάτωνος Σωκράτης, καὶ ἀγαθὸν αὐτόν (sc. τὸν θάνατον) εἶναι, καὶ κρεῖττονα τῆς μετὰ τοῦ σώματος ζωῆς, ἀποφαίνεται' ο ὐ τ ο ῖ ς μ έ ν , τ ο ῖ ς δ ὲ ο ὔ · ἀ λ λ ' ἁ π λ ῶ ς π ᾶ σ ι. λέγει οὖν ὁ ἐν τῷ Φαίδωνι Σωκράτης· ἴσως μὲν θαυμαστόν σοι φαίνεται, εἰ τοῦτο μόνον τῶν ἄλλων ἁπλοῦν ἐστι, καὶ οὐδέποτε, τυγχάνει τῷ ἀνθρώπῳ,ὥσπερ καὶ τὰ ἄλλα πάντα, ὅτε καὶ βέλτιον τεθνάναι ἢ ζῆν /Sperrung vom Verfasser/ (zit. nach Tarán, a.a.O., S. 328, Anm. 7).
Der Tod ist also für Platon im "Phaidon" *auf jeden Fall* ein Gut, ein Gut, das man sich jedoch nicht verschaffen darf -, es sei denn, daß der Gott jemandem eine Not schickt, eine Not gleich dieser, die Sokrates jetzt zwingt (62 c$_{7-8}$). Wenn auch Sokrates diese Paradoxie auf die orphische Lehre zu beziehen sucht, "daß wir Menschen hier ἐν φρουρᾷ sind und nicht davonlaufen dürfen" (62 b$_{3-5}$), bleibt auch dieser Rückgriff auf religiöse Geheimlehren rätselhaft. Diese Paradoxie eben scheint auch Olympiodoros bewußt zu sein, wenn er in seinem Kommentar zu "Phaidon" (3 §§1,

11, 13, Westerink 69, 75) zwei Arten von Tod zu unterscheiden sucht: den als Trennung der Seele von den Affekten des Körpers (χωρισμός παθῶν) zu verstehenden "freiwilligen" Tod des Philosophen (θάνατος προαιρετικός) und den allgemeinen "natürlichen" oder "leiblichen" Tod (θάνατος φυσικός ἤ σωματικός), der als Trennung des Körpers von der weiterlebenden Seele (χωρισμός ψυχῆς) aufgefaßt wird. Dabei versucht er diese beiden Arten von Tod im Zusammenhang mit dem Trachten und Wollen des Philosophen anschaulich zu machen (3 § 1, Westerink 69) und bietet (Randbemerkung zu 3 § 1. 6-9, Westerink 184) ein beachtenswertes Schema:

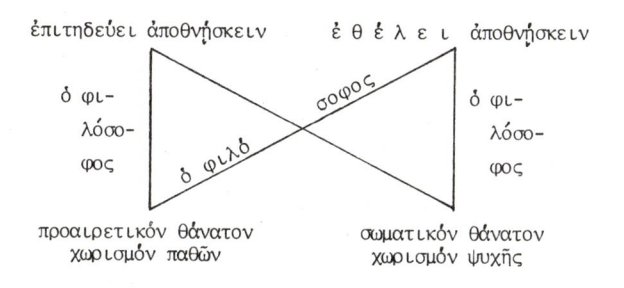

ἐπιτηδεύει ἀποθνῄσκειν   ἐ θ έ λ ε ι ἀποθνῄσκειν

ὁ φι-   σοφός   ὁ φι-
λόσο-   ὁ φιλό   λόσο-
φος   φος

προαιρετικόν θάνατον   σωματικόν θάνατον
χωρισμόν παθῶν   χωρισμόν ψυχῆς

Und im Klartext, 3 § 1. 6-9, Westerink 69, heißt es : δύο γάρ ὄντων, τοῦ τε ἐπιτηδεύειν ἀποθνῄσκειν καί τοῦ ἐθέλειν ἀποθνῄσκειν, τόν μέν προαιρετικόν θάνατον καί τόν χωρισμόν τῶν παθῶν καί ἐπιτηδεύει καί ἐθέλει, τόν δέ σωματικόν ε θ έ λ ε ι μέν, οὐ μήν ἐπιτηδεύει /Sperrung vom Verfasser/.(Völlig verdreht wird der Sinn dieser Stelle von O. Apelt bei seinen Anmerkungen zu "Phaidon" (Leipzig 1923³, S. 136)).Mit Hilfe dieser Unterscheidung vom "freiwilligen" und "natürlichen" Tod versucht Olympiodoros auch den Streit zwischen Sokrates und Simmias zu erhellen. Interessanterweise erwähnt er hierzu nicht nur die Argumente des Sokrates, sondern auch die des Simmias, der behauptet, daß die "Vielen" sich doch im klaren darüber sind, daß sich die Philosophen nach dem Tode, und zwar dem natürlichen Tode, sehnen;"denn sie werden auch den 'natürlichen' Tod wählen, insofern er ein Abbild (εἴδωλον) des 'freiwilligen' Todes sei." Es ist hier von Belang, den ganzen Kommentar des Olympiodoros an dieser Phaidonstelle (64 b$_{8-9}$) vorzuführen: "ἀντίφασις συνάγεται διά τούτων. ὁ μέν γάρ Σιμμίας φησίν ὅτι οὐ λέληθε τούς πολλούς ὅτι θανατῶσιν, ὁ δέ Σωκράτης φησίν ὅτι λέληθεν, ὁ δέ ἐ π ά γ ε ι ὅτι οὐ λέληθεν· καί τοῦτο γέγονε διά τήν ὁμωνυμίαν. λέληθε γάρ αὐτούς ὅτι τόν προαιρετικόν θάνατον μελετῶσι (διό φησιν ὅτι 'θανατῶσιν',τουτέστι χωρίζουσιν ἑαυ - τούς τοῦ σώματος, καί 'ἄξιοί εἰσι θανάτου' τοῦ προαιρετικοῦ)· οὐ λέληθε δέ αὐτούς ὅτι τόν φυσικόν θάνατον μελετῶσιν,αἱρήσονται γάρ καί τοῦτον οἱ φιλόσοφοι, εἴ γε εἴδωλόν ἐστι τοῦ προαιρετικοῦ θανάτου" (3 § 11, Westerink 75) /Sperrung vom Verfasser/. Andrew Smith scheint also recht zu behalten, wenn er bei seinem Versuch, die verschiedenen neuplatonischen Interpretationen des Todes zu bestimmen, im Hinblick auf den "Phaidon" schreibt: "In the *Phaedo*, however, it is clear that the death to which the philosopher looks forward is the natural separation of soul and body" (Porphyry's Place in the Neoplatonic Tradition. The Hague 1974 , S. 22, Anm.2).

[79] So H.G. Gadamer, Die Unsterblichkeitsbeweise, in: WuR 159

[80] Walter Schulz,"Zum Problem des Todes ",in:Der Tod in der Moderne, S.173

[81] Siehe dazu auch W. Bröcker, Platos Gespräche, S. 182 f; F.Dirlmeier,Phaidon, S. 237-240

[82] Vgl. dazu F. Graf, Eleusis und die orphische Dichtung Athens, S. 78 f

[83] So zu Recht Georg Scherer, Das Problem des Todes in der Philosophie, S.99

[84] Zu λύσις καί καθαρμός der Seele durch φιλοσοφία, vgl. Phaid. 82 d; die Philosophie λύειν έπιχειρεῖ τήν ψυχήν vom Leibe und der sinnlichen Wahrnehmung: Phaed. 83 ab

[85] Vgl. hierzu E. Rohde, Psyche II, S. 116 ff; K. Ziegler in: RE, Art. Orphische Dichtung, Sp. 1354 f. Daß der Mythos, mindestens in seinen Ansätzen, tatsächlich alt ist, haben E.R. Dodds,Irr.S.155 f und jüngst W. Burkert, Griechische Religion, Stuttgart 1977, S. 442 f, überzeugend nachgewiesen. Platon wird von dieser Menschenschöpfungssage gewiß gewußt haben, wie die berühmte Stelle, Leg. 3, 701 b-c von der λεγομένην παλαιάν Τιτανικήν φύσιν lehrt; auch jene Pindarverse über die ποινάν παλαιοῦ πένθους (Pindar frgm.133), die Platon im "Menon" 81 b zitiert, setzen den Sparagmosmythos des Zagreus und die durch ihn bestimmte Eschatologie voraus (vgl. hierzu F. Graf, Eleusis und die orphische Dichtung, S. 74, Anm. 53). Auf diesen Mythos hin weisen wohl noch die Andeutungen in Krat. 400 c und Phaid. 62 b.Zu Platons Schweigsamkeit in bezug auf das "Dionysische" siehe etwa was E. R. Dodds am Schluß seiner Anmerkung zu dem Verhältnis Platon - "Zagreus-Mythos" schreibt: "he (sc. Platon) could identify the irrational impulses with the Titans, but to equate the divine in man with the Dionysiac was repugnant to a rationalist philosophy" (ders. in: Irr. S.178, Anm. 135).

[86] Vgl. Ol., 1 § 3,Westerink 41f: καί τούτους (sc. τούς Τιτᾶνας) ὀργισθείς ὁ Ζεύς ἐκεραύνωσε, καί ἐκ τῆς αἰθάλης τῶν ἀτμῶν τῶν ἀναδοθέντων ἐξ αὐτῶν ὕλης γενομένης γενέσθαι τούς ἀνθρώπους ... οὐ δεῖ ἐξάγειν ἡμᾶς ἑαυτούς ὡς τοῦ σώματος ἡμῶν Διονυσιακοῦ ὄντος· μέρος γαρ αὐτοῦ ἐσμεν,εἴ γε ἐκ τῆς αἰθάλης τῶν Τιτάνων συγκείμεθα γευσαμένων τῶν σαρκῶν τούτου. Dem Menschen ist also etwas vom göttlichen Dionysos beigemischt; daß dieses "etwas" mit dem Geist, dem νοῦς, zusammenfällt, legt Proklos ausdrücklich dar: ὅτι ἐν ἡμῖν νοῦς Διονυσιακός ἐστιν καί ἄγαλμα ὄντως τοῦ Διονύσου. ὅστις οὖν εἰς αὐτόν πλημμελῇ καί τήν ἀμερῆ αὐτοῦ φύσιν διασπᾷ Τιτανικῶς διά τοῦ πολυσχιδοῦς ψεύδους, οὗτος δηλονότι εἰς αὐτόν τόν Διόνυσον ἁμαρτάνει καί μᾶλλον τῶν εἰς τά ἐκτός τοῦ θεοῦ ἀγάλματα πλημμελούντων, ὅσον ὁ ν ο ῦ ς μ ᾶ λ λ ο ν τ ῶ ν ἄ λ λ ω ν σ υ γ γ ε ν ή ς ἐ σ τ ι τ ῷ θ ε ῷ (in Cratyl., 77, Pasquali 24) /Sperrung vom Verfasser/.

Dionysos selber stellt sich gewöhnlich als der kosmische Nous dar; er ist der Patron der παλλιγενεσία (vgl. hierzu die Literaturangaben bei Westerink 46,Anm. zu Ol. I, § 6), d.h. des Kreises von"Geburt und Tod", der alles einzelne Seiende regiert. Gelegentlich ist er aber auch mit dem Archetyp der menschlichen Seele identifiziert (siehe etwa Westerink 80, Anm. zu Dam. I § 129). Auf jeden Fall verkörpert er das Prinzip der Ganzheit, resp. Einheit.

[87] Vgl.W.F.Otto, Theophania 114, "Der Sterbende und Auferstehende"; U.v.Wilamowitz, GdH II 74, "Der sterbende und neu geboren werdende Gott".

[88] Dam. (=ps. Olympiodoros) Komm. zu Phaid. 69 $c_3 d_2$, I § 166, Westerink 99: ὅτι τὸν μυστικόν τε καὶ κοσμικὸν τῶν ψυχῶν ἐμιμήσατο (sc. ὁ Σωκράτης) κύκλον. φυγοῦσαι μὲν γὰρ ἀπὸ τῆς ἀμερίστου ζωῆς καὶ τῆς Διονυσιακῆς προβαλόμεναί τε τὴν Τιτανικήν τε καὶ ἀποστενωμένην ἐν τῇ φρουρᾷ (62 b_4) κατεδέθησαν· ἐμμεῖναcαι δὲ τῇ ποινῇ καὶ σφῶν αὐτῶν ἐπιμηληθεῖσαι, καθαρθεῖσαι τῶν Τιτανικῶν μολυσμῶν καὶ συναγερθεῖσαι γίνονται Βάκχοι, ὅ ἐστιν ὁλόκληροι κατὰ τὸν ἄνω μένοντα Διόνυσον. Ähnlich Olympiodoros 8 § 7, Westerink 123 f: καὶ γὰρ ἐνδούμεθα μὲν τῇ ὕλῃ ὡς Τιτᾶνες διὰ τὸν πολὺν μερισμόν - πολὺ γὰρ τὸν ἐμὸν καὶ σὸν - ἀνεγειρόμεθα δὲ ὡς Βάκχοι. Bei der Verbindung der φρουρά mit Dionysos folgt Damaskios, wohl gemerkt, Porphyrios und Xenokrates: Dam.I § 2, Westerink 29 : ἡ φρουρά ..., ὡς Ξενοκράτης (frgm. 20), Τιτανική ἐστιν καὶ εἰς Διόνυσον ἀποκορυφοῦται. οὕτω δὲ καὶ Πορφύριος προϋπενόησεν ἐν τῷ ὑπομνήματι (weiteres darüber in der beachtenswerten Anmerkung Westerinks ad loc.).

[89] Vgl. Dam. I § 171, Westerink 105: ὁ δὲ ζῶν Διονυσιακῶς ἤδη πέπαυται πόνων καὶ λέλυται τῶν δεσμῶν, ἀφεθεὶς τῆς φρουρᾶς, μᾶλλον δὲ τῆς ἀποστενωμένης ζωῆς· ὁ δὲ τοιοῦτος ὁ καθαρτικός ἐστι φιλόσοφος.

[90] Vgl. hierzu Ol. I § 5, Westerink 45: ... καὶ ὑπὸ τῶν Τιτάνων σπαράττεται, τοῦ 'τ ί' μ ε ρ ι κ ό ν δηλοῦντος, σπαράττεται δὲ τὸ καθόλου εἶδος ἐν τῇ γενέσει· μονὰς δὲ Τιτάνων ὁ Διόνυσος /Sperrung vom Verfasser/.

[91] Vgl. Dam. I § 9, Westerink 33. Den Ausdruck "τὸν ἐν ἡμῖν Διόνυσον διασπῶμεν" erklärt Iamblich, Vit. Pyth. 240, Albrecht 232 (παρήγγελον γὰρ θαμὰ ἀλλήλοις μὴ διασπᾶν τὸν ἐν ἑαυτοῖς θεόν), als altpythagoreisch, was freilich auch für den vorplatonischen Ursprung des Zagreus-Mythos spricht.

[92] Dam. I § 23, Westerink 39: Ὅτι τὸ αὐτεξούσιον ἡμῶν ὅσῳ μᾶλλον δου - λεύει τοῖς θεοῖς, τοσούτῳ μᾶλλον ἐνεξουσιάζει πλείοσιν· ὅσῳ δὲ ἐκείνων ἀφίσταται πρὸς ἑαυτό, τοσούτῳ μειζόνως ἀποστενοῦται πρὸς τὴν ὄντως ἑτεροκίνητον δουλείαν, ἅτε τοῦ μὲν κυρίως αὐτεξουσίου ἀφιστάμενον, τῷ δὲ κυρίως ὑπεξουσίῳ πλησιάζον.

Sehr schön wird dabei auch der Abfall, resp. Entfremdungsprozeß der Seele beschrieben:
προβαλομένη γάρ τὸ ἴδιον ἡ ψυχή (ἐνὶ) δέθη σώματι ἰδίῳ, ἀλλὰ καὶ πολυδεεῖ, ἵνα τοῦ κοινοῦ εἴδους ἐν χρείᾳ γένηται καὶ μάθῃ οἷόν ἐστι τὸ ἴδιον (Dam. I § 10, Westerink 35).

[93] Siehe dazu unten III 5, S. 298 f. Man vergleiche noch de an. et. resurr. 81 B (übers. und interpr. unten III 4 (Exkurs), S. 260 f).

[94] Vgl. de an. et resurr. 128 C : στήσεται πάντως ἡ βοώδης αὕτη τῆς φύσεως κίνησις; ähnlich 156 B (übers. und interpr. u. III 5, S. 283 f).

[95] Siehe dazu unten III 4 (Exkurs), S. 266 ;   III 5, S.291 f ; III 6, S.355.

ZWEITER TEIL

STICHWORTE ZUR GEISTESGESCHICHTLICHEN SITUATION DER SPÄTANTIKE: PLATONISMUS UND CHRISTENTUM

τῷ γὰρ ὁμοίῳ τὸ ὅμοιον γινώσκεται, ὅτι πᾶσα γνῶσις τοῦ γνωστοῦ ὁμοίωσις.

    Porphyrios, sent. 25, S. 15, 4 (Lamberz)

1. PLATONISMUS ALS PHILOSOPHIE UND RELIGION

Wenn man die Wechselbeziehungen von Platonismus[1] und Christentum zu überdenken hat, die in vielen Werken des späten Altertums, in vielen Werken eines Gregors von Nyssa, eines Augustinus auftauchen, muß man sich zu Beginn die geistesgeschichtliche Situation der Spätantike deutlich vor Augen halten. Nur so kann der Gefahr begegnet werden, unsere moderne ideengeschichtliche Bewußtheit in die Schriften der Alten hineinzulesen. Wir sehen nämlich Philosophie so gern und selbstverständlich als ein weltlich-rationales Fragen nach Grundsätzlichem, das durch eine tiefe Kluft von Religion oder gar Theologie getrennt ist. Solch eine Trennung trifft aber für keine antike Philosophie zu, am wenigsten für den Platonismus.[2] Denn dank seiner stark ausgeprägten eschatologischen Züge tritt der Platonismus als Philosophie *und* Religion zugleich auf. Mit einer von Jahrhundert zu Jahrhundert wachsenden Intensität und religiös fundierten Entschiedenheit durchzieht er das geistige Leben der Kaiserzeit und vermag in der Nachfolge der Stoa weiten Kreisen den einzigen inneren Halt zu bieten. Denn schon die Stoa, die etwa 250 n. Chr. erlischt, bildete keine Philosophie im modernen, formal-abstrakten Sinne. Vielmehr war ihr der Charakter einer Bewegung zu eigen, die ein halbes Jahrtausend hindurch, wie es Max Pohlenz ausdrückt, "unzähligen Menschen sittlichen Halt und seelischen Frieden gegeben" hat.[3] In einer Zeit wachsender Furcht vor dem "Verworfen-sein", wo alles Äußere zum Spiel des Zufalls geworden war[4], entsprach tatsächlich die Philosophie der Stoa einer Lebenskunst, bzw. -macht, deren weltanschaulicher und zunehmend religiöser Gehalt den Menschen über seine Bestimmung aufklären sollte. Besonders mit Poseidonios (etwa 135-50 v. Chr.) entfaltete sich die religiöse Stimmung in der Stoa derart, daß sie die Sehnsucht nach persönlichem Leben mit Gott weckte. Stoisches religiöses Vorstellen und Fühlen blieb dennoch immer durch das pantheistische Weltgefühl und durch rationales Denken bestimmt.[5] Ganz anders wirkt nun die "neue Zeit" auf die philosophischen Richtungen der Kaiserzeit, die von sich aus eine verwandte Religiosität mitbringen. Dazu gehören vor allem die Platoniker der ersten nachchristlichen Jahrhunderte. Sie setzen nicht mehr Platons Ideenwelt als Ziel aller Erkenntnis an, sondern sie konkretisieren ihr Denken in der von der Ideenerkenntnis bereits dissoziierten Frage nach dem ersten Prinzip, nach jenem unbekannten Höchsten X, das *hinter* allen Seienden, auch den höchsten transzendenten Seienden, steht und ihnen allen seinen Sinn gibt.[6]

Das erste Prinzip, die Idee des Guten, war zwar auch für Platon "jenseits des Seins"[7], jedoch *zugleich* Grund des Seins der Ideen, selbst das "Leuchtendste des Seienden"[8] genannt. Dieser Ambivalenz auf ontologischer Ebene entsprach bekanntlich eine eigentümliche Zweideutigkeit im erkenntnistheoretischen Bereich: Zwar konnte man zur Erkenntnis des Ursprungs oder des ersten Prinzips, das Platon in unmittelbarem Zusammenhang mit der Gesamtheit des Systems der Ideen betrachtete, dialektisch denkend emporsteigen, jedoch hafteten diesem denkenden Emporsteigen zum letzten Grund alles Seins visionäre Züge an, die eigentlich "dem inneren, aus dem *Streben* und der Sehnsucht des Geistes geborenen überrationalen *Erlebnis* des Unendlichen"[9] zukommen. Die intuitive, erlebnismäßige "erotische" Erkenntnis des höchsten Einen ist also in einem merkwürdigen Verhältnis zur dialektischen schon bei Platon vorhanden.[10] Im späteren Platonismus und besonders im Neuplatonismus, wo sich die Lage deutlicher kristallisiert hat, wird die Spannung eben dieses ursprünglichen Verhältnisses offenbar, indem die von Platon als auswechselbar, gleichbedeutend behandelten Motive des Dianoetischen und des Erotischen aus ihrer um die Absolutumserkenntnis ringenden systematischen Einheit selbständig heraustreten: Das Höchste Eine, dem im eigentlichen Sinne die Benennung "Gott" zukommen sollte, ist nun eindeutig "überseiend", "jenseits" des Seins; es ist, um es mit den traditionellen Worten der Platoniker auszudrücken, jenseits *allen* Wesens (ἐπέκεινα πάσης οὐσίας), also auch der Erfahrbarkeit durch das Denken und die Wissenschaft. Das Eine ist nicht mehr Sein.[11] Sein aber ist aus dem Einen und durch es. Sein *ist* der Hervorgang des Einen. Auch die Ideenwelt als Ganzes ist eine Emanation des Ureinen, und das "Wie" dieses Emanierens ist in die überbegriffliche Sphäre verlegt. Dadurch verliert aber nicht nur die Ideenwelt ihr metaphysisches und erkenntnistheoretisches Fundament[12] -, auch die Erkenntnis des Einen wird dadurch von der Ideenerkenntnis und der Dialektik entschieden getrennt. Denn zur Erkenntnis des absolut transzendenten Einen, dessen wesentliche "Eigenschaft" das Formlose (ἀνείδεον) ist[13], kann man nur gelangen, wenn man nicht nur alles Sinnliche und Körperliche hinter sich läßt, wie das schon Platon - am deutlichsten im "Phaidon"- postuliert hat[14], sondern auch alle Begriffe und Ideen, alles Denken schlechthin. Denn auch das Denken, "der Geist ist *etwas* von den seienden Dingen, Jenes aber ist nicht ein Etwas, sondern vor jeglichem; und auch kein *Seiendes*, denn das Seiende hat zur Form gleichsam die Form des Seienden, Jenes aber ist ohne, auch ohne geistige Geformtheit."[15] Wenn die Seele der Schau des Einen fähig sein will, muß sie wirklich über die Wissenschaft hinauseilen, "denn Wissenschaft ist Begriff, der Begriff aber ist ein Vieles."[16] Des Einen kann man weder durch Wissenschaft noch durch Verstand inne werden, "sondern nur vermöge einer *Gegenwärtigkeit* (κατὰ παρουσίαν), welche von höherer Art ist als Wissenschaft."[17] Die Seele muß sich dafür von allem Äußeren und Fremden abwenden und in sich selbst versenken: "Alles ist innen", πάντα εἴσω, heißt es gleichsam als Aufruf zur Innerlichkeit bei Plotin;[18] an anderer Stelle lesen wir die lapidare Aufforderung, alle anderen Dinge, die nicht zur mystischen Schau des Höchsten Einen gehören, beiseite zu lassen: ἄφελε πάντα.[19] Die Seele muß ja selbst "formlos" werden[20], denn nur so ist sie der Schau des "formlosen" Einen fähig. Darin, daß die Seele gestaltlos wird und nicht mehr denkt, gleicht sie sich dem einen an;[21] und das heißt eben das Eine zu erkennen: Ähnlichkeit mit ihm - ὁμοίωσις - zu gewinnen.

Das Prinzip der ὁμοίωσις, das zum ersten Mal explizit bei Empedokles auftritt und bereits von Platon entfaltet und furchtbar gemacht wird, ist für die Platoniker erkenntnistheoretisch ein Axiom.[22] Darauf beruht die höhere als die wissenschaftliche mystische Erkenntnisweise: τῷ γὰρ ὁμοίῳ τὸ ὅμοιον γινώσκεται, ὅτι πᾶσα γνῶσις τοῦ γνωστοῦ ὁμοίωσις.[23] Über diese "Brücke" gerade wird die Metaphysik des Platonismus mit einer Heils-Lehre gekoppelt, bei der alles Philosophieren unter einer Verheißung stattfindet, der Verheißung nämlich, daß das Philosophieren an das Göttliche annähert und angleicht. Was aber eine Gottähnlichkeit hat, kann nicht untergehen: es bleibt erhalten. Der Platonismus verheißt eben Erhaltung - - σωτηρία - der Philosophierenden.[24] Daher gewinnt alles platonische Philosophieren eine eschatologische Motivation, die zunehmend religiösen Grundhaltungen entspricht. Die Angleichung an Gott - ὁμοίωσις θεῷ - gebunden zunächst auf das strikteste an unbedingte Rationalität, an λογισμός καὶ διάνοια[25], wird bezeichnenderweise immer mehr als *unio mystica* verstanden.[26] Bemerkenswert ist in diesem Zusammenhang noch die Tatsache, daß der Platonismus langsam die Schulstube verläßt und auf eine breite Wirkung zielt. Er bezieht sich allmählich nicht nur auf die Philosophen, sondern auf alle Menschen.[27] All dies kann einsichtig machen, warum der Platonismus in vielem nicht leicht von den religiösen, erlösungssuchenden Strömungen seiner Zeit geschieden werden kann. So vielgestaltig auch die Frage nach Gewinnung der σωτηρία damals war, gemeinsam war allen geistigen und religiösen Strömungen die Auffassung ihrer Jenseitigkeit.

Inwieweit der Platonismus dem religiösen Bedürfnis seiner Zeit entgegenkam, läßt sich am besten erfassen, wenn man sich die rational fundierten theologischen Ansätze der Stoa und die ihres Antipoden, des Epikureismus, vergegenwärtigt. Diese beiden philosophischen Strömungen waren bekanntlich die Exponenten des nüchternen hellenistischen Menschen, "der sich an das hielt, was er mit Augen sah, alles Übersinnliche für Phantasterei erklärte und sich rein mit den Mitteln seines Verstandes das Leben gestalten wollte."[28] Demgemäß ist die Gottheit bei der Stoa beispielsweise mit der wahrnehmbaren Physis identisch als die künstlerisch gestaltende und erhaltende Kraft. Gott ist "Künstler", aber er steht nicht außerhalb des Stoffes, ist nicht transzendent, sondern der Welt immanent. Gott ist einfach *alles:* er gibt allem Gestalt, wandelt sich selbst in periodischen Phasen der Selbstentfaltung und Selbstzurücknahme in alles, durchdringt die ganze Welt und macht sie selbst zu etwas Göttlichem. Ziel des Menschen, der sich als Vernunftwesen der Gottheit verwandt fühlte, war daher, ein naturgemäßes Leben im Einklang mit dem kosmischen Logos zu führen. Allmählich regte sich aber anscheinend in den Menschen *wieder* das Gegengefühl, daß diese Welt, materiell, vergänglich und unvollkommen wie sie ist, nicht das Göttliche und auch nicht das Letzte sein könne, daß es über ihr eine bessere, ewige, transzendente geben müsse, das Reich des übersinnlichen Geistes, der jenseitigen Gottheit, - das die orphisch-pythagoreischen religiösen Strömungen der archaischen Zeit geahnt hatten -, das Reich des Immateriellen -, das für die griechische Philosophie Platon entdeckt hatte - , in dem auch der Mensch seine wahre Heimat habe. "Πατρὶς δή ἡμῖν, ὅθεν παρήλθομεν, καὶ πατήρ ἐκεῖ", sagt uns eindeutig Plotin (I 6, 8, 21) als der philosophisch bedeutendste Vertreter dieser Stimmung. Zu dieser transzendenten Heimat zurückzukehren, ist nun die Sehnsucht und die Bestimmung des Menschen, welche gerade im Platonismus theoretisch bearbeitet wird. Die Psychagogie, der regressus animae, das Hinaufführen der Seele aus den Bereichen der "natürlichen", sinnlich wahrnehmbaren Welt, wo sie verloren περιπολεῖ ἐξ' ἀνάγκης (Theait.176 a 7), in die höheren Stufen des intelligiblen Kosmos, wird vor allem zu einem hervorragenden Ziel jener späteren Phase des Platonismus, die vom dritten bis zum sechsten, bzw. zum siebten Jahrhundert n. Chr. dauerte und heute als neuplatonische bezeichnet wird.[29]

Die philosophische Opposition gegen die Nur-Stofflichkeit und mechanische Rationalität des stoischen und epikureischen Weltbildes hat gewiß früher begonnen, insofern als der Rückgriff auf den platonischen Timaios -, diese Bibel der Spätantike -, den Pythagoreismus und die Orphik in den ersten nachchristlichen Jahrhunderten als Ausdruck dieser Opposition verstanden werden muß. Plotin (204/05 - 269/70) hat jedoch die Abkehr von der materialistischen Denkweise des Hellenismus so klar und grundsätzlich vollzogen wie niemand zuvor. Er begründete damit die neuplatonische Denkweise: sein kühn meta-physisches System diente allen späteren Entwicklungen des Neuplatonismus als Ausgangspunkt. Wie sehr seine Philosophie auch Religion - und zwar Religion in einem neuen Sinne[30] - war, sieht man am besten an ihrem Gipfelpunkt, an der bereits angedeuteten Lehre vom Höchsten Einen. Plotin hat das Trenszendente, das grundsätzlich Fremde und Entgegengesetzte des Göttlichen,dermaßen stark empfunden, daß er hier im krassen Gegensatz zu den philosophisch-theologischen Spekulationen nicht nur der hellenistischen, materialistisch angelegten Philosophie, sondern der ganzen Epoche des Griechentums steht. Denn auch bei der ideellen Vorstellung des Göttlichen wußte der Grieche meist "Es" dieser Welt und jeder Menschenseele immanent. Nur die Luft der Jenseitigkeit, die den platonischen "Phaidon" durchweht und Platons Religiosität schlechthin bestimmt, scheint etwas von der unheimlichen "Atmosphäre" Plotins zu haben. Indem Plotin das Göttliche als das ganz *Andere* auffaßt[31], radikalisiert und entwickelt er gerade diesen platonischen Ansatz,ja er macht als *erster*, wie es jüngst von H. Dörrie gewürdigt worden ist,[32] den Versuch zu wissenschaftlich fundierter Aussage über das transzendente Göttliche - θεολογία - zu kommen. Wie sehr seine Philosophie damit das religiöse Bedürfnis seiner Zeit befriedigte und konkreter, jenem "so unhellenischen Dualismus im religiösen Empfinden"[33] weiter damaliger Kreise Ausdruck verlieh, sieht man an ihrem letzten Anliegen: Nicht anders als der Gnosis, nicht anders als vielen Mysterienkulten, geht es auch der Philosophie Plotins, der neuplatonischen Philosophie überhaupt, letzten Endes darum, die unerträglich gewordene Spannung zwischen dem als negativ empfundenen Hier und dem transzendenten, alles beherrschenden Jenseits auf überlogische, mystische Weise aufzuheben. Diese Aufhebung, der Weg zur mystischen Vereinigung mit dem überseienden Göttlichen, führt aber bei Plotin nach dem Axiom der Erkenntnis vom Gleichen durch Gleiches über die *ekstatische* Versenkung der Seele in ihren eigenen *göttlichen* Grund und weist charakteristische Züge einer Innerlichkeit auf, die durchaus neu ist. Überblickt man diesen ekstatischen Vorgang, die "Flucht zur geliebten himmlischen Heimat"[34], wie sie sich etwa in der Schrift *Vom Schönen* (περὶ τοῦ καλοῦ) darstellt - eine Schrift, wohl gemerkt, die "ein großes, bewegendes Leseerlebnis" Gregors von Nyssa gewesen zu sein scheint[35] - so zeichnen sich die individuellen Schwerpunkte Plotins deutlich ab: "Du mußt alles beiseite lassen und nicht blicken, sondern nur gleichsam die Augen schließen und ein anderes Gesicht statt des alten in dir erwecken."[36] Ausdrücklich fordert hier Plotin die Erweckung eines inneren Gesichts (ἔνδον ὄψις), das allein imstande wäre, die Stufungen des Schönen bis hinauf zum *jenseitigen Guten* (I 6, 9, 41 τὸ ἀγαθὸν τὸ ἐπέκεινα) zu schauen. Die Seele muß dies innere Gesicht auf die glanzvolle Perspektive des μέγα κάλλος (I 6, 9, 25) hin üben: "So muß die Seele das Gesicht gewöhnen, daß es zuerst die schönen Tätigkeiten sieht, dann die schönen Werke, nicht welche die Künste schaffen, sondern die Männer, die man gut nennt. Und dann blick auf die Seele derer, die diese schönen Werke tun. Wie du der herrlichen Schönheit ansichtig werden magst, welche eine gute Seele hat? *Kehre ein zu dir selbst und sieh dich an* (ἄναγε ἐπὶ σαυτὸν καὶ ἴδε); und wenn du siehst, daß du noch nicht schön bist, so tue wie der Bildhauer, der von einer Büste, welche schön werden soll, hier etwas fortmeißelt, hier etwas ebnet, dies glättet, das klärt, bis er das schöne Antlitz an der Büste vollbracht hat: so meißle auch du fort was unnütz und richte, was krumm ist, das Dunkle säubere und mach es hell und laß nicht ab 'an deinem Bild zu handwerken' (μὴ παύσῃ 'τεκταίνων τὸ σὸν ἄγαλμα') bis dir hervorstrahlt der göttliche Glanz der Tugend, bis du die Zucht erblickst 'thronend auf ihrem heiligreinen Postament'. Bist du das geworden und hast es erschaut, *bist du rein und allein mit dir selbst zusammen,* und nichts hemmt dich auf diesem Wege *eins zu werden,* und keine fremde Beimischung hast du mehr in deinem Innern, sondern bist ganz und gar reines, wahres Licht, nicht durch Größe gemessen, nicht durch Gestalt umzirkt in engen Grenzen, auch nicht durch Unbegrenztheit zu Größe erweitert, sondern gänzlich unmeßbar (ἀμέτρητον πανταχοῦ), größer als jedes Maß und erhaben über jedes Wieviel:

wenn du so geworden, dich selbst erblickst, dann bist Du selber Sehkraft
... allein ein solches Auge schaut die große Schönheit ... Man muß nämlich
das Sehende dem Gesehenen *verwandt* und *ähnlich* machen, wenn man sich auf
die Schau richtet; kein Auge könnte ja die Sonne sehen, wäre es nicht sonnenhaft; so sieht auch keine Seele das Schöne, welche nicht schön geworden
ist. Es werde also einer zuerst ganz gottähnlich und ganz schön, wer Gott
und das Schöne schauen will (γενέσθω δή πρῶτον θεοειδής πᾶς καὶ κα-
λός πᾶς, εἰ μέλλει θεάσασθαι θεόν τε καὶ καλόν)".[37] Zwar ist diese
Rede Plotins zweifellos in platonische Farben getaucht[38], doch ragt auch
das eigentlich Individuelle und Charakteristische klar heraus, das in der
Umwendung der platonischen Motive und Bilder nach innen liegt: Aus dem platonischen Akt der Erziehung, dem das berühmte Bildhauerbild (Phaidr. 252
d) gilt, wird beim plotinischen Text ein Akt der Selbsterziehung -, so wie
die platonische Ausrichtung auf "die Gemeinschaft des liebenden Forschens"[39]
zu einer unübersehbaren Tendenz zur Selbstisolierung wird.[40] An einer anderen Stelle der Schrift *Vom Schönen* stellt sich die platonische Erotik
eindeutig als eine spirituelle Autoerotik dar: "Und wenn ihr euch selbst
erblickt in eurer eigenen inneren Schönheit, was empfindet ihr, warum seid
ihr dabei in Schwärmerei und Erregung und sehnt euch nach dem Zusammensein
mit eurem Selbst (ἑαυτοῖς συνεῖναι ποθεῖτε), dem Selbst, das ihr aus
den Leibern versammelt? Das nämlich sind die Empfindungen dieser echten
Liebebewegten (πάσχουσι μέν γάρ ταῦτα οἱ ὄντως ἐρωτικοί)"[41]. Diese
ekstatische Entzückung wie auch die Schau des schönen Einen überhaupt, die -
wie noch genau zu zeigen sein wird - als eine Art *unio mystica* aufgeführt
wird[42], ist freilich der gereinigten "schönen" Seele allein vorbehalten.
Die unreine "häßliche" Seele (ψυχή αἰσχρά), deren Eros sich auf die ἀλλότρια des Leibes und der Materie derart richtet, "daß sie nicht mehr
sehen kann, was eine Seele sehen soll, und nicht mehr die Ruhe hat in sich
selbst zu verweilen",[43] eine solche Seele, die "immer *nach außen*, zum
Niedern, Dunklen hingezerrt wird",[44] wird nie das ganz Helle und Höchste
sehen können,- "und sieht auch dann nichts, wenn einer ihr das was man
sehen kann als anwesend zeigt."[45]

Worin besteht aber eigentlich die "Schönheit" der schönen Seele? Plotin
sagt es uns ausdrücklich: "Der Geist aber und was von ihm kommt, das ist für
sie die Schönheit, und zwar keine fremde, sondern die wesenseigene, weil
sie dann allein wahrhaft Seele ist."[46] Und ein wenig weiter: ψυχή δέ νῷ

καλόν.[47] Wer überhaupt den Urgrund aller Dinge ins Auge fassen will, nämlich das Gute und Erste, muß von den Sinnendingen, welche das Letzte sind, sich loslösen, "muß Geist werden und seine Seele dem Geist anvertrauen."[48] - "καθαρῷ τῷ νῷ τό καθαρώτατον θεᾶσθαι".[49] - Das Denken gilt offenkundig Plotin als Wegweiser zur Erkenntnis und Schau des Einen. So sehr bei ihm die Schau des Einen sich jenseits des dialektischen Denkens stellt, so sehr wird doch betont, daß der Weg dahin über das dialektische Denken führt.[50] Hingegen läßt die Mystik der nachfolgenden Philosophen sich zunehmend von der griechischen Rationalität lösen. Als Folge immer tiefer werdender religiöser Einflüsse wird fortan die Wendung in das soteriologische Denken immer radikaler: Porphyrios (234-303/05), der Schüler Plotins, wird schon in der Rückkehr zu Gott die *einzige* Art der σωτηρία sehen : μόνη σωτηρία ἡ πρός τόν θεόν ἐπιστροφή.[51] Es ist daher nicht verwunderlich, daß gerade seine soteriologischen Gedanken für das Christentum ein besonderer Anziehungspunkt waren. Wir dürfen sogar sicher sein, daß Porphyrios als Hauptvermittler und Gestalter der Gedanken Plotins die Diskussions-Grundlage für das vierte Jahrhundert und mithin für Gregor von Nyssa wesentlich bestimmt hatte.[52] Porphyrios' Schüler Iamblich hingegen scheint auf Gregor kaum gewirkt zu haben, obwohl von den vorausgehenden bedeutenden Neuplatonikern Iamblich derjenige ist, der Gregor zeitlich am nächsten steht.[53] Dies kann ein Indiz für Gregor selber sein, denn weit radikaler als dies schon Porphyrios getan hatte, bezieht Iamblich die Untersuchung des Okkulten in seine Metaphysik mit ein und berücksichtigt weitgehender die religiösen Strömungen seiner Zeit. Bei ihm setzt entschieden die folgenschwere Wende von der Theorie zur Praxis ein, von dem soteriologischen Denken zum soteriologischen Handeln.[54] Zeugnis dieser Wendung ist die Beachtung, welche die "Chaldäischen Orakel" bei Iamblich gefunden haben. Iamblich beschränkt sich in der Tat nicht nur auf eine strenge Philosophie, die das über aller Berührung mit der Welt stehende Ureine möglichst weit von allen nach ihm kommenden Hypostasen abrückt, sondern er geht im praktischen Bereich denselben Weg, welchen die pseudophilosophischen Heilsoffenbarungen der "Chaldäischen Orakel" schon anboten, den Weg zur Theurgie und Magie. Dieser Weg führt über σύμβολα und συνθήματα zu Gott.[55] So stellt man bei Iamblich die starke Tendenz fest, der Philosophie eine Verankerung im Kult zu geben. Dadurch setzte er den Neuplatonismus in die Lage, als Konkurrenzreligion zum Christentum aufzutreten. In dem Teil der geistigen Nachkommenschaft Iamblichs, der sich um Pergamon gruppiert, setzt sich diese Strömung vollkommen durch und findet in Kaiser Julian zeitweise ihren Protektor.[56] Ähnlich wie Iamblich schließlich hat auch Proklos in Athen die *Theurgie* aufgefaßt: alles wird zusammengehalten und mit den ersten Ursachen verbunden, entweder durch die erotische Manie, durch die göttliche Philosophie oder durch die (einem breiteren Publikum zugängliche) theurgische Kraft; sie steht höher als alle menschliche Weisheit.[57]

Der Neuplatonismus hatte jedoch noch eine andere Seite. Will man den Standort dieser Philosophie richtig bestimmen, so muß man nämlich neben den geistesgeschichtlichen Bedingungen und religiösen Bedürfnissen des ausgehenden Altertums auch die Verbindungsstränge zu Platon beachten. Denn wenngleich Platon nicht mehr wie "ein Klassiker der Philosophie" wirkte[58], darf nicht vergessen werden, daß alle Platoniker sich in erster Linie doch als Interpreten Platons begriffen. Die Verbindung zu Platon ist tatsächlich stets eng gewesen und kommt darin zum Ausdruck, daß fast alle ontologischen, kosmologischen und psychologischen Dogmen aus platonischen Gedanken heraus entwickelt wurden.[59] Äußeres Zeichen dieser festen Bindung an Platon ist, wie Clemens Zintzen mit Recht betont, "der Befund, daß nach Plotin die Form des systematischen Kommentars zu einzelnen platonischen Dialogen vorherrscht."[60] Zwar wird Platon nicht mehr um der reinen Erkenntnis willen gelesen und interpretiert, sondern um aus seinen Werken Maximen für die religiöse und politische Praxis zu erhalten; auf jeden Fall bleibt er aber eine "göttliche" Autorität,[61] die jeder für seine eigenen Spekulationen zu gewinnen trachtet.[62] Unter der Perspektive einer geradezu doppelten Bedingtheit der Neuplatoniker, die einerseits sich bis zuletzt auf Platons Namen beriefen und andererseits sich doch dem religiösen Bedürfnis ihrer Zeit nicht entziehen konnten, läßt sich auch jenes Hauptmerkmal des Neuplatonismus besser begreifen, die Identität nämlich von Philosophie und Theologie (oder gar Religion). Die für viele typische, neuplatonische Einstellung formuliert prägnant Porphyrios: μόνος οὖν ἱερεύς ὁ σοφός ... καὶ ὁ σοφίαν ἀσκῶν ἐπιστήμην ἀσκεῖ τὴν περὶ θεοῦ ...[63] Die Gleichsetzung von Philosoph und Priester zeigt die gegenüber Plotin für Porphyrios charakteristische Hinwendung zur Praxis, die - durch Iamblich radikalisiert - allmählich dazu führte, daß man das Kennzeichen des wahren Philosophen in seinen magischen Fähigkeiten erblickte.[64]

A N M E R K U N G E N

[1] Notiz zur Terminologie: Mit Platonismus, platonisch, Platoniker wird die gesamte philosophische Richtung der nachklassischen Zeit bezeichnet, die ihr Philosophieren bewußt auf Platon zurückführte. Der Terminus "Neuplatoniker" wird allein Plotin und der von ihm begründeten Richtung vorbehalten. Die Platoniker vor Plotin werden gelegentlich auch als "Mittelplatoniker" bezeichnet.

[2] Vgl. hierzu etwa H. Dörrie,"Gregors Theologie",in: GRuPH, S. 38; W. Jaeger, "Paideia Christi", in: Erziehung und Bildung in der heidnischen und christlichen Antike , S. 492 (Humanistische Reden und Vorträge, S. 254), betont auch, "daß alle Systeme der griechischen Philosophie in einer Theologie gipfelten" und sieht in dem historischen Sinn der Gegenwart, der "nicht so sehr verbindende wie scheidende Kraft" hat, das Erbe des Historismus (ebd. S. 502 (S.264)).

[3] M. Pohlenz, Die Stoa I 5

[4] Ebd. I 18/19, skizziert Pohlenz die wildbewegte Zeit des Hellenismus: "Die Polis, an der bis dahin der Grieche seinen Halt hatte, war selbst zum Spielball in den Händen der Großmächte geworden ... Die einzige Gottheit, deren Wirken man immer wieder mit Staunen erlebte, war die Tyche."

[5] Ebd. I 386

[6] Siehe dazu vor allem H. Dörrie,"Die Frage nach dem Transzendenten im Mittelplatonismus",Plat. min., S. 211-228 (=Fondation Hardt, Entretiens V, S. 193-223)

[7] Rep. 6, 509 b_9 ἐπέκεινα τῆς οὐσίας

[8] Rep. 7, 518 c_9 τοῦ ὄντος τὸ φανότατον

[9] E. Ivánka, Plato Christianus, S. 40 /Hervorhebung im Original/

[10] Das erotische Wissen um das Göttliche Eine tritt bei Platon am reinsten im "Symposion" hervor, als "Wissen aus dem Mangel heraus", wie es G. Krüger in "Einsicht und Leidenschaft", S. 202, meisterhaft formuliert hat. Als "sich bescheidendes Wissen um das Göttliche als das Nicht-zu-durchschauende, 'Ganz-andere'", ebd. S. 203, bleibt es jedoch (nicht nur im "Symposion", sondern auch in einzelnen Äußerungen im "Staat") mit eben der Behauptung verbunden, dieses Eine sei zugleich das "Höchste Erkennbare", von dem wir *denkend* zur Ausgliederung der einzelnen Ideen herabsteigen müssen, um diese wirklich *als* Ideen zu erkennen. Das Verhältnis des Dianoetischen zum Erotischen, das Verhältnis von Mathematik und Mystik überhaupt scheint bei Platon nicht ganz eindeutig zu sein. Man vergleiche dazu noch unsere Anm. 52 , I 2, o. S. 77 f.

[11] Vgl. Plotin VI 9, 2, 45 ff οὐδὲ τὸ ἓν τὰ πάντα ἔσται ... οὐδὲ νοῦς ... οὐδὲ τὸ ὄν /Sperrung vom Verfasser/.

[12] Zum folgenden vgl. etwa E. Ivánka, Plato Christianus, S. 152 ff

[13] Plotin, VI 9(=περὶ τοῦ ἀγαθοῦ ἢ τοῦ ἑνός), 3, 5

[14] Vgl.hierzu o.I 1,S.28 f und 35 f;I 2,S.58 ff. Man beachte aber, wie nicht nur Platons "erotische" Erkenntnis des Göttlichen, sondern auch sein das Denken überholende Verfahren der "ersten Hypothese" in gewisser Hinsicht zu der neuplatonischen Perspektive hin tendiert. Hierbei ist es allerdings von Wichtigkeit,darauf hinzuweisen, daß "erotische Erkenntnis" und "erste Hypothese" das Denken nicht unterjochen, sondern nur nähren wollen.

[15] Plotin, VI 9, 3, 37-40: τί γάρ τῶν ὄντων ἐστίν ὁ νοῦς, ἐκεῖνο δέ οὖ τί, ἀλλά πρό ἑκάστου· οὐδέ ὄν· καί γάρ τό ὄν οἷον μορφήν τήν τοῦ ὄντος ἔχει, ἄμορφον δέ ἐκεῖνο καί μορφῆς νοητῆς (Hier und im folgenden wird der Text Plotins nach der Übersetzung von R. Harder wiedergegeben).

[16] Plotin VI 9, 4, 5-6: λόγος γάρ ἡ ἐπιστήμη, πολλά δέ ὁ λόγος.

[17] Plotin VI 9, 4, 1-3: μηδέ κατ' ἐπιστήμην ἡ σύνεσις ἐκείνου μηδέ κατά νόησιν ὥσπερ τά ἄλλα νοητά, ἀλλά κατά παρουσίαν ἐπιστήμης κρείττονα.

[18] Plotin III 8, 6, 40

[19] Plotin V 3, 17, 38

[20] Plotin VI 9, 7, 53

[21] Vgl. Plotin VI 9, 10, 8: τό δέ ἰδεῖν καί τό ἑωρακός ἐστιν οὐκέτι λόγος ἀλλά μεῖζον λόγου καί πρό λόγου καί ἐπί τῷ λόγῳ, ὥσπερ καί τό ὁρώμενον.

[22] In bezug auf Empedokles vgl. VS I, 301 f, frgm. A 86; I 320 frgm. B 22, 5; I 335 frgm. B 62; I 343 frgm. B 90. Zur Bedeutung und Wirkung des Homoiosisprinzips im ganzen, vgl. A. Schneider, Der Gedanke der Erkenntnis des Gleichen durch Gleiches in antiker und patristischer Zeit, Münster 1923; C.W. Müller, Gleiches zu Gleichem. Wiesbaden 1965; A. Dihle,"Vom sonnenhaften Auge",in: Platonismus und Christentum, FS für H. Dörrie, Münster 1983, S. 85-91. Siehe auch E. Rohde, Die Religion der Griechen, S. 20 (=Kleine Schriften II, S. 331).

[23] Porphyrios, sent. 25, S. 15, 4 (Lamberz)

[24] Vgl. hierzu H. Dörrie,"Der Platonismus der frühen Kaiserzeit",in: Plat. min.,S. 190 ff

[25] Ebd. 191, weist H. Dörrie darauf hin, daß der Ausdruck λογισμός und διάνοια das Schlüsselwort gewesen ist, mit dem jeder Mittelplatoniker sich zur Intellektualität - "die wichtigste Konstante im Platonismus" - bekannte.

[26] Bei Plotin zeigt sich am deutlichsten der Wandel des Homoiosis-Motivs: ὁμοίωσις θεῷ ist Rückkehr,Vereinigung mit Gott,*Vergöttlichung*; sie ist nicht mehr ein dialektisch-religiöses Anliegen, sondern ein rein religiöses Motiv geworden. Das Ziel ist es meist nicht, frei von Fehl zu sein, sondern Gott zu sein: ἡ σπουδή οὐκ ἔξω ἁμαρτίας εἶναι, ἀλλά θεόν εἶναι (I 2, 6, 3). Mit Bewunderung blickt daher Porphyrios auf seinen Lehrer Plotin, dem die *unio mystica* - die Erhebung zum Höchsten, jenseitigen Gott - in der Zeit ihrer gemeinsamen Bekanntschaft viermal gelungen sei; so vita Plot. 23, 15: τέλος γάρ αὐτῷ καί σκοπός ἦν τό ἑνωθῆναι καί πελάσαι τῷ ἐπί πᾶσι θεῷ. Vgl. hierzu H. Merki, 'Ομοίωσις θεῷ, S. 17-25, der allerdings den weiten Abstand, welcher Platon

von Plotin hinsichtlich des Homoiosis-Motivs trennt, durch Abschwächung der religiösen Ausrichtung Platons überdehnt. Die "subjektive Grundlage des Platonismus", i.e. "die Sehnsucht nach der vollkommenen Wiedervereinigung mit der Gottheit, das Hinausstreben über die ganze Welt unseres Bewußtseins" ist aber, wie wir im Fall des "Phaidon" gesehen haben (vgl. o. I 2 , S. 59 ff), mindestens tendenziell bereits genuin platonisch. Ὁμοίωσις θεῷ ist schon für Platon, jedenfalls den Platon des "Phaidon", nicht ein rein dialektisches, sondern ein dialektisch-religiöses Anliegen.

[27] Schon der Platonismus vor Plotin war keineswegs nur Angelegenheit weniger Spezialisten (dazu H. Dörrie," Was ist spätantiker Platonismus?",in: Plat. min.,S.515,Anm.18). Plotin selbst hielt keine geschlossene Schule mehr,sondern er ließ einen weiteren Kreis, ja sogar Frauen, zu: Porph. 7, 1 und 9, 1.

[28] M. Pohlenz, Stoa und Stoiker, S. XXIV

[29] Zur Dauer und Nachwirkung des Neuplatonismus vgl. die treffende Skizze F. P. Hagers in seinem Aufsatz über Plotin im Sammelband "Klassiker der Philosophie", Bd I (hrsg. v. D. Höffe, München 1981), S. 137: "Die von Plotinos (204/05-269/70 n. Chr.) begründete Denkweise fand, sofern sie sich in den Formen der antiken Philosophenschule und ihres Lehr- und Forschungsbetriebes entfaltete, ihr Ende in Athen mit der Schließung der Akademie Platons durch den christlichen Kaiser Justinian im Jahre 529 n. Chr., in Alexandria mit der arabischen Eroberung der Stadt im Jahre 642 n. Chr. Die geistige Nachwirkung Plotins und des Neuplatonismus reicht jedoch über die Rezeption durch maßgebende christliche Kirchenväter des griechischen, dann des lateinischen Kulturbereichs weit ins christliche Mittelalter hinein. Auch die arabische und die jüdische Philosophie des Mittelalters sind nicht nur aristotelisch, sondern auch neuplatonisch beeinflußt. In der Neuzeit hat sich der Neuplatonismus gerade Plotins trotz der durch Bacon und Descartes begründeten Denkweise, die in eine andere Richtung führte, befruchtend ausgewirkt: vom italienischen Humanismus der Mediceer Akademie in Florenz über die Cambridger Platoniker bis hin zum deutschen Idealismus. Selbst im zwanzigsten Jahrhundert lassen sich Denker - wie Bergson oder Japsers - anführen, die eine Verwandtschaft mit der Denkweise des Neuplatonismus aufweisen."
Eine gute Einführung in den Neuplatonismus sowie weitere Literatur zum Thema bietet Clemens Zintzen in seiner Einleitung zum Sammelband: Die Philosophie des Neuplatonismus, Darmstadt 1977. Wegweisend ist auch die Untersuchung von K. Praechter: Richtungen und Schulen im Neuplatonismus (Genethliakon für Carl Robert, 1910, S. 105-156 (=Kleine Schriften, S. 165-216); Auseinandersetzung mit der Darstellung bei Zeller).

[30] Die durch sich selbst religiöse Philosophie Plotins scheint nämlich jenem Begriff der *religio* entsprechen zu können, der von Cicero und Augustin in Umlauf gesetzt wurde

[31] Plotin V 3, 11, 18 : ἕτερον ἁπάντων; V 5,13,6 : μόνον καὶ ἐρημον, 35 : ἀμιγὲς πάντων καὶ ὑπὲρ πάντα καὶ αἴτιον τῶν πάντων; VI 8, 14, 43 : ὑπερόντως αὐτός.

[32] Vgl. H. Dörrie," Porphyrios als Mittler zwischen Plotin und Augustin",Plat. min.,S.454 ff;ders."Plotin, Philosoph und Theologe",Plat. min. 361 ff (=Die Welt als Geschichte 23, 1963, S. 1 ff).Wie stark jedoch Plotins Ausführungen im Mittelplatonismus vorbereitet waren, das sei hier bloß angedeutet, zeigt Albinos, did. 10, S. 164, 24 (Hermann).

[33] H. Dörrie,"Porphyrios als Mittler zwischen Plotin und Augustin",Plat.min., S.463

[34] Vgl. Plotin I 6, 8, 16: 'φεύγωμεν δὴ φίλην ἐς πατρίδα'

[35] Gerhard May hat bestimmt recht, wenn er in seinem Aufsatz über Gregor von Nyssa, in:"Klassiker der Theologie",Bd I, S. 94, den Einfluß gerade dieser plotinischen Schrift auf Gregor hervorhebt: "Aber wenn man sich vorstellen will, daß Gregor neben der Bibel ein großes, bewegendes Leseerlebnis gehabt hat, so müßte das Plotins Schrift "Vom Schönen" (Enneaden I 6) gewesen sein: in ihr wird geschildert, wie die Seele durch Reinigung von den Leidenschaften, Verinnerlichung und Abkehr von der irdischen Welt hinaufsteigt zur Schau des wahren göttlichen Schönen. Was Plotin hier im Anschluß an Platon beschreibt, ist - ins Christliche transponiert - auch für Gregor Ziel des Denkens und Lebens." "Große, bewegende Leseerlebnisse" scheint Gregor allerdings viele, allzu viele gehabt zu haben!

[36] Plotin I 6, 8, 25

[37] Plotin I 6, 9, 2-34 (nach der Übersetzung von R. Harder, Plotins Schriften, Bd 1a , S. 23 /Hervorhebung vom Verfasser7)

[38] Vgl. dazu R. Harder, Plotins Schriften, Bd 1b, S. 381, Anm. ad loc.

[39] Eine Formulierung P. Friedländers, Platon I 84

[40] Vgl. dazu noch die bekannte Formel Plotins von der "Flucht des Einen"(VI 9, 11, 54 φυγὴ μόνου πρὸς μόνον)

[41] Plotin I 6, 5, 5-8 (nach der Übersetzung von R. Harder (Plotins Schriften, Bd 1a, S. 13), dem wir auch den Hinweis auf die in gesteigertem Ton gefeierte Wendung des Erotikers auf sich selbst verdanken (vgl. ebd. Bd 1b, S. 375)).

[42] Man vergleiche etwa Plotin VI 9, 11, 5-27. Dazu siehe auch III 6, unten, S. 359 ff

[43] Plotin I 6, 5, 37 f

[44] Plotin I 6, 5, 38 ἕλκεσθαι ἀεὶ πρὸς τὸ ἔξω καὶ τὸ κάτω καὶ τὸ σκοτεινόν

[45] Plotin I 6, 9, 28

[46] Plotin I 6, 6, 17 νοῦς δὲ καὶ τὰ παρὰ νοῦ τὸ κάλλος αὐτῇ οἰκεῖον καὶ οὐκ ἀλλότριον, ὅτι τότε ἐστὶν ὄντως μόνον ψυχή

[47] Plotin I 6, 6, 28

[48] Vgl. Plotin VI 9, 3, 15-24

[49] Plotin VI 9, 3, 27

[50] Vgl. Plotin VI 9, 4, 12 f

[51] Ad. Marc. 24, Nauck 289, 19

[52] H. Dörrie,"Gregors Theologie",in: GRuPH 29, geht jedoch allzu weit, wenn er sagt: "Das Gesamtbild, das Gregor vom Platonismus hat, ist im Ganzen die Konzeption, wie Porphyrios sie vortrug ... Kurz, wo immer wir auf platonisierende Reminiszenzen bei Gregor stoßen, da stoßen wir auf Porphyrios." Diese Einschätzung des porphyrischen Einflusses auf Gregor muß als eine Überschätzung charakterisiert werden, insofern Gregor in vielem

Plotin oder gar Platon näher als Porphyrios steht. Es wäre auf jeden Fall vermessen, Gregor nur die Kenntnis des Porphyrios zuzuschreiben oder ihn allein von der "maßgebenden Systematik" des Porphyrios her zu betrachten.

53. Ἀκμή des Iamblichos nach SUDA unter Kaiser Konstantin, +337 ; genaues Geburts- und Todesjahr unbekannt.

54 Schon die späten Neuplatoniker selbst empfanden die Zäsur, die Iamblich von Plotin und Porphyrios trennte: Damaskios (ps. Olympiodoros), in Phaed. I § 172, Westerink 105 : οἱ μὲν τὴν φιλοσοφίαν προτιμῶσιν ὡς Πορφύριος καὶ Πλωτῖνος καὶ ἄλλοι φιλόσοφοι. οἱ δὲ τὴν ἱερατικὴν ὡς Ἰάμβλιχος καὶ Συριανὸς καὶ Πρόκλος καὶ οἱ ἱερατικοὶ πάντες.

55 Siehe dazu im Sammelband:"Die Philosophie des Neuplatonismus" die Abhandlungen: "Iamblich und die Chaldäischen Orakel" (1964) von Edouard des Places; "Der Philosoph Iamblich und seine Schule" (1919) von Joseph Bidez; "Die Wertung von Mystik und Magie in der neuplatonischen Philosophie" (1965) von Clemens Zintzen (bes. 414 ff: "mit ihm (Iamblich) setzt eine regelrechte Ägyptiomanie ein"). Der Einfluß der "Chaldäischen Orakel" beschränkt sich jedoch nicht nur auf Iamblich. Weil sie sich so platonisch gebärdeten, konnten sie sich leicht Eingang in die genuine Philosophie vieler Neuplatoniker verschaffen. Diese Literatur, dieses "Dokument heidnischer Gnosis", ist nach manchen Forschern (vgl. etwa Zintzen, a.a.O.,S. 409) die Brücke überhaupt gewesen, über welche die im Volk weit verbreiteten religiösen Vorstellungen in die Philosophie Platons und Plotins gelangten und sie allmählich "depravierten".

56 Vgl. hierzu K. Praechter,"Richtungen und Schulen im Neuplatonismus",in: Kleine Schriften, S. 177

57 Proklos, in: Plat. theol. I 25, Saffrey-Westerink 113/5: σῴζεται δὲ πάντα διὰ τούτων καὶ συνάπτεται ταῖς πρωτουργοῖς αἰτίαις, τὰ μὲν διὰ τῆς ἐρωτικῆς μανίας, τὰ δὲ διὰ τῆς θείας φιλοσοφίας, τὰ δὲ διὰ τῆς θεουργικῆς δυνάμεως, ἣ κρείττων ἐστὶν ἁπάσης ἀνθρωπίνης σωφροσύνης καὶ ἐπιστήμης ...
Zur Übereinstimmung der Richtung des Proklos mit der des Iamblichs vgl. Simp. Arist. Phys. 795, S. 10 ff (Diels). Dazu K. Praechter,"Richtungen und Schulen im Neuplatonismus",in: Kleine Schriften, S. 179: "Die Richtung der Athener stimmt mit der des Iamblich vollkommen überein."

58 Man beachte dazu die "chronologische Vergegenwärtigung" von H. Dörrie: "Was ist spätantiker Platonismus?" , Plat. min.,S.513,Anm.12: "Platon starb i.J. 348 v. Chr. Sein Wirken lag also für Cicero 300 Jahre zurück - weiter also, als für uns Spinoza oder Descartes. Für Origines und für Plotin betrug der zeitliche Abstand von Platon 600 Jahre, für Gregor von Nyssa und seine Zeitgenossen mehr als 700 Jahre; für uns liegt der Beginn der Scholastik so weit zurück. Als durch Edikt des Kaisers Justinian i.J. 529 die Akademie geschlossen wurde, bestand diese, von Platon um 380 v. Chr. gegründet, rund 900 Jahre."

59 Vgl. dazu Ph. Merlan, From Platonism to Neoplatonism. Den Haag 1960^2, bes. S. 2

60 Cl. Zintzen, Einleitung zum Sammelband: Die Philosophie des Neuplatonismus , S. VIII

61 Vgl. etwa Porph.Ad. Marc. 10, Nauck 281,7: ὁ θεῖος Πλάτων

[62] Eine genauere Erforschung der exegetischen Methoden der einzelnen Neuplatoniker hat bekanntlich K. Praechter in:"Richtungen und Schulen im Neuplatonismus" unternommen. Nach seiner Ansicht muß die Geschichte des Neuplatonismus die Tatsache stets im Auge behalten, daß die Exegese, nicht der Aufbau eines Systems, den Ausgangspunkt dieser Philosophie bildet (in: Kleine Schriften, S. 182).

[63] Ad. Marc 16, Nauck 285, 14.
Wie H. Dörrie, "Was ist spätantiker Platonismus?", Plat. min., S. 515, treffend sagt, sind für den Platonismus der Logos, der alle Wahrheit umfaßt, und der Nous, in dem alles Denken aufgehoben ist, an sich göttliche Wesen. Folglich: "Der Denkakt, auf die Erkenntnis von Nous und Logos gerichtet, ist ein religiöser Akt, denn er ist auf Gott gerichtet. Und Gott zu erkennen, ist Gottesdienst:'deum colit qui novit'."

[64] Viele Philosophen, die wir in der vita Isidori des Damaskios, des letzten Scholarchen von Athen, kennenlernen, bieten unfehlbares Zeugnis des Bundes zwischen Magie und Philosophie. Dazu vgl. Cl. Zintzen, "Die Wertung von Mystik und Magie in der neuplatonischen Philosophie", in: Die Philosophie des Neuplatonismus, S. 417, Anm. 77.

2. PLATONISMUS UND CHRISTENTUM

Noch ehe die neuplatonische Philosophie zum Inbegriff antiker Religiosität wurde, war sie zum Inbegriff antiker Bildung geworden. Schon früh ist darum erkannt worden, daß das Christentum sich nicht auf eine kulturell primitive Form beschränken durfte. In die religiös ohnehin tief bewegte Bildungswelt der Spätantike konnte das Christenum nur eindringen, wenn es auf diesem Felde mit dem Platonismus erfolgreich in Konkurrenz trat. So hat sich das Christentum aus einer Heilslehre, die sich im Sinne Jesus' oder Paulus' auf das Eine was not tut beschränkte, zu einer philosophisch begründeten, allumfassenden Weltanschauung entwickelt. Das konnte nur in ständiger Auseinandersetzung mit dem zeitgenössischen Platonismus geschehen.[1] Wie bei allen Auseinandersetzungen ist es natürlich auch hier zu gegenseitigen, tiefgreifenden Einflüssen gekommen. Der Platonismus ist von den Kirchenlehrern dermaßen in den Dienst christlicher Perspektiven gestellt worden, daß man bekanntlich heute wie selbstverständlich von "christlichem Platonismus" spricht.[2] Vieles, und keineswegs Peripheres oder Formales, wie manche Forscher meinen[3], scheint vom Platonismus in das Christentum eingegangen zu sein. Platonismus war eben die breit fundierte religiöse Philosophie der Zeit, deren sich das Christentum gründlich bedienen mußte, nicht nur um sich seiner Zeit, seiner Umwelt überhaupt verständlich zu machen, sondern auch und zumal, um sich über den Buchstaben der Schrift und über die unintellektuelle frühe Phase zu erheben und sich des eigenen inneren Glaubens bewußt zu werden. Der Prozeß der Hellenisierung des Christentums fängt daher schon im apostolischen Zeitalter an, setzt sich fort in der Epoche der Apologeten, gewinnt echt philosophische Dimensionen mit Clemens und Origines und kulminiert in der schöpferischen Arbeit der griechischen Theologen des vierten Jahrhunderts, vor allem der großen Kappadokier: Basilius von Caesarea, Gregor von Nazianz und Gregor von Nyssa, durch die das Christentum als die beherrschende geistige Macht des Römischen Reiches Weltgeltung erlangte.[4]

Wir dürfen wohl unsere modernen Vorstellungen von scharf zu umreißenden religiösen Bekenntnissen[5] nicht bedenkenlos überall in eine Zeit hineinprojizieren, in der alle Übergänge im Rahmen einer im Grunde homogenen Verinnerlichung und Erlösungsbedürftigkeit fließend waren[6] und die jungen Christen, etwa in Alexandria, die platonischen Philosophenschulen eifrig besuchten.[7]

Vielmehr müßten wir mit W. Jaeger[8] anerkennen, daß die Möglichkeit einer Vereinigung beider geistigen Welten, des Platonismus und des Christentums, vielen spätantiken Menschen mindestens ebenso wichtig war wie ihre säuberliche Trennung. Wie christliches Bekenntnis und neuplatonische Philosophie sich verbinden konnten, zeigt Synesios, Bischof von Kyrene (etwa 370-413): "Synesios war zwar ein Philosoph, und das heißt in dieser Zeit: *auch* ein Theologe; aber er war kein Christ, sondern ein heidnischer Rhetor und Schöngeist. Als solcher ist er gegen Ende seines Lebens (ungetauft, verheiratet und trotz erklärter Bedenken gegen Teile des christlichen Dogmas) zum christlichen Bischof gewählt worden. Daß dies möglich war, ist lehrreich genug. Der Lebens- und Entwicklungsgang von Synesios bestätigt in überraschender Weise das, was ... über den umfassenden, alle geistigen Kräfte anziehenden und bindenden Charakter der christlichen Kirche erkennbar wurde. Er verrät, wie breit jetzt der Strom geworden ist, der ihr Leben und ihre Lehre trägt. Die letzten heidnischen Philosophen und die Kirchenväter sind einander ganz nahe gekommen. Es herrscht hüben wie drüben der gleiche Geist spiritueller Verinnerlichung und andächtiger Spekulation, das gleiche Streben nach sittlicher Reinheit und Heiligung des Lebens, die gleiche ehrfürchtige Bewunderung für das, was die alte Überlieferung an Schätzen der Offenbarung, der Bildung und Erkenntnis für den Lernwilligen in Bereitschaft hält. Wo diese Gesinnung aber noch zur Tat und zur sozialen Verantwortung hindrängt, da findet sie zuletzt doch nur eine Organisation, in der sie wirken kann: das ist die große, katholische christliche Kirche. Ihr fallen *alle*, auch die *widerstrebenden* Charaktere, und zuletzt auch die Heiden zu."[9]

Nicht nur von Synesios, sondern von einer ganzen Reihe alexandrinischer Neuplatoniker wissen wir von näheren oder entfernteren Beziehungen zum Christentum: Hierokles hatte, wie K. Praechter berichtet[10], Schüler, die Christen waren oder wurden. Philoponos schrieb seine Werke über Weltschöpfung und Weltewigkeit als Christ. Christ war vielleicht selbst Olympiodoros, - bei seinen Schülern, den Aristoteleskommentatoren Elias und David, machen schon ihre Namen christliches Bekenntnis wahrscheinlich. Daß Christen und Neuplatoniker in Alexandria in mannigfache, die Gegensätze überwindende Berührung kamen[11], ist gewiß keine Ausnahme gewesen. Selbst Porphyrios, dem die Schrift "Gegen die Christen" bei manchen eifrigen Kirchenlehrern die Titel: "von Allen der Feindseligste und Aggressivste", "der Feind Gottes" usw. eintrug, scheint mit der christlichen Religionsphilosophie einig gewesen zu sein, er war sich jedenfalls dieser Einigkeitsmöglichkeit bewußt.[12] Im Westen waren dann die Neuplatoniker alle Christen, oder sie standen zumindest dem Christentum sehr nahe.[13] Den Übergang von einem zum anderen zeigen am deutlichsten Boethius und Augustin. Vor allem die ethischen Regeln, die Anweisungen zum rechten Leben, d. h. zur sittlichen Reinheit und Askese, werden überall immer ähnlicher.[14] So konnte der Neuplatoniker des fünften Jahrhunderts, Asklepiades, es unternehmen, ein großes Werk über die Übereinstimmung aller Theologien zu schreiben.[15] Wir besitzen heidnische, so gut wie christliche Evangelien und Heiligenleben.[16] Glaube, Wahrheit, Liebe (πίστις, ἀλήθεια ἔρως) und dazu Hoffnung (ἐλπίς) bleiben bis zuletzt die absolut gültigen, göttlichen Kräfte (ἀρεταί), die vom Werden reinigen und hinaufführen.[17] Für den späten Neuplatonismus ist besonders der Glaube die höchste Stufe der Erkenntnis, da die Wissenschaft alleine den Aufstieg zu dem über allem Seienden stehenden und dem menschlichen Denken inkommensurablen Göttlichen, nicht vollenden kann.[18] Er ist "die Brücke zur Existenz Gottes".[19]

ANMERKUNGEN

[1] An diese Entwicklung hat gewiß auch die Stoa, wie sich im Fall des Bischofs von Nyssa noch zeigen wird, einen starken Anteil gehabt. Vgl. dazu M. Pohlenz, die Stoa I, 400-465.

[2] Vgl. hierzu E. von Ivánka, Plato Christianus, bes. S. 19-23:"Die Vieldeutigkeit des Begriffs 'christlicher Platonismus'"

[3] Ein Beispiel für viele ist H. Dörrie,"Was ist spätantiker Platonismus?",in: Plat. min. S. 515 ff

[4] Weiteres darüber in W. Jaeger,"Paideia Christi",in: Erziehung und Bildung, S. 487 ff (=Hum. Red. u. Vortr. S. 250 ff); vgl. noch E.v. Ivánka, Plato Christianus, S. 24 ff

[5] So versteht etwa H. Dörrie, "Was ist spätantiker Platonismus?", in: Plat. min. S. 521, das Verhältnis zwischen Platonismus und Christentum als "einen harten Kampf", "eine sehr schwere Auseinandersetzung zweier scharf umrissener religiöser Bekenntnisse." Folglich spricht er allzu leicht und allzu selbstverständlich auch von einer aprioristischen "grundsätzlichen christlichen Entscheidung" Gregors von Nyssa, in:"Gregors Theologie", GRuPH, 28.

[6] Mit Recht weist Adolf von Harnack, Lehrbuch der Dogmengeschichte I, S.823, auf die wichtige Tatsache hin, daß die Verwandtschaft zwischen Neuplatonikern und Christen von beiden Seiten bemerkt worden ist. Die Gemeinsamkeiten zwischen beiden sind tatsächlich kaum zu übersehen: "Sofern nun beide, kirchliche Dogmatik und Neuplatonismus, von dem Gefühle der Erlösungsbedürftigkeit ausgehen,sofern beide die Seele aus dem Sinnlichen befreien wollen, sofern sie die Unfähigkeit des Menschen anerkennen, ohne göttliche Hülfe, ohne Offenbarung, zu einer sicheren Wahrheitserkenntnis und zur Seligkeit zu gelangen, sind sie im tiefsten Grunde verwandt." Vgl. dazu noch J. Burckhardt, Die Zeit Constantins des Großen, S. 170 f, S. 193.

[7] Vgl. dazu K. Praechter,"Richtungen und Schulen im Neuplatonismus",in: Kleine Schriften, S. 211 ff

[8] W. Jaeger, in: Gnomon 27(1955), S. 578 (Rez. zu H. Merkis Dissertation: Ὁμοίωσις θεῷ)

[9] H.v. Campenhausen, Griechische Kirchenväter, S. 125 /Hervorhebung vom Verfasser/. Vor allem die neun Hymnen des Synesios sind wichtiges Zeugnis einer Religiosität, in der sich Neuplatonismus und christliche Lehre verbunden haben.

[10] K. Praechter,"Christlich-neuplatonische Beziehungen",in: Kleine Schriften, S. 138

[11] Die besonderen Gründe hat K. Praechter a.a.O., S. 139, aufgezeichnet: "Während die Athener im Anschluß an Iamblich den hellenischen Polytheismus in engste Verbindung mit ihrer philosophischen Lehre setzten und auf dieser Grundlage den bis ins feinste gegliederten Bau einer θεολογία aufführten, die nach ihrer ganzen Anlage mit dem Christentum keine Vereinigung eingehen konnte, hielten die Alexandriner in der Hauptsache an älteren Formen des Platonismus fest ... In diesem mehr rezeptiven Verhalten zum Plato-

nismus begegneten sich die alexandrinischen Neuplatoniker mit den Christen." Dazu kam noch, so Praechter, die große Bedeutung, die seit der Gründung der Katechetenschule in Alexandria im 2. Jh. die christlichen Studien innehatten. Daß auch der profane philosophische Unterricht von diesen Studien nicht unberührt blieb, hat K. Praechter am Beispiel des Hierokles überzeugend gezeigt (S. 140 ff). Allmählich habe sich der alexandrinische Neuplatonismus vom platonischen Schulbekenntnis losgelöst und mit dem Christentum versöhnt; er sei ins christliche Lager übergegangen und das ermöglichte ihm den Fortbestand zu einer Zeit, da der athenische Neuplatonismus vom siegreichen Christentum längst den Todesstoß erhalten hatte: Stephanos, der οἰκουμενικὸς διδάσκαλος aus Alexandria, interpretierte noch Platon an der Universität des christlichen Konstantinopel ein Jahrhundert nach dem Verbot des philosophischen Unterrichts in Athen im Jahre 529 (siehe dazu K. Praechter,"Richtungen und Schulen im Neuplatonismus",in: Kleine Schriften, S. 214). In Alexandria bricht also, "im Gegensatz zu Athen, der Faden der Tradition an der Scheide der antiken und der christlichen Welt nicht ab", und, "die Geschichte des Neuplatonismus reicht auf diesem Weg bis in die byzantinische Renaissance hinein" (so K. Praechter,"Christlich-neuplatonische Beziehungen",in: Kleine Schriften, S. 139). So stellt Alexandria ein eklatantes Beispiel der Versöhnung von Platonismus und Christentum dar.

[12] Siehe dazu A. v. Harnack, Die Mission und Ausbreitung des Christentums, S. 523 f. Sehr richtig schreibt Harnack ebd.,S. 524, über Porphyrios: "Sein Brief an seine Gemahlin Marcella könnte fast von einem Christen geschrieben sein." Daß selbst Porphyrios Verständigung und Versöhnung mit dem Christentum suchte, beweisen seine schönen, von Theologen kaum beachteten (wie mit Recht P. Wendland, Christentum und Platonismus (1902), S. 12, angemerkt hat) Ausführungen des 3. Buches περὶ τῆς ἐκ λογίων φιλοσοφίας (Wolff 180 ff).

[13] So H. Dörrie, "Porphyrios als Mittler zwischen Plotin und Augustin", in: Plat. min.,S.459

[14] A. v. Harnack, Lehrbuch der Dogmengeschichte I, S. 824, behauptet mit guten Gründen, daß hier gerade der Neuplatonismus seinen "höchsten Triumph" feierte: "Er hat seine ganze Mystik, seine mystischen Exercitien, ja auch die Cultusmagie, wie sie Iamblichus vorgetragen, in der Kirche eingebürgert. In den Schriften des Pseudo-Dionysius ist eine Gnosis enthalten,in der die kirchliche Dogmatik, durch die Lehren des Iamblichus und ähnlich denen des Proklus, in eine scholastische Mystik mit praktischen und cultischen Anweisungen umgesetzt ist. Da die Schriften dieses Pseudo-Dionysius für die des Apostelschülers Dionysius gehalten wurden, so galt nun die scholastische Mystik, die sie lehrten, als apostolische, nahezu göttliche Wissenschaft. Die Bedeutung,welche diese Schriften im Orient, dann - seit dem 9., resp. 10. Jahrhundert - auch im Abendlande erhalten haben, kann nicht hoch genug geschätzt werden."

[15] Vgl. Damascius, περὶ ἀρχῶν, I 324 (Ruelle)

[16] Bezeichnend ist in der Tat, daß zu dieser Zeit die Philosophen Biographien schreiben und Hymnen dichten, die mit einem Gebet anfangen und schließen, und darum von christlichen Märtyrerakten schwer zu unterscheiden sind: Vgl. etwa Iamblich, De vita Pythagorica; Apollonius, vita Pythagorae; Marinos, vita Procli; Damaskios, vita Isidori -, oder die Hymnen des Synesios und des Proklos . Vgl. auch die Überschrift jedes einzelnen Kapitels bei den

Phaidonkommentaren des Olympiodoros und Damaskios: Πρᾶξις σὺν θεῷ.
Eine typische Art heidnischer Heiligenleben, die unter dem Einfluß von Julians Restauration geschrieben wurden, findet man in den Philosophenviten des Eunapios. Besonders sei noch auf den Kleantheshymnus auf Zeus hingewiesen, den so charakteristisch heidnischen "Vaterunser" (siehe dazu W. Theiler,"Antike und christliche Rückkehr zu Gott", in: Forschungen zum Neuplatonismus, S. 316).

[17] Die sog. theurgischen Tugenden ἔρως, ἐλπίς, πίστις kamen wahrscheinlich schon in den Chaldäischen Orakeln vor (vgl. hierzu E. des Places, "Iamblich und die Chaldäischen Orakel", in: Die Philosophie des Neuplatonismus, S. 300). Die ἀλήθεια ersetzt merkwürdigerweise die ἐλπίς im § 11 des "Abrisses der chaldäischen Orakel" des Psellos, der ῾Υποτύπωσις, die Kroll an das Ende seiner Sammlung gesetzt hat: ἔστι δὲ καὶ πηγαία τριὰς πίστεως, ἀληθείας καὶ ἔρωτος (Kroll, Or. Chald. 74). Porphyrios erwähnt sie alle vier ad Marcellam 24, Nauck 289, 17; auch Iamblich kannte sie, vgl. de myst. III 31, Parthey 179, 4 ff; V 26, Parthey 238, 14 ff. Proklos war aber derjenige, der die ἀνάγωγοι ἀρεταί - πίστις, ἀλήθεια, ἔρως - zum festen Bestandteil seiner Lehre vom Aufstieg und der Vollendung des Menschen gemacht hat: vgl. in Alcib. 51, Westerink 13; in Tim. I 217, Diehl 21, fügt er noch die ἐλπίς hinzu (siehe dazu W. Theiler,"Antike und christliche Rückkehr zu Gott", in: Forschungen zum Neuplatonismus, S. 313-325, bes. S. 320; ders., Die Vorbereitung des Neuplatonismus, S. 149 ff).
Zu den drei evangelischen Grundtugenden - Glaube, Liebe und Hoffnung - bei Gregor von Nyssa, vgl. de an. et resurr. 96 BC; zu ἀγάπη insbes. siehe III 6, unten S. 321 ff.

[18] Vgl. vor allem Proklos, in Plat. theol. I 25, Saffrey-Westerink 110, 1-12: τί οὖν ἡμᾶς ἑνώσει πρὸς αὐτό; ... ὡς μὲν τὸ ὅλον εἰπεῖν τῶν θεῶν π ί σ τ ι ς ἐστίν ἡ πρὸς τὸ ἀγαθὸν ἀρρήτως ἑνίζουσα τά τε τῶν θεῶν γένη σύμπαντα καὶ δαιμόνων καὶ ψυχῶν τὰς εὐδαίμονας, δεῖ γὰρ οὐ γνωστικῶς οὐδὲ ἀτελῶς τὸ ἀγαθὸν ἐπιζητεῖν ἀλλ' ἐπιδόντας ἑαυτοὺς τῷ θείῳ φωτὶ καὶ μ ύ σ α ν τ α ς οὕτως ἐνιδρύεσθαι τῇ ἀγνώστῳ καὶ κρυφίῳ τῶν ὄντων ἑνάδι /Sperrung vom Verfasser/.

[19] W. Theiler, Die Vorbereitung des Neuplatonismus, S. 143

DRITTER TEIL

GREGORS VON NYSSA DIALOG "ÜBER DIE SEELE UND DIE AUFERSTEHUNG"

- mit ständiger Rücksicht auf Platons "Phaidon" -

Untersuchungen zum einzigen Dialog des Kappadokiers Gregor,
"des Philosophen auf dem Bischofsstuhle" von Nyssa

Νοῦ δὲ καὶ φρονήσεως οὐκ ἔστι κυρίως εἰπεῖν ὅτι δέδωκεν (sc. ὁ θεός (=ὁ ποιήσας)) - τῇ ἀνθρωπίνῃ φύσει), ἀλλ'ὅτι μ ε τ έ δ ω κ ε, τόν ἴδιον αὐτοῦ τῆς φύσεως κόσμον ἐπιβαλών τῇ εἰκόνι. Ἐπεὶ οὖν νοερόν τι χρῆμα καὶ ἀσώματόν ἐστιν ὁ νοῦς, ἀκοινώνητον ἄν ἔσχε τὴν χάριν καὶ ἄμικτον, μὴ διά τινος ἐπινοίας φανερουμένης αὐτοῦ τῆς κινήσεως. Τούτου χάριν τῆς ὀργανικῆς ταύτης προσεδεήθη κατασκευῆς, ἵνα πλήκτρου δίκην τῶν φωνητικῶν μορίων ἁπτόμενος, διά τῆς ποιᾶς τῶν φθόγγων τυπώσεως ἑρμηνεύσῃ τὴν ἔνδοθεν κίνησιν /Sperrung vom Verfasser/.

Gregor von Nyssa, De hominis Opificio, MPG 44, 149 BC

1. EINFÜHRUNG
   *(Ein Prolog, der auch Epilog sein könnte:
   Die bewußte Tarnung und die philosophisch-anthropologische Ausrichtung
   des Gregor von Nyssa als unabdingbare Voraussetzungen seines Verständnisses)*
   A. Allgemeines zum Leben, Charakter und Denken des "stillen" Gregor und
      zur Sonderstellung seines Dialogs

Wir gewinnen eine erste Orientierung für unsere Fragestellung, indem wir die szenische Erfindung, die Gregor von Nyssa gewählt hat, die Dialogsituation des Werkes "Über die Seele und die Auferstehung" als solche untersuchen. Das Gespräch findet zwischen Gregor und seiner ältesten Schwester Makrina statt. Das scheint uns schon bedeutungsvoll. Denn diese "Schwester und Lehrerin", wie Gregor sie gleich am Anfang nennt (12 A), stand ihm persönlich nah und hatte auf ihn einen schicksalhaften Einfluß ausgeübt. Gregor hat in einem eigenen Büchlein eine ergreifende Beschreibung ihres Lebens und besonders ihres Sterbens gegeben, bei dem er zugegen war.[1] Das Gespräch, das er bei dieser letzten Begegnung mit ihr geführt haben will, ist nichts anderes als der "Dialogus de anima et resurrectione qui inscribitur *Macrinia* ".

Makrina, Basilius und Gregor stammten zwar aus einer reichen Familie des kappadokischen Landadels, die sich schon seit der Generation ihrer Großeltern zum Christentum bekannte. Makrina scheint jedoch in dieser Familie, welcher ein wesentlicher Anteil an der Ausbreitung des Mönchtums in Kleinasien gebührt, eine ganz führende Rolle gespielt zu haben. Sie hatte in Wirklichkeit nicht nur auf Gregor, sondern auf die ganze Familie einen mächtigen Einfluß ausgeübt, worauf schon H.F. Cherniss in seiner Dissertation "The Platonism of Gregory of Nyssa" aufmerksam gemacht hat: "Basil, upon his return from Athens, was forced to enter the Church by his importunate sister. This girl, Makrina, outstripped her mother and grandmother in her devotion to orthodoxy. Through her dominance her mother sold her goods and opened a convent, one of her brothers became a hermit, and three other brothers became churchmen and bishops and finally saints. Such was the success of Makrina, but in the case of Gregory it was not gained without a struggle."[2] In der Tat mußte nicht nur Makrina, sondern auch Basilius und Gregor von Nazianz darum kämpfen, den widerstrebenden jungen Gregor endgültig für die christliche Kirche zu gewinnen. Seinem Bruder Basilius, der ihn für sein mönchisches

Ideal gewinnen wollte, hat Gregor bekanntlich anfangs eine Absage erteilt.
Er verheiratete sich mit Theosebeia, verließ den klerikalen Stand und widmete sich ganz dem Rhetorenberuf. Der Nazianzer machte ihm schwere Vorwürfe, weil er die heiligen Schriften mit den "bittern und ungenießbaren Büchern" der Welt vertauschte und sich selbst "lieber einen Rhetor als einen Christen nennen läßt."[3]

Daß dieser Mann trotzdem sein freies Leben als Rhetor und philosophierender Theologe aufgegeben hat, und in die christliche Kirche zurückgekehrt ist, wo er - "mit aller Gewalt gezwungen"[4] - Bischof wurde (372 n. Chr.), kennzeichnet die Umwelt und überhaupt die Zeit, in der er wirkte: Die Kirche zog damals alles an sich, was geistiges Leben entwickelte und zur sozialen Verantwortung hindrang.[5] Im Unterschied zu den beiden anderen Kappadokiern hat jedoch Gregor auch als Bischof des Städtchens Nyssa das Recht seiner Eigenart und seines Denkens erkämpft. Seiner Natur nach war dieser eher einsame Mensch nicht zum Bischof geboren. Gregor von Nyssa ist vor allem Denker und Philosoph.[6] Trotz seiner häufig vorkommenden, absichtlich betonten Versicherungen und Zugeständnisse an die Bibel als dem einzigen "Gesetz und Maß", steht er dem starren Biblizismus etwa des Basilius in Wirklichkeit sehr fern. Die philosophische Spekulation hat bei ihm durchaus selbständige Bedeutung sowie eine Tiefe und Originalität, die, lange Zeit verkannt, erst in unserem Jahrhundert neu entdeckt wird.[7] Zu seiner langandauernden Verkennung und Unterschätzung hat nicht zuletzt Gregor selbst entschieden beigetragen, indem er, ängstlich besorgt, jeden offenen Widerspruch mit dem schon befestigten kirchlichen Dogma seiner Zeit zu vermeiden, die Dimensionen seiner Bildung, die Kühnheit und Selbständigkeit seiner Gedanken, stets zu verbergen suchte. Gregor, den man als ängstlich und schüchtern zu bezeichnen pflegte, ist in der Tat sehr schweigsam, was etwa die von ihm verarbeiteten Gedanken und Bücher anderer angeht. "Er zitiert fast nie, Auseinandersetzungen werden verdeckt geführt. Nur Basilius nennt er immer wieder als seinen geliebten und verehrten Lehrer."[8] Die Tatsache jedoch, daß Gregor sich kaum scheute, philosophische und theologische Aussagen zu machen, die sich, im auffallenden Unterschied zu seinem älteren Bruder, vom biblisch Gegebenen allzuweit entfernen und gründliche Kenntnis der griechischen Philosophie und ihrer Rezeption - besonders durch Philon von Alexandreia und Origenes - verraten, läßt die kirchenpolitischen Rücksichtsnahmen solcher verbalen Versicherungen Gregors klar erkennen. Schon K. Holl hat in diesem

Zusammenhang mit Recht festgestellt: "Und wenn man im ganzen überblickt, wie weit die Selbständigkeit Gregor's gegenüber Basilius reichte, so darf man wohl die Frage aufwerfen, ob jener tief sich bückende Respekt bei Gregor aus einem ganz einfaltigen Herzen kam. Ein Zug von Verstecktheit gehört zu Gregor's ängstlicher Art."[9] Die in seinem Schrifttum wiederholt vorkommenden formalen Zugeständnisse an die kirchliche Form der Bibelverkündigung, auf die wir soeben hingewiesen haben, dürfen u.E. sogar als Dokumente einer auffallenden, ständigen Angst vor dem Häresievorwurf aufgefaßt werden.[10] Nicht selten zeugen die Schriften Gregors auch von erlebten inneren Konflikten.[11] Will man daher die Philosophie dieses Mannes richtig verstehen, wie - und warum - sie sich hinter den verbalen formalen Prinzipien und gelegentlich auch zwischen den Zeilen darstellt, so muß man seine innere Natur und seine äußeren Lebensverhältnisse, so sehr sie auch weithin im Dunkeln liegen mögen, gleichermaßen berücksichtigen, und sich vor allem der Bedeutsamkeit der Tatsache voll bewußt werden, daß er am Anfang eine weltliche Laufbahn eingeschlagen hatte und seinem Eintritt in die christliche Kirche Widerstand leistete.

Auch äußerlich gesehen bleibt Gregor in seiner aufrechten, introvertierten Art den kirchlichen Angelegenheiten und Intrigen zeit seines Lebens fremd, was oft die heftige Reaktion des Basilius hervorgerufen hat.[12] Noch im fortgeschrittenen Alter, nach dem Tode des Basilius (379 n. Chr.) weist er beklagend seine Schwester Makrina auf das Durcheinander in den Kirchen hin, das ihm viel Arbeit und Anstrengung abverlangte. Bezeichnenderweise mußte er sich von der Schwester daran erinnern lassen, daß er dafür allen Grund zu Dankbarkeit habe, denn eigentlich habe ihn die Kirche berühmt gemacht -, "das Gebet der Eltern" habe ihn "hoch" gebracht, obwohl er von Haus aus nicht oder doch nur im geringen Maße dafür ausgerüstet gewesen sei.[13] Makrina, welche in Iris (Pontus) einen klosterähnlichen Frauenverein leitete und schon während ihrer Lebenszeit eine "Heilige" genannt wurde, galt offensichtlich auch in den Augen ihrer eigenen Familie als tief überzeugte Verfechterin der christlichen Kirche und respektable Meisterin der Orthodoxie. Selbst Gregors älteren Bruder, den willensstarken Basilius, später "der Große" genannt, hat vor allem sie, wie schon angedeutet, zu einem asketischen Dasein anregen können: Als Basilius nach langjährigen philosophischen Studien in Athen um 356 nach Kappadokien zurückkehrte, nahm Makrina ihn auf, "der von Wissensdünkel (τῷ περὶ τοὺς λόγους φρονήματι) mächtig aufgeblasen war, alle Autoritäten verachtete und in seinem Hochmut sich selbst über erlauchte Machthaber erhaben dünkte und gewann auch ihn so schnell für das Ideal der P h i l o s o p h i e (πρὸς τὸν τῆς φιλοσοφίας σκοπόν), daß er vom weltlichen Stolz Abschied nahm, den Ruhm durch die Worte (διὰ τῶν λόγων = durch die Redekunst) verachtete und sich diesem tätigen, die Handarbeit übenden Leben zuwandte, indem er sich durch völlige Besitzlosigkeit von den Hindernissen für das Tugendleben frei machte."[14]

Wir verweilen ein wenig bei diesem merkwürdigen Bericht Gregors, bei dem das Ideal des asketischen Lebens ganz unbefangen mit dem der Philosophie identifiziert wird und eo ipso eine erste Andeutung auf das Philosophieverständnis des Nysseners vorhanden ist. Hier wird die Philosophie, die wirkliche Philosophie möchte man sagen, den verwirrenden Künsten der Rhetorik diametral entgegengesetzt. Die Rhetorik zielt auf die λόγοι, d.h. auf die weltbezogene Entwicklung der dialektischen und rhetorischen Fähigkeit, während die Philosophie, wie sie Gregor versteht, die Aufgabe hat, den Menschen "zu einem dem Irdischen abgewandten, schlichten Leben" zu führen.[15] Philosoph ist demnach derjenige, der ein asketisches Leben von innerer Bestimmtheit führt; in diesem asketischen, "tätigen, die Handarbeit übenden" Leben erblickt Gregor offenbar die wirkliche Praxis, die er der politisch-philosophischen Praxisbezogenheit der Rhetorik entgegensetzt. Letztere bezieht sich für ihn nur auf eine Schein-Praxis, wie die ironisch negative Akzentuierung der λόγοι im Text klar erkennen läßt.

Die strukturelle Verwandtschaft dieses gregorianischen Ideals vom "philosophisch"-asketischen Leben mit dem platonischen fällt unmittelbar auf und wird später genauer untersucht werden. An dieser Stelle begnügen wir uns mit einigen einleitenden Hinweisen: Für unser Problem ist es wesentlich, abermals zu betonen, wie in dem des Kampfes und des politischen Handelns müde gewordenen Geschlecht der Spätantike besonders jene religiös-"politische" Ausrichtung Platons schnell um sich greift, die sich im weltflüchtigen Dialog "Phaidon" äußert. Im ersten Teil dieser Arbeit haben wir u.a. zu zeigen versucht, daß Platon in diesem Dialog unter Philosophie keineswegs nur gerade eine rein theoretische Angelegenheit verstanden hat. Die den ganzen Dialog durchziehende Vorstellung des Philosophierens als eine Art Reinigung (κάθαρσις) - eine Reinigung sogar, die unmittelbar auf ihre orphisch-kultische Grundlage zurückgeführt wird - läßt offenbar der Philosophie als

"Einübung ins Sterben" eine religiöse, ja religiös praktische Bedeutung zukommen.[16] Schon für Platon scheint das Philosophieren eine bestimmte Lebensform zu sein "und zwar, wie er unzweideutig erkennen läßt, die gerechteste, eben gerade weil sie in der Zuwendung zum Geist und der Abwendung vom Leib den Menschen zur Harmonie und zum Guten führt."[17] Diese rigoristische platonische Forderung hat im vierten Jahrhundert, dem Jahrhundert Gregors, schon die Dimensionen eines Massenideals erreicht, das gleichsam als Askesis-,bzw. Apathie-Ideal durch den freiwilligen Verzicht auf Familie, Besitz, Ruhm, praktisches Handeln und Lebensgenuß überhaupt,den Weg zu einer höheren Lebensform zu erschließen glaubt. Gregor von Nyssa, tief in der platonischen Tradition verwurzelt, ist nur konsequent, wenn er im charakteristischen Unterschied zu seinem Bruder Basileus keine Bedenken hat, die Mönche schlicht Philosophen zu nennen. Mit Recht also hebt W. Jaeger diesen Tatbestand besonders hervor und zieht die entsprechenden Konsequenzen: "Basil refrains - from calling the monks φιλόσοφοι or their ascetic life ὁ κατὰ φιλοσοφίαν (or ὁ φιλόσοφος) βίος, whereas they are favorite terms for Gregor in all his writings. They occur as well in the treatise De instituto Christiano, where he speaks of the monks (he never once uses the technical words μοναχός or μοναστήριον)as ὁ τῆς φιλοσοφίας χορός,or οἱ τὸν θεοφιλῆ βίον αἱρούμενοι or ᾑρημένοι, or οἱ ὀρθῶς φιλοσοφεῖν ἐγνωκότες. The greatest achievement of Christian philosophy (κατόρθωμα φιλοσοφίας) is to be great in works but humble of hearts. The ascetic life is called "the whole path of philosophy" (πᾶσα φιλοσοφίας ὁδός). These classical phrases express precisely his own feeling and "ethos". His theological thought is a christian philosophy, and the perfect life to him means the life of contemplation, θεογνωσία."[18] Daß diese Ansicht vom asketischen Leben mit der platonischen Auffassung der Philosophie als Katharsis innerlich verbunden ist, läßt sich vor allem an ihrer Verflechtung mit dem umfassenden Religionskonzept Gregors erkennen. Mit glücklichem Spürsinn hat W. Jaeger dieses Verhältnis zusammengefaßt: "Knowledge of being (γνῶσις τῶν ὄντων) is the supreme end of religion for Gregory. God is the inaccessible object of a long process of purification of the soul, through which it approaches the knowlede of "the absolute good" by degrees ... Christianity is, according to him, the mystery of the separation and liberation of the soul from all material bondage to the senses and its ascent and return to God."[19]

Wenn auch Gregor die Dinge im Kontext der Spätantike in vielem anders als Platon sieht, so darf man doch von einer bemerkenswerten, unmittelbaren Nähe zu Platon sprechen. Besonders im Dialog "de anima et resurrectione" es ist es nicht schwierig zu zeigen, daß die richtungsgebende Mitte seiner philosophierenden Anthropologie *und* Theologie immer im Akt des Denkens besteht. Wie sehr er an den intellektualistischen Strukturen des tradierten Platonismus festhält, läßt sich am besten auf dem Hintergrund der gesamten Atmosphäre des ausgehenden Altertums erkennen. In den ersten nachchristlichen Jahrhunderten war das Bedürnis,Wissen auf Offenbarung zurückzuführen, so groß, daß es selbst von ernsthaften Philosophen wie Ammonios Sakkas, dem Lehrer Plotins und Origenes', heißt,sie hätten ihr Wissen von Gott.[20] Für den großen Alexandriner des dritten Jahrhunderts, Origenes, auf den Gregors Philosophiekonzept vielfach zurückverweist, ist die Philosophie weniger wissenschaftliche Lehre als Erweckung und Anleitung zu einem geistig-asketischen, religiösen Leben und gründet sich letztlich auf Offenbarung.[21] Gregor begreift zwar auch die Philosophie unter der Perspektive des spätantiken Platonismus, die den Schwerpunkt von der wissenschaftlich-philosophischen Forschung zur *Psychagogie* verlagert hat; auch er fragt vornehmlich von der christlich-jüdischen Tradition aus anthropologisch nach dem Menschen als einem auf Erlösung gerichteten Wesen. Er läßt aber faktisch die positive Autorität der Bibel als Offenbarung durch einen weitausgedehnten Gebrauch der allegorischen Exegese derart aufweichen, daß er oft, besonders in "Macrinia" mit Platon selber in seiner freizügigen Deutung der αἰνίγματα der Mysterien zu vergleichen ist. Die phantastischen Elemente treten dabei so sehr in den Hintergrund, die Interpretation des Mythologischen wird so streng philosophisch durchgeführt, daß Gregor hier Platon oder Plotin noch etwas näher als Origenes steht.[22] Gelegentliche scharfe Äußerungen über das ἄγονον der ἔξωθεν παίδευσις und der φιλοσοφία[23] dürfen nicht daran irre machen.Auch wenn Gregor allzu gern betont, daß die Spekulation niemals als Selbstzweck gelten darf, und zuweilen über einen gnostischen Wahrheitsbegriff zu verfügen scheint, der die Bibel zum einzigen Maß aller Dinge hochstilisiert,[24] müssen wir gerade bei Gregor, der ein Meister der Selbstverschleierung gewesen ist, sehr vorsichtig sein. Solche, etwas absichtlich betonte Aussagen, wie etwa die, daß die Spekulation - wie auch die Ethik, die Naturphilosophie und die gesamte profane Bildung - nur "den göttlichen Tempel der geheimnisvollen Offenbarung zu schmücken" hat[25], besagen sicherlich nicht, daß Gregor, wie etwa sein Bruder Basilius, beim biblisch Bezeugten und Gegebenen stehengeblieben wäre und nicht auch Eigenes und Abweichendes zu bieten hätte. Während Basilius alle Versuche allegorischer Exegese für "Traumdeutungen" hält, besitzt Gregor eine ausgesprochen systematische und spekulative Begabung, die hinter den kirchenpolitischen Rücksichtsnahmen dienenden wenigen Schlagworten und glatten theologischen Formeln nicht zu verbergen ist. Selbst seine sog. "Mystik" negiert das menschliche Denken nicht, sondern überhöht es. Dadurch steht sie in direktem Gegensatz zur Mystik etwa Philons oder der hermetischen Schriften, welche die Vereinigung der Seele mit dem Einen als einen Gnadenakt betrachtet, der erst nach dem Untergang des Denkens, "nach dem Untergang des menschlichen Lichtes" wie Philon sagt[26], durch ein Herabneigen des Höheren zum Niederen stattfindet. Bei Gregor, jedenfalls dem Gregor von "Macrinia", führt hingegen der Weg - so wie bei Platon und Plotin - von unten nach oben.

Daß Gregor *vor allem* Denker ist, konkreter gesagt, daß Gregor zunächst Denker ist und dann ein Mann der Kirche[27], beweist folgende, charakteristische Stelle aus "Macrinia": Gregor läßt in diesem Gespräch mit Makrina (69 C f) seine Schwester die paulinische Aussage, wonach "sich in Christus jedes Knie beugen wird, im Himmel, auf Erden und unter der Erde", auf die drei verschiedenen "Situationen" (καταστάσεις) der Menschenexistenz beziehen: Auf den vorzeitlichen "himmlischen" (ἐπουράνιον) Urzustand, der engelhaft und leiblos (ἀγγελικόν καί ἀσώματον) war, auf den irdischen, mit dem Körper verflochtenen Zustand und auf den unterirdischen (καταχθόνιον) "Meta-zustand", der sich bereits vom Körper abgeschieden hat. "Und *wenn* sonst noch eine andere Natur neben den genannten zu der Zahl der vernünftigen Wesen gehören sollte, möge man sie Dämonen oder Geister oder sonstwie nennen, werden wir keinen Widerspruch erheben (οὐ διοισόμεθα). Denn sowohl nach der allgemeinen Meinung wie auch nach der Tradition der Schrift wird geglaubt, es würde solch eine Natur außerhalb dieser Leiblichkeit existieren, die dem Guten abhold und dem menschlichen Leben feindselig sei ... Und *diese, sagt man, rechne der Apostel* zu den Unterirdischen (ἥνπερ φασί καταχθονίοις ἐναριθμεῖν τόν 'Απόστολον), indem er durch seine Wendung folgendes andeutet, daß nichts dereinst, wenn nach langen Perioden von Jahrhunderten alles Böse vertilgt werde, außerhalb des Guten verlassen werde."[28] Wenn auch Gregor in dieser Passage den idealen "engelhaf-

ten " Urzustand des Menschen oder besser gesagt: des "Menschlichen" von
der (dogmentradierten) Situation der Engel nicht scharf unterscheidet, so
daß man - durch seine häufige Benutzung der abstrakten Neutra - leicht
glauben kann, er spreche tatsächlich von den Engeln und ihrer Situation[29],
zeigt die dogmenferne, streng philosophische Auslegung des καταχθόνιον
ganz deutlich, wie sein tiefstes persönliches Interesse letztlich nur der
gedanklichen Ausgestaltung der heilsgeschichtlichen Bewegung des "Menschlichen" gehört. Nie läßt er Makrina sagen, daß das καταχθόνιον sich tatsächlich auf die "bösen Geistesmächte" bezieht.[30] Dies hat, so sagt *man*,
der Apostel behauptet. Makrina hingegen sagt uns zweimal hintereinander
ganz klar, wie sie den inneren Sinn der apostolischen Aussage versteht:
καταχθόνιον δὲ τὸ διακεκριμένον ἤδη τοῦ σώματος (72 A); und ein
paar Zeilen vorher: ἡ δὲ (sc."καταχθόνιος κατάστασις") διὰ θανάτου
τῶν σαρκῶν ἀπολελυμένη.[31] Die charakteristisch distanzierte Art, in
der Makrina dem allgemein verbreiteten Dämonenglauben beistimmt[32] und ihn
in die origenistische Vorstellung von der Wiederherstellung der "pleromatischen" Geistesnatur einmünden läßt, bedarf keines weiteren Kommentars.
Im greifbaren Unterschied zu den anderen Kappadokiern oder etwa Tertullian
schreibt Gregor offensichtlich hier den Dämonen nur mythologische Bedeutung
zu. Von der Kirche entfernt er sich freilich auch, insofern er sich der
origenistischen Wiederherstellungsidee uneingeschränkt anschließt[33] und sie,
wie sich noch ausführlicher zeigen wird[34], persönlich vollzieht. Auch die
Dämonen werden an dem endzeitlichen *Fest* der Seligkeit teilnehmen.[35]

All dies kann unseren Hinweis auf die besondere Bedeutung der Dialogsituation der Schrift "von der Seele und der Auferstehung" verständlicher machen. Neben Basilius hat sich vor allem Makrina als diejenige vertraute
Person erwiesen, welche die Umkehr des widerstrebenden jungen Gregors zur
christlichen Kirche vermochte. Wenn Gregor sie in ihrer Sterbestunde mit
ihm in ein Gespräch verwickelt, in dem er selbst die dem Christentum widerstrebenden Gedanken repräsentiert, dann wird damit offenkundig, welche aus-
serordentlich wichtige Bedeutung und Funktion dem Dialog "Macrinia" für
die Erschließung des im Spannungsfeld zwischen Platonismus und Christentum
sich bewegenden Denkens Gregors eingeräumt werden muß. Wir wagen die Behauptung, daß diesem Dialog eine einzigartige Bedeutung innerhalb des Corpus Gregorianum zukommt, die erstaunlich wenig von der allzu leicht und
allzu gern fragmentarisch verfahrenden Gregorforschung berücksichtigt wor-

den ist.[36] Die fundamentale Bedeutung dieser Schrift Gregors hätte jedoch schon früher auffallen müssen: Ihrer literarischen Form nach, als Dialog, ist diese Schrift vorzüglich in der Lage, die das ausgehende Altertum kennzeichnende Bewegung des Zusammentreffens, bzw. des Kampfes der entgegengespannten Kräfte der griechischen Antike und des Christentums auszuhalten. Ihrem besonderen Inhalt nach ist sie dann der beste Ausdruck eines im weiten Sinne zu verstehenden "christlichen Humanismus", der sich darum bemühte, die intellektuell widerstrebenden Strömungen und Bildungsschichten der Zeit zu gewinnen und das Christentum als die wahre Philosophie darzustellen.[37] Angesichts der bereits skizzierten biographischen Daten Gregors und nicht zuletzt angesichts der Tatsache, daß die entgegengesetzten Perspektiven Makrinas und ihres Bruders gelegentlich im Laufe des Dialogs ihren spezifischen (christlichen bzw. antichristlichen) Charakter und damit ihre prinzipielle Gegensätzlichkeit verwischen,[38] dürfte man bei diesem Werke sogar von einem "Psychogramm", ja von einem inneren Dialog Gregors sprechen. Vielleicht wird sich schließlich ergeben, daß der Dialog "Macrinia" nichts anderes als die seelische Bewegung und "Zerrissenheit" Gregors selbst darstellt, die lebenslange Erfahrung eines inneren Konflikts. Gregors Versuch, eine Synthese zwischen griechischer Antike und Christentum herzustellen, ließe sich wirklich in keinem anderen seiner Werke so gut durchschauen wie in diesem *einzigen* Dialog, in dem alle seine wichtigen Gedanken in ihrer erlebten Ursprünglichkeit und ihrem systematischen Zusammenhang auftauchen. Denn die literarische Form des Dialogs befreit die Gedanken Gregors von den hemmenden monolithischen Strukturen seiner anderen dogmatischen Schriften oder den kirchenpolitischen Rücksichtsnahmen seiner Homilien und Seligpreisungen und bildet den angemessenen Rahmen, in dem die inneren Kämpfe des Denkers ihren besten Ausdruck finden können.[39] Makrina selbst konstatiert am Anfang des Dialogs die zu Skepsis neigende Stimmung und Denkweise Gregors[40], und wenn auch ihr jüngerer Bruder sie gleich darum bittet, die Einwände, die er vorbringen würde, nicht für ernst zu halten -, "gewiß nur um der Begründung des Seelendogmas willen" -, muß man doch auch diese absichtlich betonte Versicherung im Rahmen seines Versuches sehen, jeden offenen Widerspruch mit der schon stark ausgebauten und festgelegten kirchlichen Lehre zu vermeiden. Der ganze Dialog, die Kühnheit und die Tiefe der Gedanken des Zweifel anmeldenden Gregors atmen den Geist der persönlich erlebten Wirklichkeit. Daher möchten wir abschließend noch einmal betonen, daß zum

Ausgangspunkt jeder Untersuchung und Analyse der Schriften Gregors von Nyssa auch die Schweigsamkeit und die Verschleierungstendenzen dieses sonderbaren Mannes gehören sollten.[41]

ANMERKUNGEN

[1] Siehe "Vita S. Macrinae": VIII/1,370 ff (=MPG 46, 960 A ff)

[2] H.F. Cherniss, The Platonism, S.3

[3] Greg. Naz. ep. 90 ad G.v.N., MPG 37, 41 BC. In diesem empörten Brief urteilt der Nazianzer tatsächlich scharf: "Du hast die heiligen und freundwilligen Bücher weggeworfen, die Du einst dem Volk vortrugst -, Du brauchst Dich nicht zu schämen, wenn Du daran erinnert wirst." Anschließend mahnt er seinen Namensvetter, "zu sich selbst zu kommen": πρὸς σεαυτὸν ἐπάνελθε, καὶ ἀπολόγησαι μὲν πιστοῖς, ἀπολόγησαι δὲ θεῷ, καὶ θυσιαστηρίοις, καὶ μυστηρίοις, ἀφ' ὧν ἐμάκρυνας ...Οὐ γὰρ ἑαυτῷ ζῇ τις μόνον ἀλλὰ καὶ τῷ πλησίῳ (41 C - 44 A).
Sehr charakteristisch für Gregors von Nyssa positives Verhältnis zu den zeitgenössischen Rhetoren sind seine Briefe an Libanius (ep.13 und 14); vgl. bes. ep. 13, VIII/2, 42, 17 f (=MPG 46, 1048 B): διακείμενος γάρ, ὡς οὐκ ἂν ἐβουλόμην ... εὐθὺς μὲν τὴν ψυχὴν διετέθην ὡς ἐπὶ τοῖς καλλίστοις ἐπὶ πάντων ἀνθρώπων ἀνακηρυσσόμενος, τοσούτου τὴν σὴν μαρτυρίαν ἐτιμησάμην, ἣν διὰ τῆς ἐπιστολῆς ἡμῖν κεχάρισαι.

[4] Vgl. Basil. ep. 225 ad Demosth., MPG 32, 841 A

[5] Vgl. hierzu H.F. von Campenhausen, Griechische Kirchenväter, S. 114 und 125

[6] So auch H.F. v. Campenhausen a.a.O., S. 114, der allerdings anschließend die religiöse Orientierung Gregors allzu einseitig betont.

[7] Vgl. unsere diesbezüglichen Anmerkungen in der "Einleitung", oben, S.22 f, Anm. 50, 51 und 52. Für alle Einzelbelege und weiteren Ausführungen zum folgenden verweisen wir auf das nächste Kapitel: 1 B, u. S. 128 ff.

[8] G.May, "Gregor von Nyssa", in: Klassiker der Theologie, Bd I, S.93. Die Gründe der Verschwiegenheit Gregors hat freilich schon H.F. Cherniss, The Platonism S.7, gespürt: "The reason for the almost complete lack of such names (sc. the philosophers and rhetoricians) in Gregory's own work is not far to seek. It is not so much that he would appear as the originator of all his ideas; he imputes them rather to Scripture where he can. But he desires that none may be able to charge him, as he charges Eunomius, with being a pagan in disguise, even with knowing too much pagan philosophy, which in his days was enough to prove a theologian wrong, may to prove him an heretic." Jerome Gaïth, La conception de la liberté chez G.d.N., Paris 1953, S.9, spricht diesbezüglich von "peur de scandaliser ou de choquer trop brutalement les opinions reçues."

[9] K. Holl, Amphilochius, S. 198; ähnlich J. Gaïth, a.a.O., S.9:"... Mais même alors, on a souvent l'impression que Grégoire se surveille." Auch G. May, "Die Chronologie des Lebens und der Werke des G.v.N.", in: EeCPh, S.51, spricht von einem "Zurücktreten des Persönlichen" bei Gregor und deutet als Grund dafür, daß er so wenig von sich selbst preisgibt, über die literarische Bedingtheit hinaus auf "tiefere persönliche Ursachen" hin. "Er liebt es nicht, sein Inneres bloßzulegen, und er war, nach einer Formulierung H.

v. Campenhausens, "ein guter und darum zuletzt auch sehr verschwiegener Psychologe" (Anm. mit Hinweis auf die *Griechischen Kirchenväter*, S. 121)."Schließlich sei noch auf Joseph Barbel hingewiesen, der in seiner Einleitung zu *"Gregor von Nyssa - die große katechetische Rede"*, Stuttgart 1971, Bibl. d. Grch. Lit. Bd I, dem "schüchternen und zurückhaltenden Charakter" Gregors näherzukommen versucht. Er sieht in ihm,"trotz allem Sinn für äußere Schönheit,den im Grund kontemplativen, in sich gekehrten, ungemein reich begabten Menschen, der für die geistige Wahrheit, für das 'Passende', für das Verborgene, das Rätselhafte und Geheimnisvolle eine Art sechsten Sinn entwickelt hat" (ebd. S. 16). "Er (sc. Gregor) macht den Glauben und das Christentum nicht leicht" (ebd. S. 17).

[10] Vgl. etwa de an. et resurr. 25 A; 41 BC; 49 C - 52 C; 61 B; 64 AB; 68 B; 69 C f; 80 B; 85 B; 96 A; 121 B f; 129 C ff; 156 BC. Erwünschte Bestätigung findet diese unsere These von einem Forscher des Formats wie H.F.Cherniss, The Platonism, S. 63:"The fear of heterodoxy is alway upon him and everywhere he guards himself by saying that this statement or this is not to be understood as in any way departing from orthodox dogma." Cherniss geht sogar so weit, daß er in der Ängstlichkeit Gregors einen,wenn nicht *den* Schlüssel überhaupt zum Verständnis seiner Lebens- und Denkenshaltung sieht: "He (sc. Gregory of Nyssa) was the most learned and subtlest thinker of the Church, and if he was the most timorous it was just that timidity that had won him for the Church in the beginning. His writing illuminates his life as his life explains his writing." Cherniss zieht letztlich den kühnen Schluß: "He would be orthodox at any cost of intellectual integrity and, surely if the Church had branded the whole of his reasoning as heretical he would have assisted at the burning of his own works without a murmur"(a.a.O.).

[11] Auch H.F. Cherniss, The Platonism, S. 11, hat auf diese inneren Konflikte und ihre Relevanz für das Denken des Nysseners aufmerksam gemacht: "Yet it would be too much to expect that a man who had - as Gregory seems to have had - a desire to pursue a life of literature, who was then *driven into the church, and who must have experienced an acut civil war within himself at all times,* should have established a firm and consistent standard for himself" /Hervorhebung vom Verfasser/.

[12] Vgl. hierzu etwa den Bericht H. F. von Campenhausens,Griechische Kirchenväter, S. 117

[13] Vgl. "Vita S. Macrinae", VIII/1, 394, 9 ff (=MPG 46, 981,AB). Die Art und Weise, in der Gregor an dieser interessanten Stelle die Akzente setzen läßt, ist sehr relevant für sein persönliches Verhältnis zur Kirche: πολύς, φησί, κατὰ τὴν παίδευσιν ἐν τοῖς τότε χρόνοις ὁ πατὴρ ἐνομίζετο, ἀλλὰ μέχρι τῶν ἐγχωρίων δικαστηρίων ἡ κατ' αὐτὸν ἵστατο δόξα. μετὰ ταῦτα δὲ τῶν λοιπῶν διὰ τῆς σοφιστικῆς αὐτοῦ καθηγουμένου οὐκ ἐξῆλθετόν Πόντον ἡ φήμη, ἀλλ'ἀγαπητὸν ἦν ἐκείνῳ, τὸ ἐν τῇ πατρίδι περίβλεπτον. σὺ δέ, φησι,πόλεσι καὶ δήμοις καὶ ἔθνεσιν ὀνομαστὸς εἶ καὶ σὲ πρὸς συμμαχίαν τε καὶ διόρθωσιν ἐκκλησίαι πέμπουσι καὶ ἐκκλησίαι καλοῦσαι, καὶ οὐχ ὁρᾷς τὴν χάριν; οὐδὲ ἐπιγινώσκεις τῶν τηλικούτων ἀγαθῶν τὴν αἰτίαν, ὅτι σε τῶν γονέων αἱ εὐχαὶ πρὸς ὕψος αἴρουσιν,οὐδεμίαν ἢ ὀλίγων οἴκοθεν ἔχοντα πρὸς τοῦτο παρασκευήν;

[14] Vita Macrinae, VIII/1, 377, 11-19 (=MPG, 46, 965 c):"Λαβοῦσα τοίνυν αὐτὸν ὑπερφυῶς ἐπηρμένον τῷ περὶ τοὺς λόγους φρονήματι καὶ πάν-

τα περιφρονοῦντα τά ἀξιώματα καί ὑπέρ τούς ἐν τῇ δυναστείᾳ λαμπρούς ἐπηρμένον τῷ ὄγκῳ, τοσούτῳ τάχει κἀκεῖνον πρός τόν τῆς φ ι λ ο σ ο φ ί α ς σκοπόν ἐπεσπάσατο,ὥστε ἀποστάντα τῆς κοσμικῆς περιφανείας και ὑπεριδόντα τοῦ διά τῶν λόγων θαυμάζεσθαι πρός τόν ἐργατικόν τοῦτον καί αὐτόχειρα βίον αὐτομολῆσαι, διά τῆς τελείας ἀκτημοσύνης ἀνεμπόδιστον ἑαυτῷ πρός τόν εἰς ἀρετήν βίον παρασκευάζοντα" /Sperrung vom Verfasser/.

[15] Siehe ebd.,VIII/1, 377, 3-7 (=MPG 46, 965 B): "ὁμοῦ τε παρέσχε πρός τόν ἴσον σκοπόν, τόν κατά φιλοσοφίαν λέγω,μεγάλην τῇ μητρί διά τοῦ βίου ἑαυτῆς τήν ὑφήγησιν, κατ'ὀλίγον αὐτήν πρός τήν ἄ ϋ λ ό ν τε καί λ ι τ ο τ έ ρ α ν ζωήν ἐφελκομένη" /Sperrung vom Verfasser/.

[16] Siehe dazu auch K. Gaiser, Protreptik und Paränese bei Platon, S. 150

[17] F.P. Hager, Die Vernunft und das Problem des Bösen im Rahmen der platonischen Ethik und Metaphysik, S. 83

[18] W. Jaeger, Two rediscovered Works, S. 82 (mit weiterführenden Anmerkungen)

[19] Ebd., S. 73 f

[20] Vgl. Hierokles, περί προνοίας (bei Photios, bibl. 251: II 461 a, Bekker 31): ... ἕως Ἀμμωνίου τοῦ Ἀλεξανδρέως τοῦ θ ε ο δ ι δ ά κ τ ο υ οὗτος γάρ πρῶτος ἐνθουσιάσας πρός τό τῆς φιλοσοφίας ἀληθινόν ... ἀστασίαστον τήν φιλοσοφίαν παραδέδωκε τοῖς αὐτοῦ γνωρίμοις /Sperrung vom Verfasser/.
Ammonius, der später den Beinamen Sakkas erhielt und wahrscheinlich ursprünglich der christlichen Kirche angehört hatte, hat aller Wahrscheinlichkeit nach zu der origenistischen Auffassung der Philosophie entscheiden beigetragen. Dieser "pythagoreische Ekstatiker" muß auch derjenige gewesen sein, der Plotin besonders dazu anregte, in der platonischen Philosophie die Wendung zum Neuplatonismus herbeizuführen. Vgl. hierzu Paul Henry, "Plotins Standort in der Geschichte des Denkens",in: Die Philosophie des Neuplatonimsus, S. 162; H. Dörrie,"Ammonios, der Lehrer Plotins",Plat. min. 324 ff,(=H 83(1955),S.439 ff).W. Theiler,"Plotin und die antike Philosophie", in: Forschungen zum Neuplatonismusmus, S. 147 f (MH 1 (1944),S.215f). Über den Einfluß des Ammonius auf Origenes, vgl. ders., "Ammonius der Lehrer des Origenes",in: Forschungen zum Neuplatonismus, S. 1-45; siehe auch die Einleitung zu Origenes', "Von den Prinzipien", hrsg. von H. Görgemanns und H.Karpp, S. 4 f.

[21] Vgl. hierzu die Einleitung zu Origenes', "Von den Prinzipien", a.a.O.

[22] Vgl. H.F. von Campenhausen, Griechische Kirchenväter, S. 119. Zur allegorischen Exegese Gregors siehe auch die Dissertation von Martin Nikolaus Esper, Allegorie und Analogie bei Gregor von Nyssa. Bonn 1979. Esper geht dabei auch auf die besondere Auseinandersetzung Gregors mit der Allegorese des Origenes ein (S. 37-58).

[23] de vit. Mos. VII/1, 36, 15 f (=MPG 44, 329 B)

[24] Vgl. etwa de an. et resurr. 49 C - 52 C.Zum gnostischen Wahrheitsbegriff vgl. R. Bultmann, Art. " ἀλήθεια", in: ThWNT, Bd 1, bes. S. 240 ff

[25] de vit. Mos. VII/1, 68, 16 f (=MPG 44, 360 C)

[26] Vgl. Philon, quis. rer. div. her. § 264, Harl 298/99: ἐπειδάν δέ πρός

δυσμάς γένηται (sc. ὁ νοῦς), κατὰ τὸ εἰκὸς ἔκστασις καὶ ἡ ἔνθεος ἐπιπίπτει κατοκωχή τε καὶ μανία. Ὅταν μὲν γὰρ φῶς τὸ θεῖον ἐπιλάμψῃ, δύεται τὸ ἀνθρώπινον, ὅταν δ'ἐκεῖνο δύηται, τοῦτ' ἀνίσχει καὶ ἀνατέλλει.

[27] Vgl. dazu die richtige Einschätzung Karl Holls, Amphilochius, S. 200: "Denn faktisch ist bei Gregor das Dogma als konkrete Ausfüllung eingearbeitet in den Entwurf einer theistischen Religionsphilosophie, dessen Ueberzeugungskraft nur in ihm selbst, in der Macht und der Konsequenz der Ideen ruht." Mit großem Einfühlungsvermögen hat K. Holl bei seiner knappen Darstellung dieses religionsphilosophischen Gedankensystems aus dem vielschichtigen Schrifttum Gregors die zentralen Prinzipien herausgearbeitet, die das Ganze durchziehen. Karl Gronau hingegen verkennt bei seiner Schrift "Poseidonios und die jüdisch-christliche Genesisexegese", die philosophische Kapazität Gregors völlig, insofern er im Zuge seiner einseitigen quellenkritischen Orientierung an der - inzwischen nicht mehr haltbaren - Hypothese eines Timaioskommentars des Poseidonios (vgl. dazu K. Reinhardt, Art."Poseidonios", in: RE 22, 1, Sp. 602) die Qualität und Selbständigkeit der philosophischen Gedanken Gregors von vornherein leugnet. Vgl. etwa S. 222: "Dazu kommt, daß von dem, was sich schon äußerlich als philosophisches Gut *und nicht* als Eigentum Gregors zeigt ..." /Hervorhebung vom Verfasser/; und ausdrücklicher S. 251: "Ihm (sc. Gregor von Nyssa) werden wir in der ganzen Auseinandersetzung über die ἀθανασία τῆς ψυχῆς kaum mehr als das dialogische Arrangement und von den christlich-dogmatischen Bemerkungen auch nur einige wenige zuzuschreiben haben.".

[28] De an. et resurr. 72 AB /Hervorhebung vom Verfasser/: εἰ δέ τις (:Version der Handschrift B, statt ἤ δή τις bei MPG; logisch auch die Version Krabingers, S. 62: ἤ εἰ δή τις) καὶ ἄλλη παρὰ τὰ εἰρημένα φύσις ἐν λογικῇ (ad. λογικοῖς : B, Krabinger) θεωρεῖται, ἥν εἴτε δαίμονας εἴτε πνεύματα, εἴτε ἄλλο τι τοιοῦτον (Version der Hs. B statt εἴτε τοιοῦτον bei MPG) ἐθέλοι τις κατονομάζειν, οὐ διοισόμεθα. Πεπίστευται γὰρ ἔκ τε τῆς κοινῆς ὑπολήψεως, καὶ ἐκ τῆς τῶν Γραφῶν παραδόσεως, εἶναί τινα φυσιν ἔξω τῶν τοιούτων σωμάτων ὑπεναντίως πρὸς τὸ καλὸν διακειμένην, καὶ βλαπτικὴν τῆς ἀνθρωπίνης ζωῆς ... ἥνπερ φασὶ καταχθονίοις ἐναριθμεῖν τὸν Ἀπόστολον, τοῦτο /ἐν/ ἐκείνῳ τῷ λόγῳ σημαίνοντα, ὅτι τῆς κακίας ποτὲ ταῖς μακραῖς τῶν αἰώνων περιόδοις ἀφανισθείσης, οὐδὲν ἔξω τοῦ ἀγαθοῦ καταλειφθήσεται.
Ungenau und korrekturbedürftig ist die Übersetzung der ganzen Stelle 69 D-72 B durch Karl Weiß, BdK (56), S. 279.

[29] Schillernd wird vor allem der Text in 69 D. Wir erinnern bei der Gelegenheit an die sehr treffende Beobachtung von H. Hörner,"Die große Edition der Werke Gregors von Nyssa", in: EeCPh, S. 50: "Die theologische Interpretation versucht mit Gregor das zu fassen, was sich nicht mit Worten fassen läßt. Sollte er nicht, durchdrungen von dem Bewußtsein, nicht adaequat reden zu können, durch eine übergreifende Form seiner Aussagen dennoch versucht haben, etwas von dem einzufangen, was dem einzelnen Begriff noch entging?".

[30] So interpretiert die Stelle Paul Zemp, Die Grundlagen heilsgeschichtlichen Denkens bei G.v.N., S. 203

[31] Die Stelle 69 D-72 A stellt sich bei Migne fehlerhaft dar. Wir schlagen folgende Berichtigung vor: 69D ἡ μέν (:A, B) ἐξ ἀρχῆς τὴν ἀσώματον

λαχοῦσα (:B) ζωήν (statt ἡμῖν, ἐξ ἀρχῆς τὴν ἀσώματον λαχοῦσα ζωήν bei MPG); 69 D/72 A ἡ δὲ πρὸς τὴν σάρκα συμπεπλεγμένη, ἥν (: A,B) ἀνθρωπίνην φαμέν (statt ἡ δὲ πρὸς τὴν σάρκα συμπεπλεγμένην ἀνθρωπίνην φαμέν bei MPG); 72 A σαρκῶν (:A) statt σαρκικῶν (:MPG) ;καταχθόνιον δὲ τὸ διακεκριμένον (:A,B statt διακεκρυμμένον bei MPG) ἤδη τοῦ σώματος. Krabinger, S. 62, bestätigt alle diese Korrekturen.

[32] Vgl. die Wendungen: οὐ διοισόμεθα. Π ε π ί σ τ ε υ τ α ι γὰρ ἔκ τε τῆς κοινῆς ὑπολήψεως, καὶ ἐκ τῆς τῶν Γραφῶν παραδόσεως (72 A); ἥνπερ φ α σ ί (72 B).

[33] Die mäßigende Wendung "man sagt" (72 B φασί) bezieht sich bestimmt nicht auf die "Irrlehre des Origenes" wie K. Weiß, BdK (56), S. 280, Anm. 1, glaubt, sondern auf die paulinische Aussage (siehe genauer den Text o. Anm. 28).

[34] Vgl. hierzu, u. III 5, S. 291 ff

[35] Zum Abstand Gregors zu der kirchlichen Heilsvermittlung siehe auch Gerhard May,"Gregor von Nyssa", in: Klassiker der Theologie, Bd I, S. 101: "Die Bezüge auf die empirische Wirklichkeit der Kirche, ihre Lehre, ihre Ordnungen und ihre Sakramente, wie übrigens auch auf das konkrete klösterliche Leben, sind bei Gregor erstaunlich selten. Wenn man hinzunimmt, daß Gregor die Erkenntnis Gottes und die Wiederherstellung der ursprünglichen Gottebenbildlichkeit nicht den Christen vorbehält, sondern eine völlige Reinigung vom Bösen wie einst Origenes für alle Menschen und überhaupt für alle geistigen Wesen annimmt, auch wenn das ein Prozeß ist, der lange Zeiträume in Anspruch nimmt und weit über den Tod hinausreicht, so wird die Bedeutung der kirchlichen Heilsvermittlung noch weiter zurückgedrängt.". Hieran anschließend behauptet G. May mit gutem Grund, "man kann sich des Eindrucks nicht erwehren", daß Gregors tiefstes Interesse"letztlich nur dem inneren Geschehen der Bewegung des Geistes hin zu Gott gehört, wie sie auch ein zentrales Thema des neuplatonischen Denkens ist.". Ähnlich P. Zemp, Die Grundlagen heilsgeschichtlichen Denkens bei G.v.N., S. 247: "Das Totalitätsdenken ist für Gregor von Nyssa sowohl in der Schöpfungslehre, als auch in der Anthropologie bestimmend. Heilsgeschichte und Menschheitsgeschichte sind deshalb identisch. Der Gedanke einer besonderen,'amtlichen' Heilsgeschichte fehlt. Die Kirche ist identisch mit der gesamten Menschheit.".

[36] Vgl. etwa wie sporadisch dieser Dialogos bei den folgenden, als bahnbrechend geltenden Dissertationen berücksichtigt wird: E. Mühlenberg, Die Unendlichkeit Gottes bei Gregor von Nyssa. Gregors Kritik am Gottesbegriff der klassischen Metaphysik. Göttingen 1966; H. Merki, Ὁμοίωσις θεῷ. Von der platonischen Angleichung an Gott zur Gottähnlichkeit bei Gregor von Nyssa. Freiburg/Schw. 1952. Nur J. Gaïth, La conception de la liberté chez G.d.N., S. 9, hat,wenn wir recht sehen, die Bedeutung des Dialogs sowie die Heterogenität überhaupt der Schriften des Nysseners richtig erkannt: "La difficulté réelle" der Interpretation sieht er zu Recht "dans l'absence d'homogénéité de l'oevre de saint Grégoire. Elle est divisée par l'auteur même en deux catégories, l'une s'adressant à une élite, l'autre à des esprits sinon incultes, du moins étrangers à la philosophie. De là, des moyens d'expression différents, et surtout deux façons de traiter le sujet. Dans le *Dialogue sur l'Ame et la Résurrection*, la *Création de l'Homme* et même la *Vie de Moïse,* il

parle autrement que dans les sermons adressés aux fidèles ou dans les instructions aux moniales... En face d'un écrit de Grégoire, il faut donc se demander toujours à quel public il était adressé: parfois, les premières pages ou la mention du destinataire nous l'indiquent. Il est aisé par exemple de juger que le *Dialogue sur l'Ame et la Résurrection* expose sa pensée la plus intime: il met en effet dans la bouche de sa soeur Macrine toutes les idées qui lui tiennent à coeur. C'est donc la première catégorie d'écrits qui nous livre sa conception complète.".

[37] Vgl. hierzu W. Jaeger, "Paideia Christi", in: Erziehung und Bildung, S. 497 f (=Hum. Red. und Vortr. 260).

[38] Vgl. etwa de an. et resurr. 76 C - 80 A. Siehe dazu u. III 2, S. 167

[39] Daß die inneren Kämpfe eines Denkers ihren angemessensten Ausdruck in der literarischen Form des Dialogs finden können, hat schon Rudolf Hirzel, Der Dialog, S. 378 f, am Beispiel des Augustin überzeugend gezeigt.

[40] De an. et resurr. 20 A: Καί εἰ δοκεῖ, παρά σοῦ γενέσθω τῶν ἐναντίων δογμάτων ἡ συμμαχία. ὁρῶ γάρ ὅτι σοι καί ὑποκεκίνηται πρός τοιαύτην καταφοράν ἡ διάνοια.

[41] Daß die Möglichkeit bewußter Tarnung der wahren Meinung unter der Gewalt der Verfolgungsdrohungen der Obrigkeit oder der Kirche beim Verständnis von Texten im allgemeinen berücksichtigt werden muß, leuchtet auch H. G. Gadamer "weitgehend" ein: In seinem Aufsatz "Hermeneutik und Historismus", PhR IX (1961), S. 273 f (zu Leo Strauss, What is political Philosophy?, Glencoe 1959), sieht er sogar in der bewußten Verstellung, der Tarnung und dem Verbergen der eigenen Meinung nichts anderes als den seltenen "Extremfall zu einer häufigen, ja zu einer allgemeinen Normalsituation" ("Genau wie Verfolgung (obrigkeitliche oder kirchliche, Inquisition u. dgl.) nur ein Extremfall ist, im Vergleich zu dem ungewollten oder gewollten Druck, den Gesellschaft und Öffentlichkeit auf das menschliche Denken ausüben."). Diesen "wichtigen Beitrag zur hermeneutischen Theorie" (so Gadamer, a.a.O.) habe Strauss gegeben, indem er Maimonides, Halevy und Spinoza untersucht hat.

B. Zum Stand der Forschung und zur Hermeneutik Gregors von Nyssa
   *(mit einer Zusammenfassung der wichtigsten Einsichten
   und Ergebnisse unserer Arbeit)*

"... mit welchem Entsetzen er (sc. Gregor von Nyssa) eine solche Verkennung seiner Theologie gelesen haben würde." Die Aussage stammt vom Altphilologen H. Langerbeck und ist gegen den frömmigkeitsgeschichtlichen Deutungsversuch W. Völkers gerichtet, Gregor als "Mystiker" und "Erlebnis-Ekstatiker" zu stilisieren.[1] Wir können nicht umhin, sie für gültig zu halten, auch für die überwiegende Mehrheit der theologischen, ja *der* Gregorforschung überhaupt. Selbst Untersuchungen - wie die von J. Daniélou ("Platonisme et Théologie Mystique") oder die von E. Mühlenberg ("Die Unendlichkeit Gottes bei Gregor von Nyssa) -, die allzu gern und allzu leicht als "glänzend" und richtungsweisend bezeichnet worden sind[2], erscheinen uns in vielem fragwürdig und revisionsbedürftig. Mit gutem Grund hat A.M. Ritter bereits betont, daß die "christlichen" Korrekturen beim Bischof von Nyssa nicht dermaßen ins Gewicht fallen wie "manche", besonders die beiden soeben erwähnten, Gregorforscher meinen[3], und daß W. Jaeger, der bekanntlich "die grundsätzliche Übereinstimmung zwischen Gregors Ideen von der "Formung" des Menschen und denen des Griechentums immer wieder betont hat", im wesentlichen doch recht hatte.[4] In der Auseinandersetzung mit dem Neuplatonismus scheint Gregor weder eine eigenständige "christliche Philosophie" noch eine Theologie, geschweige denn eine ekstatische Mystik des geistlichen Lebens[5] entworfen, sondern lediglich eigenständige philosophische Einfälle gehabt zu haben. Doch wenden wir uns zunächst den typischen "Irrwegen" der gegenwärtigen Gregorinterpretation zu.

Als solche erweisen sich vor allem:

1. die "dogmengeschichtliche Scholastik", "Scholastik" in dem Sinne, daß man später geltende Dogmen und theologische, bzw. philosophische Prinzipien in frühere, auf anderen Grundvoraussetzungen beruhende Zeiten überträgt[6], und
2. die "Mystik", die das Denken als niedrigere Stufe der Erfahrung hinter sich läßt.

Dem zweiten Phänomen ist bereits die Kritik eindringlich begegnet.[7] Hier wollen wir auf die dogmengeschichtliche Art der Betrachtung aufmerksam machen. Diese wird, methodisch gesehen, erst dadurch möglich, daß man die allererste Aufgabe einer phänomenologisch orientierten Interpretation, die Aufgabe nämlich des genauen *Einfühlens* (und *Eindenkens)* in das einstige Reale *und* der ihm zu seiner Zeit zugeordneten Deutung, die nun in der Eigenart eines Textes als Einheit vorkommen, völlig außer acht läßt. Nicht die Einsicht in die Eigenart und den Sachverhalt des zu interpretierenden Textes wird zum Kriterium und wesentlichen Faktor der "scholastisch" dogmen-, bzw. geistesgeschichtlichen Interpretation, wohl aber die Rechtfertigung der eigenen a priori geltenden These. Daher scheinen sich die in der Gregorforschung überaus zahlreichen Verfechter dieser Interpretationsrichtung dem Text fast nie als Hörer hinzugeben. Sie entnehmen vielmehr ihm, und gelegentlich den angeblich maßgebenden Interpreten desselben, "Zitate" als Belege für ihre gedanklichen Konstruktionen.[8] Das willkürliche Herumspringen, das freie Assoziieren und zuweilen Übersetzen veranschaulichen die Haltlosigkeit einer Interpretation, bei der das Sachverständnis, das Zuhören auf die eigene Meinung des Textes, kaum noch eine Rolle spielt. Typisch im Zusammenhang dieser Interpretationskunst ist es noch, daß alle Äußerungen des Autors auf eine Stufe gestellt werden: man geht "faktisch", wie schon H. Langerbeck mit vollem Recht betont hat, von einem mehr oder minder "umfangreichen Zettelkasten" aus und "nicht von literarischen Werken einer ganz bestimmten, jeweils verschiedenen Form."[9] Angesichts des Bischofs von Nyssa, der es nicht nur wenig liebte, "sein Inneres bloßzulegen"[10], sondern sich bewußt um seine Tarnung bemühte, müßte man sich aber über den Charakter der jeweils zu interpretierenden Äußerung, bzw. Schrift im klaren sein. Mit anderen Worten: "En face d'un écrit de Grégoire,il faut... se demander toujours à quel public il était adressé."[11] Hat man das im Auge, so muß man u.E. auch (und vor allem) ein Gefühl (und ein Wissen) dafür entwickeln, wie seine einzelnen Aussagen konkreter miteinander verflochten werden. Besonders das Einfühlungsvermögen in die sprachlich-stilistische sowie die begrifflich-sachliche Verflochtenheit seiner "beiden Sprachen", nämlich der biblischen und der philosophischen[12], halten wir für geradezu unabdingbar für sein Verständnis. Zu Recht ist bereits "mit aller Entschiedenheit" betont worden: "ein bloßes Registrieren von dem ersten Blick sich darbietenden 'Einflüssen' zur Klärung des Problems: Christentum oder Philosophie (oder auch Christentum u n d Philosophie) gibt nicht mehr

aus als die Konstatierung, d a ß hier ein Problem ersten Ranges vorliegt.
Um weiterzukommen, muß man schon den Sachfragen ernstlicher zu Leibe gehen."[13] Die Frage muß also stets doppelt sein: Es ist nicht nur festzustellen, daß ein Motiv, bzw. Zitat entlehnt ist, es muß zugleich gefragt werden, was es an seinem neuen Platz leistet: Ist es etwa einfach gleichsam zugunsten des "cursus ecclesiasticus, bzw. platonicus" benutzt worden? Hat es eine nur sekundäre und symbolische Funktion? Oder ist es von der Sache her selber schlechthin erforderlich? Muß demnach in jedem Fall eine Entscheidung getroffen werden, so erscheint es aus methodischer Erwägung heraus vorab als angezeigt, dem Verfahren von A.M. Ritter rückhaltlos beizupflichten: "Statt möglichst viele Einzelbelege und -analysen aufzubieten und sie in einem mehr oder weniger e r s c h l o s s e n e n System unterzubringen, nach der Möglichkeit Ausschau zu halten, Gregors Gedanken so vorzuführen, wie er selbst sie entwickelt hat, und sie in einem Bezugsrahmen zu belassen, wie er aus seinen Schriften selbst zu erheben ist."[14] Nur aus einer zusammenhängenden Gregor-Darbietung oder besser noch Gregor-*Lektüre*[15] von größerem Umfang dürfte erwartet werden, daß ein Zugang zu seinem Gedankengang und dem für ihn wirklich Wesentlichen eröffnet werde, der erst das unvoreingenommene Abwägen des Verhältnisses zwischen Biblischem und Philosophischem ermöglichen wird. Noch die sorgfältigsten Verzettelungen von gregorianischen Einzelaussagen über ein bestimmtes Thema können hingegen, zumal sie meist mit der naiven Eintragung moderner Begriffe und Dogmen in die zu beschreibenden oder gar zu erklärenden Tatbestände verbunden sind, diese selbst geradezu verfälschen, jedenfalls sie gar nicht in ihrer *Eigenart* in den Blick bringen, geschweige denn, eine standhaltende Antwort auf die Frage bieten, ob Gregor primär ein griechisch denkender und empfindender Philosoph oder ein sich dagegen bereits bewußt abgrenzender Christ gewesen ist.

Wir allerdings halten den Bischof von Nyssa für einen Denker und Philosophen, der lange Zeit aus ersichtlichen Gründen verkannt, erst heute - wie wohl "keine zweite Gestalt der Theologiegeschichte" - neu entdeckt und neu bewertet wird.[16] Diese Behauptung von uns, basierend auf dem vorsichtigen Abwägen des soeben erwähnten Verhältnisses zwischen Biblischem und Philosophischem, impliziert freilich auch, daß nicht die Philosophie - der Platonismus insbesondere, wie J. Daniélou mit allen Mitteln eines heutigen Katholiken glaubhaft zu machen sucht - sondern umgekehrt, die sich bereits zu einem befestigten, tragenden, dem Denkenden durchaus zu spürenden Ganzen herauskristallisierende kirchliche Dogmatik[17] für das Denken und die Haltung des Nysseners nur ein Akzidens ist.demjenigen sogar, der auf jener zu Recht als "eine(r) polemische(n) Simplifikation" bezeichneten starren Alternative zwischen Christentum und Philosophie[18] beharren will und nicht sieht, wie selbstverständlich für Gregor das Christentum φιλοσοφία, der Mönch φιλόσοφος ist[19], müssen wir entgegnen, daß der angeblich scharf - im Sinne eines "religiösen Bekenntnisses"[20] - zu umreißende Begriff von "Christentum" selbst offenkundig zu der sprachlich-stilistischen Oberflächenschicht unseres Autors gehört. Mag diese Ansicht vielen als eine "clear-cut-provocation"[21] erscheinen, so ergibt sie sich doch aus der unbefangenen Betrachtung einer ganzen Reihe Selbstdarstellungen Gregors. In zahlreichen (schon bei unserer Arbeit kaum zu übersehenden) Texten spricht Gregor den biblisch-christlichen Reminiszenzen eine rein formelle Bedeutung zu, die sie zu blossen theologischen, kirchenpolitisch bedingten Übermalungen seiner griechisch-philosophischen Geisteshaltung macht.[22] Allzu gern und allzu oft werden die biblischen Gehalte lediglich als philosophische Allegorien, ja als symbolische Illustrationen metaphysischer Gedanken aufgefaßt.[23] Selbst Offenbarungsinhalte werden grundsätzlich nicht anders benutzt als bei Platon die Mythen und Rätsel der Mysterientradition.[24] Ganz ähnlich nämlich wie Platon von den ἀπόρρητα der orphisch-pythagoreischen Überlieferung spricht (z.B. Phaid. 62 b) und die geheimen Weihen und ihre Offenbarung als Hinweise (Phaid. 69 c κινδυνεύουσιν αἰνίττεσθαι) auf seine eigenen philosophischen Gedanken deutet, philosophiert auch Gregor δι' ἀπορρήτων, und aus kirchenpolitischer Rücksichtnahme stellt er zuweilen seinen Gedanken ein dem christlichen Dogma geläufiges Wort oder besser noch "*Kennwort*", ein Bild, eine theologische Floskel, voran, so daß die Kühnheit ihres Inhalts manchem zeitgenössischen frommen Ohr nicht allzu skandalös klingt.[25] Anscheinend haben aber diese christlich-theologischen Schlagworte bis heute ihre Funktion erhalten können, insofern selbst bewährte Forscher an diesen Vordergründigkeiten hängenbleiben und nicht imstande sind, vorurteilsfrei die wahren Urteile Gregors zu finden, die hinter den vereinzelten, belanglosen "συνθήματα der Kirchentreue" doch sehr klar, konsequent und tief entwickelt werden. Der Bischof von Nyssa selber spricht - als Origeniker - nur zu oft von der Notwendigkeit, daß die ἐπαΐοντες hinter der wörtlichen ("leiblicheren") Darstellung der Schrift den subtileren philosophischen Sinn suchen. Man wird u.E. - angesichts der eminenten hermeneutischen Bedeutung, die der aus den Zeitverhältnissen sowie aus seinem besonderen Charakter zu verstehenden bewußten Tarnung Gregors zukommt - gut daran tun, diese seine Meth-ode gleichsam selbst aufzunehmen, um hinter dem zuweilen dogmatisch-christlich gefärbten Sprachstil seiner Texte den reellen, doch im gedämpften Ton vorgetragenen philosophischen Sachverhalt ans Licht zu bringen. Man hätte guten Grund, selbst seine eigenen verbalen Bibel-, bzw. Christusbekenntnisse in Zweifel zu ziehen, insofern, als es sich bei Gregor von Nyssa um jemanden handelt, der in fast jeder Passage von größerem Umfang so auffallend die Bestätigung der Bibel als Legitimationsinstanz geradezu beschwört[26], der provokativ als *einzigen* Lehrer seiner immensen Bildung seinen im geistigen Format weitab unterlegenen Bruder Basilius nennt[27], der außerordentlich "zitatenscheu" ist und sich fortwährend ängstlich darum bemüht, seine reichen Erkenntnisse zu verbergen[28], der ferner in seinem Dialog die Rolle des "Widersachers" (τοῦ ἀντιλέγοντος, bzw. τοῦ ἀντιπίπτοντος) erklärtermaßen deshalb übernimmt, weil (ἐπειδή!) ihn seine Schwester, die heilige Makrina, dazu *aufgefordert* hat (de an. et resurr. 20 A ἐκέλευσε (sic!)) und sich ständig beeilt, seine ausgeprägte Freude am Spekulativen - besser noch am Wagnis des Spekulativen - vor dem "Mißverständnis" und den Schikanen (τὰς ἐπηρείας) τῶν σ υ κ ο φ α ν τ ι κ ῶ ς ἀκουόντων (de an. et resurr. 57 C) zu schützen, sie als bloße γυμνασία darzustellen.[29] Gewiß "ist es nicht belanglos, daß Gregor sich ausschließlich auf die Bibel und auf keine antike Autorität beruft", doch aus einem anderen Grunde als Hermann Dörries glaubt.[30] Der Frage nach dem "Wert der hellenischen Philosophie im Vergleich zur Schriftlehre"[31] kann man sich nicht so bequem, wie sich viele Gregorforscher wünschen, entledigen: man müßte sich mit dem Heranziehen irgendwelcher der doch wohl häufig auftauchenden formellen Bibelbekenntnisse Gregors nicht allzu früh zufrieden geben, ehe man nicht seine tatsächliche Geisteshaltung in den Griff bekommen hat. Gerade die Häufigkeit dieser absichtlich betonten Bibelkenntnisse müßte, wie soeben angedeutet, zur Vorsicht mahnen. In Wirklichkeit handelt es sich dabei um einen Tarnungsversuch vor dem Häresie-Vorwurf[32], besser noch um die auffallendste Seite eines Tarnungsversuchs. Unseres Erachtens setzt bei Gregor die Notwendigkeit, seine besonderen Neigungen zum Ἀνυπόθετον des philosophischen Denkens hinter verbalen Treueerklärungen zur Bibel zu verbergen, ein - bis in die Gegenwartsforschung hinein - äußerst wirksames Tarnungswerk in Bewegung, das sich nicht nur auf solche Erklärungen oder gar die

Technik der freien Allegorese beschränkt. In der bewußten Tarnung Gregors
sehen wir beispielsweise auch den Grund, warum er so leicht und so bezeichnend im selben Satz "vom griechischen θεῖον zum christlichen θεός übergeht."[33] Die Tatsache, daß er nicht zu denjenigen kleinen Geistern gehört
hat, die nur addieren[34], schließt selbstverständlich aus, daß ihm die unterschiedliche Herkunft der beiden Begriffe nicht bewußt gewesen ist.[35]
Daher erscheint es uns als durchaus angezeigt, Gregor von Nyssa in seiner
eigenen Weise zu begegnen: Zwar gilt es nun gewiß nicht, *aus* dem "Leiblichen" Geistiges (im engeren Sinne) zu gewinnen, sondern das "Leibliche"
(die Biblizismen) als Komponente der sprachlich-stilistischen Oberflächenschicht seiner Schriften zu erkennen, und hinter ihm dem zuweilen nicht
gleich augenfälligen, aber stets festen Band seines Textes, dem philosophischen Gedanken, der ἀκολουθία , zu folgen. In den methodischen Zusammenhang einer "Hermeneutik im tieferen Sinne"[36] gehört freilich auch und nicht
zuletzt die Möglichkeit der Unterscheidung zwischen *Darstellung* und *Forschung* im Schrifttum des eigenwilligen Nysseners, auf die wir, allerdings
nur sehr umrißhaft, in den Kapiteln III 4 (EXKURS) und besonders III 6 aufmerksam machen.[37] Für die Aufdeckung des wirklichen Anliegens des Kappadokiers erweist sich diese Unterscheidung als höchst fruchtbar, so daß wir
durchaus beabsichtigen, sie in einer zukünftigen Untersuchung systematisch
zum methodischen "Haupthebel" unserer Analyse zu machen. Möglicherweise ergäbe sich daraus nicht nur etwas Neues in bezug auf Gregor von Nyssa; es
enstünde vielleicht ein neuer Gregor von Nyssa.

Die Tatsache, daß die überwiegende Mehrheit der Forschung solchem Nachdenken ausgewichen ist und sich nicht im mindesten darum bemüht hat, Gregor
selbst sprechen zu lassen, hat allerdings zu beispiellosen Verzerrungen,
ja Fälschungen seiner Gedanken geführt. Allzu selbstverständlich haben
sich die meisten theologischen Forscher der dogmenhistorischen Methode bedient, ohne das einfache Faktum zu beachten, daß das der griechischen Tradition radikal entgegenzusetzende christliche Verständnis des Menschen und
der Welt bei Gregor fehlt.[38] Als eines der willkürlichsten und wichtigsten
modernisierenden Mißverständnisse gerade jener Forscher, die Gregor unbedingt unterstellen, daß er primär Christ sei (oder auch nur sein wolle!) betrachteten wir z.B. die Ansicht von der Seele als einer im Grunde nicht
gottähnlichen Substanz. Das Anliegen der dogmatisch-theologischen Forschungsrichtung, die diese Ansicht vertritt, ist zwar verständlich, inso-

fern, als es aus einem ausdrücklichen Interesse an der Hervorhebung der auf die Gnade angewiesenen *Geschöpflichkeit* des (ganzen) Menschen erwächst. Dem Anliegen des Nysseners entspricht es aber kaum, denn Gregor schreibt der Seele oder genauer noch der Denkseele, dem Geiste, uneingeschränkte Transzendenz und wesensmäßige Dynamik im Sinne der griechisch-philosophischen Tradition zu. Wiederholt und mit Nachdruck behauptet er - gerade in seinem Dialog, wie noch genau zu zeigen sein wird - die wesenhafte Gottähnlichkeit und Verwandtschaft der Denkseele und sieht in dieser, aller physischen Notwendigkeit und Gewalt sowie allen organischen Zusammenhangs enthobenen göttlichen Substanz das nicht ganz bestimmbare, doch ewige *Selbst* des Menschen.[39] Wie wir besonders im nachträglich geschriebenen Exkurs zu Kap. III 4 *über die Entscheidungsfreiheit des Menschen* zeigen, u. S. 251 ff, läßt der gregorianische Text keinen Zweifel übrig, daß Gregor die *Gottverwandtschaft* des Menschen nicht in irgendeiner, "durch die Entscheidung für Gott und das Sich-Eröffnen für seine Gnadenwirkungen (sic!) erst *zu verwirklichenden*" Wahlfreiheit des "Geschöpfs" sieht -, wie sich die spätere Entwicklung des christlichen Dogmas und E.v. Ivánka insbesondere wünscht[40] -, sondern sie als ein in der Natur und aus der Natur des Menschseins selbst herauszulesendes, und zwar auf dem Wege der kosmischen (ontologischen) Analogie (ὅμοιον ὁμοίῳ) herauszulesendes *Existenzverhältnis* auffaßt, das die geistigen, bzw. die vom Geist her bestimmten humanen Kategorien quodammodo zusammenfassend anzeigt. Zu diesen Kategorien rechnet Gregor ausdrücklich auch die ἀϊδιότης (Ewigkeit): Unsere Natur *muß* schon *in sich selbst* (ἐν ἑαυτῇ) das Todlose (τὸ ἀθάνατον, die Unvergänglichkeit) haben, wenn/ weil sie imstande ist, das, was über ihre eigene Natur hinausgeht, zu erkennen und überhaupt in der Begierde nach göttlicher Ewigkeit zu verharren.[41] Ganz offenkundig setzt der Anblick des Vollkommenen für Gregor **vollkommene Augen**, jedenfalls die Möglichkeit vollkommener Augen, voraus. Wer die Ewigkeit liebt, *muß* selber irgendwie ewig sein, oder zumindest irgend etwas Ewiges in sich haben. Abermals wird es hier recht deutlich, in welchem Sinn man, wenn überhaupt, von "Mystik" bei Gregor von Nyssa sprechen dürfte. Nicht irgendein christliches Frömmigkeitsgefühl, geschweige denn ein bestimmtes ekstatisches rauschhaftes Erlebnis, sondern das urgriechische Homoiosisprinzip vermag die Gedanken Gregors zusammenzuhalten: Gleiches kann nur durch Gleiches erkannt und geliebt werden.[42] Völlig griechisch, und wenn schon nicht antichristlich, so doch achristlich erweist sich somit das "Glaubensgesetz" des Bischofs von Nyssa.[43] Denn das Moment der "Entscheidung *für Gott*",des Gehorsams, ist hier nicht zu finden; wie besonders bei Plotin ist es eine rein seinsmäßige Verbundenheit, die den Menschen mit Gott, bzw. dem Göttlichen eint.[44] Daher gründet auch die Unsterblichkeit der Seele bei Gregor auf sich selber. Sie ist eine "natürliche" Eigenschaft der Seele aufgrund ihrer Geistigkeit und ontologischen Andersheit[45] und nicht "ein übernatürliches Existential des Menschen"[46]. Nichts scheint mißverständlicher bei Gregor zu sein als das scheinbar seiner Wahrheit so sichere supranaturalistische Reden von Gott und der angeblich "gnadenhaften" Teilhabe an ihm. Dieses Reden gründet offensichtlich "in seiner Möglichkeit auf der *Entscheidung* des Glaubens,"[47] geht aber darum an dem (soeben angedeuteten) griechisch-philosophisch orientierten gregorianischen "*Gesetz* des Glaubens","Glaubens" am Guten (neutr.), vorbei.[48]

Konkreter gründet das supranaturalistische Reden in seiner Möglichkeit auf der vom christlichen Standpunkt geforderten absoluten Trennung zwischen "Schöpfer" und "Geschöpf". Die angeblich unüberbrückbare Kluft zwischen "Schöpfer" und "Geschöpf" ist das Axiom par excellence aller theologisch-dogmatischen Analyse Gregors,[49] entspricht aber dennoch keineswegs der ontologischen Einstellung des Autors. Seine Vorstellung vom Sein und "Bewußtsein" (m.a.W. vom Kosmos und Menschen) beruht - wie wir noch genau zeigen werden - auf der *wesenhaften* Ähnlichkeit, Verbundenheit und Korrespondenz der in ihnen wirksamen intelligiblen Seinsprinzipien. Es handelt sich beidemal um nicht näher zu bestimmende intelligible Prinzipien unkörperlicher, nämlich geistiger Art, die trotz ihrer radikalen, "ontologischen Andersheit" *in allem* konkret Daseienden sind und somit dessen Einheit und Kontinuität, ja dessen Bestand selbst bewirken.[50] Personstruktur (Mikrokosmos) und Weltstruktur (Makrokosmos) sind ausdrücklich im Dialog "Macrinia" durch das in gewisser Weise unbestimmte Geistige (νοῦς τις heißt hier das Stichwort) gesteuert, das Gregor offenkundig als das Seinshöhere und zugleich Seinsmächtigere gilt und mehr oder minder deutlich mit dem "Göttlichen" (τὸ θεῖον, bzw. ἡ θεία φύσις oder τὰ θεῖα ἀγαθά) selbst identifiziert wird. Der transmundane, "anders seiende" Logos in uns wird besonders in "Macrinia" so exakt auf den transmundanen, "anders seienden" Logos über uns bezogen, daß der menschliche Geist zuweilen - im Sinne der herkömmlichen philosophischen Tradition - als Ausfluß, als ἀπόσπασμα des kosmischen göttlichen Nous erscheint.[51] Daß unser Geist, in die ständig "fließende", bedürftige Natur der real-Leiblichkeit eingebettet, gewissermaßen als ein "eingeschränktes Göttliches"[52] erscheint, heißt bei weitem nicht, hier werde die "absolute Grenzscheide" zwischen dem verdorbenen, auf die Gnade angewiesenen Geschöpf und der Seinsfülle des Schöpfers aufgerichtet[53], auch wenn Gregor selbst formell von dem ἐπίκηρον oder dem κτιστόν *unserer Natur* (τῆς φύσεως ἡμῶν) sprechen mag. Denn der allen organischen Zusammenhangs enthobene Geist in uns läßt sich nicht ohne weiteres in die unmittelbar-psychische, geschweige denn unmittelbar-vitale Sphäre des Menschlichen einbeziehen[54]: Er ist vielmehr der unheimliche "Akteur" unseres Seins, der, "aus irgendeinem unaussprechlichen Grund" (de an. et resurr. 44 D ἀρρήτῳ τινί λόγῳ) mit uns vermischt (ἐγκέκραται ἡμῖν),[55] erst postum von uns angeeignet zu werden scheint, er, der unsere Natur im Dasein erhält und uns eigentlich - wie Gregor sagt - von Gott "nicht gegeben, sondern übergeben wurde (vom Seinigen - als Eigentum - gegeben wurde)."[56] An diese erschreckende, dennoch zentrale These[57] des innerlich unbeugsamen Kappadokiers sind freilich seine heutigen Interpreten vorbeigegangen. Erfüllt vom modernen Streben, Gregor vom neuplatonischen Milieu seiner Zeit abzuheben und das spezifisch Christliche in seinen Schriften zu entdecken, haben die meisten von ihnen mit seinem angeblich tiefen Gegensatz zwischen Unendlichkeit Gottes - und zwar des persönlichen Gottes[58] (!) - und Endlichkeit der Schöpfung "philosophisch Ernst" gemacht und dabei übersehen, wie exakt beim Nyssener die Analogie des erschaffenen Abbildes zum unerschaffen Vorbild ist.

Der reine Geist drückt bei Gregor ebenso wie bereits (ansatzweise) bei Platon ein Analogon zu dem eng an seine Urgestalt gebundenen Abbild (εἰκών) des mathematischen und dialektischen Verfahrens aus, ein Analogon zu dem Abbild, das seinem *Arche*typ nicht nur von Natur aus ähnelt, sondern es eigentlich nachahmt - und zu ihm, seinem Urgrund, hintendiert.[59] Gregor sucht sogar derart nachdrücklich die Natur des Archetyps aus der in der Leiblichkeit "gefallenen" Natur des Abbildes zu rekonstruieren, daß der konkrete gegenwärtige Mensch - als natürlicher Träger der leuchtenden "Ausstrahlungen" der "anders seienden" göttlichen Natur - auffallend ins Zentrum seiner Problematik rückt. Gerade im Hinblick auf die bliblisch tradierte Lehre von der Gottebenbildlichkeit des Menschen läßt sich dann - wie noch genau zu zeigen sein wird - sehr gut erkennen, wie Gregor Aussagen der Hlg. Schrift, aber auch der philosophischen Überlieferung über das

Wesen Gottes, aufzugreifen pflegt, *um damit* vor allem das Wesen des Menschen zu verdeutlichen: Erkenntnis des Menschen aus der Darstellung Gottes. Und (vor allem) umgekehrt: Darstellung und Erkenntnis Gottes aus der Erforschung und Erkenntnis des Menschen - *im Spiegel der reinen Seele* ![60]
Wir stoßen somit auf eine grundlegende Tendenz des Denkens des Nysseners, wenn nicht *die* grundlegende überhaupt, die sich aus nahezu allen seinen Texten so deutlich ergibt, daß sie jede tiefere Hermeneutik seines Werkes verpflichten mußte. Es wird sich im Laufe unserer Untersuchung nämlich oft herauskristallisieren, daß es im Corpus Gregorianum eigentlich um eine philosophische Anthropologie geht, die das Menschsein unserer gegenwärtigen Erfahrung zum Gegenstand hat und intendiert.[61] Theo-logische Aussagen, Logoi über Gott und das Göttliche, stehen tatsächlich beim Bischof von Nyssa fast immer in einem derart unmittelbar ätiologischen Verhältnis zum Anthropologischen, daß jeder Versuch, eine "Ontologie des Geschöpflichen" ausgerechnet bei ihm zu entdecken[62], geradezu töricht erscheint. Es handelt sich dabei nicht nur und nicht einmal in erster Linie um Aussagen über Gott, geschweige denn den persönlichen Gott, vielmehr auch und vor allem um Aussagen über den Menschen und die Möglichkeit seiner Erhebung, ja "Auferstehung" aus dem Gefallen-Sein in der Endlichkeit und Notwendigkeit, der Veränderlichkeit und Zerbrechlichkeit des Weltlichen, wie es sich u.a. durch das eigene akthafte Erleben des Unmittelbar-Vitalen und Unmittelbar-Psychischen äußert. Nicht Gott, der unendliche und unbedingte, vollkommene Archetyp des Seienden wird eigentlich geschaut, sondern der unstillbare Eros zu ihm, in der Natur des Menschen gefunden.[63] Denn das heißt letztlich, "Bild" zu sein, versichert uns immer wieder Gregor: Die göttlichen, i.e. die ewigen ("seiend-seienden") und über die Materialität und Befangenheit der Welt hinausragenden Güter (des seinsmächtigeren Geistigen) *in sich* zu haben.[64] Zuweilen behauptet sogar der Bischof von Nyssa die Gegenwart des Göttlichen in uns so energisch und offen, daß man sich leicht an die bekannte These Feuerbachs über das in der "gereinigten" Natur des Menschlichen allein zu verankernde *göttliche Wesen* erinnert:"alle *Bestimmungen* des göttlichen Wesens sind darum menschliche Bestimmungen."[65] Es ist bestimmt kein Zufall gewesen,daß Feuerbach selbst dabei ausgerechnet auf den Nyssener hingewiesen hat![66] Denn nicht nur die sog."Gottesschau", sondern auch das Gotteswesen scheint hier oft vom (qua "Wesen" zu verstehenden) *Werden* des Menschen aus aufgebaut,[67] das hauptsächlich darin besteht, daß man unend-

lich und rückhaltlos von seiner empirisch-habituellen Natur loskommt in Verunendlichung dieser physisch-unmittelbar beschränkten Natur und Erschaffung dadurch einer zweiten Natur, welche in gewisser Weise geistig und leidens-*frei*, leidenslos sein wird. Nichts anderes als die vollkommene Antizipation dieses Zieles, dieser kat exochên Bestimmung des Menschlichen, bedeutet ja die Auferstehung bei Gregor von Nyssa: Die Versetzung in "irgendeinen geistigen und leidenschaftslosen Zustand"(de an.et resurr. AB εἰς πνευματικήν τινα καὶ ἀπαθῆ κατάστασιν),die "Wiedergewinnung" der vollen Unabhängigkeit von den "Bestimmungen der Natur" (ebd. τοῖς φυσικοῖς ἰδιώμασιν) ist wohl der Sinn jener immer wieder auftauchenden Definition der Auferstehung als "Zurückversetzung" (ἀποκατάστασις) unserer Natur εἰς τὸ ἀρχαῖον.[68] Als konstitutiv für die "Denkprojekte" des Bischofs von Nyssa wird sich daher die Bestimmung der Freiheit erweisen. Gregor drückt tatsächlich eine Geisteshaltung aus, die in allem der Überzeugung zu folgen scheint, der Mensch[69] könne in seinem Denken und Handeln der blinden Notwendigkeit (Ananke) der kosmischen Ordnung sowie der Herrschaft des Gesetzes seiner biologisch-empirischen Natur selbst, "den vernunftlosen und materiellen 'Zufällen'" (de an. et resurr. 97 C)[70] überhaupt entrinnen. Sehr charakteristisch tritt diese Geisteshaltung in seiner deutlich ausgeprägten heilsgeschichtlichen Perspektive hervor, aber auch sonst wird darauf ausdrücklich hingewiesen; so wird die ἀρετή als die Absenz gerade der Notwendigkeit, der δεσποτεία definiert: ἀδέσποτος ἡ ἀρετή. "Und Freiheit ist die Verähnlichung mit dem "Herrenlosen" und "Selbstherrschenden" (ἡ πρός τό ἀδέσποτόν τε καὶ αὐτοκρατές ἐξομοίωσις)."[71] Gelingt dem Menschen diese Verähnlichung, entscheidet er sich m.a.W. als das "Grenzwesen" zwischen sensibler und intelligibler Welt[72] für seinen vorzüglichsten Teil, den selbstbestimmenden Geist, so kommt er auf diesem Wege zur Freiheit, nämlich zur Befreiung von allem, was am Geiste zehrt, ihn herniederzieht und seiner Glückseligkeit im Beisammensein mit Gott - der "Quelle aller Tugend" und daher aller Freiheit - Abbruch tut: er kommt zu sich selbst.[73] Vorgreifend weisen wir ausdrücklich darauf hin, daß das "Selbstsein" hier als ein "Selbstwerden" konzipiert wird, und zwar ein "Selbstwerden", bei dem der Mensch auf uneingeschränkte und endlose Transzendenz seiner unmittelbar-physischen Natur hin angelegt ist: es handelt sich um einen Akt der Befreiung *von* der endlichen physischen Natur, bei dem sich der Mensch - sich als Geistperson verwirklichend - *zur* unendlichen, weit über die Welt hinausragenden Dimension seines "Selbst" und somit *zu* seinem Urgrund, dem in seiner Tiefe sich allem rationalen Begreifen entziehenden θεῖον, als dem allgemeinen ("seiend"-) Sein begibt, ja befreit. Was für die Fische das Wasser und für die Vögel die Luft ist, ist anscheinend für den Menschen bei Gregor das Prinzip dieser Freiheit: τὸ συγγενὲς καὶ ὁμόφυλον.[74]

Anthropologische Gesichtspunkte stehen heute ohne Zweifel im Vordergrunde philosophischen und geistesgeschichtlichen Denkens, ist der Mensch sich selbst doch immer rätselhafter geworden. Wir aber haben in erster Linie nicht deshalb auf die anthropologische Orientierung des Nysseners aufmerksam gemacht. Unsere Einsicht darin ist aus dem Lesen seines eigenen Werkes erwachsen. Sein selbständiges anthropologisches Anliegen fällt von sich aus auf, und zwar derart entschieden, daß es - wie jüngst zu Recht beobachtet worden ist - nicht einmal bei so "ekklesiologisch-theologischen" Gebieten seines Werkes wie der Pneumatologie zu übersehen ist.[75] Der Frage nach dem Menschen gilt offenkundig das Hauptinteresse Gregors, das aus der *erlebten* Wirklichkeit der dynamischen Unsicherheit des leibgebundenen Geistes entsprungen zu sein scheint. Denn mag auch seine Menschenlehre in so vielen von den erkenntnistheoretischen sowie anthropologischen Ansätzen Platons und vor allem Plotins[76] abhängig sein, so geht sie doch in mancher wichtigen Hinsicht weit über diese, ja über den gesamten Intellektualismus hinaus. Die neuen Entscheidungen und Empfindungen des Nysseners lassen sich dabei am besten an jenen seiner Texte erkennen, die nicht (wie etwa sein Dialog) die Geistigkeit, sondern die Unfaßbarkeit des Göttlichen betonen.[77] Da kann man nämlich der ausgeprägten Tendenz des Bischofs von Nyssa begegnen, den Akzent des Mensch-seins vom Intellekt und von der Erkenntnis auf das Streben und das ἐπιθυμητικόν zu verlagern, insofern ihm das Erkenntnis- und Lebensziel: das mit dem echten, "seienden" Sein zu identifizierende θεῖον nicht als Bestimmt- sondern als Unbestimmt-Sein und daher als etwas prinzipiell Unerkennbares gilt. Angesichts der rationalen Unbestimmbarkeit und Unaussprechbarkeit des erstrebten *Guten* wird das erotische Streben selbst qua unendlich suchende Bewegung sanktioniert. Daß Gregor im Zusammenhang dieses für griechisches Denken kaum faßbaren, verselbständigten Strebens nur noch von einer ἀνάφλεξις τοῦ ἐπιθυμητικοῦ (Cant. or. I,VI 21, 16) als Inbegriff des Seinsanstiegs und der Selbstverwirklichung spricht, zeigt deutlich, aus welch einer voluntaristischen Perspektive der Weg zum

Lebensziel gesehen wird. Der sog. "Aufstieg der Seele" ist, konsequent gedacht, lediglich die über das habituelle unmittelbare Dasein hinaus wagende "Ek-sistenz". Gregors Reflexion über den ins Unbestimmte-Unendliche wagenden Menschen bringt so u.E. bereits einen existentiellen Sachverhalt zum Ausdruck.[78] Es scheint fast (besonders bei seiner Schrift *über das Leben des Mose*), als sei die Ontologie resp. Theo-logie Gregors, "weit entfernt von scholastisch gegenständlicher Betrachtung,"[79] eigentlich erst von seiner Anthropologie her zu *verstehen* und zu würdigen, als sei hier ein Philosoph am Denken, der wesentlich aus seiner religiös-existentiellen Stellung in der Welt heraus sich selbst und die Welt (genauer: das ὄντως ὄν, bzw. τὴν ἀληθῆ ζωήν, oder τὸ θεῖον) zu begreifen sucht, indem er sich selbst und *dadurch* bezeichnenderweise zugleich das "Geschlecht" (τὸ ἀνθρώπινον)[80] als den Bezugspunkt erlebt, in dem Außen- und Innenwelt, Sein und "Bewußtsein", Beständigkeit und Wechsel, Wirken und Wirklichkeit, Freiheit und Notwendigkeit, Endlichkeit und Unendlichkeit sich schneiden.[81] Als Begriff für diesen Sachverhalt findet er bereits den des *Wir*, bzw. den *unserer Natur* (ἡμεῖς bzw. ἡ φύσις ἡμῶν). Allein unter dieser Annahme lassen sich nach unserem Verständnis nicht nur seine sehr merkwürdigen Ansätze von der Erhebung des unstillbaren Strebens zum Inbegriff der "Schau Gottes", sondern auch seine zuweilen paradox anmutenden Ansichten vom Unendlichen und Unbegrenzten (ἄπειρον) oder gar sich selbst übersteigenden Göttlichen verstehen, welche an sich in die Richtung einer Überwindung der objektivistischen griechischen Ontologie zu rücken scheinen.[82] E. Mühlenberg hat zwar richtig eingesehen, daß Gregor mit der Aussage, daß Gott unbegrenzt/unendlich sei, die Axiome der klassischen - insbesondere der aristotelischen - Logik und Metaphysik (:die *Unmöglichkeit* vor allem eines progressus in infinitum) schon verläßt. Er hat sich aber allzu leicht und allzu gern zu der Hypothese hinreißen lassen, der Kappadokier denke dabei als Christ. Unseres Erachtens geht Gregor nicht von einem allen philosophischen Gottesaussagen entgegenzusetzenden "christlichen Bewußtsein" der Unendlichkeit Gottes aus, wie E. Mühlenberg glaubt. Seine *Begriffe* der Unendlichkeit scheinen vielmehr ein philosophischer Einfall zu sein, der aus der persönlichen Begegnung des eigenwilligen Kappadokiers mit dem griechischen, vor allem plotinischen Begriff des *Göttlichen* erwachsen sein dürfte. Es handelt sich jedenfalls in erster Linie um die Unendlichkeit des Göttlichen - nicht um die Unendlichkeit des persönlichen Gottes. Das göttliche Wesen - das "gähnende Meer der göttlichen Natur", wie Gregor sagt - sucht Gregor mit seinen Begriffen des Unendlichen lediglich zu *umschreiben*.[83] Durch die These Mühlenbergs vom Unendlichen als einer eindeutig und systematisch - gegen den Gottesbegriff der klassischen Metaphysik - durchdachten Präzidierung von Gottes Wesen wird Gregor verkannt, der das Begriffslose u.a. auch mit Begriffen zwar immer wieder umkreist und von stets neuen Zugängen her zu beleuchten sucht, es ihnen jedoch nie gleichmacht. Bei seinem Eifer,Gregors Anliegen im christlichen Interesse zu *erklären* ("be-greifen"),nicht aber zu *verstehen*,beachtet E. Mühlenberg nicht, daß Gregor sich in wirklicher "Begriffsnot" befindet, und neigt daher selbst oft dazu, das Begrifflose den Begriffen gleichzumachen. Bei Gregor hat man jedoch oft den Eindruck, er stehe - in Hinblick auf das unbegreifbare Göttliche - bereits mitten in einer Umwertung der gesamten überkommenen identitätslogischen Denkwelt der antiken Metaphysik, in der die Begriffe von Bildern abgelöst werden. Denn Bilder sind zuweilen besser in der Lage, die Unbestimmtheit des Göttlichen auszudrücken, das im Grunde für Gregor, wir wiederholen, das wahrhaft Seiende, τὴν ἀληθῆ ζωήν, mit einem vielleicht etwas unphilosophischen Wort: die Welt (in ihrer οὐσία) schlechthin bedeutet. Daher erscheint ihm das θεῖον als ein ἀπότομος πέτρα, als ein in Urgründen verankertes Rätsel, das trotz seiner radikalen ontologischen Andersheit merkwürdigerweise in allem Seienden ist: weltabgewandt und zugleich weltimmanent. Auf dem Boden dieser meta-physischen Spannung läßt sich vielleicht das Wesen von Gregors Philosophie am besten erfassen. Der als Realität erfahrene Bestand des seinsmächtigeren Geistigen, das im weitesten Sinne (im Gegenzug gegen die Endlichkeit der empirisch-materiellen Welt), aufgefaßt als irgendeine nicht näher zu bestimmende Geistigkeit (νοῦς τις), mit dem unbegreifbaren Göttlichen in eins gesetzt wird, scheint zwar Gregors Lehre vom Menschen und der ihn verzehrenden ἐπιθυμία nach dem Unendlichen/Unbedingten im Rahmen der ontologisch bestimmten griechischen Philosophie festzuhalten. Sein immer wieder auftauchendes Glaubensgesetz von der seinsmäßigen Verbundenheit(ὅμοιον ὁμοίῳ), die den Menschen mit dem seinshöheren Geistigen/Göttlichen eint, weist offenbar den Versuch zurück, Gregor rein aktualistisch zu interpretieren. Allein vom Standpunkt der modernen subjektivistischen Anthropologie, geschweige denn der Existenzphilosophie aus, kann man gewiß die Relevanz der ontologisch fundierten gregorianischen Lehre vom Menschen nicht hinreichend zeigen. Wie gerade der Dialog "de anima et resurrectione" nachweisen kann, bleibt Gregors Geistphilosophie im wesentlichen Wertphilosophie und Seinsphilosophie nach antikem Vorbild. Seine eigentümliche Stärke scheint jedoch in der Verbindung der Seins- mit einer Aktphilosophie zu liegen: Besonders bei Texten nämlich wie dem von "de vita Moysis" oder "Contra Eunomium", die das Grundgewicht auf die Unerkennbarkeit und Unendlichkeit des Göttlichen legen, steht das in seiner Unbedingheit uns geradezu dionysisch anmutende Streben (ἐπιθυμία) nach dem Unendlichen so stark im Vordergrund, daß die tradierte, statisch objektivistische Ontologie der Antike, wie wir bereits betont haben, überholt erscheint. Da ist wohl eine Anthropologie am Platze, die erstaunliche Parallelen zur Denkweise der Moderne aufweist, indem sie das Streben zum einzig möglichen Bezug zum unfaßbaren Ewigen und dadurch zum Inhalt der menschlichen Existenz erhebt. Den Sinn und die Berechtigung des Zusammenspiels zwischen beiden Denkweisen (sc. der sog. Seins- und der Aktphilosophie)[84] bei Gregor aufzuzeigen und einsichtig zu machen, war mit ein Ziel unserer Bemühung im letzten Kapitel, in dem wir angesichts der Forschungslage zuweilen subjektive Akzente setzen mußten. Vor der Erkenntnis eines zunehmend schwindenden Verständnisses für die Texte des Gregors von Nyssa mußten wir nämlich zeigen, wie er in neuer Sicht vor Augen geführt werden kann. Ein anderes Ziel unserer Darstellung im letzten Kapitel ist allerdings themabedingt im engeren Sinne gewesen: Durch die Erforschung der sozusagen weltabgewandten Seite des Göttlichen (das Unbegreifbare, die unstillbare ἐπιθυμία) wollten wir Sinn und Tragweite seiner anderen Seite bemessen: der im Dialog "Macrinia" am deutlichsten auftauchenden weltimmanenten Seite (das-alles-in-allem-seiende-Geistige, der νοῦς). Durch den Vergleich mit dem zu einer Überwindung des griechischen Intellektualismus hintendierenden späteren Werk wollten wir - wie bereits in der Einleitung betont - genauer erfahren, inwieweit dem Dialog "über die Seele und die Auferstehung" der Titel *Phaedo Christianus* gebührt: Ob er wirklich als ein Pendant zum platonischen "Phaidon" geschrieben worden ist; ob sich die auch ihn kennzeichnende rigorose *Apathie*-Forderung nach Abtötung des Fleisches und vernünftiger Überwindung *aller* seelischen Regungen (auch der ἐπιθυμία)[85] von dem übrigen Werk, wo der Akzent anscheinend auf das ἄπαθον π ά θ ο ς der (für den ganzen Menschen verantwortlich gemachten) ἐπιθυμία gelegt wird[86], so deutlich abhebt, daß man von einer bewußten Anlehnung Gregors an den geist-leiblichen Dualismus der platonischen Anthropologie (im "Phaidon") sprechen kann. Unsere Antwort darauf lautet bekanntlich: Ja![87]

Abschließend möchten wir zum Verständnis Gregors von Nyssa wünschen, daß man bei dessen Text nicht bei vordergründigen Sprachfündlein stehen bleibt, sondern den Sachfragen zu Leibe geht. Jede Interpretation seiner Schriften müßte die Eigentümlichkeiten seines Charakters ernsthaft berücksichtigen: seine introvertierte, gefühlsbetonte, enthusiastische Natur. Möge dieser "gute und darum zuletzt auch sehr verschwiegene Psychologe"[88] sensible und mit der philosophischen Welt der Antike vertraute Interpreten finden, die ein Ohr für die Offenheit und Radikalität seiner durchaus philosophischen Grundhaltung haben, die ihn unter bestimmten, für unsere Gegenwart aktuellen Problemgesichtspunkten befragen, sein Denken von Staub und Entstellung der Jahrhunderte befreien und in ursprünglicher Frische darbieten werden! Denn wir halten Gregor nicht nur für den griechischsten[89] oder scharfsinnigsten und nachdenklichsten[90] unter den Zeitgenossen seines Jahrhunderts, sondern auch für den aktuellsten heute, da das *Unbegreifliche* seine Wiederkehr zu feiern scheint und das "Wie" beim Denken sowie in der Kunst oft entscheidender wird als das "Was": Wo der Sinn dem Menschen verschlossen erscheint, ist Suche, das "Heraustreten" (existere) aus dem Grunde, alles! Καὶ τοῦτο ἐστι τὸ εὑρεῖν τὸ ἀεὶ ζητεῖν.[91]

A N M E R K U N G E N

[1] H. Langerbeck, "Zur Interpretation Gregors von Nyssa" (Rez. W. Völker,Gregor von Nyssa als Mystiker), in: ThLZ 82 (1957), Sp. 88

[2] Vgl. etwa H. Langerbeck über Daniélou a.a.O., Sp. 81, 83; G. May über Daniélou und Mühlenberg in seinem Aufsatz: "Gregor von Nyssa", in: Klassiker der Theologie I, S. 91, 96 f mit S. 102

[3] Vgl. A.M. Ritter, *"Die Gnadenlehre"*, in: GRuPH 229 mit E. Mühlenberg, "Synergism in Gregory of Nyssa", in: ZNTW 68 (1977), S. 122: "A.M. Ritter asks whether Gregory of Nyssa can carry the theological weight attributed to him by J. Daniélou and especially myself."

[4] ebd.

[5] Vgl. zur Illustration dieser Behauptung vor allem H.U. von Balthasar, Présence et Pensée. Essai sur la philosophie religieuse de Grégoire de Nysse und J. Daniélou, Platonism et Théologie Mystique. Essai sur la doctrine spirituelle de S. Grégoire de Nysse.

[6] Eine Erläuterung J. Bayers, in ders., Gregors von Nyssa Gottesbegriff.Diss. Gießen 1935, S. 7

[7] Vgl. H. Langerbeck, "Zur Interpretation Gregors von Nyssa", in: ThLZ 82 (1957), Sp. 88-90; E. Mühlenberg, Die Unendlichkeit, S. 22 ff und bes.147-150 (man vergleiche unsere diesbezügliche Anm. 80, unten III 6, S. 375). Siehe dazu noch unsere Kritik an den "Initiator" gleichsam der mystischen Deutung, H. Koch, unten III 6, S. 364 f.

[8] In Hinblick auf die starre Begrifflichkeit ihrer unerbittlich dogmengeschichtlichen Perspektive scheinen manche Forscher sogar Glasperlenspiele miteinander zu treiben. Man vergleiche etwa u.a. Barbel, G.v.N., Die große katechetische Rede, S. 109 mit H. Merki, Ὁμοίωσις θεῷ, S. 164 oder H. Merki, Ὁμοίωσις θεῷ, S. 99 f mit J.B. Schoemann, "Gs. v. N. theologische Anthropologie als Bildtheologie", in: Schol 18 (1943), S. 43 f.

[9] So H. Langerbeck, a.a.O., Sp. 83 im Hinblick auf W. Völker. H. Langerbeck fährt treffend folgendermaßen fort: "Wohl wird an vielen Stellen der Zusammenhang eines Zitates gewissenhaft in Erinnerung gerufen, aber doch kaum je der Zusammenhang als solcher interpretiert. Es ist aber ein Unterschied, ob eine bestimmte Formulierung von Gregor aus einer wie immer allegorischen Schriftexegese herausgeholt wird oder ob sie in einem systematisch dogmatischen Traktat, meist mit polemischer Zuspitzung gegen eine häretische These, sich aus dem Systemzusammenhang ergibt. Es ist, um ein anderes unlösbar mit der literarischen Form zusammenhängendes Problem anzuschneiden, ein Unterschied, ob eine Formulierung zeitgenössischer rhetorischer Manier (etwa Vorliebe für Antithesen oder plerophorischer Ausdruck einfach dem Cursus rhythmicus zuliebe) ihren Ursprung verdankt oder von der Sache selbst schlechthin gefordert ist."

[10] G. May, "Die Chronologie des Lebens und der Werke des G.v.N.", in: EeCPh, S. 51. Siehe dazu o. III 1 A, S. 110 f und bes. S. 119 f, Anm. 9.

[11] J. Gaïth, La conception de la liberté chez G.d.N., S. 9 (in extenso zit. o. S.123 f,Anm.36).Trotz dieser Einsicht berücksichtigt J. Gaïth nicht immer

den "natürlichen" Bezugsrahmen der Gedanken Gregors. Auf sein zuweilen extrem "konstruktives" Vorgehen weist zu Recht A.M. Ritter hin, *"Die Gnadenlehre"*, in GRuPH 201, Anm. 27 mit weit. Lit.; in diesem Zusammenhang spricht Ritter auch vom "Stellen aller Äußerungen Gregors auf eine Stufe" als einem in der Gregorliteratur sehr weit verbreiteten Phänomen: es sei "ein Mangel, der ... eine Verständigung über dessen (sc. Gregors) Interpretation bis zur Stunde außerordentlich erschwert.".

[12] Vgl. dazu H. Hörner, "Die große Edition der Werke Gs. v.N.", in: EeCPh, S. 49

[13] H. Langerbeck, o.a.O., Sp. 84 (Sperrung im Original). Es ist wohl der Verdienst von H. Langerbeck gewesen, die Bedeutungslosigkeit einer rein statistischen Erfassung von biblischen oder platonischen Reminiszenzen deutlich erkannt zu haben: "Biblizismus, d.h. ein Sprechen in Bibelzitaten und Anspielungen auf biblische Bilder, ist doch wohl noch kein Christentum." Ganz in der gleichen Weise sei es "nach einem reichlichen halben Jahrtausend ununterbrochener und intensiver Einwirkung literarischer Meisterwerke wie der platonischen Dialoge ... selbstverständlich sinnlos, jedes Plato-Zitat oder gar jede Anspielung auf einen platonischen Mythos als individuell bemerkenswerten platonischen "Einfluß" zu interpretieren" (ebd.).

[14] A. M. Ritter, *"Die Gnadenlehre"*, GRuPH 200 /Sperrung im Original/

[15] Die Erfahrungen, die wir mit der dogmatisch-theologischen Interpretation Gregors gemacht haben, nötigen und berechtigen hier von "Lektüre" zu sprechen. Man müßte wirklich empfänglich dafür werden, daß die Texte Gregors ihre eigene Meinung haben, auch wenn sie zuweilen "leise" - unter einem schwer zu entschlüsselnden überladenen Satzaufbau - geäußert wird. H. Langerbeck stellt eines der in der Gregorforschung nur selten zu findenden Beispiele eines guten Lesers dar, d.h. eines Lesers, der die Bedeutung eines Optativs etwa gebührend zu berücksichtigen weiß und sich nicht scheut,sich über die ausdrückliche Identifizierung jenes "intelligiblen und glückseligen Abbilds, dessen Nachahmung der Mensch ist," mit Christus (!) zu wundern (a.a.O., Sp. 89). Über die richtige Art der Gregor-Lektüre vergleiche man noch unsere Anmerkung 31, unten III 4 (Exkurs), S. 274.

[16] Zur "Gregor-Renaissance" in unserem Jahrhundert vgl. u.a. die diesbzügliche Skizze von G. May, "Gregor von Nyssa", Klassiker der Theologie I, S. 91. Da stellt G.May zu Recht fest, daß diese Renaissance sich auf zwei antithetischen Interpretationslinien vollzogen hat: Die eine entdeckte in Gregor "den Schöpfer einer großartigen Synthese von Griechentum und Christentum, eines christlichen Humanismus, in dem die klassische Idee der "Paideia", der "Formung" des Menschen, aufgenommen und neu gedeutet war" (W.Jaeger). Die zweite Linie stellte "einen ganz anderen Gregor" vor: den Mystiker und Theologen des geistlichen Lebens, der zugleich in der Auseinandersetzung mit dem Neuplatonismus eine eigenständige christliche Philosophie entworfen hat" (H.U. von Balthasar und J. Daniélou). "Ein einhelliges, kanonisches Gregorbild gibt es bis heute nicht. Die Forschung ist in Bewegung." Im Anschluß an das Forschungsergebnis unserer Arbeit möchten wir noch an die richtige und immer noch aktuelle Feststellung W. Jaegers in den fünfziger Jahren erinnern: "Gregor spricht den Dialekt der griechischen Philosophie mit christlichem Akzent (man könnte dieses Verhältnis nicht gut umkehren). Hier liegen schwierige hermeneutische Probleme vor, deren Erforschung noch in den Kinderschuhen steckt, und keinerlei Sicher-

heit ist bisher erzielt worden.".Es ist daher nicht von ungefähr, daß "ein
modernen Ansprüchen gewachsenes umfassendes Gesamtwerk über Gregor fehlt"
(J. Barbel, G.v.N., die große katechetische Rede, S. 18 (Einleitung)).Vielmehr, während Gregor von Nyssa von theologischer und gar dogmatisch-theologischer Seite oft genug interpretiert und überinterpretiert wurde, fehlt
die philologische und besonders die philosophische Durchdringung noch in
weitem Maße. "Es fehlen Untersuchungen über Grammatik, Wortgebrauch, Redeform, Metaphorik, Topoi, über die Stellen, an denen Gregor sich selbst wiederholt und an denen er den gleichen Gedanken in seinen beiden Sprachen,
. . . der biblischen und der philosophischen, ausspricht, es fehlen Untersuchungen über die literarischen Genera, die er gewählt hat, es fehlen
Übersetzungen" (H. Hörner, "Die große Edition der Werke Gs. v. N.", in:
EeCh, S. 49). Es fehlt u.E. vor allem die philosophische Durchdringung eines *Philosophen!* Was besonders den Dialog "de anima et resurrectione"
anbetrifft, ist es charakteristisch, daß es keine, modernen Anforderungen
entsprechende kritische Ausgabe gibt. Man müßte sich praktisch auf die (und
damit mit der) Migne-Ausgabe *beschränken*. Von einer dem philosophischen
Anspruch des Dialogs gerecht werdenden Übersetzung kann freilich kaum die
Rede sein. Die Übersetzung von K. Weiß in den zwanziger Jahren bleibt tief
unter dem sprachlichen und philosophischen Niveau Gregors: vgl. bes. unsere Übersetzung der Stelle de an. et resurr. 81 BC - 84 C (unten III 4 (Exkurs), S. 260 ff) mit der von K. Weiß ad loc. (BdK 56, S. 286 f). Auch unsere Übersetzungen verstehen wir deshalb als einen Beitrag zur Eröffnung
des philosophischen Zugangs zu Gregor.

[17] Vgl. dazu H. v. Campenhausen, Griechische Kirchenväter, S. 123 ff (z.T.zit. o. II 2, S. 103). Siehe auch unten S. 144 f, Anm. 25 und Anm. 32

[18] Vgl. hierzu H. Langerbeck, a.a.O., Sp. 84

[19] Vgl. hierzu o. III 1 A, S. 112 f

[20] Siehe dazu u.a. H. Dörrie, "Was ist spätantiker Platonismus?", Plat. min. 521

[21] So hat E. Mühlenberg die öfters erwähnte Abhandlung A.M. Ritters über die *Gnadenlehre* bezeichnet ("Synergism in Gregory of Nyssa" , in: ZNTW 68 (1977), S. 93).

[22] Man vergleiche vor allem o. III 1 A, S. 115 f (über die quasi mythologische Bedeutung der Dämonen); unten III 4 (Exkurs), S. 258 ff (die akzidentelle Bedeutung und Funktion der biblisch geläufigen Aussage vom "Feinde unseres Lebens")); III 5, S. 287 (über den auffallend schlagwortartigen Gebrauch des Wortes φιλανθρωπία); III 6, S. 343 ff (das philosophische Postulat der Vergeistigung im Anschluß an das "Kennwort der Kirchentreue": Kyrios).

[23] Vgl. etwa das Allegorisieren der evangelischen Lazarus-Geschichte (de an. et resurr. 81 B ff), unten III 4 (Exkurs), S. 260 ff. Angesichts der Tatsache, daß Gregor die biblischen Gehalte so oft "umfunktioniert" und sie als Gefäß benutzt, um seine eigene Botschaft zu transportieren, hätte Porphyrios mit Recht sein bekanntes Urteil über Origenes auch auf Gregor anwenden können: "Nach seiner Lebensweise war er Christ und ungesetzlich. Nach seinen Ansichten über Dinge und das Sittliche war er Grieche und schob Griechisches fremden Mythen unter.". "Nicht weniges" - wie selbst H. Dörries dazu schreibt (in: ThLZ 88 (1963), Sp. 580) - "hätte ihn auch bei Gregor vertraut angemutet, in Kleinem wie in Großem.".

[24] Dieses Forschungsergebnis wird im folgenden fast wörtlich nach einer unserer Ausführungen im letzten Kapitel III 6, formuliert, unten S. 345 f, wo wir uns mit der dem gregorianischen Text Gewalt antuenden Interpretation E. Mühlenbergs auseinandersetzen.

[25] Man vergleiche dazu das, was W. Jaeger in seiner Rezension zu H. Merkis Buch "'Ομοίωσις θεῷ", in: Gnomon 27 (1955) S. 578 schreibt: "Daß schon zu Gregors Lebzeiten kritische Stimmen laut geworden sein müssen, die an dem philosophischen Elemente Anstoß nahmen und die sich im Laufe des origenistischen Streits der folgenden Zeit verstärkten, beweist die *denkwürdige* Einleitung der von mir in ihrer Urgestalt neu entdeckten Schrift "De instituto Christiano", in der Gregor sich gegen solche Zweifel verteidigt und seine platonisierenden Vorstellungen mit biblischen Zitaten zu bekräftigen sucht, wie er selber ankündigt "(mit Hinweis auf Gregor v. Nyssa VIII/1,43,2-7 /Hervorhebung vom Verfasser/).

[26] Vgl. etwa in Hinblick auf seinen Dialog unsere Anmerkung 10, o. III 1 A, S. 120

[27] Epist. 13 : VIII/2^1,43, 12 f ; auch sonst lobt er seinen Bruder über alle Maßen, ganz gewiß zu betont:vgl.etwa Orat.in XI mart.MPG 46,776 A; De virg. VIII/1, 256, 19 ff. Vgl. hierzu bes. K. Holl, Amphilochius, S. 197 f (z.T. zit. o. III 1 A, S. 111); H.F. v. Campenhausen, Griechische Kirchenväter, S. 115.

[28] Es genügt hierbei schon auf unsere entsprechenden Anmerkungen zu "Macrinia" hinzuweisen: unten III 3 B,S. 215 , Anm. 3; S. 220 f., Anm. 43; S. 226 f., Anm. 88; III 4, S. 247, Anm. 17. Siehe dazu noch bes. H.F. Cherniss, The Platonism, S. 5-12.

[29] Vgl. etwa de an. et resurr. 57 C (Thema: 60 A ὅτι ἡ ζωτικὴ δύναμις ἀκολουθίᾳ τινὶ τῇ σωματικῇ καταμίγνυται φύσει (Näheres dazu in Kap. III 3 B, unten S. 207 f)); de hom. opif., MPG 44, 185 A 'Ἡμεῖς δέ, καθώς ἐστι δυνατόν, διὰ στοχασμῶν τινων καὶ εἰκόνων φαντασθέντες τὴν ἀλήθειαν, τὸ ἐπὶ νοῦν ἐλθὸν οὐκ ἀποφαντικῶς ἐκτιθέμεθα, ἀλλ' ὡς ἐν γυμνασίας εἴδει τοῖς εὐγνώμοσι τῶν ἀκροωμένων προσθήσομεν (Thema: ὁ καθόλου ἄνθρωπος εἰκών); de hom. opif., MPG 44, 181 D f. Καί μοι μηδεὶς νεμεσάτω πόρρευθεν προσάγοντι τὸν λόγον τῷ προκειμένῳ νοήματι ... Typisch für die äußerste Bedachtsamkeit Gregors ist auch folgender Satz: de hom. opif., MPG 44, 180 C 'Ἡμεῖς δὲ καθ' ὅσον χωροῦμεν, στοχασμοῖς τισι καὶ ὑπονοίαις τὸ ἀληθὲς ἀνιχνεύοντες, ταῦτα περὶ τῶν ζητουμένων ὑπολαμβάνομεν.

[30] Vgl. H. Dörries,"Griechentum und Christentum bei G.v.N.",in: ThLZ 88 (1963), Sp. 575. H. Dörries übersieht freilich völlig - wie die meisten Gregorforscher - die Möglichkeit einer Tarnung des Nysseners und hält deshalb jedes Verfahren, das "die Weise Gregors selbst auf(nimmt), den Worten des Textes einen tieferen Sinn abzugewinnen" für irreführend und tadelnswert (a.a.O., Sp. 576 im Hinblick auf angeblich entsprechende Tendenzen H. Langerbecks). Irreführend und dem gregorianischen Anliegen unendlich weit entfernt ist aber in Wirklichkeit seine eigene Methode der "totalen Verchristlichung" Gregors: man vergleiche etwa seine Ansicht von der Substanzlosigkeit des Bösen bei Gregor, die er auf Kosten des Textes als "ein Beispiel für das Ineinander griechischer und christlicher Begriffe" hinstellt (a.a.O., Sp. 575 f; daß die gregorianische Vorstellung vom Bösen durchaus plotinisch ist, zeigt am deutlichsten die Macrinia-

stelle de an. et resurr. 93 B (siehe dazu unten III 4 (Exkurs), S. 267 f)).
Wir weisen bei dieser Gelegenheit noch einmal auf die Forscher hin, die die
bewußte Tarnung des "Philosophen auf dem Bischofsstuhle" mehr oder minder
erahnt haben: K. Holl, Amphilochius, S. 197 f; J. Gaîth, La conception de
la liberté chez G.d.N., S. 9; H.v. Campenhausen, Griechische Kirchenväter,
S. 121; G. May, "Die Chronologie des Lebens und der Werke des G.v.N.", in:
EeCPh, S. 51 und bes. H.F. Cherniss, The Platonism, S. 5-12; 63 f (Näheres
dazu o. III 1 A, S. 119 f, Anm. 8,10 und 11).

[31] J.B. Aufhauser, Die Heilslehre des Hl. G.v.N., S. 16

[32] Man beachte dabei die ursprüngliche Bedeutung von αἵρεσις: "Die Bezeichnung: αἵρεσις drückt das Urtheil aus, daß hier im Gegensatz zur Anerkennung eines objektiv überlieferten etwas Selbstgewähltes festgehalten wird, und dass eben darin der Abfall besteht" (A.v. Harnack, Lehrbuch der Dogmengeschichte I 423). Die Schriften des Nysseners (seine darin dokumentierte "Rück-sicht" insbesondere) zeugen schon von einer Kirche, die im Unterschied zu den früheren Zeiten eines Irenäus, eines Clemens oder eines Origenes, sich mit einem einheitlich organisierten Institut identifiziert hat und deshalb imstande ist, die Christlichkeit denjenigen schlechthin abzusprechen, die sich zwar auf dem Boden der Glaubensregeln befinden, aber eine Sonderstellung einnehmen.

[33] H. Dörries, a.a.O., Sp. 576

[34] So zu Recht H. Dörrie, "Gregors Theologie", in: GRuPH, S. 22

[35] So H. Dörries a.a.O.

[36] Vgl. W. Jaeger, Rez. zu H. Merkis "Ὁμοίωσις θεῷ", in: Gnomon 27 (1955), S. 573

[37] Vgl. dazu u. III 4 (Exkurs), S. 262 und bes. III 6, S. 342 mit S. 374, Anm. 76

[38] Hier sei nur auf das Fehlen des Willensbegriffs etwa (vgl. dazu III 4 (Exkurs), S. 258 ff, 267 f) oder der Vorstellung vom radikalen Bösen (siehe dazu III 5, S. 292 ff), das Fehlen des persönlichen Verhältnisses zu Gott (Näheres dazu unten III 5, S. 285 ff) oder des "spezifisch christlichen" Konzepts von ἀγάπη (vgl. dazu unten III 6, S. 321 ff) hingewiesen. Der urchristlichen Auffassung des Menschen, die sich im Ganzen auf der Linie der alttestamentlich-jüdischen Tradition bewegt, liegt - so faßt R.Bultmann (Das Urchristentum, S. 198) einleuchtend zusammen -, "die griechische Anthropologie mit ihrem Dualismus von Geist und Sinnlichkeit und ihrem Bildungsgedanken" fern. Ihr ist der Rationalismus überhaupt im Verständnis von Gut und Böse fremd; so wird das Böse nicht mehr als ein "nur Negatives", ein "Mangel", ein "Noch-nicht" verstanden, sondern in ihm sieht man schon ein Positives: "Ungehorsam gegen Gott, Empörung, Sünde". Das eigentliche Wesen des Menschen sieht das Neue Testament nicht in der Vernunft, dem Geiste, sondern im *Willen* und gar im dem Bösen radikal verfallenen Willen. "Einsicht in die Ohnmacht des Willens" ist daher hier das Stichwort für das Verhältnis des Menschen zu Gott und sich selbst. Schon ein flüchtiger Blick auf die "Hauptbegriffe der biblischen Anthropologie" (vgl. dazu noch H. Karpp, Probleme altchristlicher Anthropologie, S. 22-32) würde also durchaus genügen, um sich des Unterschiedes des Nysseners vom "spezifisch Christlichen" bewußt zu werden.

[39] Vgl. hierzu bes. III 3 A, S. 180 ff; III 3 B, S.207 ff; III 4, S. 229 ff III 5, S. 279 ff.

[40] E.v. Ivánka, Plato Christianus, S. 179 /Hervorhebung im Original/. Schon J. B. Schoemann hatte zu Recht auf das u.E. zügellos dogmenhistorische Ver-

fahren E.v. Ivánkas aufmerksam gemacht: "... ob er (sc. E.v.Ivánka) aber nicht etwas zu viel Gedanken späterer Theologie in Gregor hineindeutet? Ist die geistige Weiterentwicklung Gregors, die er annimmt, erwiesen?" ("Gregors v.N. theologische Anthropologie als Bildtheologie", in: Schol 18 (1943), S. 50, Anm. 95). Für uns stellt E.v. Ivánka eines der beunruhigendsten Beispiele dar, wie man durch ein dogmatisch-theologisch voreingenommenes eklektizistisches Verfahren das Denken Gregors in einen Raster des Verstehens zwingen kann, dem die ursprünglichen Problemstellungen oft fremd geworden sind. Besonders seine G.v.N.-Darstellung im "Plato Christianus" halten wir im ganzen für völlig verdreht. Vgl. unsere Kritik daran, unten III 4 (Exkurs), S. 253 f und S. 267; III 6,S. 328 f und S.342 f.

[41] Paraphrase der Stelle Catech. MPG 45, 21 D (übers. und interpr. unten III 4 (Exkurs), S.252 ff).

[42] Wie oft sich Gregor an das Homoiosisprinzip hält, kann schon ein Blick auf folgende Kapitel unserer Arbeit zeigen: III 4 (Exkurs),unten S. 253 ff; III 5, S. 287 f; III 6, S. 322 ff und S. 326.
Wir fassen hier noch die Macriniastellen zusammen,wo dieses Prinzip mehr oder minder explizit auftaucht: de an. et resurr. 89 BC; 97 BC; 101 D - 104 A; 105 D. Hingewiesen haben wir freilich nicht auf die Stellen, bei denen das Homoiosisprinzip im Kontext der physikalischen Mischungslehre vorkommt: vgl. etwa de an. et resurr. 20 BC; 109 B ff; 121 BC. Wir werfen schließlich die Frage auf, ob dieses Prinzip, das auch und nicht zuletzt auf den zentralen ἐπιθυμία-Satz Gregors (s. dazu III 6, unten S. 321 (Motto) und bes. S. 346 ff) anwendbar ist (wenn Du Gott sehen willst,mußt Du un-endlich wie Gott werden), seinen tieferen Ursprung nicht in der primitiven Logik der sogenannten "homoiopathetischen Seinsweisen"hat(vgl.hierzu I 2, o. S. 73,Anm. 27 und S.80 , Anm. 76).

[43] Daß "die Ähnlichkeitslehre als Analogie - und Homoiosislehre" mit in den Reichtum der spezifisch griechischen Glaubenstheorieansätze einzubeziehen ist, kann man etwa bei der Abhandlung von E. Tielsch nachlesen:"*Die Wende vom antiken zum christlichen Glaubensbegriff*.Eine Untersuchung über die Entstehung, Entwicklung und Ablösung der antiken Glaubensvorstellung und -definition in der Zeit von Anaxagoras bis zu Augustin (500 vor bis 400 nach Chr.)", in: Kant-Studien 64 (1973), S. 161, Anm. 2. Auch jenes eigentümliche wissenschaftliche Glaubensgesetz der"ὄψις ἀδήλων τὰ φαινόμενα", dem E. Tielsch - als der "Definition des Glaubens" schlechthin in der Antike - eine umfangreiche und penible Darstellung widmet, kennt freilich Gregor und wendet es sehr gern an (vgl. hierzu etwa unten III 3 B, S. 206 ff).

[44] Am deutlichsten tritt dieser Gedanke in de an. et resurr. 97 BC hervor (vgl. dazu bes. III 5, unten S. 287 f).

[45] Siehe dazu unsere Ausführungen im Kapitel III 5, unten, bes. S. 279 ff

[46] So P. Zemp, Die Grundlagen heilsgeschichtlichen Denkens bei G.v.N., S. 20 (Stichwort: ἀϊδιότης) im Anschluß an die irreführende ἀθανασία-Darlegung von J. Daniélou, Platonisme, S. 51 (vgl. unsere Kritik daran im Kap. III 5, unten S. 290 f; siehe noch ebd.,314 f, Anm. 78).P. Zemp ist in seiner kritiklosen Abhängigkeit von J. Daniélou kein Einzelfall in der Gregorforschung (vgl. dazu auch III 5, unten S. 311 , Anm. 57). Wir weisen deshalb auf H. Dörries eher als auf eine Ausnahme hin, da er vor der ausdrücklichen Unsterblichkeitsbehauptung des Nysseners nicht umhin kann (allerdings in einer Fußnote), zuzugestehen: "Die griechische Un-

sterblichkeitslehre ist danach für Gregor ein unumfragter Bestandteil seines eigenen Glaubens"("Griechentum und Christentum bei G.v.N.", in: ThLZ 88 (1963), Sp. 579, Anm. 9). Klarer als die so oft gepriesenen "glänzenden Untersuchungen" hat diesbezüglich der von der Forschung kaum beachtete,J.C. Bergades gesehen: Vgl. Johannes C. Bergades, De universo et de anima hominis doctrina Gregorii Nysseni (Diss.Lipsiae (in griech.),Thessalonicae 1876),S. 73 ff.

[47] W. Pannenberg, "Typen des Atheismus und ihre theologische Bedeutung", in: Grundfragen systematischer Theologie, S. 345 /Hervorhebung vom Verfasser7.

[48] Wie Gregor dem Glaubensgesetz des "ὅμοιον ὁμοίῳ" eine fortwährende Dynamik einhaucht, zeigen wir im Kap. III 6, unten S.329-333, wo wir den endlosen Progress im Streben nach dem Guten als eine Folgerung aus der platonisch gedachten *ontologischen* Teilhabe der Seele am Guten auffassen.

[49] Vgl. hierzu III 6, unten S. 370, Anm. 32

[50] Am einprägsamsten begegnet man diesem Gedanken in de an. et resurr. 44 ABC (übers. unten III 4, S. 242), wo sich Gregor offenkundig einer in seiner Zeit weit verbreiteten Lehre von der *metaphysischen* Macht des Transzendenten bedient. Diese Lehre, bekannt besonders als ἕνωσις- Lehre, drückt die metaphysische Potenz transzendenter Wesenheiten aus, sich mit Körpern zu vereinen, ohne ihre eigenen "Qualitäten" dabei (sc. bei der Einung,bzw. Mischung) zu verlieren. Ihre typische Formel lautet: τὰ ἀσώματα ἀσυγχύτως ἡνῶσθαι. Das Verharren des Transzendenten und Göttlichen in seinem Wesen spielt zwar in den Untersuchungen Plotins eine große Rolle (vgl. etwa V 1, 3, 10; V 4, 2, 37), doch scheint eigens sein Lehrer, der nochmals Sakkas zubenannte Ammonios, derjenige gewesen zu sein, der dieses Verharren in Verbindung mit der wunderbaren Aufhebung der physikalischen Gesetze der μεῖξις brachte und somit den ἕνωσις-Gedanken begründete. Diesen ἕνωσις-Gedanken, der sehr wahrscheinlich aus dem Bereich pythagoreischer Geheimlehren in den Platonismus übernommen worden ist (vgl. hierzu H.Dörrie, Ammonios, der Lehrer Plotins,Plat.min.,S.324 ff (=H 83 (1955), S. 439 ff); ders.,Die Frage nach dem Transzendenten im Mittelplatonismus, Plat. min., S. 211-228 (=Sources de Plotin. Entretiens sur l'antiquité classique. Bd V, 1957, S. 193-223)), hat dann Porphyrios zum Allgemeingut der Zeit Gregors von Nyssa erhoben (vgl. dazu bes. H. Dörrie, Symmikta, S. 13 ff; 54 ff; 160 ff; 172 ff). Gregor setzt sicherlich den ἕνωσις- Gedanken voraus, wenn er wiederholt und mit Nachdruck die lebens- und energiestiftende Parusia der "ganz anderen" (vgl. de an. et resurr. 44 B ἄλλο τι καθ' ἑαυτὴν οὖσαν) als uneingeschränkt transzendent zu verstehenden οὐσία der Seele im Körper -, bzw. der θεία φύσις im Seienden - behauptet und sie über die Erfahrungsregeln der sinnlich-materiellen Natur stellt. Siehe dazu unsere Ausführungen im Kap. III 3 A und B, bes. S. 176 f mit S.188 f , Anm. 8; S. 180 ff; S. 197 ff;S. 202 ff; S. 212 f; ferner III 4, S. 242 f; III 5, S. 277.

[51] Siehe dazu unsere Ausführungen im Kap.III 4, unten bes. S.241 f; III 4 (Exkurs), S. 252 ff; III 6, S.330 ff

[52] Ein Ausdruck E.v. Ivánkas, Plato Christianus, S. 176

[53] Vgl. E. v. Ivánka, a.a.O., S. 177

[54] Wir weisen schon hier auf die für den Dialog des Nysseners grundlegende

Tatsache hin, daß das ψυχικὸν ὄχημα, das die Geistseele - wie ein Wagenlenker den Wagen - *besteigt,* der im weitesten Sinne gefaßte Körper (mit all *seinen* Trieben und Emotionen) ist (vgl. hierzu III 3 A, unten S. 192 f, Anm. 27). Einen "unteren Seelen*teil*" kennt Gregor in "Macrinia" nicht. Τὰ πάθη sind schlicht μυρμηκίαι τινες τῆς ψυχῆς: Eine Art *Haut*krankheit der Seele, die lediglich ihr Äußeres, gleichsam ihre "Oberfläche"(nicht ihre intelligible οὐσία) betrifft. Τὰ πάθη sind π ε ρ ὶ τὴν ψυχήν, sie sind aber nicht ψυχή (de an. et resurr. 56 C). Die stoische Auffassung vom rechten Gebrauch (χρῆσις) der an sich indifferenten Affekte, die von den meisten theologischen Interpreten Gregors allzu gern zu seiner einzigen Meinung erklärt und zum Nachweis seiner Christlichkeit stilisiert wird (vgl. etwa J.B. Schoemann,"Gs. v. N. theologische Anthropologie als Bildtheologie", in: Schol 18 (1943), S. 43 ff oder den von ihm direkt abhängigen H. Merki: ʽΟμοίωσις θεῷ, S. 98 ff; J. Daniélou, Platonisme,S. 101 ff; W. Völker, G.v.N. als Mystiker, S. 118 ff; ähnlich schon K. Gronau, Poseidonios, S. 252 ff, bes. 255 ff),bleibt im Dialog ganz am Rande (de an. et resurr. 56 C - 68 A).
Wenn man allerdings noch genauer hinsieht, werden die Affekte sogar auch hier (mindestens im ersteren philosophischen,bzw. kosmologischen Teil: 57 B - 61 A) als modus deficiens oder wenigstens als etwas Akzidentelles betrachtet (vgl. 57 C ταῦτα ἔ ξ ω θ ε ν ἐπιγενέθαι; 60 C ὅσα τῆς ἀλόγου φύσεώς ἐστιν ἴδια, ταῦτα τῷ νοερῷ τῆς ψυχῆς κατεμίχθη etc.; beachte noch die Wendung 61 A ὡς ἀ ν α γ κ α ί ως). Handelt es sich bei einem Teil der biblizistischen Ausführungen (61 A - 68 A) wiederum um ein Lippenbekenntnis Gregors? Sinn und Berechtigung dieser Frage bietet auch der Hintergrund des ganzen Werkes,das vom pythagoreisch-platonischen Motiv der "totalen", kompromißlosen Katharsis beherrscht ist (siehe dazu schon o. I 1, S. 38). Die Apathie-Forderung, der Appell "reiner-Geist zu werden", zieht sich wie ein roter Faden durch den ganzen Dialog und beläßt keinen Zweifel daran, daß Gregor mit demselben Modell der ekstatisch-kathartischen *einfachen* Seele wie Platon (im "Phaidon") operiert (siehe dazu in den nächsten Kapiteln:III 3 A, S. 185 ff;III 4, S.237f und bes. S. 242 ff; III 5, S. 282 ff). Immer wieder spielt Gregor auf τὴν ἁπλῆν ἐκείνην καὶ ἀσύνθετον φύσιν (de an.et resurr. 44 D), bzw. τὴν νοερὰν ταύτην καὶ ἀδιάστατον φύσιν ἣν καλοῦμεν ψυχήν (45 B) an und stellt die Forderung nach absoluter, nicht relativer Sittlichkeit (zum Unterschied der letzten beiden Termini, vgl. III 2, unten S. 170 ,Anm. 18). Wir halten deshalb das "Intermezzo" von der χρῆσις der Affekte auch für keinen Widerspruch. Die wieder im christlichen Interesse behauptete These von der Widersprüchlichkeit der Theorie oder gar Persönlichkeit Gregors (vgl. hierzu etwa W. Völker, G.v. N. als Mystiker, S. 7; P. Zemp, die Grundlagen heilsgeschichtlichen Denkens bei G.v.N., S. 4 f mit weiterführender Literatur) ist kaum imstande, etwas Wesentliches zu seinem Verständnis beizutragen, wenn er auch von so labilem und ängstlichem Charakter sein dürfte, daß H.F. Cherniss sich zu Recht veranlaßt sieht zu schreiben: "if the Church had branded the whole of his reasoning as heretical he would have assisted at the burning of his own works without a murmur" (The Platonism, S. 63). Uns erscheint Gregor sehr konsequent und beharrlich in seinen Ansichten (wir würden daher H. Dörries zustimmen, wenn er von der Unzulänglichkeit des folgenden - sich als Lösung nach dem christlichen Recht der "philosophischen Theologie" Gregors anbietenden - Bildes spricht,"als seien zwei Quellflüsse zusammengekommen, deren Wasser sich allmählich vereinigten,

oder bei denen es festzustellen gelte, wer der stärkere ist,der Richtung
und Namen bestimmt" ("Griechentum und Christentum bei G.v.N.", in: ThLZ
88 (1963), Sp. 582)). Mag er sie auch zuweilen in gedämpftem, aus den
Zeitverhältnissen und seinem Amt verständlichem Ton vortragen oder sie
in symbolischen Illustrationen, Biblizismen und geläufigen Floskeln ver-
hüllen, so verrät er sie doch nie. Selbst seine Auffassung von den στοιχεῖα (Elementen),die man auf den ersten Blick insofern als "widersprüchlich" empfinden könnte, als sie in de an. et resurr. 124 CD als uneingeschränkt platonisch-idealistisch erscheint, obwohl sie sonst meist auf
einem stoisch-materialistischen Boden konzipiert ist (vgl. vor allem de
an. et resurr. 20 BC f; 44 BCD), erweist sich bei genauerem Hinsehen
nicht als Widerspruch: Explizit werden zwar τὰ στοιχεῖα erst in de an.
et resurr. 124 CD als intelligible Seinsqualitäten (ποιότητες,λόγοι)
definiert, deren Zusammenströmen und Vereinigung zum Körper wird (ἡ δέ
πρός ἄλληλα συνδρομή τούτων καί ἕνωσις σῶμα γίνεται). Dennoch
schimmert diese allenfalls paradoxe Ansicht einer offenbar spirituali-
stisch-monistischen Ontologie auch in jenen zahlreichen Textstellen durch,
an denen Gregor stoische Reminiszenzen benutzt: man beachte etwa, wie Gregor an der Kennzeichnung der στοιχεῖα als ποιότητες festhält (20 C)
oder wie er 44 B die radikal "andere", intelligible οὐσία der Seele
nicht den στοιχεῖα an sich, sondern den στοιχειωδῶς ἐν τῷ
κόσμῳ θεωρουμένων, bzw. der σωματικήν παχυμέρειαν entgegenstellt.
Ansonsten kann sich Gregor sogar so systematisch zeigen, daß er das her-
kömmliche doxographische Schema der Untersuchungen über die Seele (vgl.
dazu H. Dörrie, Symmikta, S. 13 f) offenkundig aufnimmt: Nach der Untersuchung über die Seele an sich - οὐσία - (de an. et resurr. 29 B
ff) stellt er die Frage nach ihren Teilen (de an. et resurr. 48 CD ff),
ohne selbst das ζήτημα ihrer Vereinigung mit dem Körper (vgl. de an. et
resurr. 44 CD; 121 AB ff; Näheres dazu unten III 3 B, S. 212 ff) oder gar
noch das nach ihrem Sitz im Körper (de an. et resurr. 65 B spielt auf die
καρδία (das Herz) als den Sitz des λογισμός an) zu übersehen.

[55] Vgl. etwa Catech. 45,68 A (übers. und interpr. unten III 4 (Exkurs), S.
254 f); Varianten dieser Formel an unzähligen Stellen! Typisch allerdings
ist die Wendung von der Seele als τήν σ υ μ φ υ ε ῖ σ α ν bzw.
ἀ ν α κ ρ α θ ε ῖ σ α ν τῷ τῶν στοιχείων συγκρίματι (vgl.de
an. et resurr. 44 CD).

[56] De hom. opif. 44, 149 B (übers. und interpr. in III 4,S. 236 f = Motto von
Teil III unserer Arbeit).

[57] Zu möglicher Inspiration dieser These aus Aristoteles, vgl. unten III
3 B, S. 208-214

[58] Man vergleiche unsere Kritik daran unten III 4 (Exkurs), S.255 f ; III
5, S. 285 f; III 6, S. 326 f und bes. S. 333 ff

[59] In Hinblick auf Platon vgl. o. I 2, S. 59 und 62 f; unten III 3 B, S.
199 f und bes. III 4, S. 243 ff

[60] Die Vorstellung von der reinen "schönen" Seele als Spiegel des Göttlichen
taucht explizit u.a. in de an. et resurr.89 BC auf (vgl. hierzu III 4,
unten S. 235). Siehe dazu noch bes. III 4 (Exkurs), S. 253 ff.

[61] Vgl. dazu bes. III 4 (Exkurs), S. 251 ff; III 5, S. 284 f und III 6, S.
341 ff. Die anthropologische Orientierung des Nysseners ist schon von

J. Bayer erahnt worden. In seiner Dissertation über "Gregors von Nyssa
Gottesbegriff",S. 7 f schreibt er zu Recht: "Die Frage nach Gott ist bei
Gregor nie die Frage der Ungewißheit seiner Existenz; immer ist es schon
ein Fragen nach dem "Wie", ein Suchen, vielmehr *ein Finden des Unendlichen im Endlichen* ... Also ist die Gotteserkenntnis anthropologisch verwurzelt und in dieser persönlich-religiösen, existentiellen
Art weit entfernt von scholastisch gegenständlicher Betrachtung"/Her-
vorhebung vom Verfasser/. Auch U.B. Schoemann, "Gregors von Nyssa Anthropologie als Bildtheologie", Schol 18 (1943) , S. 49 f etwa und besonders
H. Langerbeck,"Zur Interpretation Gregors von Nyssa", in: ThLZ 82 (1957),
Sp. 89 und 90 haben seine anthropologische Perspektive, freilich ohne
sich derer ausdrücklich bewußt zu sein, kurz gestreift. Beachte vor allem H. Langerbeck, a.a.O., Sp. 90: "... Das Gezeugtwerden oder Einwohnen
Gottes ... besteht nicht in einem 'Erreichen' Gottes, einer unio mystica,
bei der das Menschliche vom Göttlichen verschlungen wird, sondern im Gegenteil in einem Eingehen Gottes in den ewigen Prozeß der προκοπή,
in dem die menschliche τελειότης besteht. Das heißt aber, daß die
Theologie Gregors nicht zum Typ einer ekstatischen Erlebnistheologie gehört, sondern am B i l d e der Ekstase, diese a l l e g o r i s i e -
r e n d nichts anderes als den platonischen Eros oder die christliche -
und wahrscheinlich schon jüdische - Brautmystik, die im Glauben erfaßte
Situation des Menschen, des Menschen überhaupt, aller Menschen, nicht
nur des Menschen von 'mystischen Frömmigkeitstyp' als eine g r u n d -
s ä t z l i c h, d.h. auch postmortal als solche unveränderte, eschatologische, entwickelt" /Sperrung im Original/. Gerade im Hinblick auf den
Seinsaufstieg der Seele und die sog. "Schau Gottes" steht das anthropologische Interesse so stark im Vordergrund des gregorianischen Denkens,
daß selbst W. Völker diesbezüglich der Ansicht ist: "sein (sc. Gregors)
Bestreben (ist) unverkennbar, die dynamische Bewegheit des menschlichen
Daseins aufzudecken, das sich unentwegt nach dem Höchsten ausstreckt"
(G.v.N. als Mystiker, S. 231). Daß es sich bei Gregor, und zwar in seiner Schrift "De hominis opificio", oft um eine Anthropologie handelt,hat
aber u.W. erst P.Zemp in seiner Dissertation über "Die Grundlagen heilsgeschichtlichen Denkens bei G.v.N." (München 1970), S. 136-139, klar ausgesprochen (man vergleiche dennoch auch unsere Kritik daran, unten
III 5, S. 312 f, Anm. 67).

[62] Vgl. E.v. Ivánka, Plato Christianus, S. 175 f

[63] Vgl. hierzu III 6, bes. S. 347 ff. H. Langerbeck sieht zwar richtig ein,
wenn er sagt: "Das Emporsteigen b e s t e h t in der stets heftiger
werdenden Begierde (ἐπιθυμία), Liebe (ἔρως) nach Gott" ("Zur Interpretation Gs. v. N.",ThLZ 82 (1957), Sp. 86 /Sperrung im Original/),doch
hält er dies anschließend primär für "eine Aussage über Gott". Denn auch
er unterstellt Gregor allzu leicht die unausgewiesene Behauptung, er
denke als Christ und habe daher in erster Linie den persönlichen Gott,
das personale Gegenüber von Gott und Mensch, vor Augen. θεός scheint
dennoch bei Gregor - gerade bei seinen Spekulationen über den Weg des
Seinsanstiegs - lediglich eine Bezeichnung unter vielen anderen zu sein
für das Höchste und Vollkommene : das unbegreifliche, un-ergreifbare
"Seiend-Seiende".

[64] Vgl. hierzu unten III 4 (Exkurs), S. 251 ff

[65] L. Feuerbach, Das Wesen des Christentums, S. 32 /Hervorhebung im Origi-
nal/, im Anschluß an den grundlegenden Satz von der Identifizierung des

göttlichen mit dem menschlichen Wesen: "*Das göttliche Wesen ist nichts andres* als das menschliche Wesen oder besser: *Das Wesen des Menschen*, gereinigt, befreit von den Schranken des individuellen Menschen, verobjektiviert, d.h. *angeschaut* und *verehrt als ein andres, von ihm unterschiednes, eignes Wesen*" /Hervorhebung im Original/.

[66] Ebd., Anm. ad loc. mit Hinweis auf de an. et resurr. 52 A (Krabinger, S. 43). Sehr relevant im Sinne Feuerbachs ist u.a. noch die Stelle Beat. MPG 44, 1272 BC (zit. unten III 4 (Exkurs), S. 272, Anm. 15).

[67] Vgl. hierzu bes. III 6, unten S. 333 ff

[68] Vgl. hierzu III 5, unten S. 291 ff und bes. 300 ff; III 6, S. 341 ff

[69] Zum "dialektischen" Menschenbegriff Gregors vgl. III 2, unten S. 172 f, Anm. 33; III 5, S. 299 f und bes. S. 316 ff, Anm. 86 und 87.

[70] Vgl. dazu III 5, unten S. 287

[71] De an. et resurr. 101 C

[72] Vgl. hierzu III 5, unten S. 317 ,Anm. 87

[73] Vgl. de an. et resurr. 101 C - 104 A (übers. und interpret. in III 4 (Exkurs),unten S. 266 f).

[74] Vgl. de vit. Mos. VII/1, 113, 15 mit Cat.MPG 45, 21 CD. Näheres dazu im Kap. III 6, unten S. 346 ff, bes. S. 354 ff.

[75] Vgl. dazu J. Verhees, "Die ENEPΓEIAI des Pneumas als Beweis für seine Transzendenz in der Argumentation des G.v.N.", in: OCP 49 (1979), S.30

[76] Zur Menschenlehre Plotins vgl. etwa die Einsichten und Ergebnisse der Dissertation von W. Himmerich, EUDAIMONIA. Die Lehre des Plotin von der Selbstverwirklichung des Menschen. Würzburg 1959, bes. S. 157 ff.

[77] Zum Folgenden vgl. Kap. III 6, unten S. 350 ff

[78] Man vergleiche dazu unsere Ausführungen im Kap. III 6, bes. S.361 , wo wir den Schluß ziehen, daß die Bezogenheit von Sehen und Gesehenem, Suchen und Gesuchtem bei Gregor nicht in einer Art ekstatischer *Einung* im Sinne Plotins oder der unio. mystica, sondern im unaufhörlichen Akt der Ek-stase selbst aufgehoben wird. Siehe auch unsere "Präambel" dazu in III 2, unten S.160 f. Ob Gregors Menschenbild wirklich Momente und Strukturen der existentialistischen Moderne vorwegnimmt (oder sollte man vielleicht besser vom Einfluß reden?), läßt sich unschwer feststellen. Man lese etwa N. Berdjajew, *Das Ich und die Welt der Objekte* . Darmstadt 1951 oder S. Kierkegaard, *Die Krankheit zum Tode* (siehe dazu III 6, unten S. 374 f, Anm. 76) mit Gregor im Hinterkopf! Hingewiesen sei schließlich noch auf jene Forscher, die auf die eine oder andere Weise von einem existentiellen Denken bei Gregor von Nyssa bereits gesprochen haben: J. Gaïth, *La conception de la liberté chez G.d.N.*; H.U.von Balthasar, *Présence et Pensée*; ders., *Gregor von Nyssa: Der versiegelte Quell*,bes. S. 11 ff ("Einführung").

[79] J. Bayer, Gregors von Nyssa Gottesbegriff, S. 8

[80] Siehe dazu bes. III 2, unten S.161 f; vgl. noch o. Anm.69

[81] Vgl.dazu H.U. von Balthasar, Der versiegelte Quell, S. 9: "In Gregors Denken liegt irgendwo ein zartester Punkt, von dem aus das ganze Werk wie von einem geheimen Zentrum persönlich gefärbt und belegt wird." Allerdings ist dieser Punkt nicht der Erlebnisakt einer christlichen Mystik, wie Balthasar meint.

[82] Vgl. hierzu III 6, bes. S. 338 ff

[83] Für alle Einzelbelege und weiteren Ausführungen verweisen wir auf Kap. III 6, u. bes. S. 337 ff

[84] Ansätze eines Zusammenspiels zwischen Ontologie und Anthropologie glaubt W. Himmerich, EUDAIMONIA, S. 16 und bes. S. 157, bereits bei Plotin feststellen zu können. Himmerich verdanken wir wertvolle Anregung für das Herauskristallisieren unserer Einsicht in die "Doppelperspektive" Gregors. Er war uns auch bei mancher Formulierung behilflich.

[85] Vgl. vor allem de an. et resurr. 89 AB (Näheres dazu unten III 4,S. 234 f)

[86] Vgl. hierzu III 6, bes. S. 352 ff

[87] Siehe dazu unsere Einleitung, o.S. 15 ff

[88] H.v. Campenhausen, Griechische Kirchenväter, S. 121

[89] Vgl. H.Dörries,"Griechentum und Christentum bei G.v.N.", in: ThLZ 88 (1963), Sp. 582

[90] So A. Dihle, Entscheidungsfreiheit,S. 28

[91] Vgl. Eccl. Or. VII, V 400, 20 - 401, 2 (zit. und interpret. unten III 6, S. 351 mit S. 377 ,Anm. 99). Um Mißverständnissen vorzubeugen, bemerken wir abermals ausdrücklich, daß wir den Versuch, Gregor rein aktualistisch zu interpretieren, als bedenklich zurückweisen. Denjenigen "sprachphilologisch" inspirierten Interpreten jedoch, die sich ausschließlich an das vereinzelte Wort (τὸ γράμμα) haltend auf Notengelehrsamkeit und ideenlose Mikrologie beschränken und jeden spontanen Versuch, ein Verhältnis zu dem zu gewinnen, was Gregor sachlich (κατὰ τὸ πνεῦμα) meint, prinzipiell als "unwissenschaftlich" oder gar kritiklos und dilettantisch verwerfen, müssen wir mit Gregor entgegnen : Καί μοι μηδείς νεμεσάτω πόρρευθεν προσάγοντι τὸν λόγον τῷ προκειμένῳ νοήματι ... (de hom. opif., MPG 44, 181 D). Denn wenn auch jeder spontaner Interpretationsversuch unvermeidlich mit der Spontaneität eines heute Lebenden zusammenhängt und daher stets in Gefahr ist,ins neuzeitlich Psychologische und Modernistische abzugleiten, scheint ein solcher Versuch - wenn er natürlich phänomenologisch orientiert bleibt - in Hinblick gerade auf Gregor - der einzige Weg zu sein, um in den tieferen Gehalt seiner Schriften einzudringen. Denn es wird sich im Laufe unserer Untersuchung genau ergeben, daß der eigenwillige Bischof von Nyssa selbst zu tief und zu weit geht. Er ist sich dessen vollkommen bewußt, und darum läßt er, was er selbst in Wirklichkeit ist und was er zuletzt denkt, gern bis zur Unkenntlichkeit verhüllt. Deshalb auch ruft er den mißtrauischen unter seinen Lesern so oft zu, daß er das, was er gerade sagt, bzw. sagen wird, nicht ganz ernst im Sinne eines letzten Urteils (ἀποφαντικῶς), sondern eher als einen Versuch, eine Übung (γυμνασία) oder gar eine (bloße) Vermutung (ὑπόνοια) meint; vgl. dazu o. S. 144, Anm. 29. Von Relevanz für seine innere Gesamteinstellung ist noch die aufschlußreiche Stelle Cant. VI 65, 13 f, wo er in der irrationalen Gewohnheit (ἄλογος συνήθεια) die Hauptursache der verkehrten Prohairesis erblickt und ihr gegenüber den Intellekt, die Vernunft (λόγος) als das Eigene und Eigentliche (66, 4 ἴδιον) im Menschen stellt. Interessanterweise spricht Gregor in diesem Zusammenhang negativ von den Leuten, die sich in ihrem Leben kein eigenes Urteil über die Dinge bilden, sondern sich kritiklos den Gewohnheiten ihrer Vorfahren anschließen (65, 15 πρὸς τὴν συνήθειαν τῶν

προβεβιωκότων ὁρῶντες).
Was die Aktualität Gregors im Ganzen anbetrifft, so müßte man u.a. auch im Auge behalten, daß Gregor die Grenzenlosigkeit gewagt hat. Wenn auch anders als in *der neuzeitlichen Metaphysik der Subjektivität*, wo die Verborgenheit Gottes angesichts des Zerfallens des Gehäuses des kosmischen Denkens viel beunruhigender als im allgemeinen in der neuplatonischen Ära erfahren werden mußte, so läßt sich doch die Unruhe des Geistes Gregors angesichts der Unbegreiflichkeit des Weltgrundes deutlich erfassen. Relevant für sein hohes geistiges Niveau ist die Tatsache, daß er diese Unruhe und Unsicherheit bejaht, daß er sie sogar zum Inbegriff der Erfüllung, der "Ruhe" erhebt: vgl. unsere diesbezüglichen Ausführungen im letzten Kapitel, unten S. 355 ff. Das unendlich reflektierende ("unstillbare") Streben nach dem unerkennbaren Ziel ist ihm daher die Bedingung des Höchsten: der Freiheit, die jedes Gefängnis des Endlichen sprengt, ja selbst der "Schau" Gottes. Schließlich: Wie kann man bei der Lektüre Gregors nicht an Kierkegaard etwa denken, wenn das Christentum letzten Endes bereits vom Kappadokier als der negative Entschluß des völligen Weltverzichts aufgefaßt wird? ...

2. DIE ANGST VOR DEM TODE
(*Das Proömium des Dialogs "De anima et resurrectione"*)

In auffallender Ähnlichkeit zu der Einleitungszene des platonischen "Phaidon" wird der Anfang des Dialogs "Über die Seele und die Auferstehung" von der düsteren Präsenz des Todes beschattet. Tief erschüttert durch den Tod seines älteren Bruders Basilius suchte Gregor nach seinem eigenen Bericht Trost zu holen bei seiner frommen "Schwester und Lehrerin" Makrina. Bei ihrem Anblick erwachte jedoch sein Schmerz doppelt; "denn auch sie war bereits von tödlicher Schwäche befallen."[1] Bezeichnenderweise erscheint uns aber Makrina wie schon angedeutet, nicht wie eine verzweifelte Person, die sich angesichts ihres Todes fürchtet und zittert oder zumindest resigniert hat, sondern wie eine vom göttlichen Geist getragene Weise, die in ihrem gelassenen Benehmen und Reden keine Angst vor dem Tode zeigt. "Obwohl das Fieber ihre ganze Kraft aufzehrte und sie dem Tode zutrieb, gebrauchte sie doch, wie wenn sie mit Tau ihren Körper erfrischt hätte, ihren Geist in der Betrachtung der erhabenen Dinge ganz ungehindert, ohne daß er irgend unter der schweren Krankheit litt."[2] Welcher Art waren aber diese erhabenen Dinge, denen Makrina sich in ihrer Sterbestunde widmete? Sie hat über die Seele philosophiert, berichtet uns Gregor, und über die Gründe des "Lebens im Fleische" (τῆς διὰ σαρκὸς ζωῆς) und - ὅτου χάριν ὁ ἄνθρωπος καὶ ὅπως θνητὸς καὶ ὅθεν ὁ θάνατος καὶ τίς ἡ ἀπὸ τούτου πρὸς τὴν ζωὴν πάλιν ἀνάλυσις.[3]

Das sind im wesentlichen die Themen des Dialogs "de anima et resurrectione". Schon im Proömium dieses Dialogs weist Makrina ihren betrübten jüngeren Bruder auf die eigentliche Bestimmung und Natur des Menschen hin. Gregor beschreibt sie dabei als eine erfahrene "Pferdelenkerin": Ἡ δὲ κατὰ τοὺς τῆς ἱππικῆς ἐπιστήμονας ἐνδοῦσά μοι πρὸς ὀλίγον παρενεχθῆναι τῇ ῥύμῃ τοῦ πάθους, ἀναστομοῦν ἐπεχείρει μετὰ ταῦτα τῷ λόγῳ, καθάπερ χαλινῷ τινι τῷ ἰδίῳ λογισμῷ τὸ ἀτακτοῦν τῆς ψυχῆς ἀπευθύνουσα.[4] Λογισμός und πάθος : Makrina weiß zwar offenbar die doppelte Natur des Menschen zu unterscheiden - wie schon Poseidonios gelehrt hat[5] -, sie fordert aber zugleich, dem unbedingten Rationalen, dem λογισμός kompromißlos zu folgen! Gleich am Anfang seines Dialogs zeichnet also Gregor hier das Grundschema seiner philosophischen Anthropologie, das er später in größerem Umfang entwickeln wird. Die eigentliche Natur, das wahre Selbst des Menschen sind demnach nicht Furcht, Trauer und Begierde, sondern der Geist (νοῦς), der λογισμός oder die διάνοια, wie Gregor oft auch sagt. Makrina sieht keinen Grund zur Trauer und Angst vor dem Tode, denn diese wie alle übrigen Affekte beziehen sich auf den Bereich des Menschen, der ohnehin akzessorisch und nicht fähig zu Meinungsbildung ist.[6] In Wahrheit *ist* der Mensch über die Affektivität, über den Bereich der Körperlichkeit und der Animalität überhaupt hinaus. Das Selbst, die Seele des Menschen, fällt eigentlich mit dem in uneingeschränkter Transzendenz zu verstehenden νοῦς zusammen. Eine solche Seele ist für Makrina - wie übrigens für Plotin und Porphyrios auch[7] - ἀπαθής. Die Trauer kommt daher nur den Menschen zu, welche nach dem paulinischen Wort "keine Hoffnung" mehr haben.[8]

Das Erstaunen und die Verwirrung Gregors vor dieser un- und übernatürlichen Haltung Makrinas ist wohl der Punkt, an dem, wie wir schon gesagt haben, das eigentliche Gespräch sich entzündet. Doch lassen wir Gregor selbst zu Wort kommen:

"Da fing ich, weil mir das Herz vor Weh noch brannte, also zu sprechen an: 'Wie kann dies von den Menschen erreicht werden, da doch jeder eine natürliche Abneigung gegen den Tod in sich trägt und sowohl die, welche jemand sterben sehen, solchen Anblick kaum aushalten, als auch diejenigen, welchen der Tod droht, ihm zu entfliehen versuchen, soweit es nur irgendwie möglich ist. Und wenn selbst die geltenden Gesetze die Tötung eines Menschen für das größte Verbrechen halten und die Todesstrafe als die schwerste Strafe erkennen, wie sollen wir es zustande bringen, das Scheiden aus dem Leben bei Fremden und gar erst bei uns Nahestehenden für nichts zu erachten? Wir sehen doch, sprach ich, auch das ganze Dichten und Trachten der Menschen (πᾶσαν τὴν ἀνθρωπίνην σπουδήν (=das ganze menschliche Streben) darauf gerichtet, uns am Leben erhalten zu können (ὅπως ἂν ἐν τῷ ζῆν διαμένοιμεν). Denn deshalb haben wir Häuser zum Wohnen (πρὸς διαμονήν) erfunden, damit nicht unsere Körper von außen her (τῷ περιέχοντι) durch Kälte und Hitze Schaden nehmen. Der Ackerbau ferner, was ist er anders als ein Rüstzeug für das Leben? Und überhaupt die ganze 'Lebenssorge' hat ihren 'Ursprung' in der Furcht vor dem Tode ('Η δέ τῆς ζωῆς φροντὶς πάντως διὰ τὸν τοῦ θανάτου φόβον γίνεται).- Und die Medizin? Warum steht sie bei den Menschen in Ehren? Nicht deshalb, weil sie durch ihre Erkenntnis gegen den Tod gleichsam zu kämpfen scheint? Brustpanzer und Schilde, Beinschienen und Helme, die Waffenwehren und Mauerbollwerke, eisenbeschlagene Tore und schützende Schanzgräben und ähnliches, was hat sie anders ersonnen als nur die Furcht vor dem Tode? Da demnach der Tod von Natur aus (φυσικῶς) so schrecklich ist, wie kann man von einem (deshalb) leicht überzeugt werden, der die Hinterbliebenen ermahnt, um den Dahingegangenen nicht zu trauern?'"[9]

Gregor beharrt hier offenkundig auf den *natürlichen* Schrecken des Menschen vor dem Tod. Wir werden etwas länger bei dieser seiner Haltung am Dialoganfang verweilen, weil sie eine Vorstellung von dem gibt, was man von dem ganzen Diskurs zu erwarten hat. Zunächst eine kurze Bemerkung über den vieldiskutierten Natur-Begriff Gregors: Für diesen Begriff ergibt sich schon aus dem bisher Gesagten, daß er sich offenbar nicht einseitig festlegen läßt auf die Bedeutung der sog. idealen geistig-"pleromatischen" Form[10], der eigentlichen oder "schöpfungsmäßigen" Bestimmung, sondern daß er auch und vor allem den empirischen Zustand bezeichnen kann, das, was den Menschen, τὸ λογικὸν τοῦτο ζῷον (de an. et resurr. 52 C), in seiner realen verleiblichten und geschlechtsdifferenzierten Einzelheit ausmacht, wie es sich u.a. auch daraus ergibt, daß Gregor die Emotionen auch als jene ἐν τῇ ψυχῇ κινήματα bezeichnen kann, ὧν ἄνευ οὐκ ἔστιν ἀνθρωπίνην θεωρηθῆναι φύσιν (de an. et resurr. 57 C), oder, daß er überhaupt zögert, seine Schwester Makrina γυνή zu nennen: οὐκ οἶδα γάρ εἰ πρέπον ἐστὶν ἐκ τῆς φύσεως αὐτὴν ὀνομάζειν τὴν ἄνω γενομένην τῆς φύσεως (vita S. Macrinae, VIII/1, 371, 7 f (=MPG 46, 960 B)).[11]

Es wird sich freilich noch zeigen, daß Gregor in ein und derselben Schrift, wie hier in "de anima et resurrectione", oft beide Deutungen nebeneinander stellen kann.[12] Was bei diesen ersten Worten Gregors sonst noch besonders auffällt, ist der starke stoische Einschlag. Sieht man in der Tat genauer hin, so läßt sich gleich bei der Schilderung seiner tiefen Trauer erkennen, wie gründlich Gregor mit der stoischen Begrifflichkeit vertraut war: κἀγὼ περιζεούσης ἔτι μοι τῆς καρδίας τῇ λύπῃ... (13 A). Daß Trauer und seelische Erregung im allgemeinen besonders das Herz in Mitleidenschaft ziehe, war eine gemeinsame Annahme (ὁμολογούμενον) aller Stoiker gewesen, versichert uns wiederholt Galenos.[13] Gleich zu Beginn des Dialogs hat Gregor übrigens seine bedrückende Trauer als τὸ τῆς λύπης ἄχθος bezeichnet. Nach stoischer Auffassung ist nun ἄχθος eine Art Trauer, die als λύπη βαρύνουσα[14] definiert wird. Selbst das "Phaidros-Motiv" des Anfangs[15] scheint in seiner besonderen Ausprägung unverkennbar stoisch beeinflußt zu sein: Das schwer zu zügelnde, ausschweifende (ἀτακτοῦν) Pathos der Trauer, das dem λογισμός widerstrebt, erinnert ganz leicht an folgende, interessante Definition der λύπη: "Λύπην δ'εἶναι συστολὴν ψυχῆς ἀπειθῆ λόγῳ, αἴτιον δ'αὐτῆς τὸ δοξάζειν πρόσφατον κακὸν παρεῖναι, ἐφ' ᾧ καθήκει συστέλλεσθαι".[16] Und Gregor trauert wirklich, weil er den Tod nicht anders als ein schreckliches Übel aufzufassen vermag: Wie

kann die Gelassenheit und die Ruhe überhaupt von den Menschen erreicht werden (κατορθωθῆναι), wenn doch jeder vor dem Tode und den Toten eine natürliche Abneigung empfindet? Auch hier scheint Gregor sein Bedenken in stoischer Terminologie auszudrücken: Die Gelassenheit vor dem Tode stellt sich anscheinend für ihn wie für die große Masse der Menschen als ein κατόρθωμα im stoischen Sinne dar, eine absolut sittliche Handlung, die ausschließlich der Geistesnatur des Menschen entnommen und auf sie berechnet ist, ohne Rücksicht auf die menschliche Gesamtnatur und ihr "naturgemäßes" Empfinden und Handeln. Nicht zufällig also muß Gregor das Wort κατορθωθῆναι in seinem Text benutzt haben. Die stramme Forderung Makrinas entspricht ausdrücklich den Anforderungen des stoischen Orthos Logos, der absolut vollkommene Handlungen, die κατορθώματα, verlangt. Und es ist sehr aufschlußreich, daß auch den Stoikern die Schroffheit dieser vollkommenen Handlungen, die aus fester weltanschaulicher Erkenntnis rein im Hinblick auf die sittliche Bestimmung des Menschen vollbracht werden müssen, voll bewußt war. Sie hielten unbedingt daran fest, daß die meisten Menschen diese ideale geistige Haltung niemals erreichen und deshalb zu keinem Katorthoma fähig sind. Der Durchschnittsmensch, ὁ μέσος,"οὔτε γὰρ ἁμαρτάνει ... ο ὔ τ ε κ α τ ο ρ θ ε ῖ κατὰ τὴν τοῦ ὀρθοῦ λόγου πρόσταξιν."[17]
Zwischen den Katorthomata, die absolut den Anforderungen des Logos entsprechen und den lasterhaften "Fehlhandlungen", den ἁμαρτήματα, die ihr Gegenteil bilden, ließen sie deswegen den weiten Bereich der relativen Sittlichkeit gelten: Die "naturgemäßen" Handlungen, d.h. die Handlungen, welche die natürlichen Daseinsbedingungen des Menschen umfassen, ohne sich auf sein sittliches Ziel unbedingt zu beziehen. Im Unterschied zu den absolut vollkommenen Handlungen, den Katorthomata, hat schon Zenon diese "naturgemäße" Handlungen, "die einem Menschen zukommende", καθήκοντα, genannt.[18]

In der uns stoizistisch anmutenden Forderung Makrinas und der Entgegnung Gregors deutet sich zum ersten Mal die den ganzen Dialog kennzeichnende Spannung zwischen Natur und Geist an. Der Tod ist für Gregor etwas von Natur aus Schreckliches (13 B ὄντος φοβεροῦ φυσικῶς τοῦ θανάτου), und es ist nicht leicht, den idealen Apathieforderungen des Geistes zu gehorchen.

Bezeichnenderweise sieht aber Gregor die natürliche Abneigung gegen den Tod auch in der Entstehung und Entwicklung der menschlichen Kultur durchaus präsent. Die ersten Kulturanfänge, die Wissenschaften selbst, sind demnach aus körperlichem Bedürfnis und Selbsterhaltungstrieb herzuleiten. Gregor fängt mit den Gesetzen des Staates an, welche in der Tötung eines Menschen das größte Verbrechen erkennen und die Todesstrafe als äußerste, abschreckendste Strafe anordnen. Die ganze Kultur, so wird weiter ausgeführt, ist auf die Selbsterhaltung des Menschen gerichtet: um sich gegen die Kälte oder die Wärme der Umwelt zu schützen hat der Mensch die Behausung erfunden, um seine Existenz in dauerndem Kampf gegen den Tod zu sichern bedarf er eigentlich der Agrarwirtschaft, der Medizin, der Kriegskunst. Diese "kulturphilosophischen" Erwägungen Gregors stellen offenkundig den Menschen als ein zartes und schutzbedürftiges Wesen dar, welches aus seiner ständigen Gefährdung und Not heraus die Zivilisation entwickelt.

Über die Entstehung der Kultur haben die Griechen bekanntlich schon früh nachgedacht; man erinnert sich hier der sophokleischen Verse πολλὰ τὰ δεινά ... (Antig. 332 f), wo interessanterweise die Heilkunst ebenfalls neben der Begründung von Haus und Stadt erwähnt wird. Der Gedanke der Entstehung der Kultur aus der Not ist aber vor allem auf Demokrit und die aufklärerische Kulturphilosophie der Sophistik zurückzuführen,und es kann heute nicht bezweifelt werden, daß die spätantike, neuplatonische oder christliche Rezeption dieser Theorie wesentlich auf Poseidonios' Schriften beruht. Werner Jaeger hat das im Fall des Nemesios von Emesa nachgewiesen.[19] Dieser merkwürdige Zeitgenosse Gregors von Nyssa, der mit seinem Werk περὶ φύσεως ἀνθρώπου die philosophische Disziplin der Anthropologie Ende des 4. Jahrhunderts inaugurierte, schöpft in seiner "Kulturphilosophie" und Anthropologie in der Tat aus poseidonischen Anregungen,wie sie vor allem im Werk des Galenos und des Origenes vorhanden sind.[20] Poseidonios, jener kühne universale Geist der Spätantike, hat aber, wie W. Jaeger gezeigt hat, das genetische Verfahren Demokrits nicht einfach übernommen, sondern er hat es mit der widerstrebenden "hesiodischen" Ansicht Platons vereint, welche im Fortschritt von der Not zur Fülle der Kultur nur eine Verarmung des zeitlosen Urzeitalters der Seele sah. Poseidonios nahm die demokritische Idee des technischen Anstieges an, fand aber die Ursache nicht in der Notlage, die nur den äußeren Anstoß geben konnte, sondern in der theoretischen Urkraft des Menschen, in dem Geist, dem Logos, der von vornherein den Menschen über das Tier hinaushob und einzig in der Lage ist, ihn aus der Zersplitterung seines gegenwärtigen Lebens ins einfache goldene Zeitalter zurückzuführen.[21] Es wird sich zeigen, daß auch Gregor von Nyssa in seinen "kulturphilosophischen" und eschatologischen Ansätzen eine ähnliche Synthese vertritt, die eigentlich auf die durch die Vergeistigung des Menschen zu erringende Wiederherstellung der ursprünglichen "Schönheit" des menschlichen Geschlechts abzielt, d.h. auf die Wiederherstellung einer reineren Sittlichkeit und einer tieferen "Ein-sicht" in das An-sich-Seiende, das sehr platonisch mit dem An-sich-Guten (τό ὄντως ἀγαθόν) und schließlich mit Gott selber gleichgesetzt wird.

Es ist dennoch sehr fraglich, ob Poseidonios den Nyssener bei den "kulturphilosophischen" Andeutungen am Anfang seines Dialogs "de anima et resurrectione" unmittelbar angeregt hat. Vieles weist hingegen hier auf die Inhalte und die Ausdrucksweise des Galenos hin, der als Mittlerquelle sehr gut in Betracht kommen kann: Der Mensch hat die Häuser zum Wohnen erfunden, sagt Gregor, ὡς ἂν μή τῷ περιέχοντι διά ψύξεως ἤ θερμότητος καταπονοῖτο τά σώματα (13 B). Die Verbindung τό περιέχον, bzw. ὁ περιέχων (sc. ἀήρ), wird von Galenos öfters gebraucht als terminus technicus für die umgebende, bzw. atmosphärische Luft, die Atmosphäre überhaupt, den Luftraum.[22] Auch mancher andere Ausdruck des Nysseners wie das der Physik entlehnte Verbum ἀναστομεῖν (12 A) ist bei Galenos recht häufig zu finden.[23] Sehr interessant ist auch die Tatsache, daß Galenos in seiner Schrift "Thrasyboulos" (V, 836 Kühn) die Heilkunst als eine τέχνη φυλακτική, die sich auf den menschlichen Körper καθ'ἑαυτό bezieht, der Politik und der Kriegskunst (στρατηγική) gegenüberstellt, die sich auf die Erhaltung des Körpers κατά συμβεβηκός, οὐ πρώτως, οὐδέ κατά τόν ἴδιον λόγον beziehen.[24] So oder so richten sich aber diese τέχναι φυλακτικαί allesamt ausdrücklich auf die Erhaltung und Behütung des menschlichen Lebens, - wie auch bei Gregor von Nyssa. Einzelne Parallelen zu Galenos finden sich sonst auch später in Gregors Dialog. Man vergleiche etwa seine Auffassung vom Körper als συνδρομή τῶν στοιχείων (24 B, 45 A) mit Galenos V, 671 Kühn, ἐκ τῶν στοιχείων τά σώμαθ'ἡμῶν συνίσταται. Das Theorem von der postmoralen Rückkehr der Leibeselemente zu dem ihnen verwandten Stoff[25] ist schließlich einer der meist gebrauchten τόποι im Corpus Hippocraticum und wird von Galenus eingehend kommentiert.[26]

Man dürfte also annehmen, daß Gregor von Nyssa auch Galenos studiert hat und daß manches in seinen Schriften unmittelbar von diesem letzten großen

Arzt der Antike stammt. Das Vermögen Gregors, einen Stoff selbständig zu gestalten und unter weiteren Gesichtspunkten zu behandeln, müßte man freilich auch bei dieser Annahme im Auge behalten. Es würde zu weit führen, aus Galenos' riesenhaftem Oeuvre weitere Belege und Parallelen zu den Worten und Gedanken des Nysseners aufzuzeigen. Aufgabe einer zukünftigen Forschung könnte es aber sein, auf das greifbare Verhältnis Gregors zu Galenos näher einzugehen. Wir beschränken uns auf das Gesagte und weisen nur auf die besonders ausgeprägte Vorliebe Gregors für medizinische Beispiele hin, die eingehende Kenntnis und Verständnis für entsprechende Themen erkennen lassen. Sehr bald werden wir in "de anima et resurrectione" auf solche Beispiele stoßen. Beeindruckend ist aber schon die fachkundige Art und Weise, in der Gregor die Unheimlichkeit des Toten beschreibt:

> "Wie? Liegt kein Grund zur Trauer vor, wenn wir den noch Lebenden und Sprechenden plötzlich leblos, sprachlos und regungslos sehen? Wenn wir sehen, wie alle natürlichen Sinneswerkzeuge erloschen sind, wie weder Auge noch Ohr mehr in Tätigkeit treten können noch sonst ein Organ, das zur Sinnesempfindung bestimmt ist. Selbst wenn du ihm Feuer oder Eisen nahebringst oder mit einem Schwerte den Leib öffnest oder ihn vor Raubtiere stellst, oder selbst wenn du ihn in der Erde verbirgst -, gegen all das verhält sich der Daliegende gleichgültig."[27]

Es ist erstaunlich, wie treffend Gregor in diesen wenigen Zeilen das Phänomen des Todes dargestellt hat. Selbst für unsere moderne Zeit zählen zu den maßgeblichsten Symptomen des Ablebens (heute: des Ausfalls der Hirnfunktion!): Die Bewußtlosigkeit im Sinne des Fehlens aller Reaktionen auf akustische, optische und mechanische Reize, der Ausfall der Spontanatmung und das Ausbleiben von Reaktionen auf Schmerzreize.

Noch wichtiger als die quellenkritische Frage ist bei dieser kulturphilosophischen Skizze Gregors aber die Tatsache, daß die Angst vor dem Tode eindeutig auf die Menschheit als eine Art organischer Einheit bezogen wird. Schon hier läßt sich wohl eine für Gregor fundamentale Vorstellung erahnen, die Vorstellung nämlich von der Natureinheit des Menschen. Die Art und Weise, in der sich Gregor ausdrückt, deutet u.E. sogar an, daß dieser Gedanke der Natureinheit der Menschen nicht (oder nicht nur) als eine logisch-abstrakte Einheit, sondern als eine Realeinheit, "nach der Art eines realistischen Gattungsbegriffs", zu erfassen ist.[28]

ʹΗ δὲ τῆς ζωῆς φροντὶς πάντως διὰ τὸν τοῦ θανάτου φόβον γίνεται (13 B): Dieser epigrammatisch formulierte Satz läßt deutlich erkennen, daß Gregor bei der Interpretation des Lebens den Tod mitsieht. Martin Heidegger hat uns versichert, daß die in der christlichen Theologie ausgearbeitete Anthropologie dies immer schon - "von Paulus an bis zu Calvins meditatio futurae vitae" - getan hat.[29] Gregor von Nyssa aber bezieht hier die Angst vor dem Tode in die Bestimmung des Lebens so ein, daß ein Hauch "existentialistischer" Stimmung in seinem Text spürbar wird. -- "Das Wovor dieser Angst ist das In-der-Welt-sein selbst. Das Worum dieser Angst ist das Sein-können des Daseins schlechthin. Mit einer Furcht vor dem Ableben darf die Angst vor dem Tode nicht zusammengeworfen werden. Sie ist keine beliebige und zufällige "schwache" Stimmung des Einzelnen, sondern, als Grundbefindlichkeit des Daseins, die Erschlossenheit davon, daß das Dasein als geworfenes Sein *zu* seinem Ende existiert",[30] - so zeichnet Heidegger in "Sein und Zeit" die existential-ontologische Struktur der Angst vor dem Tode vor. Gregor sieht nun das ganze Streben des menschlichen Daseins - das, wie sich noch zeigen wird, stets in "Bewegung" und "Sorge" *ist*,[31] - darauf gerichtet, ὅπως ἄν ἐν τῷ ζῆν διαμένοιμεν (13 A). Wäre die Behauptung zu kühn gewesen, daß dieser letztere Ausdruck Gregors (vor allem durch den Gebrauch des Optativus Potentialis) gewissermaßen auf das Heideggersche "In-der-Welt-sein-können" bezogen werden kann? So sehr die Weise und der Gehalt der Erfahrung zwischen dem vierten und dem zwanzigsten Jahrhundert sich unterscheiden, erlauben wir uns weitere Parallelen zu ziehen: Die Angst vor dem Tode scheint auch für Gregor "keine beliebige und zufällige "schwache" Stimmung des Einzelnen" zu sein; sie erscheint ebenfalls als eine Art "Grundbefindlichkeit" des menschlichen Daseins (13 A οὕτως ἐν ἑκάστῳ φ υ σ ι κ ο ῦ τινος πρός τόν θάνατον τῆς διαβολῆς ὑπαρχούσης), die in der besonderen Seinsart des Menschen konstituiert ist. Dieser Seinsart gemäß ist - auch für den Nyssener - das zarte Seiende, das wir je selbst sind und das wir "Mensch" nennen, an die widerfahrende Welt ausgeliefert ("Geworfenheit") und hat in seiner ständigen Gefährdung sein Überleben zu sichern und sich *selbst* irgendwie zu wählen ("Entwurf").[32] Dennoch ist für Gregor der Mensch - mit Kierkegaard gesprochen - *er selbst und zugleich das Geschlecht*.[33] Deswegen sieht er im krassen Gegensatz zu Heidegger, der nur den eigenen Tod, **nicht den** möglichen Tod des/der Anderen thematisiert, den eigenen Tod als Individuum in einem dialektischen Zusammenhang mit dem allgemeinen Tod, der dem Menschengeschlecht zukommt.

Diese Dialektik, in der ich, von mir auf andere oder von den anderen auf mich hinsehend, uns alle zusammenschließe unter das allgemeine Los der Vergänglichkeit, beruht freilich auf dem soeben angedeuteten Grundgedanken Gregors von der ontologischen, ja physischen Einheit der menschlichen Natur.

Daß das empirische menschliche Dasein sich stets in "Bewegung" und "Sorge" befindet, ist ein anderer Grundzug der philosophischen Anthropologie Gregors, dessen Nähe zu der modernen existentialistischen Betrachtungsweise auffällig ist. Die Einsicht in die "Bewegung" und "Sorge" als Grundverfassung des empirischen Daseins scheint in den durch die Begegnung des Christentums mit dem Griechentum gekennzeichneten Jahrhunderten des ausgehenden Altertums sehr verbreitet gewesen zu sein.[34] Sehr charakteristisch - wenn auch in einem anderen Sinne -, ist in diesem Zusammenhang eine Stelle aus dem zweiten Hauptkapitel der Schrift des Nemesios, "de natura hominis", (das bedeutsamerweise mit dem Titel περὶ ψυχῆς auch unter des Nysseners Namen überliefert ist): τὸν αὐτὸν τρόπον καὶ ἡ ψυχή, κατὰ φύσιν ἀεικίνητος οὖσα, κατὰ φύσιν ἠρεμεῖν οὐ δύναται. ἡ γὰρ ἠρεμία, φθορά τῆς ψυχῆς ἐστι καὶ παντὸς ἀεικινήτου (101. 2-5). Im allgemeinen ist in der Spätantike die junge philosophische Wissenschaft der Anthropologie im kulturellen Rahmen des Aufeinandertreffens von griechischer Philosophie und christlichem Glauben - ein Ereignis, das heute zunehmend zu den wichtigsten in der Geschichte des Abendlandes gerechnet wird[35] - zu großen Einsichten gekommen, deren Tragweite und Einfluß anscheinend bis in unsere Gegenwart hineinreichen. M. Heidegger etwa teilt uns interessanterweise mit, daß die in seiner existentialen Analytik des Daseins befolgte Blickrichtung auf die "Sorge" ihm "im Zusammenhang der Versuche einer Interpretation der augustinischen - das heißt griechisch-christlichen-Anthropologie mit Rücksicht auf die grundsätzlichen Fundamente, die in der Ontologie des Artistoteles erreicht wurden",[36] erwuchs.

Doch kehren wir in die Antike zurück, um das Verhältnis der platonisch-sokratischen Todesvorstellung zu der Todeskonzeption Gregors, wie sie sich vorab im Proömium seines Dialogs darstellt, nachzuforschen! Während der Tod für Sokrates im "Phaidon"paradoxerweise ein Gut zu sein scheint, namentlich die Übersiedlung in ein besseres Jenseits[37] als diese "kranke" Welt, ist er für Gregor anscheinend das schaurigste aller Übel. Im Kontext der anthropologisch interessierten Spätantike empfindet er die Unheimlichkeit des Todes sehr stark und malt seine Abneigung in den dunkelsten Farben aus. Auch in den späteren Gesprächen, in denen Makrina optimistisch den Tod seines Schreckens zu berauben sucht, indem sie ihn mehr oder minder als einen "Betriebsunfall" auffaßt, spielt bezeichnenderweise ein positiver Begriff des diesseitigen "Lebens" oft mit hinein.[38] Aber bereits im Einleitungsgespräch, wo Gregor besonders durch die Unbestimmbarkeit der Seele nach dem Tode tief beunruhigt zu sein scheint, schimmert dieser positive Begriff des Lebens durch. Wie kann man bei dem gewaltigen Wandel, den der Tod mit sich bringt, nicht traurig sein - gibt Gregor tatsächlich weiter zu bedenken -, "wenn jener Lebensfunke (16 B: τὸ δὲ ζωτικὸν ἐκεῖνο αἴτιον (= jene lebensstiftende Ursache)), was immer er auch sein mag, vergangen und verschwunden ist, ähnlich wie bei einer ausgelöschten Lampe, die eben noch brennende Flamme weder am Dochte geblieben noch sonst nur einen anderen Platz eingenommen hat, sondern gänzlich verflogen ist ... Denn wenn wir auch vom Scheiden der Seele (ἔξοδον ψυχῆς) hören, so sehen wir einzig das, was zurückblieb, in bezug auf das aber, was entwich, wissen wir nicht, was es seiner Natur nach eigentlich war, noch wohin es verschwand, da weder die Erde noch der Luftraum oder das Wasser, noch sonst ein anderes Element jene dem Körper entflohene Kraft in sich aufweist, jene Kraft, deren Entweichen den verlassenen Körper dem Tode und der Verwesung preisgibt."[39] Wenn nicht schon früher, so darf man hier von einer Anlehnung an den platonischen "Phaidon" sprechen: Die in der Antike sehr verbreitete Ansicht, daß die Seele das lebensstiftende Prinzip ist,[40] nach dessen Verlust die hinfällige Natur des Leibes erst recht hervortritt, indem er schnell verwest und vergeht, läßt sich wohl im "Phaidon" in aller Deutlichkeit finden: Ἀποκρίνου δή, ἦ δ᾽ ὅς, ᾧ ἂν τί ἐγγένηται σώματι ζῶν ἔσται; - Ὧι ἂν ψυχή, ἔφη (105 c$_{9-11}$). Will man diese These als Allgemeingut der Zeit Gregors betrachten, so macht besonders die Stelle Phaid. 87 e$_{4-5}$ ἀπολομένης δὲ τῆς ψυχῆς τότ᾽ ἤδη τὴν φύσιν τῆς ἀσθενείας ἐπιδεικνύοι τὸ σῶμα καὶ ταχὺ σαπὲν διοίχοιτο Berührungspunkte der "Macrinia" mit "Phaidon" plausibel. Daß der Pythagoreer Kebes dann seinen Zweifel am Fortleben der Seele in einer Art ausdrückt, welche der entsprechenden Darstellungsweise Gregors erstaunlich ähnlich ist, kann diese Annahme nur bekräftigen:

τὰ δὲ περὶ τῆς ψυχῆς πολλὴν ἀπιστίαν παρέχει τοῖς ἀνθρώποις μή, ἐπειδὰν ἀπαλλαγῇ τοῦ σώματος, οὐδαμοῦ ἔτι ᾖ, ἀλλ'
ἐκείνῃ τῇ ἡμέρᾳ διαφθείρηταί τε καὶ ἀπολλύηται ᾗ ἂν ὁ ἄνθρωπος ἀποθνῄσκῃ, εὐθὺς ἀπαλλαττομένη τοῦ σώματος, καὶ ἐκβαίνουσα ὥσπερ πνεῦμα ἢ καπνὸς διασκεδασθεῖσα οἴχηται δια-
πτομένη καὶ οὐδὲν ἔτι οὐδαμοῦ ᾖ ... ἀλλὰ τοῦτο δὴ ἴσως οὐκ
ὀλίγης παραμυθίας δεῖται καὶ πίστεως, ὡς ἔστι τε ψυχὴ ἀπο-
θανόντος τοῦ ἀνθρώπου καί τινα δύναμιν ἔχει καὶ φρόνησιν. [41]

Gregor scheint hier allerdings die platonische Anregung frei und selbständig umgeformt zu haben. Während für Kebes die Frage, ob die Seele eines Verstorbenen noch ist und noch Kraft und Einsicht hat, "nicht kleinen Zuspruchs und Beweises bedarf",[42] um dem Kind in uns die Furcht vor dem Tode zu nehmen,[43] hebt Gregors Zweifel (nicht zufällig, wie wir noch sehen werden) die Unbestimmbarkeit der Seele hervor[44] und entwickelt - in wahrscheinlicher Anlehnung an epikureische Ansätze[45] - die irrationalen Gründe, durch welche die Menschen meistens zum Glaubenssatz von der ewigen Fortdauer der Seele geführt werden:

"Als Befehle erscheinen die 'göttlichen Stimmen' (τὰς θείας φωνάς), durch die wir zur Annahme der ewigen Fortdauer der Seele gezwungen werden. Nicht durch einen Vernunftgrund wurden wir zu diesem Glaubenssatz geführt, sondern unser Geist scheint durch eine Art innerer sklavischer Furcht den befohlenen Satz anzunehmen, nicht aber aus freiem Antrieb ihm beizustimmen. Gerade darum wird unsere Trauer um die Dahingeschiedenen besonders herb, weil wir nicht genau wissen, ob jene 'lebensstiftende Ursache' an sich noch ist und wo sie ist und in welchem Zustand, oder ob sie nimmermehr (οὐδαμῇ οὐδαμῶς (= an keinem Ort und in keiner Weise (mehr))) ist. Denn die Ungewißheit des wahren Sachverhaltes (ἡ τοῦ ἀληθῶς ὄντος ἀδηλία) macht die Meinungen darüber gleichstark, und den einen scheint diese Meinung die Wahrheit zu treffen, den anderen die entgegengesetzte. Und es gibt wohl bei den Griechen manche Männer, deren Name in der Philosophie groß geschrieben wird, welche diese Theorie annahmen und lehrten" (de an. et resurr. 17 AB).

Makrina reagiert ziemlich heftig auf diese Worte ihres Bruders und mahnt ihn, das "dumme Zeug" der Heiden beiseitezuschieben (17 B: Ἔα ... τοὺς ἔξωθεν λήρους), "in dem der Erfinder der Lüge mit verführerischem Reize falsche Ansichten zum Nachteil der Wahrheit zusammenstellt." Hier scheint zum ersten Male ein gnostischer Wahrheitsbegriff durchzuschimmern; in Wahrheit handelt es sich aber um ein gängiges theologisches Schlagwort, das durch seine Rigorosität allein kirchenpolitischen Rücksichtsnahmen dient, ohne das Denken Gregors in "de anima et resurrectione" im geringsten zu beeinflussen. Anschließend mahnt Makrina ihren Bruder noch, seine Aufmerksamkeit darauf zu richten, "daß eine solche Anschauung über die Seele nichts anderes wäre als die Abwendung (Entfremdung) von der Tugend und die Hinwendung einzig auf den flüchtigen Genuß des Augenblickes (πρὸς τὸ παρὸν ἡδὺ μόνον βλέπειν (= auf die "süße Gegenwart"))und damit die Lossagung von der Hoffnung auf ein Leben, das von *zeitüberlegener Dauer* ist (τὴν δὲ τοῖς αἰῶσιν ἐνθεωρουμένην ζωήν (=das auf die Äonen sich beziehende Leben)),wodurch allein der Tugend der Vorrang gebührt" (17 B).[46] Hier macht sich zuerst bemerkbar, daß ein Leben von "zeitüberlegener Dauer" für Gregor von Nyssa offenkundig zur Aretê gehört. Was heißt aber eigentlich ein Leben von "zeitüberlegener Dauer"? Wenn man den Ausdruck αἰών richtig auslegen will, heißt es ein Leben, das den Umständen und den vorübergehenden Augenblicken - "dem flüchtigen Genuß des Augenblickes" - überlegen ist. Im Laufe unserer Untersuchung wird der Charakter dieser Zeitüberlegenheit deutlicher herauskristallisiert werden: Sie bekundet sich nicht darin, daß das Ewige, dem sich die Seele zuwendet, Vergangenheit und Zukunft vergessen läßt, sondern - in schlagender Übereinstimmung mit Platon - gerade in der Art, wie die Zeit als *Ganzes* überblickt wird.[47] Dieser "Ganzheit" und der dadurch gewährleisteten einheitlichen Lebenshaltung der Tugend dient auch der Glaube an die Unsterblichkeit der Seele. Ohne den Glauben oder die *Hoffnung* [48] auf die Unsterblichkeit der Seele versinkt die auf ein festes einheitliches Ziel gerichtete Tugend Gregors, bzw. Platons in der nichtigen, kurzatmigen Perspektivität des in *verschiedene* Momente aufgeteilten "zeitlichen" Lebens.

Gregor stimmt daher Makrina emphatisch zu, "daß das Menschenleben seines herrlichsten Gutes, der Tugend verlustig geht, wenn nicht der Glaube an das Fortleben der Seele in uns feste Wurzeln gefaßt hat. Denn wie könnte die Tugend bei denen Eingang finden, die als Grenze des Seins das gegenwärtige Leben betrachten und nach demselben auf nichts mehr hoffen?"[49] Der metaphysische Zusammenhang von Ethik und Ontologie taucht hier in seiner klassischen bis noch vor etwa zwei Jahrhunderten maßgebenden Form auf. Auch die Tugend verliert für Gregor ihren Sinn, wenn man nicht "zu einer festen und unerschütterlichen Überzeugung über das Fortleben (διαμένειν (=Verbleiben)) der Seele gelangen" kann (17 C). Iwan Karamasow hat im Roman *Die Brüder Karamasow* von Dostojewskij diesen Sachverhalt kurz aber klar ausgesprochen, denn er glaubt, daß es keine Tugend ohne Unsterblichkeit gibt. Die Einheit von Ontologischem und Normativem in dieser Hinsicht betont charakteristischerweise auch Moses Mendelssohn. In seinem "Phädon" - diesem bemerkenswerten Bestseller des 18. Jahrhunderts,[50] der in einer Zeit fortschreitender wissenschaftlicher Aufklärung und Skepsis im Anschluß an den platonischen "Phaidon" die Erneuerung der Unsterblichkeitstheorie und damit die Ehrenrettung der Metaphysik anstrebt - ruft der gute Mann von ganzem Herzen aus:

> "Ist unsere Seele sterblich, so ist unsere Vernunft ein Traum, den uns Jupiter geschickt hat, uns Elende zu hintergehen; so fehlet der Tugend aller Glanz, der sie in unsern Augen göttlich macht; so ist das Schöne und Erhabene, das sittliche so wohl als das physische, kein Abdruck göttlicher Vollkommenheit; (denn nichts vergängliches kann den schwächsten Strahl göttlicher Vollkommenheit fassen;) so sind wir, wie das Vieh, hierher gesetzt worden, Futter zu suchen und zu sterben; so wird es in wenigen Tagen gleich viel seyn, ob ich eine Zierde, oder Schande der Schöpfung gewesen, ob ich mich bemühet die Anzahl der Glückseligen, oder der Elenden zu vermehren;"[51]

Eine solche Möglichkeit aber stößt sich direkt an der Grundannahme Mendelssohns, nämlich an seinem Vertrauen in die Vorsehung Gottes, und wird ohne weiteres beiseitegeschoben. Mendelssohn erschließt hingegen das Fortleben, und zwar das personale Fortleben der Seele[52] gerade aus der Tatsache, daß "das Fortstreben in dem menschlichen Leben keine Grenzen" kennt, daß das Leben ein beständiges "Zunehmen an innerer Vortrefflichkeit" ist, dem das Herabsinken der vernünftigen Seele in die Nichtexistenz oder aber auch auf die Stufe der bloß empfindenden oder gar der schlafenden Seele - immer unter der Voraussetzung der göttlichen Vorsehung - widerspräche.[53] Unmittelbar darauf folgt noch die These von der "Harmonie der moralischen Wahrheiten", auf die Mendelssohn selbst als auf eine Neuerung hinweist[54]: Die Menschen haben, "als moralische Wesen, ein System von Pflichten und Rechten, das voller Ungereimtheiten und Widersprüche seyn würde, wenn sie auf dem Wege zur Vollkommenheit gehemmt und zurück gestoßen werden sollten."[55] Ein wenig konkreter: wäre die Seele sterblich, so wäre nach Mendelssohn "das gegenwärtige Daseyn das höchste Gut"; nun kann das Vaterland mit Recht verlangen, daß ein Bürger das Leben preisgebe; dieser Bürger aber hat, wenn das Leben sein höchstes Gut ist, das Recht, sein Leben mit allen Mitteln gegen jedermann, also auch durch Aufruhr gegen sein Vaterland zu verteidigen; es gäbe dann also "einen Krieg, der auf beiden Seiten gerecht ist", ... "ein gleiches Recht und Gegenrecht" - was für Mendelssohn absurd ist.[56]

Auch bei Platon taucht freilich die Verbindung von ontologischer und normativer Ebene, in der Bestimmung des Geistes etwa oder der Sinnlichkeit, deutlich auf.[57] Auch für ihn ist der Unsterblichkeitsgedanke ein Grund der Zuversicht für den Sterbenden (vor allem: den sterbenden *Philosophen*). Dennoch ist Platon, wie Leo Strauss in bezug auf Mendelssohn mit Recht bemerkt,[58] weit davon entfernt, direkt zu behaupten, daß ohne den Glauben an ein Fortleben nach dem Tode der Unterschied zwischen dem rechten und dem verkehrten Leben seinen Sinn verliert (Mendelssohn, "Phädon", 79 f) und die Tugend verschwindet (Gregor von Nyssa, de an. et resurr. 17 B - 20 A).

Wenden wir uns aber wieder kurz dem Proömium der "Macrinia" zu! An die Worte ihres Bruders über die Verflochtenheit von Tugend und Fortleben der Seele anschließend, konstatiert Makrina selber, wie wir schon betont haben, das zu Skepsis neigende Denken Gregors und bittet ihn ausdrücklich, die Verteidigung der entgegengesetzten materialistischen Anschauungen zu übernehmen,-"wenn doch so die wahre Ansicht durch den 'Wider-spruch' (μετὰ τὴν ἀντίθεσιν (=durch die "Gegenposition")) gesucht werden könnte!"[59] So wird die platonische Dialektik,die Kunst nämlich, "ein Gespräch zu führen, d.h., das Für und Wider gemeinsam zu erwägen",[60] auch bei Gregor von Nyssa programmatisch in den Dienst der Wahrheitssuche gestellt. Auf dem Weg der Wahrheitssuche werden nun auch Makrina und Gregor nicht selten "in jene eigentümliche Nähe" kommen, "die Dialogpartner noch im Gegensatz bewahren", so daß sie am Ende als Partner eines verinnerlichten Dialogs erscheinen müssen, "in dem es Rede und Widerrede gibt, aber auch Anspruch und Entsprechung."[61] Gregor wird sich natürlich bemühen, diesen Tatbestand so wie seinen Zweifel überhaupt zu verheimlichen: Emphatisch bittet er seine Schwester, die Einwände, die er gleich vorbringen wird, nicht für ernst zu halten; "sie sollen einzig dazu dienen, das Seelendogma fest zu begründen, - zu diesem Zweck (allein) seien die Widerstrebenden vorgeladen."[62]. Allein die doktrinäre Art und Weise, in der Gregor diese seine Versicherung einleitet (20 A: Ἐ π ε ι δ ή τοῦτο (sc. οὕτως - μετὰ τὴν ἀντίθεσιν ὁ τῆς ἀληθείας ἀναζητηθήσεται λόγος) ἐ κ έ λ ε υ σ ε),verrät aber schon die kirchenpolitische Funktion solcher absichtlich betonten Aussagen und zeigt,wie bewußt der "stille" Nyssener bei der Artikulation seiner Gedanken

Rücksicht auf seine frommen Leser zu nehmen weiß. Die "Widerstrebenden" und ihre Ansicht bestimmen in Wirklichkeit den Aufbau und die "Bewegung" des ganzen Dialogs "de anima et resurrectione". Schon eine erste Lektüre kann wohl aufzeigen, daß Gregor - in beachtenswerter Übereinstimmung mit Platons aber auch mit Mendelssohns "Phaidon" - seine ganze Seelenlehre (τὸ περὶ τῆς ψυχῆς δόγμα) unter dem Gesichtspunkt der *Polemik* gegen den Zweifel der "Widerstrebenden" aufbaut.[63]

Das Einleitungsgespräch ist beendet. In ihm geht es vor allem um die Angst vor der Unheimlichkeit des Todes. Es sind aber bereits hier auch die Elemente vorhanden, die in den späteren Gesprächen wiederkehren: Die Spannung zwischen Logos und Pathos, die Forderung nach Herrschaft des Geistes und Errichtung einer "zweiten Natur", die als "ursprünglich" und ideal der empirischen gegenübergestellt wird, die Idee der Totalität der Menschheit, die "Analogie" zum Existentialismus, die kirchenpolitischen Rücksichtsnahmen Gregors und die ihnen dienenden theologischen Schlagworte; auch die Anlehnung Gregors an den platonischen "Phaidon" läßt sich allerdings schon hier deutlich erkennen, so wie die universale Spannweite seiner Bildung und die Fähigkeit zu ihrer selbständigen Aufarbeitung. Wie Gregor aus neuplatonischen Anregungen schöpft und stoische Quellen *suo usu* benutzt, kann bereits in diesen ersten Gesprächen ebenfalls nachgewiesen werden. Schließlich deutet sich hier auch die auffallende Parallelität zum "Phädon" Moses Mendelssohns an. Aus allen diesen Gründen mußten wir das Einleitungsgespräch genauer untersuchen. Dieses Gespräch bildet in vieler Hinsicht die "prinzipielle" Grundlage des ganzen Dialogs "de anima et resurrectione", fixiert gleichsam seinen geistigen Ort.

ANMERKUNGEN

[1] De an. et resurr. 12 A (nach der Übersetzung von K. Weiß, BdK 56, 243);vgl. dazu vita S. Macrinae VIII/1, 388, 20 f (= MPG 46, 976 C f)

[2] Vita S. Macrinae, VIII/1, 390, 17 f (=MPG 46, 979 B); nach der Übersetzung von K. Weiß, BdK 56, 352

[3] Ebd. VIII/1, 390, 24 f (=MPG 46, 979 C)

[4] De an. et resurr. 12 AB. Ganz ähnlich auch in beat. MPG 44, 1216 C und besonders in Eccl. V 367, 18 f (=MPG 44, 692 C): κατ' ἐξουσίαν οἷόν τινα πῶλον τήν τῆς φύσεως ὁρμήν μικρόν ἀφείς ἐπισκιρτῆσαι τοῖς κάτω πάθεσι πάλιν ἀνεστόμωσα τῇ τῶν λογισμῶν ἡνίᾳ καί τῇ τοῦ νοῦ ἐξουσίᾳ ὑπήγαγον. Das für die gregorianische Interpretationsmethode nicht untypische Bild stammt aus dem sog. "Phaidros-Mythos" (Phaidr. 253 d ff), in dem die ontologische "Konstruktion" der Seele am Bildmotiv des rossebespannten Wagens veranschaulicht wird (hierzu vgl. P. Friedländer, Platon I 204). - Sehr nahe steht dieser"Macrinia"-Stelle auch Plat. Leg. 701 c_5 f. - Zum freien Variieren des aufschlußreichen "Phaidros-Mythos" in den Schriften des Nysseners vgl. Cherniss, The Platonism, S. 12-19. Cherniss betont mit Recht bei seinem Resultat die selbständige Modifikation des platonischen Motivs durch Gregor: "Moreover, the loose employment of the words and the free alteration of the *Phaedrus* figure in these passages scattered throughout Gregory's works seem to me sufficient evidence for the belief that in no case was he slavishly copying the account of a commentator or compiler but was himself applying in each instance to suit his need with varied emphasis the handy allegory he had found in the *Phaedrus* itself" (ebd., S.18).

[5] Poseidonios' bahnbrechende anthropologische Fragestellung hat bekanntlich den spätantiken Platonismus sehr stark beeinflußt. Es genügt hier auf seine Telos-Formel hinzuweisen, die mit der Forderung Makrinas in Einklang steht: τέλος ... τό ζῆν ... κατά μηδέν ἀγόμενον ὑπό τοῦ ἀλόγου μέρους τῆς ψυχῆς ... (Klemens, Strom. 2, 129; Stählin II 183,1o f).

[6] Vgl. de an. et resurr. 16 A: οὐ γάρ ἱκανόν εἰς διαβολήν ἡ τῶν ἀλογωτέρων συνήθεια.

[7] So ausdrücklich Plotin III 6, 6,1; ähnlich I 1, 3, 4 und 12. Die so bezeichnete Seele betrachtet freilich auch Plotin als das Eigentliche, das *Selbst* des Menschen (vgl. IV 7, 1, 15: ἡ ψυχή αὐτός). Porphyrios folgt unmittelbar Plotin. Siehe dazu H. Dörrie, Symmikta, S. 194 ff und weiter unten III 3 A, S. 192 f, Anm. 27.

[8] Vgl. de an. et resurr. 13 A und 1 Thess. 4,13

[9] De an. et resurr. 13 A - 16 A; an Stelle von πρός διαγωγήν (=MPG,Krabinger) muß es wohl πρός διαμονήν heißen (vgl. das Scholion Nr. 17 des lat. Übersetzers ad loc.). Korrekturbedürftig ist übrigens die Übersetzung von Karl Weiß, BdK 56, 243: "Selbst die geltenden Gesetze rechnen die Tötung eines Menschen unter die größten Verbrechen und verhängen für dieselbe die schwersten Strafen" (13 A: Ἀλλά καί τῶν ἐπικρατούντων νόμων (statt νόμον bei MPG) ἔσχατον ἐν ἀδικίαις καί ἔσχατον ἐν τιμωρίαις τοῦτο κρινόντων) und: "Nicht deshalb, weil sie (sc. die Heilkunde) gewissermaßen nach allen Regeln der Kunst gegen den Tod zu kämpfen scheint?"

(13 B: οὐκ ἐπειδὴ μάχεσθαί πως διὰ τῆς τέχνης δοκεῖ πρὸς τὸν θάνατον;).

[10] Zur Bedeutung des zentralen gregorianischen Begriffs πλήρωμα in der Anwendung auf die Menschennatur, siehe III 5, unten S. 316 f, Anm. 86

[11] Diese doppelte perspektivische Benutzung des Natur-Begriffs hat schon A.M. Ritter, *Die Gnadenlehre*, GRuPh, S. 208, Anm. 55, deutlich herausgestellt.

[12] Weiteres darüber in III 5, unten S.277 ff und bes. S. 283 ff, S. 298 ff

[13] Galenos de Hipp. et Plat.plac. III 5 (124) 297 ff, Müller = SVF II, 247 f (899): καὶ καρδίαν ἀλγεῖν οἱ κηδόμενοί τινων, ὡς ἂν κατὰ τὴν καρδίαν τῆς κατὰ τὴν λύπην ἀλγηδόνος γιγνομένης ... καὶ τὰ τῆς λύπης πάθη ἐνταυθοῖ (sc. κατὰ τὴν καρδίαν) που εὐφυῶς γίγνεται, οὐδενὸς ἄλλου συμπάσχοντος οὐδὲ συναλγοῦντος τόπου. ἀλγηδόνων γάρ τινων κατὰ ταῦτα γιγνομένων σφοδρῶν, ἕτερος μὲν οὐδείς ἐμφαίνει τόπος τὰ πάθη ταῦτα, ὁ δὲ περὶ τὴν καρδίαν μάλιστα. Galenos de Hipp. et Plat. plac. III 5 (V 332, Kühn, 299,Müller) = SVF I 51 (210): καὶ μηκέτι παρ'ἡμῶν ἑτέραν ἐπιζητεῖν ἀπόδειξιν ὑπὲρ τοῦ τοὺς φόβους καὶ τὰς λύπας καὶ πάνθ'ὅσα τοιαῦτα πάθη κατὰ τὴν καρδίαν συνίστασθαι. ἀλλὰ τοῦτο μὲν καὶ παρ'αὐτῶν ὁμολογούμενον λαμβάνεται τῶν Στωϊκῶν· οὐ μόνον γὰρ Χρύσιππος ἀλλὰ καὶ Κλεάνθης καὶ Ζήνων ἑτοίμως αὐτὸ τιθέασιν.

[14] Vgl. Diog. Laert. VII 111 = SVF III 99 (412); SVF III 100 (413 und 414); Nemesios, de nat. hom. 229. 8 = SVF III 101 (416)

[15] De an. et resurr. 12 AB. Siehe dazu oben S.169, Anm. 4

[16] Stobaeus ecl. II 90, 7 W = SVF III 95 (394) /Sperrung vom Verfasser/; ähnlich auch Diog. Laert. VII 118 = SVF III 261 (16): οὐδὲ μὴν λυπηθήσεσθαι τὸν σοφόν, διὰ τὸ τὴν λύπην ἄλογον εἶναι συστολὴν ψυχῆς,ὡς Ἀπολλόδωρός φησιν ἐν τῇ ἠθικῇ.

[17] Philo Leg. Alleg. I § 93, Wendl. I 85, 17 = SVF III 139 (519) /Sperrung vom Verfasser/.

[18] Diog. Laert. VII 107. 108. = SVF I 55 (230); SVF III 134 (491). Es ist jedoch wichtig zu beachten, daß der Terminus 'Kathekonta' von den Stoikern oft in doppelter Weise gebraucht wird. Entweder beschränkt er sich wirklich auf die "naturgemäßen" Handlungen jener mittleren Lebenssphäre, in der der Durchschnittsmensch meistens ohne direkten Bezug auf seine sittliche Bestimmung tätig ist. Dann stehen die Kathekonta im Gegensatz zu den Katorthomata und sind von ihnen im Wesen verschieden. Oder aber, der Terminus 'Kathekonta' umfaßt *alles* Tun, das unserer logosverwandten Natur entspricht, und schließt somit auch die Aktivität des Logos auf seinem eigenem Felde,die Katorthomata,ein.Dann werden diese zu den im weitesten Sinne zu verstehenden Kathekonta gerechnet, aber als die "vollkommenen"(τέλεια) Kathekonta von den einfach "zukommenden" Handlungen gesondert. Zu diesem letzterem Fall vgl. Cicero, de finibus IV 14 = SVF III 5 (13); SVF III 134 (494). Zu den Begriffen καθῆκον und κατόρθωμα siehe auch M. Forschner, Die stoische Ethik, S. 183-216. Das Verhältnis der relativen zu der vollkommenen Sittlichkeit bei der Stoa thematisiert sehr vorsichtig Max Pohlenz, Die Stoa I, S. 128-131.

[19] Vgl. W. Jaeger, Nemesios von Emesa.Quellenforschungen zum Neuplatonismus und seinen Anfängen bei Poseidonios, bes. S. 120 ff

[20] Vgl. E. Skard, Nemesiosstudien I-V. Symbolae Osloenses XV-XIX und XXII, Oslo 1936-42

[21] Man sollte allerdings bemerken, daß auch Demokrit die geistige Kraft des Menschen nicht übersehen hat. Wie aus seinem - bei Diodor am deutlichsten erhaltenen - Μικρός διάκοσμος zu erschließen ist, weiß er die entscheidende Rolle des Scharfsinns zur Selbsterhaltung und Emanzipation des Menschen wirklich zu schätzen: καθόλου γὰρ πάντων τὴν χρείαν αὐτὴν διδάσκαλον γενέσθαι τοῖς ἀνθρώποις, ὑφηγουμένην οἰκείως τὴν ἑκάστου μάθησιν ε ὐ φ υ ε ῖ ζώῳ καὶ συνεργοὺς ἔχοντι πρὸς ἄπαντα χεῖρας καὶ λόγον καὶ ψ υ χ ῆ ς ἀ γ χ ί ν ο ι - α ν (Diodor 1,7, 1 = VS II 136, 12 f /Sperrung vom Verfasser7).Sehr beachtenswert ist auch, daß der bei dem bekannten byzantinischen Gelehrten des 12. Jahrhunderts, I. Tzetzes, Scol. z. Hesiod. (Gaisford Poet.gr.min. III 58 = VS II 138, 4 ff), erhaltene letzte Ausläufer des durch Hekataios von Abdera vermittelten Demokritischen Diakosmos auch von einem "goldenen" einfachen Urzeitalter spricht, in dem die Menschen frei und solidarisch lebten: τοιαύτῃ συζῶντες τῇ εἱμαρμένῃ βίον ἁπλοῦν καὶ ἀπέριττον καὶ φιλάλληλον εἶχον δίχα πυρὸς ἐπιγνώσεως, οὐ βασιλεῖς, οὐκ ἄρχοντας, οὐ δεσπότας κεκτημένοι, οὐ στρατείας, οὐ βίας, οὐχ ἁρπαγάς, ἀλλὰ φιλαλληλίαν μόνον καὶ τὸν ἀπέριττον βίον ζῆν εἰδότες. Ebd. wird der tierähnliche Urzustand, aus dem der Mensch sich erst allmählich emporgearbeitet hat,in auffallender Entsprechung zu der kulturgeschichtlichen Skizze Gregors von Nyssa geschildert: οἱ τότε δὲ τῶν ἀνθρώπων ἁπλότητος ὄντες καὶ ἀπειρίας ἀνάμεστοι οὐδεμίαν οὔτε τέχνην οὔτε γ ε ω ρ γ ί α ν ἐπίσταντο οὔτ' ἄλλο οὐδέν, ο ὔ τ ε   ὅ τ ι   ἐ σ τ ι   ν ό - σ ο ς ἢ θ ά ν α τ ο ς ἐ π ε γ ί γ ν ω σ κ ο ν, ἀλλ'ὡς ἐπὶ κοῖτον ἐπὶ τὴν γῆν πίπτοντες ἀπέψυχον οὐκ εἰδότες ὃ πάσχουσι·φιλαλληλίαν δὲ μόνον ἀσκοῦντες ἀγελαῖον διέζων τὸν βίον δίκην ποιμνίων ἐπὶ νομὰς ἐξιόντες καὶ τοῖς ἀκροδρύοις κοινῶς καὶ τοῖς λαχάνοις τρεφόμενοι. καὶ ἀλλήλοις κατὰ θηρίων προσεβοήθουν καὶ σ υ ν ε μ ά χ ο υ ν γ υ μ ν ο ὶ γ υ μ ν α ῖ ς τ α ῖ ς   χ ε ρ σ ί ·γυμνοὶ δὲ οὕτω τυγχάνοντες καὶ σ κ έ π η ς καὶ χρημάτων ὄντες ἐπιδεεῖς καὶ μηδὲ καρποὺς καὶ ἀκρόδρυα πρὸς ἀποθήκας συναγαγεῖν εἰδότες, ἀλλὰ μόνην ἐσθίοντες τροφὴν τὴν ἐφήμερον χειμῶνος γεγονότος πολλοὶ διεφθείροντο. λοιπὸν κατὰ μικρὸν τὴν ἀνάγκην σχόντες διδάσκαλον τὰ κοῖλα τῶν δένδρων καὶ τὰ δάσεα καὶ τὰς σχισμὰς τῶν πετρῶν καὶ τὰ σπήλαια ὑπεδύοντο καὶ τοὺς καρπῶν δυναμένους φυλάττεσθαι μόλις γνωρίσαντες καὶ ἅπαξ αὐτοὺς συναγείραντες ἐν τοῖς σπηλαίοις ἐναπετίθεντο, καὶ τούτοις ἐτρέφοντο δι' ὅλου ἐνιαυτοῦ (VS II 137, 36 ff /Sperrung vom Verfasser7).

[22] Vgl. Galenos XVII A,5 Kühn:ὑπὸ τῆς τοῦ περιέχοντος δυσκρασίας.Wie E. Skard,Nemesiosstudien II, SO XVII 16, gezeigt hat, wurde dieser Ausdruck neben vielem anderen von Nemesios direkt ausgeschrieben; so in de nat. hom. 51, 23: Der Mensch bedarf des Hauses - wegen der Tiere und auch διὰ τὰς δυσκρασίας τοῦ περιέχοντος.Siehe auch Galenos in Hipp. de nat. hom. 63, 18; 92, 2-5; 100, 11 μὴ γυμνὸν ὁμιλεῖν τῷ περιέχοντι χρήσιμον   (ed.Mewaldt,Helmreich, Westenberger).

[23] Vgl. Galenos, in Hipp. de nat. hom. 66, 1 ἀναστομωθέντα ἀγγεῖα; 66, 3 ἐὰν μὴ ἀναστομωθῇ (ἀγγεῖον);in Hipp. de vic. acut. 175, 24; 284, 24 (ed. Mewaldt, Helmreich, Westenberger).

[24] Dazu Ludwig Englert,"Untersuchungen zu Galens Schrift 'Trasyboulos'", Leipzig 1929 (Studien zur Geschichte der Medizin 18), S. 47.

[25] de an. et resurr. 20 B: Λυθείσης δὲ τῶν στοιχείων τῆς ἐν τῷ σώματι συμφυΐας ,ἐπὶ τὸ οἰκεῖον ἐν ἑκάστῳ γίνεται κατὰ τὸ εἰκὸς ἡ ῥοπὴ αὐτῆς φύσεως τῶν στοιχείων, δι'ὁλκῆς τινος ἀναγκαίας τῇ ὁμογενεῖ τὸ οἰκεῖον ἀποδιδούσης. Τῷ τε γὰρ θερμῷ πάλιν τὸ ἐν ἡμῖν ἑνωθήσεται, καὶ τῷ στερρῷ τὸ γεῶδες, καὶ τῶν λοιπῶν ἑκάστῳ πρὸς τὸ συγγενὲς ἡ μεταχώρησις γίνεται.

[26] Hipp. I 15 (3. VI 38, 10-14 L): καὶ πάλιν γε ἀνάγκη ἀποχωρεῖν εἰς τὴν ἑαυτοῦ φύσιν ἕκαστον τελευτῶντος τοῦ σώματος τοῦ ἀνθρώπου, τό τε ὑγρὸν πρὸς τὸ ὑγρὸν καὶ τὸ ξηρὸν πρὸς τὸ ξηρὸν καὶ τὸ θερμὸν πρὸς τὸ θερμὸν καὶ τὸ ψυχρὸν πρὸς τὸ ψυχρὸν (Galenos in Hipp. de nat. hom. 29 (ed. Mewaldt, Helmreich, Westenberger)).

[27] De an et resurr. 16 A; der Konditionalsatz : κἂν τοῖς σαρκοβόροις προθῇς ist bei der Übersetzung von Karl Weiß, BdK 56, 244, völlig übersehen worden.

[28] Zu dieser in der neueren Gregorliteratur häufig diskutierten Frage vgl. P. Zemp, Die Grundlagen heilsgeschichtlichen Denkens bei G.v.N., S. 148. Siehe auch III 5, unten S. 316 f, Anm. 86 und 87.

[29] M. Heidegger, *Sein und Zeit*, S. 249, Anm. 1

[30] Ebd., S. 251 /Hervorhebung im Original/

[31] Vgl. vor allem de an. et resurr. 92 A: "Ἄνθρωποι μὲν γάρ, διὰ τὸ ἀεὶ πάντως ἐν κ ι ν ή σ ε ι τὴν φύσιν ε ἶ ν α ι, καθ' ὅπερ ἂν ἡ ὁρμὴ τῆς προαιρέσεως γένηται, κατ'ἐκεῖνο φ ε ρ ό - μ ε θ α /Sperrung vom Verfasser/. Siehe dazu auch III 5, S. 284 f, 302 f und bes. III 6, S. 347 ff.

[32] Siehe hierzu III 4 (Exkurs), unten S. 260 ff, bes.S. 265

[33] Zum dialektischen Verhältnis von Totalität und Individuum bei Gregor von Nyssa vgl. unten III 5, S.298 ff und bes. S. 316 ff, Anm.86 und 87. Hier verweisen wir nur auf die diesbezügliche glückliche Formulierung J.B. Schoemanns,"Gs.v.N. theol.Anthropologie als Bildtheologie", in: Schol 18 (1943), S.40: "Obschon es /das Menschheitsganze/ Summe von vielen ist,ist es dennoch *eines*, gleichsam ein einziger Leib, *ein* Mensch, *eine* Wesenheit. Die Einzelmenschen, die realiter *viele* sind, sind Menschen durch Teilhabe an dem objektiven, geschaffenen Ganzen, das realiter *eines* ist. Jedem Einzelmenschen ist es notwendig immanent, weil er dadurch Mensch ist. Es ist jedem Einzelnen immanent nach seiner Totalität, denn es ist *unteilbar*. Es ist aber dadurch, daß die vielen an ihm teilhaben, nicht vervielfältigt; denn es ist *eines*" /Sperrung, bzw. Hervorbung im Original/. Diesen dialektischen Sachverhalt hat Kierkegaard später im "Begriff Angst" in bezug auf die Geschichte herausgearbeitet. Eine treffende Zusammenfassung der kierkegaardschen Analyse, bietet Walter Schulz in seinem Aufsatz "Zum Problem des Todes", in: Der Tod in der Moderne, S. 181:"Jeder einzelne beginnt mit seiner Geschichte für sich von vorn und treibt dabei doch die Geschichte des Geschlechts voran, die aber eine eigene Dimension darstellt. Das heißt: Das Individuum kann ebenso wenig von der allgemeinen Geschichte abgelöst werden wie diese von der des Individuums, wobei die Geschichte des Individuums und die Geschichte des Geschlechts nicht nur unterschiedliche Tendenzen aufweisen können,

sondern auch beide in Bezug zueinander eine verschiedene Bewertung zu erfahren vermögen: man kann sich in der allgemeinen Geschichte verlieren oder die eigene Einzelheit überbetonen.".

[34] Man erinnere sich hier der schönen Cura-Fabel des römischen Mythographen des 2. Jahrhundert n. Chr. Hyginus, welche die "Sorge" bezeichnenderweise als das sieht, dem das aus Leib und Geist bestehende menschliche Dasein "zeitlebens" gehört: "Als einst die "Sorge" über einen Fluß ging, sah sie tonhaltiges Erdreich: sinnend nahm sie davon ein Stück und begann es zu formen. Während sie bei sich darüber nachdenkt, was sie geschaffen, tritt Jupiter hinzu. Ihn bittet die "Sorge", daß er dem geformten Stück Ton Geist verleihe. Das gewährt ihr Jupiter gern. Als sie aber ihrem Gebilde nun ihren Namen beilegen wollte, verbot das Jupiter und verlangte, daß ihm sein Name gegeben werden müsse. Während über den Namen die "Sorge" und Jupiter stritten, erhob sich auch die Erde (Tellus) und begehrte, daß dem Gebilde ihr Name beigelegt werde, da sie ja doch ihm ein Stück ihres Leibes dargeboten habe. Die Streitenden nahmen Saturn zum Richter. Und ihnen erteilte Saturn folgende anscheinend gerechte Entscheidung: "Du, Jupiter, weil du den Geist gegeben hast, sollst bei seinem Tode den Geist, du, Erde, weil du den Körper geschenkt hast, sollst den Körper empfangen. Weil aber die "Sorge" dieses Wesen zuerst gebildet, so möge, solange es lebt, die "Sorge" es besitzen. Weil aber über den Namen Streit besteht, so möge es "homo" heißen, da es aus humus (Erde) gemacht ist"." (Die Übersetzung stammt aus dem Aufsatz von K. Burdach, Faust und die Sorge. Deutsche Vierteljahresschrift für Literaturwissenschaft und Geistesgeschichte I (1923), S. 1 ff. Leicht zugänglich ist sonst die Fabula, auch in ihrer lateinischen Originalfassung, bei Heidegger, *Sein und Zeit*, S.197 ff, der sie als eine vorontologische elementare Vorzeichnung seiner eigenen existential-ontologischen Interpretation des Daseins als Sorge versteht.).

[35] Vgl. J.C.M. van Winden, "Das Christentum und die Philosophie", in dem Sammelband: Der Mittelplatonismus, S. 397

[36] *Sein und Zeit*, S. 199, Anm. 1. Gründliche Untersuchungen des Verhältnisses Augustins zu dem ihm in mehrfacher Hinsicht verwandten Gregor von Nyssa stehen leider noch aus. Es ist dennoch sehr wahrscheinlich, daß Augustin Gregors Schriften gelesen hat: Vgl. dazu Almut Mutzenbecher in der Einleitung zu: Augustin, "De sermone domini in monte", in: Corpus Christianorum, series latina 35, 1967, S. XIII-XVII; Maria-Barbara v. Stritzky: "Beobachtungen zur Verbindung zwischen Gregor von Nyssa und Augustin", in: VC 28 (1974), S. 176-185.

[37] Vgl. v.a. Phaid. 62 a; 84 d; 109,c f. Siehe dazu o. I 1, S. 28 f und S. 35 ff; I 2, S. 63 ff.

[38] Vgl. besonders de an. et resurr. 148 A ff. Sehr charakteristisch ist 149 BC /Sperrung vom Verfasser/: Τὸν γὰρ τοῦ ζ ῆ ν ἀρξάμενον ζ ῆ - σ α ι χρὴ πάντως, τῆς ἐν τῷ μέσῳ διὰ τοῦ θανάτου συμβάσης αὐτῷ διαλύσεως ἐν τῇ ἀναστάσει διορθωθείσης ("Denn wer einmal angefangen hat zu leben, muß notwendigerweise (fort-)leben, indem die Auflösung, welcher er durch den Tod anheimfällt, durch die Auferstehung wieder aufgehoben und gutgemacht wird."). Der neue positive Begriff des "Lebens" läßt sich allerdings schon bei Plotin finden: vgl. Plotin, περὶ τοῦ καλοῦ I 6, 5, 35 : οὐδὲ ζωὴν ἔτι ἔχουσαν (sc. τὴν αἰσχρὰν ψυχήν) οὐδὲ αἴσθησιν καθαράν, ἀλλὰ τῷ μίγματι τοῦ κακοῦ ἀμυδρᾷ τῇ ζωῇ κεχρημένην καὶ πολλῷ τῷ θανάτῳ κεκραμένη.

[39] De an. et resurr. 16 B: ⌈Ὅταν...⌉ τὸ δὲ ζωτικὸν ἐκεῖνο αἴτιον,ὅτι ποτε ἦν,ἀφανές τε καὶ ἄδηλον (:Krabinger, statt ἄδολον bei MPG) ἀθρόως γένηται, καθάπερ ἐπὶ λύχνου σβεσθέντος τῆς τέως ἐξαπτομένης ἐφ'ἑαυτοῦ φλογὸς οὔτε ἐπὶ τῆς θρυαλλίδος μενούσης, οὔτε ἑτέρωθί που μεθισταμένης, ἀλλ'εἰς ἀφανισμὸν παντελῆ μεταχωρούσης ... Ἔξοδον γὰρ ψυχῆς ἀκούσαντες, τὸ μὲν ὑπολειφθὲν ὁρῶμεν,τὸ δὲ χωρισθὲν ἀγνοοῦμεν,αὐτό τε ὅ τί ποτε κατὰ τὴν φύσιν ἐστί, καὶ εἰς ὅ τι μετακεχώρηκεν, οὐ γῆς, οὐκ ἀέρος, οὐχ ὕδατος, οὐκ ἄλλου τινὸς τῶν στοιχείων ἐν ἑαυτῷ δεικνύντος ἐκείνην τὴν δύναμιν τὴν τοῦ σώματος ἐκχωρήσασαν· ἧς ὑπεξελθούσης νεκρόν ἐστι τὸ ὑπολειφθὲν καὶ πρὸς διαφθορὰν ἤδη ἐκκείμενον.

[40] Sehr charakteristisch dafür sind die Stellen: VS I 198, 16; VS II 402, 1 ff: φιλοψυχοῦσι μέν,ὅτι τοῦτο ἡ ζωή ἐστιν, ἡ ψυχή. Siehe auch Arist. de an. B 4, 415 b_{13}: αἰτία δὲ καὶ ἀρχὴ τούτου (sc. τοῦ ζῆν) ἡ ψυχή.

[41] Phaid. 70 a_1 ff.Konkreter: Ähnlich ist vor allem die Veranschaulichung des Entschwindens der Seele als sich zerstreuender Rauch (Platon), bzw. als sich verzehrende Flamme (Gregor von Nyssa). Daß die Ähnlichkeit bis in den Wortlaut hineingeht, beweist die offenkundige Parallelität folgender Worte und Sätze: ἐκβαίνουσα (Phaid. 70 a_4; 77 d_8) - ἔξοδον ψυχῆς (de an. et resurr. 16 B); καὶ οὐδέν ἔτι οὐδαμοῦ ἦ (Phaid. 70 a_6; 84 b_7) - εἴτε οὐκ ἔστιν οὐδαμῆ οὐδαμῶς (de an. et resurr. 17 B); εἴπερ εἴη που αὐτὴ καθ'αὑτήν συνηθροισμένη ἡ ψυχή (Phaid. 70 a_6) - εἴτ'ἔτι ἐστὶ καθ'αὑτὸ τοῦτο τὸ ζωοποιὸν αἴτιον, καὶ ὅπη, καὶ ὅπως (de an. et resurr. 17 B).

[42] Phaid. 70 b_2: ... οὐκ ὀλίγης παραμυθίας δεῖται καὶ πίστεως.

[43] Vgl. Phaid. 77 e

[44] Vgl. de an. et resurr. 16 B: τὸ δὲ χωρισθὲν ἀγνοοῦμεν, αὐτό τε ὅ τί ποτε κατὰ τὴν φύσιν ἐστί

[45] Vgl. etwa die XVIII κύρια δοξασία Epikurs, nach der im Altertum als authentisch geltenden Anordnung des Diogenes Laertius, X. 144 (Epikur), Meiner 118

[46] Zu dem von Gregor häufig benutzten Ausdruck αἰών vgl. David L. Balás, "Eternity and Time in Gregory of Nyssa's Contra Eunomium", in: GRuPH 128 ff (bes. S. 133-135 ; 139 f; 143f;148; 152-155); P. Zemp, Die Grundlagen heilsgeschichtlichen Denkens bei G.v.N., S. 75-79. Obwohl der Terminus αἰών bei Gregor gewiß eine große Bedeutungsbreite hat und der genaue Sinn daher in jedem Einzelfall zu prüfen ist, kann man doch mit D.L. Balás wohl sagen,"daß αἰών bei ihm nicht(zeitlose)Ewigkeit, ja nicht einmal endlose Dauer bedeutet" (a.a.O., S. 155). Der dem Nyssener eigene Gebrauch des αἰών-Begriffs ist vielmehr, wie P. Zemp, a.a.O., S.79,mit Recht bemerkt hat, "im Kontext endlicher Zeitlichkeit, und ontologisch vertieft, im Kontext der Endlichkeit kreatürlichen Seins überhaupt zu suchen.". Gregor rückt diesen Begriff tatsächlich in die Nähe des διάστημα-Begriffs (vgl. hierzu unten, S. 273, Anm. 30). Das "diastematikon noema" des Aion hebt auch E.v. Ivánka, Plato Christianus, S. 157 ff, hervor. Die Übersetzung von Karl Weiß ad loc. "ein Leben, das erst in der Ewigkeit sich uns auftut" (BdK 56, 246) muß also korrigiert werden.

[47] Vgl. dazu die Lazarus-Allegorese in III 4 (Exkurs), unten S.260 ff

[48] Zur "guten Hoffnung" auf die Unsterblichkeit der Seele vgl. Phaid. 63 c, 64 a, 67 b, 68 a, 114 c; Greg. v. Nyss. de an. et resurr. 13 A, 17 B.

[49] De an. et resurr. 20 A

[50] Vgl. Dominique Bourel, Nachwort zur Entstehung des "Phädon", in: M. Mendelssohn, "Phädon", S. 161

[51] M. Mendelssohn "Phädon", S. 79, 22-32

[52] Der Aufbau des ganzen Beweiszusammenhangs im "Phädon" Mendelssohns wird besonders vorgezeichnet durch die auf Leibniz zurückgehende, in dessen Monadenbegriff begründete Unterscheidung zwischen Unvergänglichkeit und Unsterblichkeit (vgl. Theodizee, I § 89). Den in den beiden ersten Gesprächen geführten Beweis für die Unvergänglichkeit der Seele ergänzt also Mendelssohn mit dem im dritten Gespräch geführten Beweis für die personale Unsterblichkeit. Dieser Beweis bildet den Schwerpunkt des ganzen Werkes und bringt die eigenen Gedanken Mendelssohns am deutlichsten hervor, wie sie von dem Vertrauen in die Vorsehung beherrscht sind.

[53] M. Mendelssohn "Phädon", S. 104, 9 - 115, 18

[54] ebd., S. 9, 26

[55] ebd., S. 123, 16-19

[56] ebd., S. 115, 19-119,38

[57] Siehe dazu o. I 2, S. 62 f

[58] Leo Strauss, Einleitung zum "Phädon", JA III/1, S. XX

[59] de an. et resurr. 20 A: Εἴθ'οὕτως ὁ τῆς ἀληθείας μετὰ τὴν ἀντίθεσιν ἀναζητηθήσεται λόγος.

[60] H.G.Gadamer, Plato. Texte zur Ideenlehre, S.8

[61] Vgl. Michael Theunissen, "Zwangszusammenhang und Kommunikation", in: Kritische Theorie der Gesellschaft: zwei Studien. Berlin-New York 1981, S. 44. Zur vor-neuzeitlichen Bedeutung und Geschichte des "dialogischen Prinzips" vgl. etwa Rudolph Berlinger, Augustins dialogische Metaphysik,Frankfurt/M. 1962, bes. S. 70-76 und 216-237. Gute Einstiegschancen ins neuzeitliche *dialogische Denken* bietet übrigens der zweite Teil der Habilitationsschrift von M. Theunissen, Der Andere. Studien zur Sozialontologie der Gegenwart , Berlin-New York 1977², S. 241-482: "Die Philosophie des Dialogs als Gegenentwurf zur Transzendentalphilosophie".

[62] De an. et resurr. 20 B: ἀλλ'ὑπὲρ τοῦ βεβαίως κατασκευασθῆναι τὸ περὶ ψυχῆς δόγμα τῶν ἀντιπιπτόντων πρὸς τὸν σκοπὸν τοῦτον ὑποκληθέντων (statt: ὑπεκλυθέντων bei Migne und Krabinger).

[63] Nennt Platon die "Widerstrebenden" im "Phaidon" μισόλογοι (89 d$_1$) oder ἀντιλογικοί (101 e$_2$), so benutzt Gregor dafür neben der Bezeichnung ἀντιπίπτοντες (20 B) noch folgende Ausdrücke: οἱ ἀντιλέγοντες (24 C); οἱ ἀντιτύπως ἔχοντες (72 C); οἱ ἔξωθεν (129 A); οἱ ἀντιτεταγμένοι, οἱ ἐριστικοί (129 C).

3. DIE ÜBERWINDUNG DER TODESANGST DURCH DIE EINSICHT IN DIE ONTOLOGISCHE ANDERSHEIT DER SEELE

(Das Leib-Seele Verhältnis bei Gregor von Nyssa)

A. Die begriffliche Entsprechung zwischen Einfachem und Unauflösbarem

Gregor von Nyssa beginnt die möglichen Einwände der "Widerstrebenden" vorzutragen. Ihnen wird ein ausgesprochen physikalisches Verständnis der Seele unterstellt: Wo wird die Seele nach dem Tode sein? Es besteht zwar kein Zweifel, daß der Körper, als etwas Zusammengesetztes, sich vollständig in die Bestandteile auflöst, aus denen er besteht. Wo wird aber die Seele sein? *Entweder* ist sie *in* den Elementen des Körpers und das würde notwendigerweise (de an. et resurr. 20 C κατ'ἀνάγκην) heißen, sie ist selbst von derselben Art wie die Elemente. - "Denn Wesen verschiedener Natur könnten unmöglich eine Mischung (μῖξις) eingehen"(20 C). - Die mit den verschiedensten Qualitäten vermischte Seele würde sich dann als vielgestaltig (ποικίλη) und daher als auflöslich und sterblich erweisen.[1] *Oder:* Ist sie etwas anderes neben (21 A παρά) den Elementen, kann man ihren Ort kaum bestimmen. *In* den Elementen darf sie sich ja wegen ihrer Ungleichartigkeit nicht befinden; auch sonst läßt sich aber nichts anderes in der Welt finden, wo die Seele ein ihrer Natur entsprechendes Leben führen könnte. "Was aber nirgendwo ist, das ist überhaupt nicht" (21 A: ὃ δέ μηδαμῇ ἐστιν, οὐδέ ἐστι πάντως).

Offensichtlich schwebt ihm hier eine materialistische Auffassung der Seele vor, wie sie vor allem die Stoiker vertreten haben. Die Vermutung, daß durch diesen ersten naturphilosophischen Einwand die stoische Ansicht von der Seele hindurchschimmert, wird besonders durch den Begriff der Mischung (μῖξις) bekräftigt. Im Text Gregors kommt diesem Begriff eine Schlüsselfunktion zu, die eine eingehende Kenntnis der in der stoischen Seelenlehre so zentralen Mischungsproblematik voraussetzt. Die These etwa, daß Wesen verschiedener Natur unmöglich eine Mischung eingehen können, beruht auf der stoischen Definition der (ganz materiell verstandenen) μῖξις:

Μῖξιν δ'εἶναι δύο ἢ καί πλειόνων   σ ω μ ά τ ω ν   ἀντιπαρέκτασιν δι'ὅλων, ὑπομενουσῶν τῶν συμφυῶν περί αὐτά ποιοτήτων, ὡς ἐπί τοῦ πυρός ἔχει καί τοῦ πεπυρακτωμένου σιδήρου, ἐπί τούτων γάρ (δι') ὅλων γίγνεσθαι τῶν σωμάτων τήν ἀντι-

παρέκτασιν. Ὁμοίως δὲ κἀπὶ τῶν ἐν ἡμῖν ψυχῶν ἔχειν· δι'
ὅλων γὰρ τῶν σωμάτων ἡμῶν ἀντιπαρεκτείνουσιν, ἀρέσκει γὰρ
αὐτοῖς (sc. τοῖς ἀπὸ τῆς Στωϊκῆς αἱρέσεως) σ ῶ μ α δ ι ὰ
σ ώ μ α τ ο ς ἀντιπαρήκειν.[2]

Μῖξις ist nämlich für die Stoiker die Mischung, bei der zwei oder mehrere
Körper sich gegenseitig völlig durchdringen. Der Terminus bezeichnet insbesondere jene Mischung, bei der die körperlich gedachten Qualitäten Körper innig durchdringen; das typische Beispiel dafür war erhitztes Eisen. Vor allem
Chrysipp meinte damit den Vergleich gefunden zu haben, wie auch die Seele den
Körper durchdringt; so wie das Feuer sich mit dem Eisen vollkommen mischt,
das ganze Eisen durchdringt, und doch behält jedes seine Eigenart, so durchdringt auch die Seele materiell den ganzen Körper und wahrt doch ihr eigenes
Wesen - σῴζουσαν τὴν οἰκείαν οὐσίαν.[3] Das Axiom, von dem die ganze
stoische Mischungslehre ausgeht, heißt daher σῶμα διὰ σώματος χωρεῖ.[4]
Diese bereits von Zenon aufgestellte These, daß ein Körper den anderen vollkommen durchdringen könne,[5] kann als ein Kernpunkt der gesamten stoischen Lehre gelten. Schon Alexander von Aphrodisias machte von diesem "wunderbaren Dogma" (ἀπὸ τοῦ θαυμαστοῦ δόγματος) nicht nur die Mischungslehre, sondern
den größten Teil der stoischen Lehren abhängig, namentlich die von der Seele,
von der Vorsehung und von der Gottheit.[6] Daß auch οἱ τῷ ἐναντίῳ παριστάμενοι λόγῳ[7] in Gregors Text die Seele gerade unter der Perspektive des eben
dargestellten stoischen Axioms, als einen anderen Körper auffassen, darf nach
all dem als evident gelten. Die stoische Mischungslehre gewinnt darüber hinaus für viele Gedanken Gregors von Nyssa eine entscheidende Bedeutung. Wie
er häufig Anregungen und Beispiele, Begriffe und einzelne Termini aus ihrem
Bereich schöpft, werden wir noch sehen.[8] An dieser Stelle begnügen wir uns
mit dem Hinweis, daß der Nyssener in "Macrinia" erstaunlich bemüht ist, die
Gültigkeit seiner metaphysischen Thesen vom Naturwissenschaftlichen her überhaupt zu erweisen. Obwohl er von seinem christlich-neuplatonischen Gepräge
natürlich nichts aufgibt, sucht er nicht selten seine Seelenlehre zunächst
einmal in empirischen, nur aufs Materielle bezogenen Parametern gelten zu
lassen.

Verfolgen wir die Argumentation der materialistisch gesinnten Widersacher
weiter, so stellen wir eine merkwürdige Wendung fest, die sich besonders auf
den platonischen "Phaidon" beziehen läßt: Anstatt sich nämlich die durch den
Mischungsbegriff gewonnene Ansicht von dem an sich materiellen Charakter der

Seele direkt zu nutze zu machen, wenden sie sich dem scheinbar sekundären
Aspekt des Zusammengesetztseins der ohnehin materiell verstandenen Seele
zu. Von *diesem* Aspekt her, nicht von der Körperlichkeit der Seele an-sich,
wird auf die Auflösung und Sterblichkeit der Seele geschlossen.[9] Der locus
classicus der begrifflichen Entsprechung zwischen Auflösung und Zusammensetzung, wie sie gerade in Gregors Dialog dargelegt wird, ist aber gewiß
der platonische Dialog "Phaidon". Vom Zusammensetzen und Scheiden hatten
zwar auch Empedokles, Anaxagoras und die Atomisten geredet. Den Satz, daß
das Zusammengesetzte sich wieder auflösenlasse in das, woraus es sich zusammensetzt, daß hingegen das Unzusammengesetzte unauflösbar sei, hätten
wirklich auch Leukipp und Demokrit von den Körperzuständen und den Atomen
aufstellen können.[10] Platon trennt jedoch eindeutig das Zusammengesetzte-
Auflösbare von dem Unzusammengesetzten-Unauflösbaren, indem er der sichtbaren, zusammengesetzten, sinnlichen Gegebenheit der im dauernden Wechsel begriffenen Dinge das unsichtbare, unzusammengesetzte, übersinnliche Sein der
sich immer gleichbleibenden Ideen gegenüberstellt, denen auch die Seele zuzuschreiben ist.[11] In der Tat ist die Seele bei Platon, wie wir bereits betont haben, als Prinzip geistiger Erkenntnis ihrem spezifischen Gegenstandsbereich, den Ideen, verwandt – dem Unsichtbaren, Einfachen und Ewigen am
ähnlichsten – während dem Entgegengesetzten der Leib am ähnlichsten ist.
Der vielzitierte Passus Phaid. 80 a_{10}- b_5 stellt zusammenfassend
den radikalen, "dionysischen" Dualismus[12] Platons nochmals in aller Deutlichkeit heraus:

> Σκόπει δή, ἔφη, ὦ Κέβης, εἰ ἐκ πάντων τῶν εἰρημένων τάδε
> ἡμῖν συμβαίνει, τῷ μὲν θείῳ καὶ ἀθανάτῳ καὶ νοητῷ καὶ μονοειδεῖ καὶ ἀδιαλύτῳ καὶ ἀεὶ ὡσαύτως κατὰ ταὐτὰ ἔχοντι
> ἑαυτῷ ὁμοιότατον εἶναι ψυχή, τῷ δὲ ἀνθρωπίνῳ καὶ θνητῷ καὶ
> πολυειδεῖ καὶ ἀνοήτῳ καὶ διαλυτῷ καὶ μηδέποτε κατὰ ταὐτὰ
> ἔχοντι ἑαυτῷ ὁμοιότατον αὖ εἶναι σῶμα.[13]

So wird die Unsterblichkeit der Seele nach diesem Ansatz durch die Begriffe
der Unzusammengesetztheit, Unsichtbarkeit und Unveränderlichkeit begründet,
d.h. aber, wie H.G. Gadamer treffend sagt, "in Abhebung und Überbietung sinnlicher Gegebenheit."[14] Damit stoßen wir auf den dritten, sog. metaphysischen
"Unsterblichkeitsbeweis" des platonischen"Phaidon".[15] Dieser "Beweis" und besonders die Lehre von der Einfachheit, resp. Unzusammengesetztheit der Seele hat in der Philosophiegeschichte eine sehr weitreichende Wirkung gehabt.[16]

Eine erstaunlich starke Neubelebung erfährt dieser Gedanke offensichtlich auch bei Gregor von Nyssa. Vergleichen wir seinen Dialog "de anima et resurrectione" mit dem platonischen "Phaidon", so läßt sich in der Tat folgendes beobachten: Die von dem dritten metaphysischen Beweis des "Phaidon" zu widerlegende materialistische Auffassung, daß sich die Seele im Augenblick des Todes auflöse und wie "vom Winde verweht" verflüchtige,[17] entspricht völlig der in Gregors Text vorhandenen Ansicht von der Seele, die nur ein anderer Körper sei und nach dem Tode zerstreut werde.[18] Platon und Gregor von Nyssa haben also beide denselben - in verschiedener Ausprägung offenbar weitverbreiteten - Zweifel zu widerlegen, ob die Seele nämlich nach dem Tode nicht zerstreut werde. Beide suchen daher die "ontologische" Grundlage des im materialistischen Aspekt gelegenen Seelenbegriffs aufzulösen. Beide unternehmen dies anhand einer naturphilosophischen Begriffsbildung, bei der die Seelenattribute "unzusammengesetzt",resp. "einfach" und "unsichtbar" dominant sind. Und bei beiden wird schließlich die Transzendenz der Seele aus einem Analogieschluß erwiesen: Als Prinzip geistiger Erkenntnis ist die Seele der transzendenten Ideenwelt verwandt (Platon), - als ζῶον λογικόν ist der Mikrokosmos Mensch, das sei vorgreifend hier angedeutet, dem makrokosmischen Geist verwandt (Gregor von Nyssa). Nur daß Gregor die Begründung der "ontologischen" Andersheit der Seele ganz und gar sicherzustellen versucht, ehe er sich entschließt, die Attribute göttlichen, transzendenten Seins:"unzusammengesetzt", resp. "einfach" und "unsichtbar", der Seele direkt zuzuschreiben, um aus diesem Bezug die Unvergänglichkeit der Seele zu erschließen. Im Gegensatz zu Platon, der mit seinem dritten metaphysischen Beweis und dem Argument von der Einfachheit der Seele den rechten "ontologischen" Begriff von der Seele immer noch nicht erreicht und vor den nachfolgenden bohrenden Einwänden des Simmias (Phaid. 85 e_3 - 86 d_4: die Seele sei die Harmonie und die Mischung aus den Elementen des Leibes) und des Kebes (Phaid. 87 a - 88 b : die Seele sei die Lebenskraft und die organisierende Potenz des Leibes)den "Seinsunterschied" der Seele erneut zu erkämpfen hat,[19] um schließlich zu der Hypothesislehre des Eidos, i.e. zu den Ideen hinauszudenken, im Gegensatz dazu wendet sich Gregor von Nyssa der begrifflichen Entsprechung von Auflösung und Zusammensetzung und überhaupt dem Schicksal der Seele nach dem Tode erst zu, nachdem er in einem längeren Passus (de an. et resurr. 21 B - 44 B) die "ontologische" Andersheit der Seele und ihre Verbindung mit dem Körper genügend erläutert zu haben glaubt.[20] Erst nachdem er die durch den Analogieschluß (Makrokosmos-Mikrokosmos) erwiesene Transzendenz der Seele zusammenfassend noch einmal wiederholt hat, kann er der "dicken Masse" der aus Elementen zusammengesetzten lebendigen Körper das "Einfache und Unsichtbare der Seele" diametral gegenüberstellen: οὐδέ ἐπί τῶν ζώντων σωμάτων, καθώς ἤδη προείρηται, οἷς ἡ ὑπόστασις ἐκ τῆς τῶν στοιχείων ἐστί συγκρά- σεως, κοινωνία τις κατά οὐσίας λόγον ἐστι τῷ ἁ π λ ῷ τ ε κ α ί ἀ ε ι δ ε ῖ τῆς ψυχῆς πρός τήν σωματικήν παχυμέρειαν.[21] Folgen wir aber hier dem Gedankengang Makrinas weiter! Sie fährt folgendermaßen fort: "Und doch niemand bezweifelt, daß die lebensstiftende Energie der Seele *in* den Elementen des Leibes tatsächlich *ist*, aufgrund einer Verbindung, die den menschlichen Verstand überragt."[22] Daß "jene einfache und unzusammengesetzte Natur" (44 D τήν ἁπλῆν ἐκείνην καί ἀσύνθετον φύ- σιν), d.h. die S e e l e, *auch* nach der Auflösung des Körpers in seine Bestandteile bei jedem dieser Teile gegenwärtig bleibt, ist für Makrina - gewiß in Hinblick auf die christliche Perspektive der Auferstehung des ganzen Menschen - gar nicht unwahrscheinlich (οὐδέν ἔξω τοῦ εἰκότος).[23] Die Seele bleibt ja für immer (εἰσαεί) bei jenen materiellen Elementen des Körpers, mit denen sie einmal auf geheimnisvolle Weise vereinigt wurde.[24] "Denn es ist nicht zu fürchten, es werde das Nicht-Zusammengesetzte ebenfalls aufgelöst werden, wenn das Zusammengesetzte der Auflösung anheimfällt."[25]

Wie die beiden Pythagoreer in Platons "Phaidon" auf ihrer eigenen Basis beharren, die nicht wirklich vom sokratischen Selbstverständnis der Seele bestimmt ist, sondern vom Blick auf die Natur,[26] - so hat doch auch Gregor gegen diese Ansicht seiner Schwester eine Frage einzuwenden, die eindeutig zeigt, wie physikalisch er die Wirkung der Seele noch immer versteht: τί πείσεται ἡ ψυχή πολλαχῇ τοῦ ὀχήματος αὐτῇ διασπαρέντος (de an. et resurr. 45 B). Die Frage, wie es der Seele ergehen wird, wenn ihr das "Gefährt", d.h. der Körper, mit dem Tode in alle Windrichtungen zerstreut wird, stellt eine Vorstellung in den Vordergrund, die im Platonismus und im Hermetismus eine sehr große Rolle gespielt hat. Es handelt sich um die Vorstellung des Körpers (bzw. des halbmateriellen Zwischenwesens zwischen Seele und Körper),als eines ὄχημα τῆς ψυχῆς.[27] Dies Gefährt besteigt die Seele wirklich wie ein Wagenlenker den Wagen oder wie ein Steuermann sein Schiff. An dieses letzte Bild schließt Gregor unmittelbar an: ὥσπερ τις

ναύτης τῆς ὁλκάδος ἐν ναυαγίῳ διαλυθείσης ἀδυνατῶν πᾶσι τοῖς
τοῦ πλοίου μορίοις ἄλλοις ἀλλαχῇ τοῦ πελάγους ἐσκεδασμένοις
κατ'αὐτὸν ἐπινήξασθαι ... Der Tod wird hier mit einem Schiffbruch verglichen : Die im Meer umhergeschleuderten Teile des zertrümmerten Schiffes stellen in einem ausgesprochen ästhetischen Bild die Gegensätzlichkeit und Zerstreuung der Leibeselemente nach dem Tode dar; die Ohnmacht des Matrosen auf allen diesen Teilen zugleich zu schwimmen, veranschaulicht die Verlegenheit, ja die Unmöglichkeit des Fragenden, den postmoralen Existenzmodus einer materiell verstandenen Seele zu erfassen. Makrina verdeutlicht daraufhin noch einmal den transzendental dynamischen Charakter der *einfachen* Seele, die ihrer wahren Natur nach reiner Geist ist (vgl. 45 D νοερά φύσις; 48 A διάνοια, τὸ θεωρητικὸν τῆς ψυχῆς) und alle Kausalzusammenhänge der physikalischen Welt zu sprengen vermag: "Das Geistige (τὸ νοητόν) und das Ausdehnungslose (τὸ ἀδιάστατον) zieht sich doch weder zusammen, noch dehnt es sich aus -, nur Körpern kommt ja Zusammenziehen und Ausdehnung zu - , sondern gemäß seiner eigenen unsichtbaren und körperlosen Natur (κατὰ τὴν ἰδίαν φύσιν τὴν ἀειδῆ καὶ ἀσώματον) ist es sowohl dem Zusammenströmen der Elemente um den Körper als auch ihrem Trennen gleichmässig gegenwärtig."[28] Auch die Gegensätzlichkeit und die Zerstreuung der Elemente ist demnach kein Hindernis für die raumüberlegene, geistige Natur der Seele, ihnen nahe zu sein, mögen sie nun vereint und verbunden oder aufgelöst und zerstreut sein:

"Denn wie bei der Verschmelzung von Gold und Silber eine gewisse technische Kraft (τεχνική τις δύναμις) sich doch bemerken läßt, welche die Stoffe zusammengeschmolzen hat, und der *Logos* der Kunst (ὁ τῆς τέχνης λόγος) auch dann, wenn der eine Stoff von dem anderen wieder geschieden wird, bei jedem derselben bleibt, so daß die Materie sich zerteilte, die Kunst aber (ἡ δὲ τέχνη) nicht (zugleich zergliedert wurde) -, denn wie sollte 'das *Unteilbare* (τὸ ἄτμητον) zerteilt werden? - ebenso (κατὰ τὸν αὐτὸν λόγον = analog) wird auch die geistige Natur der Seele (ἡ νοερὰ τῆς ψυχῆς φύσις) sowohl bei der Verbindung der Elemente erkannt, als auch bei deren Auflösung nicht ausgeschieden, sondern sie bleibt in ihnen; und bei ihrem Auseinandergehen wird sie, wenn auch sie die Elemente dabei begleitet (συμπαρεκτεινομένη), gar nicht zerstückelt, noch etwa nach der Zahl derselben in Teile und Stücke zerkrümelt (εἰς μέρη καὶ τμήματα κατακερματίζεται). Letzteres kann bei der körperlichen und dimensionalen Natur vorgenommen werden, dagegen die geistige und "dimensionslose" Natur (ἡ δὲ νοερά τε καὶ ἀδιάστατος φύσις) ist über dimensionale Bestimmungen erhoben. Die Seele also *ist* in den Elementen, in denen sie einmal geworden ist, und nichts (οὐδεμιᾶς ἀνάγκης =

keine Notwendigkeit) ist imstande, sie von der Verwachsenheit mit ihnen (τῆς πρὸς ἐκεῖνα συμφυΐας) loszureißen. Was ist also Trauriges daran, wenn gegen das Sichtbare das Unsichtbare (τὸ ἀειδές) eingetauscht wird und warum ist dein Geist (ἡ διάνοια) so gegen den Tod eingenommen?"[29]

Hier vergleicht Gregor zunächst die Situation der Seele, oder besser gesagt: der Denkseele (ἡ νοερὰ τῆς ψυχῆς φύσις), vor und besonders nach dem Tode mit der Art, wie sich die Kunst der Verschmelzung zu ihrem Material verhält: Wie die Kunst der Verschmelzung bei der Absonderung der einzelnen Materialien nicht mitzerteilt wird, so wird auch die Seele nicht zerkrümelt, wenn die Elemente des Körpers beim Tode sich voneinander trennen. So wie die τέχνη etwas Unteilbares, ein ἄτμητον darstellt, so auch die νοερὰ τῆς ψυχῆς φύσις. Diese Téchne-Metapher Gregors stammt sehr wahrscheinlich von Aristoteles.

In dem berühmtem Kap. III 5 von Aristoteles' Schrift περὶ ψυχῆς vergleicht dieser die Tätigkeit des sog. "konstruktiven Geistes", des "nous poiētikos"[30], mit der Art, wie sich die Kunst zu ihrem Material verhält. So heißt es in de an. 430 a_{10}:

    Ἐπεὶ δ' /ὥσπερ/ ἐν ἁπάσῃ τῇ φύσει ἐστί /τι/ τὸ μὲν ὕλη ἑκάστῳ
    γένει (τοῦτο δὲ ὃ πάντα δυνάμει ἐκεῖνα), ἕτερον δὲ τὸ αἴ-
    τιον καὶ ποιητικόν, τῷ ποιεῖν πάντα, ο ἷ ο ν ἡ τ έ χ ν η
    π ρ ὸ ς τ ὴ ν ὕ λ η ν πέπονθεν, ἀνάγκη καὶ ἐν τῇ ψυχῇ
    ὑπάρχειν ταύτας τὰς διαφοράς. καὶ ἔστιν ὁ μὲν τοιοῦτος
    νοῦς τῷ πάντα γίνεσθαι, ὁ δὲ τῷ πάντα ποιεῖν, ὡς ἕξις τις,
    οἷον τὸ φῶς.

Die Art und Weise, in der Gregor diese aristotelische Gegenüberstellung von ὕλη und τέχνη auf den stoischen Themenkreis der "Vermischung" bezieht, und sie als Modell zur Erklärung seines spezifischen platonischen Schemas "zusammengesetzter/auflösbarer Körper - unzusammengesetzte/unauflösbare Seele" benutzt, deutet die Möglichkeit einer direkten Beziehung des Nysseners zur aristotelischen Schrift *de anima* an. Diese Behauptung wird sich im Laufe unserer Untersuchung mehrmals bestätigen.[31] Bereits hier müssen wir aber festhalten, daß die Seele bei Gregor in ganz auffallender Weise an die Stelle und Funktion des konstruktiven Geistes, des "nous poiētikos" bei Aristoteles rückt, jenes wirkenden, schaffenden, unsterblichen Geistes also, der, aller Individualität enthoben, bezeichnenderweise als νοῦς χωριστός καί ἀπαθής καί ἀμιγής, τῇ οὐσίᾳ ὤν ἐνέργεια ... μόνον ἀθάνατον καί ἀΐδιον [32] bestimmt wird. Und so wie bei Aristoteles das andere Niveau des Geistes, der sog. "rezeptive Geist", der παθητικός νοῦς, der die Eindrücke der Außenwelt empfängt und von ihnen affiziert wird, im lebenden Menschen gewissermaßen ὕλη des νοῦς ἀπαθής ist,[33] so wird sich auch bei Gregor von Nyssa der Körper und jene dazugehörenden affizierbaren Funktionen des "Irrational-Seelischen" als ὕλη der wirkenden, leidenschaftslosen, unheimlichen Denkseele, erweisen. Das Attribut "unheimlich" haben wir hier der Denkseele, dem Geist, bewußt zugeschrieben. Denn ähnlich wie Aristoteles die erschreckende These zu vertreten scheint, daß der νοῦς von außen her (ἔξωθεν) in uns hereintritt und *postea* von uns angeeignet wird, betont auch Gregor in aller Deutlichkeit die metaphysische Andersheit des menschlichen Geistes,[34] die näher als ἁπλοῦν, νοητόν und ἀδιάστατον umschrieben wird. Besonders die metaphysische Einfachheit des menschlichen Geistes ist in unserem Text derart aller weltlichen (jüdisch-christlich gesagt: geschöpflichen) Zusammengesetztheit enthoben,[35] daß sie als Bestimmung schlechthin eines der Welt (bzw. der Schöpfung) entrückten Göttlichen gelten kann. Diese Bestimmung wird dabei völlig griechisch verstanden: sie kennzeichnet ein reines, innerlich einheitliches und daher unteilbar-unzerstörbares, mit dem Göttlichen gleichzusetzendes Wesen.[36] Ein solches einfaches und göttliches Wesen ist in "Macrinia" zweifellos der menschliche Geist. Daß Gregor in einem anderen Text, in "De Spiritu Sancto" III/1, 92, 16 f, die ἁπλότης nicht mit der Unzusammengesetztheit/Unauflösbarkeit, sondern mit dem "Sich-an-sich-selbst-das-Gute-Haben" verbindet, und sie als solche der Natur des Zusammengesetzten gegenüberstellt, welche nur durch Teilhabe (ebd. 16 ἐκ μετουσίας) das Gute erreichen kann, deutet unseres Erachtens möglicherweise genügend hin 1. auf die besondere Orientierung der "Macrinia" am "Phaidon" und 2. auf die *natürliche* Unvergänglichkeit (ἀφθαρσία) und Ewigkeit (ἀϊδιότης), ja die naturhafte Göttlichkeit des menschlichen Geistes, der als ἁπλοῦν καί ἀσύνθετον, - οὐκ ἐπίκτητον ἔχει τό ἀγαθόν, ἀλλ' αὐτό ὅ, τι ποτέ ἐστιν, ἀγαθότης ἐστιν, σοφία, δύναμις, ἁγιασμός, δικαιοσύνη, ἀϊδιότης, ἀφθαρσία, πάντα τά ὑψηλά τῶν ὀνομάτων καί ὑπεραίροντα (ebd., 22-25). Die Tatsache, daß diese überhöhten Attribute sich um den *heiligen* Geist verdichten, kann kein Einwand gegen unsere Deutung sein, insofern der gregorianische Text ἁπλοῦν und ἁπλότης nicht eigens auf den einmaligen heiligen, sondern auf jeglichen, also auch menschlichen Geist bezieht (man beachte dabei besonders das zeitlose *neutrale* Präsens, a.a.O. 16, ταῦτα οὐκ ἐκ μετουσίας ἔχειν ἡ ἁπλότης τοῦ ὑ π ο κ ε ι μ έ ν ο υ διαμαρτύρεται; 21 εἰ οὖν ἁπλοῦς ὁ τῆς φύσεως αὐτοῦ λόγος, οὐκ ἐπίκτητον ἔχει τὸ ἀγαθόν). Wie nun die derart transzendente Wesenheit des Geistes, der Seele, sich mit dem materiellen Leibe des Menschen konkreter verbindet, ist für Gregor ein großes Geheimnis: ἄρρητός τις λόγος (de an. et resurr. 44 D). Daß sie aber als lebensstiftende Energie *in* den Elementen des Leibes tatsächlich ist, das läßt sich kaum in Frage stellen. Man sieht hier deutlich die Spuren der berühmten sog. ἕνωσις-Formel des Porphyrios, auf die bereits angespielt worden ist, wie sie sich mit der Stoa gegen die Stoa und ihr Verständnis der "Vermischung" wendet.[37]

Diese Ausführungen über das Seelenverständnis Gregors in bezug auf das platonische Argument der Einfachheit der Seele im "Phaidon" dürften bereits deutlich gemacht haben, wie selbständig der Bischof von Nyssa die philosophischen Gedankenkomplexe durchzuarbeiten und entsprechend seinen eigenen Entscheidungen zu kombinieren wußte. Nicht nur daß Gregors Todes- und Fortlebensproblematik offenkundig von der Platons abweicht, denn: während der Tod bei Platon die Trennung von Leib und Seele ist,[38] gewinnt der Tod bei Gregor über das vordergründige Faktum der Auflösung des Leibes hinaus grundsätzlich einen *Verwandlungscharakter*: de an. et resurr. 48 C: τοῦ ὁρωμένου τὸ ἀειδὲς ἀνταλάσσεται. Die Seele bleibt für immer (44 D εἰσαεί) bei den Leibeselementen, und keine Macht ist imstande, den einmal auf geheimnisvolle Weise zustande gekommenen "Zusammenhang" (Gregor benutzt den stoischen Ursprungs-Terminus συμφυΐα =Zusammengewachsenheit) von Seele und Körper zu zersprengen. Wie die enge Verbindung der Seele mit den Leibeselementen auch nach dem Tode bestehen bleibt, wie sie von Gregor in Anlehnung an die stoische Physik genau erläutert und auf die christliche Perspektive der Auferstehung hin ausgelegt wird, werden wir in einem der folgenden Kapitel ausführlicher untersuchen.[39] An dieser Stelle ist es von Wichtigkeit noch zu betonen, daß selbst die Auffassung des Nysseners von der Unzusammengesetztheit, resp. Einfachheit der Seele von der Platons in einer grundlegenden Hinsicht entschieden abweicht: Im Unterschied zu Platon, der im Hinblick auf die sich immer gleichbleibenden Ideen das Unzusammengesetzte als etwas auffaßt, "was sich immer auf gleiche Weise verhält" (ἀεὶ κατὰ ταὐτά καὶ ὡσαύτως ἔχει), das Zusammengesetzte aber als etwas, was sich immer ändert (ἄλλοτ'ἄλλως καὶ μηδέποτε κατὰ ταὐτά),[40] versteht Gregor diese Begriffe nicht im Hinblick auf die Zeit und die platonische Grundunterscheidung von Ideen (οὐσία) und Werden (γένεσις), sondern ganz und gar populär: Das ἀσύνθετον wird tatsächlich als Synonym des ἁπλοῦν verwendet[41] und das σύνθετον wird umgekehrt mit dem "Mannigfaltigen" (ποικίλον) gleichgesetzt.[42] Daß Gregor von Nyssa, der mehr als 700 Jahre nach Platon gelebt hat, selbständig aus der platonischen Tradition schöpft und weder der genuinen Ideenlehre noch dem Schulplatonismus im allgemeinen verhaftet bleibt,[43] ist freilich eine Tatsache, von der jeder Interpret heute grundsätzlich ausgehen muß. Wie groß dennoch der Einfluß Platons auf Gregor ist und gelegentlich bis in Wörtliche seiner Schriften hineingeht, läßt die Art und Weise erkennen, in der Gregor - im Anschluß an Paulus (1.Kor. 13,8) - von der Liebe als dem letzten, eigentlichen und nie endenden Lebensvollzug des Menschen spricht:

> Τοῦ δὲ τοῦ τοιούτου δόγματος καὶ ὁ θεῖος Ἀπόστολος ἡμῖν καθηγήσατο, πάντων τῶν ἐν ἡμῖν καὶ ἐπὶ τῷ κρείττονι σπουδαζομένων παῦλάν τινα καὶ καταστολὴν προαγγείλας, μόνης δὲ τῆς ἀγάπης οὐχ εὑρὼν τὸν ὅρον. Προφητεῖαι γάρ, φησί, καταργηθήσονται, καὶ γνώσεις παύσονται· ἡ δὲ ἀγάπη οὐδέ ποτε ἐκπίπτει· ὅπερ ἴσον ἐστὶ τῷ ἀ ε ὶ ὡ σ α ύ τ ω ς ἔ χ ε ι ν (sic!).[44]

Wie deutlich sucht Gregor hier die Priorität, Invarianz und Unbegrenztheit der Liebe auch dadurch zu begründen, daß er sie gleichsam als Idee hinstellt! Man darf sich also weder zu dem Irrtum verleiten lassen, den Einfluß Platons auf Gregor zu überschätzen, noch aber im Gegenteil dazu, er beschränke sich, da Gregor sich offenbar kaum an die Ideenlehre hält, gerade nur auf die Peripherie solcher "platonischer Atavismen im Ausdruck".[45] Letzteres führt genauso zu einer Fehlinterpretation wie ersteres, d.h. die Betrachtung Gregors als eines bloßen "imitatoris Platonis". Besonders in bezug auf den Aspekt der Einfachheit und Eingestaltigkeit der Seele muß man vielmehr H.F. Chernniss uneingeschränkt zustimmen, der den platonischen *Charakter* der Psychologie Gregors besonders hervorhebt: "Of Gregory's psychology, then, we can say that it is essentially Platonic; more, that his *use* of it is Platonic. To him as to Plato the unity and simplicity of the soul is the basis of its divinity; in this it is like God; and, being like God, it is not to be considered subject to passion or desire."[46] In seinem Dia-

log "de anima et resurrectione" beschreibt Gregor die Seinsmodalität der
Seele, welche den gottähnlichen Zustand der Apathie erreicht hat, völlig
unmißverständlich: "Ὅταν οὖν ἁπλῆ καὶ μονοειδής καὶ ἀκριβῶς θεοείκελος ἡ ψυχὴ γενομένη ... [47]

Im ganzen muß man wohl von einer Rezeption der platonischen Theorie der Einfachheit, resp. Unzusammengesetztheit der Seele bei Gregor von Nyssa sprechen, insofern diese Theorie trotz ihrer freien Umformung und Verflechtung mit stoischen, porphyrischen und gelegentlich aristotelischen Zügen einen bewußten Angelpunkt für wichtige Folgerungen in der Seelenlehre des Nysseners darstellt.[48] Ferner: Die Rezeption dieser gerade metaphysischen Theorie Platons von seiten Gregors dürfte sogar ein wichtiges Zeugnis für die bewußte sachliche Übereinstimmung des Dialogs "de anima et resurrectione" mit dem "Phaidon" sein: Daß der "Phaidon" im Unterschied zu den anderen Dialogen der sog. mittleren, resp. reifen Periode Platons (vor allem "Politeia" und "Phaidros")[49] die "Einheitlichkeit", bzw. "Unzusammengesetztheit" der Seele, nicht aber die trichotomische Struktur lehrt und daher auch jenen Widerstreit von Vernunft und Affekt nicht (wie etwa in Pol. IV und schon im "Gorgias") als innerseelischen Prozeß charakterisiert, sondern als Kampf der vernünftigen Seele mit dem widervernünftigen Leib beschreibt, steht außer Zweifel. Alle Affekte kommen danach "aus dem Körper"[50]. - Nun ist schon längst beobachtet worden, daß die platonische Ambivalenz hinsichtlich eines differenzierten Seelischen auch kennzeichnend für die Psychologie Gregors ist.[51] Bezeichnenderweise wird aber das platonisierende "Schwanken" des Nysseners zwischen einer trichotomischen und einer "einheitlichen" Betrachtung der Seele gerade in seinem Dialog fast gänzlich vermieden. Trotz eines kurzen "Intermezzo", in dem der stoische Metriopathie-Ansatz von dem rechten Gebrauch (χρῆσις) der Affekte für die christliche Exegese fruchtbar gemacht wird,[52] fordert Gregor wiederholt und unmißverständlich die kompromißlose Entwurzelung der "Sympathie" mit dem empirischen Leib und den dazugehörigen Affekten. Auf dem Hintergrund seines neuplatonischen Modells von der transzendenten eigentlichen Natur und "Heimat" des Menschen erscheinen die Affekte als "unnatürlich" und "unreal", als schlechthin fremd (ἀλλότρια) zu dem eigentlichen vernünftigen Wesen (νοερὰ οὐσία) der Seele; sie sind περὶ τὴν ψυχήν, so heißt es, sie sind aber nicht ψυχή.[53] Alle Affekte sind für Gregor ἴδια der animalischen "irrationalen Natur" und werden dem Eigentlichen der menschlichen Seele, der λογικὴ δύναμις, notwendigerweise (ἀναγκαίως) zugefügt, insofern sie sich in der Körperlichkeit ereignen muß.[54] Eindeutig wird daher die Seele in ihrer transzendenten Eigentlichkeit als einfach und eingestaltig hingestellt. Darin wird ihre Gottähnlichkeit, ihr "Selbstsein" erblickt.[55] Sie muß also von *je der* irrationalen Gemütsbewegung gereinigt werden, sie muß ganz und gar vergeistigt werden. Unverkennbar gilt für Gregor, jedenfalls den Gregor der "Macrinia", der Geist, der Intellekt, als Inbegriff der Gottähnlichkeit der Seele (εἰκών)[56] - "Reine Seele, reiner Geist werden"[57] : Kann es nur ein Zufall sein, daß auch der platonische Sokrates im "Phaidon" dieselbe kompromißlose Forderung an sich selbst und die anderen stellt? Trotz der starken neupythagoreischen und plotinischen Reminiszenzen in der Lehre des Bischofs von Nyssa, trotz der rätselvollen Vielseitigkeit und Eigenwilligkeit seines Wesens, glauben wir sagen zu dürfen, daß er bei der Niederschrift seines Dialogs "de anima et resurrectione" den "Phaidon" vor Augen gehabt, ja sich sogar bewußt an ihn angelehnt hat. Die begriffliche Entsprechung zwischen Einfachem und Unauflösbarem ist nur ein, allerdings wichtiger Markstein auf dem Weg dieser Auseinandersetzung Gregors mit dem platonischen Dialog περὶ ψυχῆς, der selbst, wie wir anzudeuten versucht haben, die rigorose Haltung der spätantiken philosophierenden Heiden und Christen insofern vorwegnimmt, als er Seele und Leib in radikalster phythagoreischer Art schroff entgegensetzt. Keines der anderen Werke Platons entsprach wohl dem Denken des spätantiken Menschen so sehr wie dieses.

A N M E R K U N G E N

[1] De an. et resurr. 20 C: τὸ δέ ποικίλον ἁπλοῦν οὐκ ἔστιν, ἀλλ'ἐν συνθέσει θεωρεῖται πάντως. Πᾶν δέ τὸ σύνθετον καί διαλυτὸν ἐξ ἀνάγκης· ἡ δέ διάλυσις φθορά τοῦ συνεστῶτός ἐστι. Τὸ δέ φθειρόμενον οὐκ ἀθάνατον.

[2] Stobaeus Eclogae I 153, 24 W = SVF II 153, 6-12 /Sperrung vom Verfasser/

[3] Alexander Aphrod. de mixtione 217, 33 Bruns = SVF II 155, 25 ff: Τοῦ δέ τοῦθ'οὕτως ἔχειν ὡς ἐναργέσι χρῶνται μαρτυρίοις τῷ τε τήν ψυχήν ἰδίαν ὑπόστασιν ἔχουσαν, ὥσπερ καί τό δεχόμενον αὐτήν σῶμα, δι' ὅλου τοῦ σώματος διήκειν, ἐν τῇ μίξει τῇ πρός αὐτό σῴζουσαν τήν οἰκείαν οὐσίαν ... Ἀλλά καί τό πῦρ, ὅλον δι'ὅλου χωρεῖν τοῦ σιδήρου λέγουσιν, σῴζοντος αὐτῶν ἑκατέρου τήν οἰκείαν οὐσίαν. Vgl. hierzu und zum folgenden H. Dörrie, Symmikta, S. 26.

[4] Mit vollem Recht benutzte deshalb Ioannes ab Arnim gerade dieses Axiom als Untertitel der sich auf die Mischungslehre (de mixtione) beziehenden Paragraphen seiner klassischen Sammlung "Stoicorum Veterum Fragmenta" (II 151).

[5] H. Dörrie, Symmikta, S. 25, Anm. 6, weist mit Recht darauf hin, daß diese These im klaren Gegensatz zu Aristoteles' Lehre de an. B 7, 418 b 16 οὐδέ γάρ δύο σώματα ἅμα δυνατόν ἐστιν ἐν τῷ αὐτῷ εἶναι stand. "Von da aus ist der Kampf gegen diese Mischungslehre der Stoiker mit oft leidenschaftlicher Schärfe geführt worden; so Alexander de an. 14,8 und 115,36; ein ganzes ζήτημα ist de an. 139, 30-141, 28 der Widerlegung dieser These gewidmet."

[6] Alexander Aphrod. de mixtione 227, 5 Bruns = SVF II 156, 11: Ὅ τε γάρ περί κράσεως αὐτοῖς λόγος οὐκ ἐν ἄλλῳ τινί. ἀλλά καί τά περί ψυχῆς ὑπ' αὐτῶν λεγόμενα ἐντεῦθεν ἤρτηται. ἥ τε πολυθρύλητος αὐτοῖς εἱμαρμένη καί ἡ τῶν πάντων πρόνοια δέ /ἐντεῦθεν/ τήν πίστιν λαμβάνουσιν. ἔτι τε ὁ περί ἀρχῶν τε καί θεοῦ (λόγος) καί ἡ τοῦ παντός ἕνωσίς τε καί συμπάθεια πρός αὐτό. πάντα γάρ αὐτοῖς ταῦτ'ἐστίν ὁ διά τῆς ὕλης διήκειν θεός.

[7] De an. et resurr. 20 B; vgl. Phaid. 90 c_1: οἱ περί τούς ἀντιλογικούς λόγους διατρίψαντες.

[8] Vgl. etwa de an. et resurr. 24 C; 44 B - D (=72 D - 73 A; s. hierzu III 4, unten S. 242); 48 A - C (übers. u. S.181 f) ; 60 B - 61 A (siehe hierzu III 3 B,S.207 f);73 A-76 B(=77 B - 80 A); 76 C - 77 B (siehe hierzu III 5,S.280 f). Dazu vgl. auch J.R. Bouchet,"Le vocabulaire de l'union et du rapport des natures chez saint Grégoire de Nysse", in: RThom 68 (1968), S. 533-582; A. Grillmeier, Jesus der Christus im Glauben der Kirche. Bd 1: Von der Apostolischen Zeit bis zum Konzil von Chalcedon (451). Freiburg i. Br. 1979, S. 540 ff; R. Schwager, "Der wunderbare Tausch. Zur 'psychischen' Erlösungslehre Gregors von Nyssa", in: ZKTh 104 (1982), S. 5 ff, weist darauf hin, daß Gregor die stoischen Begriffe der "Vermischung" auch zur Beschreibung der Art und Weise benutzt, wie der Logos sich mit der menschlichen Natur vereinigt hat. "Er möchte damit sowohl die Unterschiedlichkeit der beiden Naturen wie auch ihre Einheit betonen" (a.a.O., S. 6). Diese heiß umstrittene Frage beschäftigt auch Nemesios de nat. hom. 137, 4, wo er die als

porphyrisch gut bezeugte ἕνωσις-Formel für die Verbindung einer transzendenten Wesenheit mit etwas Körperlichem (vgl. hierzu oben III 1 B, S. 147,Anm. 50) eben auf das Problem anwendet, wie sich in Christus das Göttliche mit dem Menschlich-Körperlichen einte. Hat Porphyrios die ἕνωσις-Formel auf das brennendste Problem seiner Zeit, die Frage nach der Vereinigung von Körper und Seele derart bezogen, daß das ἀ σ υ γ χ ύ τ ω ς ἑ ν ο ῦ σ θ α ι der zwei gegensätzlichen Naturen (sc. der transzendenten der Seele und der diesseitigen des Leibes) vollauf zugesichert werde, wendet nun Nemesios diese Formel - "mit recht großer Genauigkeit", wie H. Dörrie, Symmikta, S. 19 und 54-103,überzeugend nachgewiesen hat - auf das christologische Problem an und bestreitet damit die Eunomianische Ansicht von der δυνάμει, nicht jedoch"dem Wesen nach"Vereinigung des göttlichen Logos mit der menschlichen Natur in Christus. Daß auch Gregor von Nyssa, der den ἕνωσις-Gedanken schon in seiner porphyrischen Interpretation auf das Problem Seele-Körper persönlich anwendet und gut kennt (vgl. hierzu bes. unten III 3 B, S. 212 f; III 4, S. 242), dieselbe geheime Folie des Nemesius bei der Lösung seines christologischen Problems voraussetzt, darf nach all dem als evident gelten.

[9] Vgl. oben S. 188, Anm. 1

[10] Vgl. P. Friedländer, Platon III, S.41

[11] Vgl. v.a. Phaid., 78 b ff

[12] Vgl. hierzu o. I 1, S.34 ff; I 2, S. 64 ff

[13] Daß Platon hier die "ontologischen" Superlative ὁμοιότατον und anderswo die Komparative ὁμοιότερον (79 b$_4$, ὁμοιότερον-συγγενέστερον, b$_{16}$ ὁμοιότερον ἄρα ψυχὴ σώματός ἐστιν τῷ ἀιδεῖ,e$_4$ ὅτι ὅλῳ καὶ παντὶ ὁμοιότερόν ἐστι ψυχὴ τῷ ἀεὶ ὡσαύτως ἔχοντι) benutzt,zeigt nicht unbedingt eine Einschränkung an der Affinität der Seele mit dem Bereich intelligiblen Seins, wie manche Platonforscher behaupten (vgl. A. Graeser, Probleme der platonischen Seelenteilungslehre, S. 58-59).Unter starken Einfluß des orphisch-pythagoreischen Mysterienwesens arbeitet Platon im "Phaidon", wie wir schon zu zeigen versucht haben, die Transzendenz der Seele derart scharf heraus, daß die Seelenauffassung dieses Dialogs sich überhaupt kaum mit der trichotomischen Seelenbetrachtung anderer platonischer Werke vereinbaren läßt. Die "Konsequenz", die A. Graeser etwa a.a.O., S. 59 anzusetzen bemüht ist -, "daß hier die Seele als eine zwischen den Bereichen der Idealität und Materialität stehende Wesenheit aufgefaßt wird" -, ist mit der Basis der extrem metaphysischen Seelenauffassung des "Phaidon" schlechterdings unvereinbar (vgl. dazu o. I 1, S.34 ff; ganz richtig deshalb etwa H. Barth, Die Seele in der Philosophie Platons, S. 68: "Idee und Seele stehen zueinander in genauer Korrelation"). Für den Systematisierungseifer A. Graesers ist die Tatsache charakteristisch, daß er die kaum zu verkennenden Worte Platons,Phaid. 80 d$_4$ ἡ δέ ψ υ χ ή ἄρα, τό ἀ ι δ έ ς , nur "in einer Reihung gleichbedeutender Attribute" der Seinsmodalität der *Idee* (!) zuzuordnen weiß (a.a.O., S. 58). Jene "leidige vergleichende und annähernde Betrachtungsweise", die Platon im "Phaidon" häufig hervortreten läßt, zielt hauptsächlich nicht auf eine "bedingte Einheitlichkeit resp. Unzusammengesetztheit" der Seele (A. Graeser, a.a.O., S. 58), sondern sie entspricht eher dem Charakter der platonischen Philosophie als *Streben* und darüber hinaus, der nicht-dogmatischen, dialogischen Eigenart der platonischen Schriftlichkeit (man beachte dazu die treffenden Worte P. Friedländers, Platon III, S.42: "Und wir lernen,daß jene

Trübung des sicher Begreifbaren nicht nur im Logos, sondern auch im Leben immer wieder geschieht. Reine Seele, reiner Geist werden: das ist eine für die Menschen nie erfüllbare Aufgabe *und bleibt doch eine Forderung*, die der Philosoph, den Tod vor Augen, an sich selbst und an die anderen stellt." /Hervorhebung vom Verfasser/). Daß das Argument der Einfachheit (Phaid. 78 b - 80 e) die Seele ontologisch nicht als "ideenhaft",sondern als Idee hinstellt, bestätigt auch der folgende, vieldiskutierte Beweis (Phaid. 95 a - 107 a). Der leitende Gesichtspunkt ist doch dabei der, daß Platon die Seele hier auch *logisch* als Idee behandelt. Diese Tatsache ist gewiß nicht ein "metaphysisches Monstrum", geschweige denn ein "unechter Zusatz" -, wie manche Interpreten behaupten (zur Kontroverse um den letzten Unsterblichkeitsbeweis im "Phaidon" vgl. etwa A. Graeser,"Die Philosophie der Antike",Bd 2 (in: Geschichte der Philosophie. Hrsg. von W. Röd; München 1983), S. 175 und bes. S. 297, Anm. 111)-, wohl aber die logische Konsequenz des ontologischen Status der Seele in diesem Dialog: Sie ist eben hier eine ideelle Entität.

[14] H.G. Gadamer,"Die Unsterblichkeitsbeweise", in: WuR, S. 151

[15] In der Zählung, die bekanntlich umstritten ist, ist es am sinnvollsten, Hackforth (Plato's Phaedo, S. 16) und H.G. Gadamer ("Die Unsterblichkeitsbeweise", in: WuR, S. 152) zu folgen. Im Grunde genommen hat aber vor allen P. Friedländer recht, wenn er feststellt, "daß Platon in Wahrheit überhaupt keinen Unsterblichkeitsbeweis gibt, sondern zuerst zwei Hälften, die sich doch nicht ernsthaft zu einer Einheit verbinden lassen, dann einen Näherungsbeweis,der doch nicht ernsthaft als ein Beweis gefaßt werden kann" (Platon III 438, Anm. 16). Eine ähnliche Meinung vertritt aber letztlich auch H.G. Gadamer, wenn er über "die eigentliche Absicht" der "tief" unbefriedigenden Beweisführung im "Phaidon" nachdenkt (a.a.O., S. 146,153, 159; siehe dazu o. I 2, S. 79,Anm. 70).

[16] Wir begnügen uns hier,nur auf Plotin, Cicero und vor allem auf Moses Mendelssohn hinzuweisen: Für Plotin zunächst kann die Seele u.a. auch deswegen nicht zugrundegehen, weil sie im Unterschied zu allem Auflösbaren-Zusammengesetzten eine einfache und einheitliche Wesenheit ist, die aktual Leben hat: IV 7,12, 11-15: πᾶν τε τὸ λυόμενον σύνθεσιν εἰς τὸ εἶναι εἰληφὸς ταύτῃ διαλύεσθαι πέφυκεν ἤ συνετέθη. ψυχὴ δὲ μία καὶ ἁπλῆ ἐνεργείᾳ οὖσα ἐν τῷ ζῆν φύσις· οὐ τοίνυν ταύτῃ φθαρήσεται. Auch bei Cicero, Tusc. I 71, ist die Wirkung der platonischen These, daß die Seele unzusammengesetzt und daher unvergänglich sei, offenkundig: in animi autem cognitione dubitare non possumus, nisi plane in physicis plumbei sumus, quin nihil sit animis admixtum, nihil concretum, nihil copulatum, nihil coagmentatum, nihil duplex: quod cum ita sit, certe nec secerni nec dividi nec discerpi nec distrahi potest, ne interire /quidem/ igitur. est enim interitus quasi discessus et secretio ac diremptus earum partium, quae ante interitum junctione aliqua tenebantur. Daß das Argument von der Einfachheit der Seele besonders in der Neubearbeitung des "Phaidon", die Moses Mendelssohn im 18. Jahrhundert unternommen hat, einen breiten Ausbau fand, ist bereits oft genug betont worden (vgl. H.G. Gadamer,"Die Unsterblichkeitsbeweise", in: WuR, S. 152 ; W. Bröcker, Platos Gespräche, S. 183; A. Graeser, Probleme der platonischen Seelenteilungslehre, S. 57, Anm.9). Vor allem Leo Strauss hat aber die zentrale Bedeutung des platonischen Arguments für "den Aufbau des ganzen Beweiszusammenhangs" der mendelssohnschen Schrift richtig erkannt: "Der Aufbau des ganzen Beweiszusammenhangs war vorgezeichnet... durch die auf die

Antike zurückgehende, von Platon im Phaidon (78 B ss) für den Unsterblichkeitsbeweis verwandte These, daß nur das Zusammengesetzte vergänglich,das Unzusammengesetzte hingegen unvergänglich sei; es mußte also diese These als Obersatz (1. Gespräch) und dann, daß die Seele unzusammengesetzt, einfach sei, als Untersatz (2. Gespräch) bewiesen werden; aus diesen Prämissen folgt dann, daß die Seele unvergänglich ist" (Einleitung zum "Phädon", in: JA III/1, S. XXV-XXVI). Mit vollem Recht würdigt Leo Strauss Mendelssohn auch der persönlichen Präzision, mit der er das Argument für die Einfachheit der Seele behandelt und gegen die inneren Voraussetzungen des zeitgenössischen Materialismus richtet: "So lautet also Mendelssohns Argument für die Einfachheit der Seele: die Seele, die wie allseits zugegeben wird, phänomenal von allem Materiellen unterschieden ist, kann darum nicht F o l g e einer Zusammensetzung aus materiellen Bestandteilen sein, weil ihre Tätigkeit bereits B e d i n g u n g dafür ist, daß ein Zusammengesetztes anders erscheint als seine Bestandteile" (a.a.O., S. XXVIII /Sperrung im Original/). Da für Moses Mendelssohn in der Tat "der Ursprung alles Zusammengesetzten, der Zahlen, Größen, Symmetrie, Harmonie usw. in so weit sie ein Vergleichen und Gegeneinanderhalten erfordern, einzig und allein in dem denkenden Vermögen zu suchen seyn muß" (M.Mendelssohn, Phädon, S. 93, 3-6),kann auch die Seele keine "Wirksamkeit des Zusammengesetzten" sein. "Auf keinerley Weise" kann ja "der Ursprung einer Sache aus ihren eignen Wirkungen erkläret werden"(M.Mendelssohn, Phädon, S. 92, 25-26).- "Niemand hat noch den Ursprung einer Flöte in das Zusammenstimmen ihrer Töne, oder den Ursprung des Sonnenlichts in den Regenbogen gesetzt" (M. Mendelssohn, Phädon, S. 93, 23-25). - Die Seele wird also notwendigerweise einfach sein: "Es giebt also in unserm Körper wenigstens eine einzige Substanz, die *nicht ausgedehnt, nicht zusammengesetzt,* sondern *einfach ist,* eine Vorstellungskraft hat, und alle unsere Begriffe, Begierden und Neigungen in sich vereinigt. Was hintert uns, diese Substanz Seele zu nennen?" (M. Mendelssohn, Phädon, S. 97, 3-7 /Hervorhebung vom Verfasser/).

[17] Vgl. Phaid. 77 b und 77 d_5-e_2

[18] De an. et resurr. 20 C - 21 A

[19] Ganz richtig hat H.G. Gadamer dazu bemerkt, daß diese Einwände "immanenter Art " sind, insofern sie es "eben an dem rechten Verständnis dessen, was 'Seele' für Sokrates ist, fehlen lassen"("Die Unsterblichkeitsbeweise", in: WuR, S. 153).

[20] In diesem Sinne schreibt auch Cicero, Tusc. I § 51: mihi quidem naturam animi intuenti multo difficilior óccurit cogitatio, multo obscurior, qualis animus in corpore sit tamquam alienae domi, quam qualis cum exierit et in liberum caelum quasi domum suam venerit. si enim, quod numquam vidimus, id quale sit intellegere non possumus, certe et deum ipsum et divinum animum corpore liberatum cogitatione complecti possumus.

[21] De an. et resurr. 44 B /Sperrung vom Verfasser/; statt παχυμερίαν (MPG) ziehen wir die Lesart der Hs. A παχυμέρειαν vor.

[22] De an. et resurr. 44 C /Hervorhebung vom Verfasser/

[23] Bezeichnend für die ausgeprägten philosophischen Tendenzen Gregors ist, daß er zur Kennzeichnung der Seinsmodalität der Seele häufig und gern Abstrakta (so etwa 44 D τὴν ἁπλῆν ἐκείνην καί ἀσύνθετον φύσιν) oder Neutra (z.B. 44 C τῷ ἁπλῷ τε καί ἀειδεῖ τῆς ψυχῆς) benutzt,-

daß er auch von "Gott" oft nicht persönlich redet, sondern vom "Göttlichen" (θεῖον 24 C, 89 B, 89 D, 96 C, 117 B, 120 C etc.) oder von "göttlicher Natur" (θεία φύσις 41 B, 93 A), wie das auch ein Platoniker hätte tun können. Als direktes Vorbild kommt natürlich hier vor allem Platon in Betracht: vgl. etwa Phaid. 80 b$_1$ τῷ μὲν θείῳ καὶ ἀθανάτῳ καὶ νοητῷ καὶ μονοειδεῖ καὶ ἀδιαλύτῳ ...; 80 d$_5$ Ἡ δὲ ψυχὴ ἄρα, τὸ ἀιδές; 81 b$_5$ ff τὸ σωματοειδές ... τὸ δὲ τοῖς ὄμμασι σκοτῶδες καὶ ἀιδές, νοητὸν δὲ καὶ φιλοσοφίᾳ αἱρετόν etc.

[24] De an. et resurr. 44 D ἀλλὰ τὴν ἅπαξ ἀρρήτῳ τινὶ συμφυεῖσαν λόγῳ τῷ τῶν στοιχείων συγκρίματι, καὶ εἰσαεὶ παραμένειν, οἷς κατεμίχθη, μηδενὶ τρόπῳ τῆς γινομένης ἅπαξ αὐτῇ συμφυΐας ἀποσπωμένην.

[25] De an. et resurr. 44 D - 45 A οὐ γὰρ ἐπειδὴ λύεται τὸ συγκείμενον, κινδυνεύει συνδιαλυθῆναι τῷ συνθέτῳ τὸ μὴ συγκείμενον. Vgl. dazu Plat. Phaid. 78 c$_{1-2}$ Ἆρ' οὖν τῷ μὲν συντεθέντι τε καὶ συνθέτῳ ὄντι φύσει προσήκει τοῦτο πάσχειν, διαιρεθῆναι ταύτῃ ᾗπερ συνετέθη. εἰ δέ τυγχάνει ὂν ἀσύνθετον, τούτῳ μόνῳ προσήκει μὴ πάσχειν ταῦτα, εἴπερ τῳ ἄλλῳ; Vgl. noch damit die auffallende Wendung Gregors über die Auflösung des zusammengesetzten Körpers: de an et. resurr. 20 B ὅτι τὸ σῶμα σύνθετον ὄν, πάντως εἰς τὰ ἐξ'ὧν συνέστηκε, διαλύεται.

[26] Wir weisen abermals auf H.G. Gadamer hin, "Die Unsterblichkeitsbeweise", in: WuR, S. 150 ff

[27] Dieser besonders von Porphyrios bevorzugte Terminus stellt unter anderem auch die Bereitschaft des Körpers dar, das Unkörperliche (die Seele) als Lenker aufzunehmen. Der Körper wird auch bei Gregor von Nyssa nicht als eine beliebige Anhäufung von Materie aufgefaßt, sondern als δεκτικὴ φύσις (vgl. de an. et resurr. 29 B, die Definition der Seele). Ausgangspunkt der Vorstellung vom Körper als Gefährt der Seele ist Platon, Timaios 44 e und 69 c ὄχημα ... πᾶν τὸ σῶμα ἔδοσαν. Sehr charakteristisch ist auch Galen, de placitis Hippokratis et Platonis, S. 643 ff. Müller (zit. nach Reinhardt, Kosmos und Sympathie, S. 190): ὄχημα δέ τὸ πρῶτον αὐτῆς (sc. τῆς ψυχῆς) τουτὶ τὸ σῶμα. Parallel zu dieser Vorstellung vom Körper als Gefährt der Seele bürgerte es sich längst in der Antike ein, auch von den unteren Seelenteil als dem Gefährt der Seele zu sprechen, den der herrschende Seelen"teil" besteigt. Hier ist vor allem jene Vorstellung vom Gefährt der Seele, die der Phaidros 246 b ff bietet, verwendet und ungemein ausgeweitet worden. Besonders in der Spätantike hatte man sich dieser Vorstellung recht häufig bedient, um den scharfen Gegensatz zwischen λόγος und ἀλογία zu mildern. So wurde zum ψυχικὸν ὄχημα jenes halb-transzendente Zwischenwesen zwischen eigentlicher Seele und Körper erklärt und man stritt vor allem darüber, ob auch dies aus feinstem Stoff bestehende ὄχημα für unsterblich zu halten sei oder nicht. E.R. Dodds, der im Anhang II ("The Astral Body in Neoplatonism") seiner Ausgabe von Proklos' Elem. theol., S. 313 ff erschöpfend diese Vorstellung behandelt, faßt die Kontroverse folgendermassen zusammen: "We have seen that there were two distinct traditions about the astral body: the one represented it as permanently attached to the soul ('Eratosthenes and Ptolemy the Platonist', followed by Iamblichus apud Pr. in Tim. III 234, 32 ff, and Hierocles in Carm. Aur. 478 Mullach); the other, as acquired in the course of the soul's descent and discarded in the reascent (Plotinus, Porphyry, and the Chaldaean Oracles) ... Pro-

clus, following Syrianus, characteristically combines the two views by assuming the existence of two ὀχήματα (in Tim. III 236, 31 ff, 298, 12 ff; El. Th. props. 196, 207-9). The higher (συμφυές or αὐγοειδές or ἀστροειδές) ὄχημα is immaterial, impassible and imperishable; it corresponds in its perpetuity to the enduring root of unreason in the human soul which survives every purgation. This is the 'vehicle' into which Plato's demiurge puts the soul (Tim. 41 E). The lower (πνευματικόν) ὄχημα is a temporary accretion, composite of the four elements (cf. Tim. 42 B); it is the vehicle of the irrational soul proper and, like it, survives bodily death but is eventually purged away" (a.a.O., S. 319/20). Gregors Auffassung vom ψυχικόν ὄχημα lehnt sich - in seiner Theorie von den Affekten - entschieden an die von Plotin und Porphyrios an.

[28] De an. et resurr. 45 C; das ἀδιάστατον könnte genauso gut als das "Dimensionslose" oder "Undimensionale" wiedergegeben werden (vgl. Passow und Liddell-Scott zu dem Wort διάστασις).

[29] De an. et resurr. 48 A-C /Hervorhebung vom Verfasser/. Statt εἰς μερικά τμήματα κατακερματίζεται (Migne, 48 B) haben wir den Vorschlag des Codex B: εἰς μέρη καί τμήματα κατακερματίζεται angenommen; das Wort κατακερματίζεται, das Gregor hier gebraucht, ist übrigens für Plotin und Porphyrios' Fachsprache typisch (siehe H. Dörrie, Symmikta, S.143, der im Anschluß an Nemesios de nat. hom. 69, 8 und 110, 9 (κατακερματιζομένην εἰς τά καθ'ἕκαστα) diese Aussage durch viele Belege auf Plotin und Porphyrios zurückführt). Ferner: Die Aussage: ὁ τῆς τέχνης λόγος könnte man hier auch als "der Wert der Kunst" übersetzen (vgl. Liddell-Scott zu λόγος). Freilich wird dieser ganze Passus von den stoischen Begriffen der "Vermischung" entscheidend mitgeprägt, wie vor allem die gewichtigen Worte μένει und συμπαρεκτεινομένη bezeugen können: Die Aussage μένειν (bleiben) kennzeichnet - wie die darauf folgende stoische Definition der μῖξις genau zeigt - das unveränderte Fortbestehen der Bestandteile bei einer Mischung, ist aber insbesondere auch eine wichtige Wesensbestimmung des Transzendenten, weil dieses stets in dem, was es ist, verharrt (welche Bedeutung diese Aussage für Plotin und Porphyrios hat, skizziert H. Dörrie a.a.O., S. 56 und S.59). Diese beiden Bedeutungsnuancen sind in der Art und Weise, wie Gregor das Wort benutzt, unverkennbar vorhanden (48 A : ὁ τῆς τέχνης λόγος ἐν ἑκατέρῳ μένει - καί ἡ νοερά τῆς ψυχῆς φύσις... ἐν αὐτοῖς μένει). Was den Ausdruck συμπαρεκτεινομένη anlangt, erinnert auch er sehr stark an die klassische stoische Defin. der μῖξις: Stobaeus Eclogae I 153, 24 W = SVF II 153,6 Μῖξιν δ'εἶναι δύο ἤ καί πλειόνων σωμάτων ἀντιπαρέκτασιν δι'ὅλων, ὑπομενουσῶν τῶν συμφυῶν περί αὐτά ποιοτήτων /Sperrung vom Verfasser/. Selbst das Wort κατακερματίζεσθαι kommt im Kontext der Mischungsproblematik häufig vor (vgl. etwa Plutarch, de comm. not. Kap. 37, S. 1077 e = SVF II 151, 21 τοῦ κόσμου κατακερματισθέντος).

[30] Eine Formulierung I. Dürings, Aristoteles, S. 581, für das hohe Niveau des freien, konstruktiven Denkens bei Aristoteles. Wenn auch Aristoteles selbst den Ausdruck nous poiētikos nicht benutzt, ist dieser Sinn, wie I. Düring mit gutem Recht behauptet, implizit in der Beschreibung 'macht alles', τῷ ποιεῖν πάντα (de an. 430 a_{12}), enthalten.

[31] Vgl. unten III 3 B, S. 208-214

[32] Arist. de an. 430 a_{17}ff

[33] Vgl. Arist. 430 a$_{10-25}$; siehe dazu I. Düring, Aristoteles, S. 583, Anm. 135

[34] Zu diesem Zusammenhang vgl. unten III 3 B, S. 212 ff

[35] Vgl. vor allem de an. et resurr. 44 B τῶν στοιχειωδῶς ἐν τῷ κόσμῳ θεωρουμένων οὐ συμβαινόντων αὐτῇ (sc. τῇ οὐσίᾳ τῆς ψυχῆς) κατὰ τὸν λόγον τῆς φύσεως...

[36] Wie wichtig das Theologumenon von der Einfachheit des Göttlichen auch und gerade für die frühchristliche Gottesvorstellung gewesen ist, kann man etwa bei W. Pannenberg, "Die Aufnahme des philosophischen Gottesbegriffes als dogmatisches Problem der frühchristlichen Theologie", in: ZKG 70 (1959), S. 9 ff, 33 ff (=Grundfragen systematischer Theologie, S.205 ff, 332 ff) nachlesen. Vgl. noch dazu bes. Joseph Amstutz, ΑΠΛΟΤΗΣ. Eine begriffsgeschichtliche Studie zum jüdisch-christlichen Griechisch. Bonn 1968, S. 121 f.

[37] Vgl. hierzu o. S.176 f und bes. S. 188 f, Anm. 8

[38] Vgl. etwa Phaid. 64 c; 67 d$_4$

[39] Vgl. hierzu unten III 5, S. 280 f

[40] Phaid. 78 c$_{6-8}$

[41] De an. et resurr. 44 D τὴν ἁπλῆν ἐκείνην καὶ ἀσύνθετον φύσιν; vgl. auch de an. et resurr. 45 A und 48 B

[42] De an. et resurr. 20 C τὸ δὲ ποικίλον ἁπλοῦν οὐκ ἔστιν, ἀλλ'ἐν συνθέσει θεωρεῖται πάντως. Πᾶν δὲ τὸ σύνθετον καὶ διαλυτὸν ἐξ ἀνάγκης.

[43] Die Begriffsmetaphysik scheint Gregor tatsächlich gleichgültig gewesen zu sein. W. Jaeger, Nemesios von Emesa, S. 121, sieht diese "Gleichgültigkeit" schon bei Poseidonios' großartiger Naturanschauung durchaus vorhanden. Kurz aber treffend zeichnet Jaeger zuerst auf, warum ein so universaler Geist wie der des Aristoteles, das Bild der poseidonischen kosmischen Synthese noch nicht hat erfassen können, "obgleich wir ihn überall auf dem Wege sehen, die Weltanschauung auch auf die Natur zu bauen." Aristoteles' "Schicksal", führt W. Jaeger aufschlußreich fort, "waren Platons Ideen, die ihn nicht ruhen ließen. Sie haben ihn nicht überwunden, und er sie nicht. Im Grunde hat er sie mit seiner Naturforschung nie restlos ausgleichen können, und das spricht sicher für seine Größe oder besser für seine Tiefe. Weltanschauung hat er, so lange wir ihn kennen, in der Ideenlehre gefunden und gesucht, und nichts als Ideenlehre ist seine "erste Philosophie". Dem Poseidonios war die Begriffsmetaphysik gleichgültig. Er kam denn auch zur grandiosesten Naturanschauung. Hätte er die Ideen schon gehabt, so hätte Plotin nichts mehr zu tun gefunden. Plotin hat in das Einheitsbild des poseidonischen Kosmos die Ideen hineingetragen. Aber ihren echten Sinn hat auch er, eben daher, nicht mehr aufrecht zu halten vermocht" (a.a.O., S. 120-121).

[44] De an. et resurr. 96 A-B /Sperrung vom Verfasser/; statt πίπτει (MPG) lesen wir mit den Codices A und B: ἐκπίπτει.

[45] Vgl. hierzu E. von Ivánka, Plato Christianus, S. 160

[46] H.F. Cherniss, The Platonism, S. 15 /Hervorhebung vom Verfasser/

[47] De an. et resurr. 93 C

[48] Unbedingt zu revidieren ist daher die Feststellung Karl Gronaus, Poseidonios, S. 222, "daß kein einziger der platonischen Unsterblichkeitsbeweise von Gregor völlig rein und vollständig wiedergegeben ist." Diese Feststellung erfolgt im Rahmen der äußerst einseitigen quellenkritischen Ausrichtung Gronaus auf Poseidonios und unterschätzt die gegebene Selbständigkeit Gregors derart (vgl. bes. Gronau, a.a.O., S. 251, zit. o. III 1 A, S. 122, Anm. 27), daß sie geradezu naiv erscheinen muß. Schon H.F. Cherniss, The Platonism, S. 12, hat die Ausweglosigkeit und Unfruchtbarkeit aller einseitig orientierten quellenkritischen Untersuchung einfach aber treffend beschrieben:"To expect parallels, where they exist, to be simple quotations is to believe that the philosopher is purposely writing an exercise for the 'source-hunter'. We must expect to untange mixed sources, to outline shadowy reminiscences, and to identify approximations of doctrine." Dazu darf man nie aus dem Auge verlieren, daß die Erwartung überhaupt, Gregor müßte platonischen "Unsterblichkeitsbeweisen" irgendwie näher stehen, um von einer Übernahme und Umgestaltung des "Phaidon" sprechen zu dürfen, nicht nur die den Nyssener kennzeichnende Haltung des "freien Geistes", sondern auch den großen zeitlichen Abstand zwischen ihm und Platon verkennt. Unser Versuch, die Übernahme und Umformung des charakteristischen Phaidonmotivs der Einfachheit der Seele in "Macrinia" zu verfolgen, dürfte die Wichtigkeit gerade dieser beiden Gesichtspunkte verdeutlicht haben. Wichtig ist,in diesem Zusammenhang noch zu beachten, daß zum platonischen Dialog "Phaidon" selbst wesentlich mehr vorhanden ist, als man mit der Bezeichnung "Unsterblichkeitsbeweise" in der Regel annimmt. Dies war ein besonderer Grund dafür, daß Teil I dieser Arbeit über den besonderen Charakter des "Phaidon" so groß ausgefallen ist.

[49] Die gleichzeitig entstandenen Dialoge "Phaidon" und "Symposion" bilden bekanntlich zusammen mit den ihnen nachfolgenden Schriften, "Politeia" und "Phaidros", jene Dialoggruppe der sog. mittleren, bzw. reifen Periode Platons, in der er seine Ideenlehre entfaltete.

[50] Vgl. Phaid. 65 c_5 ff, 66 c, 82 c_3, und besonders 83 d_4-e_1: "Ὅτι ἑκάστη ἡδονὴ καὶ λύπη ὥσπερ ἧλον ἔχουσα προσηλοῖ αὐτὴν πρὸς τὸ σῶμα καὶ προσπερονᾷ καὶ ποιεῖ σωματοειδῆ,δοξάζουσαν ταῦτα ἀληθῆ εἶναι ἅπερ ἂν καὶ τὸ σῶμα φῇ. ἐκ γὰρ τοῦ ὁμοδοξεῖν τῷ σώματι καὶ τοῖς αὐτοῖς χαίρειν ἀναγκάζεται οἶμαι ὁμότροπός τε καὶ ὁμότροφος γίγνεσθαι καὶ οἵα μηδέποτε εἰς Ἅιδου καθαρῶς ἀφικέσθαι, ἀλλὰ ἀεὶ τοῦ σώματος ἀναπλέα ἐξιέναι, ὥστε ταχὺ πάλιν πίπτειν εἰς ἄλλο σῶμα. Siehe auch I 1, o. S. 35 ff.

[51] Siehe H.F. Cherniss, The Platonism, S. 14 ff (S. 16 faßt Cherniss sein Ergebnis zusammen: "So much we can say of the definite psychology of Gregory,that it has the same double quality as that of Plato.").

[52] De an. et resurr. 56 C - 68 A. Siehe dazu auch III 1 B, o.S.147 ff, Anm. 54

[53] De an. et resurr. 56 C

[54] Vgl. de an. et resurr. 60 C - 61 A

[55] Vgl. de an. et resurr. 89 BC, 93 C, 105 D; dazu vgl. 81 B Μονοειδὲς ἦν (τὸ κατ'ἀρχάς) ἡ τῶν ἀνθρώπων ζωή mit 157C γενέσθαι ἐκεῖνο ὅπερ ἦμεν πρὸ τῆς ἐπὶ τὴν γῆν καταπτώσεως.

[56] Siehe vor allem de an. et resurr. 57 B. Weiteres darüber in III 4, unten S. 233 ff.

[57] Eine Formulierung P. Friedländers, Platon III, S. 42

B. Die Transzendenz der Seele

- Die Seele als das *Andere* im Menschen und die Frage ihrer Vereinigung mit dem Körper -

Ehe wir uns der Theorie des Geistes als des eigentlichen Seelischen (οὐσία τῆς ψυχῆς) zuwenden, welche die Einfachheit der Seele im Dialog "de anima et resurrectione" erst recht begründen wird, wollen wir gleichsam die "ontologische" Grundlage des im Einfachheitsaspekt aufgetauchten transzendenten Seelenbegriffs Gregors von Nyssa genauer untersuchen. Dazu müssen wir uns möglichst eng an den Text des Dialogs anlehnen, um die Gedanken Gregors so vorführen zu können, wie er selbst sie entwickelt hat. Folgen wir also Gregor, wie er in "de anima et resurrectione" 21 B ff seinen transzendenten Seelenbegriff dialektisch durch die Darstellung und Kritik der Position seines Hauptgegners Epikur zu gewinnen sucht! Er läßt zunächst Makrina die von ihm vorgetragene physikalische Ansicht von der Seele und ihrem düsteren Schicksal nach dem Tode (de an. et resurr. 20 C - 21 A: entweder sei die Seele vergänglich, oder sie existiere überhaupt nicht)[1] dadurch ergänzen, daß sie - leise seufzend - die angeblichen Vertreter dieser Ansicht namentlich erwähnt: Derartige Gründe, wie sie Gregor vorgetragen hat -, sagt sie -, seien auch dem Paulus in Athen von den Stoikern und Epikureern entgegengebracht worden[2]:

"Vor allem aber Epikur ließ sich, wie ich höre, zu solchen Anschauungen hinreißen, als ob, wie er vermutete, alles Seiende ganz zufällig und von selbst entstanden wäre und keine Vorsehung die Dinge durchdränge. Deswegen dachte er sich mit innerer Notwendigkeit (κατὰ τὸ ἀκόλουθον = mit notwendiger Folgerichtigkeit) auch das Menschenleben als eine Wasserblase (πομφόλυγος δίκην), als ob unser Körper nämlich, durch eine Art Luft (πνεύματί τινι) aufgeschwellt, nur von so langer Dauer wäre, wie das Gefäß den Lufthauch einzuschließen vermöge; sobald aber die Körpermasse zerfalle, verflüchtige sich auch das in derselben Eingeschlossene. Denn Grenze der Natur des Seienden war ihm die Erscheinung (τὸ φαινόμενον), und zum Maß seines Weltverständnisses machte er das Wahrnehmungsvermögen (τὴν αἴσθησιν), während er die "Sinneswerkzeuge" der Seele (τὰ τῆς ψυχῆς αἰσθητήρια) für vollständig verschlossen hielt und unfähig war, auf Geistiges und Unkörperliches seinen Blick zu richten (πρὸς οὐδέν τῶν νοητῶν τε καί ἀσωμάτων βλέπειν οἶός τε ὤν), gerade wie ein in das Zimmer Eingesperrter die Wunder der Himmel nicht zu sehen bekommt, weil Decke und Wände ihn hindern hinauszublicken. Denn alle sinnlichen Dinge (τὰ αἰσθητὰ πάντα), die sich in der Welt wahrnehmen lassen, sind schlechtweg (ἀτεχνῶς) eine Art irdischer Wände, welche die Kleinmütigeren (τοὺς μικροψυχοτέρους) vermauernd von der Schau des Geistigen (πρὸς τὴν τῶν νοητῶν θεωρίαν) ausschließen."[3]

In dieser Kritik Gregors an Epikur verdichtet sich vieles Entscheidende für die Erschließung seines eigenen Denkens. Tatsächlich wird hier zum ersten Mal seine ontologische Einstellung deutlich, insofern neben dem sinnlich Wahrnehmbaren die Wirklichkeit des Transzendenten, des Geistigen und Immateriellen, energisch behauptet wird. In dieser Passage tritt auch eines der bezeichnendsten Denkmodelle Gregors hervor, das zur Entzifferung seiner ontologischen Schematik gerade entscheidend beitragen kann. Es handelt sich um den Zusammenhang von Makrokosmos (das Ganze des Seins, bzw. der Gott) und Mikrokosmos (der Mensch). Dieser Zusammenhang, der in ontologischer wie auch moralischer Hinsicht fruchtbar gemacht wird, läßt sich freilich nicht nur bei Gregor von Nyssa finden, sondern zieht sich wie ein roter Faden durch die Entwicklung der gesamten abendländischen Metaphysik bis zur Gegenwart. So wird die anthropologische Problematik in der Tradition des Abendlandes meist nicht für sich, sondern im Rahmen einer metaphysischen Gesamtdeutung des Seienden abgehandelt.[4] Sowohl bei Gregor von Nyssa als auch bei Platon taucht diese Problemstellung in ihrer klassischen idealistischen Form auf: Leitend ist nämlich für beide die Überzeugung, daß die Vernunft (νοῦς) das gestaltende Weltprinzip sei. An dieser Vernunft hat der Mensch teil, seine Aufgabe ist es, sie in sich selbst gegen *alle* Widerstände zu verwirklichen. Zu der unerschütterlichen Existenz eines mit dieser Vernunft gleichgesetzten Geistes, bzw. einer Gesamtordnung im Makrokosmos wird Zuflucht genommen, sobald es um den ontologischen *Grund* oder die erkenntnistheoretische *Möglichkeit* der an sich seienden Seele im Mikrokosmos, d.h. im Menschen geht. Die Makro-Mikrokosmosidee und deren Schlüsselfunktion für die innere Systematik des Denkens des Nysseners und (implizit auch) Platons läßt sich aber am besten bei ihrer polemischen Anwendung aufdecken. Denn auch wenn sie gegen materialistische Leugner ihres Prinzips der Vergeistigung zu kämpfen haben, wenden diese beiden Denker dieselbe maßgebende Idee an - freilich unter Berücksichtigung der nicht wegzudenkenden materialistischen Vorzeichen - zur Darstellung und Kritik ihrer gegnerischen Philosopheme. - So etwa bei Gregor von Nyssa: Weil Epikur in der Welt gerade nur das Walten des Zufalls erblickt, hält er mit innerer Notwendigkeit (κατὰ τὸ ἀκόλουθον)[5] auch die Seele für ein Nichts, indem er sie als einen materiellen Hauch auffaßt, der mit der Auflösung des Körpers untergeht.[6]

Bezeichnenderweise ist dasselbe Denkmodell auch in Platons "Phaidon" implizit vorhanden: Als der schon geführte Beweis für die Unsterblichkeit der Seele durch die materialistischen Bedenken des Simmias (Phaid. 85 e_3- 86 d_4 : die Seele sei als Harmonie des Körpers vergänglich) und Kebes (Phaid. 87 a - 88 b: die Seele sei zwar als organisierende Potenz des Leibes von längerer Dauer, sie läßt sich aber schließlich auch auflösen) plötzlich wieder in Frage gestellt wird und sich Mißbehagen und Zweifelsucht der Anwesenden bemächtigt (Phaid. 88 c ff), bewährt sich Sokrates aufs *tapferste* in diesem gefährdeten Moment - auf dem "Höhepunkt der Spannung"[7] -, indem er die Konsequenzen aus dem materialistischen Seelenverständnis der beiden Pythagoreer in das makrokosmische Feld der schlechthinnigen Gültigkeit des Logos selber hineinzieht. In Anlehnung an den Entstehungsprozeß der Misanthropie beschreibt Sokrates sehr schön, wie sich die Misologie, die Gefahr der alles durchdringenden Skepsis, dort einzustellen vermag, wo das Bemühen um klare Einsicht immer wieder scheitert. Am Ende glauben die "Misologen" sogar, fügt Sokrates ironisch hinzu, "ganz weise geworden und allein zu der Einsicht gelangt zu sein, daß nicht nur an keinem Dinge etwas Gesundes und Festes ist, sondern auch in den Logoi nicht, vielmehr a l l e s in der Welt sich schlechtweg (ἀτεχνῶς) wie im Euripus bald oben - bald unten (ἄνω-κάτω) dreht und keine Zeitlang bei etwas bleibt."[8] Vergleichen wir diese Phaidonpassage mit Gregors Kritik an Epikur, so zeigt sich zwischen der letzteren und der platonischen ironischen Darstellung der "weisen Hasser des Logos" eine erstaunliche Ähnlichkeit, die bis ins Wörtliche hineingeht.[9] Die Ähnlichkeit wird noch verblüffender, wenn man bedenkt, wie hoch die Tapferkeit des die transzendente Welt Er-kennenden bei beiden Texten gepriesen wird und wie kleinlich hingegen die materialistischen, bzw. skeptischen Widersacher dargestellt werden. Platon mahnt zunächst sehr energisch, sich vor der Verwechslung der eigenen Verfassung mit der der Logoi zu hüten: "die 'Misologen', die infolge ihres Mangels an wissenschaftlicher Bildung nichts als Enttäuschungen im Erkennen erlebt haben, vermissen das Gesunde in den Logoi selbst, während es in Wahrheit nur ihnen mangelt (Phaed. 89 c- 91 c)".[10] ἀλλὰ ἀνδριστέον καὶ προθυμητέον ὑγιῶς ἔχειν (Phaid. 90 e_3), lautet daher die lapidare Forderung des platonischen Sokrates an sich selbst und seine Freunde. Wenn wir, moderne Leser Platons, diesen befremdlichen Aufruf hören, männlich und gesund sein zu wollen, sollten wir mit G.

Krüger vor allem daran denken, daß der Logos bei Platon etwas Selbständiges ist, "das nicht von dem denkenden Menschen abhängt, sondern ihn seinerseits in seinen Dienst stellt."[11] Die Überlegenheit des Logos beruht darauf, daß er mit der unangreifbaren, selbstgenügsamen, göttlichen Weltordnung identisch ist. Um zu einem gesunden Logos, d.h. zu einer Aussage und Hypothesis zu gelangen, die sich "halten" und behaupten kann[12], muß man also nach dem platonischen Verständnis selbst in gesunder, starker Verfassung sein. Ein bequemer Mensch, ein μαλθακός ἀνήρ (Phaid. 85 c_6) wird nie im Stande sein, eine fruchtbare, dem "Hinfälligwerden" entnommene Aussage zu machen; einer solchen Aussage wird nur derjenige fähig sein, der das Risiko und die fortdauernde Anstrengung des Begriffs eingehen will und kann.[13] Denn gerade bei einer so übermächtigen Frage wie die der Selbstheit der Seele und ihres Schicksals nach dem Tod muß man sich bewußt an die Grenze des Denkenkönnens wagen.[14] Man muß nämlich dabei das "schöne Wagnis" (vgl. Phaid. 114 d_6 καλὸς ὁ κίνδυνος) auf sich nehmen, und das, was unsere fragmentarisch bleibende diskursive Einsicht übersteigt, mit Hilfe zuverlässiger "erster Hypothesen" logisch zu artikulieren, oder, - wenn auch die Zuverlässigkeit der "ersten Hypothesen" sich nicht mehr sichern läßt, doch mythisch anzusprechen suchen.[15] Nicht zuletzt auf der heroischen Bereitschaft zu riskanter Anstrengung und lebenslanger Übung des Begriffs beruht also für Platon die Möglichkeit des Denkens, sich der Sophistik zu erwehren und den Logos "lebendig" zu erhalten.[16]

Derselbe Sachverhalt läßt sich aber auch bei Gregor beobachten: Auch er spricht ganz ausdrücklich von der Kleinmütigkeit der materialistisch Gesinnten, die beim Erkenntnisvorgang nur ihrem Wahrnehmungsvermögen trauen und deswegen einer beschränkten Auffassung des Seins als unergründlicher, blosser Erscheinung verhaftet bleiben. So etwa Epikur: Γῆν δ τοιοῦτος βλέπει μόνην, καὶ ὕδωρ, καὶ ἀέρα, καὶ πῦρ· ὅθεν δὲ τούτων ἕκαστον, ἢ ἐν τίνι ἐστίν, ἢ ὑπό τινος περικρατεῖται, διιδεῖν ὑ π ὸ μ ι - κ ρ ο ψ υ χ ί α ς οὐ δύναται. Καὶ ἱμάτιον μέν τις ἰδὼν τὸν ὑφάντην ἀνελογίσατο, καὶ διὰ τῆς νηὸς τὸν ναυπηγὸν ἐνενόησεν, ἥ τε αὐτοῦ οἰκοδόμου χεὶρ ὁμοῦ τῇ τοῦ οἰκοδομήματος ὄψει τῇ διανοίᾳ τῶν θεωμένων ἐγγίνεται. Οἱ δὲ πρὸς τὸν κόσμον ὁρῶντες πρὸς τὸν διὰ τούτων δηλούμενον ἀ μ β λ υ ω π ο ῦ σ ι ν.[17] Die Übereinstimmung der geistigen Haltung Gregors mit der Platons ist evident. Denn wenn Makrina darauf aufmerksam macht, daß jene, welche den durch das vielfältige Schwanken unserer Welterfahrung "Hindurchleuchtenden" nicht zu erkennen vermögen, kurzsichtig sind (ἀμβλυωποῦσιν), spielt sie natürlich auch auf die kränkliche Bedürftigkeit der materialistisch Erkennenden an. Man erinnere sich dazu, wie ähnlich Platon im "Phaidon" unsere empirische erkenntnistheoretische Einstellung mit der "Froschperspektive" jenes auf dem Grunde des Meeres lebenden Mannes vergleicht, der das Meer für den Himmel hält (Phaid. 109 c ff). Wegen seiner Schwerfälligkeit und Schwäche (Phaid. 109 c$_7$ διὰ δὲ βραδυτῆτά τε καὶ ἀσθένειαν) hat nämlich dieser Mann niemals vermocht, aus dem Meer emporzutauchen und die helleren und schöneren Räume über dem Meer - "den wahren Himmel und das wahre Licht und die wahre Erde" (Phaid. 109 e$_7$) zu erblicken. Nicht viel anders beschreibt auch Gregor von Nyssa die Bedürftigkeit und Verlegenheit des habituell erkennenden alltäglichen Menschen vor der Unfaßbarkeit des Transzendenten[18]: Wenn wir uns bei der Untersuchung eines Dinges weder an Farbe noch an Form oder Größe, noch an irgend einem anderen durch die Sinneswahrnehmung erfaßbaren Tatbestand orientieren können, "so werden wir von Kleinmut (41 A ὑπὸ μικροψυχίας) befallen und zu der Ansicht geführt, es existiere überhaupt nicht."[19] Auf diese Einstellung reagiert Makrina mit großer Heftigkeit: "Wehe über eine solche Sinnlosigkeit (φεῦ τῆς ἀτοπίας)! Wohin führt doch eine derartig kleinliche (μικροφυής) und niedrige (χαμαίζηλος) Beurteilung der Dinge?!..."[20] Eine solche Beurteilung der Dinge führt freilich - wie noch genau zu zeigen sein wird - zum Atheismus, zur Ablehnung nicht nur des menschlichen, sondern auch des kosmischen Logos.

Sowohl Gregor als auch Platon appellieren offensichtlich an die Seelengröße des Menschen, die sich gerade in der Verachtung der Erdendinge äußert. Plotin bringt diesen Standpunkt auf den Begriff: μ ε γ α λ ο ψ υ χ ί α δέ δὴ ὑπεροψία τῶν τῇδε (I 6, 6, 11). Dieser hymnische Appell an die Seelengröße und Tapferkeit des Forschers vor den übermächtigen - über das Sinnlich-Nächste hinausgehenden - Grenzfragen läßt sich allerdings erst im Rahmen der erwähnten Makro-Mikrokosmosidee verstehen. Denn angesichts eben dieser Idee wird der Geist (νοῦς) des Menschen nicht oder nicht vornehmlich als Erkenntnisvermögen, sondern als Instanz betrachtet, die über dem Erkenntnisvermögen im engeren Sinne (διάνοια) steht und ihn mit Rücksicht auf eigene höhere Postulate und Zwecke lenkt. Der Geist des Menschen oder, besser gesagt, der Geist im Menschen wird nämlich als "Statthalter" des kosmischen Geistes, des Logos und seiner Gesamtordnung betrachtet und eben deswegen kann auch an seine "höheren" Erkenntnisfähigkeiten , ja an seinen göttlichen Urgrund appelliert werden. "Wahres" Sollen und "wahres" Sein bedingen sich hier gegenseitig.[21]

Doch untersuchen wir nun die Seelenanschauung des Nysseners genauer! Anschließend an seine Kritik an Epikur arbeitet Gregor - anscheinend nach porphyrischem Muster[22] - die ontologische Eigenart der Seele so scharf heraus, daß er sie ausdrücklich als etwas anderes neben den Körper hinstellt: "Wir sind davon ausgegangen, daß die Seele an und für sich (αὐτήν καθ' ἑαυτήν) i s t, daß sie als eine differenzierte und eigenartige Natur n e b e n (παρά) der dicken Masse des Körperlichen i s t."[23]. Hier stellt sich natürlich das Problem der Immanenz der Seele im Körper in aller Aufdringlichkeit. Die Frage, *wie* sich die so eigenartige Substanz der Seele dem Körper beigesellt, wird so zum wichtigen Angelpunkt der ganzen Seelenproblematik Gregors. Hier hat ja auch der Ansatzpunkt für die materialistischen Einwände gegen das Fortleben der Seele gelegen, wie man besonders bei ihrer zusammenfassenden Wiederholung seitens Makrinas deutlich sehen kann: Was bezweifelt wird, ist die Möglichkeit des "An-sich-seins" der Seele (24 A τήν ψυχήν καθ' ἑαυτήν εἶναι), wenn sie weder zu den Elementen des Leibes gehört, noch sich *in* ihnen finden läßt.[24] Makrina wird versuchen, diese physikalische Betrachtungsweise mit Hilfe der Makro-Mikrokosmosidee ad absurdum zu führen:

> "Wenn die Widersacher (οἱ ἀντιλέγοντες = die Dagegenredenden) aber gerade deshalb, weil die Seele nicht gleicher Art (ὁμοφυής) mit den Elementen sei, der Ansicht huldigen, sie wäre überhaupt nirgends, so mögen sie als allererstes das menschliche Leben (τήν ἐν σαρκί ζωήν = "das Leben im Fleische") selbst für ein Leben ohne Seele erklären; denn nichts anderes ist der Körper als ein Zusammenströmen der Elemente (συνδρομή τῶν στοιχείων); sie mögen also sagen, daß die Seele selbst nicht in den Elementen sein kann, um jene Körpermasse (σύγκριμα = zusammengesetztes Ganzes) zu beleben. Wenn nun nicht möglich ist, wie sie glauben, daß auch die Seele *sei* -, neben den Elementen, die konkret existieren, wird unser Leben selbst von ihnen für tot erklärt. Wenn sie dagegen nicht bezweifeln, daß die Seele jetzt im Körper ist, wie können sie dann ihre Vernichtung behaupten, wenn der Körper sich in seine Elemente auflöst? Sodann würden sie aber auch bezüglich der göttlichen Natur dasselbe Wagnis wagen müssen. Denn wie können sie annnehmen, daß die geistige (νοεράν), immaterielle (ἄϋλον) und unwahrnehmbare (ἀειδῆ) Natur sowohl das Nasse und Weiche als auch das Feste durchdringe (διαδυομένην) und so alles Seiende

im Sein erhalte (ἐν τῷ εἶναι συνέχειν τά ὄντα),wenn *Sie* weder
mit den Dingen, in denen sie ist, Verwandtschaft hat noch wegen ihrer
Ungleichartigkeit in ihnen sein kann? Sie sollten also aus ihrer Lehre
auch das Göttliche (τό θεῖον)streichen, durch welches alles erhalten wird."[25]

Hier wird stillschweigend ein wichtiges Axiom der platonischen Seelenlehre vorausgesetzt: Die Seele ist das lebenspendende Prinzip. Wäre also die Seele wegen ihrer gegebenen ontologischen Differenziertheit von den Leibeselementen nirgends, so könnte auch unser Körper nicht belebt sein. Unser Leben wäre dann tot. Zu dieser Absurdität würde man gelangen, wenn man nur die Wirklichkeit des faßbaren Materiellen annähme. Den Ausgangspunkt der Vorstellung von der Seele als lebenspendendem Prinzip bietet explizit, wie wir schon gesagt haben, die Phaidonstelle 105 c$_9$: Ἀποκρίνου δή, ἦ δ' ὅς, ᾧ ἄν τί ἐγγένηται σώματι ζῶν ἔσται; Ὧι ἄν ψυχή, ἔφη. Aber auch Plotin legt die unmittelbare Beziehung zwischen Seele und Leben eindeutig dar: ζωή ψυχῇ πάρεστιν ἐξ' ἀνάγκης (II 7, 2, 5). Das ist eine Ausdrucksweise, die offenbar auf Aristoteles, de an. B 4, 415 b 8 fußt: ἡ ψυχή τοῦ ζῶντος σώματος αἰτία καί ἀρχή.[26] Für Porphyrios besitzt die Seele ihr Sein ἐν ζωῇ παρ' ἑαυτῆς ἐχούσῃ τό ζῆν - so sent. 17, S.8,6 (Lamberz). Erwähnenswert ist schließlich noch die Gleichsetzung Seele = Leben, so wie sie Nemesios etwa in "de natura hominis" hinstellt.[27] Die aus einer mittelplatonischen Vorlage stammende einfache Gleichsetzung der Seele mit Leben[28] war Gregor anscheinend zu grob, um sie philosophisch zu benutzen. Viel subtiler sieht er dagegen die Seele als ζωτικόν (16 B),bzw. ζωοποιόν αἴτιον (17 B; vgl. 24 B) an und definiert sie als οὐσία ζῶσα, welche dem organischen Körper des Menschen die δύναμιν ζωτικήν verleiht.[29]

Es ist sehr charakteristisch für den methodischen Denkansatz Gregors, wie er die Absurdität steigert, indem er das, was vom einzelnen Menschen in seinem Verhältnis zur Seele gilt (Mikrokosmos), auf den Kosmos als den großen umfassenden Organismus in seinem Verhältnis zu Gott überträgt (Makrokosmos).[30] Müßte man sich nämlich auf das physikalische Seinsverständnis beschränken, so wäre auch das Göttliche selbst, das vom Materiellen so grundsätzlich verschieden ist, aus dem Sein zu streichen. Das freilich erscheint auf dem Hintergrund seines (stoisch untermauerten) platonischen Axioms, daß das Göttliche den Grund alles Seins, ja das Sein selbst darlegt, als das allergrößte Paradoxon. Gregor scheut sich dennoch nicht, auch dieses Axiom in

Frage zu stellen. Seine Frage scheint auf den ersten Blick auf einen Gottesbegriff hinzudeuten, der die eigentümlich doppelte Seinsmodalität der genuin platonischen Idee des Guten als paradoxen "*Seins* jenseits des Seins" wiederholt: Αὐτὸ δὲ τοῦτο ... πῶς ἄν τοῖς ἀντιλέγουσιν ἀναμφίβολον γένοιτο, τὸ ἐκ θεοῦ εἶναι τὰ πάντα, καὶ ἐν αὐτῷ περικρατεῖσθαι τὰ ὄντα, ἤ καὶ ὅλως τὸ εἶναί τι θεῖον τῆς τ ῶ ν ὄ ν τ ω ν ὑ π ε ρ κ ε ί μ ε ν ο ν φύσεως;[31] Daß die Spannung des Seinsbegriffs Gregors (hinsichtlich des Göttlichen) jedoch auf einer anderen Ebene als der des Seinsbegriffs des Platonismus liegt, läßt sich deutlicher erkennen, wenn man etwa Plotin zum Vergleich heranzieht. Wenn auch die Ausdrücke τὸ ἐκ θεοῦ εἶναι τὰ πάντα - und vor allem - τί θεῖον τῆς τῶν ὄντων ὑπερκείμενον φύσεως auf das Eine-Theorem Plotins hinzuweisen scheinen, operiert Gregor hier in bezug auf das θεῖον mit einem populären Seinsbegriff, der die plotinische Auffassung vom Einen als dem überseienden Grund - der *vor* dem Sein und mithin außerhalb des Seins liege - offensichtlich zurückweist. Eindeutig mahnt Gregor seine Schwester zu zeigen, daß *etwas* Göttliches überhaupt *sei*, vorhanden sei, das über das *Seiende* hinaus währt![32] Die Dialektik von Sein und Seiendem, die Relation von Ewigem und Zeitlichem, zeigt sich schon bei dieser Frage Gregors als sein eigentliches Problem.

Makrinas Antwort ist von einer sich auf Kosmologie gründenden Theologie geprägt, die zweifellos von dem bekannten kosmologischen Organismusgedanken des Poseidonios inspiriert ist. Der Hintergrund ihrer Argumentation ist der ontologisch angelegte Beweis "e creatione creatorem": Βοᾷ γὰρ ἄντικρυς τὸν ποιητὴν ἡ κτίσις ...[33] Hier geht Makrina nicht so sehr von der Schönheit und der Sinnhaftigkeit der Welt aus, sondern betont vor allem - im Sinne des Poseidonios - die dominierende Kohäsionskraft, die aus dem All ein Eines macht.

Das All tendiert, sagt sie, unverkennbar dahin, zusammenzubleiben, und zu diesem einen Zweck verbinden sich kraft einer unaussprechbaren Gemeinschaft auch die verschiedensten Elemente der Welt.[34] Aus der Tatsache, daß das All sodann ein harmonisches Eines darstellt[35], dessen Teile sich in einer wundervollen Wechselwirkung zueinander befinden,[36] zieht Makrina den Schluß auf die Existenz einer einheitlichen, die Welt durchwaltenden göttlichen Kraft: ὁ ταῦτα βλέπων τῷ διανοητικῷ τῆς ψυχῆς ὀφθαλμῷ ἆρα οὐχὶ φανερῶς ἐκ τῶν φαινομένων διδάσκεται, ὅτι θεία δύναμις ἔντεχνός τε καὶ σοφῇ τοῖς οὖσιν ἐμφαινομένῃ, καὶ διὰ πάντων ἤκουσα τά τε μέρη συναρμόζει τῷ ὅλῳ, καὶ τὸ ὅλον συμπληροῖ ἐν τοῖς μέρεσι, καὶ μιᾷ τινι περικρατεῖται δυνάμει τὸ πᾶν, αὐτὸ ἐν ἑαυτῷ μένον /καὶ περὶ ἑαυτὸ κινούμενον/, καὶ οὔτε λῆγόν ποτε τῆς κινήσεως, οὔτε εἰς ἄλλον τινὰ τόπον παρὰ τόν, ἐν ᾧ ἐστι, μεθιστάμενον;[37] Daß das All nicht aus sich selbst diese Kraft hat, wird hier zuerst derart am Rande angedeutet, daß der direkte bis ins Sprachliche hineingehende Einfluß der Stoiker, allen voran des Poseidonios, nur zu deutlich ist.[38] Warum sollte man hier den Einfluß gerade des Poseidonios hervorheben? Deshalb weil eben Poseidonios jener Denker gewesen ist, der die Frage zu erläutern gesucht hat, *wie* die Welt an sich ein Kontinuum ist, in dem alle Teile untereinander und mit dem Ganzen verwachsen sind: "Es gibt in der Welt keinen leeren Raum. Das ergibt sich klar aus dem empirischen Tatbestand. Denn wenn nicht die Substanz des Alls ganz und gar mit sich verwachsen wäre (durch 'Symphyie'), so wäre es nicht möglich, daß die Welt von einer einheitlichen Naturkraft zusammengehalten und durchwaltet würde, noch könnte es eine Wechselwirkung ('Sympathie') ihrer Teile untereinander geben. Wenn sie nicht von einer einheitlichen Spannkraft zusammengehalten würde und das Pneuma nicht durchgehend mit sich verwachsen wäre, so wäre auch kein Sehen oder Hören möglich. Denn wenn sich leere Räume dazwischen schöben, würde die sinnliche Wahrnehmung durch diese verhindert werden".[39] Dennoch wird Poseidonios von Gregor gleichsam verlassen, insofern der Nyssener an Stelle des poseidonischen Pneumas als der weltimmanenten, das All zusammenhaltenden Kraftsubstanz seinen durchaus transzendenten Gottesbegriff setzt. Mag dieser Gottesbegriff hier nur noch andeutungsweise auftauchen,[40] wird er wenig später ganz ausdrücklich als jenes *über* die Welt angelegtes Weisheitsprinzip vorgestellt, das trotz seiner "ontologischen" Andersheit auf unbegreifliche Weise *in allem ist*, und somit die Einheit und die Kontinuität, die ἁρμονία und die διακόσμησις, ja den Bestand selbst des Alls bewirkt.[41] Auf jeden Fall ist aber Poseidonisches oder Poseidoniosnahes in "Macrinia" eingeflossen, und im allgemeinen darf die Möglichkeit des direkten oder indirekten Einflusses des Poseidonios auf Gregor nicht außer acht gelassen werden.[42]

Versuchen wir aber nun wieder Makrina zu folgen, wie sie das Makro-Mikrokosmosschema namentlich anführt, um die Existenz der transzendenten Seele *im* Körper behaupten zu können! Ihrer gewöhnlichen Taktik gemäß beruft sie sich dabei zuerst auf die autoritäre Meinung der σοφοί: der Mensch ist ein Abbild des Kosmos, ein Mikrokosmos, der die Bestandteile des Makrokosmos in sich enthält.[43] Und so wie wir im Makrokosmos durch die unserem Wahrnehmungsvermögen beigefügte Energie (δι' αὐτῆς τῆς κατὰ τήν αἴσθησιν ἡμῶν ἐνεργείας) zu dem übersinnlichen Begriff emporsteigen, so daß unser Auge zum Dolmetscher der das All durchgreifenden Sophia wird, - so können wir auch bei der Betrachtung *unseres* Kosmos von den Phänomenen (διὰ τῶν φαινομένων) auf das schließen, was sich verborgen hält (i.e. die Seele). Denn verborgen ist das, was sich - weil an sich geistig und unsichtbar (ἐφ ἑαυτοῦ ὂν νοητόν τε καὶ ἀειδές) - der sinnlichen Wahrnehmung entzieht.[44] Hier zeigt sich programmatisch die Erkenntnislehre Gregors von Nyssa. Der Unterschied zu Platon und Platonismus fällt zunächst sofort auf: Während für Platon, vor allem den Platon des "Phaidon", die Erkenntnis durch die Augen, die Ohren und die übrigen Sinne so voller Trug ist, daß nur das von den Sinnen abgelöste reine Denken als Träger der eigentlichen philosophischen Erkenntnis gilt, ist für Gregor die Sinneswahrnehmung offenbar das für unsere Erkenntnis erste - so wie nach der aristotelischen und gewissermassen der stoischen Auffassung - und ihr gegenüber ist das Denken, wie schon E. von Ivánka mit Recht bemerkt hat, "nicht eine andere, gänzlich unabhängige Quelle der Erkenntnis, sondern etwas, das sich auf ihr aufbaut."[45] Dieser erkenntnistheoretische Unterschied beruht auf einer tieferen Verschiedenheit ontologischen Charakters: Platon ermuntert die Seele, sich aus den Sinnen zurückzuziehen und in sich selbst zu sammeln und niemand anderem zu trauen als sich selbst, sofern sie selbst an und für sich *das Seiende selbst* an und für sich im Denken erfaßt, das durch etwas anderes Erfaßte, d.h. das Wahrnehmbare, aber als eben *etwas anderes* zu verachten. "Denn dies letztere ist sinnlich und sichtbar (αἰσθητόν τε καὶ ὁρατόν), was sie aber selbst schaue ist geistig und unsichtbar (νοητόν τε καὶ ἀιδές)."[46] Platons rigorose erkenntnistheoretische Einstellung wurzelt offensichtlich in der radikalen Trennung der übersinnlichen Sphäre der Ideen und der dazugehörenden Seele von der sinnlichen Welt der Erscheinungen.[47] Denn gerade dieser "Chorismos" zwischen Sinnlichem und Ideen, Körper und Seele, schließt ein Zusammenwirken von Sinneswahrnehmung und Denken beim Erkenntnisvorgang völlig aus.[48] Deshalb wird dem Menschen, wenn überhaupt irgendwo, nur im Denken (λογίζεσθαι, Phaid. 65 c) etwas vom Seienden offenbar; ὅτι δ' ἂν δι' ἄλλων σκοπῇ ἐν ἄλλοις ὂν ἄλλο, μηδὲν ἡγεῖσθαι ἀληθές (Phaid. 83 b$_2$): eindeutig klingt in dieser ἄλλο-"Alliteration" die fundamentale Abneigung Platons gegen das "ganz Andere" a) der Sinneswahrnehmung und b) ihres Objektes, des Wahrnehmbaren selbst, an.

Gregor von Nyssa geht hingegen von einem ontologisch differenzierten Schema aus: Trotz der starken platonischen Einflüsse in seiner häufig auftauchenden Zweiteilung alles Seins in ein αἰσθητόν und νοητόν, bzw. in ein σωματικόν und νοερόν[49] sucht er in Wirklickeit die platonische, bzw. neuplatonische Scheidung zweier Welten[50] zu überwinden und neigt oft dazu, das Sinnliche mit dem Übersinnlichen nicht als Gegensätze, sondern - nach poseidonischem Muster - als große Einheit erscheinen zu lassen. Denn trotz aller strukturellen Unterschiede greifen beide Sphären beim Nyssener ineinander über. Gerade der Mensch steht an der Grenze zwischen Sinnlichem und Übersinnlichem und gewinnt dadurch eine kosmische Bedeutung.[51] Man dürfte also dabei (in Analogie aber auch im Unterschied zur vitalistischen Naturauffassung des Poseidonios) von einer *spiritualistisch* monistischen ontologischen Gesamtkonzeption sprechen, bei der kaum Platz für die Ideen und ihre Erkenntnis gelassen wird. Abgesehen von gewissen sprachlichen Atavismen, - wie die Bezeichnung Gottes oder der Liebe als τὸ ἀεὶ ὡσαύτως ἔχον[52] -, die meist in rhetorischem Zusammenhang vorkommen, läßt Gregor tatsächlich die Erkenntnis der Ideen fallen.[53] Sowohl das Phänomenale, das Wahrnehmbare, als auch das Wahrnehmungsvermögen werden somit gewissermaßen rehabilitiert und in den Dienst seiner "Mystik"[54] gestellt. Im Unterschied zu Platon, der die Seele beim Erkenntnisvorgang dazu auffordert, dem λογισμός zu folgen, erst wenn sie alle Beziehungen zum Leib (seinen Sinnen und Leidenschaften) und dem Phänomenalen abgebrochen und stillgelegt hat,[55] mahnt Gregor von Nyssa, der διάνοια nicht gegen, sondern durch die Phänomene, δ ι ὰ τῶν φαινομένων (de an. et resurr. 28 C, 32 A, 33 B) zu folgen. Das Auge wird zum Dolmetscher (28 C) und Lehrmeister (33 B), denn es ist eigentlich der Geist (νοῦς) τὸ διὰ τῶν ὄψεων βλέπον, ὃ τοῖς κατ' αἰσθησιν γινωσκομένοις οἷον τισιν ὁ δ η γ ο ῖ ς κεχρημένον διὰ τῶν φαινομένων, ἐπὶ τὰ μὴ βλεπόμενα διαδύεται.[56] Dem Denken sind also die Sinne ein Wegweiser, um durch das Phänomenale zum Verborgenen vorzudringen. Daß die Seele "umherirrt, verwirrt ist und taumelt wie im Rausch" (Phaid. 79 c), wenn sie *mit* dem Körper, d.h. *mit* den Sinnen etwas erkennen will,[57] das gilt offenbar für Gregor durchaus nicht. Für ihn sind umgekehrt der Körper und die Sinne das einzig mögliche Betätigungsfeld der νοητὴ δύναμις (24 B) der Seele. Die Sinne sind ontogenetisch conditio sine qua non für die λογική δύναμις und ihre Tätigkeit.[58] Auch dem sinnlich Wahrnehmbaren kommt aber große Bedeutung zu. Denn alles Geistige, Immaterielle kann wohl nur durch seine Wirkung im sinnlich Wahrnehmbaren erkannt werden, sowohl das Göttliche aus der Welt als auch die Seele aus ihrem Werk im Lebewesen. Wie das Göttliche sich an der ἁρμονία und διακόσμησις der Welt erkennen läßt, so läßt sich auch die Seele, versichert Makrina ihrem Bruder, an ihrem Wirken am Körper erkennen, insofern sie - an sich immateriell und körperlos (29 A ἄϋλός τις καί ἀσώματος)-durch die Organe des Körpers ihre eigenen Bewegungen zeigt.[59] Dieser Aussage tritt nun eine Ausführung zur Seite, welche die Seelenkonzeption des Nysseners am deutlichsten erhellt: "Denn das organische Gefüge des Leibes ist auch bei den Toten in nicht geringerem Maße vorhanden, es bleibt aber bewegungs- und wirkungslos (ἀκίνητος τε μένει καί ἀνενέργητος), da das seelische Vermögen (τῆς ψυχικῆς δυνάμεως) nicht mehr in ihm ist. Es bewegt sich aber dann, wenn in den Organen Empfindung (αἴσθησις) vorhanden ist und durch die Empfindung das intelligible Vermögen (ἡ νοητή δύναμις) hindurchdringt, welches mittels seiner eigenen Impulse (ταῖς ἰδίας ὁρμαῖς) die (organischen) Sinneswerkzeuge - entsprechend seiner Ansicht (πρός τό δοκοῦν) - in die passende Bewegung setzt."[60] Hierauf stellt Gregor die Frage, was die Seele ist (τί... ἐστιν ἡ ψυχή;), ob sie sich überhaupt in ihrer Natur umschreiben (ὑπογραφῆναι) läßt, "damit wir durch diese Umschreibung das Objekt unserer Untersuchung, das 'Darunter-liegende" (τό ὑποκείμενον), gewissermaßen verstehen können."[61] Makrina betont bei ihrer Antwort die Vielfältigkeit der Seelenkonzeptionen ("Ἄλλοι μέν ἄλλως...) und gibt ihre eigene Definition der Seele an:

> Ψυχή ἐστιν οὐσία γεννητή, οὐσία ζῶσα, νοερά, σώματι ὀργανικῷ καί αἰσθητικῷ, δύναμιν ζωτικήν καί τῶν αἰσθητῶν ἀντιληπτικήν δι' ἑαυτῆς ἐνιεῖσα, ἕως ἄν ἡ δεκτική τούτων συνέστηκε φύσις = "Die Seele ist Substanz, die geboren worden ist, und zwar eine lebende und intelligible Substanz, die dem organischen und wahrnehmenden Körper die Möglichkeit des Lebens und Wahrnehmens (des Wahrnehmbaren) durch sich selbst eingibt, solange die zu einer solchen Aufnahme geneigte Natur (des Körpers) bestehen bleibt."[62]

Diese Definition der Seele involviert, daß die Seele von zwei Prinzipien her - οὐσία und Zusammengehörigkeit mit dem Körper - bestimmt wird. Daß diese Definition somit ausdrücklich auf Aristoteles und dessen Schule hinweist, wird schon rein äußerlich durch eine ganze Reihe aristotelischer Termini suggeriert: ὑποκείμενον, λόγος (περὶ τῆς ψυχῆς), οὐσία, σῶμα ὀργανικὸν καὶ αἰσθητικόν, δύναμις, αἰσθητά, δεκτικόν. Diese sind fast alle spezifisch aristotelische Ausdrücke und deuten zur Genüge an, wie gewandt Gregor in der aristotelischen Terminologie gewesen ist.[63] E. Mühlenberg hat gemeint, daß Gregors Kenntnis des Aristoteles sehr gut durch seinen Zeitgenossen Themistios vermittelt sein könnte.[64] Das ist sehr wahrscheinlich, zumal Themistios - als bekannter Peripatetiker, der "seine Bindung an Aristoteles im Sinne philosophisch-religiöser Toleranz auswertete"[65] - Paraphrasen zur Logik, zur Physik, zum zwölften Buch der Metaphysik, zu περὶ ψυχῆς und anderen Werken des Aristoteles in den Jahren 345-355 geschrieben hat. Daß Gregor ihn kannte, läßt sich kaum bezweifeln. Wir brauchen nur daran zu denken, daß die Seelendefinition Makrinas das Wahrnehmungsvermögen mit dem eindeutig von Themistios stammenden Ausdruck ἀντιληπτικὴ τῶν αἰσθητῶν (δύναμις) umschreibt; ἡ αἴσθησίς ἐστιν ἡ ἀντιληπτικὴ τῶν αἰσθητῶν, heißt es in Themistios' Paraphrase *De anima*(Γ 99,22 (Heinze 54)). Die Kenntnis des Themistios beweist aber nicht, daß ein Mann wie Gregor nicht auch Aristoteles aus erster Hand kannte. Da hier freilich nicht der Ort ist, auf diese Frage näher einzugehen, begnügen wir uns mit einigen Hinweisen und Andeutungen, die über den (für unser Thema ohnehin sekundären) Unterschied zwischen Aristoteles und Themistios hinausgehen. In "Macrinia" 29 B häufen sich die aristotelischen Ausdrücke nicht bloß formal an, sondern - was bei weitem wichtiger ist - sie behalten in der Regel dabei ihren aristotelischen Sinn und Inhalt. Trotz seiner ausgeprägten Neigung zu stoisch-nominalistischer Auffassung der Dinge[66] scheint Gregor hier die Seele durchaus aristotelisch bestimmen zu wollen: Auf die sehr aristotelische Frage τί ἐστιν ἡ ψυχή[67] antwortet zuerst Makrina in auffallend aristotelischem Stil: Ψυχή ἐστιν οὐσία. Die darauffolgenden, teils persönlichen (γεννητή), teils neuplatonisch-porphyrischen (ζῶσα, νοερά) Bestimmungen der Seele schwächen den starken Eindruck nicht, daß οὐσία dabei im aristotelischen Sinne der Substanz verstanden wird, d.h. als etwas konkret Existierendes, das für sich zu bestehen vermag.[68] Gregor scheint mit Aristoteles konstatieren zu wollen, zu welcher der Gattungen die menschliche Seele gehöre, und was sie sei;[69] wenn wir Makrinas Antwort darauf, die Definition der Seele, genauer ansehen, stellen wir fest, daß die Seele als ein ganz bestimmtes Wesen - οὐσία -, als wesentliches Wassein und nicht etwa als Zustand, Qualität, Quantität, aufgefaßt wird. Sehr charakteristisch ist es noch, daß Makrina dabei alle akademischen Definitionen der Seele wie ἀθάνατος, ἀειδής, ἄφθαρτος, ἀσώματος, ἀεικίνητος, usw. meidet. Sie bemüht sich offenbar um eine naturwissenschaftliche Argumentation, um eine "aristotelisierende" Antwort. Denn daß die Seele nur in der Art und Weise ihres Seins, ihrer Seinsstruktur bestimmt wird: gerade das ist ja ohne Zweifel aristotelisch.[70] Daß Makrina ferner einen Hinweis darauf gibt, wie der durch diese Seele belebte Körper sein muß, daß er nämlich ein mit Organen ausgestatteter wahrnehmender Körper sein muß, das ist eine weitere erstaunliche Übereinstimmung des Nysseners mit Aristoteles - und dessen Paraphrase durch Themistios.[71] Makrina sieht die Seele in ihrem Bezug zum Leib so, daß man unausweichlich an die aristotelische Bestimmung der Seele als eines inneren Prinzips (Form, Entelechie) des beseelten Körpers denken muß. Daß die Seele εἶδος oder ἐντελέχεια τοῦ σώματος[72] und überhaupt οὐσία τῶν ἐμψύχων σωμάτων ist,[73] sagt Gregor allerdings nie. Er begreift hingegen die Seele, wie sich noch zeigen wird, als eine vom Körper völlig verschiedene, dynamisch transzendente Substanz. Es fällt dennoch sehr auf, wie stark er auf der Notwendigkeit der Verflochtenheit (συμφυΐα) der Seele mit dem Körper beharrt und wie intensiv er dahin tendiert, diese paradoxe fortdauernde Verflochtenheit der beiden an-sich so verschiedenen Seienden nach porphyrisch-ammonischem Muster und mit Hilfe seines Makro-Mikrokosmosschemas gewissermaßen doch plausibel zu machen.[74] Mit dem Paradoxon dieser Verflochtenheit läßt sich auch die immanente Spannung des gregorianischen Seelen- und Menschenbegriffs aufdecken. Zwar ist die Seele nicht wie bei Aristoteles σ ώ μ α τ ό ς τ ι[75], εἶδος oder ἐντελέχεια τοῦ σώματος, sie ist etwas radikal Anderes (44 B ἄλλο τι καθ' ἑαυτήν οὖσαν) als der Körper und trotzdem *ist* sie *in ihm*, sie ist notwendigerweise mit ihm - als sein Seinsinhalt - verbunden. Die Seele kann für den Nyssener ebenso wenig wie für Aristoteles ἄνευ σώματος[76] - und zwar σώματος τ ο ι ο ύ τ ο υ, wie seine eschatologischen Ansätze andeuten[77] - sein. Dennoch ist die Seele bei Gregor als ein dem Körper im Grunde äußeres Prinzip nur insofern in ihm, wie etwa der Matrose in dem von ihm bewegten Schiff: Der Matrose ist getrennt vom Schiff und doch in ihm. An dieser von Aristoteles selbst kurz gestreiften Möglichkeit,[78] die von Gregor wahrscheinlich aufgenommen und entwickelt wird,[79] kann man den Unterschied des Nysseners zu Aristoteles und die Paradoxie seiner eigenen Ansicht am deutlichsten sehen. Die Formel Gregors für diese Paradoxie ist gewissermaßen schon in der Seelendefinition enthalten: Ψυχή ἐστιν οὐσία ... νοερά, - σ ώ μ α τ ι ... δύναμιν ζωτικήν καί τῶν αἰσθητῶν ἀντιληπτικήν δ ι' ἑ α υ τ ῆ ς ἐνιεῖσα. Die Seele als der beängstigenderweise ganz andere, lebensstiftende "Akteur" des Körpers.

Aus der Darstellung des Seelenbegriffs durch Gregor wird aber im Ganzen das hervorgehen, was wir schon im vorigen Kapitel angedeutet haben, daß nämlich die Seele die Stelle des aristotelischen νοῦς ποιητικός, bzw. θεωρητικός einnimmt, der im Unterschied zu allen anderen Seelenfunktionen nicht physiologisch an den Körper gebunden ist, erschreckenderweise von außen kommt und allein unsterblich ist.[80] Diese höhere Instanz des Denkens ist für Aristoteles bezeichnenderweise "das Ursächliche und Wirkende, insofern es alles wirkt, wie die Kunst sich zu ihrem Material verhält."[81] Mit Erstaunen nimmt man bei Gregor von Nyssa wahr, daß auch er die Tätigkeit, Beharrlichkeit und Unteilbarkeit der (wirkenden Denk-)Seele mit der Art vergleicht, wie sich die Kunst zu ihrem Material verhält.[82] Dieselben Attribute, die der aristotelische tätige Geist erhält (de an. Γ ,430 a 17 χωριστός καί ἀπαθής καί ἀμιγής -, 23 ἀθάνατον) und eigentlich schon der Geist des Anaxagoras erhielt, werden auch der mit dem νοῦς völlig zusammenfallenden transzendenten Seele des Nysseners zuteil.[83] Wenn man dem bisher Gesagten hinzufügt, daß sich Gregor das von Aristoteles begründete Schema der ψυχικαί δυνάμεις (de an. Β , 414 a 31 θρεπτικόν-αἰσθητικόν-διανοητικόν) und ihren Fundierungszusammenhang völlig aneignet,[84] daß er die berühmte μεσότης-Lehre des Stagiriten aufnimmt und in der phänomenologischen Beschreibung der Laster anwendet,[85] daß er schließlich in seiner Psychologie und Anthropologie die Bewegung, eine der Grundbestimmungen der aristotelischen Philosophie,[86] zum Hauptmotiv herausarbeitet,[87] - dann erst läßt sich wohl richtig einschätzen, wie nah Gregor trotz seiner "aus den Zeitverhältnissen verständlichen Abneigung gegen die aristotelische Kakotechnia (PG 45, 265 B)"[88] zu Aristoteles und zum Aristotelismus steht.[89] Für diese frappierende Nähe ist es charakteristisch, daß Gregor oft an spezifisch aristotelische Motive und Beispiele anknüpft: So läßt sich etwa in seinem Dialog das berühmt gewordene Beispiel der Erzstatue wiederfinden, mit dem Aristoteles den analogischen Dynamis-Begriff illustrierte,[90] oder der Schein der Leere bei der Betrachtung der Luft und die parallele Anwendung des Aulos-Beispiels,[91] oder auch das von Aristoteles gleichfalls häufig verwendete Prinzip ὄψις ἀδήλων τὰ φαινόμενα.[92] Als Zeugnis par excellence des aristotelischen Einflusses im Dialog "de anima et resurrectione" dürfte aber vor allem das beinahe wörtliche Zitieren der physikalischen sowie der dialektischen aristotelischen Definition des Zornes gelten: θυμὸν δέ ζέσιν εἶναι τοῦ περὶ καρδίαν αἵματος τοῖς πολλοῖς δοκεῖ.᾿Ετέροις δέ, ὄρεξιν τοῦ ἀντιλυπῆσαι τόν προκατάρξαντα.[93]

Die Seele als οὐσία und zwar als οὐσία νοητή zu definieren, gehörte freilich auch und nicht zuletzt zu den verbindlichsten Überlieferungsstücken des Platonismus. Es war bekanntlich besonders Porphyrios, der die νοητή οὐσία der Seele zur Hauptbestimmung ihrer Transzendenz erhoben und sie damit in einen nicht aufzuhebenden Gegensatz zum Körper gestellt hat.[94] Vor einer solchen Stellungnahme erhebt sich die Frage, wie die so transzendent gefaßte Seele dem Leibe beiwohnen kann, mit aller Eindringlichkeit. In der Tat nimmt Porphyrios - wohl als erster - die Frage nach dem *Wie* der Vereinigung von transzendenter Seele und Körper bewußt auf und entwickelt eine Formel, mit deren Hilfe er für das *Wie* der Einung eine vordem physikalische Betrachtungsweise auf transzendente Gegenstände anwendet.[95] Daß man dieser Neuerung gemäß im vierten Jahrhundert bereits gewöhnt war, vor allem an Platons Texte die Frage nach der Seele auch in Hinblick auf ihre κοινωνία πρός τό σῶμα zu richten, läßt sich, wie schon angedeutet,[96] nicht zuletzt im Dialog des Nysseners "de anima et resurrectione" eindeutig erkennen. Gregors Annäherung an Aristoteles besteht eben darin, das Problem der Immanenz der transzendenten Seele im Körper in einer Richtung entfaltet zu haben, die dem aristotelischen Konzept des von außen her (θύραθεν)in den Menschenleib eintretenden νοῦς θεωρητικός besonders nahe ist. Wir haben ja schon gesehen, daß Gregor das Einfache und Unsichtbare der Seele dem aus den Elementen zusammengesetzten Körper schroff gegenüberstellt.[97] Es besteht keinerlei Gemeinschaft (κοινωνία) zwischen transzendenter Seele und organischem Körper; "daß die vitale Energie der Seele *in* den Leibeselementen trotzdem *ist*, aufgrund einer Verbindung, die den menschlichen Verstand übertagt -, das wird kaum angezweifelt": οὐδέ ἐπί τῶν ζώντων σωμάτων, καθώς ἤδη προείρηται, οἷς ἡ ὑπόστασις ἐκ τῆς τῶν στοιχείων ἐστί συγκράσεως, κοινωνία τις κατά τόν τῆς οὐσίας λόγον ἐστί τῷ ἁπλῷ τε καί ἀειδεῖ τῆς ψυχῆς πρός τήν σωματικήν παχυμέρειαν· ἀλλ᾿ ὅμως τό ἐν τούτοις εἶναι τήν ζωτικήν τῆς ψυχῆς ἐνέργειαν, οὐκ ἀμφιβάλλεται, λόγῳ τινί κρείττονι τῆς ἀνθρωπίνης κατανοήσεως ἀνακραθεῖσαν (de an. et resurr. 44 BC). Ebenso wie das Göttliche in allem Seienden *ist*, ja alles Seiende durchdringt und am Dasein erhält, obwohl Es im Grunde genommen der Welt ganz und gar transzendent bleibt, ebenso *ist* auch die Seele für Gregor da, in und mit den Elementen des Körpers ἀρρήτῳ τινί λόγῳ (44 D) verflochten, wenn auch ihre οὐσία an sich etwas Anderes, etwas Transmundanes ist.[98] Die Seele steht also bei Gregor genausowenig in organischer Verbindung mit dem Körper wie der transzendente aristotelische νοῦς θεωρητικός. *Wie* das Transzendente mit dem Menschenleib in Berührung tritt, kann von Aristoteles nur durch die merkwürdige, nachmals so viel gebrauchte Formel θύραθεν ἐπεισιέναι τόν νοῦν[99], umschrieben werden.   Und der Nyssener? Er äußert seine Verlegenheit vor diesem unbegreiflichen Paradoxon ähnlich mit dem Ausdruck eben: ἄρρητος λόγος, welcher grundsätzlich auf etwas sich durch Erkenntnis nicht Erschließbares, auf etwas Hintergründiges und Außer-ordentliches verweist.[100]

Greifbarer wird die Ähnlichkeit, wenn man dazu anmerkt, wie gleich - bis in den Wortlaut hinein - der Ausgangspunkt des Fragens bei beiden Denkern ist: διό καί περί νοῦ, π ό τ ε κ α ί π ῶ ς μεταλαμβάνει καί πόθεν τά μετέχοντα ταύτης τῆς ἀρχῆς, ἔχει τ' ἀπορίαν πλείστην, καί δεῖ προθυμεῖσθαι κατά δύναμιν λαβεῖν καί καθ' ὅσον ἐνδέχεται -, schreibt in äußerster Vorsicht Aristoteles in de gen.anim. B 3, 736 b 5 f. Und Gregor will wohl in de an. et resurr. 121 A/B f wissen, Π ό τ ε οὖν ἐρεῖ τις γενομένην (sc. τήν ψυχήν), κ α ί π ῶ ς; ᾽Αλλά τήν μέν ζήτησιν τήν περί τοῦ πῶς τά καθ'ἕκαστον γέγονεν, ἐξαιρετέον πάντη τοῦ λόγου. Οὔτε γάρ περί τῶν προχείρων ἡμῖν εἰς κατανόησιν, ὧν τήν ἀντίληψιν δι' αἰσθήσεως ἔχομεν, δυνατόν ἄν γένοιτο τῷ διερευνωμένῳ λόγῳ, τό πῶς ὑπέστη τό φαινόμενον κατανοῆσαι ... Οὐδέ γάρ ἐφικτόν τό τοιοῦτον οἶμαι τοῖς ἀναζητοῦσιν εἶναι, πολλάς ἀμηχανίας τοῦ περί τούτων ζητήματος ἡμῖν προδεικνύοντος ... Gregor experimentiert zwar gern mit dem Gedanken einer Erklärung der Frage nach dem *Wie* des Werdens der Seele, bzw. des Phänomenalen,[101] doch auch er ist sich der Schwierigkeit dieser übermächtigen Frage voll bewußt.[102] Die Nähe zu Aristoteles läßt sich auch an der Frage nach dem *Wann* der Entstehung der Seele, besser gesagt, der Vernunftseele, erkennen. Dabei eignet sich Gregor die von Aristoteles in de gen. anim. B 3, 736 a 35 f dargelegte Lehre ausdrücklich an, namentlich die Lehre von der Beseelung des körperlichen Produkts in Entfaltungsetappen (Hervortreten der intellektiven Seele nach der vegetativen und sensitiven). So wie bei Aristoteles die νοητική ψυχή erst allmählich zur Geltung und Vollendung kommt -ὕστατον γάρ γίνεται τ ό τ έ λ ο ς (736 b 3) -, so auch beim Nyssener κατά λόγον ἡ αὔξησις ἐπί τό τέλος πρόεισι· τόν αὐτόν τρόπον καί ἐπί τῆς ἀνθρωπίνης συστάσεως, πρός ἀνάλογον τῆς σωματικῆς ποσότητος, καί ἡ τῆς ψυχῆς διαφαίνεται δύναμις· πρῶτον μέν διά τοῦ θρεπτικοῦ καί αὐξητικοῦ τοῖς ἔνδοθεν πλασσομένοις ἐγγινομένη. Μετά ταῦτα δέ τήν αἰσθητικήν χάριν τοῖς εἰς φῶς προελθοῦσιν ἐπάγουσα, εἶθ' οὕτω, καθάπερ τινά καρπόν, αὐξηθέντος ἤδη τοῦ φυτοῦ, μ ε τ ρ ί ω ς τήν λογικήν ἐμφαίνουσα δύναμιν, οὐ πᾶσαν κατά τό ἀθρόον, ἀλλά τῇ ἀναδρομῇ τοῦ φυτοῦ δ ι ' ἀ κ ο λ ο ύ θ ο υ π ρ ο κ ο π ῆ ς συναυξανομένην.[103] Als sinnfälligste Erscheinung für diesen Werdeprozeß der Seele führt Gregor gern das Wachsen, das φύεσθαι der Pflanzenwelt an, das vom unscheinbaren Samenkorn nach fester Ordnung (κατά λόγον) in ununterbrochener Entwicklung bis zur vollen Entfaltung des Wesens, zum *Telos* führt. Dieses echt griechische Motiv[104], das Gregor nicht nur als Schlüssel zum Verständnis des Werdeprozesses der Seele, sondern - wie noch genau zu zeigen sein wird - auch als Symbol zur Illustration seiner eschatologischen und heilsgeschichtlichen Perspektiven benutzt,[105] läßt bei seiner Anwendung in de an. et resurr. 125 C - 128 B keinen Zweifel übrig, daß die Seele für den Nyssener in allen ihren Instanzen schon im Samen δυνάμει präsent ist. Seele und Körper treten gleichzeitig ins Dasein ein.[106] Daß der Kappadokier für diese seine Lehre als *Traduzianist* gelten muß, läßt sich an seinem Dialog eindeutig ablesen.[107]

A N M E R K U N G E N

[1] Vgl. hierzu o. III 3 A, S. 176

[2] De an. et resurr. 21 AB. Unser Hinweis auf die stoische Mischungslehre (o. III 3 A,S.176 f), schließt allerdings die Ansicht Karl Gronaus aus, die Stoiker werden hier "nur der Areopagrede wegen angeführt" (Poseidonios, S.227). Da Gregors angeblich poseidonische Vorlage sich keineswegs mit den Stoikern auseinandergesetzt haben dürfte, mußte K.Gronau dies offenbar auch für Gregor annehmen. Er begründet dies so: "Hauptsächlich gegen Epikuros richtet sich auch die poseidonianische Darstellung der Unsterblichkeit der Seele in Ciceros Tusculanen" (ebd.); und Ciceros Tusculanen, muß man noch wissen, sollen nach der Hauptthese Gronaus aus derselben Quelle wie Gregors Schrift de an. et resurr. stammen, namentlich aus Poseidonios' Timaioskommentar. Wie wir noch genauer sehen werden, liefert K. Gronau in vielem ein warnendes Beispiel dafür, wie man Einzelbelege aus ihrem Zusammenhang herausreißt und in ein eher *erschlossenes* System stellt.

[3] De an. et resurr. 21 B - 24 A. Beachtenswert ist dabei die Art und Weise, in der der "zitatenscheue" Gregor die gut bekannte gottlose Lehre Epikurs erwähnt: Καί γάρ ἀκούω (21 B). In der Zeit Gregors war die Kluft zwischen Christen und Epikureern wohl so groß, daß nicht nur keine Verständigung möglich war, sondern selbst Debatten mit den das Wesen Gottes und der Welt wie auch die Hoheit des Menschen verkennenden Gegnern zwecklos und vielleicht provokativ schienen (vgl. dazu M. Pohlenz, Die Stoa I, S. 463). - Der ironische Vergleich des Menschenlebens mit einer Wasserblase (21 B: πομφόλυγος δίκην) paßt, wie auch K. Gronau, Poseidonios, S. 226, Anm. 2, richtig bemerkt, sehr gut zu den Ansichten Epikurs, da nach Epikur der Leib die Seele (die wirklich luftartig gedacht ist) wie eine Hülle zusammenhält und umfängt. Vgl. dazu wie Poseidonios etwa dagegen erklärt, die Epikureer wissen nicht, daß nicht die Leiber die Seelen, sondern die Seelen die Leiber zusammenhalten: Achilles Tatius, Introductio in Aratum, 13: Ποσειδώνιος δέ ἀγνοεῖν τούς Ἐπικουρείους ἔφη, ὡς οὐ τά σώματα τάς ψυχάς συνέχει, ἀλλ'αἱ ψυχαί τά σώματα, ὥσπερ καί ἡ κόλλα καί ἑαυτήν καί τά ἐκτός κρατεῖ (in: Poseidonios, Bd I. The Fragments, hrsg. von L. Edelstein und I.G. Kidd, Cambridge 1972, S. 137 (Frgm. 149)). Die im Rahmen des spätantiken Platonismus zur communis opinio gewordene Ansicht des Poseidonios, teilt natürlich auch Gregor von Nyssa (vgl. hierzu unten S. 202 ff).

[4] Siehe dazu etwa Walter Schulz, Philosophie in der veränderten Welt, S. 336 ff

[5] Der Ausdruck κατά τό ἀκόλουθον stellt bekanntlich eine der geläufigsten erkenntnistheoretischen Formeln Gregors dar. Er zieht sich in der Tat, zusammen mit den verwandten Wendungen ἐξ ἀκολουθίας, δι' ἀκολουθίας etc., durch sein ganzes Schrifttum und legt, besonders in "Macrinia", deutliches Zeugnis für seine stark ausgeprägte rationale Seite ab. Über den ἀκολουθία-Begriff und dessen Schlüsselfunktion für die Logik, die Kosmologie, die Geschichtsphilosophie und die Exegese des Nysseners hat J. Daniélou ausführlich und aufschlußreich geschrieben: "'Ακολουθία chez Grégoire de Nysse", in: RevSR 27 (1953), S. 219-249.

[6] Eine solche Ansicht würde natürlich auf moralisch-normativer Ebene die sinnliche Lust als höchstes Gut ansehen. Vgl. dazu de an. et resurr. 17 B - 20 A und oben III 2, S. 165 f.

[7] G.Krüger, Einsicht und Leidenschaft, S. 299; P. Friedländer, Platon III, S. 45; W. Bröcker, Platos Gespräche, S. 194; H.G. Gadamer, "Die Unsterblichkeitsbeweise", in: WuR, S. 154.

[8] Phaid. 90 b$_9$ - c$_6$: - καί μάλιστα δή οἱ περί τοὺς ἀντιλογικοὺς λόγους διατρίψαντες οἶσθ᾽ ὅτι τελευτῶντες οἴονται σοφώτατοι γεγονέναι καί κατανενοηκέναι μόνοι ὅτι οὔτε τῶν πραγμάτων οὐδενός οὐδέν ὑγιές οὐδέ βέβαιον οὔτε τῶν λόγων, ἀλλά π ά ν τ α τὰ ὄντα ἀτεχνῶς ὥσπερ ἐν Εὐρίπῳ ἄνω κάτω στρέφεται καὶ χρόνον οὐδένα ἐν οὐδενὶ μένει /Sperrung vom Verfasser/. Der Ausdruck ἄνω κάτω besitzt im Griechischen eine ausgesprochene Suggestionskraft, die das Zufällige und Verworrene sprichwortartig veranschaulicht. Vgl. Phaid. 96 a πολλάκις ἐμαυτὸν ἄνω κάτω μετέβαλλον; Theait. 159 d τὸ λεγόμενον ἄνω κάτω πάντα.

[9] Vgl. vor allem Phaid. 90 c$_4$ π ά ν τ α τὰ ὄντα ἀ τ ε χ ν ῶ ς mit de an. et resurr. 21 C^4 Ἀ τ ε χ ν ῶ ς γὰρ γήϊνοί τινές εἰσι τοῖχοι τὰ αἰσθητὰ π ά ν τ α. Sehr charakteristisch ist es noch, daß das in der platonischen Vorlage auftauchende Wort σ ο φ ώ τ α τ ο ι (Phaid. 90 c$_2$, zit. oben, Anm. 8) sich auch bei Gregor in demselben ironischen Zusammenhang findet: de an. et resurr. 24 A Οἱ δὲ πρὸς τὸν κόσμον ὁρῶντες πρὸς τὸν διὰ τούτου δηλούμενον ἀμβλυωποῦσιν,ὅθεν τὰ σ ο φ ὰ ταῦτα καὶ δριμέα παρὰ τῶν τὸν ἀφανισμὸν ψυχῆς δογματιζόντων προφέρεται (τούτου (Cod. A) statt τούτων bei Migne). Bezeichnenderweise wird sonst das Wort σοφός im Dialog de an. et resurr. in auffallend positivem Sinne benutzt: vgl. 25 A τοῦ σοφοῦ καὶ τεχνικοῦ λόγου; 28 A θεία δύναμις ἔντεχνός τε καὶ σοφή; 28 C τῆς παντοδυνάμου σοφίας; 28 D τὴν τοῦ παντὸς ὑπερκειμένην σοφίαν; 25 A τὸ σοφὸν ἐκεῖνο παράγγελμα; 44 A διὰ τῆς ἀπορρήτου σοφίας τοῦ θεοῦ; 105 A κατὰ τὴν τεχνικὴν τοῦ καθηγεμόνος σοφίαν; 152 B εἰς τὸ βάθος τῆς ἀποστολικῆς διακύψας σοφίας.

[10] Eine treffende Formulierung G. Krügers, Einsicht und Leidenschaft, S. 260

[11] A.a.O., vgl. dazu vor allem Phaid. 89 a$_{5-7}$ ἔπειτα ὡς εὖ ἡμᾶς ἰάσατο καὶ ὥσπερ πεφευγότας καὶ ἡττημένους ἀνεκαλέσατο καὶ προὔτρεψεν πρὸς τὸ παρέπεσθαί τε καὶ συσκοπεῖν τὸν λόγον.

[12] Vgl. dazu G. Krüger, Einsicht und Leidenschaft, S. 260. Zum dialektischen Sinn der platonischen Hypothesis vgl. H.G. Gadamer,"Die Unsterblichkeitsbeweise", in: WuR, S. 156-157; ders., Plato. Texte zur Ideenlehre, S. 76. Siehe auch oben I 2, S. 60 f.

[13] Vgl. Phaid. 85 c$_8$-d$_2$ τὸν γοῦν βέλτιστον τῶν ἀνθρωπίνων λόγων λαβόντα καὶ δυσελεγκτότατον ἐπὶ τούτου ὀχούμενον ὥσπερ ἐπὶ σχεδίας κ ι ν δ υ ν ε ύ ο ν τ α διαπλεῦσαι τὸν βίον /Sperrung vom Verfasser/. Auch die platonische Ansicht von der Tapferkeit des Erkennenden scheint aber aus der älteren griechischen Tradition hervorgegangen zu sein. Denn schon im Zusammenhang der zeitgenössischen und älteren rhetorischen Erziehung war der charakteristische Ausdruck ψυχὴ ἀνδρική eine geläufige Prägung für die Physis des guten Redners. Der führende Repräsentant der Rhetorik, Isokrates, verwendet diesen Ausdruck in pädagogischem Sinne in seiner "Antidosisrede" (§ 200), wo der Gegensatz bezeichnenderwei-

se ἀφυής ist. Vor allem sein Lehrer Gorgias scheint der Ansicht gewesen zu sein, daß die Rhetorik überhaupt ein ἔργον ψυχῆς στοχαστικῆς (bzw. δοξαστικῆς) καί ἀνδρικῆς ist (vgl. Isokrates,"Sophistenrede" § 16 im Zusammenhang mit der schlagenden Parallele in Platons"Gorgias" 463 a; dazu vgl. Klaus Ries' Dissertation : Isokrates und Platon im Ringen um die Philosophia. München 1959, S. 33 ff). Darauf weist auch ein merkwürdiger Bericht des Clemens von Alexandrien hin; in Str. 1, 51 (II 33, 18 Stählin= VS II 287 frgm. 8) versichert er uns tatsächlich, daß das Kampfspiel der Rhetorik Gorgias' Ansicht nach zwei Tugenden erfordert: "Mut (τόλμη) nämlich und Wissen (σοφία); zum Mut gehört, die Gefahr auf sich zu nehmen, zum Wissen, die Falle (?) zu erkennen": καί τό ἀγώνισμα ἡμῶν κατά τόν Λεοντῖνον Γοργίαν διττῶν (δέ) ἀρετῶν δεῖται, τόλμης καί σοφίας· τόλμης μέν τόν κίνδυνον ὑπομεῖναι, σοφίας δέ τό πλίγμα(;) γνῶναι.

[14] Vgl. P. Friedländer, Platon III, S. 52: "Alle Unsicherheit, die bei einer solchen begrifflichen Erörterung (sc. über die Ewigkeit der Seele) notwendig zurückbleibe, müsse aufgewogen werden durch die Energie des Forschens, die uns 'tapfer' mache."

[15] Zur Funktion des platonischen Mythos als einzig möglicher Form, in der "das religiöse Scheu Erregende überhaupt sagbar wird", vgl. o. I 2, S. 62; ebd., S. 60 f,wird auch auf die "erste Hypothesis" Platons als einer Art erkenntnistheoretischen Axioms, resp. fundamentalen Glaubens hingewiesen, der den philosophischen Denkprozeß gerade bei einer sog. "Grenzfrage" erst recht ermöglichen kann. - Als zuverlässig betrachten wir schließlich mit H.G. Gadamer ("Die Unsterblichkeitsbeweise", in: WuR, S. 156) jene Hypothesen, welche das beanspruchte "kommunikative Einverständnis" erfüllen können.

[16] Vgl. Phaid. 89 b$_{10}$. - In diesem Sinne hatte schon H. Barth, Die Seele in der Philosophie Platons, S. 63, mit Recht geschrieben: " Die eigentümliche Vollkommenheit der Seele ist ihre Tapferkeit und Einsicht."

[17] De an. et resurr. 24 A /Sperrung vom Verfasser/; vgl. dazu ebd., 21 BC. Auf den stoischen Hintergrund des kosmologischen Gottesbeweises "e creatione creatorem", den Gregor hier anschließend weiter ausführt (24 C - 28 A), hat schon K. Gronau, Poseidonios, S. 228 ff, in aller Ausführlichkeit aufmerksam gemacht (sehr beachtenswert ist dabei (S. 229) vor allem die zum Text Gregors parallele Philonstelle (de provid. I, 72)).

[18] Vgl. de an. et resurr. 40 B ff

[19] Vgl. de an. et resurr. 40 C - 41 A

[20] De an. et resurr. 41 A; die ἀτοπία ist wohl hier im Sinne der "Verkehrtheit", der "Sinnlosigkeit" zu verstehen

[21] Siehe dazu auch I 2, S. 62 f und III 2, S. 165 ff

[22] Vgl. hierzu unten S. 212

[23] De an. et resurr. 28 C:'Υπειλήφαμεν δέ τό ε ἶ ν α ι αὐτήν καθ' ἑαυτήν (sc. τήν ψυχήν) ἐν ἐξηλλαγμένῃ τε καί ἰδιαζούσῃ φύσει, π α ρ ά τήν σωματικήν παχυμέρειαν /Sperrung vom Verfasser/.

[24] Vgl. de an. et resurr. 24 A σῶμα ἐκ στοιχείων, καί στοιχεῖα ἐκ σώματος, καί τό μή δύνασθαι τήν ψυχήν καθ' ἑαυτήν εἶναι, εἰ μήτε τούτων τι εἴη, μήτε ἐν τούτοις. Sehr charakteristisch ist in

diesem Zusammenhang die Stellungnahme des Chrysipp, der die Seele für körperlich hält, weil sie gerade der Berührung mit dem, und der Trennung von dem Körper fähig ist: Nemesios de nat.hom. 81,6 = SVF II 219, 24 Χρύσιππος δέ φησιν ὅτι "ὁ θάνατός ἐστι ψυχῆς χωρισμός ἀπό σώματος· οὐδέν δέ ἀσώματον ἀπό σώματος χωρίζεται· οὐδέ γάρ ἐφάπτεται σώματος ἀσώματον, ἡ δέ ψυχή καί ἐφάπτεται καί χωρίζεται τοῦ σώματος, σῶμα ἄρα ἡ ψυχή.".

[25] De an. et resurr. 24 BC

[26] Ein Hinweis H. Dörries, Symmikta, S. 60. Vgl. dazu noch Arist. de an. B 2, 414 a 12 f: ἡ ψυχή δέ τοῦτο ᾧ ζῶμεν καί αἰσθανόμεθα καί διανοούμεθα πρώτως - ὥστε λόγος τις ἄν εἴη καί εἶδος, ἀλλ' οὐχ ὕλη καί τό ὑποκείμενον.

[27] De nat. hom. 130, 3 καί ἡ ψυχή ζωή οὖσα, εἰ ἐν τῇ κράσει μετεβάλλετο, ἠλλοιώθη ἄν καί οὐκέτι ἦν ζωή.

[28] Daß der Mittelplatonismus mit dieser Gleichung zu operieren vermocht hat, hat H. Dörrie, Symmikta, S. 60 f, überzeugend gezeigt.

[29] Vgl. die Definition der Seele in de an. et resurr. 29 B, hier unten, S. 208

[30] Offenkundig weist das Makro-Mikrokosmosschema hier auf die für Gregor fundamentale Methode der *via analogiae* hin. Suchten die Platoniker meist damit das Höhere aus dem Niederen zu erklären (vgl. hierzu H.Dörrie, "Gregors Theologie", in: GRuPH 30 f), so neigt Gregor häufiger dazu, mit Hilfe dieser Methode das Niedere aus dem Höheren zu begründen. Daß auch die Stoiker sich der "Analogie" nicht widersetzten, sondern sie sogar - ähnlich wie der Nyssener - auf das Verhältnis Seele/Körper - Gott/Welt (Materie) angewandt haben, zeigt der Bericht Alexanders Aphrod. de mixtione, S. 226, 11 Bruns = SVF II 308, 36 οὕτως ὁ θεός μέμικται τῇ ὕλῃ, κ α τ' α ὐ τ ο ύ ς, ὡς ἐν τοῖς ζῴοις ἡ ψυχή τῷ σώματι /Sperrung im Original/. Über Bedeutung und Notwendigkeit der Analogie bei Gregor hat jüngst Martin Nikolaus Esper ausführlich gehandelt: "Allegorie und Analogie bei Gregor von Nyssa". Diss. Bonn 1979.

[31] De an. et resurr. 24 C /Sperrung vom Verfasser/: "Darauf kommt es eben an! Wie könnte den Widerstrebenden unbezweifelt erscheinen, daß Alles durch Gott da sei und im (vom) Gott zusammengehalten wird, oder daß es etwas Göttliches überhaupt gibt (εἶναι: sei), das ü b e r d i e Natur d e s S e i e n d e n   e r h a b e n   s e i ?"

[32] Daß das "Sein" für Gregor kein Begriff, keine Idee mehr ist, hat schon H.U. von Balthasar, Der versiegelte Quell, S. 10 f, mit Recht betont. Den Unterschied Gregors zu Plotin hinsichtlich seines Seins- und Gottesbegriffs hat auch H. Dörrie, "Gregors Theologie", in: GRuPH 36, festgestellt: "Es gibt nicht Stufen Gottes jenseits des Seins zu erkennen..." Wie unplotinisch Gregors Seinsbegriff in der Tat ist, zeigt die Fragestellung in de an. et resurr. 28 A Καί πῶς, εἶπον ἡ περί τό ε ἶ ν α ι   τόν θεόν πίστις, καί τήν ψυχήν ε ἶ ν α ι   τήν ἀνθρωπίνην συναποδείκνυσιν; Vgl. dazu noch besonders de an. et resurr. 44 AB.

[33] De an. et resurr. 25 A: ἄντικρυς /Hss. A und B/ statt ἄντικρυ (Migne). Vgl. dazu Philon, de op. m. 29, 1 c: μόνης οὐκ ἄντικρυς βοώσης τῆς φύσεως ... (zit. nach W. Jaeger, Nemesios von Emesa, S. 121). Von den zahlreichen parallelen Stellen, die von den ἔργα auf den göttlichen Urheber schließen, seien hier nur zwei unter sich ähn-

lich hochgestimmte Ausführungen genannt: Cicero Tusc. I 68 ff deum adgnoscis ex operibus,- ohne ihn zu sehen und /Aristoteles/ περὶ κόσμου 399 b 12 ff: πιστεύειν ... θεὸς ἀθεώρητος ἀπ' αὐτῶν τῶν ἔργων θεωρεῖται(zit. nach W. Theiler, "Gott und Seele im kaiserzeitlichen Denken", in: Entretiens von Vandoeuvres 3(1955), S.66 (=Forschungen zum Neuplatonismus, S. 3)).Weitere Stellen sind in der wort- und motivgeschichtlichen Untersuchung Ed. Nordens, Agnostos Theos, S. 25 ff, zu finden. Siehe auch K. Gronau, Poseidonios, S. 229, Anm. 2.

[34] Vgl. de an. et resurr. 25 B: καὶ ὡς ἐναντίως ἔχοντα πρός ἄλληλα τά στοιχεῖα κατά τήν φύσιν, πρός τόν α ὐ τ ό ν τά πάντα σ κ ο π ό ν διά τινος ἀρρήτου κοινωνίας συμπλέκεται,τήν παρ' ἑαυτοῦ δύναμιν ἕκαστον πρός τήν τοῦ παντός δ ι α μ ο ν ή ν συνεισφέροντα /Sperrung vom Verfasser/.

[35] Vgl. de an. et resurr. 25 B Τίς γάρ βλέπων τήν τοῦ παντός ἁρμονίαν ...

[36] Vgl. dazu de an. et resurr. 25 B - 28 A

[37] De an. et resurr. 28 A; statt διά πάντων ἤκουσα τά μέρη συναρμόζει τῷ ὅλῳ (Migne) muß es wohl διά πάντων ἤκουσα τά τε μέρη συναρμόζει τῷ ὅλῳ heißen.

[38] Schon K. Gronau, Poseidonios, S. 229, hat auf die recht häufig vorkommenden stoischen Ausdrücke des "ontologischen Beweises" Makrinas aufmerksam gemacht:"so z.B. διαδύομαι (Kleanth. Hym. v. 1; 6; 8), συνέχειν, διακρατεῖσθαι, περικρατεῖσθαι, θεία δύναμις ἔντεχνος ... διὰ πάντων ἤκουσα τά μέρη συναρμόζει τῷ ὅλῳ u.a.m." Dazu wäre vor allem Alexander Aphrod. de mixtione, S. 214, 14 Bruns = SVF II 154, 6 ff, zu nennen: ἔστι δέ ἡ Χρυσίππου δόξα περί κράσεως ἥδε· ἡνῶσθαι μέν ὑποτίθεται τήν σύμπασαν οὐσίαν, πνεύματός τινος διά πάσης αὐτῆς διήκοντος, ὑφ' οὗ συνέχεταί τε καί συμμένει καί συμπαθής ἐστιν αὐτῷ τό πᾶν. Ähnlich SVF II, 37, 30 τό διῆκον διά πάντων πνεῦμα, ὑφ' οὗ τά πάντα συνέχεσθαι καί διοικεῖσθαι; SVF II 145, 17 und 31.

[39] Cleomed. 1,1,1 (nach der Übersetzung von M. Pohlenz, Stoa und Stoiker, S. 290). Zur Eigenart der vitalistischen Naturauffassung des Poseidonios vgl. auch E. v. Ivánka, "Die Quelle von Ciceros De natura Deorum II, 45-60 (Poseidonios bei Gregor von Nyssa)",in: Archivum philologicum 59 (1935),S. 11 ff mit weit. Lit.

[40] Vgl. vor allem de an. et resurr. 25 A Βοᾷ γάρ ἀ ν τ ι κ ρ υ ς τ ό ν π ο ι η τ ή ν ἡ κτίσις; 28 A ὅτι θεία δύναμις ἔντεχνός τε καί σοφή τοῖς οὖσιν ἐ μ φ α ι ν ο μ έ ν η /Sperrung vom Verfasser/.

[41] Vgl. schon de an. et resurr. 28 D - 29 A: 'Αλλά τήν μέν (om. MPG) τ ο ῦ π α ν τ ό ς ὑ π ε ρ κ ε ι μ έ ν η ν σοφίαν διά τῶν ἐνθεωρουμένων τῇ φύσει τῶν ὄντων σοφῶν τε καί τεχνικῶν λόγων, ἐν τῇ ἀρμονίᾳ ταύτῃ καί διακοσμήσει δυνατόν ἐστιν ἀναλογίσασθαι /Sperrung vom Verfasser/.Dazu vgl. vor allem 44 A - B : "Ωσπερ οὖν διά τῆς ἀπορρήτου σοφίας τοῦ θεοῦ τῆς τῷ παντί ἐμφαινομένης τήν θείαν φύσιν τε καί δύναμιν ἐ ν π ᾶ σ ι τ ο ῖ ς ο ὖ σ ι ε ἶ ν α ι οὐκ ἀμφιβάλλομεν, ὡς ἄν ἐν τῷ εἶναι τά πάντα μένοι· καί τοί γε εἰ τόν τῆς φύσεως ἀπαιτοίης λόγον, π α μ π λ ή θ ε ς ἀ π έ χ ε ι οὐσία θεοῦ πρός τά καθ' ἕκα-

στον ἐν τῇ κτίσει δεικνύμενά τε καί νοούμενα /Sperrung vom Verfasser/.

[42] Freilich ist die verallgemeinernde Poseidonios-Hypothese K. Gronaus, Poseidonios und die jüdisch-christliche Genesisexegese (Leipzig 1914), abzulehnen. Wenn man überhaupt von einer Grundlage beim Dialog de an. et resurr. sprechen darf, dann ist das gewiß der "Phaidon" Platons. Auch bei dieser Annahme kann aber das nicht übersehen werden, was wir häufig festgestellt haben: wie vielschichtig die Bildung, wie persönlich die Entscheidung des Nysseners gewesen ist. Ein weiteres Argument, das zur Vorsicht mahnt: Neulich ist für Poseidonios ein größeres Stück der Tusculanen I Ciceros, einer mit de an. et resurr. vielfach verwandten Schrift, gesichert worden (vgl. Poseidonios, Die Fragmente, hrsg. von Willy Theiler. Berlin/New York 1982, Bd II, S. 340 ff; Theiler glaubt, daß sowohl Ciceros Tusc. I wie auch ihre Variante im Ps. Platons "Axiochos" auf einen platonisierenden, in der Hauptsache auf die Unsterblichkeit der Seele hinzielenden hellenistischen Dialog zurückgehen, der aus Poseidonios und Antiochos von Ascalon erweitert oder übermalt worden ist). Man darf allerdings dabei nicht vergessen, daß der Einfluß Platons und des (jungen) Aristoteles auf Tusc. I bereits von O. Gigon, Entretiens von Vandoeuvres",3 (1955), S. 51 ff, nachgewiesen worden ist.

[43] De an. et resurr. 28 B: Ἡ δέ, λέγεται, φησί, παρά τῶν σοφῶν μικρός τις εἶναι κόσμος ὁ ἄνθρωπος, ταῦτα περιέχων ἐν ἑαυτῷ στοιχεῖα, οἷς τό πᾶν συμπεπλήρωται. Die Tatsache, daß Gregor sich hier auf philosophische Autoritäten beruft, zeigt freilich nicht so sehr "ein lebhaftes Gefühl" für entlehnte Anschauungen (so W. Völker, G.v.N. als Mystiker, S. 59), sondern vielmehr seine ständige Sorge um "Entschärfung" seiner Aussagen. Die Makro-Mikrokosmosidee und ihre Spiritualisierung in vorchristlicher und christlich-gnostischer Zeit behandelt eingehend C. Colpe in RAC Bd 11 (1981), Sp. 545 f. Art. Gnosis II (Gnostizismus). Wie so viele andere Motive des antiken Spiritualismus scheint wohl auch die Analogie Mensch-Welt aus dem Mazdaismus zu stammen (vgl. dazu Duchesne-Guillemin, Iranische Kosmogonien (:Anhang zu RE Art. "Weltschöpfung" von H. Schwabl), RE Suppl. 9 (1958), Sp. 1585/6 und C. Colpe, a.a.O.). Zur Funktion dieser Analogie bei Platon und Gregor von Nyssa vgl. oben S. 198 ff.

[44] Freie Übersetzung der erkenntnistheoretisch wichtigen Stelle de an et resurr. 28 C. - Daß man von dem sinnlich Wahrnehmbaren, von dem Phänomen auf die unsichtbare verborgene Ursache schließen kann und muß, ist eine alte Forderung der griechischen Philosophie: ὄψις τῶν ἀδήλων τά φαινόμενα, so lautet die berühmt gewordene Formel des Anaxagoras (frgm. B 21 a, VS II 43, 15),die als das "Gesetz" par excellence der antiken Glaubensvorstellungen gelten kann (vgl. hierzu die ausführliche "Untersuchung über die Entstehung, Entwicklung und Ablösung der antiken Glaubensvorstellung und -definition in der Zeit von Anaxagoras bis zu Augustin (500 vor bis 400 nach Chr.)" von E. Tielsch, in: KS 64 (1973), S. 159-199: *Die Wende vom antiken zum christlichen Glaubensbegriff*; siehe auch die philologische Studie von H. Diller: ""Ὄψις ἀδήλων τά φαινόμενα", H 67 (1932), S. 14- 42).Sehr wichtig für den Analogieschluß Gott-Seele ist aber vor allem Xenophons Mem. IV, 3, 13-14: καί ὁ τόν ὅλον κόσμον συντάττων τε καί συνέχων, ἐν ᾧ πάντα καλά καί ἀγαθά ἐστι ... οὗτος τά μέγιστα μέν πράττων ὁρᾶται, τάδε δέ οἰκονομῶν ἀόρατος ἡμῖν ἐστιν ... ἀλλά μήν καί ἀνθρώπου γε ψυχή, ἥ,εἴπερ τί καί ἄλλο τῶν ἀνθρωπίνων, τοῦ θείου μετέχει, ὅτι μέν βασιλεύει ἐν ἡμῖν, φανερόν, ὁρᾶται δέ οὐδ' αὐτή. ἅ χρή κατανοοῦντα μή καταφρονεῖν τῶν ἀορά-

των, ἀλλ' ἐκ τῶν γιγνομένων τὴν δύναμιν αὐτῶν καταμανθάνοντα τιμᾶν τὸ δαιμόνιον. Schon hier wird also die Analogie Gott-Seele aus dem Sachverhalt des "unersichtlichen Grundes" herausgestellt. Aus den zahlreichen Stellen der Spätantike, die diesen Zusammenhang Gott-Seele thematisieren, hebt sich deutlich, namentlich wegen der erstaunlichen Parallelität zu Gregors Aussagen, Ciceros Tusc. I § 70 ab: sic mentem hominis, quamvis eam non videas, ut deum non vides, tamen, ut deum adgnoscis ex operibus eius, sic ex memoria rerum et inventione et celeritate motus omnique pulchritudine virtutis vim divinam mentis adgnoscito. Ein wenig später werden wir sehen, wie auch Gregor von Nyssa die eigenartige Natur des Geistes gewissermaßen an der *memoria rerum*, vor allem aber an der Erfindungskraft *(inventione)* des Menschen zu erkennen vermag.

[45] E. von Ivánka, Plato Christianus, S. 155

[46] Phaid. 83 b₃. Wir lassen der Wichtigkeit wegen die Stelle hier in ihrer Verflochtenheit mit der vorangegangenen Passage folgen: ἐνδεικνυμένη (sc. ἡ φιλοσοφία) ὅτι ἀπάτης μὲν μεστὴ ἡ διὰ τῶν ὀμμάτων σκέψις, ἀπάτης δὲ ἡ διὰ τῶν ὤτων καὶ τῶν ἄλλων αἰσθήσεων, πείθουσα δὲ ἐκ τούτων μὲν ἀναχωρεῖν, ὅσον μὴ ἀνάγκη αὐτοῖς χρῆσθαι, αὐτὴν δὲ εἰς αὐτὴν συλλέγεσθαι καὶ ἀθροίζεσθαι παρακελευομένη, πιστεύειν δὲ μηδενὶ ἄλλῳ ἀλλ' ἤ αὐτὴν αὑτῇ, ὅτι ἂν νοήσῃ αὐτὴ καθ' αὑτήν αὐτό καθ' αὑτό τῶν ὄντων· ὅτι δ' ἂν δι'ἄλλων σκοπῇ ἐν ἄλλοις ὂν ἄλλο, μηδὲν ἡγεῖσθαι ἀληθές· εἶναι δὲ τὸ μὲν τοιοῦτον αἰσθητόν τε καὶ ὁρατόν, ὃ δὲ αὐτὴ ὁρᾷ νοητόν τε καὶ ἀιδές (Phaid. 83 a₃ f).

[47] Die Trennung des νοητόν von dem αἰσθητόν, der Idee von der Erscheinung, wird mit der Annahme der Idee in Phaid. 95 b - 108 c - einem der wirkungsvollsten Texte in der Philosophiegeschichte überhaupt - explizit begründet. Zur Frage der Zugehörigkeit der Seele zu der Sphäre des Übersinnlichen im "Phaidon", vgl. III 3 A, o. S. 178 und S. 189 f, Anm. 13; siehe auch die Ausführungen in I 1, S. 35 ff.

[48] Aus dem massiven Protest gegen Platons erkenntnistheoretische Radikalität bei der Trennung des Denkens von den Sinnen sei hier nur die schöne Metapher Kants (Kr. d.r.V., B 8 ff) erwähnt, der die platonische Situation gelegentlich mit dem Wahn eines Vogels vergleicht, welcher meint, er werde, da die Luft seinem Fluge Widerstand leistet, am besten fliegen können, wenn gar keine Luft da wäre. Nach der kantischen Einsicht beruht bekanntlich die Erkenntnis des Wirklichen immer auf einem Zusammenwirken von Anschauung und Denken, und nicht wie bei Platon (und später bei Hegel) ausschließlich auf dem Denken, welches das Sinnliche hinter sich gelassen hat.

[49] So etwa in de an. et resurr. 124 B. Zu der Aufteilung αἰσθητόν - νοητόν vgl. bes. Eun. I 99, 28 f; 293, 14 f; 376, 8 f.

[50] Ob die Trennung der Idee von den Erscheinungen bei Platon selbst eine Zweiweltenlehre begründen will, ist bekanntlich heute angezweifelt worden. Vgl. dazu etwa H.G. Gadamer, Plato. Texte zur Ideenlehre, S. 19, 77, 80.

[51] Vgl. hierzu de an. et resurr. 57 C - 61 A: man beachte insbesondere, wie sich Gregor abermals um 'Entschärfung' seiner Aussage bemüht: 57 C Ὁ δὲ δή περὶ τούτων λόγος ἡμῖν ὡ ς ἐ ν γ υ μ ν α σ ί ῳ προκείσθω, ὡ ς ἂ ν δ ι α φ ύ γ ο ι τ ῶ ν σ υ κ ο φ α ν τ ι κ ῶ ς ἀκουόντων τ ὰ ς ἐ π η ρ ε ί α ς ... Deutlicher könnte die Angst Gregors vor "den Schikanen der Verleumder" (wörtlich: vor "den Kränkungen jener, die verleumderisch zuhören") kaum ausgesprochen werden!

[52] Zur Bezeichnung Gottes, des über alle Erkenntnis erhabenen Weltgrundes (de vit. Mos. VII/1, 40, 16 τῆς ὑπερανεστώσης αἰτίας τοῦ παντός) als τὸ ἀεὶ ὡσαύτως ἔχον, vgl. Eun. I 236, 6; de inf. MPG 46, 172 C; de vit. Mos. VII/1, 40, 20 (=MPG 44, 333 B); sehr charakteristisch stellt de mort. MPG 46, 500 A τὸ ἀεὶ ὡσαύτως ἔχον als Bestimmung par excellence des wahrhaft Guten überhaupt dar. Zur Bezeichnung der Liebe als τὸ ἀεὶ ὡσαύτως ἔχον vgl. de an. et resurr. 96 B und o. III 3 A, S. 185.

[53] Vgl. hierzu E. v. Ivánka, Plato Christianus, S.151f; W. Völker, G.v.N. als Mystiker, S. 60. E.v. Ivánka betont richtig, daß die Erkenntnis der Ideen durch die Trennung von der Erkenntnis des Einen "ihr Fundament, ihren inneren systematischen Zusammenhang und ihre Berechtigung" schon im Neuplatonismus verloren hatte (a.a.O., S. 155). Vgl. dazu noch o. II 1, S. 87 ff.

[54] Unter "Mystik" verstehen wir hier lediglich die Ausrichtung auf das Transzendente, das in der Welt (Gott) oder im Menschen (Seele) als der "unergründliche" Grund heimlich *ist*.

[55] Vgl. Phaid. 84 a$_6$ ἀλλὰ γαλήνην τούτων παρασκευάζουσα (sc. ψυχὴ ἀνδρὸς φιλοσόφου), ἑπομένη τῷ λογισμῷ καὶ ἀεὶ ἐν τούτῳ οὖσα. Das ist freilich auch der Sinn der Philosophie im "Phaidon", insofern sie als Bereitung zum "Sterben und Gestorbensein" bestimmt wird (ebd. 64 a). Vgl. dazu o. I 1, S. 35 ff und I 2, S. 59.

[56] De an. et resurr. 33 B ⌜Sperrung vom Verfasser⌝; statt βλέπων (MPG) muß es wohl mit cod. A und B βλέπον heißen.- Freilich ist das Auge und überhaupt die Sinneswahrnehmung *an sich* zu keiner exakten Erkenntnis fähig. Die Sinne an sich täuschen für Gregor ebenso wie für Platon (vgl. bes. de an. et resurr. 32 A - 33 B). Nur daß der Nyssener trotz allem platonischen Einfluß daraus nicht den Schluß zieht, daß es ohne die Sinne besser sei, zu erkennen. Denn es ist eben der νοῦς, der *durch* die Sinnesorgane erkennt und in ihnen wirksam ist. Auch in dieser besonderen Hinsicht stützt sich Gregor offenkundig auf Poseidonios: "Auch dies, das Herauslugen des νοῦς durch die Kanäle der Sinneswerkzeuge, ist ein echt poseidonischer Gedanke. Die Belege dafür sind bei Reinhardt, Kosmos u. Sympathie, S. 287-289 gesammelt" (E. v. Ivánka, "Die Quelle von Ciceros De natura Deorum II, 45-60 (Poseidonios bei G.v.N.)", in: Archivum philologicum 59 (1935), S. 16).

[57] Phaid. 79 c$_4$ τοῦτο γάρ ἐστιν τὸ διὰ τοῦ σώματος, τὸ δι' αἰσθήσεως σκοπεῖν τι.

[58] Vgl. de an. et resurr. 60 D οὐκ ἔστιν ἄλλως τὴν λογικὴν δύναμιν ἐγγενέσθαι τῇ σωματικῇ ζωῇ, μὴ διὰ τῶν αἰσθήσεων ἐγγινομένην.

[59] De an. et resurr. 29 A. Zum technischen Aspekt der Textgrundlage bei Migne sei hier folgendes bemerkt: An Stelle von εἰ κἂν ἡ διδάσκαλος (MPG) muß es wohl ἱκανὴ διδάσκαλος (so Cod. A,B) heißen (die ἄνω τελεία (·) vor dieser Formulierung hat ebenfalls keinen Sinn); statt ἄϋλός τις καὶ ἀσώματος (MPG), dürfte man auch ἄϋλός τίς ἐστι καὶ ἀσώματος (Cod. A,B) lesen.
Daß die verborgene Substanz der Seele aufgrund von Beobachtungen am Körper und seiner Bewegung erkannt werden kann, das führt Makrina (a.a.O.) in Anlehnung an den berühmten Apollon-Spruch "γνῶθι σαυτόν" an: Καὶ μάλιστα μέν τοι ... τοῖς κατὰ τὸ σοφὸν ἐκεῖνο παράγγελμα γινώσκειν ἑαυτοὺς ἐπιθυμοῦσιν ἱκανὴ διδάσκαλος τῶν περὶ ψυχῆς ὑπολήψεων αὐτὴ ἡ ψυχή. "Die Seele mit der Seele selbst zu sehen", das ist ja wohl auch für Cicero Tusc. I 52, "das Größte" und "der Sinn jener Weisung des

Apollon, daß jeder sich selbst erkennen solle": est illud quidem vel maxumum animo ipso animum videre, et nimirum hanc habet vim praeceptum Apollinis, quo monet at se quisque noscat. Die Übereinstimmung ist offenkundig. Im Unterschied zu Cicero, der die Seele anschließend mit dem Menschen überhaupt identifiziert (a.a.O. cum igitur (Apollo) 'nosce te', dicit, hoc dicit: 'nosce animum tuum', nam corpus quidem quasi vas est aut aliquod animi receptaculum), meidet jedoch Gregor hier einen solchen Identitätsbezug zwischen Seele und *Selbst* herzustellen. Hinter den Formulierungen Gregors und insbesondere Ciceros (ähnlich auch in Somnium Scipionis, 26), läßt sich wohl der ps.-platonische, frühhellenistische Dialog"Alkibiades' vermuten, I 130 e$_8$ ψυχὴν ἄρα ἡμᾶς κελεύει γνωρίσαι ὁ ἐπιτάττων γνῶναι ἑαυτόν. Man vergleiche noch dazu den ps.-platonischen "Axiochos" 365 e$_4$ τὸ ... σῶμα ... οὐκ ἔστιν ὁ ἄνθρωπος. ἡμεῖς μὲν γάρ ἐσμεν ψυχή, ζῷον ἀθάνατον ἐν θνητῷ καθειργμένον φρουρίῳ. τὸ δὲ σκεῦος τουτὶ πρὸς κακοῦ περιήρμοσεν ἡ φύσις. Indirekt läßt sich aber die dualistische Auslegung des delphischen Spruches auch aus Phaidon herauslesen (vgl. etwa 115 c zu dem Zusammenhang *Selbst*-Seele; 62 b$_3$: ὡς ἔν τινι φ ρ ο υ ρ ᾷ ἐσμεν οἱ ἄνθρωποι; 66 b$_5$ ἕως ἂν τὸ σῶμα ἔ χ ω μ ε ν καὶ συμπεφυρμένον ᾖ ἡμῶν ἡ ψυχὴ μετὰ τοιούτου κ α κ ο ῦ /Sperrung vom Verfasser/. Zur Frage, inwieweit diese dualistische Auslegung auf Poseidonios zurückzuführen sei, vgl. Poseidonios, Die Fragmente, hrsg. von Willy Theiler, Bd II, S. 341 f.
Daß Gregor von Nyssa die Immaterialität der Seele in de an. et resurr. 29 A so ausdrücklich betont, hat selbst K. Gronau bei seiner panposeidonischen Darstellung nicht übersehen können. In "Poseidonios und die jüdischchristliche Genesisexegese", S. 232, Anm. 3, heißt es: "Wenn die Seele als ἄυλος καί ἀσώματος bezeichnet wird, so ist das selbstverständlich völlig unstoisch. Hier liegt eine Umbildung vor, die in ihren Spuren noch zu erkennen ist." Doch sind die Argumente, die K. Gronau ein wenig später dafür anführt, schwach und beruhen letztlich auf einem Mißverständnis des Textes: so etwa, wenn K. Gronau meint (a.a.O,, S. 274), Gregor habe in de an. et resurr. 80 B das Körperhafte *seiner* (sic!) Anschauung selbst eingestanden. Diese Gregorstelle hat aber in Wirklichkeit einen ganz anderen Sinn: Σωματικώτερον μὲν ... ὁ λόγος ἐκτίθεται τὸ διήγημα, πολλὰς δὲ κατασπείρει τὰς ἀφορμὰς, δι' ὧν εἰς λεπτοτέραν θεωρίαν ἐκκαλεῖται τὸν ἐξεταστικῶς (:Hss. A und B statt ἐξεταστὴν in MPG) ἐπαίοντα. Zweifellos bezieht sich Gregor hier auf das Evangelium (vgl. die unmittelbar vorangehenden Zeilen 80 B εἰ δέ τις τὸ ἐν τ ῷ Ε ὐ α γ γ ε λ ί ῳ τοῦ Κυρίου περὶ τῶν ἐν ᾅδου διήγημα πρός τὰ εἰρημένα προσφέροι (od. προφέρει: Cod. B)). *Das* ist gewiß ὁ λόγος (vgl. de an. et resurr. 144 B παρὰ τῶν οὐ δεδεγμένων τὸν λόγον: eine Aussage, die übrigens stark an die μισόλογοι des platonischen "Phaidon" 89 d$_1$ erinnert), dem das σωματικώτερον, d.h. eine gewisse Sinnhaftigkeit bei der Darstellung zugeteilt wird; diese Sinnhaftigkeit muß und kann der ἐξεταστικῶς ἐπαΐων anhand der zahlreich vorhandenen Andeutungen überwinden, um - nach origenistischem Modell - zu einer λεπτοτέραν θεωρίαν (80 C heißt es νοητὴν θεωρίαν), d.h. zu einer geistig subtileren Anschauung zu gelangen (Daß Origenes das geistige Verständnis der Heiligen Schrift, über den wörtlichen hinausführenden "psychischen" Sinn entschieden vertreten und den aufgeschlossenen Christen vorgehalten hat, gilt heute als einer der Hauptaspekte seiner auf Allegorese hinauslaufenden Exegese (vgl. dazu Origines' "De Principiis", hrsg. und eingel. von H. Görgemanns und H. Karpp, Einleitung, S. 4, 23)).
Richtig hingegen hat Karl Weiß, BdK 56, S. 285, die Stelle (de an. et re-

surr.80 B) übersetzt: "Freilich klingt die Erzählung der Schrift etwas körperlich (materialistisch); aber sie läßt es nicht an zahlreichen Andeutungen fehlen, den aufmerksamen Hörer zu einer mehr geistigen Auffassung zu führen." Im Anschluß an die evangelische Erzählung vom reichen Prasser und vom armen Lazarus legt Gregor seine allegorische Methode so unmißverständlich dar (vgl. hierzu III 4 (Exkurs), S.260 ff), daß die Fehlinterpretation K. Gronaus verwundern muß.

[60] De an et resurr. 29 AB ; statt ἀκίνητος μένει καί ἀνενέργητος (MPG) lesen wir wohl ἀκίνητός τε μένει καί ἀνενέργητος (Cod. A,B).

[61] De an. et resurr. 29 B. Wie das antike Ὑπο-κείμενον, d.h. das Darunter- oder Zugrundeliegende, also das eigentliche *Objekt* einer Untersuchung, in der neuzeitlichen Philosophie (seit Descartes) zum *Subjekt* (Ὑπο-κείμενον) wurde, erläutert beispielhaft Wolfgang Struve in seiner Abhandlung "Die neuzeitliche Philosophie als Metaphysik der Subjektivität. Interpretationen zu Kierkegaard und Nietzsche", in: Symposion 1 (1949), S. 222 ff.

[62] De an. et resurr. 29 B; statt ἐνιοῦσα (MPG), muß es wohl ἐνιεῖσα (Cod.A, B; ähnlich Krabinger (S. 18) und K. Gronau, Poseid. S. 234, Anm. 2) heißen (ἐνιεῖσα Part. von ἐνίημι (τί τινι) = hinein-tun, -werfen, -legen, -stecken). - Die Übersetzung dieser Definition von K. Weiß, BdK 56, S. 252/3, ist unzulänglich und entspricht den spekulativen Dimensionen des Nysseners kaum. Vollständig ist im Ganzen die Übersetzung von John P. Cavarnos, "The Relation of Body and Soul in the Thought of Gregory of Nyssa", in: GRuPH S. 63 ff (allerdings ist die Formulierung "a life giving power" weit davon entfernt, mit δύναμιν ζωτικήν καί τῶν αἰσθητῶν ἀντιληπτικήν deckungsgleich zu sein). Ausgezeichnet ist nur die Übersetzung von M. Pellegrino, "Il Platonismo", in: RFN 30 (1938), S. 439 .

[63] Δύναμις ist bekanntlich einer der handgreiflichsten aristotelischen Grundbegriffe, die zum Topos geworden sind; δύναμις θεωρητική z.B. de an. B , 413 b 25. Ὑποκείμενον (Substrat) gehört auch zu den am häufigsten verwendeten aristotelischen Grundtermini: vgl. etwa Metaph. Λ,10,1075 a 28 und Ν,1,1087 a 29; de an. B , 412 a 19 etc. Dazu vgl. I. Düring,Aristoteles,S.205, 257, 613. Λόγος (ψυχῆς) ,z.B. de an. B , 412 a 6; B, 414 b 25. Οὐσία durchdringt und beherrscht die aristotelische Philosophie vom Anfang bis zum Ende; ihr enormer philosophiegeschichtlicher Einfluß reicht bis zum Substanzbegriff Spinozas und Hegels. Was οὐσία heißt, diskutiert Aristoteles intensiv und auf breitester Basis vor allem in seiner "Metaphysik" ΖΗΘ. In bezug auf die Definition des Nysseners ist sehr relevant de an. B, 412 a 19 ff: ἀναγκαῖον ἄρα τὴν ψυχὴν οὐσίαν εἶναι ὡς εἶδος σώματος φυσικοῦ δυνάμει ζωὴν ἔχοντος. ἡ δ' οὐσία ἐντελέχεια ... εἰ δή τι κοινόν ἐπί πάσης ψυχῆς δεῖ λέγειν, εἴη ἂν ἐντελέχεια ἡ πρώτη σώματος φυσικοῦ ὀργανικοῦ (412 b 6). σῶμα αἰσθητικόν de an. B , 412 b 25. αἰσθητά z.B. de an. B, 417 b 21; B, 418 a 4. δεκτικόν z.B. de an. B, 414 a 10. Weitere Stellen zu diesen aristotelischen Termini bietet etwa Franz Brentano, Die Psychologie des Aristoteles, S. 45, Anm. 19 f.

[64] Vgl. E. Mühlenberg, Die Unendlichkeit Gottes bei G.v.N., S. 91

[65] KIP V, Art. "Themistios", Sp. 678

[66] Vgl. hierzu E.v. Ivánka, Plato Christianus, S. 160

[67] Vgl. Arist. de an. B, 412 a 5: διορίσαι τί ἐστι ψυχή. Die eindeutige

Ausrichtung auf eine Definition (ὁρισμός) hin kennzeichnet freilich auch den Text Gregors. Zu seinem Definitionsverständnis vgl. de an. et resurr. 53 A.

[68] Daß man noch in der Zeit Gregors die Substanz in genuin aristotelischem Sinne als dasjenige verstand, was für sich zu bestehen vermag, zeigt uns deutlich Nemesios, de nat. hom. cap. 2 (περὶ ψυχῆς) 124, 7: εἰ δὲ μήτε σῶμα, μήτε συμβεβηκός (sc. 124, 4 μήτε ἁρμονίαν, μήτε κρᾶσιν, μήτε ἄλλην τινὰ ποιότητα), δῆλον, ὅτι ἀσώματός ἐστιν οὐσία καὶ οὐδὲν τῶν ἐχόντων ἐν ἄλλῳ τὸ εἶναι /Sperrung vom Verfasser/. Daß die aristotelische Distinktion οὐσία-συμβεβηκός bzw. καθ'αὐτό-συμβεβηκός auch der Nyssener kannte, geht aus seinem Dialog ganz klar hervor (vgl. etwa de an. et resurr. 53 AB).

[69] Vgl. Arist. de an. A, 402 a 22 πρῶτον δ' ἴσως ἀναγκαῖον διελεῖν ἐν τίνι τῶν γενῶν καὶ τί ἐστι (sc. ἡ ψυχή), λέγω δὲ πότερον τόδε τι καὶ οὐσία ἢ ποιόν ἢ ποσόν ἢ καί τις ἄλλη τῶν διαιρεθεισῶν κατηγοριῶν.

[70] Vgl. dazu etwa W. Bröcker, Aristoteles (1957^2), S. 131

[71] Vgl. Arist. de an. B, 412 a 20 f; A, 407 b 13 f; B, 414 a 20 f Siehe auch Them. de an. B. 42, 22 f (Heinze 23); Γ 73, 4 f (Heinze 40).

[72] Vgl. Arist. de an. B., 412 a 19 ff

[73] Arist. de an. B, 415 b 11

[74] Vgl. hierzu auch unten S. 212 f

[75] Vgl. Arist. de an. B, 414 a 20 σῶμα μὲν γὰρ οὐκ ἔστι (sc. ἡ ψυχή), σώματος δέ τι, καὶ διὰ τοῦτο ἐν σώματι ὑπάρχει, καὶ ἐν σώματι τοιούτῳ /Sperrung vom Verfasser/. Dazu Franz Brentano, Die Psychologie des Aristoteles, S. 43, 47.

[76] Vgl. Arist. de an. B, 414 a 19

[77] Vgl. de an. et resurr. 148 A ff

[78] De an. B, 413 a 8 ἔτι δὲ ἄδηλον εἰ οὕτως ἐντελέχεια τοῦ σώματος ἡ ψυχή ἢ ὥσπερ πλωτήρ πλοίου

[79] Vgl. de an. et resurr. 45 B ff ὥσπερ τις ναύτης τῆς ὁλκάδος ἐν ναυαγίῳ διαλυθείσης ...Dazu vgl. o. III 3 A, S. 180 f.

[80] Vgl. dazu vor allem das Kap. Γ 5 der aristotelischen Schrift de anima 430 a 10-25; vgl. besonders 430 a 17 καὶ οὗτος ὁ νοῦς χωριστός καὶ ἀπαθής, τῇ οὐσίᾳ ὢν ἐνέργεια ... χωρισθείς δ' ἐστὶ μόνον τοῦθ' ὅπερ ἐστί, καὶ τοῦτο μόνον ἀθάνατον καὶ ἀίδιον (430 a 23),-worauf schon früher in dieser Arbeit (III 3 A, S. 182 f) hingedeutet wurde. Dazu vgl. de an. A, 408 b 10 ff; ebd. 408 b 18 ὁ δὲ νοῦς ἔοικεν ἐγγίνεσθαι οὐσία τις οὖσα, καὶ οὐ φθείρεσθαι.

[81] Arist. de an. Γ, 430 a 12: τὸ αἴτιον καὶ ποιητικόν, τῷ ποιεῖν πάντα, οἷον ἡ τέχνη πρὸς τὴν ὕλην πέπονθεν (nach der Übersetzung von W. Theiler, Aristoteles Werke, hrsg. v. Ernst Grumach, Bd 13, 1959, S. 59).

[82] Vgl. de an. et resurr. 48 AB und o. III 3 A, S.181 f

[83] Vgl. de an. et resurr. 28 C Ὑπειλήφαμεν δὲ τὸ εἶναι (τὴν ψυχήν) αὐτὴν καθ'ἑαυτὴν ἐν ἐξηλλαγμένῃ τε καὶ ἰδιαζούσῃ φύσει, πα-

ρᾷ τὴν σωματικὴν παχυμέρειαν; ähnlich 44 B.60 B Τὸ δὲ διανοητικόν τε καὶ λογικὸν ἄμικτόν ἐστι καὶ (om.Migne) ἰδιάζον, ἐπὶ ταύτης τῆς φύσεως ἐφ' ἑαυτοῦ (statt ἐφ'ἑαυτῇ Migne) θεωρούμενον; 60 C ἐξαίρετον ἐν ἑαυτῷ. 92 Β Ἐπειδὰν οὖν καὶ ἡ ψυχὴ πάντα τὰ ποικίλα τῆς φύσεως ἀποσκευασαμένη κινήματα θεοειδὴς γίνεται, καὶ ὑπερβᾶσα τὴν ἐπιθυμίαν ἐν ἐκείνῳ ᾖ, πρὸς ὃ ὑπὸ τῆς ἐπιθυμίας τέως ὑπήρετο ... Ähnlich 96 A und 148 B ff.

[84] Vgl. de an. et resurr. 60 B-D

[85] Vgl. de an. et resurr. 56 B

[86] Die aristotelische Philosophie läßt sich in ihren Grundzügen als Frage nach der Bewegung überhaupt auslegen, wie Walter Bröcker in seinem Aristotelesbuch überzeugend nachgewiesen hat. Freilich hat diese Fragerichtung bei Aristoteles ontologischen und erkenntnistheoretischen Charakter. Gregor hingegen fragt von der christlich-jüdischen Tradition aus meist anthropologisch nach dem Menschen als einem wandelbaren, bewegten Lebewesen.

[87] Vgl. de an. et resurr. 92 A ff; 105 A-C; 128 BC . In 141 A - 144 A geht Gregor sogar so weit, daß er Heraklits Frgm. B 91 (VS I 171, 9) zu paraphrasieren scheint; vgl. dazu III 5, unten S.319 f, Anm.97. Daß nach Gregors Anthropologie der Mensch das Wandelbare und Bewegte ist, betonen zu Recht besonders E. von Ivánka, Hellenistisches und Christliches, S. 52 f; H.U. von Balthasar, Présence et Pensée, *passim*; ders., Der versiegelte Quell, S. 12 f; J. Daniélou,"La colombe dans la mystique byzantine", in: Eranos Jahrbuch 23 (1954), S. 389-418 und E. Mühlenberg, Die Unendlichkeit Gottes bei G.v.N., S. 204 f.

[88] Vgl. E. v. Ivánka, Plato Christianus, S. 160 f. Nach seiner Schrift "Contra Eunomium" zu urteilen, scheint Gregor in der Tat die Art des aristotelischen Denkens abzulehnen. Sie ist in seinen Augen -, wie E. Mühlenberg, a.a.O., S. 91, bemerkt - , eine κακοτεχνία : "Denn sie will über die Wirkung auf das Wesen schließen." Dennoch wird man einräumen müssen, daß auch Gregor gelegentlich dasselbe methodische Prinzip anwendet: so etwa, wenn er in de an. et resurr. 29 A f aus der Wirkung der Seele auf den Körper und überhaupt die Bewegung und Wahrnehmung des Menschen auf die Existenz und Beschaffenheit der Seele selber schließt. Im Grunde genommen handelt es sich ja um dasselbe alte Prinzip ὄψις ἀδήλων τὰ φαινόμενα (siehe dazu o. S.220 f, Anm. 44). Bezeichnend für die Schweigsamkeit des "zitatenscheuen" Gregors ist übrigens noch, daß 'Contra Eunomium' die einzige seiner Schriften ist, wo Aristoteles namentlich erwähnt wird. Es ist interessant, etwa in de an. et resurr. 52 A zu sehen, wie bewußt die polemische Spitze gegen Aristoteles' Seelenkonzeption den Namen des Stagiriten meidet: ὅσα δ' ὁ μετ' ἐκεῖνον (sc. Πλάτων) φιλόσοφος ὁ τεχνικῶς τοῖς φαινομένοις ἀκολουθῶν, καὶ τὰ νῦν ἡμῖν προκείμενα δι' ἐπιμελείας κατεξετάζων, θνητὴν εἶναι διὰ τούτων τὴν ψυχὴν ἀπεφήνατο.

[89] Die Gregorforschung hat nur nebenbei das Verhältnis des Nysseners zu Aristoteles behandelt: So hat K. Gronau, Poseidonios, S. 234, Anm. 2, die aristotelische Reminiszenz bei der Seelendefinition Makrinas nur kurz erwähnt. H.F. Cherniss, The Platonism, S. 6, deutete darauf hin, "that that philosopher (sc. Aristotle) is mentioned only scornfully." Lediglich am Rande hatte schon W. Völker, G.v.N. als Mystiker, S. 62, auf das bei Gregor wieder auftauchende Schema der aristotelischen ψυχικαὶ δυνάμεις aufmerksam gemacht, wie auch John P. Cavarnos,"The Relation of Body and Soul in the Thought of Gregory of Nyssa", in: GRuPh S. 65 (in bezug auf die Schrift

"De hominis opificio"). Dazu sei noch einmal auf E. Mühlenberg hingewiesen, der in seiner Dissertation "Die Unendlichkeit Gottes bei Gregor von Nyssa", S. 91 die Möglichkeit des direkten Einflusses des Aristoteles auf Gregor kurz diskutiert: "Ob Gregor Schriften des Aristoteles gelesen hat, läßt sich nicht beweisen. Weder sagt er es selbst, noch hat sich bisher ein Zitat belegen lassen." Eine Selbstäußerung Gregors dazu zu erwarten, ist unter Berücksichtigung der besonderen Verhältnisse seiner Zeit u.E. naiv. Ein Zitat bringen wir gleich unten. Schließlich möchten wir noch auf Th.A. Goggin,"The Times of St. Gregory of Nyssa", in: Patristic Studies 79 (1947), S. 116 f,verweisen, der aus der Tatsache, daß Gregor stolz darauf ist, seinem Gegner Eunomius an unzähligen Stellen falsche Beweisgänge und falsche Syllogismen nachzuweisen, den richtigen Schluß zieht: "Of course, he could scarcely make his point against Eunomius without a firsthand knowledge of Aristotle. It is significant that he has the requisite knowledge when the demands of polemics call for it."

[90] Vgl. Phys. A 7, 191 a 7-12; de an. et resurr. 37 C

[91] Vgl. Arist. de an. B, 419 b 34 δοκεῖ γὰρ εἶναι κενὸν ὁ ἀήρ; zum Αὐλός vgl. etwa de an.A, 407 b 25. Zu Gregor von Nyssa vgl. de an. et resurr. 36 C - 37 B.

[92] Zum Prinzip ὄψις ἀδήλων τὰ φαινόμενα bei Aristoteles vgl. I. Düring, Aristoteles, S. 200, 441, 461, 559, 572

[93] De an. et resurr. 56 A (ἑτέροις (A,B) statt ἕτεροι (Migne)). Vgl. dazu Arist. de an. A, 403 a 29 διαφερόντως δ' ἂν ὁρίσαιντο ὁ φυσικός τε καὶ ὁ διαλεκτικὸς ἕκαστον αὐτῶν, οἷον ὀργή τί ἐστιν· ὁ μὲν γὰρ ὄρεξιν ἀντιλυπήσεως ἤ τι τοιοῦτον, ὁ δὲ ζέσιν τοῦ περὶ καρδίαν αἵματος καὶ θερμοῦ. Vgl. noch dazu Them. de an. A 13, 10 f (Heinze 7).

[94] Vgl. dazu etwa H. Dörrie, Symmikta, S. 12 f

[95] Diese Formel hat H. Dörrie ἕνωσις-Formel genannt und sie überzeugend auf neupythagoreische Anstöße des Ammonios und stoisch beeinflußte Ansätze der weitverbreiteten Mischungslehre zurückgeführt (a.a.O., S. 55, 108 und 162 f; siehe dazu o. III 3 A, S. 188 f, Anm.8). Daß das neue Ζήτημα über die Vereinigung der Seele und Körper bald zur Schultradition gehörte, zeigt Proklos, Tim. II 103, 29 Diehl: ... διττός, οἶμαι, καὶ ὁ περὶ τῆς ψυχῆς λόγος, ὁ μὲν τὴν οὐσίαν αὐτῆς παραδιδούς, ὁ δὲ τὴν πρὸς τὸ σῶμα κοινωνίαν. Freilich hatte schon Aristoteles die Tatsache, daß die herkömmlichen Seelenvorstellungen auf das δεξάμενον σῶμα kaum eingingen, scharf kritisiert: vgl. de an. A, 407 b 20 περὶ δὲ τοῦ δεξαμένου σώματος οὐδέν ἔτι προσδιορίζουσιν ...

[96] Vgl. dazu o. S.202

[97] Vgl. o. III 3 A, S.180 f

[98] Explizit tritt diese wichtige ontologische Anwendung der Makro-Mikrokosmosidee in de an. et resurr. 44 AB auf: Ὥσπερ οὖν διὰ τῆς ἀποῤῥήτου σοφίας τοῦ θεοῦ τῆς τῷ παντὶ ἐμφαινούσης τὴν θείαν φύσιν τε καὶ δύναμιν ἐν πᾶσι τοῖς οὖσιν εἶναι οὐκ ἀμφιβάλλομεν, ὡς ἂν ἐν τῷ εἶναι τὰ πάντα μένοι· καί τοί γε εἰ τὸν τῆς φύσεως ἀπαιτοίης λόγον,παμπλήθως ἀπέχει οὐσία θεοῦ πρὸς τὰ καθ' ἕκαστον ἐν τῇ κτίσει δεικνύμενά τε καὶ νοούμενα· ἀλλ' ὅμως ἐν τούτοις εἶναι τὸ διεστὸς κατὰ τὴν φύσιν ὁμολογεῖται· οὕτως οὐδὲν ἄπιστον καὶ

τήν τῆς ψυχῆς οὐσίαν, ἄλλο τι καθ' ἑαυτήν οὖσαν, ὅ τί ποτε καί εἶναι εἰκάζεται, μή ἐμποδίζεσθαι πρός τό εἶναι,τῶν στοιχειωδῶς ἐν τῷ κόσμῳ θεωρουμένων οὐ συμβαινόντων αὐτῇ κατά τόν λόγον τῆς φύσεως (übers. in III 4, unten S. 242).

[99] Arist. de gen. anim. B 3, 736 b 27; ähnlich de an. A , 404 a 12. Weitere Belege der Stelle bei späteren Autoren bietet H. Dörrie, Symmikta, S. 188, Anm. 3.

[100] Wie nah Gregor übrigens hier auch Porphyrios steht, zeigt eine Stelle der porphyrischen Schrift an Gauros πῶς ἐμψυχοῦται τά ἔμβρυα; 47, 24 Klb, wo Bezug auf einen ἱερός λόγος genommen wird.

[101] Vgl. de an. et resurr. 124 B - 125 A und 60 A - 61 A.

[102] Vgl. de an. et resurr. 57 C ὁ δέ δή περί τούτων λόγος ἡμῖν ὡ ς ἐ ν γ υ μ ν α σ ί ῳ προκείσθῳ; 124 B τ ο σ ο ῦ τ ο ν π α ρ α σ η μ α ι ν ό μ ε ν ο ι μ ό ν ο ν.

[103] De an. et resurr. 125 D - 128 A /Sperrung vom Verfasser7; nach der Version der Handschriften A und B muß es allerdings in 125 D heißen: κατ' ὀλί- γον ἡ αὔξησις ἐπί τό τέλειον πρόεισι. In 128 A haben wir statt πρός λόγον (Migne) die Version der Handschrift B: πρός ἀνάλογον vor- gezogen.

[104] Vgl. dazu M. Pohlenz, Die Stoa I, S. 10

[105] Vgl. de an. et resurr. 153 B - 160 A und unten III 5, S.283 ff, 298 ff

[106] De an. et resurr. 128 AB:'Επειδή τοίνυν τό ἐκ τῶν ἐμψύχων εἰς ἀφορ- μήν ἐμψύχου συστάσεως ἀποσπώμενον, νεκρόν εἶναι οὐ δύναται (ἡ γάρ νεκρότης κατά ψυχῆς στέρησιν γίνεται· οὐκ ἄν δή προσλάβῃ τήν ἕξιν ἡ στέρησις)· ἐκ τούτων καταλαμβάνομεν τό κοινήν τῷ ἐξ ἀμφοτέρων συνισταμένῳ συγκρίματι, τήν εἰς τό εἶναι πάροδον γίνεσθαι, οὔτε τούτου προτερεύοντος, οὔτ' ἐκείνου ἐφυστερίζον- τος. Man beachte vor allem dabei den Gebrauch der genuin aristotelischen Termini ἕξις-στέρησις.

[107] Vgl. bes. de an. et resurr 125 C /Sperrung vom Verfasser7 : Λείπεται οὖν μίαν καί τήν αὐτήν ψυχῆς τε καί σώματος ἀρχήν τῆς συστά- σεως οἴεσθαι. Καί ὥσπερ τ ῆ ς ρ ί ζ η ς τήν ἀποσπάδα λαβοῦ- σα παρά τῶν γεωπόνων ἡ γῆ δένδρον ἐποίησεν ... Zur Frage des Traduzianismus (od. Generationismus) bei Gregor von Nyssa, der tatsächlich noch glaubte, daß die Vernunftseele durch den Samen in den Mutterschoß ein- gepflanzt werde, vgl. H. Karpp, Probleme altchristlicher Anthropologie, S. 243; J.P. Cavarnos,"The Relation of Body and Soul in the Thought of Gre- gory of Nyssa", in: GRuPH,S.64 f.E. Stéphanou,"La Coexistance initiale du corps et de l'âme d'après S. Grégoire de Nysse et S. Maxime l'Homologète", in: Échos d'Orient 31 (1932), S. 309 und bes. 314.

4. DER GEIST ALS DIE TRANSZENDENTE NICHT GANZ BESTIMMBARE EIGENTLICHKEIT DER SEELE

(Oder: Der Geist als der "natürliche" Träger der Gottähnlichkeit,bzw. Gottebenbildlichkeit (εἰκών) *des Menschen)*
- auch mit Rücksicht auf die Schrift "De hominis opificio" -

Die berühmte Nousformel des Aristoteles in de gen. anim. B 3, 736 b 27 f, zeigt ausdrücklich die vollkommene Transzendenz des θύραθεν in den Leib eintretenden Nous: Λείπεται δή τόν νοῦν μόνον θύραθεν ἐπεισιέναι καί θεῖον εἶναι μόνον· οὐδέν γάρ αὐτοῦ τῇ ἐνεργείᾳ κοινωνεῖ σωματική ἐνέργεια. Πάσης μέν οὖν ψυχῆς δύναμις ἑτέρου σώματος ἔοικε κεκοινωνηκέναι καί θειοτέρου τῶν καλουμένων στοιχείων. Offensichtlich stellt sich hier der Nous als göttlich und transmundan dar: Er sei etwas anderes (ἕτερον) und Göttlicheres als die sogenannten Elemente, und die Seele scheint durch Teilhabe mit ihm in Berührung gekommen zu sein. Deutet Aristoteles dabei auf die Verschiedenheit der (gar nicht transzendent zu erfassenden) Seele vom Nous an, steigert Gregor die Seele zu eben der Bedeutung und Funktion, die Aristoteles dem νοῦς zuweist. Daß die Seele in "Macrinia" durchaus transzendent ist, kann nach den bisherigen Ausführungen kaum angezweifelt werden. Keine Aussage über die Seele, die ihr eine Kategorie des Diesseitigen oder eine wesenhafte Relation zu Diesseitigem zuschreibt, hat für Gregor echte Gültigkeit. Der Seele - und das heißt für Gregor dem νοῦς - kann keine sinnenhaft wahrnehmbare Qualität zugeschrieben werden, also "weder Farbe, noch Form, noch körperhafte Solidität (ἀντιτυπία), noch Schwere, noch Größe (πηλικότητα), noch Zerspannung in die drei Dimensionen, noch die örtliche (τήν ἐπί τόπου θέσιν) oder sonst eine Wesensbestimmung des materiellen Seins, denn sie ist etwas anderes (τί ἄλλο) neben diesen (Bestimmungen)."[1] Der Seele, zumal wenn sie zu existieren begonnen hat, kann ja auch keine Zeit zugeschrieben werden,insofern sie ihrem wirklichen intelligiblen Wesen nach der Zeit überlegen ist,[2] insofern sie als ἁπλῆ καί ἀσύνθετος (44 D), νοερά καί ἀδιάστατος φύσις (48 B) unvergänglich ist und in Ewigkeit fortdauert.[3] - Mit allen diesen Aussagen und Formulierungen, die κατ' ἀπόφασιν von der Seele aussagen sollen, was diese *nicht* ist (vgl. de an. et resurr. 40 B), wird die Seele zu etwas Irrationalem und Jenseitigem und das in einem Maße, bzw. in einer Art, die unausweichlich vor allem auf Plotin und auf Porphyrios zu beziehen ist.Denn

Plotin und Porphyrios, die mit allen dialektischen Mitteln die uneingeschränkte Transzendenz der Seele betonen und sie damit aus ihrer - vor allem vom Timaios her begründeten - Mittelstellung herausrücken, scheinen mit dieser ihrer rigorosen Annahme in der Spätantike allein zu stehen.[4] Wir glauben aber sagen zu dürfen, daß es sich bei der Idee des Transzendenten *im* Menschen um eine althellenische Vorstellung handelt, die, beginnend mit dem orphisch-pythagoreischen Mysteriendenken[5], Empedokles[6] und Anaxagoras[7] über Platon und Xenokrates[7], Aristoteles und Poseidonios zu den heidnischen und christlichen Autoren der Spätantike führt. Wenn Gregor in seinem Dialog "de anima et resurrectione" (120 C) sagt: καὶ τῇ ψυχῇ θεόθεν μέν εἶναι τήν σύστασιν, so ordnet sich ohne Zweifel diese seine Aussage als mächtiges Glied in diese uralte Kette ein. Auch er behauptet, wie wir später genauer sehen werden, die wesenhafte Gottähnlichkeit und Verwandtschaft der Seele, auch er sieht in dieser aller Zeitlichkeit und jedes organischen Zusammenhangs enthobenen göttlichen Substanz das "Selbst" des Menschen. Zunächst wollen wir aber Gregor folgen, wie er diese unsere okkulte Substanz zu umschreiben und von immer neuen Zugängen her zu beleuchten sucht.

Es spricht für die Nähe zum zeitgenössischen Platonismus, namentlich Porphyrios und natürlich seinem Vorgänger Plotin, daß unter allen den Seelenbestimmungen des Nysseners die νοερά οὐσία die dominante ist. Gregor behandelt ja, worauf wir schon oft hingewiesen haben, ψυχή und νοῦς unbefangen als Synonyme; er strebt in Wirklichkeit danach, das eine durch das andere zu umschreiben. So ist ψυχή etwa das νοητόν καὶ ἀειδές (28 C), δύναμίς τις νοητή (32 A), ἡ ἐγκεκρυμμένη τῇ φύσει ἡμῶν νοερά οὐσία (33 C), νοητή καὶ ἀσώματος οὐσία (36 A), νοῦς τις (37 B), νοερά καὶ ἀδιάστατος φύσις (48 B). Sieht man den Text des Nysseners genauer an, so hat man sogar den Eindruck, daß alle diese Ausdrücke etwas von dem einzufangen versuchen, was dem einzelnen Begriff entgeht. Gregor scheint in Wahrheit von dem Bewußtsein durchdrungen zu sein, von der in uns verborgenen intelligiblen Substanz nicht adäquat sprechen zu können.[8] So sagt er bei der Schilderung des Zustandekommens von Erkenntnissen, daß *irgendwelche* intellektive Kraft (32 A νοητή τις δύναμις) in allen einzelnen Sinneswerkzeugen sitzt, und sie dadurch überhaupt erst befähigt, sich zu betätigen: "Denn was würde die Hand an und für sich uns lehren können, wenn nicht der Begriff (ἔννοια) den Tastsinn zur Erkenntnis des Darunter-liegenden (τοῦ ὑποκειμένου) führte? Oder: was würde das Gehör, getrennt vom Denkvermögen (διάνοια), oder das Auge oder die Nase oder sonst ein Sinneswerkzeug zur Erkenntnis beitragen können, wenn jedes von ihnen an und für sich allein da wäre? Vielmehr ist das vollkommen wahr, was bereits einer der heidnischen Gebildeten (τίς τῶν ἔξω πεπαιδευμένων) trefflich gesagt haben soll, der Geist sei es, der sieht, der Geist, der hört (τὸν νοῦν εἶναι τὸν ὁρῶντα καὶ νοῦν τὸν ἀκούοντα)."[9] Bei aller Betonung des intellektiven Charakters der Seele drückt sich aber Gregor selber viel zurückhaltender aus; stets schimmert durch das eindeutige Identifizieren von νοῦς und ψυχή eine gewisse Unbestimmtheit durch, die in der auffallenden Wiederholung des Indefinitpronomens τις klar zum Ausdruck kommt. *Irgend etwas* Besonderes muß in uns sein, sagt Makrina, das durch die Augen sieht und sich der Wahrnehmung bedient, um über das Sinnliche und Phänomenale hinaus in das wahre, verborgene Wesen der Dinge eindringen zu können.[10] Denn wie könnte man ansonsten behaupten, die Sonne sei vielmals größer als sie den Vielen zu sein scheint? - Oder, der Mond erhalte sein Licht von der Sonne?[11] Mit deutlicher Vorliebe führt Makrina diese Beispiele aus dem naturwissenschaftlichen Bereich vor, um die Existenz der "in unserer Natur *vorborgenen* Substanz"(33 C) aufzuweisen, wozu auch die Geometrie zur Genüge beiträgt. Auch die Anlage des Menschen zu Kunstschöpfungen und Erfindungen weise auf das Vorhandensein einer κατὰ τὸ ἰδιάζον νοητῆς οὐσίας (36 A) im Menschen hin. Gerade diese Fähigkeit dürfte ein Beweis dafür sein, "daß *etwas Derartiges* im Menschen sei (εἶναι τι τοιοῦτον ἐν τῷ ἀνθρώπῳ), *das* imstande ist, durch das Spekulations- und Erfindungsvermögen zuerst im Geiste Maschinen zu entwerfen und in Gedanken schon vorher zusammenzustellen,dann durch die Kunst (διὰ τῆς τέχνης) zu verwirklichen und den Sinn (τὸ νόημα) somit durch die Materie zu zeigen (darzustellen)" (36 B). Diesen Gedanken expliziert Makrina durch das Beispiel der Erfindung der Wasserorgel (αὐλός), um ihn schließlich noch einmal folgendermaßen zusammenzufassen: Ἆρ' οὖν φανερῶς δείκνυται διὰ τῶν φαινομένων, ὅτι ἔστι τ ι ς ἐν τῷ ἀνθρώπῳ νοῦς ἄλλο τι παρὰ τὸ φαινόμενον, ὁ τῷ ἀειδεῖ τε καὶ νοερῷ τῆς ἰδίας φύσεως ταῦτα ἐν ἑαυτῷ προκατασκευάζων ταῖς ἐπινοίαις, εἶθ' οὕτως διὰ τῆς ὑλικῆς ὑπηρεσίας εἰς τὸ ἐμφανές ἄγων τὴν ἔνδον συστᾶσαν διάνοιαν;[12] Wichtig ist hier anzumerken,daß die intelligible Substanz in uns (νοῦς τ ι ς) mit der διάνοια oder gar dem ἀειδές und νοερόν an sich nicht deckungsgleich ist.[13] Offenbar sieht sich Makrina nicht in der Lage, genauer zu bestimmen, was *das Andere* in uns seinem eigenen Wesen nach ist. Ihr Ziel ist zu zeigen, ὅ τ ι ἔ σ τ ι τις ἐν τῷ ἀνθρώπῳ νοῦς ἄ λ λ ο τ ι παρά τὸ φαινόμενον, d.h., *daß* irgendwelcher Geist da ist, der im Menschen wirkt und daß er vom Materiellen und Phänomenalen *verschieden* ist, nicht aber, was er seinem eigentlichen Wesen nach ist. Dies ruft die ausdrückliche Reaktion ihres Bruders hervor, der eben das wissen wollte, οὐχ ὅτι οὐκ ἔστιν ἀλλ' ὅπερ ἐστίν (40 A). Makrina entwickelt daraufhin das Prinzip einer gleichsam negativistischen Erkenntnistheorie. Zu sagen, was der νοῦς seinem eigenen Wesen nach (40 C κατ' αὐτήν τήν οὐσίαν) nicht ist, sei doch eine legitime Anwendung des geläufigen apophatischen, umkreisenden Denkens, das seine Schlüsse durch Negation *(via negationis)* bestimmter Prädikate bezieht. Was der νοῦς sei, läßt sich demnach finden, wenn man ihm die dem Nicht-Nous, also dem Materiellen und Wahrnehmbaren zukommenden Wesenszüge abspricht. Also: μή χρῶμα, μή σχῆμα, μή ἀντιτυπίαν, μή βάρος, μή πηλικότητα, μή τήν εἰς τρία διάστασιν, μή τήν ἐπί τόπου θέσιν, μηδέ τι τῶν περί τήν ὕλην καταλαμβανομένων ὅλως μηδέν...[14]

Die apophatische Rede leuchtet aber Gregor kaum ein, und so neigt er dazu, den νοῦς für reines Nichts zu halten. Wenn wir beim Erkenntnisakt, sagt er, nichts von den Wesenszügen des Materiellen berühren können, εἰς τό μηδόλως τι εἶναι οἴεσθαι ὑπό μικροψυχίας περιαγόμεθα (41 A). Wie wir schon vorweggenommen haben, muß Makrina die Kleinlichkeit dieser ontologischen Einstellung heftig kritisieren und zu ihrer festen Makro-Mikrokosmosidee Zuflucht nehmen.[15] "Wer alles, was er nicht mit den Sinnen wahrnimmt, aus der Liste des Seienden streicht, der dürfte auch jener Kraft, welche das All regiert und trägt, das Sein nicht zuerkennen, sondern müßte, sobald er über ihre Unkörperlichkeit und Unsichtbarkeit belehrt wird, daraus den Schluß ziehen, sie existiere überhaupt nicht. Wenn nun die Tatsache, daß die Bestimmungen des Wahrnehmbaren (ταῦτα sc. ἅ τῇ αἰσθήσει γνωρίζεται) bei der göttlichen Kraft nicht zu tasten sind, keineswegs das Streichen (παραγραφή) des Seins dort (ἐκεῖ) bedeutet, wie dürfte der menschliche Geist (ὁ ἀνθρώπινος νοῦς) aus der Reihe des Seienden herausgedrückt werden, als wäre er durch das Absprechen der körperlichen Wesenszüge selbst verzehrt?"[16] Auf die Frage ihres Bruders, ob wir denn nicht göttliche Natur und unseren Geist (τόν νοῦν τόν ἡμέτερον) für identisch zu halten hätten -, zumal beide durch Aufhebung der sinnlichen

Attribute (41 B τῇ ὑπεξαιρέσει τῶν κατ' αἴσθησιν εὑρισκομένων = "durch Aufhebung der durch die Sinne konstatierbaren Bestimmungen") gedacht werden -, führt Makrina ihre Vorstellung von der Gottebenbildlichkeit des menschlichen Geistes an. Da diese sog. εἰκών-Konzeption sich als Träger der ganzen philosophischen, bzw. theologischen Anthropologie und Eschatologie des Nysseners erweist, und da sie sehr häufig - gerade an dieser Stelle - mißgedeutet wurde, wollen wir hier die Aufführung Makrinas in ihrem genauen Wortlaut vortragen:

> "Sage nicht -, sprach dann die *Lehrerin* -, daß das Göttliche und der menschliche Geist dasselbe (ταὐτόν) seien (denn auch dies wäre ein frevelhaftes Wort), sondern, wie du von der göttlichen Schrift *unterrichtet* bist, daß dieser Jenem ähnlich (ὅμοιον) ist. Denn was nach dem Ebenbilde (κατ' εἰκόνα) geschaffen wurde, ist in a l l e n seinen Wesenszügen (διὰ πάντων) dem Archetyp völlig (πάντως) ähnlich: es ist intellektiv (νοερόν), so wie Jenes intellektiv ist, unkörperlich (ἀσώματον) wie Jenes unkörperlich ist, befreit von aller Masse (παντὸς ὄγκου) und erhaben über alles dimensionale Vermessen (πᾶσαν ἐκφεῦγον διαστηματικὴν καταμέτρησιν) ähnlich wie Jenes. Dennoch ist es seiner eigenen Natur nach (κατὰ τὴν τῆς φύσεως ἰδιότητα) etwas anderes als Jenes. Denn es wäre nicht mehr Ebenbild, wenn es in allen Stücken mit Jenem übereinstimmen würde; vielmehr ist es so, daß, in welchen Prädikaten Jenes in der unerschaffenen Natur (ἐν τῇ ἀκτίστῳ φύσει) sich beschauen läßt, in denselben die geschaffene Natur (ἡ κτιστὴ φύσις) dies zeigt. Und wie man oft in einem Stückchen Glas, wenn es gerade vom Sonnenstrahl getroffen wird, die ganze Sonnenscheibe sieht, wenn sie dabei auch nicht in ihrer vollen wirklichen Größe erscheint, sondern in einem weit geringerem Umfang, welcher der Kleinheit des Glases entspricht, so leuchten auch in der Beschränktheit unserer Natur die Abbilder jener unaussprechlichen Eigenschaften des Gottseins (τῆς θεότητος) hervor, so daß das Denken - sich von diesen führen lassend - in der dem Wesen des Geistes angemessenen Erkenntnishaltung nicht nachläßt (μήτε ἀποπίπτειν τῆς κατὰ τὴν οὐσίαν τοῦ νοῦ καταλήψεως), indem es sich bei der Forschung von der *Bestimmung* des Körpers (σωματικὴ ἰδιότης) reinigt. Und stelle wiederum die geringe und hinfällige Natur der unendlichen und mächtigen (τῇ ἀορίστῳ τε καὶ ἀκηράτῳ) nicht gleich, sondern ihr Wesen halte zwar für intellektiv, weil sie ja auch das Abbild eines intellektiven Wesens ist, erkläre aber eben nicht das Abbild für identisch mit dem Urbild (τῷ ἀρχετύπῳ)."[17]

Daß Makrina hier in eklatanter Übereinstimmung mit dem Abbildgedanken der antiken heidnischen Tradition eines Philon, Origenes, Clemens, Irenäus usw. von der Gottebenbildlichkeit des *Geistes* spricht, läßt sich kaum bezweifeln. Wenn sie ihren Bruder mahnt, ὅμοιον εἰπέ τοῦτο ἐκείνῳ. Τὸ γὰρ κατ' εἰκόνα γενόμενον δ ι ὰ π ά ν τ ω ν ἔχει πάντως τὴν πρὸς τὸ ἀρχέτυπον ὁμοιότητα, νοερὰν τοῦ νοεροῦ, καὶ τοῦ ἀσωμάτου ἀσώματον, ὄγκου τε παντὸς ἀπηλλαγμένον ὥσπερ ἐκεῖνο, καὶ πᾶσαν ἐκφεῦγον διαστηματικὴν καταμέτρησιν ὁμοίως ἐκείνῳ (41 C), hat sie natürlich nicht das Abbildverhältnis des Menschen, des *gesamten* Menschen,wie Jean Daniélou[18] und der von ihm abhängige Hubert Merki[19] fälschlicherweise behaupten, zu Gott vor Augen, sondern, wie eindeutig aus der benachbarten Textstelle hervorgeht (vgl. 41 B ὁ ἀνθρώπινος νοῦς, εἰς τὸ ταὐτόν οἴεσθαι τῇ θείᾳ φύσει καὶ τὸν νοῦν τὸν ἡμέτερον), die durch eine Reihe gleicher apophatischer Prädikate konstatierbare Ähnlichkeit des menschlichen Geistes mit Gott. Daß die Äußerungen Makrinas am Ende der eben angeführten Passage (vgl. bes. 44 A, wo die Rede von der μικρὰν καὶ ἐπίκηρον φύσιν ist) dahin tendieren, die εἰκών- Spekulation - gemäß der Grundthese des Nysseners von der Gleichstellung des Geistes mit dem Selbst des Menschen - auf die Natur des Menschen zu übertragen, heißt bei weitem nicht, daß die εἰκών hier "die *Gesamtähnlichkeit* (διὰ πάντων) des Menschen mit Gott"[20] bedeutet und somit auch und vor allem, wie oft in der katholischen Gregorliteratur behauptet wird, jene "übernatürliche" Ähnlichkeit umfaßt, die sich aus "der begnadeten Teilhabe" der Menschennatur an der Fülle der göttlichen Attribute (ἀρετή, καθαρότης, ἀφθαρσία, μακαριότης, δύναμις etc. ; vgl. etwa de an. et resurr. 160 C) ergibt.Mit aller möglichen Emphase betont ja Makrina, daß νοητὴν μὲν οἴεσθαι τὴν οὐσίαν ἐπειδὴ καὶ νοητῆς οὐσίας ἐστίν εἰκών (44 A). Auch später, als sie vor der Wirklichkeit eines in ἐπιθυμητικόν und θυμοειδές differenzierten Seelischen gestellt wird, äußert sie sich ähnlich in einer Weise, die nichts an Deutlichkeit zu wünschen übrig läßt: "Wir behaupten nämlich von der Seele, daß eben das Spekulations-, Unterscheidungs- und Überblicksvermögen ihre Eigenart und ihren naturgemäßen Zustand ausmache, und daß sie hierdurch das Ebenbild der göttlichen Schönheit (Grazie=χάριτος) in sich rette; denn auch das Göttliche, was Es auch sein mag, konkretisiert das Denken gerade in diesen Zügen , - daß Es nämlich imstande ist, alles zu überschauen und das Gute vom Bösen zu unterscheiden".[21] Die λογική und διανοητική δύναμις bilde allein den Vorzug und das Privileg (ἐξαίρετον ἐν ἑαυτῷ) unseres Lebens, fährt sie in diesem Zusammenhang fort, und stelle die Nachahmung des Göttlichen dar (60 C τοῦ θείου χαρακτῆρος ἔχον τὴν μίμησιν). Wie ernst dem Nyssener die Vorstellung vom Denken als dem eigentlichen Träger der Gottähnlichkeit der Seele gewesen ist, lassen insbesondere seine unzweideutigen Wiederholungen erkennen: ὅτι τὸ θεωρητικόν τε καὶ διακριτικόν ἴδιόν ἐστι τοῦ θεοειδοῦς τῆς ψυχῆς, ἐπεὶ καὶ τὸ θεῖον ἐν τούτοις καταλαμβάνομεν (de an. et resurr. 89 B). Wenn die Seele also sich von den Emotionen -, dem Zorn, der Furcht, der Lust, der Begierde, jeglicher irrationalen "Bewegung" überhaupt, die in uns durch die Verwandtschaft πρὸς τὰ ἄλογα entstanden ist (88 CD) -, befreie und *zu sich selbst* wieder komme (πρὸς ἑαυτὴν πάλιν ἐπανελθοῦσα), wird sie imstande sein, ihre eigentliche Natur (d.h. ihre Geistigkeit) zu schauen und wie in einem Spiegel und *Bild* (οἷον ἐν κατόπτρῳ καὶ εἰκόνι) durch die eigene Schönheit den Archetyp zu erblicken (89 C). "Denn in Wahrheit kann man sagen, die Angleichung an das Göttliche (τὴν πρὸς τὸ θεῖον ὁμοίωσιν) bestehe genau darin, daß unser Leben (τὴν ἡμετέραν ζωήν, bzw. ψυχὴν nach der Version der Hss. A und B) das alles übersteigende Wesen (τὴν ὑπερκειμένην οὐσίαν) irgendwie nachahmt"(89 C - 92 A),[22] welches, im Grunde genommen über allen Begriff hinweg (92 A ὑπεράνω παντὸς νοήματος), jenseits allen Guten (93 A παντὸς ἀγαθοῦ ἐπέκεινα) und mithin jenseits jedes Willens nach irgendeinem Guten - ohne Not (vgl. 96 A ἐν τῷ ἀνενδεεῖ) *ist*.[23]

Eindeutig erweist sich also der Geist des Menschen in "Macrinia" als naturhaftes Abbild des Göttlichen. Daß Gregor - erst im Schlußsatz seines Dialogs - auch die sog. göttlichen "pleromatischen" Attribute auf die εἰκών bezieht, verweist auf nichts anderes als auf sein tief sitzendes Bewußtsein von der Unzulänglichkeit seines Begreifens und seiner Aussagekraft gegenüber Gott, besser gesagt, gegenüber dem Göttlichen im Makrokosmos und Mikrokosmos. Die biblisch gegebenen Termini ἡ ἀφθαρσία, ἡ ζωή, ἡ τιμή, ἡ χάρις, ἡ δόξα, ἡ δύναμις, καὶ εἴ τι ἄλλο τοιοῦτον ἔν τε τῷ θεῷ ἐπιθεωρεῖσθαι ε ἰ κ ά ζ ο μ ε ν, καὶ τῇ εἰκόνι αὐτοῦ, ἥ τίς ἐστιν ἡ ἀνθρωπίνη φύσις (de an. et resurr. 160 C) -, sind für Gregor lediglich eine andere - am Ende des Dialogs feierlich angelegte - Möglichkeit, die unerreichbare letzte Wahrheit über das transzendente Göttliche nun in biblischer Sprache annäherungsweise auszudrücken. Offensichtlich bleibt aber die im Sinne der philosophischen Tradition begrifflich angelegte "Beleuchtung" des Göttlichen im Nous die ausschlaggebende Möglichkeit des ganzen Dialogs. Was den Menschen insbesondere anlangt, wird er eben durch den νοῦς - der als etwas Transmundanes und Übernatürliches seine innere, eigentliche Natur ausmacht - zur Lichtung des Göttlichen, zur εἰκών θεοῦ. Im Ganzen seines Dialogs tendiert Gregor dahin, den menschlichen Geist als etwas ande-

res, ἄλλο τι (44 B), aufzufassen, das weder mit dem Leibe noch mit sonst
einem Stoff oder Element der Welt in organischem Zusammenhang steht und das
deshalb der Zeitlichkeit nicht unterworfen ist. Wir werden abermals genauer
sehen, daß die Seele für den Nyssener als immaterielles Geisteswesen inmitten der Flucht und Vergänglichkeit des Sinnlichen sich und die Elemente des
Leibes - ἐν τῷ ἀειδεῖ (vgl. 48 C) erhalten kann.[24] An zahlreichen Stellen behauptet sich der ontologisch anders seiende Geist gegenüber den natürlichen Gesetzen, und unter eben diesem Gesichtspunkt gehören Gott und die
Seelen derselben Ordnung an. Gregor versteht also den Geist nicht so sehr
als ein Erschaffenes neben den anderen (oder auch über den anderen), das imstande wäre - aufgrund seines angeblich begnadeten freien "Willens", wie
viele neuzeitliche Theologen behaupten,[25] - an den natürlichen und "übernatürlichen Gaben" Gottes *teilzuhaben*, sondern eben im Sinne eines Empedokles,
eines Platon, eines Aristoteles, im Sinne vor allem der Neuplatoniker, als
ein "Übernatürliches" an sich, das sich, wenn auch getrübt und erschüttert
durch diese Leiblichkeit, auf sich selbst und somit auf seinen göttlichen
Ursprung besinnen kann und muß. Im Denken erblickt Gregor, modern ausgedrückt, ein übernatürliches Existential des Menschen, das er vor die empirische affektierte Wirklichkeit des Daseins und gleich mit seiner Freiheit
setzt.[26]

Auch in der Schrift *"De Hominis opificio"* (περὶ κατασκευῆς ἀνθρώπου),
einem chronologisch wie inhaltlich dem Dialog "Macrinia" sehr nahestehenden Werk, stellt sich das Denken, der λόγος des Menschen unbezweifelbar
als Träger der εἰκών dar. Der menschliche νοῦς ist das Ὑποκείμενον,
welches das königliche Gepräge der urbildlichen Attribute an sich trägt.[27]
Immer wieder faßt Gregor den Gedanken von der Gottebenbildlichkeit des Geistes zusammen: Νοῦς καὶ λόγος ἡ θειότης ἐστίν. ἐν ἀρχῇ τε γὰρ ἦν
ὁ Λόγος. Καὶ οἱ προφῆται κατὰ Παῦλον νοῦν Χριστοῦ ἔχουσι, τὸν
ἐν αὐτοῖς λαλοῦντα. Οὐ πόρρω τούτων καὶ τὸ ἀνθρώπινον. Ὁρᾷς ἐν
σεαυτῷ καὶ τὸν λόγον, καὶ διάνοιαν, μίμημα τοῦ ὄντως νοῦ τε καὶ
λόγου (de hom. opif. MPG 44, 137 BC). So ist es sicher auch kein Zufall,
daß der Nyssener - der nicht nur philosophisch, sondern auch rhetorisch geschult war - etwas weiter in derselben Schrift schreibt:

"Da also der Schöpfer unserem Gebilde (τῷ πλάσματι ἡμῶν) irgendwelche gottähnliche Beschwingtheit (θεοειδῆ τινα χάριν) geschenkt hat,indem er die Nachahmungen seiner eigenen Güter in das Ebenbild legte, eben deswegen hat er zwar die übrigen Güter aus Großmut (ἐκ φιλοτιμίας) der menschlichen Natur gegeben. Was den Geist und die Vernünftigkeit aber betrifft, ist es nicht ganz fair zu sagen, daß er sie uns gegeben, sondern daß er sie uns ü b e r g e b e n hat (Νοῦ δὲ καὶ φρονήσεως οὐκ ἔστι κυρίως εἰπεῖν ὅτι δέδωκεν, ἀλλ' ὅτι μ ε τ έ δ ω κ ε ν = von dem Geist und der Vernünftigkeit kann man nicht eigentlich sagen, daß er sie uns gegeben hat, sondern daß er uns Anteil daran gegeben hat (vom Seinigen - als Eigentum - gegeben hat, μετέδωκεν)), insofern er die glänzende Ordnung (den Kosmos) seiner eigenen Natur in das Abbild hineingelegt hat (τὸν ἴδιον αὐτοῦ τῆς φύσεως κόσμον ἐπιβαλὼν τῇ εἰκόνι)."[28]

Freilich ist das Abbild, auch wenn es den κόσμος der göttlichen Attribute in sich trägt, etwas vom Archetyp Verschiedenes. Der Unterschied liegt zwar, wie auch die oben zitierten Stellen aus de an. et resurr. 41 B - 44 A und 89 C f klar zeigen, nicht in den ἐπιθεωρούμενα - Attributen, sondern im ὑποκείμενον, das heißt im "Geschaffen- und Ungeschaffen-Sein" und der daraus sich ergebenden Gegenüberstellung des Unveränderlichen, Unendlichen und Mächtigen zu dem Veränderlichen, Geringeren und Gefährdeten.[29] Wichtig ist aber für unser Problem, daß sich in allen den erwähnten Texten das ὑποκείμενον vom νοῦς an sich zu der ἀνθρωπίνη φύσις - deren οὐσία freilich der νοῦς ausmacht - deutlich verschiebt. Wir halten diese leise, aber unzweideutige Verschiebung für höchst bedeutsam. Denn der νοῦς an sich ist für den Nyssener νοερόν τι χρῆμα καὶ ἀσώματον,[30] ἄλλο τι παρὰ τὸ φαινόμενον,[31] - ἄμικτόν ἐστι /καὶ/ ἰδιάζον, ἐπὶ ταύτης τῆς φύσεως ἐφ' ἑαυτοῦ θεωρούμενον.[32] Die ins Diesseitige reichenden Beziehungen des Geistes sind in "Macrinia" unbezweifelbar akzidentell. Gregor sieht in der Seele, in dem Geist des Menschen, vor allem das Analogon zum Göttlichen, das trotz, bzw. in seiner Unbestimmtheit vorwiegend ebenfalls als Nous aufgefaßt wird. Ein echtes Eingehen in die Natur, geschweige denn eine Mischung mit der Körperlichkeit findet für den Geist des Menschen nicht statt; wie die θεία φύσις stets über die Welt hinausragt, so ragt der Geist des Menschen stets über den Körper und seine Attribute hinaus,[33] es sei denn, daß er sich ἐκ προαιρέσεως ἢ καὶ πάθους[34] ganz auf den Körper bezöge und völlig sein Knecht würde. Statt einer μέθεξις der Seele an der Welt der "göttlichen Attribute", ist in "Macrinia" auffallend oft die Rede vom μεταλαμβάνειν der λογικὴ δύναμις an der Sinnenwelt.[35] Nie aber kann das Eigentliche an der Seele, der νοῦς, von dieser entscheidend beeinträchtigt werden. Deswegen stellt Gregor für die Seele - in seinen strikteren, gleichwohl als Ausdruck seiner letzten Intention zu verstehenden Passagen - das Axiom der Ἀπάθεια und der Unveränderlichkeit auf. Wenn die Seele, sagt charakteristischerweise Makrina, sich von der ἐπιθυμία, "von allen den 'bunten' Bewegungen der *Natur*" loslöst, kommt sie wieder zu sich *selbst* und wird frei und gottähnlich.[36] Daß die Seele ferner aller Vergänglichkeit des Sinnlichen zum Trotz *für immer* bei jenen Elementen des Körpers bleibt, mit denen sie einmal auf geheimnisvolle Weise vereinigt wurde, erläutert Gregor von Nyssa in de an. et resurr. 44 C - 48 B und 73 A - 80 A. Wie sehr dem Nyssener die Seele als eine völlig transmundane, völlig immaterielle, ja völlig "übermenschliche" und selbständige Substanz gilt, zeigt besonders deutlich das Beispiel des Keramikers in de an. et resurr. 77 B - 80 A, wo jeder einzelne Mensch (80 A ὁ καθ' ἕκαστον ἄνθρωπος) mit einem Gefäß (σκεῦος) verglichen wird. Ist nun diese Form mit dem Tod zerbrochen, fährt Makrina - in Hinblick auf die Perspektive der Auferstehung - weiter fort, so hat die Seele, *die Eigentümerin des Gefäßes* (80 A ἡ κεκτημένη τὸ σκεῦος ψυχή), keine Schwierigkeit, das zu ihr Gehörige (τὸ οἰκεῖον) aus den Trümmern und Überresten zu erkennen.[37] Denn ihre uneingeschränkt dynamische ἀδιάστατος Natur vermag - wie schon genau gezeigt worden ist - alle Kausalzusammenhänge, alle Bestimmungen der physikalischen Welt zu sprengen.[38]

Mag Gregor also die ἀνθρωπίνη φύσις schlechthin auch einmal εἰκὼν θεοῦ nennen (und sie im Hinblick auf die christliche Unterscheidung von mächtigem Unerschaffenen und hinfälligem Erschaffenen auslegen), so muß man stets im Auge behalten, daß sie nur wegen des Ewigen, Unveränderlichen, Transzendenten in ihr so heißt; denn nur auf den Geist trifft diese Formulierung eigentlich zu: In dem Grade, in dem der Mensch sich vergeistigt und das heißt für Gregor, sich *selbst* verwirklicht und befreit - von dem ἀλλότριον der Sinnlichkeit und des Materiellen überhaupt -, wird er *"Gott ähnlicher"*, gewinnt er Teil an der Natur des Guten (ἀγαθόν), das nach Gregors sehr platonischer Anschauung das Wesen des Göttlichen ausmacht. Dies ist es auch, was er echt hellenisch ἀρετή nennt.[39] Erst die Tatsache, daß der Mensch an der λογικὴ δύναμις, an νοῦς und φρόνησις teilhaben kann, bringt die sog. "Attribute göttlichen Seins" mit sich: καθαρότης, ἀπάθεια, μακαριότης, κακοῦ παντὸς ἀλλοτρίωσις, καί ὅσα τοῦ τοιούτου γένους ἐστι, δι' ὧν μορφοῦται τοῖς ἀνθρώποις ἡ πρὸς τὸ θεῖον ὁμοίωσις.[40] An Platon und Platonismus schließt sich also eher des

Nysseners Begriff der Teilhabe als an jene Sphäre pneumatisch-gnostischer Vermittlung der hermetischen oder philonischen Schriften.[41] Denn wo hat Platon nicht betont, daß der Mensch "Gott ähnlicher" wird, in dem Maße, in dem er dem λογιστικόν folgt und dadurch in seinem Sein und Denken Teil am Guten gewinnt? Und haben wir nicht gerade im "Phaidon" schon gesehen, daß die Seele das wahre, unveränderliche und übersinnliche, das ewige und reine Seiende nicht nur einsehen, sondern *in ihm* eingehen kann, insofern sie "selbst an sich selbst" ist, d.h., insofern sie sich von allem Fremden gereinigt hat und "reiner Geist" geworden ist?[42]

Auch die Herkunft des Eikonbegriffs Gregors ist folglich in der platonischen Philosophie zu suchen, wo selbst das konkrete Vorbild-Abbild-Schema häufig ist - und besonders in der Nousdialektik Plotins eine präzise Bedeutunt erhält, welche der Deutung des Nysseners auffallend ähnelt. Wenn auch hier nicht der Ort ist, auf das plotinische Verhältnis von παράδειγμα und εἰκών einzugehen, wie es den einen von oben nach unten sich ergießenden, fortlaufenden Strom göttlich-geistig-seelisch-sinnlichen Lebens durchzieht, bringen wir hier einen Text aus den Enneaden, und zwar aus der von Gregor bestimmt gelesenen Schrift Περί ἀθανασίας ψυχῆς (IV 7), der den näheren Ursprung der Eikon-Konzeption des Nysseners u.E. deutlich hervortreten läßt. In IV 7, 10, 5 f[43] sagt also Plotin, die Seele müsse, zumal sie sich von den irrationalen Affekten und Trieben des Leibes rein machen und *zu sich selbst*, namentlich zur Einsicht und Tugend aufsteigen kann,

> "von jener höheren Art sein, wie wir sie dem Göttlichen und Ewigen allen zuschreiben. Denn Einsicht und wahre Tugend, die göttlich sind, können sich nicht wohl in einem minderwertigen und sterblichen Ding befinden, sondern ein solches Ding muß göttlich sein, da e s T e i l h a t a m G ö t t l i c h e n zufolge angestammter V e r w a n d t - s c h a f t , Wesensgleichheit (ἀλλ' ἀνάγκη θεῖον τὸ τοιοῦτον εἶναι ἅτε θ ε ί ω ν μ ε τ ό ν αὐτῷ διὰ σ υ γ γ έ - ν ε ι α ν καί τὸ ὁμοούσιον). Weshalb auch, wer von uns solcher Art ist, nur ein weniges vom Oberen abweicht, was die Seele selbst angeht, und nur um das Stück, das im Leibe ist, geringer ist" (15-22).

Da man die Seele der meisten Menschen aber auf tausend Weisen verstümmelt sieht, kann man sich nicht vorstellen, sie sei ein göttliches, ein unsterbliches Ding (26 οὔτε ὡς περί θ ε ί ο υ οὔτε ὡς περί ἀ θ α - ν ά τ ο υ χ ρ ή μ α τ ο ς διανοοῦνται). Man müsse aber, wolle man das Wesen eines Dinges erkennen, auf sein reines Sein blicken, denn Zusätzliches sei immer hinderlich für die Erkenntnis dessen, dem es zugesetzt ist. Prüfe die Seele also, mahnt uns sodann Plotin, indem du die πάθη,i.e. das Böse, das für die Seele ein Zusatz ist und anderswoher stammt (12 προσθήκη τά κακά τῇ ψυχῇ καί ἄλλοθεν), ausscheidest -,

"oder vielmehr: man scheide es aus und blicke auf sich selbst, dann wird man vertrauen unsterblich zu sein, wenn man erschaut, wie man selbst ins Geistige, Reine (ἐν τῷ νοητῷ καί ἐν τῷ καθαρῷ) eintritt. Man wird nämlich den Geist (νοῦν) sehen, wie er schaut - nichts Sinnliches, nichts von unseren sterblichen Dingen, sondern mit dem Ewigen das Ewige erkennt, all die Dinge im geistigen Kosmos, wobei er selbst auch seinerseits zu einem geistigen, lichthaften Kosmos wird, erleuchtet von der Wahrheit, die von dem 'Guten' kommt, welches über allen geistigen Wesen strahlt (ἀλλ' ἀιδίῳ τό ἀίδιον κατανοοῦντα, πάντα τά ἐν τῷ νοητῷ /κόσμῳ/, κ ό σ μ ο ν κ α ί α ὐ - τ ό ν ν ο η τ ό ν κ α ί φ ω τ ε ι ν ό ν γ ε γ ε - ν η μ έ ν ο ν, ἀ λ η θ ε ί ᾳ κ α τ α λ α μ π ό μ ε - ν ο ν τ ῇ π α ρ ά τ ο ῦ ἀ γ α θ ο ῦ ὅ π ᾶ σ ι ν ἐ π ι λ ά μ π ε ι τ ο ῖ ς ν ο η τ ο ῖ ς). Da wird dann jenes Wort ihm immer wieder treffend scheinen: 'Heil euch! Ich aber bin unsterblicher Gott' (χαίρετ', ἐγώ δ' ὑμῖν θεός ἄμβροτος!), nämlich im Aufstieg zum Göttlichen und im unverwandten Blicken auf die Ähnlichkeit (ὁμοιότητα) mit ihm" (30-41).

Diese Stelle führt nicht nur den platonischen Teilhabebegriff an mitsamt einer Reihe sprachlicher Ausdrücke, die beim Nyssener lauter Eikon-Termini geworden sind (etwa ψυχή ἐφ' ἑαυτήν ἀνελθοῦσα, θεῖον καί ἀθάνατον χρῆμα, κόσμος), sondern sie bietet uns auch einen Hinweis auf die Herkunft gewichtiger Operationsgleichnisse Gregors wie die Gleichsetzung der πάθη mit κακόν, bzw. κακία oder die Gleichstellung des Eigentlichen an der Seele mit dem νοητόν. Aber was uns dabei vor allem aufgefallen ist, ist das Verhältnis des κόσμος νοητός zum geläuterten Geist des Menschen, der "selbst auch seinerseits zu einem νοητόν und φωτεινόν κόσμον wird, ἀληθείᾳ κ α τ α λ α μ π ό μ ε ν ο ν τῇ παρά τοῦ ἀγαθοῦ ὅ πᾶσιν ἐ π ι λ ά μ π ε ι τοῖς νοητοῖς." Hält man neben diesen Text die oben (S. 233) angeführte Macriniastelle 41 D οὕτως ἐν τῇ βραχύτητι τῆς ἡμετέρας φύσεως τῶν ἀφράστων ἐκείνων τῆς θεότητος ἰδιωμάτων αἱ εἰκόνες ἐ κ λ ά μ π ο υ σ ι ν, so begreift man die Perspektive, die der Eikon-Vorstellung des Nysseners zugrundeliegt.[44]

Insofern die transzendente οὐσία des νοῦς sich als Träger der Gottebenbildlichkeit erweist, behält offensichtlich die Eikon-Konzeption bei Gregor ihre vom griechischen Denken stammende sachliche Bedeutung bei. Und wenn sie gelegentlich, wie eben in der zuletzt zitierten Macriniastelle, auch als begriffliches Mittel zur Unterscheidung des göttlichen vom geschöpflichen Sein verwendet wird, so ist doch stets dabei eine bedeutungsvolle leise Verschiebung der εἰκών vom νοῦς auf die gesamte menschliche Natur zu beobachten. Um vieles häufiger hebt aber die εἰκών die Ähnlichkeit und innere Verwandtschaft des Geistes - und folglich der Natur des Menschen schlechthin - zur göttlichen Natur hervor. So ist es für den Nyssener etwa kein Wunder, daß die Natur des Menschen letzten Endes undurchschaubar ist: ὅτι ἀθεώρητος ἡ τοῦ ἀνθρώπου φύσις (=Titel des Kap. 11 der Schrift "De Hominis opificio", MPG 44, 155 C ff). Denn wer hat schon sein eigenes Denken begreifen können? - Τίς τὸν ἴδιον νοῦν κατενόησεν;(MPG 44,155 D). - Gregors Antwort darauf ist eindeutig: Darum gleitet unser Denken, unser Geist, von der Erkenntnis ab, weil er eben εἰκών des unbegreiflichen Göttlichen ist:

"Da also eines der Attribute, die sich bei der göttlichen Natur beobachten lassen, das Unbegreifliche des Wesens (τὸ ἀκατάληπτον τῆς οὐσίας) ist, ist es durchaus nötig (ἀνάγκη πᾶσα), daß auch in dieser Hinsicht das Abbild dem Archetyp ähnelt (die Nachahmung des Archetpys darstellt). Denn wenn die Natur des Abbildes begreiflich wäre,der Prototyp aber unbegreiflich (jenseits des Begreifens), würde das Entgegengesetzte (ἡ ἐναντιότης, der Gegensatz) der Attribute das Unechte (τὸ διημαρτημένον, das 'Fehlgreifende'), des Abbildes erweisen (vollständig widerlegen). Da aber unser Geist, der nach dem Bild des Schöpfers (erschaffen worden) *ist* (ὅς ἐστι κατ'εἰκόνα τοῦ κτίσαντος), sich der Erkenntnis entzieht, ist seine Ähnlichkeit zu dem 'Überliegenden' (πρὸς τὸ ὑπερκείμενον) präzise (ἀκριβής, vollkommen), zumal er durch das 'An-sich-Unbekannte-Sein' die unbegreifliche Natur charakterisiert (τῷ καθ' ἑαυτὸν ἀγνώστῳ χαρακτηρίζων τὴν ἀκατάληπτον φύσιν)."[45]

Hier stellt Gregor einen seiner anscheinend wichtigsten Gedanken explizit dar, nämlich den Gedanken von der Unerfaßbarkeit des menschlichen Geistes. Dieser Gedanke, der implizit, wie wir schon gesehen haben, auch in seinem Dialog "Macrinia" durchaus präsent ist und sich vor allem durch das ständige Wiederholen des Indefinitpronomens τις äußert, ist, soviel wir sehen, von der bisherigen Gregorforschung kaum beachtet worden, obwohl er aller Wahrscheinlichkeit nach etwas Originelles, eine persönliche Aporie des eigenwilligen Kappadokiers zum Ausdruck bringt. Erfüllt vom modernen Streben, Gregor vom neuplatonischen Milieu seiner Zeit abzuheben und das spezifisch

Christliche in seinen Schriften zu entdecken, haben die meisten theologischen Gregorforscher mit seinem angeblich tiefen Gegensatz zwischen Unendlichkeit Gottes und Endlichkeit der Schöpfung "philosophisch Ernst" gemacht,[46] und dabei übersehen, wie exakt die Analogie des erschaffenen Abbildes zum unerschaffenen Vorbild beim Nyssener ist. Der transmundane, anders seiende Logos in uns wird aber in "Macrinia" so exakt auf den transmundanen, anders seienden Logos über uns bezogen, daß der menschliche Geist - im Sinne der herkömmlichen philosophischen Tradition - geradezu als Ausfluß, als ἀπόσπασμα des kosmischen Nous erscheint. Die οὐσία der Seele erhält in der Tat den Körper am Leben, genauso wie die οὐσία Gottes alles Seiende am Sein erhält. Wenn auch sie sodann den ganzen Körper durchdringt, ist sie ebenso völlig immateriell, ebenso vollkommen transzendent dem Organischen gegenüber, wie die das Seiende durchdringende, überseiende göttliche Substanz. Sie ist im Grunde genauso unbegreiflich wie Jene:

> "Wie wir nun auf Grund der unaussprechlichen Weisheit Gottes, die sich im All offenbart, nicht daran zweifeln können, daß die göttliche Natur und Macht allem Seienden innewohnt (ἐν πᾶσι τοῖς οὖσιν εἶναι = *in allem Seienden ist*), damit alles im Sein zu verharren vermöge, - obgleich nämlich, wenn man um das (konkrete) Wesen dieser Natur fragen würde, das Wesen Gottes von der ganzen Reihe der Dinge, die in der Schöpfung sinnlich und geistig wahrgenommen werden (gezeigt und gedacht werden), völlig verschieden ist, so wird es doch allgemein anerkannt, daß *in* diesen jenes seiner Natur nach Entlegenes (vorhanden) *ist* (ἀλλ' ὅμως ἐν τούτοις εἶναι τὸ διεστὸς κατὰ τὴν φύσιν ὁμολογεῖται), - so ist es auch für die Seele an sich keineswegs unwahrscheinlich, daß sie, wenn auch *etwas Anderes* an und für sich - *für was man immer sie halten mag* (ὅ τί ποτε καὶ εἶναι εἰκάζεται) - existiert, auch wenn die in der Welt konstatierbaren Elemente (dem Begriff) ihrer Natur nach mit ihr nicht übereinstimmen (οὐ συμβαινόντων). Denn wie bereits gesagt, nicht einmal bei den lebenden Körpern, deren Substanz aus der Vermischung der Elemente besteht, tritt eine wesenhafte Gemeinschaft (κοινωνία τις κατὰ τὸν τῆς οὐσίας λόγον) des Einfachen und Unsichtbaren der Seele mit den massigen Bestandteilen des Körpers ein, und doch bezweifelt niemand, daß *in* letzteren die vitale Energie der Seele (vorhanden) ist, auf Grund einer Verbindung, die den menschlichen Verstand überragt." [47]

Um es noch einmal zu betonen: Es ist wesentlich dieser letztere Aspekt, nämlich die Unbegreiflichkeit der Immanenz der vollkommen transzendenten Seele im Körper, der bei der Lektüre des Werkes als Parallele, bzw. Anlehnung an den ebenso unbegreiflichen θύραθεν in den Leib eintretenden aristotelischen νοῦς θεωρητικός auffällt, und der jedenfalls den ἕνωσις-Gedanken des Ammonios und Porphyrios voraussetzt.[48]

Es ist für uns schließlich von großer Bedeutung, daß diese Überlegungen des Nysseners über das Transzendente und Noetische der Seele sich auch den Ausführungen des "Phaidon", so weit das nur möglich war, annähern. Daß der Seele in diesem platonischen Dialog die vitale Selbständigkeit, der Transzendenzstatus, ja der religiöse Sinn der "okkulten", potentiell göttlichen Psyche der orphisch-pythagoreischen Weihen zugesprochen wird, wurde bereits im ersten Teil dieser Arbeit, oben vor allem I 1, S. 33 ff und I 2, S. 58 f, 63 ff, gezeigt; im "Phaidon" haben wir es in der Tat mit einer radikalen -, man darf wohl sagen - fast neuplatonischen Vorstellung von der Seele zu tun, welche die Seele in einen klaren Gegensatz zum Körper rückt. Hier ist ja der Gedanke (anderer Dialoge), die Seele sei Mischung, durchaus verlassen. Statt dessen werden ihre Beziehungen zur Körperlichkeit und *deren* Sinnen, Bedürfnissen, Emotionen, nur noch als eine Beeinträchtigung empfunden. Die Forderung, die Seele müsse den Umständen des Somatischen, der habituellen Wirklichkeit des Menschen überhaupt überlegen sein und hinc et nunc zu ihrem Eigenen, *zu sich selbst kommen* - τὴν ψυχὴν καθ' ἑαυτὴν γενέσθαι (Phaid. 79 c -d) - wird folglich mit "dionysischem" Nachdruck gestellt. Daß die Seele auch während des Lebens ihre Bezogenheit auf die Sinnenwelt und den Körper sprengen *kann*, legt gerade, wie wir bereits gesehen haben, den "dionysischen" Grundzug des "Phaidon" fest;[49] in einer Art Ek-stase ist die Seele hier wirklich imstande, alle Beziehungen zum Diesseitigen abzustreifen und jenen Zustand in der Zeit zu erreichen, den die Ideen immerwährend und unveränderlich besitzen, den Zustand nämlich, nur auf sich bezogen zu sein, eingestaltig und - man könnte schon sagen - ἀπαθής zu sein. Die These von H. Dörrie, Platon könne ein "An-und-für-sich" der Seele nur nach dem leiblichen Tode annehmen,[50] übersieht daher bei allem so betont lexikographischen Vorgehen die Grundtendenz des "Dionysischen" im "Phaidon". Wenn die Seele - so sagt uns aber Platon eindeutig - sich von aller Sinnlichkeit, mit der der Körper sie "trunken" macht (79 c), befreit und "selbst durch sich selbst" das Sein betrachtet, dann kann sie, ohne Trübung und ohne Schwanken, zum Reinen, Ewig-Seienden, Unsterblichen, Unveränderlichen kommen; "als Diesem verwandt ist sie immer wieder mit ihm, j e d e s m a l w e n n sie 'an und für sich' wird" (79 d$_3$ συγγενὴς οὖσα αὐτοῦ ἀεὶ μετ' ἐκείνου τε γίγνεται, ὅ τ α ν π ε ρ αὐτὴ καθ' αὑτὴν γένηται). In diesem Fall ist auch ihre Irrfahrt zu Ende und auf Jenes bezogen, bleibt sie sich immer gleich. "Und dieser ihr Zustand (πάθημα, Erlebnis), heißt Denken (φρόνησις, "Ein-sicht")" (79 d$_6$).[51] Versteht man diese Stelle richtig, bedarf sie keiner Erläuterung. Nur muß dieser von Platon gewollte Sinn darum so stark betont werden, weil hier das καθ' ἑαυτήν γενέσθαι sich nicht nur in aller Deutlichkeit auf die Seele bezieht, die in richtiger Weise philosophiert und das "Sterben" übt, sondern auch und vor allem, weil an dieser Stelle das "An-und-für-sich" der Seele sich durchaus als eine Antizipation der (später explizit auftretenden) *unio mystica* zu Lebzeiten verstehen läßt. Denn daß die Seele, die in richtiger Weise, d.h. "selbst durch sich selbst" philosophiert, schon auf Erden von den Niederungen des Werdenden und Wechselnden in das wahre Sein, das ewig Bleibende und Göttliche kommt, legt Platon hier ganz klar dar. "Jedesmal wenn sie 'an und für sich' wird, wird sie mit Ihm, denn sie ist Ihm verwandt." So dringlich impliziert hier - mit anderen Worten - das Selbstverhältnis das Gottverhältnis, daß man gar noch an die Bezeichnung Platons als Μωυσῆς ἀττικίζων denken muß.[52]

Vor diesem Hintergrund wird wohl recht deutlich, in welchem Sinne dem "Phaidon" Platons die Bezeichnung "christianus" gebührt und ferner, in welchem Sinne Gregor von Nyssa die ihm und seiner Zeit geläufige Konzeption vom "Zu-sich-selbst-kommen" der Seele an diesen platonischen Dialog problemlos anschließen konnte. Wir haben schon gesehen, daß die Ansichten des Nysseners darüber in seinem Dialog "de anima et resurrectione" erstaunlich ähnlich sind: Wenn die Seele sich von aller Emotionalität des Körpers befreit, kommt sie wieder zu sich selbst und ist imstande, nicht nur - durch ihre eigentliche Natur "wie in einem Spiegel und Abbild" - den göttlichen Archetyp zu schauen (de an. et resurr 89 C), sondern, wie sich noch genauer zeigen wird, *in* Ihm - dem ihr verwandten, alles umfassenden Guten - gleichsam zu *sein,*[53] πρὸς τὸ ἀεὶ καταλαμβανόμενόν τε καὶ εὑρισκόμενον ἑαυτήν μορφοῦσα (ebd. 93 c).[54] Sehr charakteristisch für die frappierende Parallelität zwischen beiden Dialogen ist darüber hinaus, daß einerseits der Nyssener - entgegen der falschen Behauptung Gronaus[55] - eine Befreiung der Seele von der Macht des Pathos und des Körpers, ein "An-und-für-Sich" der Seele, auch auf Erden für möglich hält,[56] und andererseits, daß Platon genau genommen, ebenfalls von einem "Zu-sich-selbst-*Wieder*kommen" der Seele spricht.[57]

Was ist aber die Seele, wenn sie "selbst an sich selbst" ist? Sowohl für den Gregor des Dialogs "Macrinia" als auch für den Platon des "Phaidon" ist sie - wie wir häufig festgestellt haben - Geist, "lauteres Denken", "reine Vernunft". Beiden ist diese Annahme der tatsächliche Träger ihrer ἀρετή, beiden ist diese Ὑπό-θεσις gerade die σχεδία, auf der sie die gefahrvolle "Schiffahrt durchs Leben" unternehmen.[58] Abschließend möchten wir abermals auf den "Phaidon" insbesondere hinweisen: Auch hier besteht eine dauernde Verwandtschaftsbeziehung der Seele zum νοητόν -,eine Beziehung die, wie wir soeben betont haben, jede hemmende Schranke, auch die des "Objektbezugs", zu sprengen scheint: ἑπομένη τῷ λογισμῷ καί ἀεί ἐ ν τούτῳ οὖσα, τό ἀληθές καί τό θεῖον καί τό ἀδόξαστον θεωμένη καί ὑπ' ἐκείνου τρεφομένη, lautet charakteristischerweise das platonische Ideal für die Seele im "Phaidon" (84 a$_7$). Auch in diesem Punkt scheint daher H. Dörrie - der gelegentlich selbst mit dem neuplatonischen Νοῦς-und Οὐσία-Begriff im "Phaidon" zu operieren weiß - fehlzugreifen, insofern er die dauernde Beziehung der Seele zum νοῦς unterschätzt.[59] In Wirklichkeit hat die echt philosophische Seele in diesem Dialog nicht nur "etwas vom νοῦς, nämlich νόησις, in sich", sondern sie wird - in ihrem dionysischen Streben zum "Sterben" - selber νοῦς, ja sie geht bei ihrem Erkenntnisakt in den Νοῦς über ihr ein, ins Göttliche und ewig Seiende und ihr Verwandte.[60]

ANMERKUNGEN

[1] De an. et resurr. 40 C; statt θέσιν haben die Hss. A. und B διάθεσιν. Man beachte noch das latein. Scholion ad loc.: "In margine τοῦ A tota illa sententia ita scribitur: θέσιν· μηδέ τι τῶν περί τήν ὕλην καταλαμβανομένων ὅλως μηδέν οἶδεν, ὅτι ἄλλο παρά ταῦτα ἐστιν."

[2] Vgl. bes. de an. et resurr. 89 C - 96 C. Vgl. dazu auch III 5, unten S.284 f

[3] Vgl.de an. et resurr. 44 D - 48 C (weiteres darüber o. III 3 A, S.180 ff) und 73 A - 80 A, bes. 77 A/B; vgl. hierzu noch III 5, unten S. 277 ff.

[4] Vgl. dazu etwa H. Dörrie, Symmikta, S. 12 f, 196 f

[5] Siehe dazu o. I 2, bes. S. 54 ff

[6] Vgl. etwa das Motto dieser Arbeit

[7] Vgl. Aetius plac. IV 5, 1, S. 392 b 2 D.(Stob. ecl. phys. I, 317 W.)= Xenokrates frgm. 69, Heinze, S. 187: Πυθαγόρας, Ἀναξαγόρας, Πλάτων, Ξενοκράτης, Κλεάνθης θύραθεν εἰσκρίνεσθαι τόν νοῦν; vgl. noch dazu Xenokrates frgm. 74, Heinze, S. 188.

[8] Auf das Vorhandensein eines solchen Bewußtseins beim Nyssener hat schon H. Hörner aufmerksam gemacht, "Die große Edition der Werke Gregors von Nyssa", in: EeCPh, S. 49 f (z.T. zit. in III 1 A, o. S.122,Anm.29).

[9] De an. et resurr. 32 A. Die Übersetzung von K. Weiß ad loc. BdK 56, S. 253, ist mangelhaft und korrekturbedürftig.Hinter der Bezeichnung τίς τῶν ἔξω πεπαιδευμένων steht nicht Menandros (so Cod. A), sondern Epicharmos: VS I 200, frgm. B 12: νοῦς ὁρῆι καί νοῦς ἀκούει· τἆλλα κωφά καί τυφλά.Diesen dorisch-sizilianischen Komödiendichter -, dessen Blüte auf die 73. Olympiade (488/5) gesetzt wird -, hatte sehr wahrscheinlich auch Platon gemeint, als er im Phaidon (65 b,f) auffallend ähnlich schrieb: ἆρα ἔχει ἀλήθειάν τινα ὄψις τε καί ἀκοή τοῖς ἀνθρώποις, ἥ τά γε τοιαῦτα καί οἱ ποιηταί ἡμῖν ἀεί θρυλοῦσιν, ὅτι οὔτ᾽ ἀκούομεν ἀκριβές οὐδέν οὔτε ὁρῶμεν; vgl. dazu Phaid. 65 c₂: Ἆρ᾽ οὖν οὐκ ἐν τῷ λογίζεσθαι εἴπερ που ἄλλοθι κατάδηλον αὐτῇ (sc. τῇ ψυχῇ) γίγνεταί τι τῶν ὄντων;

[10] Vgl. de an. et resurr. 33 B : τί τό διά τῶν ὄψεων βλέπον ... (dazu siehe auch III 3 B, oben S.207 f)

[11] Vgl. de an. et resurr. 32 A - 33 B.Zur poseidonischen Herkunft dieser und der folgenden naturwissenschaftlichen Beobachtungen Gregors vgl. K. Gronau, Poseidonios, S. 233 f

[12] De an. et resurr. 37 BC /Sperrung vom Verfasser7; statt ὁ τῷ (Migne) steht bei Cod.A ὅς τῷ.Daß ein paar Zeilen später derselbe Schluß formelhaft wiederholt wird, zeigt deutlich, worauf der Schwerpunkt des Nysseners in Wirklichkeit liegt: 40 C ἆρα καί διά τῶν ἀντιθέτων ἡμῖν τό ἄλλο τι παρά τό φαινόμενον εἶναι τόν νοῦν ἡ ἀκολουθία τῶν εἰρημένων ἀπέδειξεν /Sperrung vom Verfasser7.

[13] Was die διάνοια anlangt, legt Makrina ihr Verhältnis zum νοῦς (in ei-

ner allerdings z.T. verdorbenen Textstelle) ganz offen dar: 37 D - 40 A: ἡ δὲ τέχνη διάνοιά ἐστιν ἀσφαλής πρός τινα σκοπόν ἐνεργουμένη διὰ τῆς ὕλης, ἡ δὲ (in margine ἥ τε) δ ι ά ν ο ι α   ν ο ῦ   τ ί ς ἐ σ τ ι ν   ο ἰ κ ε ί α   κ ί ν η σ ί ς   τ ε (in margine ἐστί ποιά κίνησίς τε) κ α ὶ   ἐ ν έ ρ γ ε ι α (nach der Version der Hss. A und B statt der offenbar beschädigten unverständlichen Version der Migne: ἡ δὲ τέχνη διάνοιά τίς ἐστι ποιά κίνησίς τε καὶ ἐνέργεια). Zum Verhältnis von νοῦς und διάνοια, vgl. noch I 2, oben S.62 f.

[14] Vgl. dazu Maximus von Tyros' ähnliche Erwähnung der *via negationis*: Diss. 11, 11, Hobein 143, 11 ἐννόει γάρ μοι μήτε μέγεθος, μήτε χρῶμα, μήτε σχῆμα, μήτε ἄλλο τι ὕλης πάθος ... John M. Whittaker, "Neupythagoreismus und negative Theologie", in: Mittelplatonismus, S. 173 f(="Neopythagoreanism and negative Theology", SO 44 (1969), S. 115 f), verweist auf die weite Verbreitung der Gruppe μέγεθος (=πηλικότης bei Gregor), σχῆμα, χρῶμα im Kontext der "negativen Theologie" und führt sie auf Philon (bes. de opif. 120) und ferner auf neupythagoreische Quellen zurück. Über die "via negationis" bei Philon, Albinos und Plotin vergleiche noch H.A. Wolfson, "Albinos und Plotin über göttliche Attribute", in: Mittelplatonismus, S. 150-168 (dt. Fassung von "Albinus and Plotinus on Divine Attributes", in: HThR 45 (1952)', S. 115-130). Schließlich sei darauf hingewiesen, daß die vieldiskutierten apophatischen Termini ἀπόφασις und ἀφαίρεσις auch in Gregors Text vorkommen: In de an. et resurr. 40 B tauchen beide Begriffe explizit auf und zwar als Synonyma in dem technischen Sinn der logischen Negation.

[15] Vgl. dazu III 3 B, oben S. 201 ff

[16] De an. et resurr. 41 AB; gegen Migne würden wir hier weitgehend die Version der Hs. A vorziehen: ὁμολογείη (statt ὁμολογοίη MPG), λογίσεται (statt λογίζεται MPG), παραγραφή (statt περιγραφή MPG).

[17] De an. et resurr. 41 B - 44 A /Sperrung, bzw. Hervorhebung vom Verfasser/. Die Version der Migne 41 C διὰ σημαντικὴν καταμέτρησιν ist sprachlich unmöglich; es muß also die richtige Lesart von den Hss. A und B διαστηματικὴν καταμέτρησιν in den Text, gegen die Überlieferung der Migne; ebd. muß es wohl ὑελίνῳ (Hss. A und B) statt ὑελίνη (MPG) heißen; ebd. würden wir die Version der Hs. B ἡ βραχύτης statt βραχύτης (MPG) vorziehen. Sehr auffallend ist dabei noch die verkünstelte Haltung des frommen Schülers, die Gregor gegenüber seiner autoritären Schwester einnimmt; vgl. 41 B, besonders die Wendungen ἡ διδάσκαλος, ὡς ἐδιδάχθης.

[18] J. Daniélou, Platonisme, S. 48 f '

[19] H. Merki, Ὁμοίωσις θεῷ, S. 140

[20] So H. Merki, Ὁμοίωσις θεῷ, S. 142 /Hervorhebung im Original/, der J. Daniélou, Platonisme, S. 49, direkt folgt.

[21] De an et resurr. 57 B: Φαμέν γάρ τῆς ψυχῆς τὴν μὲν θεωρητικήν τε καὶ διακριτικήν καὶ τῶν ὄντων ἐποπτικήν δύναμιν οἰκείαν εἶναι καὶ κατὰ φύσιν αὐτήν (bzw. φύσιν αὐτῇ nach der Version der Hs.A) καὶ τῆς θεοειδοῦς χάριτος (:Version der Hss. A und B statt διὰ τῆς θεοειδοῦς χάριτος bei Migne) διὰ τούτων (Hs. B statt διὰ τοῦτο bei Migne) σώζειν ἐν ἑαυτῇ (statt αὐτῇ bei MPG) τὴν εἰκόνα. Ἐπεὶ καὶ τὸ θεῖον, ὅ, τί ποτε κατὰ τὴν φύσιν ἐστίν, ἐν τούτοις ὁ λογισμός εἶναι στοχάζεται· ἐν τῷ ἀφορᾶν τε τὰ πάντα καὶ διακρίνειν

τὸ καλὸν ἀπὸ τοῦ χείρονος. Hier ist charakteristischerweise die einzige Stelle im ganzen Dialog, an der das Wort χάρις erscheint. Das Wort bedeutet bekanntlich im Griechischen einerseits die übernatürliche Gnade, andererseits die Schönheit, die Grazie, die Beschwingtheit. Daß das Wort hier die letztere Bedeutung hat, kann kaum angezweifelt werden. Freilich muß das Wort jeweils in seiner Verflochtenheit mit den ihm benachbarten sprachlichen und begrifflich-sachlichen Vorstellungen gesehen und interpretiert werden; es ist dennoch beeindruckend, wie viel häufiger Gregor bei seinen Spekulationen es in der Bedeutung der Grazie benutzt, wie das auch ein Platoniker hätte tun können. Manche Gregorforscher hingegen neigen willkürlich dazu, sämtliche Vorkommen von χάρις auf die Bedeutung der übernatürlichen Gnade hin auszulegen. So etwa H. Merki ʽΟμοίωσις θεῷ, S. 142, beim falschen Interpretieren der gleich unten S. 236 f zitierten Stelle de hom. opif. 44, 149 B. Das eklatanteste Beispiel aber, wie man χάρις auf Kosten der Texte - in forcierter Art und Weise christianisiert und als Gnade auslegt, findet sich in der Dissertation einer Schülerin von H.Dörrie: Maria-Barbara von Stritzky, Zum Problem der Erkenntnis bei Gregor von Nyssa, S. 21 f. Wegweisend zum Begriff der χάρις bei Gregor ist allerdings die Abhandlung von Adolf Martin Ritter:"Die Gnadenlehre Gregors von Nyssa nach seiner Schrift 'Über das Leben des Mose '", in: GRuPH, S. 195-230.

[22] Schon an dieser Stelle fällt die Annäherung des an sich nur ontisch-statischen εἰκών- Begriffs an das im Grunde dynamische Motiv der ὁμοίωσις bestimmt auf. Dem gregorianischen εἰκών -Begriff ist - wie sich noch zeigen wird - eine unverkennbare Dynamik und Wachstumsfähigkeit eingehaucht, die vom habituellen Menschlichen zu Unsinnlichem,bzw.Geistigem und Unendlichem hin offen ist (vgl.hierzu III 6,S.332 ff;348 ff), doch darf man eigentlich nicht, wie H. Merki etwa (ʽΟμοίωσις θεῷ, S. 141 und 163), dies als eine spezifisch "christliche" Umformung genuiner Platonismen charakterisieren.

[23] Wie plotinisch alle diese Bezeichnungen des Höchsten Wesens sind, kann schon ein flüchtiger Blick in Enn. VI 9, 6, 17 ff lehren. Vgl. dazu noch II 1, oben S. 88 f, 92 f.

[24] Vgl.hierzu III 5, unten S. 277-281

[25] Sehr charakteristisch ist vor allem E. von Ivánka, Hellenisches und Christliches, S. 54 f; ders., Plato Christianus, S. 166 f; 175 f.

[26] Vgl. hierzu unseren Exkurs *Über die Entscheidungsfreiheit des Menschen*, unten bes. S. 252 ff, 257 ff und 266 f

[27] Vgl. de hom. opif. MPG 44, 136 B f

[28] De hom. opif. MPG 44, 149 B /Sperrung vom Verfasser/. Sehr aufschlußreich für unser Thema ist noch die Fortsetzung dieser Passage, die in gedrängter aber poetischer Form den zentralen Gedanken Gregors ῞Ο τ ι ὀ ρ γ α - ν ι κ ὸ ν   κ α τ ε σ κ ε υ ά σ θ η   τ ο ῦ   ἀ ν θ ρ ώ π ο υ   τ ὸ   σ χ ῆ μ α   π ρ ὸ ς   τ ὴ ν   τ ο ῦ   λ ό γ ο υ   χ ρ ε ί α ν zusammenfaßt: Ἐπεὶ οὖν νοερόν τι χρῆμα καὶ ἀσώματόν ἐστιν ὁ νοῦς, ἀκοινώνητον ἂν ἔσχε τὴν χάριν καὶ ἄμικτον, μὴ διά τινος ἐπινοίας φανερουμένης αὐτοῦ τῆς κινήσεως. Τούτου χάριν τῆς ὀργανικῆς ταύτης προσεδεήθη κατασκευῆς, ἵνα πλήκτρου δίκην τῶν φωνητικῶν μορίων ἁπτόμενος, διὰ τῆς ποιᾶς τῶν φθόγγων τυπώσεως ἑρμηνεύσῃ τὴν ἔνδοθεν κίνησιν (de hom. opif. MPG 44, 149 BC; in 149 C kann man die beachtenswerte Variation τῶν ἐ μ ψ ύ - χ ω ν   τούτων ὀργάνων ἁπτόμενος lesen).

[29] Explizit legt Gregor diesen Unterschied in de hom. opif. MPG 44, 184 CD dar.

[30] De hom. opif. MPG 44, 149 B zit. o. Anm. 28; ähnlich de an. et resurr. *passim*, vgl. bes. etwa 29 A ἄυλος καὶ ἀσώματος, 45 B νοερὰ καὶ ἀδιάστατος φύσις, 45 C ἀειδής καὶ ἀσώματος.

[31] De an. et resurr. 37 B

[32] De an. et resurr. 60 B

[33] Vgl. bes. de an. et resurr. 44 A-C

[34] Vgl. de an. et resurr. 120 C, übers. und interpret. u.S. 258 f

[35] Vgl. etwa de an. et resurr. 60 B - 61 A; 148 A f

[36] Vgl. de an. et resurr. 89 C mit 93 B (zit. u. III 5, S. 309, Anm. 33)

[37] Man erinnert sich hier leicht an die strikte "Depersonalisations"-Parallele des Olympiodoros, Komm. zu Phaid. 6 § 8, 9-12, Westerink, S. 101: ῥητέον οὖν ὅτι οὐ διαιρετέον, ὡς οἱ πολλοί, τὸν ἄνθρωπον εἰς ψυχήν καὶ τὸ σῶμα καὶ τὰ ἐκτός, οἷον ἐγὼ καὶ τὸ ἐμὸν καὶ τὰ τοῦ ἐμοῦ, ἀλλ' εἰς ψυχήν καὶ τὰ ἐκτός, καὶ τὸ σῶμα γὰρ τῶν ἐκτὸς ὡς πρὸς τὴν ψυχήν.

[38] Vgl. dazu o. III 3 A, S. 180 ff

[39] Vgl. de an. et resurr. 101 C - 104 A, übers. und interpret. unten S. 266 f

[40] De hom. opif. MPG 44, 137 B

[41] J. Daniélou, Platonisme, S. 48, behauptet freilich das Gegenteil. Vgl. aber unsere ausführliche Erörterung des Teilhabebegriffs im übernächsten Kapitel, III 6, u. S. 329 ff. Zum Bedeutungswandel und zur Funktion der εἰκών bei Philon vgl. H. Willms, ΕΙΚΩΝ. Münster 1935, S. 35-116.

[42] Vgl. dazu o. I 2, S. 59; Vgl. noch die Stelle aus dem Protreptikos des Aristoteles, zit. o. I 1, S. 47, Anm. 44.

[43] Dieser Text Plotins ist im folgenden nach der Übersetzung R. Harders wiedergegeben (Plotins Schriften, Bd I a, S. 61 f /Sperrung vom Verfasser/).

[44] Zum Ganzen hier vgl. noch o. II 1, S. 93 f

[45] De hom. opif. MPG 44, 156 AB

[46] In diesem Gegensatz will man meist die Überwindung der hellenistischen Denkweise erblicken: vgl. etwa E. Ivánka, Hellenisches und Christliches, S. 46, Anm. 6; E. Mühlenberg, Die Unendlichkeit Gottes bei G.v.N. S. 25 f; P. Zemp, Die Grundlagen heilsgeschichtlichen Denkens bei G.v.N., S. 11 (dort weitere Literatur).

[47] De an. et resurr. 44 A-C (Text in: III 3 B, S.227 f, Anm. 98 und III 3 A, S. 180); statt οὐδέ (MPG) würden wir die Version der Hss. A. und B: οὐδὲ γάρ vorziehen. Auch hier ist freilich die Unbestimmtheit der οὐσία der Seele recht deutlich zu erkennen: vgl. 44 B: ἄλλο τι καθ'ἑαυτήν οὖσαν, ὃ τί ποτε καὶ εἶναι εἰκάζεται.

[48] Vgl. hierzu III 1 B, S. 147, Anm. 50; III 3 A, S. 188 f, Anm. 8

[49] Vgl. dazu bes. I 1, S.34 ff und I 2, S. 65 f

[50] H. Dörrie, Symmikta, S. 207 f

[51] Dazu siehe auch I 2, S. 77 f, Anm. 52. Auch an anderen Stellen des Dialogs wird das wesentliche Dasein des Philosophen mit ähnlichen Ausdrücken bezeichnet, vgl. etwa noch Phaid. 66 e, 83 ab (z.T. zit. in I 2, S.77, Anm. 51).

[52] Vgl. Clem.Alex.Strom.1,22; II 93,11,Stählin. Eine "von Gott gelöste ratio im Sinne des griechischen Rationalismus" (H. Merki, Ὁμοίωσις θεῷ, S. 142 f in direkter Abhängigkeit von J.B. Schoemann, "Gregors von Nyssa theologische Anthropologie als Bildtheologie", in: Schol 18 (1943), S.47, Anm. 82),ist also bei Platon überhaupt nicht am Platze.

[53] Vgl. etwa de an. et resurr. 89 B, 93 C, 101 C f (Die Stelle wird übersetzt und interpretiert unten S.266 f). Siehe dazu aber noch III 6, bes. S.349 ff.

[54] Vgl. damit die auffallend ähnliche ἰδέα-Formel Platons,Phaid. 76 e_1: ὑπάρχουσαν πρότερον ἀνευρίσκοντες ἡμετέραν οὖσαν (sc. τὴν τοιαύτην οὐσίαν).

[55] Vgl. K. Gronau, Poseidonios, S. 252 f; vgl. bes. die Zusammenfassung seiner unhaltbaren These, S. 255: "auch er (sc. Gregor von Nyssa) verwirft ihre völlige Ausrottung(sc. der Affekte)", "und hält sie für indifferente, aber berechtigte Seelenzustände" -, und die daraus willkürlich gezogene Konsequenz, S. 256: "Wie kann endlich die *nach Auflösung der Elemente* von Begierde und Zorn befreite, rein geistige Seele noch eine Sehnsucht nach Gott haben?(88 C - 108 A)" /Hervorhebung vom Verfasser/.

[56] Vgl. bes. de an. et resurr. 89 B /Sperrung vom Verfasser/ : Εἰ τοίνυν εἴτε ἐκ τῆς νῦν ἐπιμελείας, εἴτε ἐκ τῆς μετὰ ταῦτα καθάρσεως ἐλευθέρα γένοιτο ἡμῖν ἡ ψυχὴ τῆς πρὸς τὰ τὰ ἄλογα τῶν παθῶν συμφυΐας, οὐδὲν πρὸς τὴν τοῦ καλοῦ θεωρίαν ἐμποδισθήσεται (:Version der Hss. A und B, statt: ἐναποδισθήσεται bei Migne). Näheres dazu in III 5, S. 282, 284 f. Vgl. noch de an. et resurr. 157 B f.

[57] Vgl. hierzu I 2, o. S. 63 f

[58] Vgl. Phaid. 85 c_7f ... ἐπὶ σχεδίας κινδυνεύοντα δ ι α π λ ε ῦ σ α ι τ ὸ ν βίον (d_1) mit de an. et resurr. 84 C... πάντες οἱ δι' ἀρετῆς τὸν παρόντα δ ι α π λ έ ο ν τ ε ς βίον ...

[59] Vgl. H. Dörrie, Symmikta, S. 187 f

[60] Daß der Logos in uns auch für Platon auf den Logos über uns bezogen wird, haben wir in dieser Arbeit schon oft gezeigt; vgl. etwa I 2, S. 62 f; III 3 B, S.198 ff. Eigentlich ist die ψυχή hier nicht bloß τῷ νοητῷ ὁμοιότατον (80 b), d.h. sie ist nicht bloß ein"Gleichnis", das "Ähnlichkeit" in sich trägt, sondern sie drückt bereits ein Analogon zu dem eng an seine Urgestalt gebundenen Abbild (εἰκών) des mathematischen und dialektischen Verfahrens aus, ein Analogon zu dem Abbild, das seinem Archetyp nicht nur ähnelt, sondern es eigentlich nachahmt. Auch in dieser Hinsicht stehen Platon und Gregor von Nyssa also einander sehr nahe.

EXKURS: ÜBER DIE ENTSCHEIDUNGSFREIHEIT DES MENSCHEN
(auch mit Rücksicht auf die Schriften "De hominis opificio", "Oratio catechetica magna" und "De beatitudinibus")

Mit der Geistigkeit des Menschen ist allerdings der Inhalt seiner Gottähnlichkeit, die sich bei Gregor in und durch den εἰκών-*Vergleich* ausdrückt, noch nicht ganz erschöpft. Die Gottebenbildlichkeit des Menschen sieht der Bischof von Nyssa auch und nicht zuletzt im α ὐ τ ε ξ ο ύ σ ι ο ν, in der zunächst als Freiheit von Notwendigkeiten (de hom. opif. MPG 44, 184 B ἐλεύθερον ἀνάγκης εἶναι) zu verstehenden Entscheidungsfreiheit.[1] Doch ist auch diese Freiheit von der Notwendigkeit, und zwar von der Notwendigkeit und dem Zwang des physischen Determinismus, "der Herrschaft der Natur" (ebd. φυσικὴ δυναστεία), wesentlich mit dem Geist-Sein - dessen Andersheit, dessen selbstbeständiger, uneingeschränkter Vitalität - verbunden. Die Entscheidungsfreiheit (αὐτεξούσιον, bzw. προαίρεσις) , die Gregor meint, hat gewiß nichts mit der von den dogmatischen Theologen allzu gern und allzu leicht für austauschbar gehaltenen Willensfreiheit zu tun. Sein Begriff von Freiheit nährt sich vom Boden der griechischen Philosophie, die natürlich unseren vor allem durch Augustin und Kant geprägten Begriff vom Willen als einer von Intellekt und Trieb unterschiedlichen Instanz nicht kannte. Infolgedessen bezieht sich die *Entscheidungs*freiheit beim Nyssener, wie schon bei den älteren antignostischen Christen (Irenäus, Clemens von Alexandrien und besonders Origenes), stets auf die kognitive Kraft des Menschen (ebd. γνώμη).[2] Daß die Entscheidungsfreiheit somit als ein intellektueller Aspekt menschlichen Seins verstanden wird, bedeutet freilich wiederum einen Rückgriff auf die platonisch-philosophische Tradition.

Doch wenden wir uns dem Text des Nysseners zu! Was Gregor unter der εἰκών-Bezeichnung genauer versteht, wird besonders in zwei parallelen Stellen aus den Schriften "Große Katechese" (MPG 45, 21 AB - 25 A) und "Über die Erschaffung des Menschen" (MPG 44, 184 A - 185 D) recht deutlich gemacht: Die Ordnung, ja der Bestand selbst des Alls weist für Gregor, wie wir schon gesehen haben, ausdrücklich auf die Existenz des Logos hin;[3] denn dem Logos verdanken alle Dinge den Zugang zum Sein.[4] Dieser Gott-Logos, die Sophia, die Kraft (ἡ δύναμις), oder wie man sonst die das Streben zum Guten bewirkende und schaffende Ursache nennen mag,[5] hat natürlich auch den Menschen zum

Dasein gebracht. Nicht aus irgendeiner Notwendigkeit (Ananke), sondern aus der Überfülle seines Gut-seins (ἀγαθότης) wurde Er zur Erschaffung des Menschen getrieben, damit dieses bestimmte lebende Wesen an den göttlichen Gütern (θεῖα ἀγαθά) teilnimmt und sich darüber freut.[6]

"Wenn nun aber der Mensch zum Dasein gerufen ist, um an den göttlichen Gütern teilzunehmen, so ist er notwendigerweise auch so gestaltet, daß er imstande ist, an diesen Gütern teilzuhaben. Wie nämlich das Auge wegen des ihm von Natur aus eigenen Glanzes in Gemeinschaft mit dem Licht tritt und infolge dieser eingeborenen Kraft das an sich zieht, was von derselben Natur ist, so mußte auch eine gewisse Verwandtschaft mit dem Göttlichen der menschlichen Natur *beigemischt* sein (ἐγκραθῆναι), um ihr, aufgrund dieser Entsprechung den Wunsch einzugeben, sich dem ihr Verwandten zu nähern. Denn selbst im Naturbereich der unvernünftigen Wesen, die im Wasser und in der Luft leben, hat jedes Lebewesen eine seiner Lebensart entsprechende Gestaltung, so daß, dank der besonderen Ausgestaltung seiner Leibesform, diesem die Luft, jenem das Wasser vertrauter und stammesverwandter (οἰκεῖον καί ὁμόφυλον) ist. So mußte also auch der Mensch, der zur Teilnahme an den göttlichen Gütern geschaffen ist, eine *Naturverwandtschaft* (eine bestimmte Verwandtschaft *in* der Natur = τί συγγενές ἐν τῇ φύσει) mit dem Gegenstand haben, an dem er teilnehmen soll. Aus dem Grund ist er ja mit Leben, Vernunft (bzw. Rede = λόγῳ) und Weisheit und mit allen gotteswürdigen Gütern (πᾶσι τοῖς θεοπρεπέσιν ἀγαθοῖς) ausgestattet, damit er durch jedes dieser Güter das Verlangen nach dem ihm Verwandten verspüre. Weil aber die Ewigkeit (ἡ ἀϊδιότης) auch einer der mit der göttlichen Natur verbundenen Vorteile ist, durfte bei der Ausrüstung unserer Natur auch in diesem Punkte durchaus nichts fehlen. Sie mußte *in sich selbst* (ἐν ἑαυτῇ) das Todlose (= τό ἀθάνατον, die Unsterblichkeit) haben, damit sie aufgrund der ihr beigefügten (eingelegenen) Kraft (διὰ τῆς ἐγκειμένης δυνάμεως) das, was über ihre Natur hinausgeht (τό ὑπερκείμενον) erkenne und sie in der Begierde nach göttlicher Ewigkeit verharre. All das legt auch der Bericht (der Logos) von der Kosmogonie nahe, der in einem einzigen Wort alles erfaßt (zusammenfaßt), indem er sagt, daß der Mensch nach dem Bilde Gottes geschaffen worden ist."[7]

Dieser Abschnitt aus *der großen Katechetischen Rede* legt noch einmal in aller Deutlichkeit dar, wie tief das urgriechische Homoiosisprinzip das Denken des Nysseners bestimmt: Gleiches kann nur durch Gleiches erkannt werden. Dieser uralte Gedanke hält in der Tat den soeben angeführten wichtigen Text Gregors zusammen. Wie das menschliche Auge über einen gewissen Glanz (αὐγή), einen gewissen Sehstrahl oder ähnliche Emission zu verfügen scheint, die es befähigt, das Licht von außen gleichsam anzuziehen, muß auch der Mensch, sagt uns ganz unmißverständlich Gregor, in seiner Natur (ἐν τῇ φύσει, von Natur aus), eine bestimmte Verwandtschaft (τι συγγενές) mit dem Göttlichen, der göttlichen Natur haben, die ihn dazu bringt, das Verlangen nach

dem Göttlichen überhaupt zu verspüren. Nur so vermag Gregor anscheinend die
das rein-Animalische übersteigenden Instanzen des Menschen, nach seinen Worten die "göttlichen Güter": die Rede, die Vernunft, die Erkenntnisfähigkeit,
zu erklären und damit auch die Erwartung der Unsterblichkeit geradezu zu begründen. Man kann nicht umhin, dies schon hier bei Gregor festzumachen. -
Wir verweilen bei dieser gregorianischen Stelle, die sich so explizit an
platonischen Ansätzen[8], an dem platonischen Motiv vom 'sonnenhaften Auge'
(Tim. 45 b-d: Wäre nicht das Auge sonnenhaft ...), insbesondere anknüpfen
läßt, weil sie von größter Bedeutung für die Widerlegung eines grundsätzlichen, wenn nicht *des* grundsätzlichen Irrtums überhaupt der theologisch-dogmenhistorischen Interpretation des Nysseners ist. Der vorliegende Text läßt
nämlich keinen Zweifel übrig, daß Gregor die *Gottverwandtschaft* des Menschen
nicht in irgendeiner "durch die Entscheidung für Gott und das Sich-Eröffnen
für seine Gnadenwirkungen (sic!) erst *zu verwirklichenden*"Wahlfreiheit des
"Geschöpfs" sieht, - wie es sich die spätere Entwicklung des christlichen
Dogmas und auch E. Ivánka wünschen,[9] - sondern sie als ein in der Natur und
aus der Natur des Menschseins selbst herauszulesendes, und zwar im Wege der
kosmischen Analogie (ὅμοιον ὁμοίῳ) herauszulesendes *Existenzverhältnis*
auffaßt, welches die geistigen, bzw. die vom Geist her bestimmten humanen
Kategorien quodammodo zusammenfassend anzeigt.[10] Allein die Tatsache, daß
die menschliche Natur mit dem sonnenhaften Auge direkt verglichen wird, impliziert schon ihre wesenhafte Gottähnlichkeit: Denn so wenig der Sehakt
beim herkömmlichen Konzept vom sonnenhaften Auge einseitig als rezeptiver
Vorgang im Sehorgan verstanden werden darf,[11] darf auch die Erkenntnisfähigkeit und Herrlichkeit des Menschen bei Gregor, sein undeterminierter geistiger Wesensgrund, als eine ganz von außen her kommende göttliche Gnadengabe, bzw. -wirkung konzipiert werden. Wie das Auge vielmehr zugleich Lichtquelle ist, ist auch der Geist des Menschen etwas Göttliches an sich. Daß
dieses Göttliche,in die ständig "fließende", bedürftige Natur der real-Leiblichkeit eingebettet, als ein gleichsam "eingeschränktes Göttliches"[12] erscheint, kann nur die Anlehnung Gregors an den Platonismus betonen, wo die
Einschränkung der vollen Göttlichkeit des Geistes ebenfalls durch das Anteilhaben am *Nichtsein* des habituell-endlichen Daseins begründet wird. Das
heißt überhaupt nicht, hier werde die "absolute Grenzscheide zwischen Geschöpf und Schöpfer" aufgerichtet.[13] Auch und gerade die *Schau Gottes im
Spiegel der reinen Seele* beläßt keinerlei Zweifel, worin die Gottähnlichkeit

des Menschen eigentlich besteht: Wer *sich selbst* schaut, schaut *in sich selbst* Gott.[14] Die Gottheit, die unsinnliche göttliche Natur ist für Gregor Reinheit, ἀπάθεια, Freisein von jeglicher Unvollkommenheit, Einfachheit usw.. Wenn also derartige leuchtende "Ausstrahlungen" der "anders seienden" göttlichen Natur in dem von der Leiblichkeit gereinigten Geist des Menschen manifest sind, dann ist zweifellos Gott in ihm.[15] Von diesem inneren Besitz Gottes[16] spricht, so Gregor, selbst Christus klar, wenn er sagt: "Das Reich Gottes ist in Euch" (Luk. 17,21). Gott habe von Anfang an die "Nachbildungen" seiner eigenen Güter mit der Natur des Menschen *wesenhaft* verbunden, dem erschaffenen Menschen eingeprägt, wie man in Wachs die Figur des Stempels eindrückt.[17] "Wer also sich selbst schaut, schaut in sich selber das Ersehnte."[18] Mit welchem kühnen Nachdruck Gregor auf seine These von der Gegenwart Gottes in uns beharrt, läßt sich von einer anderen charakteristischen Stelle der *Großen Katechese* aus einsehen, welche das Christusgeschehen selbst, die Menschwerdung Gottes, durch diese gerade platonisch-philosophische Einsicht plausibel zu machen sucht! Mit großem Erstaunen liest man in Catech. MPG 45, 65 C - 68 A (Kap. 25), *warum* die Menschwerdung Christi nichts Befremdliches (οὐδένα ξενισμόν) an sich hat:

> "Denn wer ist so schwach im Geiste (οὕτω νήπιος τὴν ψυχήν), daß er beim Anblick des Alls nicht zu dem Glauben käme, daß das Göttliche (τὸ θεῖον) in allem ist,(alles) umhüllt und umarmt und bewohnt? Vom Seienden hängen wirklich alle Dinge ab (Τοῦ γὰρ ὄντος ἐξῆπται τὰ πάντα), und nichts kann sein, was nicht sein Sein im Seienden hat.Wenn also alles in ihm und es in allem ist, weshalb scheut man dann vor dem Mysterium zurück, das in seiner "(elliptisch-religiösen) Ordnung" (*dispensatio*, dispensation = ἐν τῇ οἰκονομίᾳ) uns lehrt, daß Gott unter den Menschen (im Menschen) geworden ist, er, von dem wir glauben, daß er auch jetzt nicht außerhalb der Menschen ist? Denn wenn auch die Art der Gegenwart Gottes in uns nicht die gleiche ist wie bei jener anderen Gegenwart, so ist doch anerkannt, daß er jetzt wie damals *gleichermassen* (κατὰ τὸ ἴσον) zugegen ist (sic!). Jetzt ist er mit uns vermischt (ἐγκέκραται ἡμῖν), er, der unsere Natur im Dasein erhält. Damals war er mit (unter) unserer Natur (πρὸς τὸ ἡμέτερον) vermischt, damit sie durch die Vermischung mit dem Göttlichen selbst göttlich werde, indem sie sich von dem Tode und der Tyrannei des Entgegengesetzten (τοῦ ἀντικειμένου) befreie."

Es ist hier klar, daß die Gegenwart Gottes in der Welt in unüberbrückbarem Gegensatz zum Kerygma des Evangeliums als kosmisches Geschehen verstanden wird. - Jene angebliche Grenze zwischen "Schöpfer" und "Geschöpf" löst sich bei Gregor somit völlig auf.[19] Gregor geht in der Tat davon aus, daß man immer und überall auf das Göttliche, das schlicht mit dem ("seiend"-) Seienden identifiziert wird, stoße und in diesem alles andere sein Dasein habe. Dem Menschen, ja dem natürlichen Menschen wohnt Gott notwendigerweise inne, insofern er da *ist*. Der Bischof von Nyssa scheut sich sogar kaum, diese natürliche Immanenz Gottes in der Welt und im Menschen als Beleg für die Plausibilität der übernatürlichen, geschichtlichen Offenbarung des biblischen Gottes in Jesus Christus vorzuführen, als wäre die Offenbarung - für jeden Christen gewiß: die Äonenwende schlechthin - nur eine unwesentliche Ergänzung oder gar bloße Illustration der ersteren gleichsam "normalen" Parusia Gottes im Seienden! Radikaler ließe sich die "Metaphysierung" des Evangeliums kaum denken!

Dieser Versuch Gregors eine Synthese zwischen dem griechisch philosophischen Gottesbegriff und dem biblisch christlichen Gottesglauben zu erreichen, bleibt zwar ganz oberflächlich, er kann aber gerade darum zur Erhellung seines Gottesbegriffs entschieden beitragen. Man sieht: Jedes Gerede vom persönlichen Gott muß hier völlig willkürlich erscheinen. Trotzdem ist dies die unausgewiesene Behauptung fast jedes im christlichen, wenn nicht gar im kirchlichen Interesse theologisierenden Interpreten des Nysseners! Wo spricht aber Gregor vom persönlichen Gott oder vom personalen Gegenüber von Gott und Mensch? Allein aus den Texten, die wir soeben angeführt haben, geht deutlich hervor, daß Gregor nicht den persönlichen Gott der Christen, sondern den mit dem Seienden und dem Guten (neutr.) zu identifizierenden Gott-Logos der Platoniker im Sinne hat. Man muß sich doch ernst darüber Gedanken machen, warum er ständig vom θεῖον, θεία φύσις oder θεία ζωή spricht. "Gott ist seiner eigenen Natur nach jegliches Gute, was man überhaupt zu erfassen vermag; oder vielmehr ist Er, jenseits (ἐπέκεινα) jeden Gutes, das gedacht und begriffen werden kann und bringt den Menschen (das menschliche Leben = τήν ἀνθρωπίνην ζωήν) aus keinem anderen Grund zum Dasein als weil Er gerade gut *ist*", sagt uns Gregor eindeutig auch in der anderen, bereits angekündigten Stelle von de hom. opif. MPG 44, 184 A, welche fast dieselben Gedanken mit denselben Worten wie Catech. MPG 45, 21 AB f wiederholt. Da Gott das "vollkommene eidos des Gut-seins" (184 A τό τέλειον τῆς ἀγαθότητος εἶδος) eben darstellt, läßt er dem Menschen vorbehaltlos j e - d e s Gute wesenhaft zuteil werden.[20] Auf nichts anderes als auf die schwer zu überschauende Vielzahl der Güter deutet ja auch, so Gregor, der in einem Wort alles zusammenfassende (184 AB περιληπτικῇ τῇ φωνῇ ἅπαντα συλλαβῶν) Bericht (Logos) von der Schaffung des Menschen nach dem Bilde Gottes an (184 B ἐσήμανεν). "Denn *das* heißt eigentlich: Er ließ der menschlichen Natur *jedes* Gute zuteil werden (sic!).Wenn doch das Göttliche die Fülle der Güter (πλήρωμα ἀγαθῶν) ist, so ist dies (sc.ὁ ἄνθρωπος, τό ἀνθρώπινον)das Bild von Jenem. Darin also besteht die Ähnlichkeit des Bildes zum Archetyp, daß es mit allen Gütern ausgestattet ist. Es ist also in uns die Idee (Vorstellung) jedes Guten vorhanden, jeder Tugend und Weisheit, und was immer das sein mag, welches zum Besseren (πρός τό κρεῖττον, zum Mächtigeren) gedacht wird. Und eines von den vielen (Gütern) ist auch das Frei-sein von der Notwendigkeit (τό ἐλεύθερον ἀνάγκης εἶναι), das Nicht-Unterworfensein der Herrschaft der Natur (irgendeinem physischen Determinismus = φυσικῇ τινι δυναστείᾳ),sondern Selbstbestimmung haben, zu tun was dem Erkenntnisvermögen (der Einsicht) beliebt (recht) erscheint (αὐτεξούσιον πρός τό δοκοῦν ἔχειν τήν γνώμην)" (de hom. opif. MPG 44, 184 B). Wie Gregor bei seiner εἰκών- Konzeption (und nicht nur bei dieser!) vorangeht, wird hier zum durchsichtigen Telos geführt. Im Hinblick auf die biblisch tradierte Lehre von der Gottebenbildlichkeit des Menschen pflegt er Aussagen der Hl. Schrift, bzw. der philosophischen Überlieferung über das Wesen Gottes aufzugreifen, *um damit* vor allem das Wesen des Menschen zu verdeutlichen: Erkenntnis des Menschen aus der Erkenntnis Gottes. Und umgekehrt: Erkenntnis Gottes aus der Erkenntnis des Menschen - *im Spiegel der reinen Seele!* Wir stoßen damit auf die grundlegende, anthropologische Tendenz des Denkens Gregors, auf die wir bereits in unserer *Einführung*, oben III 1 B, S.133 ff,aufmerksam gemacht haben. Das heißt letztlich "Bild" zu sein, versichert uns Gregor wiederholt: Die göttlichen, i.e. die ewigen ("seiend-seienden") und über die Materialität und Befangenheit der Welt hinausragenden Güter (des seinsmächtigeren Geistigen) *in sich* zu haben.

"Vielleicht wird diesen Ausführungen widersprochen von einem, der die gegenwärtige Lage bedenkt und meint, unsere Behauptung entspreche nicht der Wahrheit, weil sich der Mensch von heute offenbar nicht im Besitz jener Güter, sondern in allem in einer nahezu entgegengesetzten Lage befindet. Denn wo ist (jetzt) die Gottähnlichkeit der Seele? Wo ist die Leidlosigkeit(ἀπάθεια) des Leibes? Wo ist das Ewige (τό ἀίδιον) des Lebens? Kurze Lebensdauer, Leiden, Hinfälligkeit, Preisgegebenheit allem leiblichen und seelischen Unglück, das und ähnliches wird man uns entgegenhalten und unserer Natur aufbürden und dann meinen, man habe die von uns über den Menschen aufgestellte Lehre abgewiesen. Um zu vermeiden, daß der Logos in irgendeinem Punkt von seiner natürlichen Folge (τοῦ ἀκολούθου) abgedrängt werde, wollen wir uns darüber kurz auslassen" (Catech. MPG 45, 24 AB).

In einem interessanten Gedankengang will Gregor danach der plotinischen Frage πόθεν τὰ κακά ; nachgehen und seine Vorstellung von der Entscheidungsfreiheit des Menschen explizieren:

"Die Tatsache, daß das menschliche Leben sich jetzt in einer mißlichen Lage befindet (ἐν ἀτόποις εἶναι), reicht nicht aus zum Beweis dafür, daß der Mensch (das Menschsein) sich niemals im Guten (in den Gütern) *ereignet* hat (ἐν ἀγαθοῖς γεγενῆσθαι). Da nämlich der Mensch ein Werk Gottes ist, der aus Güte (aus "Gut-sein" = δι' ἀγαθότητα) dieses lebendige Wesen zum Werden geführt hat, kann niemand mit guten Gründen (εὐλόγως) denjenigen in Verdacht ziehen, der dem Gutsein sein Dasein verdankt. Es gibt wohl einen andern Grund für unsere gegenwärtige Lage und unsere Entblößung (Verwüstung) von vorzüglicheren (Gütern). Wiederum wird der Ausgangspunkt unserer Betrachtung nicht außerhalb der Zustimmung unserer Gegner liegen. Derjenige nämlich, der den Menschen geschaffen hat, um ihn an seinen Gütern teilnehmen zu lassen und seiner Natur die Keime (die Antriebe = τὰς ἀφορμάς) zu allem Guten und Schönen (πάντων τῶν καλῶν) eingepflanzt hat, damit das Streben durch jede (Anlage) zu dem Ähnlichen (πρὸς τὸ ὅμοιον) geführt werde, hätte ihn gewiß nicht des schönsten und kostbarsten dieser Güter beraubt, nämlich des Vorteils (der "Grazie"), unabhängig und selbstbestimmend (frei) zu sein (τῆς κατὰ τὸ ἀδέσποτον καὶ αὐτεξούσιον χάριτος). Denn wenn irgendeine Ananke das menschliche Leben leiten würde, so wäre das Bild in diesem Teil unecht (lügnerisch) und würde durch die Unähnlichkeit mit dem Urbild verfremdet... Aber du wirst fragen, woher es denn kommt, daß ein so mit den schönsten Gütern bedachtes Wesen so geringwertige (Güter) dagegen ausgetauscht hat. Auch dafür ist die Erklärung leicht. Nichts von dem auftauchenden Schlechten (bzw. Bösen = κακῶν) hat seinen Grund im göttlichen Willen. Das Schlechte (Böse) wäre nämlich tadelsfrei, wenn es sich auf Gott als auf seinen Schöpfer und Vater berufen könnte. Das Schlechte (Böse) entsteht (wächst) vielmehr im Innern, es kommt (erst) mit unserer Entscheidung zustande (τῇ προαιρέσει τότε συνιστάμενον, ὅταν), sobald sich eine Trennung unserer Seele vom Guten einstellt. Wie nämlich das Sehen eine Energie der Natur ist, die Blindheit dagegen die Beraubung (στέρησις) dieser natürlichen Energie, so gibt es auch zwischen Tugend und Schlechtigkeit einen Gegensatz derselben Art. Denn man kann sich die Entstehung des Schlechten (Bösen) nicht anders denken denn als Abwesenheit der Tugend. Wie nämlich dem Verschwinden des Lichtes die Dunkelheit folgt, die in Gegenwart des Lichts nicht vorhanden ist, so ist auch das Schlechte (Böse) an sich non-existent (ἀνύπαρκτον), solange das Gute in (unserer) Natur ist. Sobald aber das Gute (das Bessere = τὸ κρεῖττον) zurücktritt, entsteht das Gegenteil (τὸ ἐνάντιον). Da nun die Eigenart der Selbstbestimmtheit darin besteht, das Erwünschte frei (nach Belieben, κατ' ἐξουσίαν) zu wählen, so ist nicht Gott Ursache der auf dir lastenden Übel - *er* hat deine Natur unabhängig und frei geschaffen -, sondern die *"Übelberatenheit"* (ἡ ἀβουλία), die das Schlimmere statt des Besseren (τὸ χεῖρον ἀντὶ τοῦ κρείττονος) wählt" (Catech. MPG 45, 24 B - 25 A).[21]

Bis hierher scheint alles ganz platonisch-philosophisch zu sein: An sich ist die Natur des Menschen frei, nicht von einer äußeren Ananke determiniert. In der Nachfolge Platons und der Platoniker nimmt Gregor offensichtlich den Kausalzwang gerade als Indiz für das unvernünftige oder nur unvollkommen vernünftige, abbildhafte Sein der empirisch-materiellen Welt.[22] Das "Seiend-Seiende", das Gute, und sein Abbild in Menschen kennt keinen Kausalzwang und daher kein πάθος. Das κακόν, wie Gregor immer wieder sagt, ist schlicht die Beraubung des Guten, die Absenz der Tugend, eine Art Privatio des Seins.[23] Es entsteht im Inneren: Es hängt mit einem Wahlakt zusammen, bei dem wir aus ἀβουλία, d.h. aus "Übelberatenheit"[24], aus einem Fehlgreifen des Überlegungsvermögens (des Erkenntnisurteils) - Catech. MPG 45, 25 B τῆς κατὰ τὴν βουλὴν διαμαρτίας -, die naturgegebene Selbstbestimmtheit mißbrauchen und verkehrten Vorstellungen die Zustimmung geben. Der Zusammenhang zwischen der Selbstbestimmtheit und der Intellektualität des Menschen liegt mithin schon hier auf der Hand, insofern der rechte oder verkehrte Gebrauch der ersteren ausdrücklich an die rechte oder verkehrte Funktion des Erkenntnisurteils (βουλή) gebunden wird. Der soeben angeführte Text aus der *Grossen Katechese* läßt in der Tat klar erkennen: Ursache für das ἄτοπον, den leidbeladenen Mißstand unseres gegenwärtigen Lebens, ist letztlich die aus einem verkehrten Erkenntnisurteil resultierende *Entscheidung* gegen das "natürliche" Gute.

Daß Freiheit und Selbstbestimmtheit dem Bischof von Nyssa nur im Hinblick auf die intellektuelle Aktivität des Menschen verständlich sind, zeigt sich auch und nicht zuletzt in seinem Dialog *De anima et resurrectione*:

"(Es ist aber klar), daß die Seele, nachdem sie auf die dem Schöpfer (τῷ κτίσαντι) gefällige Weise ins Dasein eingetreten ist, die volle Freiheit hat, durch das Entscheidungsvermögen das zu wählen, was ihrem Erkenntnisurteil recht (beliebt) ist, so daß sie sich jeweils zu dem gestaltet, was sie wolle (κατ' ἐξουσίαν αὐτὴν αἱρεῖσθαι τὸ κατὰ γνώμην διὰ (bzw. ἐκ) τῆς προαιρετικῆς δυνάμεως, ὅ τί περ ἂν ἐθέλῃ τοῦτο καὶ γινομένην). Wir könnten aber der Sache durch das Beispiel des Auges auf den Grund gehen: Dem Auge kommt nämlich von Natur aus das Sehen zu, das Nichtsehen aber rührt von der Entscheidung

oder auch von einem Leiden her (ἐκ προαιρέσεως ἤ καί πάθους).
Denn es ist wohl möglich, daß auch das Widernatürliche statt des Natürlichen (τό παρά φύσιν ἀντί τῆς φύσεως) mal eintrete, sei es
dadurch, daß man das Auge freiwillig schließt oder daß die Sehkraft
durch ein Leiden verloren geht. So kann man auch von der Seele sagen,
daß ihre "Struktur" (Zusammenstellung = τήν σύστασιν) wohl von Gott
her (θεόθεν) rührt, und daß sie, da im Göttlichen nicht die geringste
Unvollkommenheit (μηδεμιᾶς κακίας) denkbar ist, außerhalb der mit
dieser verbundenen Notwendigkeit (sc. des Leidens und Vergehens) liegt.
So erschafft, steuert sie durch ihr eigenes Erkenntnisurteil (τῇ
ἰδίᾳ γνώμῃ) dorthin, wo es ihr beliebt (πρός τό δοκοῦν), sei
es, daß sie sich aus (überlegter) Entscheidung gegen das Gute verschließt oder, daß sie durch die Hinterlist des unserem Leben beiwohnenden Feindes am Auge geschädigt, in der Finsternis des Irrtums dahinlebt, und (bis sie) hinwiederum rein zu der Wahrheit schaut und sich
von den dunklen Leiden entfernt."[25]

Die Tatsache, daß Gregor wiederholt und mit Nachdruck sich auf das Beispiel des Auges beruft, ist für seinen griechisch artikulierten Naturbegriff sehr relevant: Wie dem Auge das Sehen *natürlich* ist, so ist der menschlichen Seele die Nicht-Unterworfenheit unter die Determination der physischen Ordnung der empirisch-materiellen Welt eigen (ἴδιον); ihr als einem Boten gleichsam aus dem "ganz anderen" Reiche des Intelligiblen und Transzendenten wird anscheinend vollkommene Freiheit, vollkommene ἀπάθεια und (wie sich genau zeigen wird) volle Vernünftigkeit zugebilligt. Ihre (merk-würdigerweise nur vorläufige) Verstrickung in die σκοτεινά παθήματα und die Täuschung dieser Welt erfolgt nach einem frei getroffenen Entschluß oder auch nach einem Leiden: ἐκ προαιρέσεως ἤ καί πάθους (a: 120 C); ἤ ἑκουσίως - ἤ ἐκ πάθους (b: 120 C); ἤ ἐκ προαιρέσεως - ἤ ἐκ πάθους (= βλάβης), das "durch die Hinterlist (ἐπι β ο υ λ ή!) des unserem Leben beiwohnenden Feindes" verursacht worden ist (γ: 120 D). Man sieht u.E. hier deutlich, welchen formellen, ja peripheren Platz die Biblizismen im Text Gregors einnehmen. Bei der soeben angeführten *Macrinia*passage handelt es sich tatsächlich um eine jener Stellen, "an denen Gregor sich selbst wiederholt und an denen er den gleichen Gedanken in seinen beiden Sprachen,... der biblischen und der philosophischen, ausspricht."[26] Die sekundäre, ja akzidentelle Bedeutung und Funktion der biblisch geläufigen Aussage vom "Feinde unseres Lebens" ist dabei offenkundig. Mehr noch: Unsere Untersuchung wird zeigen, daß wir bei dem keineswegs als zufällig zu betrachtenden häufigeren Vorkommen der "fehlgreifenden" Tätigkeit (διαμαρτία) des Menschen[27] in Wirklichkeit nur mit *einer* einzigen Ursache konfrontiert sind. Denn πάθος ist eigentlich die verkehrte Prohairesis selbst: Die ἀβουλία ist die Krankheit, das Leiden, das man "heilen" muß, will man sich nicht in das qualvolle Gefühl der Entbehrung (=στέρησις 84 C) der wirklichen Güter verstricken.[28] Dadurch, daß die Wahl des Schlechten letzthin allein auf das Versagen des Erkenntnisvermögens, den Mangel an Urteil (92 C δι' ἀκρισίαν) oder konkreter, das "Fehlgreifen" des das (wahrhafte) Gute betreffenden Urteils (64 C ἡ περὶ τὴν τοῦ καλοῦ κρίσιν διαμαρτία) zurückgeführt wird, zeigt sich deutlich, wie wenig der Prohairesisbegriff des Nysseners sich dem Intellektualismus der griechisch-philosophischen und insbesondere der platonischen Ethik(ἀρετή als das Wissen des Guten) zu entziehen vermochte. Denn auch für Gregor gilt: "Die Entscheidung geht mit Denken und Überlegung zusammen (ʽΗ ...προαίρεσις μετὰ λόγου καὶ διανοίας)."[29] Daß sie nicht mit dem Freiwilligen (ἑκούσιον) , geschweige denn mit dem sog. "freien Willen" gleichzusetzen ist, daß sie vielmehr einen intellektuellen Aspekt des menschlichen Seins darstellt, insofern sie ausdrücklich an die Vervollkommnung des Erkenntnisvermögens gebunden wird, weist vor allem die Macriniastelle nach, welche die evangelische Lazarus-Geschichte allegorisiert (de an. et resurr. 81 B f).Gregor sieht darin lediglich eine Andeutung für die von dem ἐξεταστικῶς ἐπαΐοντα (80 B) zu erschließende subtilere Seelentheorie:

"Diese geht nach meiner Auffassung dahin: Eingestaltig (=Μονοειδές, einfach) war (im Anfang) das Leben der Menschen; und eingestaltig nenne ich das Leben, welches sich nur im Guten (ἐν μόνῳ τῷ ἀγαθῷ) ereignet (erfahren wird) und von dem Übel unberührt bleibt (mit dem Übel unvermischt ist = πρὸς τὸ κακὸν ἀνεπίμικτον). Diese Auffassung wird vom Ersten Gebot Gottes bestätigt, welches dem Menschen den vollen Genuß der Paradiesgüter zuteil werden ließ und nur das verwehrte, dessen Natur, infolge der innigen Verbindung des Schlimmen mit dem Guten, aus Gegensätzen zusammengemischt (zusammengewürfelt) war; für den Übertretenden hatte er (sogar) den Tod als Strafe bestimmt. Doch der Mensch verließ mit seinem (souveränen) Entscheidungsvermögen (ἐν τῷ αὐτεξουσίῳ κινήματι) freiwillig das Geschick (τὴν μοῖραν), das unvermischt mit dem Schlimmeren (ἀμιγῆ τοῦ χείρονος) war,und verschaffte sich das Leben, welches aus Gegensätzen besteht. Gleichwohl ließ die göttliche Fürsorge unsere "Übelberatenheit" (ἀβουλίαν) nicht ungeordnet (unverbessert = ἀδιόρθωτον), sondern schied, da den Übertretern des Gebots der verordnete Tod notwendigerweise nachfolgte, das menschliche Leben in zwei Perioden, d.h. in dieses Leben "durch das Fleisch" (διὰ σαρκός) und in das Leben "danach" außerhalb des Leibes (ἔξω τοῦ σώματος). Doch ist beiden Abschnitten nicht die gleiche Dauer (das gleiche Maß von diastema) zugemessen,sondern dem ersteren wurde durch die Bestimmung des Zeitlichen (der zeitlichen Grenze, bzw. Kennzeichnung -, τῷ χρονικῷ περιγράψας ὅρῳ) nur ein sehr begrenztes diastema (βραχυτάτῳ) zugewiesen, dem letzteren aber ist die Ausdehnung (Ausdauer, Verlängerung) ins Ewige (παρατείνας εἰς τό ἀΐδιον) gewährt worden. Er gab also - aus Menschenliebe (ὑπό φιλανθρωπίας) - jedem die volle Freiheit (ἐξουσίαν ἔδωκεν), selbst zu entscheiden, in welchem (ἐν ᾧ) von beiden er sein will (das zu haben) -, und ich meine nämlich das Gute und das Schlimme -, entweder gemäß (κατά) diesem kurzen, schnell vergänglichen Leben oder gemäß jenen unendlichen Aionen, deren Grenze das Grenzenlose ist (ὧν πέρας ἡ ἀπειρία ἐστίν). Da aber sowohl das Gute als auch das Schlimme einerlei Benennung kennt (ὁμωνύμως δὲ λεγομένου τοῦ τε ἀγαθοῦ καί τοῦ κακοῦ), während sich jedes von beiden (zugleich) nach einem doppelten Sinn (Begriff, ἔννοιαν) verteilt -, und ich meine (wohl) nach dem Geiste und nach der Sinneswahrnehmung (αἴσθησιν) -, die einen rechnen das zum Bereich des Guten, was für die Sinne angenehm (ἡδύ = süß) erscheint, die anderen aber glauben nur das für gut halten und nennen zu dürfen, was dem Denken entspricht (was dem Denken nach als solches beurteilt wird = τὸ κατά διάνοιαν θεωρούμενον). Wem nun das *Überlegungsvermögen* (ὁ λογισμός) *ungeübt* und rücksichtslos (keine Untersuchung anstellend) auf das Bessere (ἀνεπίσκεπτος τοῦ βελτίονος) ist, der wendet aus Gier vorher - im "Leben des Fleisches" - den der Natur des Guten gebührenden Teil (μοῖραν) auf, ohne etwas für das Leben "danach" aufzusparen. Wer aber sein Leben auf Grund kritischen (unterscheidungsfähigen = διακριτικῷ) und einsichtigen Verstandes einrichtet, behält sich gerade dadurch, daß er sich in diesem kurzen Leben durch das die Empfindung Kränkende wieder geheilt (wiederhergestellt) hat (ἀνιαθέντες), das Gute für den kommenden Aion vor, so daß sich ihm die bessere "Lösung" (Loosung = λῆξις) mit dem "ewigen Leben" zugleich hinzieht (συμπαρατείνεσθαι)."[30]

Auch hier stehen zweifellos beide Sprachen Gregors dicht nebeneinander; es ist auch nicht zu leugnen, daß sie gelegentlich sogar ineinandergreifen, und daß die Auflösung ihrer Wechselbeziehung recht problematisch erscheint. Doch fällt es bei genauerer Betrachtung des Textes[31] auf, daß die Philosophie, nicht das biblische Christentum den Ausschlag gibt! Hinter der uns als theologische Übermalung anmutenden Anspielung auf biblische Zitate regt sich deutlich das philosophisch anthropologische Interesse des Nysseners, wie es sich aus seiner besonderen Begegnung mit dem platonischen Intellektualismus ergibt. Die Tatsache sogar, daß Gregor hier und im folgenden die das menschliche Leben obwaltende "Antinomie" und Labilität durch einen scharfen Schnitt zwischen reinem Denken (νοῦς) und Wahrnehmungs-, bzw. Empfindungsvermögen (αἴσθησις) -, mit anderen modernen Worten: zwischen "Geist" und "Seele" -, zu bewältigen sucht, darf und kann man bequem auf die spezifisch rigorose Haltung des "Phaidon" zurückführen.[32] Angesichts der Fortsetzung und insbesondere des erbaulichen Abschlusses der "Lazarus-Allegorese" (de an. et resurr. 88 A-C) kann man in Wirklichkeit - wie sich noch zeigen wird - nicht umhin, die bewußte Anlehnung Gregors an den genannten platonischen Dialog für gewiß zu halten. Abgesehen davon bleibt die Eigentümlichkeit Gregors darin bestehen, daß er hinter seiner mit zahlreichen biblischen und theologischen Floskeln sorgfältig ausgeschmückten *Darstellung* seine eigenen *forschenden* Wege in Richtung einer konkreten Anthropologie geht.[33] Die Bezeichnung "eigene forschende Wege in Richtung einer konkreten Anthropologie" drückt das Urteil aus, daß wir hier mit einem an der Scheide der Antike und des Christentums stattfindenden, um ihre Synthese eben ringenden Versuch konfrontiert sind, die Urschrift der konkreten humanen Existenzverhältnisse auf eine persönliche, selbsterwählte Art zu tasten. Dies ist, wie wir bereits betont haben, der entscheidende Punkt unseres hermeneutischen Standpunkts: Den Sachfragen dieser philosophisch-erbaulich anthropologischen Suche ernst zu Leibe zu gehen! Die Fortsetzung gerade der "Lazarus-Allegorese" bietet dazu die beste Gelegenheit.

"Die (wirkliche) Kluft ist also meines Erachtens die, welche nicht durch eine Spaltung des Bodens entsteht, sondern die, welche die Entscheidung während des Lebens (ἡ παρὰ τὸν βίον κρίσις) ausmacht, indem sie sich von den entgegengesetzten Entschlüssen trennt. Denn wer einmal für die Annehmlichkeiten (die Genüsse) dieses Lebens (τὸ ἡδύ κατὰ τὸν βίον τοῦτον) sich entschlossen und seine "Übelberatenheit" (τὴν ἀβουλίαν) nicht aus Reue wieder gutgemacht (geheilt = θεραπεύσας) hat, der versperrt sich selbst - durch die Tatfolgen seines Entschlusses (μετὰ ταῦτα) - den Zutritt zum Bereich der Güter, indem er diese undurchschreitbare Ananke (τὴν ἀδιάβατον ταύτην ἀνάγκην) gleichsam wie einen weit gähnenden und unüberbrückbaren Abgrund gegen *sich selbst* (καθ' ἑαυτοῦ) aufreißt. Deswegen scheint mir auch der gute (der gelungene) Seelenzustand (τὴν ἀγαθήν τῆς ψυχῆς κατάστασιν), wo der Logos (bzw. die Rede = ὁ λόγος) den Athleten der Geduld ruhen läßt, Schoß (κόλπον) Abrahams genannt worden zu sein. Denn dieser Erzvater (πατριάρχης) wird unter allen, die je gelebt haben, als der erste gerühmt, welcher an Stelle des Genusses der Gegenwart die Hoffnung auf die Zukunft eintauschte, welcher aller Verhältnisse, in denen er früher lebte, entblößt in der Fremde sein Dasein fristete, indem er die Hoffnung des Glücks gegen die Drangsal (das Leiden, die beschwerliche Anstrengung = τὴν κακοπάθειαν) der Gegenwart tauschte (ἐμπορευόμενος). Wie wir also manche das Meer umgrenzende Küste katachrastisch Bucht (κόλπον) nennen, so scheint mir der Logos durch den Ausdruck κόλπος auf jene "Bucht" (oder "Schoß") der unzähligen Güter hinzudeuten, in die - wie in einen vor Überflutung geschützten (ἀκατακλύστῳ) Hafen - alle, welche die Fahrt durch das Leben tugendhaft zurücklegen (οἱ δι' ἀρετῆς τὸν παρόντα διαπλέοντες βίον), ihre Seelen landen lassen, wenn sie hienieden Abschied nehmen. Den anderen aber wird die Entbehrung der vor ihnen leuchtenden (zum Vorschein kommenden) Güter (genauer: die Entbehrung der sich vor ihnen als Güter Bewährenden = ἡ τῶν φαινομένων αὐτοῖς ἀγαθῶν στέρησις) zu einer Flamme, die ihre Seele verzehrt, (ihre Seele) die eines Tropfen aus dem Meere der die Rechten und Guten (die Entsühnten, die Gottgefälligen = τοὺς ὁσίους) umspülenden Güter zum Troste bedarf und nicht erhält."34

Diese Darstellung ist u.E. eine "Qualität" tiefer als die vorhergehende und entspricht daher besser der inneren Intention des Nysseners. Im Anschluß an die evangelische Erzählung von der Kluft zwischen dem reichen Prasser und dem armen Lazarus entwickelt in der Tat der Bischof von Nyssa hier eine unverkennbar immanentistische Auffassung von jenem unüberbrückbaren Gegensatz, der zwischen den verschiedenen Möglichkeiten der Prohairesis aufbricht. Daß auch hier die Entscheidungsfreiheit sich auf den Intellekt bezieht, braucht man gar nicht zu sagen, insofern Gregor ausdrücklich von dem χάσμα spricht, ὅ ἡ παρά τόν βίον κ ρ ί σ ι ς ποιεῖ. Offensichtlich handelt es sich dabei um eine - uns sehr aristotelisch anmutende - Beurteilung hinsichtlich des Lebenszieles.[35] Schlechte Beurteilung hat verkehrte Prohairesis zufolge: Die Wahl des Schlechten, der Lust etwa hier, erfolgt eben dadurch, daß man aus ἀβουλία sich durch ein scheinbares Gutes täuschen läßt und so sich selbst den Zutritt zum Bereich des wahrhaften Guten versperrt.[36] Es verwundert unter der Annahme der aristotelischen Orientierung des Prohairesisbegriffs Gregors auch nicht, daß er eine Art fixierte ἕξις zu meinen scheint, wenn er von der undurchschreitbaren ἀνάγκη spricht, welche schon daraus entsteht, daß man einmal (ἅπαξ) die Lust wählt und diese seine ἀβουλία nicht wieder gutmacht. Daß der schlecht Wählende diese ἀνάγκη "gleichsam wie einen weit gähnenden und unüberbrückbaren Abgrund gegen *sich selbst* aufreißt", legt im Gedankengang Gregors eine Steigerung vor, die schon darauf deutet, die Wahl des Guten, die Tugend, muß für ihn zugleich eine Wahl des eigenen "Selbst" bedeuten. Es ist noch der sehr platonische Gedanke einer stetigen Aretê, der in der soeben angeführten Passage durchschimmert, einer Aretê, welche dem Genuß der Gegenwart die Hoffnung auf die Zukunft gegenüberstellt.[37] Zur Aretê gehört offenbar für Gregor das mit gegenwärtiger κακοπάθεια verbundene Sich-Festhalten an dem wahrhaften Guten, d.h. dem κατά διάνοιαν θεωρούμενον Guten, welches im Gegenzug gegen die Gegenwärtigkeit, ja die Zeitlichkeit überhaupt, gedacht wird. Diesem Guten kommt noch - im Gegensatz zu der stets erneut auftretenden Bedürftigkeit und Zerrissenheit alles "zeitlich" gerichteten Lebens - eine unendliche Fülle zu, die zwar keine Ruhe, wohl aber die von der Wirrnis der Sinnlichkeit und Zeitlichkeit befreite Stille (στάσις) - in der Unstillbarkeit des Strebens (der κίνησις, in der Sprache Gregors) nach Teilhabe an ihr zu gewähren vermag.[38] Der schlechten Seele hingegen, die sich während des Lebens wegen ἀβουλία wie gesagt,zur nichtigen Jagd der gegenwärtigen Lust zerrt, fehlt es an Stille; sie ist des wahrhaften Guten nicht teilhaft und diese στέρησις ist eigentlich die Flamme, welche sie verzehrt. Die schlechte Seele ist gleichsam verstümmelt, deutet Gregor in einer anderen Stelle seines Dialogs an (vgl. 160 B κολόβωσιν). Ihre Entfremdung (von den wirklichen Gütern, - 160 B τῶν κατὰ τὸ ἀγαθὸν νοουμένων στέρησίν τε καὶ ἀ λ λ ο τ ρ ί ω σ ι ν) bildet eine Art Fessel um sie. Sie ist ja δεσμώτης, während die in Tugend lebende "schöne" Seele frei (ἄνετος) ist (de an. et resurr. 160 A).

Daß diese gregorianischen Ausführungen über die "schlechte" Seele auch und nicht zuletzt auf Platon beziehbar sind, ist offenkundig. Gregor scheint die erkenntnistheoretischen Einsichten Platons, wie sie besonders im "Phaidon" auftauchen, in das Anthropologische hinüberretten und weiterentwickeln zu wollen. Man erinnere sich,daß auch der sterbende Sokrates die Entfremdung (Phaid. 114 e), die Unfreiheit ("das-in-Fesseln-Sein" : Phaid. 82 e - 84 a) und das "Taumeln" (Phaid. 79 c) der verdorbenen, an den Leib "genagelten" Seele beschrieben hatte. Eine solche Seele, die während des Lebens in nichtigen Interessen "herumtreibend" allein den Leib geliebt hat und "von des Leibes Begierden und Freuden geblendet war, so daß ihr nur das Körperhafte, das sie zu sehen und zu umarmen vermöchte, für wahr galt" (Phaid. 80 b), muß sich auch nach dem Tode, hatte Sokrates ironisch dazu bemerkt, als schattenhafte Spukgestalt in der Nähe der Gräber "herumtreiben" (Phaid. 81 c_8-d_4). Den schlagenden Nachweis, daß Gregor nicht einfach am "Phaidon" vorbeigegangen ist, bringt die an Platon bis ins Wörtliche anknüpfende Art und Weise,in der er das Schicksal der schlechten, "vom Fleische durchdrungenen" Seele nach dem Tod beschreibt. Der φιλόσαρκος, der sich leichtsinnig dem süßen Unmittelbaren, nicht dem Dianoethischen und Dauerhaften widmet und "alle Regung und Energie der Seele den Gelüsten des Fleisches unterwirft, so daß er selbst in seinem Geist Fleisch wird" (ebd. 88 A), wird auch nach dem Tod, wenn er das Fleisch verläßt, "keineswegs von den Leiden des Fleisches getrennt", sondern, irdisch und schwer in seiner Seele geworden, muß er als Gespenst an den Begräbnisstätten der Leiber umherirren (ebd. 88 C).[39]

Auf die entfremdete Seele wird bei Gregor von Nyssa eindeutig und mit Nachdruck die vielgestaltige Fülle der negativen Phänomene und Seiten der menschlichen Seele bezogen, wie ὁ φθόνος, τό ἀσθενεῖν, τό ἀνενέργητον εἶναι, überhaupt: τό ἐν ἀηδίᾳ τήν ζωήν ἔχειν.[40] Eine Art "Bürgerkrieg" (ἐμφύλιος πόλεμος) findet, sagt Gregor, wiederum in seinem Dialog (de an. et resurr. 92 B), in der schlechten Seele statt, in der Seele, deren ἀ β ο ύ λ η τ ο ς ὁρμή sie nicht zu dem "von Natur aus" Guten (92 A πρός τό φύσει καλόν), sondern zu einem "Götzen" oder Abbild des Guten (ebd. εἰδώλῳ τινι καλοῦ) hingeführt hat. "Die Erinnerung (μνήμη) kämpft mit der Hoffnung (μαχομένης τῇ ἐλπίδι), weil sie die Prohairesis schlecht gelenkt hat" (92 B). Wie immer aber das Verhältnis dieser beiden seelischen Determinanten zueinander sein mag, für Gregor gehört das ständige "Sich-vor-die Entscheidung-gestellt-Sehen" und damit das Verhältnis zwischen Hoffnung und Erinnerung als solches zur Eigenart des menschlichen Daseins, von dem es gilt: ἀεί πάντως ἐν κινήσει τήν φύσιν εἶναι (92 A). Denn "stets stürmt unsere an Gutem arme Natur zu dem, was ihr fehlt (πρός τό ἐνδέον ἵεται), und das Streben nach diesem ist eben die Begehrungsdisposition (ἡ ἐπιθυμητική διάθεσις) von uns, welche entweder aus Mangel an Urteilsvermögen (δι' ἀκρισίαν) das wahrhaft Gute verfehlt, oder auch erreicht, was zu erreichen gut ist" (92 C).[41] Auch an dieser Stelle, wo sich Gregor offensichtlich um eine zusammenzufassende Darlegung seiner Ansicht bemüht, sieht man deutlich, daß er über einen distinkten psychologisch-anthropologischen Willensbegriff nicht verfügt. Das Verfehlen des ὄντως καλοῦ erfolgt δι' ἀκρισίαν. Man kann übrigens gerade hier nicht umhin, die in einer Haltung des "Entweder-Oder" sich herauskristallisierende anthropologische Orientierung des Nysseners noch einmal zu betonen. Sein Dialog und die Lazarus-Allegorese insbesondere scheinen grundsätzlich davon auszugehen, daß der Mensch, der konkrete, gegenwärtige Mensch, ein gewisses Potential (κίνησίν τινα καί ἐνέργειαν in der Sprache Gregors: 28 A) zur Verfügung hat, das er entweder dem Gegenwärtigen, Unmittelbaren und Sinnlichen oder aber dem Geistigen, "Verunendlichenden" und Dauerhaften widmen kann. Es geht dabei m.a.W. um die *Wahl* zwischen dem scheinbaren Guten und dem Guten an sich und die damit verbundene Möglichkeit der gelingenden Lebensform. Rechte Wahl scheint allein aus rechtem Wissen zu kommen, dessen Erwerb durch den Mangel an Urteilskraft, also durch das Abweichen eines ungeübten Verstands (ἀγύμναστος λογισμός) vor der Zer-streuung behindert wird.

Wie stellt sich aber Gregor die gelungene Lebensform, das, was er Tugend (ἀρετή) nennt, affirmativ vor? Verfügt er überhaupt über einen affirmativen Begriff von Tugend, von "Selbstsein", von Erfüllung. Es lohnt sich, mit dieser Frage im Kopf an eine der u.E. wichtigsten Stellen seines Dialogs heranzukommen, wo viele seiner Leitbegriffe zusammenkommen: Das entfremdete menschliche Dasein, das aus ἀβουλία im Leben die Lust und den zügellosen Genuß des uns Entgegengesetzten (τοῦ ἐναντίου) gewählt hat, muß seine daraus sich ergebende Schuld per Peinigung erlegen,[42]

> "so daß es nach Ablegung alles Fremdartigen (πᾶν τὸ ἀλλότριον ἑαυτοῦ) -, was eben die Sünde (ἡ ἁμαρτία) ist (ausmacht) -, und nach "Ausziehen" der Schande der Schuld (genauer: der Schande, die die Schuld, bzw. die Schuldhaftigkeit erzeugt) zur Freiheit und zum Freimut (παρρησία, Zuversicht) gelange. Und Freiheit ist die Verähnlichung mit dem "Herrenlosen" und "Selbstherrschenden" (ἡ πρὸς τὸ ἀδέσποτόν τε καὶ αὐτοκρατὲς ἐξομοίωσις), die uns zwar im Anfang von Gott geschenkt war, aber durch die Schande der Schuldhaftigkeit verdunkelt wurde. Alle Freiheit ist aber ihrer Natur nach (nur) ein und dieselbe und vertraut mit sich selbst (sc. mit allem, was frei ist -, πρὸς ἑαυτὴν οἰκείως ἔχει). Folglich wird alles Freie sich zum Gleichen (τῷ ὁμοίῳ) zusammenfügen; die Tugend aber ist ἀδέσποτον. In ihr also wird sich alles Freie ereignen, denn ἀδέσποτον ist das Freie (τὸ ἐλεύθερον). Nun ist aber die göttliche Natur die Quelle aller Tugend. In ihr also werden die vom Schlechten Befreiten (οἱ τῆς κακίας ἀπηλλαγμένοι) gelangen, damit wie der Apostel sagt, Gott alles in allen sei (ὁ θεὸς τὰ πάντα ἐν πᾶσιν)."[43]

Diese Gedanken Gregors zeigen deutlich, wie er immer wieder von dem Entfremdeten, dem in der κακίαν Gefallenen, anfängt und an den Nicht-Entfremdeten, den von der κακία ἀπηλλαγμένον, endet. In Wirklichkeit gilt für sein Denken nicht nur jenes neuplatonische Philosophem, das er selber sehr gern und sehr häufig in den Vordergrund schiebt, daß nämlich die κακία eigentlich die Absenz der Tugend (bzw. des Guten) bedeutet, sondern auch und vor allem der umgekehrte Satz: Die Tugend (bzw. das Gute), sei nichts anderes als die Absenz der κακία, die Absenz der Notwendigkeit, der δεσποτεία : ἀδέσποτος ἡ ἀρετή. Gelingendes "Selbstsein", m.a.W. menschliches Dasein, das zu "Selbst" (ἑαυτόν), Freiheit, Tugend und Gott gelangt, läßt sich bloß als Nichtentfremdet-, bzw. Nichtdeterminiertsein fassen. Man kann hier u.E. die "Spitze" der bereits erwähnten Negativität im Denkansatz Gregors berühren, der durchaus Inhalte und "Meth-oden" der existentialistischen Moderne vorwegzunehmen scheint.[44] Zu unserem Erstaunen müssen wir noch bei der soeben angeführten Passage feststellen, daß sein Begriff von Sünde nicht christlich, sondern griechisch ist, insofern sie schlicht als das ἀλλότριον von "Selbst" definiert wird. Das Sich-zu-sich-selbst-Kommen ist sodann eins mit dem Sich-zu-Freiheit-Kommen, und *das* heißt für den Bischof von Nyssa das Sich-zu-Tugend oder Zu-Gott-Kommen. Das im Gegenzug gegen die Unmittelbarkeit, das Leid und die Notwendigkeit des empirischen "entfremdeten" Menschen gedachte "Selbstverhältnis" scheint daher das Gottverhältnis oder besser gesagt, das Verhältnis zum Göttlichen (θεῖον, bzw. θεία φύσις) zu implizieren. Die der Freiheit beraubte Entfremdung hingegen geschieht wieder aus ἀβουλία und setzt augenscheinlich die Sonderung des Menschen von seinem eigentlichen "Selbst" und von Gott voraus.

Ein abschließendes Wort noch zum Problem der Entscheidungsfreiheit bei Gregor von Nyssa: Auch in seinem Dialog "/taucht/nirgends die Vorstellung von einem sittlich wie soteriologisch bedeutsamen und freien Willen auf, der von der kognitiven Kraft des Menschen unabhängig gedacht werden könnte und die korrespondierende Größe zum Willen Gottes wäre,"[45] über den freilich Gregor die biblische Lehre zu übernehmen und zu erläutern weiß.[46] Der Versuch E. Ivánkas, einen solchen Willen in den Text des Nysseners hineinzuinterpretieren, muß diesem Text notwendigerweise Gewalt antun. So etwa, wenn er schreibt: "So wie Gott 'das ist, was er will, und durch seinen eigenen Willen ist, und sein Wille sein Sein ist'" (Anm. mit Hinweis auf de an. et resurr. 93 AB und Eun. II 42,4 (=MPG 45, 609 B)),"so ist das geistige Wesen vor allem darin Gott ähnlich, daß es sich durch seinen freien Willen selbst zu dem gestaltet, was es ist,"[47] beruht diese moderne und reflektierte Korrespondenz zwischen dem freien Willen Gottes und dem freien Willen des "Geschöpfs" auf der groben Verzerrung einer die Autarkie und Seinsfülle der göttlichen Natur, nicht den freien Willen *Gottes* betreffenden Aussage Gregors. Der spricht wohl an der soeben erwähnten Stelle de an. et resurr. 93 AB von der "sich selbst schauenden" (ἑαυτὴν βλέπουσα) θεία φύσις,"die, weil sie jenseits allen Gutes (παντὸς ἀγαθοῦ ἐπέκεινα, über alles (denkbare) Gute hinaus) ist -, das Gute aber mit dem Guten auf jeden Fall "befreundet" (φίλον) ist -, *sowohl das, was sie hat, will als auch das, was sie will, hat* (καὶ ὃ ἔχει θέλει καὶ ὃ θέλει ἔχει) und nichts von außen her (in sich) empfängt, denn außer ihr gibt es nichts."[48] "Außer ihr gibt es nichts als das Übel (bzw. das Böse = ἡ κακία)", fährt Gregor fort, das Übel, das nach guter plotinischer Tradition mit dem Nichtseienden (93 B τῷ μὴ εἶναι) identifiziert wird.[49] "Das eigentlich Seiende (τὸ κυρίως ὄν) ist aber die Natur des Guten" (ebd.), - die göttliche Natur.

Zusammenfassend wird man also für Gregor sagen müssen, daß die Definition menschlicher Freiheit als Willensfreiheit seiner Intention kaum entspricht. Der Bischof von Nyssa hat wohl eine Entscheidungsfreiheit im Sinne, die als Freiheit zur *Entscheidung* eben unlösbar mit dem Intellekt und seinem Urteilsvermögen verbunden ist. Gewiß ist diese Entscheidung auch keine autonome Selbstsetzung im Sinne der souverän existierenden Subjektivität der Moderne. Sie ist als die Entscheidung des dem Guten, bzw. der der endlich-materiellen Welt transzendenten göttlichen Natur verwandten Intellekts (= τῆς θείας καὶ νοερᾶς οὐσίας)[50] eine Entscheidung "für etwas", von dem die Verwirklichung des "In-der Entscheidung-Stehens" erst ihren Sinn erhält: Sie ist eine Entscheidung für das Gute[51] und das Geistsein, ein Bekenntnis zum "anders seienden" Wesen des Geistes, das als das Eigenste und zugleich Fremdeste im Menschen aufleuchtet und ihn zu der Anstrengung und der Unruhe eines ins Unendliche, d.h. Göttliche gehenden Weges auffordert.[52] Dieser Appell zur Vergeistigung ist offensichtlich von der "spezifisch christlichen" Entscheidung "für Gott und das Sich-Eröffnen für seine Gnadenwirkungen"[53] meilenweit entfernt. Der Bischof von Nyssa mahnt in Wirklichkeit den Menschen, das zu werden, was er im Grunde *ist*.[54] Das Geist-*werden* ist für ihn nur die Aktuierung eines wurzelhaften Geist-*seins*. Gregor scheint damit vor allem plotinische Ansätze aufzunehmen,[55] sie zu entwickeln und gleichsam zu "existentialisieren". Denn die Entscheidung für den Geist ist für ihn eigentlich eine Entscheidung für etwas, das nicht ganz bestimmbar ist. Νοῦς τις sagt konsequenterweise Gregor immer wieder in seinem Dialog von der unheimlichen Substanz in und über uns, die er stets via negationis, im Gegensatz zur Endlichkeit, zur Zeitlichkeit und zur Notwendigkeit, m.a.W., im Gegenzug zur διάστημα und zur ἀνάγκη zu erschließen sucht. In späteren Werken wie in der Schrift "Contra Eunomium" (381-384) und besonders in der Schrift "Über das Leben des Mose" (um 390) tritt die sich als Unerkennbarkeit und Unendlichkeit herauskristallisierende Unbestimmtheit des Entscheidungs-,bzw. Lebenszieles derart in den Vordergrund, daß die intellektualistisch bestimmte Entscheidung *(Erkenntnisurteil und daraus resultierendes Handeln)* vor dem Begriff eines unbedingten, dionysisch wagenden Strebens, das Gregor sich nicht scheut mit dem Wort 'epithymia' zu benennen, verdrängt zu werden scheint. Nur an diesen Stellen, in denen Gregor mit allem Nachdruck die Unstillbarkeit einer gleichsam ins Ungewisse und Unendliche wollenden ἐπιθυμία für notwendig, ja sogar für identisch mit der "Schau Gottes" erklärt, transzendiert er den Intellektualismus der platonischen Tradition.[56] Geist-werden heißt nun wirklich schlicht *Werden*, un-endlich werden [57] - und die Qualität und Ausdauer des Strebens danach, nicht der Intellekt und die Erkenntnis des sowieso für undurchschaubar erklärten Weltgrundes, bestimmen das Menschliche im Menschen. In diesem quasi voluntaristischen Streben, das, wenn nicht antichristlich, so doch achristlich ist und eine existentielle Attitüde bereits offenlegt, sehen wir den Originalitätszug par excellence in dem immer noch im verborgenen bleibenden, immer noch zu entschlüsselnden Denken des Philosophen von Nyssa. Indem er die Unstillbarkeit dieses erotischen Strebens mit der Unbestimmtheit und Unendlichkeit des Göttlichen korrespondieren läßt - eine sehr wahrscheinliche persönliche Entscheidung, die sowohl die Grundlagen der klassischen Logik und Metaphysik als auch das "spezifisch christliche" Gott- und Menschenverständnis zu durchbrechen scheint - macht er freilich zugleich den Weg frei zu einer Interpretation des sog. *Synergismus*, die diesen, wie schon H. Langerbeck zu Recht betont hat, "de facto aufhebt, ohne damit wieder in den marcionitischen (und manichäischen) Prädestinationismus zurückzuverfallen: Wenn nämlich das τέλος des Handelns weder in einem ἔργον noch in einer ἐνέργεια (aristotelisch gesprochen, vgl. Arist. Nic. A 1) bestimmt werden kann, ohne daß deswegen der aristotelische Satz: πρόεισι γὰρ οὕτω γ' εἰς ἄπειρον, ὥστ' εἶναι κενήν καί μάταιαν τήν ὄρεξιν als Einwand geltend gemacht werden könnte, weil es sich nicht um ein immer wieder anderes, sondern um ein erst dann und gerade dann ganz anderes handelt (...), dann bleibt als einzig denkbare Bestimmung der τελειότης die in alle Ewigkeit fortschreitende προκοπή oder ἀνάβασις übrig. Damit ist aber eine Werkgerechtigkeit, die sich ja beruft auf die Erfüllung einer Leistung, eines ἔργον ausgeschlossen."[58] Wenn überhaupt vom "Synergismus" bei Gregor die Rede sein sollte, dann muß dieser "Synergismus" - so legt uns sein Dialog deutlich dar - lediglich als eine homoiopathetische und unbegrenzte-unendliche Wechselwirkung aufgefaßt werden zwischen dem Guten, das ἀρρήτῳ τινι λόγῳ im Menschen verriegelt worden ist, und der kosmischen Fülle und Quelle des Guten außer ihm.[59] Es handelt sich dabei durchaus um eine Art "Automatismus" τῆς τοῦ θείου ἀγαθοῦ μετουσίας (de an. et resurr. 105 B).⁶⁰ Die meisten "theologisierenden" Gregorinterpreten sehen aber leider darüber hinweg und wagen es, mit mehr oder weniger *erschlossenen* Systemen und modern festen Begriffen an jemanden heranzukommen, der bewußt von allem System, allem Festen überhaupt Abschied zu nehmen und vor der Unzulänglichkeit seiner sprachlichen Mittel selbst immer wieder zu verzweifeln scheint.⁶¹

ANMERKUNGEN
(Exkurs)

[1] Vgl. etwa Catech. MPG 45, 24 CD; 57 C; de hom. opif. MPG 44, 184 B

[2] De hom. opif. MPG 44, 184 B αὐτεξούσιον πρὸς τὸ δοκοῦν ἔχειν τὴν γ ν ώ μ η ν. Ähnlich de an. et resurr. 120 C κατ' ἐξουσίαν αὐτήν (sc. τὴν ψυχήν) αἱρεῖσθαι τὸ κατὰ γ ν ώ μ η ν ἐκ (bzw. διὰ : Hs. A in marg.) τῆς προαιρετικῆς δυνάμεως, ὅ τί περ ἂν ἐθέλῃ (Hss. A und B statt ἐθέλει bei MPG) τοῦτο καὶ γινομένην /Sperrung vom Verfasser7. Explizit legt Gregor seine Gedanken im folgenden: de an. et resurr. 120 CD - 121 A und bes. in 81 B - 84 C dar (übers. und erläut. gleich unten S. 260 ff).Varianten dieser Formeln an unzähligen Stellen! Zum Ganzen vgl. vor allem A. Dihle, Art. "Ethik", in: RAC VI, Sp. 683 ff *(Fehlen des Willensbegriffes in der antiken Ethik)* und 770 ff *(Intellektualismus der ethischen Theorie christlicher Theologie im 4. Jahrhundert und ihrer Affektenlehre);* ders., *Das Problem der Entscheidungsfreiheit in frühchristlicher Zeit. Die Überwindung des gnostischen Heilsdeterminismus mit den Mitteln der griechischen Philosophie* (im folg. zit. *Entscheidungsfreiheit*), in:"OIKONOMIA", Bd 9: Gnadenwahl und Entscheidungsfreiheit in der Theologie der Alten Kirche, S. 9-31.

[3] Catech. MPG 45, 20 D - 21 A. Vgl. hierzu III 3 B, oben S. 204 f

[4] Catech. MPG 45, 21 A τὸν Λόγον αὐτόν, δι' οὗ τὰ πάντα τὴν εἰς τὸ γενέσθαι πάροδον ἔσχε.

[5] Vgl. Catech. MPG 45, 21 AB Ἀγαθοῦ δὲ ὄντος τοῦ κόσμου, τὴν τῶν ἀγαθῶν ὀρεκτὴν (bzw. ὀρεκτικήν od. προεκτικήν) τε καὶ ποιητικὴν δύναμιν αἰτίαν εἶναι ... Τοῦτο δὲ εἴτε Λόγον, εἴτε σοφίαν, εἴτε δύναμιν, εἴτε θεόν, εἴτε ἄλλο τι τῶν ὑψηλῶν τε καὶ τιμίων ὀνομάζειν τις ἐθέλοι, οὐ δ ι ο ι σ ό μ ε θ α ... /Sperrung vom Verfasser7.

[6] Catech. MPG 45, 21 B-D; ähnlich de hom. opif. MPG 44, 184 A; beat. MPG 44, 1268 D.

[7] Catech. MPG 45, 21 CD /Hervorhebung vom Verfasser7. Unsere Übersetzung folgt im Ganzen der von Joseph Barbel,"G.v.N..Die große katechetische Rede"(BGL, Bd 7. Stuttgart 1971), S. 39.

[8] Vgl. etwa III 3 A, oben S. 178 unsere Anmerkungen zu der Voraussetzung des dritten sog. metaphysischen Unsterblichkeitsbeweises im "Phaidon".

[9] E.v. Ivánka, Plato Christianus, S. 179 /Hervorhebung im Original7

[10] Vgl. Catech. MPG 45, 21 D Ταῦτα (sc. τὰ θεοπρεπῆ ἀγαθά) τ ῇ π ε ρ ι λ η π τ ι κ ῇ   φ ω ν ῇ δι' ἑνὸς ῥήματος ὁ τῆς κοσμογονίας ἐ ν ε δ ε ί ξ α τ ο   λόγος, κατ' εἰκόνα θεοῦ τὸν ἄνθρωπον γεγενῆσθαι λέγων; de hom. opif.MPG 44, 184 AB π ε ρ ι - λ η π τ ι κ ῇ   τ ῇ   φ ω ν ῇ ἅπαντα (sc. τὰ θεῖα ἀγαθά) συλλαβὼν ὁ λόγος   ἐ σ ή μ α ν ε ν, ἐν τῷ εἰπεῖν, κατ' εἰκόνα θεοῦ γεγενῆσθαι τὸν ἄνθρωπον /Sperrung vom Verfasser7.

[11] Vgl. hierzu bes. A. Dihle, *"Vom sonnenhaften Auge",* in: Platonismus und Christentum (FS für H. Dörrie, Münster 1983), S. 85-91

[12] Ein Ausdruck E. v.Ivánkas, a.a.O., S. 176

[13] Vgl. E.v. Ivánka, a.a.O., S. 177

[14] Vgl. de an. et resurr. 89 BC (übers. und erläut. unten III 5, S.284 f). Ähnlich Cant.VI 89, 15 ff (=MPG 44, 824 A f); 439, 3 ff (=1093 C f); 68,4 ff (=805 D), etc.; beat. MPG 44, 1269 c ἐν τῷ ἰδίῳ κάλλει τὴν εἰκόνα τῆς θείας φύσεως καθορᾷ (sc. ἡ ψυχή).

[15] Vgl. vor allem beat. MPG 44, 1272 BC καθαρότης γάρ, ἀπάθεια, καὶ κακοῦ παντὸς ἀλλοτρίωσις ἡ θεότης ἐστίν. Εἰ οὖν ταῦτα ἐν σοί ἐστιν, θεός πάντως ἐν σοί ἐστιν.

[16] Beat. MPG 44, 1269 B τὸ ἐν ἑαυτῷ σχεῖν τὸν θεόν.

[17] Vgl. beat. MPG 44, 1272 A. Es handelt sich dabei um die sechste Rede über die Seligpreisungen: "Selig, die reinen Herzens sind, denn sie werden Gott schauen" (a.a.O., 1264 B - 1277 B). Siehe dazu J.B. Schoemann, "Gregors v. N. theologische Anthropologie als Bildtheologie", in: Schol 18 (1943), S. 49 f.

[18] Beat. MPG 44, 1272 B Οὐκοῦν ὁ ἑαυτὸν βλέπων, ἐν ἑαυτῷ τὸ ποθούμενον βλέπει. Sehr charakteristisch dafür ist hier noch die Stelle 1269 D - 1272 A: Τὸ γάρ σοι χωρητόν, τῆς τοῦ θεοῦ κατανοήσεως μέτρον ἐν σοί ἐστιν.

[19] Dies spürt anscheinend auch J. Barbel, der sich in seiner Anmerkung ad loc. das Gegenteil zu versichern beeilt (a.a.O., S.157, Anm. 216).

[20] De hom. opif. 184 A Τοιοῦτος δὲ ὢν (sc. ἀγαθός) ... οὐκ ἂν ἡμιτελῆ τὴν τῆς ἀγαθότητος ἐνεδείξατο δύναμιν, τὸ μέν τι δοὺς ἐκ τῶν προσόντων αὐτῷ (sc. τῷ ἀνθρώπῳ), τοῦ δὲ φθονήσας τῆς μετουσίας· ἀλλὰ τὸ τέλειον τῆς ἀγαθότητος εἶδος ἐν τούτῳ ἐστίν, ἐκ τοῦ (ἐν τῷ) καὶ παραγαγεῖν τὸν ἄνθρωπον ἐκ τοῦ μὴ ὄντος εἰς γένεσιν, καὶ ἀνενδεῆ τῶν ἀγαθῶν ἀπεργάσασθαι.

[21] Die Übersetzung von J. Barbel ad loc., a.a.O., S. 40 f ist in vielem unpräzise und irreführend, wenn sie uns auch bei mancher Formulierung behilflich gewesen ist.

[22] Zur Antinomie zwischen menschlicher Freiheit und Determination der Erfahrungswelt im Platonismus vgl. etwa A. Dihle, *Entscheidungsfreiheit*, a.a. O., S. 12 f

[23] Explizit tritt dieser Gedanke besonders in de an. et resurr. 93 B und in Catech. MPG 45, 28 C hervor. Zum allgemeinen platonischen Verständnis des Bösen als einer dem Guten nicht absolut entgegengesetzten Instanz, vgl. Fritz-Peter Hager, "Die Materie und das Böse im Platonismus", in: Die Philosophie des Neuplatonismus, S. 427-474 (=MH 19 (1962), S. 73-103); ders, Die Vernunft und das Problem des Bösen im Rahmen der platonischen Ethik und Metaphysik (Diss. Stuttgart 1963). Gregor repräsentiert freilich genau den Standpunkt Plotins: vgl. etwa die Abhandlung Πόθεν τὰ κακά; I 8,3, 1-5 (das κακόν als eine Art Gestalt des Nichtseienden); ebd. 4, 23-24 und 5,9 (das κακόν als Abwesenheit des Guten).

[24] Die Übersetzung der ἀβουλία als "Übelberatenheit" verdanken wir A.M.Ritter, der mit Recht diese Bedeutung ("ill-advisedness, thoughtlessness" bei Liddle-Scott, s.v. ἀβουλία) der irreführenden Deutung von J. Daniélou ("defaillance de notre vouloir") vorzieht (*Die Gnadenlehre*, in: GRuPH S. 207, Anm.51).

[25] De an et resurr. 120 C - 121 A; statt ἐθέλει τοῦ τῶν ὀφθαλμῶν, πολέμου bei Migne muß es wohl ἐθέλῃ, τοῦ κατὰ τὸν ὀφθαλμόν, πολεμίου (Lesart der Hss. A. und B) heißen. Auch hier ist die Übersetzung von K. Weiß (BdK 56, S. 309) unbrauchbar.

[26] H. Hörner, "Die große Edition der Werke Gs. v. N.", in: EeCPH, S. 49

[27] Vgl. hierzu unten S. 265 f und bes. III 5, S. 301 f, unsere Ausführungen über den negativistischen Charakter der gregorianischen Anthropologie.

[28] Vgl. de an. et resurr. 84 B ὁ γὰρ ἅπαξ τὸ ἡδὺ κατὰ τὸν βίον τοῦτον ἑλόμενος καὶ μὴ θ ε ρ α π ε ύ σ α ς ἐκ μεταμελείας τὴν ἀ β ο υ λ ί α ν, ἄβατον ἑαυτῷ μετὰ ταῦτα τὴν τῶν ἀγαθῶν χώραν ἐργάζεται etc. mit 84 C τοῖς δὲ λοιποῖς ἡ τῶν φαινομένων αὐτοῖς ἀγαθῶν στέρησις φλὸξ γίνεται τὴν ψυχὴν διασμύχουσα /Sperrung vom Verfasser/.

[29] Arist. NE 1112 a 15 (nach der Übers. von O. Gigon). Uns scheint sehr wahrscheinlich, daß Gregor Aristoteles' Ausführungen über die προαίρεσις gelesen hat. Vgl. bes. die aristotelische Bestimmung der προαίρεσις als "das überlegende S t r e b e n nach den Dingen, die in unserer Gewalt stehen" (NE 1113 a 11 βουλευτικὴ ὄ ρ ε ξ ι ς τῶν ἐφ' ἡμῖν /Sperrung vom Verfasser/) und die darauf folgende (NE 1113 a 15 f) Unterscheidung zwischen wahrhaftem und scheinbarem Guten mit de an. et resurr. 92 C oder, die Ansicht Aristoteles', "der Mensch sei ... Ursprung und Erzeuger seiner Taten, wie etwa seiner Kinder" (NE 1113 b 17 f) mit der eklatanten Parallele bei Gregor: Durch die Prohairesis, die uns die sittliche Gestaltung des Lebens möglich macht, "sind wir gleichsam selbst unsere eigenen Väter" (de vit.Mos. VII/1, 34, 11 = MPG 44, 328 B). E.v. Ivánka, der auf der irreführenden Deutung der προαίρεσις als "freier Wille" beharrt, sieht ausgerechnet in dieser letzteren Stelle "die Analogie zum Existentialismus" (Plato Christianus, S. 180 f).

[30] De an. et resurr. 81 B - 84 A /Hervorhebung vom Verfasser/; statt δρωμένην, μαρτυρεῖται (81 B) , ὑπὸ λαιμαργίαν (84 A) bei Migne muß es wohl θεωρουμένην, μαρτύρεται, ὑπὸ λαιμαργίας (:Lesart der Hss. A und B) heißen. Zur Bedeutung, oder besser gesagt: zu den Bedeutungen des gregorianischen Schlüsselbegriffs διάστημα (Zwischenraum, Abstand, Invervall) vgl. im Ganzen P. Zemp, Die Grundlagen heilsgeschichtlichen Denkens bei G.v.N., S. 63-72 und 87-88. Zur Bedeutung des αἰών-Begriffs siehe III 2, S. 174, Anm. 46. Die Gründe für die stilistische "Ungeschliffenheit" des φιλανθρωπία-Satzes (81 C) lassen sich bei unserer Interpretation der Stelle: de an et resurr. 97 C, wo der Ausdruck φιλανθρωπία ebenfalls zusammenhanglos vorkommt, erkennen: III 5, unten S. 287. Schließlich sei noch darauf hingewiesen, daß die Übersetzung von K. Weiß ad loc.(BdK 56, S. 286 f) ein einziges warnendes Beispiel darstellt, wie enorm man die subtilen Gedanken des Nysseners verflachen, ja fälschen kann.
Daß die Basis der soeben aufgeführten Seelentheorie Gregors in seiner Zeit ein Allgemeingut darstellte, kann man z.B. bei Laktanz sehen. Vgl. dazu A. Wlosok, Laktanz und die philosophische Gnosis, S. 216: "Aus der Doppelnaturigkeit des Menschen ... folgt, daß ihm zwei Leben zugeschrieben sind (16 ff), ein zeitliches und ein ewiges, irdisches und himmlisches, leibliches und geistiges, oder schließlich ein von Natur empfangenes und ein im Tugendkampf erworbenes. Der empirische Mensch (homo natus, 20) also ist nicht unsterblich, sondern soll es erst werden."

[31] Unter "genauerer Betrachtung" des Textes verstehen wir eine Lektüre, welche selbst auf den subtilen, dennoch bedeutungsvollen Wandel der grammatikalischen und syntaktischen Stilkategorien - wie etwa den Wechsel der Zeitmodi (Indikativ-Partizip) in de an. et resurr. 81 BC - achtet und ihn auswertet.

[32] Vgl. bes. Phaid. 79 c - 84 b mit der Ansicht Gregors von der durch Unterdrückung der Sinne (erkenntnistheoretische Linie: de an. et resurr. 81 C; 44 A), bzw. der Empfindung (erbaulich anthropologische Linie: 84 A ff) zu bewirkenden "Heilung" unserer ἀβουλία, d.h. eigentlich unseres geistigen Selbst.

[33] Zu unserem methodischen Versuch, Darstellung von Forschung beim Text des Nysseners zu unterscheiden, vgl. III 6, u. S. 374, Anm. 76

[34] De an. et resurr. 84 BC; statt ἀλλ' ἡ, ἑλκόμενος (84 B), οὕτω, ἀπαίρωσιν (84 C) bei Migne ziehen wir wohl die Lesart der Hss. A und B vor: ἀλλ' ὅ ἡ, ἑλόμενος, οὕτω μοι, ἀπάρωσιν.

[35] Vgl. dazu vor allem Arist. EN 1113 a 15f

[36] Zur Gegenüberstellung zwischen wahrhaftem und scheinbarem Guten, vgl. de an et resurr. 92 A-C

[37] Zur Stetigkeit der "schönen", d.h. der tugendhaften Seele bei Platon vgl. etwa G. Krüger, Einsicht und Leidenschaft, S. 244 ff

[38] Vgl. etwa de vit. Mos. VII/1, 118, 3 f πῶς τὸ αὐτὸ καὶ στάσις ἐστὶ καὶ κίνησις ... Siehe hierzu unsere Ausführungen im Kap. III 6, u. S. 332, S. 355 ff. Gregor begehrt, in der Seligkeit, wie wohl zu Recht bereits beobachtet worden ist, keineswegs Ruhe, "nur Ruhe, nichts als Ruhe" (K.Holl, Amphilochius, S. 207). Sein Denken war hingegen "von einem titanischen, ergreifenden Geist beherrscht, von einem Geist, der Ruhe nur in der Unruhe, Seligkeit nur in der Verzweiflung kannte" (L. Boros, Denken in der Begegnung, S. 102). Dieser "jugendfrischen Empfindung" (K.Holl, a.a.O.) wird natürlich eine Übersetzung wie die von K. Weiß (BdK 56, S. 288) kaum gerecht, wenn sie den Ausdruck ἐν ἀκατακλύστῳ λιμένι (de an. et resurr. 84 C) mißdeutend einfach mit "in einen ruhigen Hafen" wiedergibt.

[39] Vgl. hierzu noch III 5, unten S. 282 und bes. S. 308, Anm. 26

[40] Vgl. Catech. MPG 45, 28 D. Ähnlich (in eschatologischer Perspektive) de an. et resurr. 160 BC.

[41] De an. et resurr. 92 C; statt ὄντος καλοῦ bei Migne muß es wohl ὄντως καλοῦ (:Lesart der Hs. A) heißen.

[42] Freie Übersetzung der Stelle de an. et resurr. 101 C: διὰ τῆς βασάνου τὴν ἀναγκαίαν ὀφειλὴν ἀποτίσαι, τὸ ὄφλημα τῆς τῶν λυπηρῶν μετουσίας, ὧν παρὰ τὸν βίον ὑπόχρεως ἐγένετο, ἀμιγῆ τε καὶ ἄκρατον τοῦ ἐναντίου τὴν ἡδονὴν ὑπὸ ἀβουλίας ἑλόμενος.

[43] De an. et resurr. 101 C - 104 A; statt παρὰ θεοῦ (MPG, 101 D) lesen wir mit den Hss. A. und B: ὑπὸ τοῦ θεοῦ. Den schwer zu übersetzenden gregorianischen Terminus παρρησία versuchen J. Daniélou, Platonisme, S.103-115 und J. Gaïth, La conception de la liberté chez Grégoire de Nysse, S. 65 f zu fassen. Man beachte insbesondere die wichtigen Scholien zu der an Paulus (1 Kor. 15, 29) anschließenden Aussage Gregors über die universale Apokatastasis ("Gott alles in allen": 104 A-105 A) in calce der Hs. A

(Nr. 99 und Nr. 9 bei Migne): Ἀπηλλαγμένοι μὲν ἔσονται οἱ μηδὲ ἐνεργεῖν τι κακὸν δυνάμενοι, ἀλλ' οὐ πάντες ἔξω κολάσεως (sic!), ἕως διάξουσιν, ἢ τῆς βασιλείας τῶν οὐρανῶν ἀπολαύσουσιν (Nr. 99). Ähnlich in Schol. Nr. 9: Οὔκοῦν καὶ ἐν δαίμοσι καὶ ἐν ἁμαρτωλοῖς ἀνθρώποις ἔσται. Καί π ο ῦ τ ό δ ί κ α ι ο ν, εἰ τοῖς δικαίοις ἐπίσης κἀκεῖνοι τύχωσι τἀγαθοῦ; ... /Sperrung vom Verfasser/. Ganz ähnlich ist das Scholion zu der sich immer wieder meldenden gregorianischen Behauptung von der Allversöhnung in 136 A μία καὶ σύμφωνος ἑορτή : Nr. 38 bei Migne, wieder *in calce* der Hs. A: Ἐπεὶ ποῦ τὸ δίκαιον; Wohin diese wiederholt und mit Nachdruck auftauchenden Scholien führen, zeigen wir im nächsten Kapitel III 5, S. 293-298.

[44] Vgl. hierzu III 6, unten S. 374 f, Anm. 76

[45] A. Dihle, *Entscheidungsfreiheit*, a.a.O., S. 29

[46] Vgl. bes. de an. et resurr. 124 B

[47] E. Ivánka, Plato Christianus, S. 178. Die Erläuterung in der Klammer ist freilich Zutat des Verfassers.

[48] De an. et resurr. 93 AB; statt ἐν ἑαυτῇ bei Migne lesen wir mit den Hss. A und B ἑαυτήν. Ganz ähnlich ist auch der Sinn des anderen Satzes Eun. II 42, 4 (=MPG 45, 609 B) ἀεὶ καὶ βούλεται ὅπερ ἐστίν, καὶ ὃ ἐστι πάντως καὶ βούλεται.

[49] Zur plotinischen Identifikation des Bösen mit dem Nichtseienden vgl. bes. Fritz-Peter Hager, "Die Materie und das Böse im Platonismus", in: Die Philosophie des Neuplatonismus, S. 444 f. Siehe dazu noch oben S. 272, Anm. 23.

[50] Vgl. de inf. MPG 46, 172 CD τὸν ἄνθρωπον ... ἐξ ἑτερογενῶν συγκεκραμένον τὴν φύσιν, τῆς θείας τε καὶ νοερᾶς οὐσίας, πρὸς τὴν ἑκάστου τῶν στοιχείων αὐτῷ συνερανισθεῖσαν μοῖραν καταμιχθείσης. Noch eine Stelle also, die der dogmatisch-theologischen Auslegung des gregorianischen Menschenbildes als angeblicher Darstellung eines der Endlichkeit und der "Geschöpflichkeit" ganz und gar gehörigen Wesens direkt widerspricht.

[51] Vgl. hierzu III 6, unten S. 322 ff

[52] Näheres dazu in III 6, S. 332 f, 348 ff

[53] E. Ivánka, Plato Christianus, S. 179

[54] Siehe dazu etwa III 4, S. 237 ff und III 6, S. 341 ff

[55] Vgl. E. Ivánka, Plato Christianus, S. 181 f, Anm. 1

[56] Vgl. hierzu III 6, bes. S. 361 f

[57] Dementsprechend heißt auch bei Gregor εἰκών, bzw. "Selbst"-sein lediglich εἰκών, bzw. "Selbst"-werden (siehe dazu noch J.B. Schoemann, "Gs. v. N. Anthropologie als Bildtheologie", in: Schol 18 (1943), S. 51) und zwar *Werden* im Sinne einer "Stets-bewegung" (ἀεικίνητον: De hom. opif. 21, MPG 44, 201 BC; de an. et resurr. 92 A), die darin besteht, daß man unendlich und rückhaltlos von seiner empirisch-habituellen Natur loskommt in Verunendlichung dieser physisch-unmittelbar beschränkten Natur und Erschaffung dadurch einer zweiten Natur, welche irgendwie geistig und leidens-*frei*, leidenslos ist (vgl. de an. et resurr. 156 AB καὶ τὸ μηκέτι τὴν ζωὴν

αὐτῆς (sc.τῆς ἀνθρωπίνης φύσεως) οἰκονομεῖσθαι τοῖς φυσικοῖς ἰδιώμασιν, ἀλλ' εἰς πνευματικήν τινα καὶ ἀπαθῆ μεταβῆναι κατάστασιν).

[58] H. Langerbeck, "Zur Interpretation Gregors von Nyssa", in: ThLZ 82 (1957), Sp. 87. Diese Ansicht nimmt zwar auch E. Mühlenberg,"Synergism in Gregory of Nyssa", ZNTW 68 (1977), S. 103 an, doch sucht er gleich mit J. Daniélou - gegen Gregor ! - die Überwindung der klassischen Metaphysik als eine Überwindung der Philosophie schlechthin darzustellen. Hier ist freilich nicht der Ort zu einer detaillierten systematischen Erörterung des Synergismus, uns scheint aber Gregor diesbezüglich eine Meinung zu vertreten, die dem altgriechischen Sprichwort "σύν Ἀθηνᾷ καὶ χεῖρα κίνει" entspricht: Man stößt nämlich hier auf eine Haltung, welche im menschlichen πόνος, bzw. σπουδήν das eigentliche Agens im Prozeß der Befreiung ins Göttliche sieht. Diese Meinung scheint auch W. Jaeger, Two Rediscovered Works, S. 92, zu teilen, er neigt aber letztlich dazu, in Gregor einen *Semipelagianisten* zu sehen, der - in einer sehr aristotelischen Art und Weise (a.a. O., S. 89 μεσότης) - zwischen den beiden Extremen: Pelagius (Betonung der Willensfreiheit des Menschen) und Augustinus (Betonung der göttlichen Gnade) pendelt. Man muß dennoch berücksichtigen, daß W. Jaeger sich dabei nicht nur eigens auf eine besondere, an "the ascetics" adressierte Schrift Gregors bezieht, nämlich auf die Abhandlung "De instituto Christiano", sondern, daß er auch die für Gregor fließende Grenze zwischen den verschiedenen Bedeutungen von χάρις (Grazie, Beschwingtheit - "Gnade") kaum beachtet und auch sonst nicht immer präzise übersetzt (vgl. a.a.O., S. 93 die Übersetzung von γνώμη (p. 46, 7) mit "free will" (!), oder die falsche und irreführende Übersetzung von 46, 26 auf der nächsten Seite, 94).
Im allgemeinen: "Werner Jaeger has raised the question of Gregory's synergism in a way more typical of theological scholarship than of classical philology" (E. Mühlenberg, a.a.O., S. 99). Uns scheint die Anwendung selbst des Begriffs "Synergismus" auf Gregor problematisch zu sein. Nach augustinischen Maßstäben rückt die Haltung des Nysseners in die Nähe der pelagianischen Häresie.

[59] Vgl. de an. et resurr. 105 BC (übers. und interpr. unten III 6, S.332 f); man beachte vor allem die Wendung ἀμφοτέρων ἀλλήλοις συνεπιδιδόντων.

[60] Siehe dazu III 6, bes. S. 329 ff, 347 f

[61] Vgl. hierzu oben S.230 ff und bes.III 6, S.337 ff; 357 f.

5. METAPHYSISCHE UNSTERBLICHKEITSTHEORIE UND AUFERSTEHUNGSGLAUBE

Auch im Zusammenhang des Themas Tod und Unsterblichkeit läßt sich der platonische Einfluß auf den Dialog "Macrinia" sehr deutlich zeigen. Wir haben bereits gesehen, daß für Gregor die einfache Seele oder, was für ihn dasselbe ist, der Geist, im Gegensatz zum zusammengesetzten Körper, vom Tode nicht berührt wird.[1] Auch wenn das Gefüge des Körpers mit dem Tod in seine Elemente aufgelöst wird, bleibt die Seele seiner Ansicht nach - bei jedem einzelnen Leibeselement - erhalten; sie *bleibt*, wie Makrina ausdrücklich sagt, *für immer* (εἰσαεί παραμένειν) bei jenen Elementen, mit denen sie einmal aus irgendeinem unaussprechlichen (geheimnisvollen) Grund (ἀρρήτῳ τινι λόγῳ) vereinigt wurde (de an. et resurr. 44 D). Einerseits die Tatsache, daß die Seele schon im Leben trotz ihrer fundamentalen ontologischen Andersheit *in* den Elementen *ist*, und andererseits - auf makrokosmischer Ebene - die Tatsache, daß das "ganz Andere" der göttlichen Natur sie nicht daran hindert, alles Seiende zu durchdringen und es dadurch im Sein zu erhalten, läßt den Nyssener "mit notwendiger Folgerichtigkeit" (κατὰ τὸ ἀκόλουθον) auch auf das Fortleben der Seele, "der intelligiblen und immateriellen Natur", nach dem Tode schließen. So läßt er seine Schwester diesen Gedanken noch einmal folgendermaßen zusammenfassen:

> Κἂν μὴ συμβαίνῃ γὰρ τούτοις (sc. τοῖς στοιχείοις) ἡ νοερά τε καὶ ἄυλος φύσις, τὸ εἶναι ἐν αὐτοῖς οὐ κωλύεται, διχόθεν ἡμῖν τῆς ὑπολήψεως ταύτης βεβαιουμένης, ἔκ τε τοῦ νῦν ἐν τῇ ζωῇ ταύτῃ τὴν ψυχὴν ἐν τοῖς σώμασιν εἶναι, ἄ λ λ ο τ ι παρὰ τὸ σῶμα κατὰ τὴν οὐσίαν ὑπάρχουσαν, καὶ ἐκ τοῦ τὴν θείαν φύσιν ἀποδεῖξαι τὸν λόγον, ἄλλο τι παντάπασιν οὖσαν τῆς αἰσθητικῆς τε καὶ ὑλικῆς οὐσίας· ὅμως δὲ ἑκάστου τῶν ὄντων διήκειν, καὶ τῇ πρὸς τὸ πᾶν ἀνακράσει συνέχειν ἐν τῷ εἶναι τὰ ὄντα, ὡς διὰ τούτων κατὰ τὸ ἀκόλουθον μηδὲ τὴν ψυχὴν ἔξω τῶν ὄντων οἴεσθαι ἀπὸ τῆς ἐν εἴδει θεωρουμένης ζωῆς εἰς τὸ α ε ι δ έ ς μεταστᾶσαν (de an. et resurr. 72 D - 73 A).[2]

Demnach bedeutet der Tod offenbar für Gregor nichts anderes als die Versetzung gerade der Seele aus dem Sichtbaren: "dem Leben" - in "εἶδος", d.h. das, was man sieht, ins Unsichtbare, ins ἀειδές; Ἅδης, "jener allbekannte Name" für die Unterwelt, sei sodann lediglich ein semantischer Ausdruck dieser Umstellung der Seele ins ἀειδές (68 B).[3] Diese etymologische

Erklärung des Hades von ἀειδής ist darum sehr merk-würdig, weil sie auch beim platonischen "Phaidon" ausdrücklich vorkommt: ʿΗ δὲ ψυχή ἄρα, τό ἀιδές, τό εἰς τοιοῦτον τόπον ἕτερον οἰχόμενον γενναῖον καί καθαρόν καί ἀιδῆ, εἰς ῞Αιδου ὡς ἀληθῶς (80 d$_5$ f).[4] Im Unterschied dennoch zu Platon, der die Seele in den Hades "an-und-für-sich" - "rein vom Leibe" - gehen läßt, sieht Gregor die Seele im ῞Α-δης - unter der christlichen Perspektive der Auferstehung des *ganzen* Menschen - *in* ihrer fortwährenden rätselhaften Verbindung mit den Leibeselementen. So gewinnt der Tod bei ihm, wie wir bereits angedeutet haben, über die vordergründige Tatsache der Auflösung des Leibes in seine Elemente hinaus grundsätzlich einen Verwandlungscharakter. Kann der Tod daher bei Platon mittlerweile auch als ein signifikantes Phänomen der Desintegration (Trennung von Leib und Seele als das Lebensprinzip) eines "Ganzen" betrachtet werden, erscheint er bei Gregor als bloße Umwandlung, eine μεταβολή πρός τόν ἀειδῆ καί ἄβλεπτον βίον (de an. et resurr. 88 B). Eine starke Tendenz, den Tod möglichst zu verharmlosen, ihn als etwas der eigentlichen Natur des Menschen Fremdes und Äußerliches darzustellen, liegt auch und nicht zuletzt in der ätiologisch-theologischen Auslegung des Todes als eine Folge des Verfallens der ursprünglich "unleidendlichen" Menschennatur in das Pathos vor. Wegen dieses Verfallens in das Böse, sagt Gregor, vermischte sich gewissermaßen die Menschennatur - die ursprünglich etwas Göttliches (148 A θεῖόν τι χρῆμα) und Mächtiges war, "eingestaltig" (μονοειδές) in dem Sinne, daß sie nur im Guten (ἐν μόνῳ τῷ ἀγαθῷ) *war* - mit "vernunftlosem Leben", ja sie wurde in das ἄλογον δέρμα des Tierischen sozusagen eingeschlossen:

> "Da unsere Natur leidenschaftlich (ἐμπαθής) geworden ist, ist sie mit denjenigen (Erscheinungen) in Kontakt gekommen, die dem dem Leiden ausgesetzten Leben (dem passiven Leben = τῇ παθητικῇ ζωῇ) notwendigerweise folgen (sich anschließen)" (148 B);[5] diese ("was wir mit mit dem 'vernunftlosen Fell' hinzugenommen haben") sind: "Die Paarung, die Empfängnis, die Geburt, der Schmerz, die Mutterbrust, die Nahrung, die Ausscheidung, das allmähliche Wachstum zur Vollendung hin, die Vollreife, das Alter, die Krankheit, *der Tod* " (148 C - 149 A).[6]

Neben all den anderen Erscheinungen der biologischen Realität des Menschen scheint also der Tod lediglich zu jenem "zerrissenen Gewand" der realen Leiblichkeit zu gehören, das wir einst ausziehen werden! In dieser Gestalt kann die Symbolik des "Gewandes der eigentlichen Natur" bei Gregor von Nyssa kaum von der pythagoreisch-platonischen Vorstellung getrennt werden, daß die Seele in die Körperlichkeit eingehe wie in ein sie beschwerendes Gewand (χιτών). Diese Vorstellung, die wahrscheinlich altorientalischer Herkunft ist,[7] bestimmt aber als platonisch (entgegen den unglücklichen, fehldeutenden Versuchen von H. Dörrie) gut bezeugt ist,[8] läßt den Körper mit allen seinen natürlichen Bedürfnissen und Funktionen als ebenso akzessorisch erscheinen, wie das Gewand es ist. Wie das Gewand, so gehört auch der Körper und dessen Bedürftigkeit, Veränderlichkeit, Hinfälligkeit, wesentlich zur äußeren Erscheinung des Menschen, des eigentlichen Menschen. Es versteht sich, daß das eigentlich Menschliche, die Seele, die Vernunft, der todlose Geist ist, der sich schon in seiner diesseitigen Existenz dem Wechselvollen und Unbeständigen zu entziehen und auf das sich immer gleichverhaltende Ewige zu sammeln vermag. Daß Gregor nicht wie Platon und die Platoniker von der Seele, sondern - aus ersichtlichen Gründen - von der "Menschennatur" spricht, die den "brutum" Körper "anzieht" wie ein Gewand, ändert nichts an der Anschauung vom akzessorischen Charakter der Körperlichkeit. Ebenso wie im platonischen Dialog "Phaidon" bietet mithin der Tod hier den Anblick "des Zunichtewerdens eines an ihm selbst Nichtigen"[9]. Sehr deutlich erscheint der Tod beim Bischof von Nyssa als lediglich ein "titanischer" μελασμός der *Oberfläche* der eigentlich unsterblichen, "unleidendlichen" Natur des Menschen, die in Sonnenglut dieser Welt ἀρρήτῳ τινι λόγῳ wandert.[10]

Dem gemäß versteht Gregor von Nyssa in "Macrinia" ähnlich wie Platon - und vor allem Plotin[11] - die ἀθανασία als eine durchaus "natürliche" Eigenschaft der Seele aufgrund ihrer - allerdings geschaffenen, dennoch "nach dem Bilde" (κατ' εἰκόνα) des ewigen Geistes geschaffenen - Geistigkeit und ontologischer Andersheit.[12] Das Paradoxon, daß der geschaffene Geist eben als Geschöpf durch einen Daseinsbeginn (die ψυχή ist ja als οὐσία γεννητή definiert: de an. et resurr. 29 B) und damit - nach festem platonischen Grundsatz - durch eine bestimmte Daseinsdauer und ein Ende charakterisiert ist[13] und dennoch in Ewigkeit fortdauert (εἰσαεὶ παραμένειν),[14] kann auf Gregors besonderen - aristotelisch anmutenden - Begriff vom Geist als einer im wesentlichen undurchschaubaren, transzendenten Substanz zurückgeführt werden. Der menschliche Geist ist in seinem eigentlichen Wesen ebenso undurchschaubar (ἀθεώρητον, ἀκατάληπτον) wie das Vorbild, dessen Abbild er ist.[15] Seine exakte Funktion und Verbindung mit dem Organischen bleibt, wie wir bereits gesehen haben, äußerst dunkel:

ἀρρήτῳ τινι λόγῳ ist er einmal mit den Elementen vereinigt worden (44 D); die Frage, *wie* die Seele im Körper entsteht ("wird"), wie sie sich dem Körper beigesellt, ist ja eine für den menschlichen Verstand unerreichbare Frage (ἀνέφικτον 125 A). Wir wissen eigentlich nicht, *was* der Geist seinem eigenen Wesen nach ist, wir wissen nur, *daß* er ist und daß er vom hinfälligen, eingeschränkten Materiellen ganz *verschieden* ist. Wir wissen noch, daß er trotz des fundamentalen Gegensatzes *in* rezeptiven Materiellen ist und zwar kausal wirksam ist. Daß die in uneingeschränkter Transzendenz begriffene νοερὰ οὐσία auch nach dem Tode und der Auflösung des Körpers in seine Bestandteile nichts daran hindern wird, bei jedem dieser Teile gegenwärtig zu bleiben, scheint sodann Makrina etwas Plausibles zu sein (44 D οὐδὲν ἔξω τοῦ εἰκότος ἐστίν). Gregor selbst verhehlt allerdings seinen Zweifel darüber kaum. Seine häufig angelegten physikalischen Einwände verraten die Schwierigkeit seines griechischen Verstandes, die zu einer Fundierung des Auferstehungsglaubens hinzielende Annahme seiner Schwester anzuerkennen.[16] Makrina verteidigt freilich immer wieder die uneingeschränkte Möglichkeit und Dynamik der νοερὰ und ἀδιάστατος φύσις, die einem Künstler (einem Maler (73 B - 76 B) oder Keramiker (77 B - 80 A)) ähnlich[17] stets imstande ist, ihre *eigenen* Elemente (vgl. 76 B, 80 A τὸ οἰκεῖον; 77 B τὸ ἴδιον), mögen sie auch durch den Tod noch so sehr zerstreut sein, wiederzuerkennen und bei ihnen zu bleiben. Der ganze "Streit" endet in einer merkwürdigen Übereinstimmung der beiden Dialogpartner, wobei Gregor seine Schwester folgendermaßen ergänzt:

"Auch nach der Auflösung (des Körpers) verbleibt (παραμένειν) die Seele also - wie eine Wächterin ihres Vermögens - bei den Elementen, in denen sie von Anfang an hineingewachsen ist; und wenn sie sich auch mit dem (kosmischen) Gleichartigen (πρὸς τὸ ὁμόφυλον) vermischen, entläßt die Seele - vermöge der Subtilität und Gewandtheit (Leichtbeweglichkeit) des geistigen Vermögens (ἐν τῷ λεπτῷ τε καὶ εὐκινήτῳ τῆς νοερᾶς δυνάμεως) - das ihr Eigene (τὸ ἴδιον) keineswegs. Mag der Leib in noch so kleine Teilchen zerfallen, die Seele wird sich (wirklich) kaum verirren, sondern, wenn die ihr eigenen Elemente mit dem ihnen verwandten Urstoff sich vermengen, wird sie mit ihnen hindurchschlüpfen (συνδιαδύεσθαι τοῖς ἰδίοις καταμιγνυμένοις πρὸς τὸ ὁμόφυλον) und nicht ablassen, ihnen zu folgen, wenn sie sich in das All ergießen; sie wird immer in ihnen verharren (ἐν αὐτοῖς ἀεὶ μένειν), auf welchen Ort und auf welche Weise auch nur die Natur sie einrichten wird. Wenn aber von der das All lenkenden Macht den aufgelösten (Bestandteilen des Leibes) der Antrieb (τὸ ἐνδόσιμον) zum "Zusammenströmen" (συνδρομή) wiedergegeben wird, so werden - gleichwie verschiedene Seile, die an einem Punkte aufgehängt sind, alle und in demselben Augenblick dem nämlichen Zuge folgen- auch die verschiedenen Elemente (des Körpers)durch die eine Kraft der Seele angezogen, und so wird die Kette unseres Leibes auf einmal durch das Zusammenströmen der miteinander Verwandten von der Seele geflochten, indem ein jedes in seine alte und gewohnte Verbindung sich einfügt und die ihm vertraute Umgebung umschlingt."[18]

Die Art und Weise, in der sich Gregor hier in Hinblick auf die christliche Perspektive der Auferstehung äußert, erinnert sehr - das sei lediglich angedeutet - an das stoische Modell von der periodischen Selbstentfaltung und Selbstzurücknahme der Natur (ἐκπύρωσις-Lehre). Der Leser dieser Passage kann sich des starken Eindruckes kaum erwehren, er lese ein stoisches Physik-Handbuch.[19]

Überblicken wir diese Hinweise auf die Unsterblichkeitstheorie des Nysseners, so wird aber vor allem die entscheidende Ähnlichkeit mit der Lehre Platons, bzw. der Platoniker deutlich: Die Unsterblichkeitstheorie Gregors gründet sich in der Tat wie die Platons auf den wesentlichen "Teil" des Menschen, seine geistige Seele, seinen Geist, sein Selbst oder wie immer man dies Einfache, Gottähnliche und Todlose im Menschen nennen will, das den Tod "übersteht".[20] Es ist charakteristisch für beide Denker, daß die Unsterblichkeit der Seele aus ihr selbst kommt. Zwar ist das Unsterbliche im Menschen für den Bischof von Nyssa etwas Gewordenes (ψυχή ἐστιν οὐσία γεννητή : de an. et resurr. 29 B), und nicht wie bei Platon etwas Ungewordenes.[21] Für ihn als Christen ist die Seele, ja der Mensch als ganzer, vom Gott ins Dasein gebracht.[22] Dennoch hält er auch die Seele für ein aus sich und in sich unsterbliches Prinzip im Menschen, dessen innere Beschaffenheit nicht durchschaut werden kann. Denn die Seele, welche letztlich ἀρρήτῳ τινι λόγῳ ins biologische Dasein gebracht worden ist, gleicht - wie wir häufig festgestellt haben - als Abbild ihrem göttlichen Vorbild völlig: sie ist im Grunde unbegreiflich wie jenes, *ewig* wie jenes. Es versteht sich, daß die durch die christliche Eschatologie bedingte Vorstellung vom Fortleben der Seele neben und in den Elementen des aufgelösten Körpers Gregor gar nicht zu dem Gedanken bringt -, dies wäre wohl der christlichen Grundanschauung konform -, den Menschen etwa in seiner Leibhaftigkeit anzuerkennen. Ähnlich radikal wie Platon im "Phaidon" fordert er hingegen in "de anima et resurrectione" den Menschen auf, "sich vom Verhältnis zum Fleisch loszulösen" (88 A χωρίζεσθαι πως καὶ ἀπολύεσθαι τῆς πρὸς αὐτήν (sc. τήν σάρκαν)σχέσεως). Obwohl die Auferstehung des Leibes, genauer gesagt: die

Auferstehung des Menschen in einer neuen, verklärten Leiblichkeit nicht geleugnet wird,[23] tritt sie "existentiell" vollkommen zurück gegenüber der gegen die empirische Leiblichkeit gerichteten "dionysischen" Sehnsucht nach der himmlischen Heimat der *Seele*, die man im Tod zu erreichen hofft. In erstaunlicher Übereinstimmung zu dem platonischen Ansatz im "Phaidon" kann uns daher Makrina sagen, man müsse sich in diese Hoffnung schon auf Erden einüben, man müsse auch und vor allem während des Lebens den Weg hinauf vorbereiten:

> "Es ist nötig, daß besonders wir, die - im Fleische- Lebenden, durch ein Leben in Tugend uns von dem Verhältnis (Hang) zum Fleisch möglichst trennen und ablösen, damit wir nach dem Tode nicht noch eines anderen (zweiten) Todes (ἄλλου θανάτου) zur Reinigung von aller fleischlichen Anhänglichkeit (wörtlich: zur Reinigung der Oberreste vom fleischlichen Leim = τὰ λείψανα τῆς σαρκώδους κόλλης ἀποκαθαίροντος) bedürfen, sondern, als wären Fesseln vor unserer Seele zerrissen, leicht und frei ihr der Weg zum Guten werde, indem keine leibliche Bürde sie (οὐδεμιᾶς αὐτὴν σωματικῆς ἀλγηδόνος) niederzieht (zu ihr zieht)."[24]

Wer in Tugend lebt, d.h., wer so lebt, daß er sich der Lüste und Begierden, der Traurigkeiten, Ängste und Ärger enthält und sich dadurch dem Wechselvollen, Unmittelbaren und Sinnlichen entzieht und dem Geistigen, Ethischen und Dauerhaften widmet,[25] der übt sich offenbar nach diesem Text Gregors in den Tod ein, reinigt sich vom Leibartigen. Daß hier die platonische Auffassung der Philosophie als befreiender (kathartischer) Lebensvollzug, als dialektisch-religiöser Akt der Befreiung und Trennung der Seele vom Leibe, d.h., als "Einübung ins Sterben" (μελέτη θανάτου), durchschimmert, kann mithin kaum bezweifelt werden. Gregors Übereinstimmung mit dem Todes- und Kartharsiskonzept Platons reicht in Wirklichkeit bis ins Wörtliche hinein, wenn er etwa in offensichtlicher Analogie zu Platon (vgl. etwa Phaid. 68 c$_1$ φιλοσώματος und vor allem 81 b-d) von den φιλόσαρκοι spricht, deren Seelen dermassen dem "Fleischesleben" anhängen, daß sie auch nach dem Tode - "nach ihrer Vertreibung aus dem Fleische", wie Gregor schreibt - als Gespenster an den Begräbnisstätten der Leiber, "an den Orten der Materie" (88 C τοῖς τῆς ὕλης τόποις) umherirren.[26] Man darf also über den Dialog des Nysseners zusammenfassend sagen: Wie während des Lebens die Notwendigkeit der Katharsis der "anders-seienden" Seele, ja die Notwendigkeit ihres Aufstieges zum Idealen und Göttlichen, ihrem natürlichen Verwandten, klar herausgestellt wird und von diesem Ansatz her der empirische menschliche Leib und seine biologische Funktion zur Entartungserscheinung erklärt wird, so ragt auch nach dem Tode die aktive Rolle der tätigen transzendenten Seele über die rein rezeptive Disposition der Leibeselemente derart heraus, daß letztere als lediglich formale, dogmenbedingte und bedeutungslose Komponente der gregorianischen Spekulation erscheinen müssen.

Freilich findet sich bei Gregors von Nyssa Dialog "de anima et resurrectione", und namentlich bei seinem von Methodios nachhaltig beeinflußten zweiten Teil "de resurrectione"(108 A ff), auch jener biblisch-christliche Glaube an die Auferstehung, der im Gegensatz zur griechischen Unsterblichkeitshoffnung den Glauben an den Tod des *ganzen* Menschen voraussetzt.[27] Gewiß: auch bei Gregor v.N. finden sich Ansätze, welche im Kontext der Verheißung der Auferstehung auf den Menschen als ein dem Tode total verfallenes Wesen hinweisen.[28] Es ist auch nicht zu leugnen, daß Gregor die an das urgriechische Beispiel des nach fester Ordnung wachsenden Samenkornes anknüpfende Ansicht des Paulus ebenfalls mitzuteilen scheint, der gemäß der Samen οὐ [29] ζωοποιεῖται ἐὰν μὴ ἀποθάνῃ (de an. et resurr. 152 C). Doch fällt es bei der Lektüre des Dialogs bestimmt auf, wie wenig sich diese christlichen Ansätze einer scheinbar immanentistischen meditatio mortis gegen die pythagoreisch-platonische Lehre von der Unsterblichkeit der Seele abgrenzen. Mitten durch seine Samenkornmetapher geht hingegen das eigentliche Anliegen Gregors, die christliche Botschaft von der Auferstehung, welche als eine "ontische Erzählung" nur geglaubt werden kann, auf die ontologisch abgesicherte Metaphysik der Unsterblichkeit der Seele, der endlos gedachten Dauer des geistigen Kerns (des Selbst) des Menschen zu stützen:

"Wie der Weizen in der Erdscholle nach dem Auflösen, auch wenn er seinen geringen Körperumfang und die eigentümliche Beschaffenheit seiner Gestalt verläßt, sich selbst doch nicht aufgibt, sondern in sich selbst verharrend (ἐν ἑαυτῷ μένων) zur Ähre wird, so daß er an Grösse und Schönheit und Buntheit und Gestalt sich vielfach von seinem (früheren) Selbst unterscheidet, so gibt auch die menschliche Natur, wenn sie all die Eigenschaften, die sie sich durch ihre Disposition zum Pathos (διὰ τῆς ἐμπαθοῦς διαθέσεως) zuzog, in den Tod einläßt -, ich meine die Unehre, die Vergänglichkeit, die Hinfälligkeit, den Altersunterschied -, *sich selbst nicht auf* (ἑαυτὴν οὐκ ἀφίησιν), sondern gleichsam wie zu irgendeiner Ähre geht sie zu der Unvergänglichkeit über und zu der Herrlichkeit, zur Ehre, zur Kraft, zur allseitigen Vollendung, zu einer Situation überhaupt, die es (der menschlichen Natur) ermöglicht, ihr Leben nicht mehr von den Bestimmungen der Natur (τοῖς φυσικοῖς ἰδιώμασιν) leiten zu lassen, sondern sich eben in irgendeinen geistigen und leidenschaftslosen (bzw. leidenslosen)Zustand zu versetzen (εἰς πνευματικήν τινα καὶ ἀπαθῆ μεταβῆναι κατάστασιν). Denn dies ist die Bestimmung des "psychischen Leibes" (ἡ τοῦ ψυχικοῦ σώματος ἰδιότης), sich selbst durch irgendwelches Fließen und Bewegen stets zu verändern und zu etwas anderem zu verwandeln. All dies also, was wir freilich nicht nur an den Menschen, sondern auch an Pflanzen und Tieren sehen, wird in jenem Leben verschwinden" (153 D - 156 B).[30]

Wichtig ist hier zunächst zu bemerken, daß diese Verwandlung des Menschen "zum Erhabeneren" (πρὸς τὸ μεγαλοπρεπέστερον 153 C, 156 C), namentlich der Prozeß seiner Umstellung von "Psychischem" zu "Geistigem", von σῶμα ψυχικόν zu σῶμα πνευματικόν (153 D), als ein Läuterungsprozeß der Verähnlichung zu Gott schon auf Erden beginnt.[31] Denn wenn sich die Seele von der Irrationalität der Emotionen reinigt und "sich an sich selbst" wird, befreit sie sich hic et nunc ins Geistige.[32] Wenn die Seele, sagt uns Gregor ausdrücklich, über die endliche menschliche Existenz und die sie kennzeichnende "Bewegung" oder, was für ihn dasselbe ist, Begierde (ἐπιθυμία), "Sorge", hinaus ist, kommt sie zu ihrer transzendenten Eigentlichkeit, kommt sie zu sich selbst: sie wird lauteres Denken, reine Vernunft, Geist und stellt als solche eine Nachahmung des transmundanen, leidenschaftslosen und autarken Göttlichen dar. Eindeutig geht aus dem Text der "Macrinia" hervor, daß die Seele sich selbst findet und gottähnlich wird,wenn sie "all die bunten Bewegungen der Natur beseitigt hat" (93 B).[33] Das mit dem Geist identische Selbst des Menschen denkt offenbar Gregor von Nyssa im Gegenzug gegen die empirische menschliche Natur und ihre Bewegtheit. Darin sieht er vor allem die Verwandtschaft, die den Menschen mitten in seiner Bedürftigkeit und Hinfälligkeit mit dem jenseits aller Bewegtheit Ewigen-Göttlichen verbindet, daß in der philosophisch-tugendhaften Lebensführung eine Befreiung von der Veränderlichkeit des Daseins in der Zeit möglich ist. Wem diese Befreiung gelungen ist - wiederholt immer wieder Macrina - der hat schon in seiner diesseitigen Existenz sich selbst und somit das dem Werden und Vergehen entzogene "wahrhaft Seiende", das Gute, das Göttliche und Ewige, "gefunden". Wenn die Seele die ἐπιθυμία übersteige, sei sie schon *in* jenem, wohin sie vorher von der ἐπιθυμία emporgehoben wurde und ahme sie das "überlegene Leben" nach, indem sie sich nach den Bestimmungen der göttlichen Natur *bildet*.[34]

Mit diesen im Grunde sehr platonischen Gedanken stellt Gregor an den gegenwärtigen Menschen abermals die Forderung, "reiner Geist" zu werden -, sogar die Forderung, wenn wir recht sehen, zur Errichtung einer "zweiten Natur" im aristotelischen Sinne.[35] Denn zu dieser auf das Menschsein unserer gegenwärtigen Erfahrung ganz und gar orientierten Notwendigkeit der Errichtung einer vergeistigten δεύτερη φύσις, die als Überstieg (Ek-stasis) des "natürlichen" wandelbaren Menschlichen gedacht wird, bezieht sich letztlich die theologische Aussage über die göttliche Natur und die Forderung nach ihrer Nachahmung (ὁμοίωσις θεῷ),[36] so wie - was uns hier besonders interessiert - die eschatologische Perspektive auf die πνευματική und ἀπαθῆ κατάστασιν der Auferstehung. Was andere für andere Schriften des Nysseners mit glücklichem Scharfsinn bereits nachgewiesen haben,[37] gilt auch und gerade für seinen Dialog "de anima et resurrectione". Es geht in dieser Schrift eigentlich um den Menschen ganz allgemein, das heißt, um Anthropologie. Aussagen über die Eschatologie oder Protologie des Menschen und selbst theologische Inhalte sind daher meistens als auf diese hingeordnet zu interpretieren.

Doch wenden wir uns wiederum der Samenkornmetapher zu! Es ist schon längst trefflich gesagt worden, daß die sinnfällige Erscheinung des Wachsens der Pflanzenwelt, "das vom unscheinbaren Samenkorn nach fester Ordnung in ununterbrochener Entwicklung bis zur vollen Entfaltung des Wesens, zur Physis", führt, sich sehr gut als Schlüssel zum Verständnis des griechischen Durchbruchs zum Logos benutzen läßt.[38] In der Tat drückt diese vom Nyssener allzu gern bevorzugte natürliche Erscheinung das hellenische Empfinden, die hellenische Denkform einleuchtend aus, welche in der Natur nicht nur das Ergebnis eines Werdeprozesses, sondern auch die Kraft erkennt, die dieses Werden bewirkt. Diesen griechischen Begriff der Natur, "die alles Geschehen umfaßt und nach den ihr immanenten unverbrüchlichen Gesetzen regelt,"[38] übersteigt Gregor offenkundig in die christliche Perspektive der "Übernatur" des Auferstehungsgeschehens. Denn von einer aus sich und in sich so autarken Natur, daß sie selbst ein unsterbliches Prinzip zu suggerieren vermöge, weiß freilich die Bibel nichts. Nach ihr ist die Natur und insbesondere der Mensch von Gott ins Dasein gebracht. Daher: "Soll der Mensch aus dem Tode gerettet werden, so muß *Gott* handeln, muß eine Tat Gottes für den Menschen zum Ereignis werden, muß er sich derselben schöpferischen Initiative anvertrauen, die ihn ins Sein gerufen hat."[39] Die Stellung des Christen zum Tod ist maßgeblich bestimmt durch das persönliche Verhältnis des Menschen zu Gott, ein Moment, das für den Nyssener erstaunlicherweise ganz wegfällt.

Das mangelnde Verständnis Gregors für die "spezifisch christliche" Bedeutung dieses Verhältnisses kann auch und vor allem damit zusammenhängen, daß Gregor trotz aller seiner "Kritik am Gottesbegriff der klassischen Metaphysik"[40] in diesem Gottesbegriff und seinen traditionellen Prädikaten im wesentlichen befangen bleibt. Man wird die Vorliebe Gregors für das "Säen" des Kornes, diesen urgriechischen Akt der Vernichtung und zugleich der Wiederauferstehung,[41] besser verstehen, wenn man sich dabei die für seinen Dialog fundamentale Vorstellung von der "Unveränderlichkeit" und "Apathie" Gottes vor Augen hält, die ja seit jeher dazu verleitete, daß man "den Übergang zu jeder Neuerung im Verhältnis von Gott und Mensch möglichst auf seiten des Menschen" suchte,[42] und die gerade auch Gregor dazu bringt, die Auferstehung letztlich als eine ontologische *Bestimmung* des geistigen todlosen Kerns der menschlichen Natur auslegen zu wollen. Die jenseits allen Denkbaren und allen Guten seiende autarke göttliche Natur wird in der Tat derart entschieden und häufig von aller Veränderlichkeit, Unvollkommenheit und Leidenschaft des bedürftigen Menschseins abgehoben,[43] daß sie sich weder erotisch noch liebend (im christlichen Sinne) zu etwas anderem außer sich verhält. Die wenigen christlich anmutenden Atavismen im Ausdruck, wie die manieristische Bezeichnung der "Motivation" der der Welt (trotz ihrer Transzendenz) quodammodo - ἀρρήτῳ τινί λόγῳ - "immanenten" göttlichen Kraft als φιλανθρωπία (de an. et resurr. 97 C) entbehren jeglichen christlichen Sinn. Von eigentlich christlicher Liebe ist in "Macrinia" nicht die Rede. Gott oder Mensch - der Liebende lebt hier im Schema der Eroswirklichkeit, d.h. - mit Karl Barth gesprochen - im Schema der nehmenden, possessiven, das Ihre suchenden "Selbstliebe."[44] "Gott ist Agape", sagt zwar Gregor in plakativer Wiederholung des johanneischen Wortes, doch gleich fügt er hinzu - Agape zu sich selbst! Gott erkenne und genieße seine eigene Schönheit und Vollkommenheit:

"Denn auch das Leben der jenseitigen Natur (ἡ ζωή τῆς ἄνω φύσεως) besteht in der Liebe, weil das *Gute und Schöne* (τό καλόν) sowieso (πάντως) von denen geliebt wird, die es erkennen; das Göttliche erkennt sich nun selbst und diese Erkenntnis wird zur Liebe, weil das, was erkannt wird, seiner Natur nach *gut und schön* (καλόν) ist" (de an. et resurr. 96 C). [45]

Daß diese Art von ἀγάπη mit dem plotinischen Akt der Autoerotik Gottes völlig zusammenfällt, darauf hat schon Anders Nygren zu Recht aufmerksam gemacht.[46] Gott ist wohl hier für Gregor ebensosehr Eros wie für Plotin

(VI 8, 15, 1),ἔρως ὁ αὐτὸς καὶ αὐτοῦ ἔρως, - ein Konzept, das für die christliche Gottesvorstellung offensichtlich ein Schlag ins Gesicht ist.[47] Aber auch das Verhältnis Gottes zum Menschen erscheint auf christlicher Basis völlig absurd: Nicht von einem spontanen Sich-Herablassen, Dienen und Lieben Gottes zu dem verlorenen Geschöpf ist in "Macrinia" die Rede, wohl aber von einer "göttlichen Kraft", die "von den vernunftlosen und materiellen "Zu-fällen" das i h r E i g e n e - aus Menschenliebe (sic!) - hinaufzieht" (de an. et resurr. 97 C ὅταν ἡ θεία δύναμις ὑπὸ φιλανθρωπίας ἐκ τῶν ἀλόγων τε καὶ ὑλικῶν συμπτωμάτων ἐφέλκηται τ ὸ   ἴ δ ι ο ν). In diesem einzigen Satz läßt sich nicht nur die Spannung des ganzen Dialogs, ja die Spannung vielleicht des Nysseners selbst ablesen, wie sie sich daraus ergibt, daß Gregor auf sein griechisch-philosophisch artikuliertes Denken und Sprechen einen christlichen Akzent setzen muß, sondern auch die *Methode* ihrer bewußten Tarnung. Der "Akzent" hier ist das aus stoischer oder origenistischer Tradition geschöpfte Wort φιλανθρωπία, das Gregor schlagwortartig als angeblichen Grund des Verhaltens Gottes, genauer gesagt des Verhaltens der "göttlichen Kraft" (!), hinstellt. Die diesem Wort benachbarten Termini und Stellen stellen dennoch den sachlichen Grund dieses Verhaltens unbezweifelbar dar: Nicht den gegenwärtigen Menschen als solchen zieht die göttliche Kraft hinauf, sondern von dem in der Leiblichkeit versunkenen Menschen unserer Erfahrung zieht sie nur das ihr Eigene und Verwandte hinauf, i.e. die Seele an sich, den gereinigten Geist. Den Grund dafür spricht Gregor in aller Deutlichkeit aus:

> "Da jede Natur das an sich zieht, was verwandt ist, und da das Menschliche (τὸ ἀνθρώπινον) mit Gott irgendwie verwandt ist und sein Ebenbild (die Nachahmungen des Prototyps) in sich trägt, so wird auch die Seele mit aller Notwendigkeit (κατὰ πᾶσαν ἀνάγκην) zu dem Göttlichen und Verwandten hingezogen" (97 B).

Es ist also letztlich das alte eleatische Homoiosisprinzip (ὅμοιον ὁμοίῳ), das hier - wie so oft in der neuplatonischen Spätantike - auftaucht. Auch hier haben wir mithin eine Stelle vor uns, welche die griechische Geisteshaltung des Nysseners deutlich hervortreten läßt. Mit welch hellenischer Unbefangenheit behauptet doch Gregor eine Regelmäßigkeit verbürgende natürliche Ordnung, die selbst das Verhältnis der Seele zu Gott, ja Gott selbst zu übergreifen scheint![48]

288

Gregor von Nyssa (331/340 - ca. 395). Mosaik aus der Klosterkirche *Hosios Lukas* in Phokis (Stiris), beginnendes 11. Jahrhundert

DAS ÄUSSERE IST EIN IN GEHEIMNIS-
ZUSTAND ERHOBENES INNERE.
                              Novalis

Dem entsprechend sind auch die Schlußfolgerungen, die für das menschliche
Sein gezogen werden. Zwar spricht Gregor zweifellos von der Liebe als dem
letzten und eigentlichen Lebensvollzug, es besteht aber auch kein Zweifel,
daß er sie nie im "spezifisch christlichen" Sinne der "absurden Hingabe"
versteht. Bei seinem Dialog geht es - wie noch genau zu zeigen sein wird -
nicht um ein unbegreifliches Sich-Verschenken an Gott oder an den anderen,
sondern um das *Ergreifen* dessen, wovon das eigene Sein immer angezogen
wurde: der Apathie, Autarkie und Freiheit des ewigen göttlichen Seins.[49]
Wir lassen diese Frage hier nur vorläufig auf sich beruhen. Im nächsten Kapitel werden wir versuchen, in den "natürlichen" Charakter des gregorianischen Liebesbegriffs, den der Kirchenvater freilich sich kaum scheut, mit
dem des herkömmlichen Eros, aber auch mit dem der (nach allgemeiner griechischer sowie jüdischer Ansicht) auf das sinnliche und selbstsüchtige Begehren hinweisenden ἐπιθυμία zu identifizieren,[50] tiefer einzudringen.
Denn angesichts der nicht selten zu beobachtenden theologischen Fehlinterpretation des Nysseners, die überall "einen ausgesprochen christlichen
Klang" zu hören glaubt, halten wir einen solchen Rekurs auf die "Natürlich-
keit" der *erotischen* Ek-stase des menschlichen Daseins bei ihm - welche
sich lediglich als ein ἀπαθές πάθος darstellt, als eine Leidenschaft für
die *Apathie*, die Unendlichkeit und Unbedingtheit des "Geistigen", des
nicht näher bestimmbaren Transzendenten - für geradezu unabdingbar. Er kann
uns einen gründlichen Einblick nicht nur in die anthropologisch angelegte
Gesamtperspektive Gregors gewähren. Wichtig ist ein solcher Rekurs u.E.
auch für das Verständnis der tieferen Gründe seiner ontologischen Zuwendung,
welche der Seele an sich - als wäre sie in der Tat ein dem Naturprozeß des
Werdens und Vergehens sich erwehrendes "Samenkorn" einer *anderen* Welt, das
das in ihm seiende Mögliche in Bewegung gegen die Wirklichkeit der materiell-
empirischen Welt bringt - Todunbetroffenheit zuspricht. Daß nun auch die
katholische Gregorliteratur, die umgekehrt allenthalben den "übernatürlichen" Charakter der gregorianischen Begriffe, ja die "übernatürliche" "participation à la vie divine", "créée en nous par la grace",[51] zu entdecken
geneigt ist, nur zu oft die ἀθανασία, die ἀγάπη und die ἀπάθεια -
"als Bausteine der ὁμοίωσις θεῷ"[52] - nebeneinander behandelt, kann unseren methodischen Ansatz nur rechtfertigen.

Doch wollen wir uns zuerst die dogmatisch-theologische Interpretation der
ἀθανασία selber näher betrachten, wie sie von einer "Hauptsäule" gerade

dieser ganzen Richtung, nämlich dem Kardinal J. Daniélou, exponiert wird! Auch in der Auslegung des Unsterblichkeitsbegriffs des Nysseners geht J. Daniélou von seinem festen Prinzip aus, die "Mystik" des Kirchenvaters müsse als eine dem Denken überlegene Stufe gewertet werden.[53] Sehr bequem entledigt er sich darum der Frage nach dem Verhältnis der gregorianischen Ausführungen zum griechischen Philosophem von der Unsterblichkeit, indem er die ἀθανασία als ἀφθαρσία im paulinischen Sinne auffaßt: "L' ἀφθαρσία est vraie d'abord de Dieu. 'L'incorruptibilité c'est, au sens plein, Dieu même' (XLV,1257 A). Dans l'homme elle est une participation à la vie divine. Il n'y a donc pas un état naturel de l'esprit incorruptible à quoi la vie divine viendrait s'ajouter."[54] Es gehe also um ein Gottesprädikat und damit - so einfach - nicht um ein mögliches Prädikat des menschlichen Geistes! Hinter dieser Attitüde von Daniélou steht in Wirklichkeit - wie wir noch sehen werden - das für die gegenwärtige Gregorinterpretation typische Phänomen, daß man zwischen Gott - "dem Schöpfer" - und Mensch - "dem Geschöpf"- eine unüberbrückbare absolute Kluft sieht,[55] die -, entgegen des Nysseners ausdrücklicher Meinung vom göttlichen transzendenten Charakter des menschlichen Geistes - , alles Höhere allein auf Seiten Gottes stellen und jede Neuerung im Verhältnis von Gott und Mensch - im Gegensatz zu der griechischen Geisteshaltung, die ja auch Gregor teilt - möglichst aus Gottes "Gnade", aus der schöpferischen Initiative, dem *Willen* Gottes ableiten läßt. J. Daniélou insbesondere spricht sein Anliegen offen aus, die Relevanz des Kirchenvaters für die christliche Mystik aufzuzeigen und den Einfluß des Platonismus auf ihn als völlig unerheblich darzustellen: Was die ἀθανασία, bzw. ἀφθαρσία anlangt, "chez notre auteur la perspective est *comme toujours* théologique" (!).[56] Er hat daher kein Bedenken, das volle Dogma eines heutigen Katholiken - ohne ernste Argumente - in Gregor hineinzuprojizieren: "L'opposition n'est pas entre l'existence et le néant, puisque nous sommes à l'étiage humain où l'esprit est affecté d'une immortalité radicale, mais entre l'état de mortalité, c'est-à-dire la condition de l' homme séparé de Dieu, ce qui est la mort véritable, et en conséquence de cela doné d'une nature animale soumise à la mortalité - et l'état d'ἀθανασία qui est à la fois vie de l'âme unie à Dieu et libération de la mortalité biologique."[57]

Die Zuversicht aber, die der erlöste Christ kraft seines Glaubens hat, daß er in der durch Christi Tod begründeten Gemeinschaft mit Gott die Welt und damit auch den Tod überwindet, - sich von "la mortalité biologique" befreit, - sucht man bei Gregor vergebens! Es ist wirklich erstaunlich, wie wenig die fundamentale christliche "Offenbarungsdoktrin" von der durch die Auferstehung Christi bezeugten Überwindung des Todes sich auf den Dialog des Nysseners auswirkt. Das Osterereignis wird zwar erwähnt, "doch nach dieser Seite", glaubt Makrina, "nichts weiter anführen zu müssen, da hierin kein Zweifel bei denen besteht, welche die Schriften anerkennen."[58] Hat Paulus den messianischen Vorstellungen der christlichen Urgemeinde entsprechend den Tod und die Auferstehung Christi zum Zentrum seiner theologischen Anthropologie gemacht und das ganze Evangelium in diese Ereignisse sozusagen eingeschmolzen, so bleiben diese beiden Stücke beim Bischof von Nyssa ganz am Rande seiner Betrachtung. Befremdlich wirkt vor allem, daß der Kirchenvater die Bedeutung Christi als Erlöser und Befreier des (nach christlich-gnostischem Glauben) welt- und todbefangenen, der Sünde unterworfenen Menschen, kaum berührt. Daß Jesus Christus "für uns" durch den Tod hindurchgedrungen ist, daß Gott ihn erweckt und zu Leben und Herrlichkeit, ja zum *Symbol* eines *neuen* Daseins erhoben hat, über diese gemeinsame ἀρχή jedes Christen sagt Gregor in der Tat nichts. Nicht die eschatologische Äonenwende, das Christusgeschehen, steht im Mittelpunkt seiner Auferstehungsdarstellung, wohl aber die vornehmlich aus neuplatonischen und origenistischen Anregungen geschöpfte Vorstellung einer "Wiederherstellung des ursprünglichen Zustandes unserer Natur." Immer wieder definiert Gregor die Auferstehung als "die Zurückversetzung unserer Natur in ihren ursprünglichen Zustand" (ἡ εἰς τὸ ἀρχαῖον τῆς φύσεως ἡμῶν ἀποκατάστασις),[59] wobei er freilich (nach einmütiger Meinung der Forschung) nicht nur an die Zurückversetzung des Einzelnen, sondern auch der ganzen Menschheit in ihren Urzustand denkt. Auch und gerade in seiner Auferstehungsdeutung zeigt sich somit die überragende Bedeutung der Lehre von der Apokatastasis für das Denken Gregors. An sich sagt ἀποκατάστασις, wie bereits völlig zu Recht bemerkt worden ist, auch im Kontext der Auferstehung nicht mehr aus, "als eben die Zurückversetzung in einen bestimmten Zustand, und es besteht kein Grund anzunehmen, daß der Begriff für sich allein bei Gregor schon einen spezifischen theologischen Sinn getragen habe."[60] Im Gegenteil, wenn man dazu bedenkt, daß dieser Begriff hier nicht nur die endgültige Wiederherstellung des ursprünglich-vollkommenen Zustandes für alle Menschen, ja die Wiederherstellung der ursprünglichen Natureinheit "aller geistigen Natur" im Guten, wie Gregor sagt (de an. et resurr. 72 A πάσης τῆς λογικῆς φύσεως τὴν ἐν τῷ ἀγαθῷ ποτε γενησομένην συμφωνίαν), sondern auch die Wiederherstellung des guten Urzustandes aller Dinge überhaupt (ebd. 69 C ἀποκατάστασις τοῦ παντός) in Gott (ebd. 104 A ὁ θεός τὰ πάντα ἐν πᾶσιν = Gott alles in allem) impliziert, wird man in der (sehr griechischen) Vorstellung einer einzigen, großen Kreisbewegung der Dinge die wirkliche Grundlage des ἀποκατάστασις-Begriffs Gregors erkennen müssen. Auch die Auferstehung deutet er ganz in diesem Rahmen. Mit dem Wort "apokatastasis" bezeichnet er hier konkreter jenes eine Geschehen, das zugleich Auferstehung - vom Fall in die Leiblichkeit, Rückkehr in den *guten* Urzustand - der "unleidendlichen" Geistigkeit und Allversöhnung beinhaltet. Zu Recht hat man daher schon längst in der gregorianischen Theorie einer universalen Apokatastasis "ein Postulat des philosophischen Denkens Gregors", ja sogar eine "Vorherrschaft" der Philosophie vor der Theologie erkannt[61]: Gregors Umdeutung der paulinischen Eschatologie[62] im Sinne einer universalen "Wiederherstellung" aller Dinge folgt logisch notwendigerweise aus seinen philosophischen Prämissen, und zwar 1. aus der Idee der Totalität, der naturhaften ("physischen") Einheit der Menschheit, 2. aus der Lehre von der Endlichkeit und der Überwindung des Bösen und 3. letztlich aus dem philosophisch angelegten Gottesbegriff. Das Hauptgewicht dabei liegt jedoch u.E. auf dem Gottesbegriff, der die anderen Momente umfaßt. Von der "Sorge" um den Gottesbegriff her läßt sich wohl die Apokatastasislehre Gregors durchaus verstehen und begründen. Dieser Zusammenhang ist inzwischen mehrfach interpretiert worden, so daß wir uns hier lediglich mit dem Hinweis auf die treffende Formulierung von P. Zemp begnügen können: "Gottes absolute Transzendenz und Güte einerseits, und die starke Betonung der Immanenz Gottes in der Schöpfung als deren ἀρχή andererseits, was die theologische Grundlage für das aus der Stoa entlehnte Motiv der σύμπνοια τῶν πάντων abgibt, lassen es als undenkbar erscheinen, daß ein Teil dieser Schöpfung im Bösen ewig verharren könnte."[63] Die universale Apokatastasis aller Dinge in Gott = *dem Guten* (neutr.) denkt aber Gregor merkwürdigerweise nicht als eine übergeschichtliche Apokalypse, sondern als einen heilsgeschichtlichen Prozeß. Darin nämlich erblickt er primär den Sinn alles Geschehens *in der Zeit*, das prozessual-systematisch (κατ' ἀκολουθίαν) sich verwirklichende *eschaton*, den σκοπός der Natur oder Gottes.[64] So oder so ist der Bischof von Nyssa in fast allen seinen Schriften auffallend stark bemüht, diesen heilsgeschichtlichen Prozeß als die unaufhörlich aufsteigende Linie eines ständigen Wachstums der menschlichen Natur herauszuarbeiten, so daß man sich besonders mit der Frage konfrontiert sieht,wie sich die der Apokatastasis zugrundeliegende Denkform des Kreises mit der auf die Zukunft gerichteten, linear verlaufenden, heilsgeschichtlichen Perspektive des ständigen Wachstums vereinbaren läßt. Die Frage gewinnt offensichtlich im heutigen Denkhorizont eine fundamentale Bedeutung, kann aber hier nicht weiter behandelt werden.[65]

Besonders stark tritt aber in den Vordergrund der gregorianischen Darstellung der Auferstehung die Idee der Allversöhnung der Menschen. Wie wir bereits betont haben, bildet die Menschheit an sich für Gregor eine Natureinheit, die, wenn nicht ganz nach der Art eines realistischen Gattungsbegriffs, so doch durchaus im ontologischen Sinne des Einsseins zu verstehen ist. Alle Menschen bilden nämlich durch ihre Zugehörigkeit zur einen vernünftigen menschlichen Natur eine Art organisches Ganzes, wovon feste Wendungen des Nysseners wie τὸ ἀνθρώπινον, ἡ λογική, bzw. ἡ ἀνθρωπίνη φύσις oder ἡ φύσις ἡμῶν, τὸ τῶν ἀνθρώπων γένος etc. das beste Zeugnis ablegen. Daß diese Natureinheit der Menschen, die gewiß auf ihrer Geistigkeit beruht[66] und sich real, wie gesagt, erst allmählich in Raum und Zeit verwirklicht, am Ende der Zeit, bei der *Auferstehung*, zu ihrer Vollendung und zu ihrem definitiven Telos kommend selbstverständlich a l l e Menschen umfassen wird, betont Gregor mit unvermindertem Nachdruck in allen seinen Schriften. Dem Gedanken der vollendeten Einheit dient nun im Dialog "de anima et resurrectione" vor allem das Bild des Festes (ἑορτή), das die wiedervereinte Geistnatur (λογικὴ φύσις), d.h. eigentlich die wiedervereinte "Gattung" der Menschen - "wir alle"[67] - vor dem Angesicht Gottes (= des Guten (neutr.), des "Seiend-Seienden") feiern wird. Wir verweilen ein wenig bei dem Textabschnitt, der dieses Bild des Festes betrifft, weil wir hier eine fremde Interpolation entdeckt zu haben glauben: Es ist zunächst zu beachten, daß Gregor uns keinen Zweifel darüber läßt, wie er dieses *Fest* der Zukunft versteht:

"In jener Zeit wird das Fest um Gott als eine gemeinsame Sache für alle veranstaltet werden (κοινὴ ποιήσεται ἡ περὶ τὸν θεὸν ἑορτή), welche durch die Auferstehung "bedeckt" wurden, damit allen ein und dieselbe W o n n e zuteil werde (ὡς μίαν τε καὶ τὴν αὐτὴν προκεῖσθαι πᾶσι τὴν ε ὐ φ ρ ο σ ύ ν η ν) und keine Verschiedenheit mehr die Geistnatur (τὴν λογικὴν φύσιν, die vernünftige Natur) bei der Teilnahme am Gleichen (τῆς τῶν ἴσων μετουσίας) zerteile, sondern auch die des Bösen wegen jetzt noch Außenstehenden am Ende in das Innerste der göttlichen S e l i g k e i t (τῆς θείας μ α - κ α ρ ι ό τ η τ ο ς) eintreten dürfen."[68]

Nach dieser eindeutigen Hervorhebung der εὐφροσύνη und der μακαριότης als dominante strukturelle Momente des Festes - das gewiß wie jedes Fest Fröhlichkeit und Genuß verspricht - wird im Anschluß an die paulinische Aussage von Phil.2,10 sein "katholischer"Charakter erneut betont: "Uns alle wird *ein "sin-fonisches"* Fest (μία καί σύμφωνος ἑορτή) überwältigen" (de an. et resurr. 136 A). Und dann folgt unmittelbar ein uns gezwungen anmutender Satz, der sich weder sachlich noch stilistisch rechtfertigen läßt:

"Fest ist (aber) das Bekenntnis und die Erkenntnis des "Seiend-Seienden" (ebd. Ἑορτή (δέ: add. B) ἐστιν ἡ τοῦ ὄντως (om. B) ὄντος ὁμολογία τε (δέ B) καί ἐπίγνωσις)."[69]

Durch das Scholion ad loc.(38 bei Migne) steigert sich unsere Befremdung zu der Überzeugung, dieser Definitionssatz könne nicht wirklich aus Gregors Hand stammen. Doch übertragen wir dieses wichtige Scholion der Hs. A aus dem Griechischen!

"(38) Μία καί σύμφωνος (sc. ἑορτή). Ad has voces ita in calce codicis A scribebatur, welch ein Fest meint er mit dem zukünftigen Fest von immateriellen Engeln und Menschen? Daß alle in voller Eintracht sich zur Existenz Gottes bekennen; was die Gotteserkenntnis also betrifft, *alle*, Sünder und Gerechte, werden gleicher Meinung sein (ὁμογνωμονήσουσιν), - sie werden aber gewiß nicht in eine und dieselbe Situation geraten. *Denn wo bleibt sonst das Recht?* (Ἐπεί ποῦ τό δίκαιον;). Vielmehr werden die einen zwar zum Genuß des himmlischen Reiches (τῆς τῶν οὐρανῶν βασιλείας) kommen, die anderen aber werden dem Urteil des Apostels gemäß draußen verweilen." /Hervorhebung vom Verfasser/

Man sieht hier deutlich, worin die geheime Folie des von uns für unecht gehaltenen Definitionssatzes der ἑορτή besteht: Sie besteht in der Sorge um die Erhaltung der Trennung zwischen "Sündern" und "Gerechten", in der Sorge um die Erhaltung der κόλασις. Wenn überhaupt die Rede von einer κοινή ἑορτή für alle sein kann, erläutert uns ganz unmißverständlich der Kommentator, dann *nur* im Sinne der ὁμολογία θεοῦ: "περί μέν τήν θεογνωσίαν πάντες ὁμογνωμονήσουσιν." Die Ähnlichkeit mit dem Definitionssatz im Text ist verblüffend! Sie geht tatsächlich bis ins Wörtliche hinein

(136 A Ἑορτή ἐστιν ἡ τοῦ ὄντως ὄντος ὁ μ ο λ ο γ ί α τε
καί ἐ π ί γ ν ω σ ι ς).Nur daß das Scholion anschließend auch jenen
bestimmenden Hintergrund offenlegt, den der Text verschweigt: οὐ μήν
δὲ μιᾶς ἔσονται καταστάσεως. Ἐ π ε ί π ο ῦ τ ὸ δ ί -
κ α ι ο ν; Hinter dieser Frage steht offenbar der Gedanke einer ausgleichenden Gerechtigkeit im Jenseits, kurz das sogenannte *Vergeltungsprinzip*.
Dieses sozial-ethisch bedingte Prinzip, mag es auch von so großer geistesgeschichtlicher Tragweite sein, daß es von den orphischen Jenseitsvorstellungen über Platon und Christentum bis hin zur rationalistischen Metaphysik
M. Mendelssohns im 18. Jahrhundert reicht,[70] ist dennoch für den origenistischen Bischof von Nyssa zweifellos irrelevant. Nicht Vergeltung, geschweige
denn göttliche "Strafe" ist bei ihm am Platz, sondern Kartharsis: Durch seinen ganzen Dialog zieht sich das Konzept eines Reinigungsprozesses hindurch,
welcher "nach einem unabänderlichen Gesetz kosmischer Notwendigkeit" - κατὰ πᾶσαν ἀνάγκην (97 B) - auf die Lostrennung des fremden "hinzugefügten"
Elementes der Leiblichkeit vom eigentlichen geistigen Kern, dem *Selbst*
des Menschen ausgerichtet ist. So wie man Gold im Feuer von Schlacken läutert - legt Gregor in einem an christlichen Vorstellungen anlehnenden Bild
dar (100 A) - wird das κ α θ ά ρ σ ι ο ν πῦρ[71] der göttlichen Kraft
das unserer Natur lediglich "beigemischte" Böse, die falsche *Sympathie*
mit dem unsere Seele nur belastenden φορτίον des Leiblichen (105 D) ausscheiden. Aus dem "Zerreißen des 'Zusammengewachsenseins'" (sc. mit dem
fremden Element) (100 C ὁ τῆς συμφυΐας διασπασμός) allein entspringt
mithin *notwendigerweise* der Schmerz![72] Eine andere κόλασις kennt Gregor von Nyssa nicht! Denn außer der Katharsis gibt es einfach keinen anderen Weg, "sich im Reinen das Gleiche aneignen zu können" (105 D ἐν τῷ καθαρῷ δυνηθῆναι προσοικειωθῆναι τὸ ὅμοιον). Allein darin, in dem
uralten griechischen Homoiosisprinzip (Gleiches zu Gleichem), an dem bereits
Platon den geistigen Zugang zum Innersten der Seinsordnung auf dem Wege der
Analogie erläutert hat,[73] erblickt Gregor offensichtlich die Verbindlichkeit
eines kosmischen Gesetzes, die Bewegung gleichsam und den einzigen - uns in
und mit unserem Geiste a priori aufgegebenen - σκοπός der Natur.[74]

Die Verzerrung des durchaus griechisch-philosophischen Katharsismotivs des
Nysseners im Sinne des kirchlichen Dogmas von der Ewigkeit der Hölle läßt
sich auch an der erstaunlichen Vielfalt der handschriftlichen Varianten der
Wendungen mit πῦρ ablesen.Bei einer Katharsiskonzeption, die im wesentlichen

als ein physisch-pharmakologischer Prozeß gedacht wird, kann man freilich die Vorliebe des Denkers, der zugleich ein christlicher Bischof ist, für das Bild des reinigenden Feuers recht gut verstehen. Nun haben wir uns soeben bei der Makriniastelle 100 A für die Lesart καθάρσιον πῦρ der Hss. A und B statt der von ἀκοίμητον πῦρ bei Migne entschieden. Daß die Migne-Ausgabe ihre Lesart ausgerechnet *ad marginem* (!) der Hs. A findet, ist u. E. sowohl für sie als auch für die Hs. A, genauer: für den in ihrem Text mutwillig eingreifenden Kommentator, bzw. Abschreiber, charakteristisch. Die Migne-Ausgabe läßt in der Tat keine Gelegenheit aus, selbst die unmöglichsten πῦρ-Wendungen der Textüberlieferung - dem kirchenlichen Dogma gemäß - für echt zu halten. So steht etwa bei ihr an derselben Stelle de an. et resurr. 100 A die unwahrscheinliche Wendung τῶ α ἰ ω ν ἰ ῳ πυρί, während die Hs. A. die viel vernünftigere, schlichte Lesart τῷ πυρί bietet.[75] Die Tatsache, daß dieselbe dogmatragende Wendung τῶ αἰωνίῳ πυρί noch einmal bei Migne vorkommt, und zwar an einer Stelle des Dialogs (157 C), in der sie allein schon durch die ihr unmittelbar benachbarte und im Text tief verankerte sprachliche Vorstellung des lediglich kathartischen Feuers völlig unsinnig erscheint,[76] und sowohl von den beiden Hss. A und B als auch von der Ausgabe Krabingers ebenso wie von der neugriechischen Ausgabe des Väterverlages "Gregorios Palamas" (Thessaloniki 1979), getilgt worden ist, bestätigt nicht nur unsere Deutung von de an. et resurr. 100 A, sondern sie weist auch nach, wie wenig sorgfältig der Text des Nysseners überhaupt bei Migne durchgearbeitet ist. Auch unser Hinweis auf die Unechtheit des ἑορτή-Satzes (136 A) rückt aber durch das νόθον in 157 C (sc. τῷ αἰωνίῳ πυρί παραδοθέν) in ein neues Licht, insofern das diesem Satz entsprechende Scholion (38 bei Migne) sich ebenfalls auf die Ewigkeit der κόλασις und der Trennung zwischen "Sündern" und "Gerechten" bezieht. Wir können uns zwar momentan auf keine Hs. berufen, in der etwa der ἑορτή-Satz fehlen würde. Die textkritische Frage oder die philologische Aufgabe überhaupt, welche in ausgesprochen technische Bereiche führt, würde den organisatorisch-methodischen Rahmen dieser Arbeit sprengen, und der breiten Überlieferungsgeschichte des Textes ist hier aus ersichtlichen Gründen kaum nachgegangen.[77] - Doch glauben wir genügend erhellt zu haben, welche inhaltlichen sowie sprachlich-stilistischen Widersprüche und Ungereimtheiten der ἑορτή-Satz mit sich bringt. Ohne ihn ist die Textfassung glatter. Daß die durch das Scholion ad loc. erleuchtete Perspektive dieses Satzes die für Gregor fundamentale Lehre von der Allversöhnung und der universalen Apokatastasis in Frage stellt und damit in direkte Kollision mit dem Innersten seines Denkgebäudes kommt, versteht sich von selbst. Hier möchten wir nur noch auf einen einzigen Satz seines Dialogs verweisen, der, indem er die Allversöhnungsbehauptung repräsentativ und lapidar zusammenfaßt, dem ἑορτή-Satz mitsamt seiner latenten Voraussetzung in aller erwünschten Deutlichkeit direkt widerspricht, ja ihn genaugenommen, unmöglich macht:

"Der Unterschied zwischen dem tugendhaften und schlechten Leben wird sich *hierauf* (ἐν τῷ μετά ταῦτα) vor allem darin zeigen, daß man früher oder später zur *Seligkeit* gelangt, die wir erhoffen (τῆς ἐλπιζομένης μακαριότητος)" (de an. et resurr. 152 AB).

Nach all dem leuchtet u. E. der ἑορτή-Satz so wenig ein, daß er - gewiß, erst nach einer textkritischen Bestätigung unserer Annahme - in einer modernen Ausgabe des Dialogs getilgt werden muß. Daß eine Lehre wie die der universalen Apokatastasis Gregors, welche auch die Beseligung Satans selbst impliziert,[78] vielen frommen Ohren seiner sowie der späteren Zeit fremdartig und skandalös geklungen hätte, läßt sich kaum bezweifeln. Die Annahme einer Verfälschung der unbequemsten Passagen dieser seiner Lehre ist deshalb einsichtig. Erwünschte Berechtigung und Begründung im größeren Zusammenhang der damaligen Zeit- und Kirchengeschichte kann dieser Ansatz in dem unlängst erschienenen Gregor-von-Nyssa-Aufsatz Gerhard Mays finden: "Für seine Zeitgenossen und für die spätere kirchliche Tradition war Gregor von Nyssa in erster Linie einer der großen Väter, die das orthodoxe Bekenntnis zur Wesenseinheit von Vater, Sohn und Geist zum Sieg geführt hatten. Dieser Ruhm verhinderte auch, daß Gregor wegen solcher Anschauungen, die späteren Jahrhunderten eigentlich nicht mehr tragbar waren, im nachhinein verurteilt wurde. Immerhin wurde seine origenistische Lehre von der endgültigen Vernichtung des Bösen und der universalen Erlösung aller geistigen Wesen in manchen Handschriften seiner Werke *korrigiert*, und Patriarch Germanos von Konstantinopel im achten Jahrhundert griff zu der Auskunft, Gregors Schriften seien von origenistischen Ketzern verfälscht worden."[79] In Wirklichkeit wurden die Schriften Gregors von eifrigen Verwaltern der Orthodoxie, wie dem Patriarchen Germanos eben, gefälscht.[80] Denn die Lehre von der Allversöhnung und der universalen Apokatastasis bildet einen Eckstein im Denkgebäude des Kappakokiers. Bricht man sie aus seinem System heraus, dann fällt das Ganze in sich zusammen.

Viel Licht in das Verhalten der Orthodoxen eben gegenüber dem "origenistischen" Text Gregors bringt vor allem Hadwig Hörner in ihrer Abhandlung über *Die große Edition der Werke Gregors von Nyssa*.[81] Anläßlich der Entdeckung einer fremden Interpolation im Text der *Vita Moysis* seitens J. Daniélou,[82] schreibt H.Hörner über das Verhalten der Orthodoxen des 7. Jahrhunderts, denen diese Interpolation zugeschrieben worden ist, daß man in dieser Zeit "sich der ständigen Berufung auf die anerkannten Väter von seiten der Origenisten und Monophysiten nicht mehr nur durch den Vorwurf der Fehlinterpretation zu erwehren suchte - das hatte das 6. Jahrhundert vorwiegend getan - sondern außerdem auf das alte Argument der absichtlichen Fälschung durch die Gegner zurückgriff und daraus wohl auch das Recht zu einer "Restitution" ableitete" (a.a.O., S. 44). Die Vermutung, derselben Zeit und Tendenz dürfte man auch die Interpolation des ἑορτή-Satzes in de an. et resurr. 136 A zusprechen, kann starken Rückhalt besonders durch die Tatsache bekommen, daß die Interpolatoren oft mit festen Vorlagen und Formeln gearbeitet haben.Eine solche feste Interpolation, die hartnäckig in bestimmten Handschrift-Traditionen immer wieder auftaucht, ist, wie H. Hörner bezeugt, die aus dem ἑορτή- Satz bekannte Wendung ἐ π ί γ ν ω σ ι ς θεοῦ![83] Ein zweites ist noch wichtig für uns: Aus den zahlreichen antiorigenistischen Interpolationen, die H. Hörner erwähnt, geht eindeutig hervor, daß eine der Passagen Gregros, an denen am häufigsten Anstoß genommen wurde, ausgerechnet die Passage war, die von der Reinigung der Seele von ihrem Ballast durch das κ α - θ ά ρ σ ι ο ν π ῦ ρ handelt.[84] Wir erfassen also bei den Eingriffen durch orthodoxe Hände, die bis zum 12. - 13. Jahrhundert unvermindert fortdauern und sich entweder als Tilgung oder Interpolation äußern, jene beiden "Hauptmomente" der von uns für Interpolationen gehaltenen Sätze im Dialog "de anima et resurrectione" (136 A, 157 C; siehe auch 100 A). Unser Vorschlag erhält dadurch eine erfreuliche Bestätigung.

Wir haben bereits von der *einen* menschlichen Natur gesprochen, die bei der Auferstehung - "gleichsam wie zu irgendeiner Ähre" - "zum Erhabeneren" (πρὸς τὸ μεγαλοπρεπέστερον) übergehen wird, nämlich "zu irgendeiner geistigen und leidenschaftslosen Situation"(de an. et resurr. 156 AB) von glänzender Pracht.[85] Wie deutet aber Gregor die "Auferstehung" in Hinblick gerade auf den gesamtmenschlichen Aspekt der ἀνθρωπίνη φύσις? M.a.W.:

Wie läßt er die eine Menschennatur sich in der Gesamtmenschheit verwirklichen? Was versteht er überhaupt unter der Wiederherstellung der Natureinheit aller Menschen angesichts der empirischen Tatsache ihrer Zersplitterung in eine Vielzahl von in Zeit und Raum erfahrbar isolierten Individuen? Gregor sucht das "Daß" und "Wie" und "Warum" des Hervorgangs von sinnenfällig einzelnen Individuen aus der ursprunghaften Einheit sowie deren Apokatastasis mit seinem bekannten Auferstehungsbild vom Samen zu beschreiben:

"Die erste Ähre war der *erste Mensch*, Adam; da aber die Menschennatur sich mit dem Eintritt der κακία in eine Vielheit zerteilte (εἰς πλῆθος κατεμερίσθη), wurden wir alle, wie es bei der Frucht der Ähre der Fall ist, des jener Ähre angemessenen *eidos* beraubt und mit der Erde vermischt; bei der Auferstehung aber werden wir wieder unserer ursprünglichen Schönheit gemäß (κατὰ τὸ ἀρχέγονον κάλλος) emporsteigen, statt der einen ersten Ähre zu unzähligen Myriaden von Saaten vermehrt" (de an. et resurr. 157 AB /Hervorhebung vom Verfasser/).

Wenn auch der *erste Mensch* hier Adam genannt wird, darf man sich nicht täuschen lassen, dieser Begriff bedeutete etwa den realen, konkreten ersten Einzelmenschen. Denn die unmittelbar folgende Vorstellung von der Zerteilung der Menschennatur in die Vielheit läßt keinen Zweifel darüber, daß die Metapher "Adam" (man beachte die Syntax und vor allem den Stil des Satzes!) in Wirklichkeit die eine, ungeteilte, geistige und vollkommene ἀνθρωπίνη φύσις meint (imago Dei sive natura - , so als ob Gott und Welt noch nicht unterschieden wären). Erst infolge des "Eintritts der κακία", infolge des *Sündenfalls* also - welchen Sinn auch immer Gregor diesem Fall geben mag -, wird diese eine sog. pleromatische Menschennatur[86] in πλῆθος, in die Vielheit nämlich der realen verleiblichten Einzelmenschen zerteilt, welche des eidos' des Gesamtmenschlichen vorerst beraubt zu sein scheinen (imago Dei verdunkelt in der natura -, so als ob sich Gott von der Welt getrennt hätte). Bei der "Auferstehung" aber werden die Einzelmenschen das ursprüngliche, ungeteilte Pleroma ihrer geistigen Gesamtnatur - mit einer gewissen Notwendigkeit - wieder erreichen und sich selbst somit verwirklichen (imago Dei wiederhergestellt in der natura -, so als ob sich Gott und Welt- durch den Menschen - wiedervereinigt hätten; die *Synthesis* lautet: auf daß Gott sei alles in allem!).[87] Die vielen und schwierig zu entscheidenden Probleme der gregorianischen pleromatischen Natureinheit lassen wir hier auf sich beruhen und konzentrieren uns lediglich auf den in der Samen- bzw. Ährenmetapher soeben aufgetauchten dialektischen Aspekt des ungeteilten und geteilten Pleroma.[88] Wie immer es sich mit diesen beiden Seinsmodi des Pleroma verhalten mag, es läßt sich doch das ihnen zugrundeliegende orphisch-dionysische Zagreusmotiv, das wir im Ersten Teil dieser Arbeit besonders in Hinblick auf die neuplatonischen πρόοδος-und ἐπάνοδος-Vorstellungen herauszuarbeiten versucht haben,[89] deutlich erkennen. Man erinnere sich vor allem an die Fall- und *Auferstehungs*perspektive des Olympiodoros! Ol. I § 5, Westerink 45: σπαράττεται δέ τὸ καθόλου εἶδος ἐν τῇ γενέσει; Ol. 8 § 7, Westerink 123 f: καὶ γὰρ ἐνδούμεθα μέν τῇ ὕλῃ ὡς Τιτᾶνες διὰ τὸν πολὺν μ ε ρ ι σ μ ὸ ν - πολὺ γὰρ τὸ ἐμόν καὶ σόν - ἀνεγειρόμεθα δέ ὡς Βάκχοι. Man vergegenwärtige sich dazu die Erläuterung des Damaskios (=ps. Olympiodoros) zu "dem mystischen und kosmischen Kreise der Seelen"! Dam. I § 166, Westerink 99 : φυγοῦσαι μέν γὰρ ἀπὸ τῆς ἀ μ ε ρ ί σ τ ο υ ζωῆς καὶ τῆς Διονυσιακῆς προβαλόμεναί τε τὴν Τιτανικήν τε καὶ ἀποστενωμένην ἐν τῇ φρουρᾷ (Phaid. 62 b₄) κατεδέθησαν· ἐμμείνασαι δέ τῇ ποινῇ καὶ σφῶν αὐτῶν ἐπιμεληθεῖσαι, καθαρθεῖσαι τῶν Τιτανικῶν μολυσμῶν καὶ συναγερθεῖσαι γίνονται Βάκχοι, ὅ ἐστιν ὁ λ ό κ λ η ρ ο ι κατὰ τὸν ἄνω μένοντα Διόνυσον /Sperrung vom Verfasser/. In diesen gnostisch-neuplatonischen Kreis läßt sich offensichtlich auch die Auferstehungsvorstellung des Nysseners (sowie jede andere analoge eschatologische "Rückkehr"-Morphose) sehr gut einfügen. Abgesehen vom Schema "Fall-Rückkehr" zu der kosmischen logoshaften Einheit des Seienden kann man tatsächlich aus diesem Text des Damaskios auch das für den Kappadokier grundlegende, mit der Tugend und der ἐπιμέλεια ψυχῆς schlechthin zu identifizierende Katharsismoment klar heraushören. Katharsis wovon? Von den titanischen μολυσμοί, sagt Damaskios, von den μελασμοί,Gregor(de an. et resurr. 148 B), und beide denken dabei an das "Gewand" der im weitesten Sinne gefaßten real-Leiblichkeit,welches abgestreift werden muß.

Das Besondere beim Bischof von Nyssa zeigt sich nun gerade darin, daß er auffallend stark bemüht ist, in den griechisch tradierten Bogen der zyklischen Verfaßtheit des menschlichen und kosmischen Geschehens eine linear verlaufende, prozeßhafte Bewegung des ständigen Wachstums einzuschalten, ja diesem Bogen sogar letztlich für eine bloß philosophische Metaphorik zu halten, welche den Sachverhalt des eigentlichen Geschehens in der Zeit, nämlich die aufsteigende Linie der Entwicklung und des Fortschritts symbolischen Ausdruck verleihen soll. Es kann in der Tat nicht übersehen werden, daß der Sinn der Auferstehung sich nicht in der *Eschatologie* der ἀποκατάστασις unserer Natur in ihren ursprünglichen vollkommenen Zustand ausschöpft. In Wirklichkeit geht Gregor nicht von einem bestimmten eschatologischen, geschweige denn mystisch-religiösen Wunsch nach Wiederholung eines unausgewiesenen "mythischen" Urzustandes aus, sondern von der bedrückenden Erfahrung des gegenwärtigen Menschseins. Der Urzustand, der zugleich Endzustand werden soll,[90] wird wohl im Gegenzug gegen die Bedürftigkeit, Zerbrechlichkeit und Entfremdung des konkreten gegenwärtigen Zustandes des Menschen gedacht. Daß der Nyssener die Auferstehung wiederholt als eine Umgestaltung aus Hinfälligkeit, Abhängigkeit und Tod zu unvergänglicher Vitalität und selbstmächtiger Autarkie charakterisiert,[91] zeigt u. E. genügend an, auf welchem Hintergrund seine ganze Eschatologie, bzw. Protologie, ja seine umfassende Theorie des "Gott-ähnlich-werdens" gesehen werden muß.[92] Es geht letztlich dabei um eine metaphysische Anthropologie, die, von dem "unglücklichen" Menschsein unserer gegenwärtigen Erfahrung ausgehend -, gewiß im Anschluß an die evangelische Verheißung von der Auferstehung - die Bedingungen und Formen des gelungenen, "seligen" Daseins zum Gegenstand hat und intendiert. Besonders die Tatsache, daß die ἀποκατάστασις meist ausdrücklich als "Wiederherstellung" des von dem gesamten psychophysischen Organismus des Menschen radikal verschiedenen göttlichen Wesens der eigentlichen φύσις, des wahren *Selbst*, gedeutet wird, exponiert eindeutig die negativistische Bestimmtheit dieses anthropologischen Anliegens des Kappadokiers, auf dem schon früher in diesem Kapitel angespielt worden ist.[93] Real greifbar wird die anzustrebende "ursprüngliche" ideale φύσις erst durch und gegen die in Zeit und Raum real existierende, *defiziente* Natur des habituellen Menschen. "Ihr 'ursprünglicher', d.h. der ihr an sich zugedachte, vollkommene und geistige Zustand hat die bloße Priorität der Natur, nicht der Zeit nach. Er ist quoad nos eine reine Möglichkeit, die nicht real verwirklicht wurde."[94] Real verwirklicht sie sich, wie wir bereits gesagt haben, erst allmählich in Raum und Zeit und kommt nach einer gewissen Notwendigkeit ("einer gewissen Ordnung und notwendigen Folge gemäß" = διά τινος ἀκολουθίας καί τάξεως, sagt Gregor oft) am Ende der Zeit - ἐν τῷ μετά ταῦτα χρόνῳ, wie die charakteristische Wendung für die Auferstehung lautet[95] - real zu ihrer Vollendung und zu ihrer Einheit, welche freilich nur in der zeitlichen Verwirklichung des vollständigen Pleromas **a l l e r** Menschen bestehen kann. Dieser Vorgang der Vollendung in der Zeit, der zweifellos darin gründet, daß die Veränderlichkeit, Bedingtheit und Endlichkeit des Menschen radikal metaphysisch in Richtung der positiv umgedeuteten Unendlichkeit und Unbedingtheit eröffnet wird, impliziert offenkundig eine Perspektive vom linearen Ablauf der Zeit, welche die Vorstellung ewig-zyklischen Wechsels vom Aufstieg und Abfall zu überwinden sucht- gerade durch den (im nächsten Kapitel genau darzulegenden) Gedanken des unaufhörlichen Aufstiegs des Geistes zum unendlichen Guten, bzw. zu Gott, und der Unmöglichkeit, darin zu einer Sättigung zu gelangen.[96]

Auch der Unterschied der beschriebenen prozessuell-eschatologischen Ausrichtung zu den jüdisch-christlichen Erlösungsvorstellungen liegt aber auf der Hand. An dieser Stelle sieht man am deutlichsten diesen Unterschied, wenn man sich einfach an Gregors Verständnis jener dem heilsgeschichtlichen Prozeß innewohnenden Notwendigkeit orientiert, welche die Verwirklichung der vordefinierten Vollzahl der Menschen, die Verwirklichung des Pleromas und damit den einstigen "Stillstand" der gegenwärtigen "fließenden Bewegung der Natur" (de an. et resurr. 128 C) verheißt:

> "Einen Stillstand (στάσιν) in der Vermehrung (der Zahl) der Seelen sieht der Logos mit Notwendigkeit vor, damit die (menschliche) Natur nicht fortwährend im Flusse sei, indem sie durch die Nachkommen immer weiter sich ergießen und niemals in der Bewegung nachlassen würde. Und den Grund für die Notwendigkeit, mit der unsere Natur einst stillstehen wird (στάσιμον γίνεσθαι), sehen wir darin, daß, wenn die ganze intelligible Natur (πάσης τῆς νοητῆς φύσεως) in ihrer eigenen Vollzahl (Fülle) beharrt (ἐν τῷ ἰδίῳ πληρώματι ἑστώσης), natürlich (εἰκός) auch die Menschheit (τὸ ἀνθρώπινον) einmal zum Abschluß gelangen muß -, denn sie hat sich doch der intelligiblen Natur nicht entfremdet - damit sie nicht immer den Eindruck des Mangels (ἐν τῷ λείποντι) erwecke. Denn die fortwährende Addition der Nachkommen gibt Anlaß zu solcher Anschuldigung" (de an. et resurr. 128 B).

Eindeutig tritt hier die Angst des Kappadokiers vor einer Natur hervor, die sich endlos reproduziert. Selbst in der biologischen Realität der menschlichen Natur, darin nämlich, daß man ständig *fließt* und "nicht mal mit seinem gestrigen Selbst mehr identisch ist" (de an. et resurr. 141 C) erblickt Gregor ausdrücklich den grundlegenden ontologischen "Mangel" des Menschen,[97] der sich auch und nicht zuletzt im ständigen Begehren - und Wählen-Müssen äußert. Als das unvorhersehbar Veränderliche vermag das gegenwärtige menschliche Dasein für Gregor ebensowenig wie für Platon eine Befriedigung zu gewähren und deswegen stellt er, wie wir bereits gesehen haben, die auf Erden zu verwirklichende kompromißlose Forderung zur ek-statischen Apathie auf. Man müsse über sein unbeständiges natürliches Dasein hinaus sich *selbst* in seiner intellektuellen, transzendentalen Eigentlichkeit sozusagen ergreifen, indem man sich auf das Unsichtbare und Ewige, das Göttliche, wandellos mit sich identische Schöne-Gute sammelt. Daß Gregor nun auch das Leben "danach" stillstehen läßt, genauer: daß er anstelle des durch Werden und Vergehen gekennzeichneten Lebens "irgendeine andere Situation" (128 C ἑτέρα τις κατάστασις) eintreten läßt, welche gerade als ἑστῶσα (ebd.) - d.h. als eine Situation, die nicht durch die Bewegung von der Geburt zum Tod,von der Zusammensetzung zur Auflösung bestimmt wird - auch unauflöslich (ebd. ἀδιάλυτος) sein wird, ist gewiß *nur* konsequent zu seinen platonischen Prämissen. Völlig unmißverständlich hat ja die soeben angeführte Macriniapassage gezeigt, daß selbst die dem Vollendungsprozeß der Menschheit zu ihrem στάσιμον πλήρωμα innewohnende Notwendigkeit sich bezeichnenderweise aus der geistigen Verfaßtheit der menschlichen Natur ergibt. Auch hier, bei der am handgreiflichsten heilsgeschichtlichen Dimension des gregorianischen Denkens, haben wir es also mit einer Art dynamischen "Nous-Automatismus" zu tun. Nicht das erlösende Handeln des persönlichen Gottes setzt der aus einer im jüdisch-christlichen Sinne unableitbaren Schuld zu erklärenden fortdauernden Reproduktion der Natur ein Ende,[98] wohl aber die Ananke des unaustilgbaren Geistigen im Menschen,das trotz aller leiblichen Hindernisse dem Wechselvollen des Pathos und der Welt sich zu entziehen und zu der Regelmäßigkeit und Unveränderlichkeit der kosmischen Ordnung des wahrhaft Seienden, zurückzustreben vermag. Wir empfinden deswegen den heilsgeschichtlichen Ansatz des Nysseners als eine eigentümliche Synthese von Antike und Christentum, die allerdings die spezifischen "materialen" Glaubensinhalte des letzteren kaum berücksichtigt.

ANMERKUNGEN

[1] Siehe dazu III 3 A, o. S. 180 ff

[2] De an. et resurr. 72 D - 73 A /Sperrung vom Verfasser/; statt τό εἶναι αὐτοῖς (72 D) bei Migne muß es wohl τό εἶναι ἐν αὐτοῖς (:Version der Hs. A) heißen. In dieser Aussage ist offenkundig der Sachverhalt von de an. et resurr. 44 A - 45 A verdichtet worden. Vgl. hierzu o. III 4, S. 242.

[3] De an. et resurr. 68 B: Οὐδέν ἄλλο τί μοι δοκεῖ παρά τε τῶν ἔξωθεν καί παρά τῆς θείας Γραφῆς τό ὄνομα διασημαίνειν, ἐν ᾧ τάς ψυχάς γίνεσθαι λέγουσι, πλήν τήν εἰς τό ἀφανές τε καί ἀειδές μεταχώρησιν (:Version der Hss. A und B statt der unverständlichen Lesart bei Migne πλήν εἰς τό ἀειδές καί ἀφανές μετέχουσιν).

[4] Wenn auch diese Erklärung des Ἅδης zur Zeit Gregors sehr verbreitet gewesen sein muß (vgl. dazu etwa K. Gronau, Poseidonios, S. 258 f), fällt sie hier möglicherweise als ein weiteres Zeugnis der bewußten Anlehnung der "Macrinia" an den platonischen "Phaidon" auf. Denn es könnte kaum ein Zufall sein, daß der Ἅδης an dieser Stelle ausgerechnet wie bei "Phaidon" und nicht etwa wie bei "Kratylos" (404 b) -, einem Gregor sicher bekannten Dialog Platons (vgl. etwa H.F. Cherniss,The Platonism, S. 8; 61 f) -, etymologisiert wird.

[5] De an. et resurr. 148 B (οὕτως) ἡ φύσις ἡμῶν ἐμπαθής γενομένη, τοῖς ἀναγκαίοις ἐπακολουθοῦσι τῇ παθητικῇ ζωῇ συννέχθη. Unbrauchbar, den subtilen sprachlichen Nuancen Gregors kaum gerecht, ist die Übersetzung von K. Weiß, ad loc., BdK 56, S. 326 .

[6] Das der Philosophie der Spätantike geläufige Motiv der "vernunftlosen Felle", bzw. Tierfelle (ἄλογα δέρματα oder δερμάτινοι χιτῶνες), die unsere Teilhabe an der tierischen Natur versinnbildlichen, wird auch von Gregor sehr häufig benutzt. Vgl. dazu P. Zemp, Die Grundlagen heilsgeschichtlichen Denkens bei Gregor von Nyssa, S. 164, Anm. 116; K. Holl, Amphilochius, S. 202; H. Merki, Ὁμοίωσις θεῷ, S. 101 f.

[7] Die überraschende Übereinstimmung, in der Empedokles B 126 (=VS I 362,9) und die Genesis 3,21 den Körper als einen materiellen χιτών bezeichnen, in welchen der eigentliche geistige Mensch gehüllt ist, läßt sich ohne Schwierigkeiten in die Zweiphasigkeit der altorientalischen Anfangsvorstellungen einordnen. Nach den Pehlevi-Büchern des späten Mazdaismus etwa wurde die Schöpfung zunächst nicht materiell, sondern im sog. menok-Zustand hervorgebracht. Dieser schwer zu übersetzende Ausdruck bezeichnet, wie wir sagen würden, "den Primat des Geistigen",den Primat des Transzendenten und Vollkommenen; erst sekundär ist unsere materielle, widerspruchsvolle und leiderfüllte Welt entstanden (vgl.dazu Duchesne-Guillemin, Anhang "Iranische Kosmogonien" zu H. Schwabl, Art."Weltschöpfung", in: RE Suppl.9 (1962), Sp. 1588). Daß diese zoroastrische Schöpfungsvorstellung von einem unstofflichen Vorbild aller Wahrscheinlichkeit nach selbst Platon - durch Vermittlung der Pythagoreer - beeinflußt hat, zeigte B.L. van der Waerden, Die Pythagoreer. Zürich-München 1979, S. 301-319. Seine volle Entfaltung und gedankliche Durchdringung hat freilich dieses Konzept im Platonismus erfahren. Zur Gestalt, Bedeutung und Funktion der antiken Anfangsvorstellungen im ganzen (Anfang der Welt - Anfang des Menschen - Anfang von Geschichte

und Kultur - Anfang von Epochen - Anfang oder Anfanglosigkeit Gottes) vgl.
H. Görgemanns, Art. "Anfang", in: RAC Suppl. 1 (im Druck).

[8] H. Dörries These (Symmikta, S. 51-53 und S. 199 f), Platon habe "- in wohl
beabsichtigter Korrektur der schon geprägten pythagoreischen Vorstellungen-
nicht die Seele im Leibe, sondern den Leib in der Seele bestehen lassen"
(52), geht von einer künstlichen Basis aus, insofern sie nur *der* Seele die
Herrschaft über den Körper zuzuerkennen scheint, die den Körper "schleier-
artig umschwebt" (vgl. S. 53 "wie die Seele den Körper umgibt (etwa ἀμφι-
έννυται) und *so* beherrscht"). In Wirklichkeit aber führt (bzw. hält)auch
die Seele den Körper zusammen (=συνέχει in Anlehnung an den Satz des Poseidonios (Ach. Tatius, Introductio in Aratum, 13, zitiert oben, III 3 B,
S. 215, Anm. 3; siehe auch H. Dörrie, a.a.O., S. 52) οὐ τὰ σώματα τὰς ψυχὰς συνέχει, ἀλλ'αἱ ψυχαί τὰ σώματα),die in die Körperlichkeit eingehe wie in ein Gewand. Platon und die Platoniker haben sicher darin keinen
Widerspruch gesehen. In bewußter Umkehrung der These Dörries müssen wir daher sagen: Echt platonisch (und von den Neuplatonikern immer wieder bestätigt (Belege bei P. Wendland, "Das Gewand der Eitelkeit", H 51 (1916), S.
481-485 und Dörrie, a.a.O., S. 201/2!)) ist die Platon-Auslegung des Nemesios de nat. hom. 129, 6 (die Dörrie für "sicher falsch" (!) hält), daß die
Seele den Körper "anzieht" wie ein Gewand. Dies spricht ja Platon nicht nur
im "Phaidon" 81 d und "Staat" 10, 620 c - im "scherzenden Unterton", wie
Dörrie sagt - deutlich aus, sondern dies ist auch die Grundlagen-Vorstel-
lung des sehr ernsten Einwandes des Kebes von der Seele als eines Webers
(ὑφάντης), der sein "letztes" Gewand (ἱμάτιον) nicht überlebt (Phaid.87
b f; beachte besonders den klaren Ausdruck ἠμπείχετο (87 b₇)). Auch die
Idee des "Nacktwerdens" der Seele, die sich als Inbegriff der Reinigung in
"Kratylos" 403 b und "Gorgias" 523 cd finden läßt, verweist auf die Körperlichkeit, die den wahren Zustand der Seele - wohl wie ein Gewand - verhüllt.
Die Deutung von Dörrie dagegen, die Einzelseele umhülle den Körper wie ein
Gewand, beruht hauptsächlich auf einer Paraphrase der - allein auf die Welt-
seele bezogenen - "Timaios"-Stellen 34 b und 36 b bei Diogenes Laertios 3,
67/68 und läßt sich bei weiterer Untersuchung kaum halten, insofern sie
letztlich auf Hypothetische hinausläuft (vgl. etwa S. 52, a.a.O. die Wendung: "blieb es nicht aus...") und, keine direkten Belege bei Platon selbst
vorweisend, die Neuplatoniker in vielem willkürlich auslegt (so etwa Plotin
III 9, 3, 2, wo die Rede nicht von dem Verhältnis der Einzelseele zum Körper ist, sondern vom Verhältnis der sich zur Teilseele (μερική ψυχή,αἱ
ἄλλαι ψυχαί) ausdrücklich differenzierenden Allseele (ἡ πᾶσα ψυχή) zum
(Welt-)Körper).

[9] K.H. Volkmann-Schluck,"Seele und Idee. Der dritte Unsterblichkeitsbeweis
in Platos 'Phaidon'",in: Dialektik und Dynamik der Person (FS für R. Heiss,
Köln-Berlin 1963), S. 264

[10] Vgl. de an. et resurr. 148 B. Zum."Titanischen" vgl. o. I 2, S.66f.Der Tod
als etwas der eigentlichen Natur des Menschen Fremdes und Peripheres, der
Tod eben als "tierische *Haut*" tritt übrigens in merkwürdig krassem Gegensatz zum modernen Empfinden des Todes, wie es etwa Rainer Maria Rilke ("Das
Stunden-Buch") tief und schön zum Ausdruck bringt:

> "O Herr, gib jedem seinen eigenen Tod,
> das Sterben, das aus jenem Leben geht,
> darin er Liebe hatte, Sinn und Not.

Denn wir sind nur die Schale und das Blatt.
Der große Tod, den jeder in sich hat,
das ist die Frucht, um die sich alles dreht."

/In: Rainer Maria Rilke. Werke in sechs Bänden. Frankfurt/M. 1980, Bd I, S. 103/

[11] Vgl. bes. Plotin IV 7 (περὶ ἀθανασίας ψυχῆς),10, 30-11,17 (z.T. zit. o. III 4, S. 240). Daß die Seele weder Körper noch ein Etwas des Körpers (Qualität, Quantität, Harmonie, Entelechie) sein kann, beweist Plotin ebd., IV 7, 2, 1-9, 14.

[12] Da der Mensch Abbild Gottes ist, sagt Gregor an einer charakteristischen Stelle der "Großen Katechese", kommt ihm auch die Ewigkeit (ἀϊδιότης) zu, denn wahres Abbild ist freilich nur, was in allen seinen Teilen dem Vorbild gleicht: vgl.Catech.MPG 45,21 D (zit. o. III 4 (Exkurs), S. 252); ähnlich: de hom. opif.,MPG 44, 137 A-C; 149 B; 180 B; 184 B; inf.MPG 46, 173 D; vgl.dazu noch de an. et resurr. 41 B-44 A (zit. o. III 4, S. 233).

[13] Freilich ist sich Gregor des platonischen Axioms von der Vergänglichkeit alles Gewordenen durchaus bewußt: vgl. vor allem de an. et resurr. 128 C Μὴ οὔσης ἄρα γενέσεως κατὰ πᾶσαν ἀνάγκην οὐδὲ τὸ φθειρόμενον ἔσται. Dieses von den Platonikern häufig geäußerte Prinzip findet - in Hinblick gerade auf den Tod, d.h. die Trennung der unsterblichen Seele vom vergänglichen Leib - an einer Stelle des Olympiodoros-Kommentars zu Phaidon (64 c_{5-6}: χωρὶς μὲν ἀπὸ τῆς ψυχῆς ἀπαλλαγὲν αὐτὸ καθ'αὑτὸ γεγονέναι τὸ σῶμα) besonders klaren Ausdruck: καὶ ἐπὶ μὲν τῆς ψυχῆς τὸ "ε ἶ ν α ι" εἶπεν, διότι ἀγέννητος αὕτη, ἐπὶ δὲ τοῦ σώματος τὸ "γ ε γ ο ν έ ν α ι", γενητὸν γὰρ τοῦτο (Ol. 3 § 13, Westerink, S. 75 /Sperrung vom Verfasser/).

[14] Vgl. de an. et resurr. 44 D: εἰσαεὶ παραμένειν, οἷς κατεμίχθη; 76 D/77 A τὸ οἷς ἐξ ἀρχῆς ἐνεφύη στοιχείοις, τούτοις καὶ μετὰ τὴν διάλυσιν παραμένειν. Die Aussage παρα μ έ ν ε ι ν drückt charakteristischerweise das Verharren der göttlichen Seele *in* ihrem Wesen auch nach dem Tode aus und weist eindeutig auf ihre Ewigkeit im Sinne endloser (εἰσαεί), linearer Dauer hin.

[15] Zum folgenden vgl.III 3 B und III 4,bes.S.212 f;230 ff;241 f. Das Problem der Ewigkeit und insbesondere der Göttlichkeit des Gewordenen, bzw. Gezeugten tritt freilich auch und vor allem in den trinitarischen (christologischen) Streitigkeiten der Zeit Gregors stark hervor. Daß der Nyssener dabei den Arianer Eunomius dadurch widerlegt, daß er vermeidet, das göttliche Wesen durch die Ungezeugtheit - diese für alle griechische Tradition so charakteristische Wesensbestimmung des Göttlichen - zu bestimmen (vgl. dazu E. Mühlenberg, Die Unendlichkeit Gottes bei G.v.N., S. 101), kann auch in bezug auf unser Problem höchst relevant sein. Das Göttliche überhaupt bestimmen und begründen zu wollen, - die Idee als solche stellt bekanntlich für Gregor eine Hybris dar. Selbst in seinem entschieden platonisch beeinflußten Dialog "de anima et resurrectione" erweist sich mithin das ἀόριστον als ein hervorragender Begriff des Göttlichen. Die Behauptung E. Mühlenbergs (a.a.O., S. 100 ff, 142-147) jedoch, das ἀόριστον - und zwar das ἀόριστον im Sinne des ἄπειρον, des im Unterschied zur endlichen Welt *begriffenen* (!) Unendlichen (ebd.,S.144) - sei eine so radikal neue, eine so eindeutig und systematisch durchdachte Prädizierung von Gottes Wesen, daß sie sich gegen die

negative Theologie abzugrenzen und jeglichen Analogieschluß zwischen Gott
und (dem angeblich ganz und gar endlichen) Menschen auszuschließen vermag,
trifft mindestens auf den Dialog des Nysseners nicht zu. Hier liegt doch
eindeutig der Schwerpunkt nicht auf "dem radikalen Bruch" zwischen Erschaffenem und Unerschaffenem, wohl aber auf ihrer wesenhaften (origenistisch
anmutenden) Gemeinsamkeit, wie sie sich aus der der Welt transzendenten Natur des Logos ergibt, an dem beide, Gott (vgl. bes. de an. et resurr. 57 B)
und Mensch, teilhaben. Daß Gregor oft in "Macrinia" eine Ordnung zu behaupten scheint, die nicht nur den Menschen, sondern auch Gott zu übergreifen
vermag, läßt sich vor allem in der unbezweifelbar plotinischen Auslegung
Gottes als "Eros zu sich selbst" erkennen (de an. et resurr. 96 C: zitiert
und interpretiert unten, S.286 f). An dieser Stelle handelt es sich
offensichtlich um die Ordnung *des Guten und Schönen*, an der das θεῖον teilnimmt, sich selbst - als das wesenhaft Gute-Schöne- erkennend und *deswegen*, - "weil das Gute und Schöne notwendigerweise von denen geliebt wird,
die es erkennen"(ebd.), - sich selbst liebend.

Was "Macrinia" anlangt, ließe sich wohl das Verhältnis von erschaffenem zu
unerschaffenem Geiste folgendermaßen umreißen : Menschlicher und göttlicher
Logos sind wesenhaft ähnlich (Prototyp - Abbild). Ihrer beider Natur, vornehmlich als νοῦς τις zu bezeichnen, weist auf das Unbestimmte und
Unbegrenzte hin. Daß der eine, der menschliche Logos erschaffen ist,
scheint u.E. eine *Eigentümlichkeit*, eine Paradoxie (vgl. o. III 3 B,S.
212 ff, die Ausführungen über das θύραθεν (Gregor sagt: ἀρρήτῳ τινι λόγῳ) εἰσιέναι des νοῦς im Menschen) zu sein, die sein gottähnliches,un-
sterbliches *Wesen* zu beeinträchtigen nicht imstande ist. Diesem Wesen wird
ja das ἀδιάστατον und νοερόν, das ἁπλοῦν καὶ ἀσύνθετον und ἀδιάλυτον (vgl. o. III 3 A, S. 180 ff), die uneingeschränkte (ins Irrationale
hinauslaufende) Transzendenz der göttlichen Natur durchaus zuerkannt. Auch
in seinem "Abenteuer" im Menschlichen erscheint also der Logos im wesentlichen ἀόριστος = unbestimmt! Vgl. dazu den nur schwach revidierten Selbst-
einwand E. Mühlenbergs, a.a.O., S. 146 .

[16] Vgl. etwa den ὄχημα-Einwand in de an. et resurr. 45 B f (o. III 3 A, S. 180
f) und den οἰκείωσις-Einwand in de an. et resurr. 73 AB.

[17] Auf die beliebte gregorianische Metapher des Geistes als einer τέχνη (und
auf ihren möglichen Ursprung bei Aristoteles) haben wir schon oft hingewiesen : vgl. bes.o. III 3 A, S. 181 f.

[18] De an. et resurr. 76 D - 77 B; statt στοιχείοις τούτοις (76 D)und συν-
διαλύεσθαι (77 A) bei Migne muß es wohl στοιχείοις, τούτοις (Hs. B)
und συνδιαδύεσθαι (:Version der Hs. A) heißen. Man lese den ἐν αὐτοῖς
(Hss. A. und B) statt der falschen Überlieferung ἐν αὐτῷ (77 A) bei
Migne; ὅποιπερ ἄν (:Hss. A und B) statt ὅποιπερ (77 A) bei Migne; ἐκ
μιᾶς ἀρχῆς statt μιᾶς ἀρχῆς (77 B) bei Migne; statt πλακουμένου
(77 B) bei Migne paßt besser im Kontext πλεκομένου τε (:Version der Hs.
B).

[19] Man beachte dazu das Urteil von M. Pohlenz, Die Stoa I 431: "Im vierten Jahrhundert gehörte ... eine auf stoischer Grundlage aufgebaute Teleologie auch
zur Handbibliothek jedes christlichen Theologen" (ebd. wird ausdrücklich
auf Gregor von Nyssa hingewiesen).

[20] Zur Todes- und Unsterblichkeitskonzeption Platons vgl. o. I 1, S. 28 f,34 ff;
I 2, S. 64 f

[21] Charakteristisch für den Standpunkt Platons vor allem Phaid. 70 c_7 f: γί -

γνονται ἐκ τῶν τεθνεώτων (sc. αἱ ψυχαί) ... οὐ γὰρ ἄν που πάλιν ἐγίγνοντο μὴ οὖσαι.

[22] Vgl. hierzu de an. et resurr. 120 C Ἐλθοῦσαν δὲ εἰς γένεσιν τὴν ψυχὴν κατὰ τὸν ἀρέσκοντα τρόπον τῷ κτίσαντι ...

[23] Vgl. de an. et resurr. 108 A: ὄψει γὰρ τοῦτο τὸ σωματικὸν περιβόλαιον τὸ (:Hs. B statt τὸν bei MPG) νῦν διαλυθὲν τῷ θανάτῳ ἐκ τῶν αὐτῶν πάλιν ἐξυφαινόμενον, οὐ κατὰ τὴν παχυμερῆ ταύτην καὶ βαρεῖαν κατασκευήν, ἀλλ᾽ ἐπὶ τὸ λεπτότερόν τε καὶ ἀεριῶδες μετακλυσθέντος τοῦ νήματος, ὥστε σοι καὶ παρεῖναι τὸ ἀγαπώμενον, καὶ ἐν ἀμείνονι καὶ ἐρασμιωτέρῳ κάλλει πάλιν ἀποκαθίστασθαι. Vgl. auch ebd.,148 B-156 B; bes. 153 C f πρὸς τὸ μεγαλοπρεπέστερον ἡ φύσις κατασκευάζεται ...

[24] De an. et resurr. 88 A; statt καθάπερ δεσμῶν τὴν ψυχήν bei Migne muß es wohl καθάπερ δεσμῶν τῇ ψυχῇ (:Version der Hss. A und B) heißen. Auch die Lesart οὐδεμιᾶς αὐτὴν σωματικῆς ἀλγηδόνος (bzw. ἀχθηδόνος Hs. B) πρὸς ἑαυτὴν ἀφελκούσης (bzw. ἐφελκούσης: Hs. B) muß der offenbar falschen Migne-Lesart οὐδεμιᾶς αὐτὸν ... vorgezogen werden. Auf die offenkundige, bis ins wörtliche hineingehende Übereinstimmung dieser Stelle mit dem "sensus" des platonischen "Phaidon" (bes. 82 e f: ὅτι παραλαβοῦσα ... τὴν ψυχὴν ἡ φιλοσοφία ἀτέχνως διαδεδεμένην ἐν τῷ σώματι καὶ προσκεκολλημένην ...) hat schon K. Gronau in seiner Dissertation "De Basilio, Gregorio Nazianzeno Nyssenoque Platonis imitatoribus", S. 35, nachdrücklich hingewiesen.

[25] Vgl. hierzu III 4 (Exkurs), o.S. 260 ff, bes. S. 265

[26] Auf die eklatante sachliche wie sprachliche Parallelität zwischen Phaid. 81 cd und de an. et resurr 88 A-C hatte schon A.M. Akylas,᾽Η περὶ ἀθανασίας τῆς ψυχῆς δόξα τοῦ Πλάτωνος ἐν συγκρίσει πρὸς τὴν τοῦ Γρηγορίου τοῦ Νύσσης, S. 21, aufmerksam gemacht. Wir brauchen auf diesen locus classicus der Parallelität zwischen beiden Dialogen nicht näher einzugehen, zumal er immer wieder hervorgehoben wurde: vgl. etwa noch M. Pellegrino, "Il platonismo", in: RFN 30 (1938), S. 469. Die Vorstellung von den σκιοειδῆ φαντάσματα (sic! Phaid. 81 d_2 und de an. et resurr. 88 B) der an Denksteinen und Gräbern schweifenden "schweren" Seelen, jener Seelen, die den Leib auch nach dem Tode noch nicht ganz los sind, ist gewiß durch die Neuplatoniker zum Allgemeingut geworden (Belege dazu etwa bei Andrew Smith, Porphyry's Place in the Neoplatonic Tradition, S. 22), doch ist das Besondere der diesbezüglichen Anknüpfung Gregors an "Phaidon" kaum zu bezweifeln.

[27] Zur Entwicklung und Interpretation der Auferstehungshoffnung in der Bibel vgl. G. Scherer, Das Problem des Todes in der Philosophie, S. 111-114. G. Scherer sieht mit Recht den Kernpunkt des Unterschieds zwischen der metaphysischen Unsterblichkeitstheorie und dem biblischen Auferstehungsglauben darin, daß die Bibel von einem aus sich und in sich unsterblichen Prinzip im Menschen nichts weiß. Damit hängt natürlich auf das engste zusammen die Tatsache, daß die Bibel den Menschen "ganzheitlich, d.h. in seiner Einheit als leiblich geistiges Wesen" auffaßt: "Man könnte wohl herausarbeiten,daß auch in der biblischen Anthropologie das, was Platon die Seele nannte, von den Phänomenen des menschlichen Lebens her durchaus bekannt ist. Es wird aber nirgendwo dem Leibe gegenübergestellt, sondern kann nur in ihm und durch ihn erfahren werden. Darum ist das Verständnis des Todes als Tren-

nung von Leib und Seele und die Vorstellung einer vom Leibe geschiedenen Seele, die bei Gott oder im Himmel weiterexistiert, unbekannt. Tod heißt vielmehr biblisch: Der Mensch, nicht etwa nur sein von der Seele verschiedener Leib, wird zu Staub, muß sich als der Vergänglichkeit preisgegebenes "Fleisch" erfahren. Ebenso darf der Mensch aber auch als ganzer auf eine Verwandlung seines Seins durch Gottes rettende Tat hoffen" (a.a.O.,S. 115-116).

[28] Vgl. etwa de an. et resurr. 128 C; 148 BC Τὸν γάρ τοῦ ζῆν ἀρξάμενον, ζῆσαι χρὴ πάντως, τῆς ἐν τῷ μέσῳ διὰ τοῦ θανάτου συμβάσης αὐτῷ διαλύσεως ἐν τῇ ἀναστάσει διορθωθείσης /Sperrung vom Verfasser/. Vgl. noch de an. et resurr. 157 A ὑπολαβοῦσα ἡμᾶς ἡ γῆ διὰ τοῦ θανάτου λυθέντας, πάλιν κατὰ τὸ ἔαρ τῆς ἀναστάσεως στάχυν ἀναδείξει τὸν γυμνὸν τοῦτον κόκκον τοῦ σώματος /Sperrung vom Verfasser/.

[29] Siehe Paul. 1. Kor. 15, 36. Vgl. dazu auch de an. et resurr. 153 B πόθεν τοῖς σπέρμασι τὰ περιφυόμενα σώματα; τί δὲ καθηγεῖται τῆς βλάστης αὐτῶν; οὐχὶ θάνατος, εἴπερ θάνατός ἐστιν ἡ τοῦ συνεστηκότος διάλυσις; ähnlich de an. et resurr. 156 C f.

[30] De an. et resurr. 153 D - 156 B /Hervorhebung vom Verfasser/; man lese statt ἐν τῷ ποιῷ σχήματος - ἐν αὐτῷ μένων - κατὰ τῆς ἡλικίας διαφοράν - ἀεὶ διά τινος ῥοῆς - ἐν τῷ τῷδε βίῳ bei Migne (156 AB) : ἐν τῷ ποιῷ τοῦ σχήματος (Hs. A) - ἐν ἑαυτῷ μένων (Hss. A,B) - κατὰ τὰς ἡλικίας διαφοράν (Hss.A,B) - τὸ ἀεὶ διά τινος ῥοῆς (Hss.A,B) - ἐν τῷ τότε βίῳ (Hs. A).

[31] Vgl. hierzu vor allem de an. et resurr. 89 B - 96 B

[32] Vgl. vor allem de an. et resurr. 89 B Εἰ τοίνυν εἴτε ἐκ τῆς νῦν ἐπιμελείας, εἴτε ἐκ τῆς μετὰ ταῦτα καθάρσεως ἐλευθέρα γένοιτο ἡμῖν ἡ ψυχὴ τῆς πρὸς τὰ ἄλογα τῶν παθῶν συμφυΐας ...

[33] Vgl. etwa de an. et resurr. 93 B Ἐπειδὰν οὖν καὶ ἡ ψυχὴ πάντα τὰ ποικίλα τῆς φύσεως ἀποσκευασαμένη κινήματα θεοειδὴς γίνεται καὶ ὑπερβᾶσα τὴν ἐπιθυμίαν ἐν ἐκείνῳ ᾗ, πρὸς ὃ ὑπὸ τῆς ἐπιθυμίας τέως ὑπήρετο etc. mit 89 B oder, 89 C εἰ τοιούτων ἡ ψυχὴ κινηματάτων ἐλευθέρα γένοιτο, πρὸς ἑαυτὴν πάλιν ἐπανελθοῦσα etc.

[34] Vgl. de an. et resurr. 93 BC

[35] Vgl.etwa Arist. Probl.X,45, 895 b$_{28}$ ἡ φύσις οὐχ ἡ πρώτη ἀλλ' ἡ ἐν τέλει ...

[36] Vgl. de an. et resurr. 89 C - 92 A: Ἀληθῶς γάρ ἐν τούτῳ ἐστιν εἰπεῖν τὴν ἀκριβῆ πρὸς τὸ θεῖον εἶναι ὁμοίωσιν, ἐν τῷ μιμεῖσθαί πως τὴν ἡμετέραν ζωήν (bzw. ψυχήν: Hss. A,B) τὴν ὑπερκειμένην οὐσίαν (Die Stelle wird übersetzt in III 4,oben S. 235).

[37] Vgl. P. Zemp, Die Grundlagen heilsgeschichtlichen Denkens bei G.v.N., S.136-139; "Zur Hermeneutik protologischer Aussagen in Gregors 'De hominis opificio'".

[38] Vgl. M. Pohlenz, Die Stoa I 1o

[39] G. Scherer, Das Problem des Todes in der Philosophie, S. 115 /Hervorhebung vom Verfasser/.

[40] So der Untertitel des Buches von E. Mühlenberg: Die Unendlichkeit Gottes bei Gregor von Nyssa

[41] Gregor benutzt das Samenkornmotiv nicht nur in ontologischer, sondern auch und nicht zuletzt in heilsgeschichtlich-ethischer Hinsicht: Vgl. de an. et resurr. 156 C - 160 A über die Wiederherstellung der Totalität des Menschlichen im Guten (Näheres dazu unten S. 299 f).

[42] W. Pannenberg,"Die Aufnahme des philosophischen Gottesbegriffs als dogmatisches Problem der frühchristlichen Theologie", in: ZKG 70 (1959), S. 31 (=ders., Grundfragen systematischer Theologie, S. 330).

[43] Vgl. etwa de an. et resurr. 92 A ‘Η γὰρ ὑπεράνω παντὸς νοήματος φύσις πόρρω τῶν ἐν ἡμῖν θεωρουμένων ἀφιδρυμένη, ἄλλῳ τινὶ τρόπῳ τὴν ἰδίαν ἐξοδεύει ζωήν; 92 C ἡ ὑπερέχουσα πᾶσαν ἀγαθὴν ἔννοιαν φύσις. 93 A αὐτὴ οὖσα ἡ τοῦ καλοῦ φύσις, ὅ, τ ί π ο τ ε κ α ὶ ε ἶ ν α ι τ ὸ κ α λ ὸ ν ὁ ν ο ῦ ς ὑ π ο τ ί θ ε τ α ι /Sperrung vom Verfasser/; 93 A-B παντὸς ἀγαθοῦ ἐπέκεινα ἡ θεία φύσις ... καὶ ὃ ἔχει θέλει, καὶ ὃ θέλει ἔχει, οὐδὲν τῶν ἔξωθεν εἰς ἑαυτὴν δεχομένη, ἔξω δὲ αὐτῆς οὐδέν; 100 B οὐχ ἡ θεία κρίσις ... τοῖς ἐξημαρτηκόσιν ἐπάγει τὴν κόλασιν etc. Darüber hinaus sei auch an dieser Stelle auf die plotinische Auslegung Gottes als "Eros zu sich selbst" in de an. et resurr. 96 C hingewiesen, die im folgenden behandelt wird. Spricht sodann Gregor von dem Ziel, dem σκοπός Gottes, differenziert er ihn kaum von dem im Sinne der altstoischen Teloslehre gedachten göttlichen Willen der Allnatur (vgl. die Ausführung über den göttlichen σκοπός in de an. et resurr. 152 A mit dem Gedanken einer zu ihrem eigenen Zweck (πρὸς τὸν ἴδιον σκοπόν) unaufhaltsam fortschreitenden, alles umfassenden Natur in 105 C). Die aus der Stoa entlehnte Vorstellung einer einheitlichen Weltverwaltung (διοίκησις κόσμου) vermag in Wirklichkeit die absolute Transzendenz und Andersheit Gottes nicht im geringsten zu beeinflussen. Die Folgerungen, die sich für Gregor daraus ergeben, faßt E. von Ivánka, Plato Christianus, S. 159, zusammen: "So ist Gott jenseits aller Namen und aller Begriffe unerreichbar, undenkbar und unaussprechbar (PG 45, 45 D). Alle Namen, die wir ihm auf Grund seiner Werke beilegen, erreichen nicht sein Wesen (PG 45, 960 C), und so steht Gott jenseits von allem, womit wir, das Unaussprechliche zu benennen uns bemühend (PG 44, 801 A), ihn bezeichnen; er ist nicht gut, sondern jenseits des Guten (ebd. 725; 184 A; 433 C), ja sogar - ein ganz kühner Gedanke - nicht Gott, sondern jenseits Gottes, insofern der Name Gott schon irgendeinen Begriff, einen Gedanken, eine Bestimmung bedeutet (PG 45, 684 B)."

[44] Vgl. K. Barth, Die Kirchliche Dogmatik IV/2, S. 833. Zu der Eigenart der antiken Eroskonzeption, wie sie sich vor allem in ihrem Unterschied zu der christlichen Agapevorstellung herauskristallisierte, vgl. auch die Abhandlung von Max Scheler, "Das Ressentiment im Aufbau der Moralen", in seinem Buch "Vom Umsturz der Werte". Bern-München, 1972[5], S. 70 f und insbesondere die detaillierte Darstellung beider Motive in der Schrift von Anders Nygren, Eros und Agape. Gütersloh 1954, bes. S. 11-157.

[45] De an. et resurr. 96 C; statt αὐτό und Διὸ τό bei Migne lesen wir mit der Hs. B: ἑαυτό und διότι (bzw. Διότι). Daß man bei der Übersetzung des καλόν in dieser Passage an seine beiden Nuancen des Guten und des Schönen denken muß, scheint uns offenkundig zu sein.

[46] A. Nygren, Eros und Agape, S. 341 f und 133 f

[47] Daß ausgerechnet an dieser Stelle M. Pellegrino,"Il Platonismo", in: RFN 30 (1938), S. 461, von den "caratteri di concreta certezza che ci presenta il nostro (sc. G.d.N.), nella sublimità della contemplazione, non come trovato della speculazione propria, ma come elaborazione del dato rivelato (!)" zu sprechen wagt, zeigt das Maß seiner dogmatisch-christlichen Befangenheit. Sein Versuch, die Beziehungen des gregorianischen Dialogs "de anima et resurrectione" zum Platonismus aufzudecken, wird in der Tat von der unantastbaren *rivelazione divina* (a.a.O., S. 474; vgl. S. 473: "La rivelazione è accettata senza discussione") hergeleitet, die er auch in Gregors Schrift auf Schritt und Tritt zu entdecken glaubt. Eine solche frömmelnde Betrachtungsweise muß freilich Gregor Gewalt antun;denn die Texte belegen nicht von sich aus, daß Gregor aus einem gewissen "Frömmigkeitsgefühl" (W.Völker, G.v.N. als Mystiker, S. 31), geschweige denn aus der Erfahrung *der* "göttlichen Offenbarung" heraus spekulative Aussagen macht. Im Gegenteil!

[48] Kein Wunder also, daß das Scholion der Hs. B ad loc. (41 bei Migne) anmerkt: Ὁ μακάριος Γερμανός ὠβέλισε μέρος τῶν ἔμπροσθεν, ὡς νόθα (vgl.dazu noch unten S.297 f).

[49] Eine ähnliche Meinung für Gregor im ganzen vertritt R.M. Hübner, Die Einheit des Leibes Christi bei Gregor von Nyssa. Untersuchungen zum Ursprung der "physischen" Erlösungslehre, Leiden 1974, S. 221. Die gegensätzlichen Ansichten des griechisch-orthodoxen Theologen E. G. Konstantinou, Die Tugendlehre Gregors von Nyssa im Verhältnis zu der Antik-Philosophischen und Jüdisch-Christlichen Tradition, Würzburg 1966, S. 170 ff, 178 ff, halten einer gründlichen Überprüfung nicht stand.

[50] Vgl. etwa Cant. or. I, VI 23, 7-12 (zit. und übers. in III 6, unten S.345).

[51] J. Daniélou, Platonisme, S. 51, 94 und 96

[52] H. Merki, Ὁμοίωσις θεῷ, S. 137; vgl. dazu noch bes. S. 96 f.

[53] Zu diesem Grundaxiom der sehr verbreiteten sog. "mystischen" Deutung Gregors vgl. bes. III 6, unten S. 364 f

[54] J. Daniélou, Platonisme, S.51

[55] Vgl. hierzu abermals III 6, unten S. 370, Anm.32

[56] J. Daniélou, a.a.O. /Hervorhebung vom Verfasser/

[57] Ebd. Von Daniélou völlig abhängig in dieser Frage sind etwa R.Leys, L'image de Dieu chez G.d.N., Brüssel-Paris 1951, S. 77; H. Merki, Ὁμοίωσις θεῷ, S.97-98; P. Zemp, Die Grundlagen heilsgeschichtlichen Denkens bei G. v. N., S. 20.

[58] De an. et resurr. 137 A; statt μὴ μιᾶς ἀμφιβολίας ἐν τοῖς τὰ προγεγραμμένα παραδεδειγμένοις εἰπούσης bei Migne muß es wohl hier μηδεμιᾶς (Hss. A und B) ἀμφιβολίας ἐν τοῖς τὰ γεγραμμένα (Hss. A und B) παραδεδεγμένοις ὑπούσης (Hs. B) heißen.

[59] De an. et resurr. 148 A ὅτι ἀνάστασίς ἐστιν ἡ εἰς τὸ ἀρχαῖον τῆς φύσεως ἡμῶν ἀποκατάστασις, vgl. ebd. 156 C; de hom. opif. MPG 44, 188 CD; 189 B; de virg. VIII/1, 302, 5-6; Eccl. V 296, 12-18; mort. IX 51, 16-18; Catech. MPG 45, 69 B. Varianten dieser Formel an vielen anderen Stellen!

[60] P. Zemp, Die Grundlagen heilsgeschichtlichen Denkens bei G.v.N., S.198 f. Ebd. macht P. Zemp besonders auf den geläufigen astronomischen Sprachgebrauch des Begriffs aufmerksam: ἀποκατάστασις beschrieb in der Antike vor allem die Rückkehr der Gestirne in ihre ursprüngliche Position und wurde von daher - besonders von der Stoa - zum terminus technicus für die Wiederherstellung des kosmischen Zyklus.

[61] Vgl. J. B. Aufhauser, Die Heilslehre des hl. G.v. N., S. 204, Anm. 1 und S. 210

[62] Dies sei bewußt gegen W. Vollert gesagt:"Hat G.v.N. die paulinische Eschatologie verändert?", in: Theologische Blätter 14 (1935), S. 106-112.

[63] P. Zemp, a.a.O., S. 204; ebd., S. 205, Anm. 143 mit weiterführender Literatur zum Thema.

[64] Vgl. etwa de an. et resurr. 104 A - 105 CD (beachte besonders die Wendung 105 A τῷ εἱρμῷ τῆς ἀναγκαίας τῶν πραγμάτων (:Hss. A und B, statt πραγμάτων bei MPG) ἀκολουθίας); ebd. 149 C - 152 B.

[65] Wir nehmen allerdings dieses Problem S. 300 f wieder kurz auf. Näheres dazu bei P. Zemp, a.a.O., S. 2 f, der sich im ganzen seiner Dissertation um eine Lösung bemüht. Trotz wichtiger hermeneutischer Einblicke in die Struktur und Funktion der Eschatologie sowie in die Zeitauffassug des Nysseners, kommt er aber auch zu keinem eindeutigen Resultat (vgl. bes.seine *Schlußbemerkung* zu "Kreis und Linie", S. 246 f). Übrigens : Daß zyklische Bewegung und eschatologische Ausrichtung, die beiden großen Konzeptionen der griechischen Antike und des Judentums/Christentums, die grundsätzlichen Möglichkeiten des Geschichtsverständnisses überhaupt erschöpfen, hat bekanntlich K. Löwith in seinem maßgebenden Buch "Weltgeschichte und Heilsgeschehen", Stuttgart 1953, überzeugend gezeigt.

[66] Explizit tritt dieser Gedanke in de hom. opif. MPG 44, 185 CD hervor. Es ist zu beachten, daß nicht nur in "de hominis opificio" der Gedanke erscheint, das göttliche Ebenbild, i.e. der νοῦς, sei nur in der Gesamtnatur, die alle Menschen umfaßt, verwirklicht, wie W. Völker, G.v. N. als Mystiker, S. 73,glaubt. In seinem Dialog hat Gregor nicht den Einzelnen als solchen,sondern τὸ ἀνθρώπινον vor Augen, die Menschheit nämlich, die als personaler Inbegriff der menschlichen Natur Träger der εἰκών ist. Sehr charakteristisch dafür ist vor allem der Text de an. et resurr. 156 C - 160 C, der die universale Apokatastasis und Allversöhnung als Bedingung gerade der Verwirklichung der εἰκών sehr stark in den Vordergrund rücken läßt (vgl. bes. den Schlußsatz von de an. et resurr. 160 C καὶ τῇ εἰκόνι αὐτοῦ (sc. τοῦ θεοῦ), ἥ τίς ἐστιν ἡ ἀ ν θ ρ ω π ί ν η φ ύ σ ι ς).

[67] P. Zemp, a.a.O., S. 203, und mit ihm die überwiegende Mehrheit der theologisch gesinnten Gregorforscher, versteht freilich unter *Geistnatur* "alle geistigen Geschöpfe" und läßt demnach das Bild des"gemeinsamen Festes" - gegen den präzisen Text des Nysseners - auf "die Engel, Menschen und bösen Geistermächte" sich beziehen. Wie subtil und wie weit dennoch Gregor sich von dogmatischen Schlagworten und glatten Formeln der Kirche wie "Engel" oder "Dämonen" zu entfernen weiß, wie konsequent er überhaupt hinter den Vordergründen eines plakativ benutzten Biblizismus sein eigentliches Thema, die Anthropologie, anzudeuten vermag, haben wir gerade an seiner (von P. Zemp ebenfalls aufgegriffenen!) Erklärung von Paul, Phil. 2,10 gezeigt: o. III 1 A, S. 115 f. Auch hier, de an. et resurr. 133 BC -

136 A, wo er vom Bild des Festes spricht, läßt er uns nicht im Zweifel, daß er mit der λογική φύσις (133 D) *eigentlich* nur τό τῶν ἀνθρώπων γένος (133 B), τήν φύσιν ἡμῶν (133 C) meint. Als er in der Tat die paulinische Aussage von Phil. 2,10 in de an. et resurr. 136 A wieder streift, läßt er seine Schwester Makrina die ἑορτή ausschließlich auf "uns" beziehen: ἡ μ ᾶ ς, ο ὕ ς πάντας (bzw. ὧν πάντων: Hss. A und B) μία καί σύμφωνος ἑορτή κατακρατήσει.

[68] De an. et resurr. 133 CD /Sperrung vom Verfasser/

[69] De an. et resurr. 136 A. Es folgt der Satz: Ἔ σ τ ι (ἔσται B) δέ,φησί, καί ἄλλα πολλά τῆς ἁγίας Γραφῆς ... /Sperrung vom Verfasser/. Die stilistische Diskrepanz (Ἑορτή (δέ) ἐστιν - Ἔστι δέ) ist offenkundig.

[70] Wie tief und nachhaltig das Vergeltungsprinzip gerade auf den "Phädon" von Moses Mendelssohn wirkt, wie direkt es zu seiner Unsterblichkeitsbegründung selbst beiträgt, läßt allein der folgende Satz klar erkennen: "Wenn kein zukünftiges Leben zu hoffen ist, so ist die Vorsehung gegen den Verfolger so wenig zu rechtfertigen, als gegen den Verfolgten" (Phädon,121,38 - 122,2). Das Vertrauen aber auf die Vorsehung Gottes, der uns "auf das zärtlichste" liebt (ebd.102,17) und "an der Tugend Wohlgefallen findet" (ebd.,121,37), bildet das nicht zu hinterfragende Theologoumenon der Palmström-Ethik Mendelssohns, wie sie sich in dem seinen ganzen Dialog beherrschenden Satz äußert: "Es kann nicht sein, was nicht sein darf!" Daher: "Wer hier mit Standhaftigkeit und gleichsam dem Unglücke zu Trotz, seine Pflicht erfüllet, und die Widerwärtigkeiten mit Ergebung in den göttlichen Willen erduldet, muß den Lohn seiner Tugend endlich genießen; und der Lasterhafte kann nicht dahin fahren, ohne auf eine oder die andere Weise zur Erkenntniß gebracht zu seyn, daß die Uebelthaten nicht der Weg zur Glückseligkeit sind" (ebd.,123,22-28). Auch in der platonischen Vorlage Mendelssohns taucht aber das Vergeltungsprinzip sehr deutlich auf: Vgl. Phaid. 63 c_6, πολύ ἄμεινον τοῖς ἀγαθοῖς ἤ τοῖς κακοῖς und besonders 113 d_1 - 114 c_8. Daß wir es bei dem platonischen "Phaidon" mit einem Dialog zu tun haben, bei dem der Nachdruck wesentlich auf Lohn und Strafe, ja auf die Verherrlichung der (sozial instrumentalisierbaren) Idee der Gerechtigkeit post mortem gelegt wird, kann man etwa in der ideologiekritischen Analyse der Beziehung zwischen *Seele und Recht* bei Hans Kelsen nachlesen, vgl. dazu: "Aufsätze zur Ideologiekritik" (Soziologische Texte, Bd 16. Neuwied/Rh.-Berlin 1964),S. 69 ff . Bei den Christen tritt uns am ausgeprägtesten dieser Gedanke bekanntlich bei Tertullian entgegen (vgl. bes. seine Schrift über die "Schauspiele"), der sich entschieden gegen die Lehre vom affektlosen "Philosophengott" wendet (siehe hierzu M.Pohlenz, Die Stoa I, S. 439). Die Vorstellung, daß im "Hades" eine Seele ein Gericht wartet , läßt sich freilich bis zum orphisch-pythagoreischen Mysteriendenken zurückverfolgen (vgl. unseren Hinweis o. I 2, S.57), erfährt, aber erst in der Spätantike ihre volle Blüte, als alle Schichten ihrer sozial-ethischen Bedingtheit zusammenwachsen, die Feststellung namentlich, daß in dieser Welt Tugend und Glück selten zusammenkommen, im Zusammenhang mit der Verinnerlichung des Areté-Begriffs und der Überzeugung von einem vernünftigen, gerechten Gott, bzw. einer gerechten Weltordnung.

[71] Die Lesart καθάρσιον πῦρ der Hss. A und B entspricht völlig der Wort- und Gedankenordnung, die die Zeilen in de an. et resurr. 100 A beherrscht, und wir ziehen sie daher Mignes schwachem Vorschlag ἀκοίμητον πῦρ vor.

[72] Vgl. dazu den ganzen Textabschnitt de an. et resurr. 97 B - 100 C.

[73] Vgl. Rep. 6, 508 b ff; in Hinblick auf die Textstelle des Nysseners siehe aber vor allem Phaid. 67 ab und 79 d.

[74] Vgl. hierzu vor allem de an. et resurr. 105 CD

[75] Unwahrscheinlich ist die Wendung τῷ α ἰ ω ν ί ῳ πυρί bei Migne 100 A, weil sie in Kollision mit der Wort- und Gedankenordnung ad loc. kommt: ἀνάγκη πᾶσα καὶ τὴν ἑνωθεῖσαν αὐτῇ (sc. τῇ κακίᾳ) ψυχὴν ἐν τῷ πυρὶ εἶναι ὡ ς (bzw. ἕ ω ς : Hs.A) ἂν τὸ κατεσπαρμένον νόθον καὶ ὑλῶδες, καὶ κίβδηλον ἀπαναλωθῇ τῷ α ἰ ω - ν ί ῳ πυρὶ δαπανώμενον /Sperrung vom Verfasser/.

[76] Hier brauchen wir nur den unmöglichen Migne-Text auszuführen! De an. et resurr. 157 C: Ἐπειδὰν οὖν πᾶν ὅσον νόθον τε καὶ ἀλλότριον ἐκτιλῇ τοῦ τροφίμου, καὶ εἰς ἀφανισμὸν ἔλθῃ, τοῦ πυρὸς τὸ παρὰ φύσιν ἐκδαπανήσαντος τ ῷ α ἰ ω ν ί ῳ π υ ρ ὶ π α ρ α - δ ο θ έ ν (!) τότε καὶ τούτοις (sc. τοῖς κατὰ κακίαν βεβιωκόσιν) εὐτροφήσει ἡ φύσις...

[77] Einen guten Eindruck des großen Aufwands eines solchen philologischen Unternehmens vermittelt die erste kritische Edition der gregorianischen Predigt *Encomium in Sanctum Stephanum Protomartyrem* von Otto Lendle (Leiden 1968). Während die Migne-Ausgabe nach einer schon 1587 auf der Grundlage von zwei bis drei Handschriften entstandenen Fassung konzipiert wurde, kann sich die als Habilitationsschrift angenommene Edition von O. Lendle auf nicht weniger als 114 Zeugen der überaus reichen Textüberlieferung stützen.

[78] Schließlich werde auch der εὑρετής τῆς κακίας selber in die Einheit zurückkehren und so das Heil finden: Catech. MPG 45, 68 A - 69 C. Nur wundern kann man sich daher über die Verzerrrung, die der so eindringlich und deutlich vorgetragene Ansatz über die Allversöhnung durch J. Daniélou, "La résurrection des corps chez G.d.N.", VC 7 (1953), S. 154-170, erfährt. J. Daniélou scheut sich kaum, diese Grundbehauptung des Nysseners unter den Tisch fallen zu lassen, ja in sie letztlich die *doctrine de l'apocalyptique juive* (ebd., S. 160, Anm. 23) eines Tertullians (!) hineinzuinterpretieren: "Le sort des justes et celui des méchants sont différents" (ebd., S.160; beachte die falsche Gregor-Angabe: XLVI, 109 A). Den Unterschied Gregors zu Tertullian jedoch kann man in Wirklichkeit nicht tief genug denken! Denn was hat die Vielseitigkeit des philosophischen Wesens des Kappadokiers, seine bewunderungswürdige "Aufgeschlossenheit gegenüber allen Strömungen damaligen geistigen Lebens" (W. Völker, G.v.N. als Mystiker, S. 1) mit der rigorosen Denkart und dem aggressiven Temperament des Afrikaners zu tun? Gerade das Schlußkapitel der Hauptschrift Tertullians "Über die Seele", auf das J. Daniélou so bedenkenlos verweist, legt die unüberbrückbare Kluft zu Gregor von Nyssa offen dar: "Wie äusserst ungerecht wäre eine Ruhezeit in der Unterwelt, wenn es den Schuldigen dort immer noch gut geht, den Schuldlosen jedoch noch nicht!" (LVIII, 3; nach der Übersetzung von Jan H. Waszink) -, fragt sich entrüstet Tertullian und sucht anschließend den Nachweis zu führen, daß die Seele schon in der Interimszeit der Unterwelt - wo sie auf das Tausendjährige Reich und das Jüngste Gericht warten muß - je nach Verdienst Belohnung oder Strafe erhält. Von all dem weiß aber Gregor in seinem Dialog περὶ ψ υ - χ ῆ ς κ α ὶ ἀ ν α σ τ ά σ ε ω ς nichts. Im Gegenteil: Uns al-

le wird eine *Festsymphonie* überwältigen! Uns alle wird *ein* Fest in völliger Eintracht zusammenführen! (de an. et resurr. 136 A; vgl. noch dazu bes. 133 CD; 152 AB; 157 CD). Der Bischof von Nyssa kann wohl im allgemeinen als ein Antipode Tertullians gelten. Charakteristisch dafür ist vor allem die diametral unterschiedliche Auslegung der in Luk. 16,23 ff erzähten Geschichte des Lazarus bei beiden Autoren: Tert. de anima VII (schroffe Ablehnung des allegorischen Charakters des Ganzen; ungemein verwirrende Argumentation zugunsten der Körperlichkeit der Seele), - G.v. N. de an. et resurr. 80 B - 88 C (prinzipielle Anwendung der allegorischen Methode; ausgesprochen philosophische Interpretation, die sich vom biblisch Bezeugten und "leibhaftig" (80 B σωματικώτερον) Gegebenen allzuweit in die Richtung einer immanentistischen Anthropologie entfernt (vgl. hierzu III 4 (Exkurs), o. S.260 ff); eindringliche Behauptung des ἀσώματον der Seele und der Notwendigkeit der Katharsis). Wir weisen schließlich noch darauf hin, daß das, was Tertullian als "überspannte und zwecklose Neugierde" im Schlußsatz von *de anima* (LVIII, 9) gleich verwirft, für Gregor das Höchste ist und mit der *Schau Gottes* selbst zusammenfällt (vgl. hierzu unten III 6, bes. S. 348 ff).

[79] G. May,"Gregor von Nyssa", in: Klassiker der Theologie", Bd I, S. 102 /Hervorhebung vom Verfasser/.

[80] Vgl. etwa das Scholion 41 bei de an. et resurr. 97 B (zit. und interpr. o. S.287 mit S. 311 ,Anm.48). Die Heftigkeit der kirchlichen Reaktion gegen die origenistischen Aussagen -, zu denen Gregor oft sich kühner als die anderen Origeniker seiner Zeit bekannte (vgl. hierzu H. F. von Campenhausen, Griechische Kirchenväter, S. 122) -, verraten schon die haßerfüllten sprachlichen Formulierungen ihrer Vertreter: Vgl. etwa den Bericht über Germanos von Konstantinopel bei Photius, Bibl. cod. 233, S.XVIII Krabinger (darin besonders die Wendung:... τὰ ζοφώδη καὶ ὀλέθρια τῆς Ὠριγένους ὀνειρώξεως ἀμβλωθρίδια (!)).

[81] Siehe dazu "Écriture et Culture Philosophique dans la Pensée de Grégoire de Nysse", S. 44-46, Anm. 2. Es handelt sich dabei um die von Marguerite Harl herausgegebenen Akten des 1. Internationalen Kolloquiums über Gregor von Nyssa, das im September 1969 in der Abtei zu Chevetogne (Belgien) stattgefunden hat.

[82] Die von J. Daniélou entdeckte und eingehend besprochene Interpolation ("L'Apokatastase chez Saint G.d.N.", in: RSR 30 (1940), S. 328 ff; siehe auch die Ausgabe Daniélous 1955, S. 54) betrifft, so berichtet H. Hörner, a.a.O., S. 44, eine Perikope über die Apokatastasis (de vit. Mos. VII/1, S. 57, 10-14 ὁρμώμενος πρὸς τὴν ἀποκατάστασιν τὴν μετὰ ταῦτα ἐν τῇ βασιλείᾳ τῶν οὐρανῶν προσδοκωμένην ...), die im Vatic.444 saec. XIV durch die Randnotiz des Schreibers (sic!) als Fälschung bezeichnet, in Q=Taurin.CI,11 saec. XIV durch eine große Variante ersetzt ist (ὁρμώμενος πρὸς τὴν ἀπὸ κακίας πρὸς ἀρετὴν δι' ἐ π ι γ ν ώ - σ ε ω ς τοῦ σταυροθέντος καὶ μετανοίας μετάστασιν /Sperrung vom Verfasser/).Diese Interpretation ist dann über die Q-Tradition in den Mignetext geraten.

[83] Die Wendung ἐπίγνωσις θεοῦ läßt sich etwa in den zahlreichen F-Interpolationen am Ende des Kommentars *In inscriptiones Psalmorum* gut belegen (vgl. dazu H. Hörner, a.a.O., S. 45); sie erinnert offensichtlich auch und gerade an die Wendung des Interpolators von Q in der *Vita Moysis* (siehe oben, Anm. 82). Vergegenwärtigt man dazu, daß die Interpola-

tion in Q im Unterschied zu den groben Eingriffen in F "säuberlich in den Zusammenhang eingepasst"wird, hat man schon eine Richtung vor sich, in der die mit einer äußerlichen Unscheinbarkeit eingeschobene A-Interpolation von de an. et resurr. 136 A geleitet werden kann (Stammt die Hs. A ebenso wie Q aus dem 14. Jahrhundert? Vgl. dazu die Chronologien der cod. Monacenci in der Krabinger-Ausgabe, S. VI-VII und die Anmerkungen zum in Kleinasien anno 911 entstandenen codex Arsenii -, "in dessen Umkreis die codices L A ∧ S und andere gehören," - bei H. Hörner, a.a.O., S. 32 f). Es sei schließlich noch darauf hingewiesen, daß ἐπίγνωσις H. Hörner vor allem an die Argumentation des Maximus Confessor (580-662) erinnert, eines hervorragenden Kenners der bisherigen Patristik, der u.a. zu den Werken des Gregors von Nazianz, aber auch zum Pseudo-Dionysios Areopagita Erklärungen verfaßt hat, "um die Orthodoxie namentlich des letzteren zu verteidigen" (KlP, III, Sp. 1117).

[84] Vgl. H. Hörner, a.a.O., S. 45 f. H. Hörner schließt ihre Anmerkungen zu den "antiorigenistischen Spuren" in den Handschriften der Gregortexte (namentlich des Kommentars "In Canticum", der "Vita Moysis", des Kommentars "In inscriptiones Psalmorum und der Oratio "De mortuis") mit dem bedenkenswerten Satz: "Eine Durchsicht der Handschriften im ganzen also solche (sc. antiorigenistische) Scholien und Interpolationen und ihre zusammenfassende Auswertung ist nach Abschluß der Rezension der noch ausstehenden Schriften Gregors, besonders De anima (sc. De anima et resurrectione) und De hominis opificio ,notwendig" (a.a.O., S. 46).

[85] Vgl. de an. et resurr. 153 C - 156 B (zit. und interpret. o. S. 283 f).

[86] Πλήρωμα nennt mit Vorliebe der Nyssener die Gesamtheit, quantitativ gesehen das Vollmaß und die Vollzahl, die "zahlenmäßige Vollständigkeit" der Menschennatur (vgl. etwa de an. et resurr. 128 BC; Näheres zu diesem Begriff bei P. Zemp, Die Grundlagen heilsgeschichtlichen Denkens bei G.v.N., S. 48; 144-145). Um die Vorstellung vor allem des emotionens- und leidbeladenen, hinfälligen Menschen als Abbild Gottes rechtfertigen zu können, nimmt Gregor in seiner *Darstellung* des Anfangs an, daß Gott nicht diesen einzelnen Menschen, sondern die gesamte, eben pleromatische Menschennatur, die alle Individuen irgendwie schon in sich enthält, in einem zeitlosen Augenblick erschaffen habe. Dieses "Urpleroma" ist als rein geistig aufzufassen (vgl. bes. de an. et resurr. 148 A - 149 D; 156 C f und die Andeutungen in 57 C und 60 C; de hom. opif. MPG 44, 181 C), denn dem Geistigen als dem Göttlichen kommt - nach altorientalischer Tradition (siehe dazu o.S. 304 f,Anm. 7) - die Priorität in der Schöpfungs- und Werdensordnung zu (siehe vor allem die Kp. 9-11 von "De hominis opificio", MPG 44, 149 B - 156 B, wo die ganze leibliche Ausstattung des Menschen - πλήκτρου δίκην (149 B) - auf ihre Instrumentalität zur Manifestation des Geistes hin behandelt wird). Ob allerdings dieses geistige und vollkommene, ungeteilte Pleroma für Gregor je real existiert hat, ist stark anzuzweifeln. Real vielmehr scheint es sich erst allmählich in Raum und Zeit zu verwirklichen. Entgegen vieler Interpretationsversuche scheint wohl diese pleromatische Natureinheit aller Menschen nicht etwas bloß im Geiste des Menschen Gebildetes zu sein, ein abstrakter Allgemeinbegriff,losgelöst von seiner a fortiori Verwirklichung in den Einzelmenschen und in der Gesamtmenschheit. Als relevanteste Deutungsversuche kommen uns folgende vor: J. B. Schoemann, "Gs. v. N. Anthropologie als Bildtheologie", Schol 18 (1943), S. 39-41; A. Lieske, "Die Theologie der Christusmystik Gs. v. N.", in: ZKTh 70 (1948), S. 317-331; R. Schwager,"Der wunderbare

Tausch. Zur 'physischen' Erlösungslehre Gs. v. N.", in: ZKTh 104 (1982), S. 11-14. Richtungsweisend ist u.E. dabei vor allem J. B. Schoemann: "Wer über das *Entweder*: Gedankliches, Nur-Logisches, Abstraktes, von unserem Denken Gebildetes einerseits - *Oder*: Existierendes, Insichseiendes, Als-Substanz-Seiendes andererseits im Denken nicht hinauszugelangen vermag,der wird nicht verstehen, was Gr. meint, oder aber seinen Gedanken einer platonischen oder aristotelisch-stoischen *Erkenntnislehre* zuordnen, während er eine *Seinslehre* ist" (a.a.O., S. 40 /Hervorhebung im Original/).

[87] Bei der Darstellung dieses dialektisch-teleologischen Heilsprozesses der einen pleromatischen Menschennatur haben wir (vgl. Anmerkungen in Klammern) versucht, die metaphysische Position des Menschen als *Mitte* von Gott und Welt mitzuberücksichtigen, jene zentrale Ansicht der abendländisch-christlichen Anthropologie also, zu der sich auch der Nyssener voll und ganz bekennt (vgl. etwa de hom. opif. MPG 44, 181 B; de an. et resurr. 60 A-C; 28-BC und 44 A-C; siehe auch W. Völker, G.v.N. als Mystiker, S. 58 f). Denn der Prozeß der Verwirklichung der Menschennatur läßt sich wohl auch bei Gregor als ein Prozeß der Enthüllung des Verhältnisses zwischen Gott und Welt auffassen (vgl. bes. Catech. MPG 45, 25 B f : ὡς ἄν συνεπαρθείη τῷ θείῳ τό γήϊνον ...). Als Mitte von Gott und Welt ist der Mensch zugleich Träger ihres Verhältnisses, das sich auf der Ebene der Geschichte abspielt. Der Verwirklichungsprozeß des Menschen ist selbst ein heilsgeschichtlicher Prozeß, der sogar jene typische Dialektik aufweist, welche Jakob Taubes in seinem Buch über die "Abendländische Eschatologie" (Bern 1947) mit folgendem Satz lapidar ausgedrückt hat: "Das All Gottes soll sich in Welt wandeln, auf daß in *Freiheit* Gott sei alles in allen" (a.a.O., S. 14 /Hervorhebung im Original/).Daß das 'Zwischen' der Thesis vom All Gottes und der Synthesis: auf das Gott sei alles in allen, nämlich die Antithesis: das Prinzip der Freiheit, sich auch bei Gregor als die innerste Möglichkeit, ja als die Enthüllung gerade des Menschlichen darstellt, kann man übrigens unserem nächsten Kapitel entnehmen, III 6, bes. S.354 ff. Im Grundschema des dialektisch-teleologischen Heilsprozesses der geistig-pleromatischen Gesamtnatur der Menschheit, wie es gerade von der Ährenmetapher als Wiederholung alter gnostischer Erlösungsvorstellungen versinnbildlicht wird, läßt sich aber vielleicht auch der problematische Begriff der ἀνθρωπίνη φύσις,bzw. des ἀνθρώπινον selbst näher erfassen. Der in der neueren Gregorliteratur häufig diskutierte Gedanke der Natureinheit des Menschen scheint nämlich hier so angelegt zu sein, daß er über das *Entweder* einer rein logisch-abstrakten Einheit einerseits - *oder* eines Gattungsrealismus andererseits hinaus (vgl. dazu o. Anm. 86 die Ansicht J.B. Schoemanns) eine "Realeinheit" dialektischer und ontotheologischer Art konstituiert ('Form'-'Inhalt'). Denn die vorab ungegenständliche, geistig-pleromatische φύσις vergegenständlicht sich - zersplitternd - zu einer dem eigenen Wesen scheinbar äußerlich als "fremdes Element" hinzugefügten Leiblichkeit, aus deren Gewalt sie *befreit* werden muß, um das *eine* wahre menschliche Wesen: den Geist, die Vernunft, in der Vielheit wiederzugewinnen. Haben wir es nicht im Grunde hier mit dem alten gnostischen Schema der Ontologie, bzw. der Theologie "als Deutung und Entfaltung eines ungeheuren zeitlich-überzeitlichen Weltdramas" zu tun, "das, durch den Abfall von der anfänglichen Einheit und Gottverbundenheit des geistigen Seins einmal in Gang gebracht, auf weiten und mühseligen Wegen wieder zum Ursprung zurückkehrt" (H.F. Campenhausen, Griechische Kirchenväter, S. 119)? Nimmt nicht gerade das Heilsschema des Bischofs von Nyssa die Struktur und die Schematik neuester säkularisierter Modellvorstel-

lungen über Menschheitsbefreiung und Menschheitsbeglückung vorweg? Bildet
namentlich sein dialektischer Prozeß der Verwirklichung der Natureinheit
aller Menschen nicht eine erstaunliche Parallele zu dem marxistischen Konzept der Verwirklichung "natürlicher" klassenlosen Gesellschaft? Wenn auch
erheblich umgedeutet, scheint doch bei Marx das Grundschema des dialektisch-
teleologischen Heilsprozesses beibehalten zu werden. Nicht ein ungegenständ-
liches geistiges Pleroma verleiblicht sich zwar hier, um im Hindurchgang
durch diese Verleiblichung und Verendlichung erst seine wahre Vollkommenheit und Unendlichkeit zu gewinnen, wohl aber "der arbeitende Mensch ,be-
ziehungsweise die arbeitende Menschheit vergegenständlicht oder verding-
licht sich zu einer den menschlichen Subjekten scheinbar unabhängig als
"fremde Macht" gegenüberstehenden Welt von Produkten, Produktionsverhält-
nissen und Tauschbeziehungen, unter deren Gewalt sie geraten ist und aus
deren Gewalt sie befreit werden muß, um das wahre menschliche Wesen wiederzugewinnen" (E. Topitsch, Gottwerdung und Revolution. München 1973, S. 32).

Ähnlich wie bei Gregor scheint ferner bei Marx die Eigenart dieses Seins
der Natureinheit in gewisser Weise von *"Gottes"* Sicht her erfaßt zu sein.
Von den anderen Momenten, die sich sonst im eschatologischen Entwurf ihrer
prozessualen Verwirklichung als Parallelen zwischen Gregor von Nyssa und
Karl Marx herausheben ließen (Totalitätsdenken, Glaube an die Gesetzmäßig-
keit, Kontinuität und Entwicklung aller die Zeit qualifizierenden Vorgänge
etc.), wollen wir hier nur noch auf eines besonders hinweisen (das auch J.
Gaïth, La conception de la liberté chez G.d.N., S. 13 kurz gestreift hat):
In zahlreichen Texten betont der Nyssener, daß der Umschlag ins Gute erst dann stattfinden wird, wenn der Fortschritt ins Böse seinen
Höhepunkt (τὸ ἀκρότατον) erreicht hat (vgl. dazu P. Zemp, die Grundla-
gen heilsgeschichtlichen Denkens bei G.v.N., S. 189 f und 218 f). Ebenso
wird sich nach Marx das Proletariat, die "repräsentative" Klasse der Gesellschaft, erst dann befreien, wenn es zu seinem extremsten Elend gelangt ist.
Das extremste Elend werde die Wunde des Elends heilen. Der Prozeß der Ver-
dinglichung und Entfremdung werde im bürgerlichen Kapitalismus seinen Hö-
he- und zugleich Wendepunkt erreichen. Sehr charakteristisch ist es noch,
daß für die ausdrückliche Beziehung zwischen Höhepunkt und Überwindung des
Übels sich der Kappadokier auf die Naturgesetzlichkeit der Wintersonnenwende beruft: "Siehst du, wie die Nacht, zu ihrer längsten Dauer (ἐπὶ τὸ ἀ-
κρότατον μῆκος) gelangt, in ihrem fortschreitenden Wachstum stillesteht
und wieder zurückgeht? ..." (in diem. nat. MPG 46, 1129 C). Auch hier
sieht man deutlich den griechischen Verstand Gregors am Werke. Die Naturgesetzlichkeit der Wintersonnenwende läßt sich aber auch auf die mit dem Begriff einer "Selbstheilung" aufzufassende Gesetzlichkeit des marxschen
dialektisch-teleologischen Heilsprozesses übertragen. Im Grunde genommen
handelt es sich dabei um ein und dieselbe Grunderfahrung, deren außerordentlich große Tragweite in der Philosophie - und Geistesgeschichte kaum
zu erfassen ist und die man nicht fehlen würde, ausdrücklich auf die Griechen zurückzuführen: ὁ τρώσας ἰάσεται (Eur. frgm. 700 (Nauck)) - dieser Spruch, der Telephos nach acht Jahren der Qual die Achaier in Argos
aufzusuchen nötigt, um die Heilung seiner von Achilles geschlagenen Wunde durch den Hauptheld der Ilias selber zu erwirken, kann in der Tat den
Kern der Idee der "Selbstheilung" ausdrücken und sie als "Telephos-Motiv"
eben durch die ganze abendländische Geistestradition hindurch - bis zu
Nietzsche, R. Wagner (Parsifal) und Adorno - wandern lassen. Hier können
wir allerdings nur ein paar Andeutungen darüber in Auswahl anstellen: Die
Wunde, die das Wissen, das überwache Bewußtsein, zu dem Glück und der

Leichtigkeit eines naiven Daseins geschlagen hat, sei nur zu heilen durch
die Waffe, die sie geschlagen hat, durch das Wissen selbst. So meint Hegel.
Kierkegaard sagt sodann, man müsse noch einmal verzweifelt werden - durch
und durch verzweifelt - um zum Selbstsein gelangen zu können (S.V. XI,176
f - KT 65: "... du sollst durch diese Verzweiflung am Selbst hindurch zum
Selbst ... das Selbst muß gebrochen werden, um Selbst zu werden.").Und
Kleist spricht es am Schluß seines herrlichen Aufsatzes "Über das Marionettentheater" so aus: "Mithin müßten wir wieder vom Baume der Erkenntnis essen, um in den Stand der Unschuld zurückzufallen.".
Den Gegensatz zu dieser griechischen Grunderfahrung, daß ein Identisches
ist ,das die Wunde schlägt und die Wunde heilt, hat freilich das Christentum ausgesprochen: Der Mensch bedürfe des Anderen, des ganz Anderen, um geheilt zu werden.

[88] Auf die Tatsache, daß in dem Gedanken der Dialektik von Einheit, die mögliche Vielheit impliziert, und realer Vielheit, ja sogar in dem Bild vom Samen, welcher diesen Gedanken gerade versinnbildlicht, sich Plotin und Stoa
treffen, hat bereits W. Beierwaltes, Plotin. Über Ewigkeit und Zeit, S. 257,
aufmerksam gemacht.

[89] Vgl. hierzu I 2, oben S.66 f

[90] Vgl. vor allem de an. et resurr. 157 C γενέσθαι ἐκεῖνο ὅπερ ἦμεν πρό
τῆς ἐπί τήν γῆν καταπτώσεως.

[91] Vgl. bes. de an. et resurr. 128 C und 148 A - 160 C.

[92] Daß die *Gottwerdung* sich s t e t s als "Überwindung des Realitätsdruk-
kes" vollzieht, betont übrigens auch die geistesgeschichtliche und kultur-
soziologische Kritik an diesem, die gesamte Metaphysik (und ihre - nicht
selten in der Ideologie moderner politisch-staatlicher Gebilde am manife-
stesten auftretenden - säkularisierten Formen) durchziehenden Motiv von E.
Topitsch,in: "Gottwerdung und Revolution" etwa S. 16-18. Zum Begriff des
Druckes der Realität vgl. S. Freud, Das Unbehagen in der Kultur, Wien 1930,
S. 24 ff, wo als Realitätsdruck besonders das Leid, die Bedürftigkeit, die
Schuld und der Tod bezeichnet werden.

[93] Siehe dazu oben S.284 f

[94] P. Zemp, Die Grundlagen heilsgeschichtlichen Denkens bei G.v.N., S. 151,
der allerdings sich letztlich scheut, die vollen Konsequenzen seiner richtigen Beobachtungen zu ziehen.

[95] Vgl. de an. et resurr. 160 B (ἐν τῷ μετά ταῦτα χρόνῳ ist die richtige
Lesart der Hss. A und B statt ἐν τῷ μεταξύ bei MPG); 128 C ἡ μετά ταῦτα ζωή.

[96] Vgl. unten III 6, bes. S.332 ff.Die *moderne* Frage freilich, wie die Betonung der Unendlichkeit und vor allem Unbedingtheit des Aufstiegs, der in
Wirklichkeit - wie noch genau zu zeigen sein wird - ein Aufstieg zur Freiheit ist, mit den Aussagen Gregors über die sich "nach einer gewissen Notwendigkeit" zu vollendende naturhafte Einheit aller Menschen in Einklang
gebracht werden kann, ließe sich im geistigen und kulturellen Kontext der
damaligen Zeit kaum stellen: vgl. hierzu die treffenden Beobachtungen bei
R. Schwager, "Der wunderbare Tausch. Zur 'physischen' Erlösungslehre Gs.v.
N.", in: ZKTh 70 (1948), S. 14 f.

[97] Vgl. vor allem de an. et resurr. 141 A-C, eine Passage, in der der heraklitische Einfluß handgreiflich ist (vgl. bes. 141 B ὥσπερ τοίνυν δίς κα-

τὰ ταὐτὸν τῆς φλογός θίγοντα, οὐκ ἔστι τῆς αὐτῆς τὸ δίς ἅψασθαι
... mit dem bekannten Frgm. Heraklits B 91, VS I 171,9). Die Wendung τὸ
ἐ π ί ρ ρ υ τ ο ν   τῆς φύσεως ἡμῶν καὶ τὸ   ἀ π ό ρ ρ υ τ ο ν
(141 C) stammt allerdings direkt aus Platon Tim. 43 A, wie schon F. H. Cherniss, The Platonism, S.72, Anm. 70 und M. Pellegrino, "Il Platonismo", in:
RFM 30 (1938), S. 449, zu Recht bemerkt haben. Es ist offenkundig, daß auch
in diesem Fall die Ansicht J. Daniélous, "La résurrection des corps chez G.
d. N.", in: VC 7 (1953), S. 168 ff, von einem Körper "toujours identique"
bei dem Nyssener nicht haltbar ist. Denn Gregor spricht völlig unmißverständlich aus, ὅτι ῥοῇ τινι προσέοικεν   ἡ   ἀ ν θ ρ ω π ί ν η
φ ύ σ ι ς   (de an. et resurr. 141 A). Auch das heraklitische Bild von
der Flamme, i.e., daß man nicht zweimal dieselbe Flamme berühren kann, bezieht sich eindeutig auf den Körper selbst (141 C τοιοῦτόν τι καὶ   περὶ τὴν τοῦ σώματος ἡμῶν φύσιν ἐστί). Der unmittelbar folgende sug-
gestive Satz: Τὸ γὰρ ἐπίρρυτον τῆς   φ ύ σ ε ω ς   ἡμῶν, καὶ τὸ
ἀ πόρρυτον ... zeigt noch einmal in aller Deutlichkeit die persönliche
Betroffenheit Gregors vor dem Phänomen der lebenslangen ἀλλοίωσις (141
A) der menschlichen Natur auf.

[98] Daß der Christ überhaupt im Harren auf seine Erlösung anders an der Welt
und der Zeit leidet als der Platoniker in der θεωρία τοῦ κόσμου, zeigt
die Darstellung der *Zeitlichkeit des Christseins* bei M. Theunissen,
"'Ο αἰών λαμβάνει. Der Gebetsglaube Jesu und die Zeitlichkeit des
Christseins", in: Jesus - Ort der Erfahrung Gottes, bes. S. 62 ff.

6. DER UNERSÄTTLICHE EROS
(EINE DIONYSIK DES STREBENS. ODER: VON DEM *AUFSTIEG* DER
SEELE UND DEM SOGENANNTEN "SCHAUEN GOTTES")
ÜBER DAS UNENDLICHE UND UNBESTIMMTE DES GÖTTLICHEN UND DES-
SEN ANTHROPOLOGISCHE FUNDIERUNG
(auch mit Rücksicht auf die Schriften "Contra Eunomium", "Canticum Canticorum" und besonders "De vita Moysis")

τοῦτό ἐστιν ὄντως τό ἰδεῖν τόν θεόν,
τό μηδέποτε τῆς ἐπιθυμίας κόρον εὑρεῖν.

Gregor von Nyssa, Über das Leben des Mose,
VII/1, 116, 17-19 (=MPG 44, 404 D)

Die Leidenschaft zur Unendlichkeit ist das Entscheidende, nicht nur ihr Inhalt, denn ihr Inhalt ist gerade sie selbst. Also ist das subjektive Wie und die Subjektivität die Wahrheit ... **Die objektive Ungewißheit, in der Aneignung der leidenschaftlichsten Innerlichkeit festgehalten,** *ist* **die Wahrheit***, und zwar die höchste Wahrheit, die es für einen* **Existierenden** *gibt"* /Sperrung im Original/.

Kierkegaard, *Abschließende unwissenschaftliche Nachschrift*, S.V. III 170- UN I, 194

Betrachten wir nun die Auffassung von der Liebe bei Gregor von Nyssa näher!
Wenn die Seele von den "bunten Bewegungen der Natur" sich befreit und selbst
die ἐπιθυμία übersteigt, wird sie zwar, wie wir bereits gesehen haben,
schon dort sein, wohin sie - man könnte in gewisser Hinsicht mit K. Barth
sagen - "erotisch liebend" gelangen, wo sie "sich als Ikarus hingeben und
behaupten wollte und doch nicht konnte".[1] Doch täusche man sich nicht, es
handelt sich bei dieser spärlichen Andeutung Gregors (de an. et resurr. 93
B) um den Akt der christlichen Agape, die als selbstlose und zugleich selbstergreifende Hingabe[2] das erotische Lieben "gegenstandslos" macht! Gleich
hier anschließend ergänzt Gregor seine Ansicht mit der Aussage, daß gerade
dieser Überstieg die als "eigenmächtig" und selbstsuchend zu verstehende
Nachahmung des "überragenden Lebens" ausmache (93 C καὶ οὕτω τήν ὑπερ-

ἔχουσαν μιμεῖται ζωήν). Der dem Urchristentum fernliegende griechische Gedanke der Bildung (μόρφωσις)[3], der darauf zweimal hintereinander unmittelbar folgt,[4] zeigt deutlich, daß auch hier auf die Grundlage des sich selbst wollenden Erosbegriffs gebaut wird. Läßt der christlich Liebende sich selbst dadurch los, daß er im Vertrauen auf die Macht Gottes seine Eigenmächtigkeit rückhaltlos verabschiedet, so gibt der erotisch Liebende beim Dialog Gregors nimmer auf, sich selbst finden zu wollen, sich selbst - durch Nachahmung des göttlichen *Logos* - Gestalter und Erretter sein zu wollen. Daß zur Verähnlichung mit dem autarken unveränderlichen Logos ohnehin auch die Lösung der Seele von der bedürftigen ἐπιθυμητική διάθεσις gehört,[5] heißt bei weitem nicht, hier werde die Lösung des Menschen von sich selbst gefordert. Vielmehr scheint Gregor damit die Erhebung des θεωρητικόν und διακριτικόν als des Eigentlichen und Göttlichen in der menschlichen Seele über die Bedürftigkeit der Leidenschaften erreichen zu wollen.[6] Befreit sich die Seele *von* ihrer Befangenheit in den Leidenschaften, so befreit sie sich *zu sich selbst*, befreit sich zum Geistigen. Erst die zu sich selbst befreite und gereinigte Seele vermag - sagt uns ausdrücklich Makrina - das Seiende, das nach platonischem Muster ebenso wesentlich *das Gute und Schöne*, ja das Göttliche ist, nicht nur zu erkennen, sondern gemäß dem so oft erwähnten "eleatischen Prinzip der analogen Seinsweisen" (ὅμοιον ὁμοίῳ, similia similibus) in Es, das ihr Verwandte, einzugehen. Die "Vereinigung" der Seele mit dem Göttlichen[7], ist also in "Macrinia" ein Katharsisakt, ja ein *Aufstieg* der Seele,[8] und beruht auf der wesenhaften Verwandtschaft der Seele mit Ihm.[9] Nicht ist sie ein Gnadenakt, bei dem das Höhere sich zum Niedrigen herabneigt; nicht ist sie eine Negierung des eigenen Wesens der Seele, des Geistes. Dadurch lehnt sich die "Mystik" Gregors entschieden an die Plotins an und unterscheidet sich von der des Christentums. *Verläßt sich* der Christ dadurch auf Gott, daß er sich selbst losläßt, so *gelangt* der Mensch bei Gregor ins Göttliche, indem er in sich selbst einkehrt, und das heißt eigentlich, indem er sich nicht vom Selbst, sondern von dem παρὰ φύσιν ἀλλότριον seines Selbst - das ist die Sünde (ἁμαρτία) - trennt. Wird der Mensch tatsächlich dadurch wahrhaft frei, daß er die Entfremdung aus sich selbst überwindet und in der Tugend lebt, so wird er nach den Worten Makrinas frei für Gott, dem Seienden an sich, der Quelle aller Freiheit und Tugend.[10]

Dieser kathartische Akt der Befreiung zu sich selbst (καθ' ἑαυτὸν γενέσθαι) und *dadurch* zu Gott läßt sich freilich als eine sinngemäße, ins Anthropologische abgewandelte Fortsetzung der rigorosen erkenntnistheoretischen Linie des platonischen "Phaidon" begreifen. Auch wenn Gregor gelegentlich den Eindruck erweckt, seine ἀπάθεια-Forderung, die Befreiung von Not, Bedürfnis und Begierde betreffe nicht nur das somatische Leben und Tun des Menschen, sondern seine - unter dem negativen Gesichtspunkt des Mangels (τοῦ λείποντος 92 C, 128 B) betrachtete - Natur im ganzen, auch dann scheint er lediglich platonische und insbesondere "phaidonische" Ansätze weiterzuentwickeln. Denn führt nicht ein Weg von der Bestimmung der Philosophie als Bereitung "zum Sterben und Gestorbensein", die nicht nur alle Beziehung der denkenden Seele zum Leib, seiner Bedürftigkeit und seinen Liebesregungen abbrechen, sondern auch zur Einsicht in die vorausgesetzte Autarkie und Priorität des Logos bewegen soll, zum explizit religiösen Bedürfnis Gregors hin, seine ohnmächtige Stellung in der veränderlichen "weltlichen" Welt schlechthin zu überwinden? Daß es sich dabei letztlich doch um das religiöse Bedürfnis des Platonikers handelt, der (im Unterschied etwa zum neuzeitlichen "autonomen" Subjekt) um seine endlich-bedürftige Stellung in der Welt und in der Zeit wissend, der Betrachtung aller Dinge einen festen Stand, namentlich das Gute, zwar verleiht, sein souveränes Tun aber als Teilhabe eben an diesem Guten nicht aufgibt -, zeigt auch und gerade die Deutung der Liebe als τέλος der sich an sich selbst - "weltfrei" - gewordenen Seele: Wird die Seele "einfach und eigenstaltig und genau gottähnlich" (de an. et resurr. 93 C), so verbindet und vereinigt sie sich, wie Gregor ausdrücklich betont, mit dem einfachen und immateriellen Guten-an-sich vermöge der "der Liebe gehörigen Bewegung und Energie" (93 C διὰ τῆς ἀγαπητικῆς κινήσεώς τε καὶ ἐνεργείας, vermöge der Dispositio (Neigung, διάθεσις, ebd.) zur Liebe).[11] Letztere sei bezeichnenderweise das einzige, was der gereinigten Seele nur noch innewohnt, "da sie von Natur aus *dem Guten und Schönen* anwächst" (93 C φυσικῶς τῷ καλῷ προσφυομένης). "Denn dies gerade ist die Liebe, die innere Beziehung (Dispositio) zu dem was gefällt (am Herzen liegt),"[12] - so lautet daran anschließend der bezeichnenderweise πρὸς ἑαυτόν, nicht auf Gott hin orientierte Versuch des Nysseners, die ἀγάπη definitorisch zu fixieren. Eine solche Liebe nimmt eindeutig die Züge des platonischen Eros an: Wesentlich ist zunächst die Bestimmung dieser Liebe von dem Guten und Schönen her. Auffallend oft betont Makrina, daß die Liebe aus der Erkenntnis (γνῶσις) des Guten-Schönen entsteht (96 C), daß sie sich dem Guten-Schönen notwendigerweise anschließt (93 C, 97 A); die "In-Liebe"-Vereinigung der reinen einfachen Seele mit dem Guten-Schönen geschieht sodann durch die Ähnlichkeit mit dem Guten-Schönen, "das die Natur dessen ausmacht, an dem man teilhat" (96 A διὰ τῆς τοῦ ἀγαθοῦ ὁμοιότητος,ὅπερ ἡ τοῦ μετεχομένου φύσις ἐστίν). Schließlich kennt die "Liebesenergie" (ἡ κατὰ τὴν ἀγάπη ἐνέργεια) keine Grenzen, eben weil auch für das Gute und Schöne kein Ende festgesetzt werden kann, an dem die Liebe ihr eigenes Ende gleichfalls fände (96 C - 97 A). So sehr Gregor sich darum bemüht, einen der paulinischen Ansicht entsprechenden Ausdruck vorzutäuschen, so bleibt doch die "Idee des Guten" die sinngebende Instanz, "die, unabhängig von der Liebe und vor ihr vorhergehend und über ihr, ihre Aktion und deren Verteilung an die Wesen, je nach deren Werte"[13] leiten darf. Vergebens sucht man in der Tat bei Gregor von Nyssa die christliche Konzeption der Liebe als eines spontanen, "unmotivierten" und wertindifferenten Aktes[14], der keine "Idee des Guten", keine "gerechte Ordnung", keinen Λόγος mehr über sich hat, sondern seinen Wert an und für sich hat - den Wert der Liebe selbst als Liebe.[15] Erweist sich die christliche Liebe gerade darin, daß das "Höhere" sich zum "Niederen" herabneigt und hinabläßt, so erhält die erotische Liebesvorstellung Gregors ihre klarste Ausprägung in dem Streben und der Tendenz des "Niederen" zum "Höheren", des "Unvollkommenen" zum "Vollkommenen", des "Menschlichen" zum "Übermenschlichen". Daß es sich in "Macrinia" um eine begehrende, ja erobernde Erosliebe handelt, die sich als Inbegriff menschlicher Selbsterhöhung darstellt, spricht Gregor in erwünschter Deutlichkeit aus:

"Wenn nun die Seele zu diesem *Telos* (sc. die ἀγάπη) emporgestiegen ist, dann bedarf sie keines anderen (Guten) mehr, da sie ja die ganze Fülle des Seienden e r g r i f f e n haben wird (τοῦ πληρώματος π ε ρ ι δ ε δ ρ α γ μ έ ν η τῶν ὄντων); allem Anschein nach wird sie dann allein das Gepräge (τὸν χαρακτῆρα) gleichsam der göttlichen Seligkeit in sich retten."[16]

Diese Stelle läßt eindeutig erkennen, worin der Nyssener die konstitutiven Bestimmungen der Liebe erblickt. Ganz offensichtlich wird die Liebe hier mit dem höchsten Ziel, dem τέλος, identifiziert, worauf das Streben der menschlichen Seele gerichtet ist: die Erhebung zur Autarkie und Seligkeit des göttlichen Seins. Das ist die Umschreibung der Liebe in "Macrinia", und diese Umschreibung fällt mit der des platonischen Eros völlig zusammen! Denn das Streben nach Autarkie, und das Bewußtsein vom Mangel des gegenwärtigen menschlichen Daseins, das dieses Streben gerade anfeuert, die intime Verknüpfung dieses Strebens und Begehrens mit der Eudaimonie und der "*Selbstverwirklichung*" und nicht zuletzt die diesem Akte einwohnende dynamische Tendenz von unten nach oben, von dem "μὴ ὄν"nach dem "ὄν" -, all dies sind unverkennbare konstitutive Elemente des Eros.[17]

Daß all diese eklatanten Charakteristika des Eros bei der Liebesauffassung des Nysseners nicht oder doch nicht konsequent genug bedacht wurden, darin liegt nach unserem Verständnis eine der Hauptursachen für die so oft zu beobachtende Mißdeutung seiner entsprechenden Texte. Kardinal J. Daniélou etwa sucht in seinem bekannten Buch "Platonisme et Théologie Mystique" mit allen Mitteln Christliches in Gregor hineinzulesen. So übersieht er die fundamentale Ausrichtung der Liebe πρὸς τὸ φύσει καλόν (64 C)[18] und stilisiert daher "ce primat de la charité sur la gnose qui fonde le primat de la mystique de l'amour sur celle de la connaissance" (206) auf Kosten der Texte hoch. J. Daniélou spricht von "transformation" des Gott liebenden Menschen "par la participation qu'il (sc. Dieu) nous octroie de Sa nature" (203), wo doch Gregor lediglich von μόρφωσις der ins Gute eingehenden einfachen Seele redet und dabei (zur Kennzeichnung eben dieses Guten) unbefangen von einem so platonisch anmutenden Ausdruck wie πρὸς τὸ ἀεὶ καταλαμβανόμενόν τε καὶ εὑρισκόμενον (93 C) Gebrauch macht.[19] Darin, daß "l'amour n'est pas la conséquence, mais la cause de la participation et de l'union", sieht sodann J. Daniélou "une différence capitale", ja letztlich "la transposition grégorienne de la doctrine platonicienne de la participation" (ebd.). In Wirklichkeit aber dreht *er* allein, nicht Gregor, das platonische Verhältnis um! Denn will man der begrifflichen Konstellation von J. Daniélou überhaupt folgen, so muß man den Gedankengang Gregors realiter folgendermaßen zusammenfassen: Wird die Seele dadurch schön und gut, daß sie durch Nachahmung des göttlichen autarken Logos, des Guten und Schönen, ja eigentlich durch (liebende) Teilhabe an Ihm, die Macht des Pathos und der Welt überwindet, so kann sie nur - unstillbar - lieben.[20] Bei J. Daniélou wird dennoch eigentlich die Liebe, entgegen der deutlich ausgedrückten Liebesdefinition und -darstellung des Nysseners, als "l'expression de cette attirance" 'divine', "qui marque le primat de la grâce sur la liberté" (207 und 204) gedeutet, ja letzten Endes, ganz verchristlicht, "comme la réponse" "à l'attirance de Dieu" (204). In Wirklichkeit aber bezeichnet die sog. "göttliche Anziehungskraft" in "Macrinia", wie wir zu zeigen versucht haben, den absoluten Vorrang der Regelmäßigkeit verbürgenden kosmischen Ordnung! "Mit aller Notwendigkeit (κατὰ πᾶσαν ἀνάγκην) wird die Seele zu dem Göttlichen und Verwandten hingezogen," "da jede Natur das an sich zieht, was verwandt ist" (97 B). Gott (bzw. "die göttliche Kraft") zieht lediglich τὸ ἴδιον an sich (97 B; 97 C; 100 B). Im Grunde genommen liebt weder noch haßt (97 C) Gott hier! Die göttliche Natur ist vollkommen, und das heißt vor allem selbstgenügsam und autark: καὶ ὃ ἔχει θέλει, καὶ ὃ θέλει ἔχει, οὐδέν τῶν ἔξωθεν εἰς ἑαυτήν δεχομένη (93 B). Für den Neuplatoniker Gregor von Nyssa ist dies offensichtlich eine so tiefe Überzeugung, daß für ihn der christliche Satz "Gott ist Agape" nur dann einen Sinn erhält, wenn Agape als αὐτοῦ ἀγάπη (=ἔρως) aufgefaßt wird![21] Die in sich selige Gottheit zieht daher nach altgriechischem Muster an -, so "wie das Geliebte den Liebenden bewegt" (Aristoteles)lockt sie gleichsam und lädt ein, zu ihr zu kommen, dem äußersten Ursprung und äußersten Ziel aller Dinge. Κατ' ἀνάγκην (97 D) leidet mithin die an den Leib und damit an die materielle Welt "angenagelte" Seele.[22] Und κατὰ πᾶσαν ἀνάγκην steigt die durch die Katharsis vom Somatischen leicht gewordene Seele zu der Seligkeit des ihr verwandten Göttlichen auf. -- Ὅμοιον ὁμοίῳ, οἰκεῖον οἰκείῳ --, das Geistige zum Geistigen!Von diesem altgriechischen Standpunkt aus, nicht unter dem Gesichtspunkt des "christlich Liebenden", spricht Gregor in de an. et resurr. 93 B f von der Entbehrlichkeit der epithymia. Man darf das Grundprinzip des Nysseners von der Autarkie und Apathie des Göttlichen nicht so einfach gegen sporadisch auftretende überschwengliche Versinnbildlichungen oder rhetorische, bzw. hymnische Ausdrücke ausspielen. Dagegen muß man vielmehr dem inneren Gang und der Kontinuität der Gedanken Gregors, wie sie sich auch in seinen Bildern zeigen können, genau folgen, sein subtiles Akzentuieren beachten, Sinn von Lexis, theoretischer Analyse und Begründung von sinnlich gesteigertem Beispiel, Forschung von Darstellung überhaupt unterscheiden können. Die dicht beim philosophischen Text des Nysseners in "de anima et resurrectione" entspringenden Probleme lassen sich mit dem Gerüste dogmatischer Vorentscheidungen nur gewaltsam erfassen. An der Macriniastelle beispielsweise, welche die Bilder von der "Anziehung" Gottes betrifft (de an. et resurr. 97 B - 100 C), muß man sich u.a. vor Augen halten, wie erstaunlich neutral - in der dritten Person - die Rede bleibt[23] und wie isoliert und in seiner kirchenpolitischen Funktion ersichtlich fiktiv das Wörtchen φιλανθρωπία erscheint neben dem sachlich wie wörtlich tief im Gedankengang Gregors verwurzelten Verhältnis Gottes πρός τό ἴδιον.

Daß der Liebesbegriff des Nysseners dem des herkömmlichen Eros durchaus entspricht, zeigt auch und nicht zuletzt die Unbefangenheit, mit der er die ἀγάπη mit ἔρως vertauscht.[24] Gregor scheut sich sogar nicht, gelegentlich das eine oder das andere dieser Worte mit dem charakteristischen Ausdruck ἐπιθυμία zu identifizieren, der sich nach allgemeiner griechischer sowie jüdischer Ansicht grundsätzlich auf das sinnliche und selbstsüchtige Begehren bezieht.[25] Diese Tatsache ist für uns nicht nur ein Votum für den natürlichen Eroscharakter seines Liebesbegriffs, sondern auch ein Indiz für seine anthropologisch angelegte Gesamtperspektive. Wir empfinden hier die Notwendigkeit, die Frage explizit zu stellen, wie sich diese an der menschlichen Bedürftigkeit orientierte begehrende Erosliebe zu der Apathievorstellung verhält. Führt, mit anderen Worten, ein Weg von der Erosliebe, die den Menschen"vergöttern" mag, zum wesentlich in Apathie und Theoria verankerten Tugendideal des Nysseners? Wie verhalten sich das πάθος des Eros und die ἀπάθεια des Denkens zueinander? Die Antwort auf diese - durchaus platonische *gregorianische* Frage[26] läßt sich gewiß leichter finden, wenn man seinen Ausgang von dem platonischen Grundsatz der Vertauschbarkeit des Schönen mit dem Guten und Wahren nimmt. Schönheit und Gutsein, Schönheit und Wahrheit sind bekanntlich im weiteren antiken Horizont keine Gegensätze. Die Erkenntnis und das Denken überhaupt sind demnach von der erotischen Erregung, die *das Wahre und Schöne* immer hervorruft, nicht zu lösen; auch das Denken ist also (und das gilt keineswegs nur für die Antike!) eine Art Leidenschaft, eine Art πάθος - allerdings ein ἀπαθές πάθος, wie der rhetorisch geschulte Bischof von Nyssa sagen würde! Wie die platonische Askese im "Phaidon", die Lösung der Seele und des ihr immanenten Eros vom sinnfällig-vergänglichen Schein, *dazu* dient, Seele und Eros an dem intelligibel-unvergänglichen Sein orientieren zu können, so ist auch die rigorose Forderung des Bischofs von Nyssa, jede Beziehung der Seele zu den Liebesregungen des Leibes abzubrechen, nicht Selbstzweck; sie dient der Verähnlichung mit dem unveränderlich an sich Guten und Schönen. Seine Kritik trifft nicht den Eros und nicht die ἐπιθυμία, die sich dem wahrhaft Guten und Schönen hingibt, sondern nur das Verhaftetsein an einem phänomenalen Guten, einem Götzen des Guten, wie er sagt (de an. et resurr. 92 B εἰδώλῳ τινί καλοῦ). Wie Platon weiß auch Gregor sehr wohl, daß das menschliche Denken nicht ohne tragende Leidenschaft besteht, daß es keine Seele ohne Eros gibt. Bei beiden ist der Eros konstitutiv für das - in seiner Weltbefangenheit bedürftige, aber selbständig strebende menschliche Dasein. Sieht Platon in Eros den Sohn der Armut und des "Poros" (Symp. 203 b), des Inbegriffs selbständiger Technē[27], so wird beim Nyssener ἡ ἐπιθυμητικὴ τῆς φύσεως ἡμῶν διάθεσις als ἡ τοῦ λείποντος ἔφεσις definiert (de an. et resurr. 92 C), die, insofern sie sich dem wahrhaft Guten hingibt, die Seele dazu bringt, οἷον ἐν κατόπτρῳ καὶ εἰκόνι διὰ τοῦ οἰκείου κάλλους πρὸς τὸ ἀρχέτυπον zu schauen (de an. et resurr. 89 C).

Um den Faden unserer Hauptthese wieder aufzunehmen: Der platonisch eigenmächtige Charakter dieser zur conditio humana gehörenden Erosliebe wird auch und gerade durch die für den Bischof von Nyssa so charakteristische Tatsache aufgewiesen, daß sie nie ans Ziel gelangen kann. Eben darin, daß ihr Streben endlos und unersättlich *bleibt*, besteht für Gregor sogar letztlich die Schau Gottes! Denn der vielzitierte paradoxe Satz aus der Schrift "Über das Leben des Mose": τοῦτό ἐστιν ὄντως τὸ ἰδεῖν τὸν θεόν, τὸ μηδέποτε τῆς ἐπιθυμίας κόρον εὑρεῖν (vit. Mos. VII/1, 116,17-19 (=MPG 44, 404 D) - der wohl als letzter Schluß, als letzte Etappe der gregorianischen Theorie vom Aufstieg der Seele betrachtet werden kann - weist u. E. faktisch nicht so sehr auf die Unerreichbarkeit eines "spezifisch christlichen", "unendlichen Gottes" hin,[28] als auf die an dem platonischen Begriff des Eros als einem unstillbaren Streben nach Unerreichtem[29] orientierte Begierde (= ἐπιθυμία) des Nysseners. Die "Vermutung", der ἔρως könne "seine eigene Unersättlichkeit nicht begründen"[30], ist schlicht unhaltbar, zumal diese Unersättlichkeit für den ἔρως konstitutiv ist.[31] Besonders in "Macrinia" ist eindeutig zu ersehen, daß die Begierde in ihrer Unersättlichkeit nicht etwa durch ihr "Objekt", die Unbegrenztheit ihres Zieles, begründet wird, sondern eher durch ihr (freilich ontologisch bestimmtes) "Subjekt", i.e. unsere bedürftige Natur, die gerade deswegen " s t e t s auf dem Wege nach dem Fehlenden ist" (92 C ἀ ε ὶ πρὸς τὸ ἐνδέον ἵεται), weil sie "arm am Guten" (ebd. πτωχὴν τοῦ καλοῦ) ist. Weder eine christlich gedachte Unerreichbarkeit und Unendlichkeit Gottes, noch jener biblische Abstand zwischen Schöpfer und Geschöpf - den moderne Theologen so gern systematisch erweitern und zum Ausgangspunkt ihrer dogmatischen Analysen machen[32] - steht im Mittelpunkt des gregorianischen Dialogs, wohl aber die bedürftige Stellung des Menschen in der Welt und in der Zeit, sein ständiges Begehren, an dem Unver-

änderlichen und Unvergänglichen, dem Geistigen und in seiner Apathie und
Autarkie Mächtigen teilzunehmen; diesem "Dauer-Durst" fließt die "ewige
Quelle" *des Guten* so unerschöpflich (105 B ἀνέκλειπτα) entgegen, daß der
Progress im Streben nach dem Guten - ἀμφοτέρων ἀλλήλοις συνεπιδιδόντων (105 C) - unendlich wird. Mensch und Gott, das Gute, werden hier in
Entsprechung nicht in Gegensatz gesehen. Nie in seinem Dialog geht Gregor
bezeichnenderweise von der Unerreichbarkeit Gottes selbst aus - geschweige
denn von dem christlichen Bewußtsein der Angewiesenheit auf die "das wahre
Leben" gewährende "Unendlichkeit seines Seins"[33] - um den endlosen Aufstieg
der Seele, das Unstillbare der ἐπιθυμία, von dieser Seite her zu begründen. Vielmehr scheint Gregor auch in dieser Frage seine Theo-logie, ebenso
wie seine Eschatologie, einer auf platonisch-ontologischer Basis entwickelten Anthropologie unterzuordnen. Statt durch das unendliche Sein eines un-
erreichbaren Gottes wird so der endlose Aufstieg der Seele in gut platonischer Art begründet, einerseits durch die ontologisch genuine Leichtigkeit
und fortwährende Beweglichkeit der Seele, die trotz "der schweren irdischen
Last" (105 D τοῦ ἐμβριθοῦς καὶ γεώδους φορτίου) der Leiblichkeit
sich reinigend mit unverminderter Leidenschaft zu ihrem göttlichen Ursprung
hin zurückstrebt, und andererseits durch die inhaltliche Fülle (105 C ἀ-
φθονία) der ewigfließenden Quelle des Guten(neutr.).

Der Progress im Streben nach dem Guten besteht wohl in einer *Teilhabe* am
Guten, doch fällt diese Teilhabe keineswegs mit der vom theologisch-dogmatischen Standpunkt behaupteten "übernatürlichen" Teilhabe an der Gnade Gottes
zusammen.[34] Die Teilhabe am Guten, die Gregor von Nyssa in seinem Dialog "Macrinia" meint, deckt sich zweifellos mit der Platons. Die Aussage Gregors
zunächst, daß die "darüber hinausliegende Substanz" (92 A ὑπερκειμένη
οὐσία) sich nicht wie die Menschen im Guten bewegt, namentlich in Teilhabe
an irgendwelchen Gütern (92 C- 93 A οὐδὲ κατὰ μετοχὴν καλοῦ τινος ἐν τῷ
καλῷ κινουμένη), sondern sie selbst die Natur (die Fülle) des Guten (93
A ἀλλ' αὐτή οὖσα ἡ τοῦ καλοῦ φύσις) und mithin sie selbst das eigentlich Seiende ist,[35] knüpft offensichtlich an dem platonischen, nicht an dem
christlichen Teilhabebegriff an. Schon M. Pellegrino, "Il Platonismo", RFN
30 (1938), S. 458, hatte darauf aufmerksam gemacht (allerdings ohne die Konsequenzen aus seiner Feststellung zu ziehen), daß wohl auch Platon, im "Symposion" etwa 210 e ff, oder im "Phaidon" 78 d, die Konstellation des Teilhabebegriffs zu dem "an sich Guten und Schönen" sowie zu den vielen guten und

schönen Dingen ähnlich sieht. Der Weg der wahren Päderastie, berichtet uns Platon im "Symposion", führt über die schönen Gestalten zu den schönen Sitten und Handlungsweisen, von da aus zu den schönen Wissenschaften bis zu jener Wissenschaft, deren Gegenstand das Schöne selbst ist, und so zu ihm selbst (211 C), — dem "von Natur aus Schönen (und Guten)" (210 e$_5$ τὴν φύσιν καλόν), "welches 1. immer ist und weder entsteht noch vergeht, weder zunimmt noch abnimmt, 2. aber auch nicht in gewisser Hinsicht schön, in gewisser Hinsicht häßlich ist, noch auch jetzt schön und dann wieder nicht, noch auch im Vergleich mit diesem schön, im Vergleich mit jenem nicht schön, noch auch hier schön, dort häßlich, in dem Sinne, daß es für einige schön ist, für andere häßlich" (210 e$_6$ - 211 a$_5$). Dieses Schöne werde (dem dem τέλος der Liebeskunst (τῶν ἐρωτικῶν) Zuschreitenden) "weder als ein Gesicht oder als Hände erscheinen, noch sonst als etwas, was der Leib an sich hat, noch als eine schöne Rede, noch als ein schönes Wissen, noch irgendwo an einem anderen, weder an einem Lebewesen, noch an der Erde, noch am Himmel, sondern an und für sich, immer von einer Art (ἀλλ' αὐτὸ καθ' αὑτὸ μεθ' αὑτοῦ μονοειδὲς ἀεὶ ὄν), das andere Schöne aber an diesem auf gewisse Weise *teilhabend*, so doch, daß, wenn jenes andere entsteht und vergeht, jenes davon weder mehr noch weniger wird und überhaupt nichts mit ihm geschieht" (211 a$_6$ - b$_5$).[36] Ähnlich wird auch im Phaid. 78 d ausgeführt, daß jene Substanz, welcher wir das eigentliche Sein zuschreiben - "das Gleiche selbst, das Schöne und Gute selbst und so jegliches, was nur ist, selbst,- das Seiende" (αὐτὸ τὸ ἴσον, αὐτὸ τὸ καλόν, αὐτὸ ἕκαστον ὅ ἐστιν, τὸ ὄν) - "sich als ein einartiges Sein an und für sich immer auf gleiche Weise verhält (ἀεὶ ... μονοειδὲς ὄν αὐτὸ καθ' αὑτό, ὡσαύτως κατὰ ταὐτὰ ἔχει) und niemals auf irgendeine Weise irgendwie eine Veränderung annimmt."

Daß göttliche und menschliche Natur beim Nyssener - ebenso wie die beiden Relate der Teilhabe-Relation Platons, Idee und Einzelseiendes[37] - nicht gleichrangig nebeneinanderstehen, heißt bei weitem nicht, Gregor vertrete die vom christlichen Standpunkt geforderte absolute Trennung zwischen "Schöpfer" und "Geschöpf". Seine Vorstellung vom Menschen - Gregor spricht bezeichnenderweise in seinem Dialog nie vom "Geschöpf" - beruht hingegen auf der Annahme, daß die Vernunft, der Geist des Menschen, Gott wesenhaft ähnlich ist. Wie wir zu zeigen versucht haben, liegt wohl hier eine ontologische, "natürliche" wenn man so will, Teilhabe der menschlichen Geistseele am Göttlichen vor, welches, "was es auch (seiner Natur nach) sein mag (!), das Denken gerade in diesen Zügen konkretisiert -, daß es nämlich imstande ist, alles zu überschauen und das Gute vom Bösen zu unterscheiden" (de an. et resurr. 57 B). Gegen alle mißdeutende theologisch-dogmatische Verschiebung dieses Teilhabeverhältnisses auf die Ebene des Ethischen oder des "Übernatürlichen", und das heißt eigentlich auf die Ebene des in den Gehorsams- oder Vertrauensakt hinauslaufenden "freien Willens des Geschöpfs", bzw. auf die Ebene des "gnadenhaften Anteilhabens an Gottes Seinsfülle"[38]-, betont Gregor ausdrücklich, daß die Seele in ihrer ontischen Struktur göttlich ist: τῇ ψυχῇ θεόθεν μέν εἶναι τήν σ ύ σ τ α σ ι ν (120 C). Ist indes der Begriff διάστημα das ontologische Korrelat des endlichen, ja des "kreatürlichen" Seins[39], so muß man sogar τήν νοεράν ταύτην καί ἀ δ ι ά σ τ α τ ο ν φύσιν ἥν καλοῦμεν ψυχήν (45 B) dem endlichen und "kreatürlichen" Sein konsequenterweise absprechen! Für den Origenisten Gregor von Nyssa ergibt sich wohl die Trennung zwischen dem Erschaffenen und der göttlichen Natur durch die Unterscheidung von αἰσθητόν und νοητόν, und von hier aus kann er auch sagen, daß die Begriffe der erschaffenen (=sinnlich wahrnehmbaren) Sphäre für die in uns verborgene intelligible Substanz der Seele ebensowenig wie für Gott gelten. Die aller Zeitlichkeit und allen organischen Zusammenhangs enthobene Substanz der Seele gehört eindeutig für ihn nicht zum Sinnlich-Wahrnehmbaren, sondern in den Bereich eines alles durchdringenden, gleichsam unbestimmten Intelligiblen (νοῦς τις), an dem, so die besondere Tendenz in "Macrinia", Gott und Mensch teilhaben. Hier liegt die Gemeinsamkeit von Makrokosmos und Mikrokosmos, die die Grundlage für sein so häufig auftauchendes Analogieprinzip ist. Daß nicht Schöpfer und Geschöpf, sondern νοητόν und αἰσθητόν sich hier möglichst scharf gegenüberstehen, zeigt auch die Tatsache, daß die Geistigkeit Gottes nicht radikal genug von der des Menschen unterschieden wird. Man kann vielleicht noch sagen, daß, was "Macrinia" anlangt, überhaupt keine Unterscheidung versucht worden ist und daß die Geistigkeit Gottes hier (wie schon bei den Apologeten des zweiten Jahrhunderts[40]) durch die maßgebende Beziehung zur Unkörperlichkeit in die Nähe des geist-leiblichen Dualismus der platonischen Anthropologie geraten ist. Aber wie immer es sich damit verhalten mag, sporadische Kurzfassungen des Nysseners vom Abstand der göttlichen zu der menschlichen *Natur*, die meist in rhetorischem Zusammenhang als sekundäre ἐπιβάσεις eines anderen Themas vorkommen,[41] darf man wohl nicht überinterpretieren, einfach wegen der viel größeren Zahl anderer maßgebender Aussagen, welche die Andersartigkeit des menschlichen Geistes durch den Gedanken eben seiner natürlichen Nähe zum Göttlichen (der Geist als naturhaftes Abbild des göttlichen Prototyps) radikal zum Ausdruck bringen. Wenn Gregor vom Verhältnis der menschlichen zur göttlichen Natur spricht, scheint er mithin nichts anderes als die Schematik des platonischen Teilhabegedankens im Anthropologischen zu vollziehen: Verweisen wirklich die wandelbaren Einzelseienden bei Platon aus und in ihrer Defizienz auf die Fülle und Vollkommenheit der unveränderlichen Ideen, so verweist die von Leidenschaften verzehrte, bedürftige und hinfällige - ἀεὶ ῥέουσα - menschliche Natur bei ihm auf das στάσιμον und die Fülle, die Autarkie und die ἀπάθεια des göttlichen Seins,- des ἀγαθόν ! Ganz entscheidend für die Beurteilung Gregors scheint u.E. zu sein, daß er nicht einfach - in aller Deutlichkeit sagt, daß gerade τὸ ἀγαθόν, "die Natur dessen ist, an dem man teilhat" (96 A), sondern daß er das Teilhabe-Verhältnis an sich ganz und gar platonisch auffaßt. So wie Platon nämlich den letzten Grund für das Einzelseiende nicht in der Idee selbst sieht, sondern in der Teilhabe an ihr,[42] begründet auch Gregor das unendliche "Werden" des Menschen, den unendlichen Progress im Streben nach dem Guten, nicht direkt mit dem Guten selbst, geschweige denn mit dem persönlichen Gott oder dessen Gnade, sondern mit der *Teilnahme* am Guten:

> "Denn von der Art ist die Teilnahme am göttlichen Guten (τοιαύτη γάρ ἡ τοῦ θείου ἀγαθοῦ μετουσία), daß sie den größer und aufnahmefähiger macht, in dem sie *geschieht*, indem ihre Aufnahme eine Vermehrung der Kraft und Größe bewirkt, so daß der (in solcher Weise) sich Ernährende (ὁ τρεφόμενος) immer wächst und das Wachstum (ἡ αὔξησις) kein Ende nimmt. Denn die Natur des Teilhabenden (ἡ τοῦ μετέχοντος φύσις) wird, zumal die Quelle der Güter (ἡ πηγὴ τῶν ἀγαθῶν) unerschöpflich fließt, den ganzen Zufluß in ihrer eigenen Größe hinzufügen, einfach wegen der Tatsache, daß nichts von dem, was sie annimmt, überflüssig und unnütz ist; ihre Kraft zur Anziehung des Mächtigeren (Besseren: κρείττονος) wird steigen, sie wird sich selbst erweitern -, denn beides trägt zugleich dazu bei (und unterstützt sich dabei gegenseitig): sowohl die sich ernährende Kraft (δύναμις, Wesen), die um der Fülle der Güter wegen (ἐπὶ τῇ τῶν ἀγαθῶν ἀφθονίᾳ) immer weiter zum Größeren (πρὸς τὸ μεῖζον) fortschreitet, als auch die ernährende Choregie, insofern sie sich mit und in der Leistung "der Wachsenden" selbst vermehrt. Natürlich werden wir (dabei) eine Größe erreichen, die unser ständiges Wachstum verbürgt" (105 BC).[43]

Die Teilhabe am "Reichtum der göttlichen Güter" (105 A πλοῦτον τῶν θείων ἀγαθῶν) selbst ist es also, was den Teilhabenden erweitert und zu immer weiterem Streben befähigt. E.v. Ivánka spricht zu Unrecht von einem "Mitgeteilten", welches "ganz von Gottes Gnade kommt."[44] "Mitgeteiltes" ist allein das Gute, τὸ ἀγαθόν, der Reichtum der wahrhaften Güter, und das Maß der Teilhabe an ihnen liegt in der wesentlich auf Einsicht beruhenden Entscheidung des Teilhabenden. Die soeben angeführte Macriniastelle, welche, so oft mißdeutet, gerade zum Herzstück der angeblich "erlebten Mystik" Gregors erklärt wurde, deutet offenkundig den endlosen Progress im Streben nach dem Guten als lediglich eine Folgerung aus der durchaus platonisch *gedachten* ontologischen Teilhabe am Guten; der sog. endlose Aufstieg der Seele wird somit letztlich mit einem zentralen platonischen Prinzip begründet, das weder die Einheit von göttlichem Guten und menschlicher Seele, noch deren absoluten Chorismus konstituiert, sondern die Teilhabe eben der aus ihrem Mangel heraus stets hinstrebenden Menschennatur an Gott, - dem ihr verwandten Guten.

Zur Verdeutlichung der platonischen Voraussetzung sowie der realen Eigenart der philosophischen Gottes- und Seelenbestimmung des Nysseners erlauben wir uns hier zunächst eine skizzenhafte Gegenüberstellung seines Gottesbegriffs in "Macrinia" mit der einflußreichen Position E. Mühlenbergs von der "Unendlichkeit Gottes" vorzunehmen, die "ein christliches Interesse" vertritt. Um es vorgreifend zu sagen: überzeugende Belege für das Gottesprädikat "unendlich" lassen sich im Dialog "de anima et resurrectione" nur äußerst schwer finden. Es ist ja schon erstaunlich, daß im ganzen Diskurs der Ausdruck ἀόριστον nur zweimal in der Nähe des Göttlichen auftaucht: In 44 A läßt er sich zwar mit dem Unendlichen leicht identifizieren, doch wird er eigentlich nicht selbst thematisiert; er bezeichnet bloß das über alle Ähnlichkeit mit dem Menschlichen Erhabensein des göttlichen Prototyps.[45] Die Macriniastelle 97 A sodann, wo die Rede vom Fortschreiten des ἀγαθόν zum Unendlichen und Unbegrenzten (πρὸς τὸ ἀπέραντόν τε καὶ ἀόριστον) ist, bringt, wenn man genauer hinsieht und den vorangegangenen Textabschnitt im ganzen berücksichtigt, nichts anderes zum Ausdruck als die direkte Widerlegung der These E. Mühlenbergs vom Unendlichen (τὸ ἀόριστον = ἄπειρον) als einer eindeutig und systematisch - gegen den Gottesbegriff der klassischen Metaphysik - durchdachten Prädizierung von Gottes Wesen. Denn zweifellos läßt sich hier das ins Unendliche fortschreitende ἀγαθόν nicht nur auf den Menschen, sondern auch auf Gott beziehen! In der Tat, gleich nachdem Gregor de an. et resurr. 96 C das Leben der "Natur-*oben*" (τῆς ἄνω φύσεως) als Liebe (ἀγάπη) und Gott insbesondere als Liebe zu sich selbst bestimmt hat, führt er seine Ansicht von der Unersättlichkeit der Liebe folgendermaßen aus:

> "An das wahrhaft Gute (und Schöne) vermag auch "die übermütige Sättigung" (ὁ ὑβριστής κόρος) keine Hand zu legen;und weil gerade kein Überdruß das Liebesverhältnis zum Guten stört, wird sich das göttliche Leben in immerwährenden Akten der Liebe energisch behaupten (ἀεί ἡ θεία ζωή δι' ἀγάπης ἐνεργηθήσεται) -, das göttliche Leben, welches von Natur aus sowohl gut (selbst) ist als auch sich liebevoll (ἀγαπητικῶς) zum Guten verhält und keine Grenze der die Liebe betreffenden Energie kennt, da auch für das Gute kein Ende erfaßt werden kann, in welches etwa auch die Liebe auslaufen würde. Denn erst an seinem Gegenteil hört das Gute auf; (da es sich also um jenes handelt), dessen Natur für das Schlimmere unempfänglich ist (ἀνεπίδεκτός ἐστι τοῦ χείρονος) -, wird das Gute (τό ἀγαθόν) ins Unendliche und Unbegrenzte fortschreiten" (96 C - 97 A).[46]

Offensichtlich stellt sich die ἀγάπη hier als Modus par excellence des "göttlichen" Lebens" dar. Was versteht aber Gregor eigentlich unter dem Ausdruck θεία ζωή ? Versteht er darunter nur Gottes Leben, das Leben der "Natur-*oben*"? Oder versteht er vielleicht eigens das Leben des Menschen in der asketischen Ek-stase, das Leben des über *sich-selbst* (d.h.über die eigene bedürftig-endliche Natur) hinausseienden Menschen? Wer über dieses *Entweder-Oder* nicht hinauszugelangen vermag, der wird nicht verstehen, was Gregor meint, oder aber seinen Gedanken einer dogmatisch-christlichen Theologie oder allein einer platonisierenden Anthropologie zuordnen, während er letzten Endes eine umfassende Seinslehre ist. Man interpretiert wohl richtig, wenn man zunächst darauf achtet, daß auch in der eben angeführten Macriniastelle, wie sonst so oft, alle Grenzen zwischen dem Göttlichen und dem Menschlichen äusserst fließend sind. In Wirklichkeit greift für Gregor das Göttliche -, dessen Andersartigkeit in "Macrinia" vornehmlich als nicht näher zu bestimmende Geistigkeit charakterisiert wird - , qua νοῦς τις tief ins Menschliche ein und bewirkt somit , daß die endliche, beschränkte und leidbeladene Menschennatur der Unendlichkeit, der "Möglichkeit" und der Eudaimonie nicht entbehre. Diese letzten Prädikate sind gerade für den Begriff "göttliches Leben" konstitutiv, der natürlich beide, Gott und Mensch, zusammenzufassen vermag. Die θεία ζωή fängt charakteristischerweise für den Nyssener ebenso wie für Platon schon auf Erden an.[47] Man wird Gregor von Nyssa (und insbesondere seine ausgesprochene Freude am spekulativen, unpräzisen Reden vom Göttlichen (τὸ θεῖον, ἡ ἄνω φύσις, ἡ θεία φύσις, bzw. δύναμις, ἡ ὑπερκειμένη οὐσία etc.)) wesentlich besser verstehen, wenn man sich stets an diese Tatsache erinnert. Nun läßt sich auch aus unserer Stelle - sowie den ihr benachbarten Textabschnitten - die anthropologische Intention Gregors zweifellos deutlicher herauslesen; man kann dennoch nicht sagen, daß die ἄνω φύσις hier gleichsam völlig aus dem Blick gerät und die θεία ζωή sich eigens auf den Menschen bezieht. Die ganze Passage läßt sich in ihrem Schillern und nicht zuletzt in ihrem Hervortreten aus dem Satz von Gott als Eros zu sich selbst auch auf die ἄνω φύσις beziehen. Vor allem aber die darin enthaltene affirmativ ontologische Begründung für die Unbegrenztheit des Guten verweist trotz ihrer kompakten Form auf den überseienden Grund von allem: Daß das Gute nämlich darum kein Ende kennt, weil es erst an seinem Gegenteil, namentlich dem Schlechten, dem von ihm gar nicht vertragenen "Schlechteren" (97 A ἀνεπίδεκτος τοῦ χείρονος) wie Gregor sagt, aufhört -, läßt sich tatsächlich nur im Lichte jener plotinischen ontologischen Aussage verstehen, die Gregor unmittelbar davor (93 B) vorgetragen hat: das Schlechte *ist*, aber sein Sein ist ein Nicht-sein im Sein; es ist mithin Mangel (privatio) am Sein, Seinsmangel -, es ist die Absenz gerade des Seins, zumal nach festem platonischem Grundsatz τὸ ... κυρίως ὂν ἡ τοῦ ἀγαθοῦ φύσις ἐστιν (de an. et resurr. 93 B).[48] Die konstruktive Funktion des Guten in der Metaphysik Gregors beruht also offensichtlich auf der Einheit seiner theistisch-ontologischen und seiner anthropologischen Komponente. Den Satz vom Fortschreiten des ἀγαθόν ins Unendliche und Unbegrenzte scheint Gregor auch und nicht zuletzt in Hinblick auf das theistisch hypostasierte "eigentlich-Seiende" geschrieben zu haben. Auch das Göttliche als das wahrhaft Seiende kann keinen ὅρος finden, da es außer ihm im Grunde genommen nichts, das Nichts (=τὸ μὴ εἶναι = ἡ κακία) gibt. Auch wenn Gregor also von der Unendlichkeit Gottes, von der Unendlichkeit der göttlichen seinsstiftenden Urquelle spricht, *dürfte* er sich lediglich auf plotinische Gedanken stützen, platonische Anregungen aufgreifen und sie weiter entwickeln, muß aber nicht unbedingt von einem allen entsprechenden philosophischen Gottesaussagen entgegenzusetzenden "christlichen Bewußtsein" ausgegangen sein.[49] Ins Unendliche wird ja das θεῖον sonst ohnehin bei und in seinem autoerotischen Akt fortschreiten, zumal ihm, dem wahrhaften Guten und Schönen, kein Überdruß zukommen kann!

Der Textabschnitt als ganzer bringt somit nicht nur eine weitere Bestätigung unserer Feststellung vom immerwährenden Vorrang der "olympischen" Ordnung des Guten,[50] das für Gregor ebenso wie für Platon das eigentliche Theologoumenon ist, sondern deutet schon zugleich eine Eigentümlichkeit des Nysseners an, die aller Wahrscheinlichkeit nach eine originelle Denkleistung darstellt. Daß Gott nämlich, das an sich Gute - "was auch immer unser Denken für das Gute halten mag," wie die sehr bemerkenswerte, wiederholt auftauchende (de an. et resurr. 93 A; 57 B; 73 A) Ergänzung Gregors lautet - sich nicht unbewegt gleich verhält, sondern sich innerhalb seiner eigenen Natur bewegt, ins Unendliche, Unerkennbare und (letzten Endes) Unbestimmte sogar fortschreitet, ist wohl etwas ganz Neues, für einen Platoniker gleich wie für einen Christen völlig Unerwartetes. Selbst Plotin hat ja auf das unwandelbare In-sich-Verharren des Einen Wert gelegt. Denn das Eine geht zwar in das von ihm "entfaltete" Seiende aus sich heraus, es bleibt aber doch in sich und ist durch den auf seinen Ursprung rücklaufenden Geist immer wieder bei sich; es ist gleichsam "nicht entfaltet entfaltet" (ἐξελιχθὲν οὐκ ἐξεληλιγμένον).[51] Man wird den Unterschied zum Nyssener besser begreifen, wenn man weiterhin bedenkt, daß der terminus technicus für das unwandelbare In-sich-Verharren des Einen, der Ausdruck μένειν ἐν τῷ αὐτῷ, vor allem den Gegensatz zu μεταβάλλειν oder ἥκειν πρός τό χεῖρον herausstellen will.[52] Gregor aber setzt, wie wir bereits gesehen haben, die Akzente anders: Ist das Gute ἀνεπίδεκτος τοῦ χείρονος, so kann es nur ins Unendliche und Unbegrenzte *fortschreiten*! Das so negativ und so unbestimmt formulierte Ziel läßt sich offenbar mit der plotinischen Auffassung vom Einen nicht so leicht in Verbindung setzen; denn selbst wenn das Eine im Bilde jener spontan "überfließenden Quelle" vorgestellt wird, welche - ohne sich selbst zu entlassen - unerläßlich Seiendes aus sich entläßt, wird auf das In-sich-selbst-Verharren des Einen mit allem Nachdruck hingewiesen. Die Quelle und das Eine sind paradoxerweise zugleich in sich und außer sich. Außer sich vermag wohl die Quelle gerade nur deshalb zu sein, weil sie immer in sich selbst verharrt, ihr Wesen als Quelle bewahrt.[53] Obwohl nun Gregor - wie schon genau gezeigt worden ist - die Unveränderlichkeit, ja das In-sich-Verharren des Göttlichen immer wieder betont,[54] und dessen überfließende Fülle mit demselben Bild der ἀφθόνου - aber auch ἀ-φθόνου - "Quelle", illustriert,[55] scheint er an den nicht wenigen Stellen, wo er von der Unbegrenztheit des mit dem "Seiend-seienden" (ὄντως, bzw. κυρίως ὄν) letztlich identifizierten Guten-Gottes spricht, den metaphysischen Gottes- und Seinsbegriff der platonischen Tradition zu transzendieren. Das tief sitzende Bewußtsein von der Unzulänglichkeit seines Begreifens und seiner Aussagekraft gegenüber Gott, drängt ihn letztlich nicht nur in eine Richtung, welche sich im Sinne der negativen Theologie gegen *jede* Aussage über Gottes Wesen sperrt (σιωπῇ τιμᾶσθαι scheint daher die selbstverständliche - pythagoreisch anmutende - Mahnung des Nysseners an den Theo-logen zu sein[56]), sondern es bringt ihn auch dazu, die Unerkennbarkeit und Unbegrenztheit Gottes in positiven, gleichsam "voluntaristischen" und ins Unbestimmte wuchernden (für griechisches Denken kaum faßbaren) Wendungen ausdrücken zu wollen.

Auch der Christ aber dürfte - ohne unausgewiesene Hypothesen - mit den Unendlichkeits*begriffen* des Kirchenvaters wenig anfangen können! Weder auf das trinitarische Geschehen noch auf den in der Geschichte offenbarten Gott noch selbst auf den "Schöpfer" läßt sich tatsächlich ohne weiteres die "Unendlichkeit" beziehen, wohl aber auf das "ἄν-αρχον" (keinen Anhaltspunkt bietende) "gähnende Meer der göttlichen Natur".[57] Die "Unendlichkeit" ist nicht ein dem Unerschaffenen zuerkannter eigener Logos - im Unterschied zur endlichen erschaffenen Welt, wie E. Mühlenberg glaubt;[58] sie ist nach unserem Verständnis keine eigentümliche christliche Aussage. Sie scheint vielmehr nichts anderes als ein philosophischer Einfall zu sein, der aus der persönlichen Begegnung des christlichen Neuplatonikers Gregor von Nyssa mit dem griechischen, vor allem plotinischen Begriff des Göttlichen herausgewachsen ist. Denn bereits Plotin hatte, wie zu Recht bemerkt worden ist, der alles Maß und alle Begrenzung übersteigenden, sich jeder Bestimmung entziehenden Unendlichkeit des höchsten Einen eine positive Bedeutung abgewinnen können,[59] - doch scheint für ihn die Unendlichkeit bloß ein einzelner Aspekt des in sich beharrenden göttlichen Prinzips zu sein. Gregor knüpft zweifellos an Plotin an, er macht aber die Unendlichkeit, Unbegrenztheit und Unbestimmtheit zu fundamentalen Kategorien seiner Lehre vom nicht mehr "ständigen" *göttlichen Wesen*. Es ist wohl das Verdienst E. Mühlenbergs, die Kühnheit dieser Lehre durch ihre Konfrontierung mit der das Unendliche dem Wesen der Materie zuweisenden Position der griechischen philosophischen Tradition eindrucksvoll herausgearbeitet zu haben. Sein Versuch aber, gerade aus dieser Spekulation über das Wesen des Göttlichen das christliche Denken und Bewußtsein des Nysseners zu erweisen,[60] ist sehr problematisch. Man darf nicht übersehen, daß Gregor mit den *Begriffen* der Unendlichkeit das göttliche Wesen - wir wiederholen, nicht den persönlichen Gott oder eigens den "Schöpfer" - lediglich *umschreiben* will. Die straffe und systematische Fixierung des "Unendlichkeitsbegriffs" auf das ἀόριστον = ἄπειρον als "eine eindeutig durchdachte Präzidierung von Gottes Wesen"[61] entspricht nicht immer der Intention Gregors. Nicht selten wird gerade der Ausdruck ἀόριστον sehr verschieden in die Richtung des Unbegrenzten- Unbestimmten gedrängt, das wohl besser als jeder andere Begriff das sich *jedem* denkenden Zugriff entziehende Göttliche zu äußern vermag. Daß die Unbestimmtheit für den Nyssener eigentlich eine Grundpräzidierung vom Wesen des Göttlichen, des wahrhaft Seienden, ist, läßt sich an vielen Textstellen zeigen. Hier wollen wir uns nur auf zwei charakteristische Belegstellen der Schrift "Contra Eunomium" beschränken, in der Gregor in Auseinandersetzung mit dem Spätarianer Eunomius seinen eigenen Begriff vom Göttlichen explizit entwickelt. Im ersten Buch von "Contra Eunomium" und gerade an der (bereits erwähnten) Stelle, wo von dem "gähnenden Meer der göttlichen Natur" gesprochen wird, legt Gregor seine Ansicht von der Unbestimmbarkeit des Göttlichen offenkundig dar:

> "Die das Erschaffene übersteigende Substanz aber (ἡ δὲ ὑπὲρ τὴν κτίσιν οὐσία) entgeht insofern jeder zeitlichen Abfolge (χρονικὴν ἀκολουθίαν), als sie jedem Begriff der Ausdehnung (παντὸς διαστηματικοῦ νοήματος) fern ist. Sie geht in keiner Weise nach einer bestimmten Ordnung von einem Anfang aus und endet an keinem Ende. Denn jenem, der die Aionen und alles innerhalb ihres Bereiches Geschehene gedanklich durchstreitet, wird die Theoria (Schau) der göttlichen Natur wie ein gähnendes Meer (πέλαγος ἀχανές) erscheinen; sie wird an (aus) sich (ἐφ' ἑαυτῆς) kein erkennbares Zeichen irgendeines Anfangs jenem geben, der seine "wahrnehmende Vorstellungskraft" (τὴν καταληπτικὴν φαντασίαν) weiter hin (zum Weiteren hin = εἰς τὰ ἐπέκεινα) anstrengt."[62] Wer zu dem Ursprung des Seienden aufsteigt, fährt Gregor fort, könne an nichts festhalten, "da das Erstrebte (das Gesuchte) i m m e r v o r a u s l ä u f t (ἀ ε ὶ τοῦ ζητουμένου ὑ π ε κ π ρ ο θ έ ο ν τ ο ς) und "der Neugier" (der Vielgeschäftigkeit = τῇ πολυπραγμοσύνῃ) des Denkens keinen Anhaltspunkt (στάσιν) bietet."[63]

Zeit, διάστημα und ἀκολουθία, ἀρχή und ὅριον, alle diese ontologischen Grenzbestimmungen des endlichen Seins, an die sich der Verstand "hält", betreffen nach diesem Text die unbegrenzte göttliche οὐσία nicht; sie bleibt daher als das Unbegrenzte für das Denken unzugänglich. Der Gedanke, daß das wie ein "gähnendes Meer" erscheinende göttliche Sein keine Grenzen besitzt, führt Gregor von Nyssa ganz offensichtlich zu der Schlußfolgerung: Das Göttliche ist un-ergreifbar, d.h. begrifflich nicht bestimmbar. Die vulgär-philosophische Terminologie dieses Gedankenganges gipfelt schließlich in dem Satz von dem dem Denken stets vorauslaufenden Göttlichen.

Daß die göttliche Natur über alle einschränkende und Gestalt gebende Bestimmung schlechterdings hinaus ist, kommt auch im dritten Buch von "Contra Eunomium" deutlich zum Ausdruck. Wir greifen als Beispiel die Stelle Eun. Lib. III, Tom.6 § 67-68 heraus:

> "Die göttliche Natur aber ist in keinem Teil begrenzt, sondern weil sie - in jeder Beziehung im Unendlichen (ἐν τῷ ἀορίστῳ) - jegliche Begrenzung übersteigt, ist sie fern von allen Kennzeichen, die beim Erschaffen zu finden sind. Denn die ausdehnungs- und quantitätslose, *unbeschreibliche* Kraft hat in sich die Aionen mit dem Ganzen des in ihnen Erschaffenen (Geschehenen) und ü b e r s t e i g t von allen Seiten her (in aller Beziehung) d i e   e i g e n e   N a t u r (παντα χόθεν   τ ῆ ς   ἰ δ ί α ς   ὑ π ε ρ ε κ π ί π τ ο υ - σ α   φ ύ σ ε ω ς) durch die Ewigkeit der unendlichen Aionen, so daß sie entweder überhaupt kein Kennzeichen (σημεῖον) hat, das Auskunft über ihre Natur gibt, oder, wenn sie eines hat, ist es (gewiß) etwas ganz anderes (ἄλλο τι πάντως) als das der Schöpfung."[64]

In einer Deutlichkeit, die zu wünschen nichts übrig läßt, spricht Gregor hier einen kühnen Gedanken aus: Gott übersteigt seine eigene Natur! Dieser Satz muß zwar alle dogmatisch-theologischen Systematiker erschrecken, bestätigt aber durchaus unsere Deutung von der Bewegtheit des ἀγαθόν im Dialog "Macrinia". Der durch diesen Satz suggerierte Unendlichkeitsbegriff steht offensichtlich in krassestem Widerspruch zu jener Unendlichkeitsauffassung, welche lediglich der biblisch absoluten Abgrenzung des durch sie *bestimmten* Gottes vom endlichen Geschöpf dient. Der schwache Versuch des "befremdeten" E. Mühlenberg (Die Unendlichkeit, S. 146 f), diese eindeutige Aussage "durch die Fortsetzung richtigzustellen", schlägt ersichtlich fehl, zumal er das subtile Übergehen Gregors in dem perspektivisch *anderen* Thema von der ἀρχή des Einziggezeugten völlig übersieht. In Wirklichkeit ist doch der Satz vom sich selbst transzendierenden Göttlichen kein einzelner Beleg, sondern er gründet tief im gregorianischen Leitmotiv von der Gemeinschaft und Analogie zwischen göttlichem und menschlichem Geist. Daß das Göttliche sich selbst übersteigend ins Unendliche und Unbegrenzte fortschreiten wird, läßt sich letztlich als weiteres Indiz für den Vorrang des erotisch bestimmten, bzw. gestimmten Anthropologischen bei Gregor erkennen.

Nicht nur die Gottesschau, sondern auch das Gotteswesen ist gleichsam vom *Werden* des Menschen aus aufgebaut! An sich scheint freilich der Gottesgedanke des Nysseners in eine Richtung zu rücken, welche auf eine Überwindung der objektivistischen Ontologie der Griechen überhaupt hinausläuft. Stimmen in der Tat Logik und Physik für den Griechen darin überein, "daß beide die Gestalt voraussetzen, wenn ein Etwas als Gegenstand aus dem Unbestimmten abgegrenzt werden soll,"[65] so ist die gregorianische Substanz Gottes als das, was an sich selbst keine Grenze hat und sich selbst sogar ständig transzendiert, begrifflich und auch ontisch nicht einzuordnen. Eine solche Substanz könne weder gedacht noch überhaupt als Etwas objektiviert werden.

Im Dialog "de anima et resurrectione" ist Gregor allerdings nicht so weit gegangen.[66] Dennoch fällt die Tendenz, die Andersheit des Göttlichen wesentlich als *nicht näher zu bestimmende* Geistigkeit zu deuten, so stark auf, daß die Unbestimmbarkeit und Unaussprechbarkeit auch hier als geradezu akzentuierte Wesenszüge des Göttlichen erscheinen. Gregor scheint in der Tat nicht genau zu wissen, was das Göttliche im Grunde ist und weicht daher so oft in unbestimmte Wendungen aus, daß sich die Frage aufdrängt, ob er nicht doch den unbekannten Logos lehrt. Nach seiner These, daß die göttliche Natur "etwas ganz Anderes als die materielle und sinnenhaft wahrnehmbare Substanz ist,"[67] etwas, das - möge es auch von uns vornehmlich im Theoretischen und Intelligiblen konzipiert (57 B, 89 B) oder mit der Fülle des Guten identifiziert werden (93 A) - in seinem eigentlichen Grunde undurchschaubar ist (57 B, 93 A),[68] scheint nämlich kein anderer Ausweg zu bleiben, als zuzugeben, daß Gregor seinen Gott, letztlich aber auch sich selbst nicht kennt. Denn am Göttlichen hat, wie wir bereits häufig festgestellt haben, auch der Mensch durch sein Denken unmittelbar teil; ebenso undurchdringlich wie der Archetyp ist das Abbild im Menschen.[69] - Τίς τὸν ἴδιον νοῦν κατενόησεν; stellt Gregor die rhetorische Frage in "De hominis opificio" (Kap. 11: Ὅτι ἀθεώρητος ἡ τοῦ ἀνθρώπου φύσις: MPG 44, 153 D), damit auf die sokratische Tradition des Nichtwissens zurückgreifend.[70] - Konsequenterweise spricht er daher in seinem Dialog fortwährend vom νοῦς τις. Diese besondere Hervorhebung der Unbestimmbarkeit und Unbegrenztheit des Göttlichen darf u.E. als eine Verschärfung des an sich schon entschieden negativistischen Charakters der Anthropologie und Theologie Gregors aufgefaßt werden: sie verneint beim göttlichen Prototyp und bei seinem Abbild im Menschen auch das, was das Wesen des Innerweltlichen auf allen seinen Stufen begrifflich überhaupt erfaßbar macht : die besondere Gestalt, die ganz bestimmte Form, die faßbare Ausdehnung; da diese Voraussetzungen aller "Bestimmung" dem Göttlichen (in "Macrinia" allerdings meist nur noch tendenziell) abgesprochen werden, kann es letztlich nicht be-griffen werden. Diese Tendenz sorgt vor allem dafür, daß die Jenseitigkeit, die schlechthinnige Andersheit und Ferne des Göttlichen *nicht verkannt* wird. Für Gregor ebenso wie für Platon[71] beruht eigentlich alle Erkenntnis des Göttlichen als *Erkenntnis* auf der Begegnung mit seinem endlichen "Abbild" (vit. Mos. VII/1, 114, 10 εἰκόνα); der unvergleichlichen Höhe und Überweltlichkeit des "archetypischen Charakters" (ebd. 114, 11 τοῦ ἀρχετύπου χαρακτῆρος) vermag die erotische Seele nur endlos entgegenzustreben. Das negative "Wissen" um die Erhabenheit und Unbestimmbarkeit des Göttlichen, des an sich Seienden, steigert sich bei Gregor zu jenen geradezu verehrend überschwänglichen Aussagen, in denen er von dem stets vorauslaufenden (Eun. I 364) oder, dem sich selbst übersteigenden Göttlichen (Eun. III,6,68),spricht. Alle Annäherung an sein Wesen ist daher nur relativ; sie beruht auf einer Ähnlichkeit, die freilich, ähnlich wie bei Platon, keine absolute Gleichheit des Wesens, sondern nur eine *Analogie* bedeutet.[72] Diese Analogie rückt dennoch, wie wir bereits betont haben, derart entschieden in den Mittelpunkt des Dialogs "de anima et resurrectione", daß die Geistseele durchaus als ein "eingeschränktes Göttliches" erscheint, welches die Leibgebundenheit als Quelle gerade seiner Einschränkung und Entfremdung (der Erstickung in den ἀλλότρια πάθη) erlebt und mithin zu sprengen sucht. Nichts anderes als die vollkommene Antizipation dieses Zieles bedeutet ja die Auferstehung bei Gregor von Nyssa: die Versetzung in "irgendeinen geistigen und leidenschaftslosen Zustand" (de an. et resurr. 156 AB: εἰς πνευματικήν τινα καὶ ἀπαθῆ κατάστασιν), die *Wiedergewinnung* der vollen Unabhängigkeit von den "Bestimmungen der Natur" (ebd. τοῖς φυσικοῖς ἰδιώμασιν),die *Wiederherstellung* überhaupt unserer *ursprünglich*-göttlichen, eigentlichen Natur (148 A ὅτι ἀνάστασίς ἐστιν ἡ εἰς τὸ ἀρχαῖον τῆς φύσεως ἡμῶν ἀποκατάστασις).[73] Die unbezweifelbare Tatsache, daß diese Verwandlung des Menschen "zum Erhabeneren" (πρὸς τὸ μεγαλοπρεπέστερον 153 C, 156 C) als ein Läuterungsprozeß der Verähnlichung mit Gott schon auf Erden beginnt, erweist nicht nur die Fiktionalität all jener mystisch-theologischen Deutung, die mit den sog. klaren "Grenzen zwischen dem natürlichen und dem übernatürlichen Bereich" bei Gregor zu operieren wagt,[74] sie deutet zugleich auch auf den

vornehmlich anthropologischen Charakter und die Funktion der Analogie
Θεῖον-νοῦς. Bemerkenswert ist wirklich in diesem Zusammenhang, daß der Bischof von Nyssa die gottähnlich machende Katharsis oder die Verwandlung
zum "Erhabeneren" wiederholt als eine Umgestaltung aus Veränderlichkeit
(ῥοή und κίνησις), Verderblichkeit und Tod hin zu στάσις, unermüdlicher Vitalität und Stärke charakterisiert. Will man also der Eigentümlichkeit des Göttlichen, der ganz anderen Natur, beim Nyssener näherkommen, so
muß man sich vor allem in seine Anthropologie vertiefen. Wenden wir uns zur
Verdeutlichung dessen etwa wiederum dem Unendlichkeitsaspekt zu, so läßt
sich zwar jener durch den Satz vom Fortschreiten des ἀγαθόν ins Unendliche und Unbegrenzte herausgestellte Sinn vom Unendlichen als einer das
Menschliche miteinbeziehenden Instanz von der Auferstehungstheorie nur bestätigen, weil sie eben "das Unendliche als das dem menschlichen Geiste Wesensgemäße betrachtet und dann seine Endlichkeit als einen Abfall von seiner höheren, eigentlichen Natur auffaßt."[75] Dennoch geht Gregor in Wirklichkeit ebensowenig vom Unendlichen wie von einem gewissen paradiesischen Urzustand der "eigentlichen Natur" aus, mag er auch noch so oft davon sprechen.
Im Grunde genommen stellt er nicht einen Begriff von der Unendlichkeit des
Menschlichen, geschweige denn Gottes, auf, aus dem er dann die Endlichkeit
des empirischen Menschen deduziert. Seine *Forschung* richtet sich vielmehr
ausschließlich auf die Endlichkeit des gegenwärtigen leidbeladenen Menschseins. Zu seinem Begriff von transzendentem Anderen gelangt er, indem er
die Bedingungen aufsucht, die gegeben sein müssen, sollen die Unbeständigkeit und Hinfälligkeit des menschlichen Daseins überwunden werden. Sosehr
er auch immer einen ursprünglichen, übergeschichtlichen Zustand *darzustellen*
und ihn mit biblischen Gleichnissen zu illustrieren pflegt, sein eigentliches, untergründiges Anliegen ist zweifellos aktuell-anthropologisch.[76]
Hält man sich dies vor Augen, so lösen sich viele phänomenale Widersprüche
des Nyssseners von selbst auf. Spricht Gregor von Angleichung des Menschlichen an Gott, so denkt er primär an die Vergeistigung des Menschlichen, an
das Aufgehen namentlich seiner endlichen Natur in der ihm wesenhaft - mit
und in seinem Geist - *aufgegebenen* Dimension des Unendlichen. Daß es sich
dabei um einen endlosen Prozeß, einen endlosen Progress im Streben nach dem
Guten handelt, ist ein Indiz für seine grundsätzlich philosophisch-anthropologische, nicht biblisch-christliche, Intention. Gregor geht es offensichtlich nicht darum, den "radikalen Bruch" zwischen "Schöpfer" und "Ge-

schöpf" zu unterstreichen -, zumal er in der einen oder anderen Form immer wieder auf das θεόθεν εἶναι τήν σύστασιν τῇ ψυχῇ (de an. et resurr. 120 C) ausdrücklich verweist -, wohl aber um das unstillbare *daimonische* Hochgefühl des jugendlichen Wachsens über die Unbeständigkeit ,Bedürftigkeit und das Leid des endlichen Wesens hinaus. Man wird sogar kaum umhin können zuzugestehen, daß oft als Semiotik für dieses Wachsen, als höchstes παρά-δειγμα ausgerechnet Jesus von Nazareth benutzt wird, der seine menschliche Natur ganz in seine Gottheit aufgenommen hat! Die Vergöttlichung der menschlichen Natur Jesu illustriert somit das Apathie-Ideal der in das πάθος "gefallenen" menschlichen Natur überhaupt.[77] Charakteristischerweise hat ja Gregor nie darüber reflektiert, wie sich die Angleichung der Menschen von der Angleichung des Menschen Jesus unterscheidet.[78]

Zur Verdeutlichung der ausgesprochen anthropologischen Orientierung des Nysseners wollen wir hier noch kurz auf eben jenen seiner Texte eingehen, den auch E. Mühlenberg - der wichtigste der neueren Verfechter einer dogmatisch-theologischen Auslegung (ders., Die Unendlichkeit, S. 164 f) - untersuchte, freilich, um sich seines eindeutigen Sinnes allzu rasch und allzu bequem zu entledigen. In Cant.or. I, VI 22, 18f faßt Gregor den Sinn des Hohenliedes folgendermaßen zusammen: "In ihm ist das Beschriebene das Abkommen (Arrangement) einer Hochzeit, der Sinn aber ist die Vermischung (ἡ ἀνάκρασις)der menschlichen Seele mit dem Göttlichen." Diese klare Aussage über den wesentlich transzendent-göttlichen Charakter der Seele präzisiert Gregor im nächsten Satz: πνεῦμα ἕν soll der Mensch werden (ebd., 23, 4). Wie geschieht das? Es ereignet sich, indem der Mensch "durch die Vermischung mit dem Lauteren und Leidenschaftslosen (πρός τό ἀκήρατόν τε καί ἀπαθές) - an Stelle eines schweren Fleisches (ἀντί σαρκός βαρείας) - reine Vernunft (reiner Geist: νόημα καθαρόν) wird" (ebd., 23,5-6). Die gewaltsame Art und Weise, in der E. Mühlenberg dieser eindeutigen Äußerung aus dem Wege zu gehen sucht, ist typisch für die gesamte, dogmatisch gesinnte Gregorinterpretation und verdient deswegen hier eine Kritik: E. Mühlenberg meint, der Mensch solle hier ἕν πνεῦμα "mit dem Kyrios werden" und sieht dieses *Werden* nach dem herkömmlichen Muster der christlichen Theologie - "in der leidenschaftlichen Hinwendung zu Gott" (a.a.O.). Hieran anschließend sucht er sodann durch willkürliche "Kostproben" aus sekundären Textabschnitten oder solchen, die Gregor betont höchst feierlich angelegt hat, seine Deutung zu rechtfertigen und jenen vor allem "befremdende(n) Ausdruck von der Vermischung der menschlichen Seele mit dem Göttlichen" zu bagatellisieren. Seine Argumentation ist jedoch ersichtlich schwach und hält einer gründlichen Untersuchung kaum stand. Sieht man tatsächlich den Text des Nysseners genauer an, so wird ganz klar, daß das πνεῦμα ἕν sich eigentlich nicht auf den "Kyrios", sondern auf die eigene Ideal-Konstitution des Menschen bezieht. Explizit sagt es Gregor wenige Zeilen später, wenn er sein Apathie-Ideal von der Umgestaltung der menschlichen Natur zum "Göttlicheren" (Cant. or. I, VI 29, 15 f μεταποιηθῆναι τῇ φύσει ... πρὸς τὸ θειότερον) in den Zustand der Auferstehung hineinprojiziert: Dann wird die menschliche Natur sich von jenen Regungen (bzw. von jenem Aufruhr) der Leidenschaft (30, 14 τῶν ἐμπαθῶν κινημάτων (=modern: Triebregungen)) befreien, die eine Art Bürgerkrieg (ebd. ἐμφύλιος πόλεμος) führend, gegen das Gesetz des Geistes rebellieren (30,15 ἀντιστρατευομένου τῷ νόμῳ τοῦ νοός) und (manchmal) - im Fall der ἁμαρτία (bzw. durch die ἁμαρτία = 30, 16 τῇ ἁμαρτίᾳ) - die besiegte Seele selbst gefangennehmen; "dann wird unsere Natur sich von allem derartigen reinigen und *eines* wird das "Selbstgefühl" ("Selbstbewußtsein") durch beide sein (ἓν δι' ἀμφοτέρων ἔσται τὸ φρόνημα) (ich meine das Fleisch und den Geist), indem jede körperliche Neigung (διάθεσις) von unserer Natur verschwindet" (ebd. S. 30, 17-20). Ohne Zweifel entspricht das ἓν φρόνημα hier dem πνεῦμα ἕν in 23, 4 genau. Zwar sagt Gregor an letzterer Stelle vom Menschen κ α ί κ ο λ λ η θ ε ί ς τ ῷ κ υ ρ ί ῳ γένηται πνεῦμα ἓν διὰ τῆς πρὸς τὸ ἀκήρατον καὶ ἀπαθὲς ἀνακράσεως νόημα καθαρόν, doch der glatten theologischen Formel κολληθεὶς τῷ κυρίῳ (sich dem Herren anschließend) kommt offenkundig eine ganz sekundäre Rolle zu.[79] Wie wenig Gewicht Gregor einerseits dieser geradezu gekünstelten Konstruktion beilegt, wie frei er besonders mit den Worten, ja mit dem Namen des "Herren" selbst umzugehen weiß, wie sehr er andererseits aber an seinem Postulat der durch Homoiosis herbeizuführenden Vergeistigung festhält, zeigt der parallele Satz 32, 8 f: ἐπειδὴ γὰρ τὰ ῥήματα τοῦ νυμφίου πνεῦμά ἐστι καὶ ζωή ἐστι, πᾶς δὲ ὁ τ ῷ π ν ε ύ μ α τ ι κ ο λ λ ώ μ ε ν ο ς πνεῦμα γίνεται .... In Wirklichkeit steht im Mittelpunkt des gregorianischen Denkens weder "die leidenschaftliche Hinwendung zu *Gott*", bzw. Christus, wie E. Mühlenberg meint, noch die "leidenschaftslose" Selbsthingabe an irgendein göttliches Urprinzip orientalischer Prägung, wohl aber die Möglichkeit jener leidenschaftlichen διαστολή (Cant. or. I, VI 23, 19) des Menschlichen an sich, die sich paradoxerweise auf die ἀπάθεια des alles durchdringenden Geistigen hinrichtet. Nach seiner Aussage vom Werden νόημα καθαρόν fährt Gregor mit den Mahnungen der Sophia folgendermaßen fort:

"Liebe (ἀγάπησον) so viel du kannst, mit dem Ganzen deines Herzens, mit dem Ganzen deiner Kraft, begehre so viel du aufnehmen kannst (ἐπιθύμησον ὅσον χωρεῖς) -, und ich wage zu diesen Verben noch das ἐράσθητι hinzuzufügen; denn dies macht eine tadellose und (gleichsam) *leidenschaftslose* Leidenschaft (ἀπαθὲς πάθος) aus, die sich auf das Unkörperliche (ἐπὶ τῶν ἀσωμάτων) richtet, wie es ja auch die Sophia in den *Proverbia* verkündet, und den sich auf die göttliche Schönheit beziehenden Eros somit bestimmt" (ebd., S. 23, 7-12). Das ist auch der Sinn und die Mahnung des Hohenliedes, sagt Gregor weiter, "das dir (freilich) keinen 'nackten' (schmucklosen) Rat darüber gibt, sondern mit Rätseln philosophiert (δι' ἀπορρήτων φιλοσοφεῖ), indem es (genauer: der λόγος des Hohenliedes) - zur Begründung dieser Anschauungen - den Gedanken ein Bild von den Annehmlichkeiten des Lebens (εἰκόνα τινα τῶν κατὰ τὸν βίον ἡδέων) voranstellt" (ebd., S. 23, 13-16).

Man sieht hier klar, daß Gregor von Nyssa die biblischen Gehalte lediglich als philosophische Allegorien, ja als symbolische Illustrationen metaphysischer Gedanken aufzufassen vermag. Oft werden selbst Offenbarungsinhalte von seinem philosophisch tiefbohrenden Verstand grundsätzlich nicht anders benutzt als bei Platon die griechische Mythologie.[80] Ganz ähnlich nämlich wie Platon von den ἀπόρρητα der orphisch-pythagoreischen Überlieferung spricht (z.B. Phaid. 62 b) und die geheimen Weihen und ihre Offenbarung als Hinweise (Phaid. 69 C κινδυνεύουσιν αἰνίττεσθαι) auf seine eigenen philosophischen Gedanken deutet, philosophiert auch Gregor (so wie der Logos des Hohenliedes) δ ι ' ἀ π ο ρ ρ ή τ ω ν und stellt aus kirchenpolitischen Rücksichtsnahmen seinen Gedanken gelegentlich eine εἰκόνα -, ein Bild, ein Wort, ein *Kennzeichen* (σημεῖον, "Signal" τῶν κατὰ τὴν ἐκκλησίαν ἡδέων, dürfte man wohl sagen!) voran, so daß die Kühnheit ihres Inhalts manchem zeitgenössischen frommen Ohr nicht allzu skandalös klingt. Anscheinend haben aber diese εἰκόνες bis heute ihre Funktion erhalten können, insofern selbst bewährte Forscher an diesen Vordergründen hängenbleiben und nicht imstande sind, vorurteilsfrei die wahren Urteile Gregors zu finden, die hinter den vereinzelten, belanglosen "συνθήματα der Kirchentreue" doch sehr klar, konsequent und tief entwickelt werden. Der Bischof von Nyssa selber spricht - als Origeniker - nur zu oft von der Notwendigkeit, daß die ἐπατοντες hinter der wörtlichen ("leiblicheren") Darstellung der Schrift den **subtileren**

philosophischen Sinn suchen.[81] An sich ist das gregorianische Schrifttum
in dieser Richtung derart groß und kühn angelegt, daß sich als sein eigentliches Herzstück weder ein "christliches Bewußtsein" erweist, das sich gegen
die klassische Metaphysik abheben will, noch eine erlebte Mystik, die systematisch darzustellen wäre, wohl aber die erstaunlich unabhängige innere Haltung eines scharfsinnigen, nachdenklichen, wenn auch zugleich schüchternen
und zurückhaltenden Geistes, der in einem turbulenten Zeitalter Bischof in
einem Städtchen der abgelegenen kappadokischen Provinz sein mußte.

Nachdem herausgearbeitet worden ist, daß das Unendliche als Begriff des
Göttlichen und Transzendenten, sehr entschieden ins Feld des Unbegrenzten
und daher Unerkennbaren und Unbestimmten rückt und nicht eigens eine systematisch und eindeutig gegen die Endlichkeit alles "Erschaffenen" durchdachte
Prädizierung von *Gottes* ganz anderem Wesen darstellt, und nachdem verständlich geworden ist, daß es sich bei Gregor von Nyssa grundsätzlich um eine
philosophische Anthropologie handelt, welche die frappierende Analogie -
nicht "den radikalen Bruch"- zwischen dem an sich Menschlichen (dem *Selbst* des
Menschen, d.h. dem Geiste) und dem θεῖον hervortreten läßt, kann angemessener nach der Begründung für die Endlosigkeit des Strebens nach dem Guten,
mit anderen Worten - des Aufstiegs der Seele zu Gott, gefragt werden. Diese
Frage, orientiert vornehmlich an jenem paradoxen Satz von dem mit der Schau
Gottes identifizierten "unersättlichen Begehren" kann uns nach allem bisher
Gesagten wertvolle Einblicke in die weitesten, zugleich aber eigensten Anliegen des Nysseners gewähren.

Systematisch am besten durchgeführt hat Gregor den Gedanken des endlosen
Aufstiegs im letzten Teil des zweiten Buches seiner Abhandlung über die Tugend:"De vita Moysis" VII/1, 112,7-118,25.[82] Daraus ist zunächst - gegen
die "Überinterpretationen" von E. Mühlenberg - eindeutig zu ersehen:

1. Das eigentliche Agens zum Göttlichen hin ist - im Sinne der platonischen
   Tradition - der Eros.
2. Der *endlose* Aufstieg wird begründet:
   a. durch die ontologisch-normativ untermauerte Überzeugung vom Unbegrenztsein des Guten, das freilich den Begriff des Göttlichen vertritt;
   b. durch die eigene gleichsam "natürliche" Unersättlichkeit des Eros
      (anthropologisches Argument).

Was den zweiten Satz von der Begründung des endlosen Aufstiegs anlangt, so ist er nur eine Umschreibung Gregors eigener Worte, wenn er seine Ansicht zusammenfaßt: "Und auf diese Weise kann keine Grenze (ὅρος, Bedingung) den Progress (das Wachstum) des Aufstiegs zu Gott hemmen, zumal weder ein Ende des Guten sich finden läßt noch irgendeine Sättigung den Fortschritt der auf das Gute gerichteten Begierde aufhält" (de vit.Mos. VII/1, 116, 21-23). Daß nun "das Göttliche seiner eigenen Natur nach unendlich (ἀόριστον) ist, so daß es durch keine Grenze umschrieben wird (οὐδενὶ περιειργόμενον πέρατι)" (ebd., S. 115, 14), betont Gregor an so vielen Stellen seines Schrifttums, daß dieser Gedanke zu Recht als eine seiner Grundanschauungen betrachtet worden ist. Der auf der Basis des platonischen Verständnisses vom Göttlichen als dem "Guten und dem Seienden an sich" erfolgten Begründung dieses Satzes, welche wir bereits im Dialog "de anima et resurrectione" berührt haben, begegnen wir auch hier: Wenn für das θεῖον ein Ende gedacht werden könnte (115,16 εἰ γὰρ ἔν τινι πέρατι νοηθείη τὸ θεῖον ...), würde es notwendigerweise von dem Gegenteil eingekreist sein, ja es würde sich letztlich in ihm, dem Gegenteil, und d.h. in diesem Fall in dem Nicht-Seienden und dem Schlechten befinden (116,1 ἐμπεριέχεσθαι). Das ist aber absurd (116,13 ἄτοπον) - sagt Gregor - , denn das θεῖον ist nach allgemeiner Ansicht von Natur aus das für sein Gegenteil - die Schlechtigkeit - unempfängliche Gute -, ὃ μόνον ἐστίν.[83] Die unbegrenzte und unendliche Natur duldet also kein "Ergreifen" (περίληψις), schließt daraus Gregor. Und das "Un-ergreifbare" (τὸ ἀπερίληπτον) bietet nichts zum Be-greifen![84]

Genauso eindeutig, dennoch einleuchtender und origineller stellt sich jene Denkleistung des Nysseners dar, welche die Begründung des endlosen Aufstiegs in das Wesen des Eros selbst verlegt.[85] Mit allem möglichen Nachdruck hebt Gregor zuerst hervor, daß die Seele, sobald sie sich vom Irdischen (τῆς γηΐνης προσπαθείας) loslöst, sich heftig nach oben bewegt, sich steil emporhebt, "verrückt von der Leidenschaft für die Höhe (πρὸς τὸ ὕψος)", könnte man wohl sagen![86] So natürlich betrachtet Gregor den Vorgang der Bewegung der gereinigten Seele nach oben, daß er sich kaum scheut, ihn mit der Eigenschaft der "sich abwärts neigenden" Körper (τὰ κατωφερῆ τῶν σωμάτων) zu vergleichen, sich unaufhaltsam nach unten zu bewegen, sobald sie den Anstoß hinab bekommen.[87] Dieser einprägsame Vergleich zeigt noch einmal in aller Deutlichkeit, daß Gregor der Seele doch eine *naturhafte* Göttlichkeit zuschreibt,[88] die als das Fremdeste, aber zugleich Eigenste den Menschen dazu bringt, mitten in der Weltlichkeit und trotz aller seiner Bedürftigkeit und Bedingtheit unstillbar nach dem wahrhaften Göttlichen, und zwar nach "der Freiheit, dem Verwandten und Gleichartigen" (de vit. Mos. VII/1, 113, 15 πρός ἐλευθερίαν τό συγγενές καί ὁμόφυλον), zu verlangen. Dieses leidenschaftliche Verlangen nach dem ὕψος ist sicherlich der Eros (Satz 1).[89] Daß es sich dabei um ein an sich unstillbares, unersättliches Verlangen handelt, läßt sich kaum bezweifeln. Die Unstillbarkeit gerade des Verlangens, dieses Kennzeichen kat'exochēn des genuin platonischen Eros - den bekanntlich das Wesen seiner Mutter *immer unbefriedigt* bleiben läßt[90] - stellt Gregor sogar derart potenziert in den Vordergrund seiner Gedanken, daß man darin u. E. nicht nur den eigentlichen Grund für den endlosen Progress des Strebens hinauf (Satz 2 b), sondern auch die faktische Originalität des Nysseners sehen muß. Doch betrachten wir am besten den Text selbst!

> "Das Streben (der Andrang, der Trieb = ἡ ὁρμή) wird jedenfalls sich selbst übersteigen (ἀεί πάντως ὑψηλοτέρα ἑαυτῆς γίνεται), so daß es sich, wie der Apostel sagt, mit der Begierde des Himmlischen vorwärts weiter ausdehnt und immer höhere Ziele anfliegt (καί πάντοτε πρός τό ὑψηλότερον τήν πτῆσιν ποιήσεται), zumal ihm absolut nichts von oben her (ἄνωθεν) entgegenwirkt (denn die Natur des Guten zieht zu sich das an, was zu ihr hinblickt). Weil es (sc. das Streben, ἡ ὁρμή) sich nämlich (ständig) danach sehnt, die über das schon Erreichte hinausliegende Höhe (τό ὕψος) nicht preiszugeben (um dessen willen, was eben schon erorbert worden ist), wird sein Trieb nach oben (ἡ ἐπί τό ἄνω φορά) unstillbar (unaufhörlich = ἄπαυστος), indem er die sich auf den "Flug" beziehende Spannkraft (τόν πρός τήν πτῆσιν τόνον) durch das schon Dahinliegende stets erneuert. Denn allein die Energie, welche die Tugend betrifft (ἡ κατ' ἀρετήν ἐνέργεια), ernährt durch Mühsal (καμάτῳ) die Kraft, insofern sie durch die Arbeit (διά τοῦ ἔργου) die Spannkraft nicht mindert, sondern steigert" (de vit. Mos. VII/1, 112,16-113,2).

Diesen spirituellen Vitalismus des Strebens läßt Gregor anschließend durch Hervorhebung der Unerkennbarkeit und Unendlichkeit des Zieles sich zu einem radikalen Voluntarismus ohnegleichen entwickeln:

> Moses, der ideale Vertreter des *Aufstiegs*, "schwelle" - trotz aller seiner beträchtlichen Erhebung - weiterhin vor Begehren (ἔτι σφριγᾷ τῇ ἐπιθυμίᾳ) und kenne keine Sättigung am Wachsen, "und noch immer dürstet er nach demjenigen, von dem er (ohnehin) stets besessen war, und noch immer bittet er darum, als ob er daran noch nicht Teil hätte, indem er zu Gott fleht, ihm zu erscheinen (ἐμφανῆναι αὐτῷ) - *nicht so wie (insoweit) er selbst daran teilnehmen kann, sondern so wie Jener (wirklich) ist* (οὐχ ὡς μετέχειν δύναται ἀλλ' ὡς ἐκεῖνός ἐστι).

Solches zu erleben (bzw. erleiden = τό τοιοῦτο παθεῖν, sc. den
Wunsch, Gott selbst sehen zu wollen) scheint mir durch eine gewisse
erotische Struktur (Dispositio = διάθεσις) der Seele bedingt zu
sein, die sich auf das von Natur aus Schöne (καλόν) richtet; die
Hoffnung (nämlich) zieht die Seele von dem schon gesehenen Schönen
zu dem noch darüber Liegenden fort, dadurch, daß sie (sc. die Hoffnung) immer durch das jeweils Ergriffene die Begierde für das noch
Verborgene entzündet. Von dort aus sehnt sich der, welcher die Schönheit heftig liebt, danach, mit dem Urbild selbst erfüllt zu werden
(genauer: das Urbild ("den archetypischen Charakter") selbst "im
Übermaß zu genießen" =αὐτοῦ τοῦ ἀρχετύπου χαρακτῆρος ἐμφορηθῆναι); denn das jeweils Erschienene nimmt er nur als ein Bild
des Ersehnten auf. Und folgendes will das kühne und die Grenzen
(τούς ὅρους, die Bedingungen) der ἐπιθυμία übersteigende Verlangen (ἡ αἴτησις): nicht durch irgendwelche Spiegel und Erscheinungen die Schönheit genießen, sondern im unmittelbaren Gegenüber
(κατά πρόσωπον). Und die göttliche Sprache (φωνή, Äußerung) gibt
das Geforderte (das Erbetene), durch das, was sie gerade gänzlich
verneint (δι' ὧν ἀπαναίνεται), indem sie in wenigen Worten einen
Abgrund von Gedanken (βυθόν νοημάτων) vorzeigt (παραδεικνύουσα).
Denn dem Erfüllen des Begehrens hat die Freigebigkeit Gottes zwar
zugestimmt, irgendwelchen Stillstand (στάσιν) und Überdruß des Ersehnten aber verspricht sie nicht. Nicht sich selbst hätte Er (sc.
Gott) ja sonst dem Diener gezeigt, würde das Gesehene von solcher
Art sein, daß es die Begierde des Schauenden zum Stillstand bringt
-, denn in Wirklichkeit besteht die Schau Gottes gerade darin, daß
der Hinschauende (bzw. der auf Ihn Gerichtete = τόν πρός αὐτόν
ἀποβλέποντα) kein Ende seines Begehrens je erfährt. Weil er sagt:
Mein Angesicht kannst du nicht sehen; denn kein Mensch wird leben,
der mich sieht (οὐ γάρ μή ἴδη ἄνθρωπος τό πρόσωπόν μου καί
ζήσεται)" (de vit. Mos. VII/1, 114,1-115,1).

Wenn auch Gregor diese letzte unheimliche Aussage Gottes (aus Ex. 33,13)
möglichst zu entschärfen sucht, indem er an sein zentrales Prinzip von der
Unerkennbarkeit Gottes anschließend als "Nicht-Lebenden" (115,9 ζωήν οὐκ
ἔχει), bloß jenen Erkennenden erklärt, der das Unbegreifliche der mit dem
"Leben an sich" (115,9 ἀληθής ζωή) völlig identifizierten göttlichen Natur, des "Seiend-Seienden" (ebd. τό ὄντως ὄν), ignoriert und mithin etwas
anderes, d.h. etwas Erkennbares und im eigentlichen Sinne nicht real Seiendes für das wahrhaft Seiende *hält*[91], setzt sein paradox dialektischer Satz
von der unbedingten, unstillbaren epithymia merkwürdigerweise gleich wieder an: "Auf diese Weise wird das Ersehnte also dem Mose erfüllt, durch
das, was die Begierde unerfüllt bleiben läßt. Denn durch das Gesagte (sc.
eigentlich das "Erfüllen" im "Unerfüllt-Bleiben" der Begierde, - nicht das
"Abwehren der Bitte", wie E. Mühlenberg fälschlicherweise behauptet[92]) wird
gelehrt (παιδεύεται), daß das Göttliche hinsichtlich seiner eigenen Na-

tur unendlich (ἀόριστον, unerschöpflich) ist, durch keine Grenze umschrieben" (de vit. Mos. VII/1 ,115, 12-16). Auch nach der von uns bereits dargelegten ontologisch-normativen Untermauerung der Unendlichkeitsaussage läßt sich aber die eindeutige Orientierung des Nysseners an der Bedürftigkeit und dem unstillbaren Streben des Menschlichen noch einmal bezeugen:

> "Alle Begierde aber, die sich auf das καλόν richtet und sich zu jenem Aufstieg verlocken läßt, erstreckt sich zugleich mit dem auf das Gute hinführenden Wege immer weiter, und darin besteht in Wirklichkeit die Schau Gottes, daß man nie der Begierde satt wird. Man muß vielmehr, stets an der Schau orientiert -,Schau mit all dem was überhaupt zur Verfügung steht -,sich von der Begierde *entflammen* lassen, *mehr* zu sehen(πρός τήν τοῦ πλέον ἰδεῖν ἐπιθυμίαν ἐκκαίεσθαι)" (de vit. Mos. VII/1, 116, 15-20 /Hervorhebung vom Verfasser/).

Überblickt man diese Ausführungen von "De vita Moysis", so ragt die aus und in sich begründete Heftigkeit des erotischen Strebens nach dem Guten und Schönen als maßgebende Instanz äußerst deutlich und eindringlich hervor. Die Unstillbarkeit und unverminderte Leidenschaft der ἐπιθυμία impliziert vornehmlich die Unendlichkeit des Aufstiegs (vgl. vor allem de vit. Mos. VII/ 1, 114, 5-14) und erst und vor allem,sie weist auf die Unendlichkeit des Göttlichen hin. Denn erst die Tatsache, daß das Verhältnis zum Göttlichen statt als γνῶσις als zügelloser ἔρως, ja als σφοδρά ἐπιθυμία bestimmt wird, die über *jede* erreichte Stufe mit unverminderter Heftigkeit hinausstrebt, läßt die göttliche Natur richtig als eine die Erkenntnis übersteigende "Seins-Überfülle" erscheinen. Die Unstillbarkeit des Begehrens *kann* wohl den Charakter des Göttlichen, des an sich Seienden oder des "Lebens an sich", als einer nie auszuschöpfenden, nie auszudenkenden Substanz implizieren (de vit. Mos. VII/1, 114, 19f). Mag nun das *Ziel* der grundlegenden epithymia so radikal negativ formuliert sein, daß es, im ganzen des Corpus Gregoreanum gesehen, die als notwendige Folge der klassischen Philosophie zu verstehenden Ansätze der negativen Theologie[93] selbst insofern zu überbieten tendiert, als es sich nicht bloß als das "unbegreifbare Geheimnis" hinstellt,das sich, gegen jede weitere Aussage über sein Wesen sperrend, jegliche Konturen, auch die des Guten oder Gottes, auch die des "Etwas" zu sprengen scheint - sondern ganz entschieden ins Positive schlagend ein sich selbst transzendierendes ἀόριστον suggeriert -, so zeigt die "Phänomenologie" des Weges zum Ziel, die Pointierung der epithymia selbst, die neuen eigenen Entscheidungen des Nysseners deutlicher an:Trefflich ist jüngst beobachtet worden, daß Gregors Überstieg der Seele über die sinnlichen Gegebenheiten hinaus, so sehr er auch dem platonischen Eros, dem platonischen Erkenntnisstreben entsprechen mag, der platonischen Tradition letztlich doch widerspricht, insofern das Ziel der Erkenntnis und des Begehrens für prinzipiell unerkennbar erklärt und der Erkenntnisweg, das erotische Streben der epithymia, verselbständigt wird. Der Weg zum Ziel wird tatsächlich von Gregor "aus voluntaristischer Perspektive gesehen, weil angesichts der Unerkennbarkeit des Lebenszieles das Streben ohne die Gewißheit letzter Erkenntnis einen für griechisches Denken kaum faßbaren Eigenwert erhält."[94] Diese höchst merkwürdige Lehre, "zu der überzeugende Parallelen zu finden schwerfallen dürfte",[95] kann sich jedoch *nicht* "aus der biblischen Einsicht in die Vorläufigkeit menschlichen Mühens"[96] ergeben! Der unüberbrückbare Abstand zwischen "Schöpfer" und "Geschöpf" läßt sich bei Gregor, wie wir bereits gesehen haben, nicht problemlos aufrecht erhalten. Seine Beschreibungen der epithymia scheinen vielmehr aus einer Grundstimmung zu erwachsen, die, durch das tiefe Erschrecken über die Gebundenheit des Geistes an Leiblichkeit und Zeitlichkeit geprägt, sich als Überfülle des Verlangens nach dem Dauerhaften, Unbedingten und Freien (de vit. Mos. VII/1, 113, 15 πρός ἐλευθερίαν) äußert. Nach dem "Mehr" der *Höhe*, dem Schönen und Guten, dem Seienden, bzw. dem Leben an sich - nicht nach dem christlich gedachten "unendlichen Gott" - richtet sich, wenn man die Ausdrücke für das *Ziel* im Text genauer betrachtet, die epithymia.[97] Alles Streben ist aber von dem bestimmt, wonach es strebt; und so schlägt das Unbedingte, das Unendliche und Un-fest-stell-bare des Erstrebten auf den Charakter des Strebens zurück: Es wird ebenso unbedingt, unendlich und un-fest-stell-bar/un-still-bar wie jenes; allein darauf ist offensichtlich die starke Betonung des "nie" (ποτέ, μηδέποτε) beim "Epithymiasatz" zurückzuführen. Gegenüber der platonischen und überhaupt metaphysischen Tradition der Antike bedeutet der als trotziger "Voluntarismus" erscheinende gregorianische Ansatz darum etwas völlig Neues, weil angesichts der rationalen Unbestimmbarkeit und Unaussprechbarkeit des erstrebten *Guten* das erotische Streben selbst qua unendlich suchende Bewegung sanktioniert wird.[98] Wenn Gregor die Erfüllung der epithymia darin sieht, *daß* sie n i e in Erfüllung geht, wenn er das *Finden* ausdrücklich mit dem *ständigen Suchen* (τὸ ἀεί ζητεῖν) identifiziert,[99] macht er offensichtlich den unersättlichen Eros zum obersten Prinzip seiner Metaphysik. Als Grundfunktion und Grundtrieb des seelischen Lebens betrachtet erscheint so die ins Unendliche, Un-ergreifbare und Unbestimmbare fortschreitende "Begierde zur Höhe" vom Platonismus ebenso wie vom Christentum weit entfernt. Daß für den Christen Form und Intensität des menschlichen Strebens ausdrücklich von Gott her, dem allein die Prädikate des Unendlichen zugeschrieben werden, begründet werden, haben wir bereits gesehen. Hier tritt aber auch der Gegensatz von Gregors Anthropologie zur platonischen Tradition tatsächlich klar hervor: zwar gilt in dieser Tradition weiterhin die Leidenschaft des Eros als Träger des dialektischen Aufstiegs zum Guten. Doch daß das Gute, das wahrhaft Seiende, erkennbar, ja das "Höchste Erkennbare" ist, *zu*, bzw. *von* dem wir *denkend* empor-, bzw. herabsteigen müssen, steht im Mittelpunkt der Philosophie Platons.[100] Selbst Plotin hat Wert auf den Aufstieg der Seele als eine Leistung des menschlichen Denkens gelegt, die der Mensch erst dann erreichen kann, wenn der Verstand die ihm zugänglichen Bereiche durchschritten hat.[101] Für die platonische Wissenschaft, die das diskursive Begreifen des Zieles durchaus kennt, ist das Enthusiastische des Eros mit der vernunftmäßigen Forschung unmittelbar verbunden. Angesichts der Tatsache, daß das Gute und Schöne als "höchstes Mathema" bezeichnet wird (Rep. 6, 505 a), erweist sich das erotische Verhältnis zu ihm, dem wahrhaft Göttlichen, als wesentlich intellektualistisch. Will man auf das berühmte Phaidrosbild vom Gespann der Seele zurückgreifen (Phaidr. 246 a f) -das bekanntlich die drei Seelenteile aus der "Politeia" versinnbildlichen soll - so ist offenkundlich der Lenker, d.h. der Verstand, der Geist (τὸ λογιστικόν), welcher die Zucht und die Herrschaft über die beiden Pferde (τὸ θυμοειδές und τὸ ἐπιθυμητικόν) jederzeit erlangen muß, gleichsam die "erostragende" Instanz zum Guten hin, dem *Wahren und Schönen*. Gregor von Nyssa dagegen legt den Akzent des Aufstiegs nicht auf den Intellekt, der angesichts der Unerkennbarkeit des Zieles sozusagen den Boden unter den Füßen verliert, sondern auf das Unstillbare und die Heftigkeit des tendenziell verselbständigten Eros, auf das metaphysisch sanktionierte unendliche Begehren. Gewiß ist nun die anthropologische *Dispositio* eine andere als bei Platon: Die Leiblichkeit ist für Gregor nichts Natürliches, sie ist geistbestimmt, und darauf stützt sich letzten Endes sein Appell an eine ἀνάφλεξις τοῦ ἐπιθυμητικοῦ (Entzündung des "Begehrenden"),[102] sowie die Nachlässigkeit selbst, mit der er das erotische Streben ἐπιθυμία nennt. Platon könnte entsprechend seiner Position, daß es eigentlich nicht der Mensch als geistiges Wesen ist, der Begierde empfindet und auf deren Erfüllung er hinstrebt, sondern der von ihm "unabhängige" Körper, nie vom Eros im Sinne einer hypostasierten epithymia sprechen, welche für das Menschliche insgesamt verantwortlich ist, geschweige denn ihr den Vorrang vor dem Intellekt geben. Daß Gregor dies letztlich tut und zwar so tut, daß seiner Anschauung vom moralischen und religiösen Progress, ja eigentlich seinem anthropologischen Ansatz selbst gerade "dionysische" Züge zugeschrieben werden dürfen, zeigen die Offenheit und die Hochspannung des Strebens zum Unendlichen und Unbedingten.

Über die uns existentiell anmutende Offenheit zum Unendlichen, wie sie sich vor allem im paradoxen Satz vom "Finden" - in dem "ständigen Suchen" prägnant äußert, haben wir soeben gesprochen. Nun wollen wir kurz noch auf die Hochspannung und die Gefährdung des Strebens zur Unbegrenztheit und Unendlichkeit des Göttlichen hinweisen, wie sie sich schon in dem von uns angeführten Text von "De vita Moysis" bezeugen läßt. Man erinnere sich, mit welcher Rücksichtslosigkeit gegenüber sich selbst Moses Gott darum bittet, "ihm zu erscheinen - nicht so wie (insoweit) er selbst daran teilnehmen kann, sondern wie Jener (in Wirklichkeit) *ist*" (de vit. Mos. VII/1, 114,2-4). Derjenige, der das "an sich Seiende", das Schöne heftig liebt, der "stürmische Liebhaber der Schönheit" (ebd.,114, 9 ὁ σφοδρός ἐραστής τοῦ κάλλους), verfügt über ein solch dringendes, ungebändigtes Verlangen nach maßlosem Genuß (114, 11 ἐμφορηθῆναι) des "Archetyps", daß es die Grenzen nicht nur der γνῶσις, sondern auch der ἐπιθυμία selbst übersteigt.[103] Dieses "kühne Verlangen", das "nicht durch irgendwelche Spiegel und Erscheinungen die Schönheit genießen will, sondern von Angesicht zu Angesicht" (114,13), rückt, fern von aller christlichen Demut und Frömmigkeit, offensichtlich in die Nähe des Dionysischen. Dieser Charakter des Strebens und des Strebenden bei Gregor von Nyssa kann und darf nicht leichthin abgetan werden. Denn er ergibt sich aus der Struktur und der Dynamik der ἐπιθυμία selber: Die sich selbst stets übersteigende "Begierde zur Höhe" ist doch ein über alles Maß und alle Begrenzung hinauswollendes Verlangen nach dem unbestimmbaren "Seienden, bzw. Leben an sich"; sie ist ein radikales Hinausgreifen über Person, Denken, endliche Realität schlechthin, durch den Hang zur Unendlichkeit und Unbedingtheit bestimmt. Dieses jugendliche Hochgefühl des ekstatischen Wachstums, das seine eigene Unermüdlichkeit und Unstillbarkeit, seine ständige Steigerung ausdrücklich mit der "Schau", der Berührung Gottes gleichsetzt, birgt offensichtlich das Reichste an Lebensfülle, was überhaupt gedacht werden kann. Ist es nun nicht gerade das Dionysische, das diese Lebensfülle hochpreist? Ist nicht von jeher das Dionysische als der Trieb zum Maßlosen, Ungebändigten und Unbegrenzten bestimmt worden?[104] Und ist es nicht ein Kennzeichen des Dionysischen par excellence, sich über alle sichernden Grenzen, alle natürlichen Bindungen hinaus ins Ungewisse zu wagen? Es ist eben der auf alle Sicherungen verzichtende, auf die äußerste Ungeborgenheit des über den Geist und die Erkenntnis hinausseienden ἀόριστον hin gewagte Mensch, der in der Aufstiegsdarstellung des Nysseners erscheint. Daß dieses kein gefahrloses Tun ist, läßt sich bei Gregor klar erkennen. Indem der Mensch sich darauf einläßt, daß aller Halt gleichsam zum "Trampolin" der ins Ungewisse wollenden epithymia wird, indem er daran mitwirkt, daß das jeweils Erscheinende (de vit. Mos. VII/1, 114,10 τὸ ἀεὶ φαινόμενον) lediglich die ins verborgene, unbegreifliche "an sich Seiende" dringende epithymia anfeuert, hält er sich zwar frei von jedem scheinbar gesicherten Standpunkt, begibt sich aber zugleich im Verlust aller Halte und aller Ruhe auf die unheimliche "Odyssee" eines bodenlosen ewigen Suchens. Denn im ständigen Suchen auszuharren, ist eine Sache höchster Anspannung. Wird sogar ausdrücklich das radikale Suchen allein zum "unfindbaren Fund" erklärt, dann ist damit auch gegeben, daß der Mensch die Grenze seines Suchens nicht aus sich selbst heraus setzen kann. Dieses geht seiner innersten Natur nach immer weiter; hielte es inne, so hörte es auf, Suchen zu sein und verlöre sein Wesen; hielte *Etwas* diesem Suchen stand, so hätte es, sagt Gregor deutlich, mit dem wahrhaft Seienden nichts zu tun, das ja für prinzipiell unergreifbar und unbegreifbar gehalten wird. Es wäre in Wirklichkeit nicht Gott selbst (114, 19)! Es muß also alles Sichere und Feste zum Einsturz gebracht werden, es muß immer weiter gesucht werden. Gott - den Vollkommenen und Unbedingten und Unendlichen - schauen, Gott berühren, ist von der in der Weltlichkeit befangenen Stellung des Menschen her fortwährendes, radikales Suchen, fortwährendes Begehren der Suche -, unersättlicher Eros nach *Freiheit von* der Befangenheit in der Welt. Ans Ziel gelangen- Gottes Gesicht in unmittelbarem Gegenüber schauen - läßt sich freilich angesichts der Weltbefangenheit des menschlichen Daseins nie verwirklichen. Οὐ δυνήσῃ τὸ πρόσωπόν μου ἰδεῖν· οὐ γὰρ μὴ ἴδῃ ἄνθρωπος τὸ πρόσωπόν μου καὶ ζήσεται : sagt Er doch zu Moses (114, 23 f). Das "Seiende an sich" ist im Sinne der platonischen Tradition nichts Vorhandenes - um es *finden* zu können -, sondern primär etwas Aufgegebenes und Anzustrebendes, mit Gefahr Anzustrebendes. Denn der *in* der Welt lebende Mensch wird eigentlich aufgefordert, nicht *aus* der Welt zu leben, sondern sein natürliches "Bewußtsein" radikal zu hinterfragen, *frei von* seiner endlichen Existenz *zu werden*. Darin besteht letzten Endes der Sinn des sog. unendlichen Aufstiegs der Seele für Gregor von Nyssa. Seine anthropologische, ja sogar "personal"-anthropologische Einstellung[105] ist entgegen aller dogmatisch-theologischen Abwertung seiner subtilen Argumentation zu einer verflachten "Anthropologie" oder mystischen Vergöttlichung[106] - unbezweifelbar. Die innere Mitte von Gregors Denken überhaupt wird erst in dem durch die Freiheit von der Unmittelbarkeit und dem Eigensinn der eigenen Existenz zu verwirklichenden Prozeß des Frei-*werdens zu* sich *selbst* als Geist sichtbar. In der lebendigen Leidenschaft, die die Sicherheit der eigenen Existenz dahinzugeben wagt, in der Hoffnung, sie gegründet wiederzugewinnen, gründet letztlich auch der "faustische" Hang zur Unbegrenztheit und Unendlichkeit, der die Identität, moderner: das "Selbstsein" des Menschen offenbar im *Selbstwerden* erblickt. Ek-statischer Prozeß, fortwährende Dynamik, unerschöpfliche Leidenschaft und Orientierung auf die *Zukunft* hin, sind hier die wesentlichen Bestandteile der Lehre vom "menschlichen Menschen". Zu Recht kann man daher diese Anschauung des Menschen als dionysisch bezeichnen, im Unterschied gerade zu den apollinischen Zügen des allgemein vorherrschenden Menschenbildes der Antike: der Gegenwärtigkeit, des μηδέν ἄγαν, der Sinnhaftigkeit, der Klarheit des Zieles. Hinzu kommt, daß der sich in die Furchtbarkeit der Unendlichkeit[107] Wagende bei Gregor primär einem Drang zur Einheit folgt, einem Drang zur "Rückkehr" in die "ursprüngliche" Einheit des Menschlichen ἐν μόνῳ τῷ ἀγαθῷ (de an. et resurr. 81 B) -, im Geiste.[108] Der Drang zur Einheit kann aber bekanntlich als weiterer Ausdruck des Dionysischen betrachtet werden.[109]

Die existentielle Bedeutung des unstillbar erotischen Strebens nach dem Schönen und Göttlichen, "dem Seienden an sich", ist offenkundig. Ein Streben, das wesentlich aus dem Leiden an der Welt erwächst, läßt keine neutrale Unbeteiligtheit zu. Bei einem Streben, dessen eigenste Bestimmung explizite mit dem ἀεί ζητεῖν gegeben wird, wird der Strebende selber notwendigerweise in den Wirbel des Zusammenbruchs aller Halte hineingerissen. Fängt er überhaupt an, den Weg "hinauf" zu beschreiben, so muß er sich auch in aller persönlichen Gefährdung auf den Weg des immer weiter gehenden Suchens begeben, im *Wissen*, daß ihn kein Halt, kein "Fund" je befriedigen wird. Einzige Befriedigung ist doch fortwährend das Unbefriedigt-Bleiben, einziger Fund das Suchen selbst, einzige Ruhe die Unruhe! Ungesättigt gleich der Flamme glühe stets die ἐπιθυμία.[110] Will man die epochale Bedeutung dieses gregorianischen Ansatzes besser begreifen, so bietet gerade der Vergleich mit dem entsprechenden platonischen Philosophem im "Phaidon" dazu die beste Gelegenheit. Daß auch Platon, zunächst und vor allem der Platon des "Phaidon", "gar nicht unakademisch genug gedacht werden (kann),"[111] haben wir im Ersten Teil dieser Arbeit bereits betont.[112] Ausgerechnet im Todesdialog Platons haben wir ja eine richtige "Dionysik des Geistes" aufgedeckt, ein radikales Streben nach der "Einübung ins *Sterben*", welches sich über alle Schranken des Sinnlichen und Endlichen hinaus *wagend*, nicht bloß auf Einsicht und Weisheit, sondern auf das Übersinnliche selbst als das wahrhaft Seiende und Göttliche hinzielt. So sehr aber auch das Ziel dieser geradezu religiösen Inbrunst in die Region des Transzendenten (des ἐπέκεινα) entrückt sein mag, es gerät nicht in unerreichbare Ferne. Denn das Ziel ist hier wohl letztlich das ἀγαθόν und gehört als solches zum Innersten der Seinsordnung, die dem Denken prinzipiell zugänglich ist. Es ist das "Höchste Erkennbare", kat' exochēn durch die Momente der Vollkommenheit und Unveränderlichkeit charakterisiert. So sehr auch der Eros des an der Unbeständigkeit der Welt leidenden Menschen durch die Unerfüllbarkeit maßgeblich bestimmt sein soll, so sehr seine Philo-sophie überhaupt den Charakter der Annäherung, ja der *Suche* beanspruchen kann, nie wird bei Platon die Suche oder der Eros an sich hypostasiert und zum Inbegriff des Erkenntnisprozesses, geschweige denn der Lebenserfüllung und Lebenserhöhung, gemacht. Wagt es die Seele, sagt Sokrates vielmehr im "Phaidon", über die endliche Existenz des Menschen - über die täuschenden Sinne, Bedürfnisse und Emotionen des Leibes - hinaus, "selbst an sich selbst" - reine Vernunft - zu sein, so geht sie in das "selbst an sich selbst" Seiende, "das Reine und immer-Seiende und Ewige" ein (79 d_3 μετ' ἐκείνου γίγνεται). Jedesmal, wenn sie "selbst an sich selbst" wird, ruht sie von den Irrsalen und berührt (79 d_6 ἐφαπτομένη) das ihr Verwandte: Das göttliche und unvergängliche, das intelligible, wandellos mit sich identische Sein der Ideen. "Und dieses ihr Erlebnis wird 'Einsicht' (φρόνησις) genannt" (79 d_6). "Vernunft und Einsicht zu haben" ist also - "von allen Lebensweisen die göttlichste" (Phil. 336) - für Platon die höchste der Seele, *eigentümliche* Möglichkeit, die, sobald sie verwirklicht ist, zu Seins- und Selbsterkenntnis führt.

Bei Gregors von Nyssa Theorie vom Aufstieg der Seele gerät aber gerade die

Möglichkeit einer positiven, oder bloß statischen Seins- und Selbsterkenntnis letzten Endes ins Schwanken. Das ἀόριστον Ziel entgleitet hier stets, und die ins Ungewisse, ja Gestaltlose (Unbegrenzte) dringende Seele muß fürchten, ein Nichts zu fassen.[113] Entschließt sich die Seele d e n - n o c h, sich auf den aufsteigenden Weg ins Dunkle zu begeben, erhält ihr kühner Entschluß einen erstaunlich neuen Eigenwert. Verselbständigt, verinnerlicht, verabsolutiert wird nun das ek-statische "schöne Wagnis" über die hiesige Endlichkeit und Notwendigkeit hinaus.[114] Kein Wunder daher, daß gerade der Freiheitsbegriff bei den Ausführungen des Nysseners auffallend in den Vordergrund rückt. Nicht primär um die Erhebung zu φρόνησις, zu Beständigem und wandellos mit sich Identischem geht es bei Gregor, jedenfalls dem Gregor von "de vita Moysis", wohl aber um die Erhebung zur Freiheit, unserem *"Stammesgenossen"*. Wir wiederholen den lapidaren Satz vom Aufstieg des Mose: ἐξαιρεῖται πρός ἐλευθερίαν τό συγγενές καί ὁμόφυλον (vit. Mos. VII/1, 113, 15). Der *Aufstieg* ist also, konsequent gedacht, die sich über das habituelle eigene Dasein hinaus wagende *Ek-sistenz*; das Endlose des Aufstiegs drückt das Bodenlose dieser Haltung aus, die sich darum vor allem als eine Sache höchster Anspannung und Gefährdung erweist, weil sie als ein Ausharren im Suchen und Fragen konzipiert wird. Die besondere Originalität der "Entscheidung" des Nysseners wird erst deutlich, wenn man sie nicht als reflektierend und reproduzierend (geschweige denn mystisch-erlebend), sondern als wagend und kämpfend erkennt. Wenn man gar bedenkt, daß vor dem Hintergrund eines völlig dunklen Zieles Gregor sich allein zur unstillbaren Intensität der ἐπιθυμία bekennt, ja die bedingungslos unersättliche "Begierde zur Höhe" angesichts und - man darf wohl sagen - t r o t z der Unerreichbarkeit des Zieles in eines mit der "Gottesschau" setzt, wird nicht nur der gegenüber der intellektualistisch bestimmten platonischen Tradition betont anthropologisch-voluntaristische Charakter seiner Perspektive deutlich, sondern hellt sich zugleich die spezifische Art seines konkreten Wagnisses als *heroisch* auf: Denn - mag auch die Frage des Heroismus an sich erst auf dem Grunde später abendländischer Erfahrung möglich sein - was charakterisiert eine Haltung oder Lebensform als heroisch? Nicht gerade ein dem Wissen um die letzte Vergeblichkeit, bzw. Aussichtslosigkeit einer Situation trotzig entgegengestelltes Dennoch!?[115] Und sind nicht eigentlich 1. die *Einsicht* in die Vorläufigkeit, ja im Grunde genommen, Vergeblichkeit allen Erkenntnisfortschritts, das

Wissen um die abgründig *andere* Natur des Göttlichen, das gleichwohl ἀρρήτῳ τινί λόγῳ in unserer Wirklichkeit anwesend ist und 2. das klare be-
dingungslose *Dennoch!* (ἀλλά : de vit. Mos. VII/1, 114,4; 114,14; 116,15;
116,19) des über seine Weltbefangenheit und Endlichkeit hinaus rastlos und
kühn strebenden Menschen, die zwei Grundkomponenten der gregorianischen Anschauung vom endlosen Aufstieg? Ertönt wirklich nicht ein heroisch trotzi-
ges Dennoch! aus dem - angesichts der Unerreichbarkeit Gottes - immer wieder neu zu leistenden Ausharren im Suchen und "Immer- Mehr-Sehen-Wollen",
im πάντοτε ... πρὸς τὴν τοῦ πλέον ἰδεῖν ἐπιθυμίαν ἐκκαίεσθαι (ebd., 116,19) -, oder aus der Bitte, Gott möge erscheinen, nicht
in dem Maße wie der Mensch an ihm Anteil zu haben vermag, sondern ὡς ἐκεῖ-
νός ἐστι (ebd. 114,3),[116] - oder schließlich aus jenem "kühnen und die
Grenzen (τοὺς ὅρους, die Bedingungen) der epithymia übersteigenden Verlangen", "die Schönheit nicht durch irgendwelche Spiegel und Erscheinungen
(Abbilder), sondern von Angesicht zu Angesicht zu genießen" (ebd., 114,12-
14)?[116] Dessen Erfüllung wird doch explizite ausgeschlossen (denn das Gesicht Gottes zu schauen, das Ge-sicht Gottes bedeutet ja den Tod), und dennoch wird die Unstillbarkeit eben dieses Verlangens mit enthusiastischer Inbrunst bejaht, nein, Gregor steigert sogar sein Ja! zu der Paradoxie der Erfüllung im "Unerfüllt-Bleiben", des Stillstandes - einzig - in der Bewegung
und Rastlosigkeit des Aufstiegs.[117] Ist *das* nicht eine Art Seligkeit in der
Verzweiflung? Ein heroisches Ja! zur Ek-stase über die Materialität und den
Animalismus hinaus als zu einem dem Menschen aufgegebenen, zu leistenden
und zu erleidenden Akt der Schau, ja eigentlich der *Salvatio* Gottes? Denn
daß die Schau Gottes in "de vita Moysis" letztlich auf eine "Selbst-Schau"
des Menschen hinausläuft, läßt sich nicht bezweifeln.[118] Vergegenwärtigt
man sich dazu, daß diese Schau, genau genommen, weder durch den νοῦς ἔμ-
φρων, noch einfach durch den νοῦς ἐρῶν Plotins (VI 7,35, 24 f), sondern
eher durch den ἔρως ἀκόρεστος bewirkt wird, und wird man sich gleichzeitig der vollen Bedeutung der Unerkennbarkeit Gottes, der emphatischen
Betonung des "nie" bewußt, so läßt sich auch die Basis unserer Andeutung
von der *Salvatio Dei* [119] ins rechte Licht rücken.

Wie sehr existentiell-anthropologisch die gregorianische Theologie von
der "Schau Gottes" orientiert ist, wie eigenartig ihr "faustischer Hang"
zur Unbegrenztheit und Unendlichkeit ist, kann - hier freilich nur in Um-
rissen - durch eine Abgrenzung gegen die entsprechende Anschauung Plotins

verdeutlicht werden. Für Plotin *ist* die eigentliche "Schau" νοῦς ἐρῶν,
ὅταν ἄφρων γένηται (sc. ὁ νοῦς) μ ε θ υ σ θ ε ὶ ς τ ο ῦ
ν έ κ τ α ρ ο ς· τότε (γάρ) ἐρῶν γίνεται ἁπλωθεὶς εἰς εὐπάθειαν
τῷ κόρῳ (VI 7,35,24-26).Erst wenn der Geist nämlich unbesonnen (unvernünftig, töricht) wird, "trunken vom Nektar", wird er zum Liebenden (ἐρῶν), "indem er sich durch die Sättigung zum Wohlsein hat hinstrecken lassen (als einfach),"[120] und vermag Jenen (ebd. 30 ἐκεῖνον) zu schauen. Deshalb "ist die Trunkenheit für ihn (sc. den Geist) besser als ehrbarer Ernst vor einem solchen Rausche" (ebd. 26-27). Besonders charakteristisch für den Unterschied zu Gegor ist die Tatsache, daß die "Schau" für Plotin in die Seele *kommt* (ebd. 35 ἔρχεται ἡ θέα) :

> "der Geist in ihr (sc. der Seele) schaut zuerst, dann aber gelangt die Schau auch zu ihr und die zwei (sc. der Geist und die Seele) werden eins; indem also das Gute über die beiden gebreitet ist und sich dadurch in ihre Vereinigung gefügt hat, daß Es die zwei überfallen und vereinigt hat (ἐπιδραμὸν καὶ ἑνῶσαν τὰ δύο) -, *ist Es in* und *über* ihnen (ἔπεστιν αὐτοῖς) und verleiht ihnen "seliges" Gefühl und "Schauen"; Er hebt sie so hoch, daß sie weder an einem Orte sind, noch sonst irgend, wo ein anderes in einem anderen ist; ist Er ja auch selber nicht irgendwo, sondern der intelligible (geistige) Ort ist in ihm, Er aber nicht in einem anderen. Daher bewegt sich die Seele in jenem Augenblick nicht, weil auch Jenes keine Bewegung hat; sie ist also auch nicht Seele,weil Jenes auch nicht lebt, sondern über dem Leben ist; sie ist auch nicht Geist, da sie nicht denkt; sie muß Ihm ja ähnlich werden; und Jenes denkt auch nicht" (VI 7, 35,34-45).

Dieser "Vorgang" der ekstatischen Einung, in der der Geist das Eine nichtdenkend schaut, wird weiter als eine *Erleuchtung* ausgeführt: Die Evidenz ereignet sich *plötzlich:*

> "da erblickt man Es mit einem'Schlage (ἐξαίφνης,plötzlich), ohne genau zu sehen *wie*, nein vielmehr die Schau erfüllt die Augen mit Licht und läßt durch das Licht nicht etwas anderes sichtbar werden, sondern dies Licht selbst ist es, was man sieht. Denn in jenem Schaunis war nicht das eine Gesehenes,das andere sein Licht, auch nicht das eine Denken und das andere Gedachtes, sondern es ist ein Glanz (αὐγή), welcher diese Dinge im Nachhinein gebiert und diese Dinge bei dem Schauenden sein läßt. *Er* selber also ist allein Glanz, der Geist gebiert, ein Glanz, der von seinem Licht nichts einbüßt im Gebären, sondern bleibt an und für sich -,jener (sc. der Geist) aber entsteht dadurch, daß Dieser ist; denn wäre Dieser nicht solcher Art, so wäre jener nicht ins Sein getreten" (VI 7, 36, 18-27).

Man sieht hier deutlich, wie weit weniger "natürlich" die Stellung Plotins im Vergleich mit der Gregors von Nyssa ist. Die plotinische "Schau" wird als eine ekstatische Einung konzipiert, in der die Bezogenheit von Denken und Gedachtem, Sehen und Gesehenem aufgehoben ist: "Sehen und Gesehenes sind unmittelbare, in sich ununterschiedene Einheit: LICHT."[121] Wo sich Gregor als unstillbar Strebender ins Unendliche und Unbegrenzte begibt, scheint Plotin nur die absolute Ruhe und Einfachheit der Einung in der Fülle des Lichtes zu kennen. Plotin nimmt sogar an, daß die θέα letztlich wie von selbst *kommt* (ἔρχεται), das Gute den Schauenden überfällt (VI 7, 35,37 ἐπιδραμόν) und der Geist die Fähigkeit hat, zu empfangen (ebd. 35, 22 παραδοχῇ). In der ekstatischen Einigung sieht er alle Relationalität und Differenz aufgehoben, der Geist schwebt gleichsam in einen erotischen Rausch hinein, in dem er sich durch die Überfülle, den κόρος (ebd. 35,26) der einenden "Schau", zum Wohlsein hin (als *einfach*) entfaltet. Dann *ist* die Seele, heißt es, an einer anderen Stelle, "Eines mit dem Einen" (VI 9,3,12 ἓν οὖσα τῷ ἑν) geworden, und eben darum - wollte sie sich überhaupt die einende "Schau" denkend vergegenwärtigen - "glaubt sie noch gar nicht zu haben, was sie sucht (ebd. οὐκ οἴεταί πω ἔχειν ὃ ζητεῖ), weil sie von dem Gegenstand ihres Denkens selber nicht unterschieden ist." Wie wir bereits betont haben, ist das Eine als ἀνείδεον sowieso dem sich immer auf "Etwas" beziehenden Denken unzugänglich. Vor dem über dem Etwas seienden Einen gleitet die auf eine Gestalt, einen bestimmt seienden Halt angewiesene Seele aus und "fürchtet ein Nichts zu fassen" (VI 9,3,3-7). "Deshalb wird sie müde (leidet) unter solchen Gegenständen und (zu) gern steigt sie immer wieder hinab, indem sie aus ihnen allen herausfällt, bis sie beim Sinnlichen anlangt und hier auf dem Festen sich gleichsam erholt; so wie auch das Gesicht leidet an kleinen Gegenständen und sich dann gern auf große gerichtet findet" (VI 9,3,7-10). Dennoch muß die Seele - wenn sie wirklich entschlossen ist, das Eine zu schauen - sich mit der mühevollen Ausrichtung auf das Übersinnliche abfinden, sie muß sich möglichst "selbst an sich selbst" (ebd. καθ' ἑαυτήν μόνην), d.h., in ihrer transzendenten Eigentlichkeit als νοῦς auf die Schau des Einen richten. Denn wichtig ist noch anzumerken, daß für die mystische "Schau" Plotins Einung *und* Reflexion konstitutiv sind. Die ἔκστασις, die Erleuchtung, in der das Denken das Eine nichtdenkend schaut und sich mit ihm vereinigt, ist wohl deshalb, wie schon W. Beierwaltes völlig zu Recht bemerkt hat, "kein irrationaler, sondern ein überrationaler Vorgang:

Der Geist denkt zwar im Augenblick der Erleuchtung nicht, nichtdenkend aber ist er als ein solcher, der alles dem Denken Erreichbare denkend durchlaufen hat (III 8,9,33) und dies in sich bewahrt, da er ja die Einheit von Denken und Gedachtem auf dem Grunde des in ihm vorlaufenden Einen ist."[122] Gregor hingegen vermag die Selbsterhellung des Denkens in der Einung, in der das Sehen mit dem Gesehenen, das Denken mit dem Gedachten identisch geworden ist, nicht zu leisten. Sanktioniert wird bei ihm allein die *ek-stasis* als das Herausgehobensein des Menschen aus seinen normalen Bezügen, das Verlassen der sinnlichen aber auch der dianoetischen Sicherheiten und damit das Verlassen seines endlichen *Selbst*, um sich in aller Gefährdung ganz auf den Weg des Unendlichen und Nicht-ganz-Bestimmten, also letztlich auf den Weg der reinen *Möglichkeit* zu begeben. Wir wissen nicht eigentlich, *wer* wir sind (vgl. de hom. opif. Kap. 11: "Ὅτι ἀθεώρητος ἡ τοῦ ἀνθρώπου φύσις, MPG 44, 155 C - 156 B), wir wissen nicht genau, wonach wir suchen, wir werden es sogar *nie* erfahren -, wir müssen aber *trotzdem* das Weite suchen, οὗ ἡ εὕρεσίς ἐστιν αὐτό τό ἀεί ζητεῖν (In Eccl. VII, V 400, 20). Nicht in einer Art ekstatischen Einung ist hier also die Bezogenheit von Sehen und Gesehenem, Suchen und Gesuchtem aufgehoben, sondern in dem unaufhörlichen Akt der Ekstase selbst. Hier übersteigt nicht eine das mittelalterliche Modell der Spätscholastik antizipierende Mystik das Denken, wie sie die dogmatisch-theologische Interpretation Gregors annimmt, sondern ein unstillbar heftiges, gleichsam "dionysisches" Verlangen nach dem Unbedingten und Grenzenlosen. Konstitutiv sind mithin für das gregorianische Konzept der "Schau" Reflexion *und* - vor allem - epithymia: Reflexion als die stets zu überwindende Grundlage der ständigen Bewegung nach dem "Mehr" des Schauens, epithymia als die unerschöpfliche Triebkraft dieser Bewegung.

Wenn auch diese letzte "Begierde zur Höhe" nur zu oft, jedenfalls in dem stark platonisch beeinflußten Dialog "de anima et resurrectione" im Umkreis der "Metaphysik des Guten" festgeschrieben wird[123] und sich daher aus ihrer Bindung an den erkennenden Intellekt kaum zu lösen vermag, muß man sich gerade bei Texten wie dem von "de vita Moysis" oder "Contra Eunomium", welche die Unerkennbarkeit und Unendlichkeit (das ἀόριστον) des Zieles und mithin den unbedingten Charakter der epithymia in den Vordergrund stellen, ernst fragen, ob nicht die epithymia dabei die platonisch-philosophisch tradierte Einheit von Erkennen und Wollen eigentlich sprengt und einen bereits distinkten "Willens"begriff als Möglichkeit entwirft. Damit meinen wir durchaus nicht den von der überwiegenden Mehrheit der christlich-theologisch befangenen Gregorforschung hochstilisierten Willensbegriff des "Geschöpfs". Gegen diese nicht gänzlich durchdachte Ansicht haben wir die im Sinne der herkömmmlichen intellektualistischen Interpretation angelegte Bestimmung des gregorianischen Begriffs προαίρεσις (liberum arbitrium) im Dialog "de anima et resurrectione" bereits nachweisen können.[124] Mit unserem Hinweis auf die Vorwegnahme einer Art distinkten "Willens"begriffs gerade bei jenen Texten, welche durch die Unbedingtheit einer gleichsam ins Übermenschliche strebenden epithymia den Vorrang des "sich entzündeten" ἐπιθυμητικόν (Cant.Or. I, VI 21, 16) gegenüber dem Intellekt (θεωρητικόν) durchschimmern lassen, wollen wir lediglich auf die uns existentialistisch ,bzw. subjektivistisch anmutende[125] Verschiebung des Akzents bei der Wesensbestimmung des Menschen aufmerksam machen, als eines Wesens,das sich durch das *Streben*, nicht mehr durch das einsichtige Erkennen des sowieso für undurchschaubar erklärten Weltgrundes, auf das Ewige und Göttliche bezieht. Die Tatsache, daß sich das "Licht-werden" Gottes, bzw. des "Seienden-an-sich" allein in der *Unstillbarkeit* der aufwärtsstrebenden epithymia ereignet, besagt sogar ausdrücklich, der Mensch muß sich selbst als unstillbar Strebenden ergreifen, er muß, wie Gregor völlig unmißverständlich sagt, sich selbst im Begehren τοῦ πλέον ἰδεῖν verzehren (de vit. Mos. VII/1, 116, 19 f χρή ἐκκαίεσθαι). Das eigentlich zu Erstrebende ist offensichtlich für Gregor weder das einsichtig erkannte "Gute an sich" der Platoniker,noch der dem menschlichen Verstand prinzipiell verschlossene, die totale Hingabe fordernde persönliche Gott der Christen, es ist überhaupt nicht das in irgendeiner Weise (durch einen Erkenntnis-, bzw. Vertrauensakt) inhaltlich feststehende Objektive, sondern das Streben selbst: das Streben, die Ekstase, wird zum Inhalt des menschlichen Daseins schlechthin, der als solcher von ihm bewußt anzuzeigen ist. Wenn auch dieses Streben zweifellos aus der Einsicht in den "seienden und nicht seienden" ("halbseienden"),abbildhaften Charakter der empirisch-materiellen Welt erwächst,erhält es angesichts der Unerkennbarkeit des Zieles einen kaum zu übersehenden Eigenwert; es löst sich - gewiß, ohne auf die Ebene des instinktiven oder emotionalen Strebens zu verfallen - sowohl von der intellektualistischen Bestimmtheit des griechischen Menschen als auch von der rückhaltlosen "Selbstaufgabe" des Christen ab. Wie sich das Streben des Nysseners besonders von dem Tun des gläubigen Christen unterscheidet, haben wir schon zu zeigen versucht;

hier brauchen wir nur an den im Grunde *natürlichen* Charakter dieses erotischen Strebens zum Übermenschlichen zu erinnern.[126] Das Streben, die Leidenschaft zur Unendlichkeit, gründet zwar für Gregor in einem Freigewordensein von der Welt, doch bleibt sie im Unterschied gerade zu der christlichen, rückhaltlosen Hingabe an die Macht Gottes eine letztlich doch noch in die natürliche Welt eingebettete Anstrengung des in seinem Selbstverlaß und in seiner Eigenmächtigkeit unberührten griechischen Daseins. Wächst jene aus der Ohnmacht des Menschen vor der schuldbeladenen, erlösungsbedürftigen Realität und zielt auf die absolute Übersteigerung der Natur, so kommt eigentlich dieser Aufschwung zum Göttlichen als echter Eros "nicht ohne den festlichen R a u s c h der Welt zustande"[127] - wie eben der Dialog "de anima et resurrectione" ganz unmißverständlich dokumentiert[128] - und kann deswegen Natur nur relativ transzendieren.[129] Gerade der "jugendfrischen Empfindung"[130], welche Seligkeit und Ruhe nur in der Unruhe des unendlichen Wachsens zu kennen scheint, steht der transzendierende (wenn auch in gewisser Weise "heroisch-tragisch" transzendierende) Ausweg in die Meta*physik* weit offen.

Aber wie immer es sich mit der durch den Epithymiabegriff hindurchschimmernden Vorwegnahme einer Art distinkten "Willens"begriffs verhalten mag,[131] man darf zusammenfassend die eigentümliche Leistung Gregors darin sehen, daß er den sog. Aufstieg der Seele und die "Schau Gottes" insbesondere, in der er gipfelt, grundsätzlich aus einer voluntaristisch - oder gar existentiell-anthropologischen Perspektive behandelt. Eindeutig interpretiert er diesen Aufstieg im Sinne einer *Selbstbefreiung*, in der der Mensch von der Leiblichkeit, der Endlichkeit, der Befangenheit überhaupt des innerweltlich Seienden zunehmend Abstand gewinnt. Dieser Akt der Befreiung ins Selbst ist zwar eine Befreiung ins Geistige, wahrhaft Seiende (das immer ist und nicht nicht sein kann) und Unendliche, es gehört aber auch offenkundig zur gregorianischen Grunderfahrung, daß das wahrhaft Seiende und Geistige, τὸ θεῖον, gerade angesichts seiner Unendlichkeit und Unbegrenztheit eigentlich nicht offen für die Einsicht ist, so daß nicht in der schauend-wissenden Übereinkunft mit ihm, die gar nicht in Frage kommt, sondern nur in dem Streben selbst, genauer in der Unstillbarkeit des Strebens nach ihm -dem ausdrücklich mit der Freiheit Identifizierten - die höchste Aktualisierung und mithin Möglichkeit des Menschlichen *geschieht*. Man darf also hier in der "vita Moysis"- in Anlehnung an die entsprechenden, bereits herausgearbeiteten

Tendenzen Platons im "Phaidon" (nämlich der "Dionysik des Geistes", bzw. dem "Willen zum Geist") - von einem Streben zu Streben (aber nicht zu *Sterben* im genuin platonischen Sinne der μελέτη θανάτου, der Trennung der *Seele* vom Leibe an sich), konkreter von einer Dionysik des Strebens zur Freiheit sprechen, wo allein Unendlichkeit für das von der Endlichkeit beherrschte unmittelbar gegebene Dasein des Menschen aufscheint.

Überblickt man diese unsere Ausführungen, die Gregors Gedanken über den Aufstieg der Seele, die Erosliebe oder die epithymia und die "Schau Gottes" so vorzuführen versucht haben, wie er selbst sie entwickelt hat, so springt die Verzerrung, ja Fälschung des gregorianischen Ansatzes vor allem seitens der sogenannten mystischen Theologie von selber in die Augen. Ehe wir dieses Thema auf sich beruhen lassen, möchten wir noch dieses "für die gegenwärtige Gregorinterpretation typische Phänomen"[132], das die "Mystik" des Nysseners als eine dem Denken überlegene Stufe wertet und sie meist in die Ekstase des mittelalterlichen theologischen Vorstellungskreises von der *unio mystica* münden läßt, bis zu seiner "Quelle" hin gleichsam zurückverfolgen. Daß nun alle jene maßgebenden Gregorforscher, die Gregor in der einen oder anderen Hinsicht als Mystiker charakterisieren, wesentlich einer Anregung von Hugo Koch folgen, hat bereits E. Mühlenberg zu Recht bemerkt.[133] Trotz seines u. E. verfehlten Operierens mit einem die jüdisch-christliche Vorstellung des persönlichen, über die Welt erhabenen Gottes positiv prädizierenden Unendlichkeitsbegriffs hat E. Mühlenberg die gregorianische Ablehnung des "mystischen Schauens"[134] immerhin erkannt: "Gregors metaphysische Aussagen über die Liebe zu Gott stehen nicht auf derselben Ebene wie die Selbstbekenntnisse der mittelalterlichen Mystiker über das Erlebnis der Gottesvereinigung. Während Gregor noch das platonische Verständnis des "Eros" voraussetzt, interpretiert der Areopagit die Liebe von der Umarmung und Vereinigung her. Den Gedankenzusammenhang von Gregors Lehre versucht man so zu verstehen, daß man von der späteren Festlegung der Kirchenlehre, daß es eine unmittelbare Intuition gäbe, die jedoch die komprehensive Erkenntnis Gottes ausschließt, ausgeht."[135] Diesen kirchenpolitisch bedingten Ausgangspunkt bezieht E. Mühlenberg völlig treffend auch auf H. Koch. Sein "mystisches Schauen" beruht eigens auf diesem grundlegenden Kirchendogma. Kein Wunder daher, daß er Gregor hier "im Wesentlichen in den Bahnen eines Philo und Plotin" wandeln sieht![136] H. Koch scheut sich kaum, dem das "Schauen" betreffenden Text von "de vita Moysis" gelegentlich grobe Gewalt anzutun,[137] oder den Areopagit (:Ps. Dionysios) selber, "welcher die Intuition Gottes mit glühender Begeisterung zu schildern weiß,"[138] in Anspruch zu nehmen, um seine Behauptung plausibel zu machen, daß auch der Nyssener "die Anschauung Gottes in der Ekstase als eine unmittelbare faßt und nur die comprehensive Erkenntnis negiert."[139] Dennoch genügt schon ein flüchtiger Blick in die "Mystica Theologia" des Dionysios Areopagita, und zwar in jenen Text (1 § 3), der gerade den Aufstieg und das "Schauen" des Mose schildert, um sich des unüberbrückbaren Unterschiedes zum Nyssener bewußt zu werden.[140]

Um unsere These von der primär anthropologischen Perspektive Gregors noch einmal gegen alle mystische und überhaupt ausschließlich theo-logische Interpretation abzugrenzen, die den unbefangenen Leser des Nysseners nur befremden kann, wagen wir hier die Behauptung, daß die Theo-logie Gregors, gerade vom Gesichtspunkt des Aufstiegs und der darin dokumentierten Leidenschaft zur Unendlichkeit her gesehen, wenn sie überhaupt an und für sich sinnvoll ist, dann nur als eine philosophisch-theologische Haltung des "Abschieds",[141] d.h., als eine Grundhaltung, welche, auf a l l e Sicherungen des innerweltlich Seienden verzichtend, sich abschiedlich als Offenheit für Gott, das *unbedingte* Geheimnis, darstellt. Diese Haltung des "Abschieds" vollzieht sich zwar über, doch paradoxerweise auch *mit* dem Denken. Sie trägt jedenfalls den Charakter des dauernden Schwebens, insofern der für diese Haltung konstitutive gregorianische Begriff der Suche sich als ein anhaltendes Schweben zwischen Haben und Nichthaben (Finden und Nichtfinden), Sein und Nichtsein, vorstellig macht. Sie trägt den Charakter des dauernden Schwebens mit einer derart sinnlich-intensiven Inbrunst sogar, daß man den Bezug auf den christlichen Gott dabei kaum zu erkennen vermag und versucht ist, mit W. Jaeger allein "an die uralten enthusiastischen Kulte zu denken, die ihren Ursprung in Kleinasien hatten, besonders in Pontus, Phrygien und Kappadokien, von der Magna Mater von Pessinus bis zu den Hypsistariern in den Tagen Gregors."[142] Darin, in der enthusiastischen, gefühlsbetonten Natur Gregors würden wir persönlich auch den entscheidenden Grund sehen für die sowohl in seiner Theorie vom "Aufstieg der Seele", dem ekstatischen, einzig in der Unstillbarkeit und Offenheit des heftigen Begehrens erlebten "Schauen Gottes", als auch in seiner komplementären Spekulation über das ἀόριστον des Göttlichen aufleuchtende Überwindung der intellektualistisch bestimmten griechischen Tradition überhaupt. Daß Gregor von Nyssa in und gleichzeitig über der griechischen klassischen philosophischen Tradition steht, geschieht u.E.

nicht aus seiner christlichen Haltung,[143] sondern aus seinem - in der Epithymiavorstellung explizit auftauchenden - dionysisch kraftvollen Temperament heraus.[144] Der mit einem außerordentlichen Einfühlungsvermögen begabte Initiator der großen Edition der Werke Gregors, W. Jaeger, den der seltsame Kirchenvater von seiner frühen Zeit an beschäftigt und in späteren Jahren ständig begleitet hat, hat dies richtig erahnt. Wichtig ist noch, daß W. Jaeger das Verhältnis des gregorianischen Enthusiasmus zum rationalen Denken ganz treffend beschrieben hat. Um Mißverständnissen vorzubeugen, erlauben wir uns hier die schlüssige Auffassung Jaegers zu zitieren: "Vielleicht verbargen sich unter der Oberfläche seiner hellenistischen Bildung ... der starke Kern eines älteren und noch "barbarischen" kappadokischen Volkstums und große Reserven eines unverbrauchten kraftvollen menschlichen Gemüts. Vielleicht gehörte diese Mischung dazu, um die verkalkten Adern der hellenistischen Tradition mit frischem Blut zu füllen. Aber das, was ihn sich solcher Unterschiede bewußt werden ließ, war sein griechischer Verstand."[145] Daß dieser Verstand nun gerade im Dialog "de anima et resurrectione" so sehr in den Vordergrund tritt, daß dieser sich unabhängig von jeder Diskussion über eine innere Entwicklung des Autors von den übrigen seiner Schriften durch seinen Intellektualismus deutlich abhebt, ist für uns ein wichtiger Beleg dafür, daß wir es hier wirklich mit einem bewußten Versuch zu tun haben, *den* "christlichen 'Phaidon'" zu verfassen.

ANMERKUNGEN

[1] Vgl. K. Barth, Die Kirchliche Dogmatik IV/2, S. 852 über die Eigenart des christlichen Agapemotivs.

[2] Zu der Dialektik des existentiellen Selbstverständnisses des Christen, wie sie sich gerade bei seinem Liebes- und Glaubensakt im Begriff einer durch die Freiheit *von* sich selbst zustande gekommenen Freiheit *zu* sich selbst zeigt, vgl. M. Theunissen,"'Ο αἰτῶν λαμβάνει. Der Gebetsglaube Jesu und die Zeitlichkeit des Christseins", in: Jesus - Ort der Erfahrung Gottes, S. 29-32; K. Barth, Die Kirchliche Dogmatik IV/2, etwa S. 832, 843 f und 851 f; Rudolf Bultmann, Das Urchristentum, S. 220.

[3] Vgl. hierzu R. Bultmann, Das Urchristentum, S. 196

[4] De an. et resurr. 93 C καὶ οὕτω τὴν ὑπερέχουσαν μιμεῖται ζωήν τοῖς ἰδιώμασι τῆς θείας φύσεως ἐ μ μ ο ρ φ ω θ ε ῖ σ α; ebd. πρός τό ἀεί καταλαμβανόμενόν τε καί εὑρισκόμενον ἑαυτήν μ ο ρ - φ ο ῦ σ α (sc. ἡ ψυχή). Die Art und Weise, in der J. Daniélou dem Ausdruck ἑαυτήν μορφοῦσα (=sich bildend) bei der letzten Stelle Gewalt antut, indem er ihn mit "se transformant" (Platonisme, S. 202) wiedergibt,ist charakteristisch für seine allgemeine Intention, Gregor auf jeden Fall, und d.h. oft auf Kosten der Texte - zu"christianisieren".

[5] Vgl. die Apathie-Stelle de an.et resurr. 92 C - 96 A

[6] Vgl. vor allem de an. et resurr. 57 BC; Näheres dazu in III 4, oben S. 234 f

[7] Ausdrücke für den "Vereinigungs"akt der Seele mit dem Göttlichen in de "anima et resurrectione" sind etwa: 89 B τῷ οἰκείῳ συναπτομένη; 93 C προσφύεται τε αὐτῷ καί συνανακίρναται (Lesart der Hss. A und B statt συνανακιρνᾶται bei Migne).

[8] Wie schon A. Nygren, Eros und Agape, S. 341,mit Recht betont hat, ist die Gottesgemeinschaft für Gregor "eine Gemeinschaft auf Gottes eigner Stufe", auf der Stufe also der Reinheit, der Apathie, der Geistigkeit (vgl. bes.de an. et resurr. 156 AB den stichwortartigen Ausdruck εἰς πνευματικήν τινα καί ἀπαθῆ μεταβῆναι κατάστασιν). Wie wörtlich Gregor es mit dem *Aufsteigen* der Seele zur Herrlichkeit des Göttlichen als Voraussetzung ihrer Begegnung mit demselben meint, zeigt am besten in seinem Dialog der Anhäufung von Ausdrücken für das Aufsteigen: Vgl. etwa 88 A κ ο ῦ φ ο ς αὐτῇ καὶ ἄνετος ὁ πρὸς τὸ ἀγαθὸν γένηται δρόμος etc. 89 C - 92 A Ἀληθῶς γάρ ἐν τούτῳ ἐστιν εἰπεῖν τήν ἀκριβῆ πρὸς τὸ θεῖον εἶναι ὁμοίωσιν, ἐν τῷ μιμεῖσθαί πως τήν ἡμετέραν ζωήν (Α,Β:ψυχήν) τήν ὑ π ε ρ κ ε ι μ έ ν η ν οὐσίαν (vgl. dazu die sehr charakteristische Bezeichnung des Göttlichen als ἡ ἄ ν ω φύσις in 96 C); 93 B (ἡ ψυχή) ὑ π ε ρ β ᾶ σ α τὴν ἐπιθυμίαν ἐν ἐκείνῳ ᾖ, πρός ὅ ὑπό τῆς ἐπιθυμίας τέως ὑ π η ρ ε τ ο. 97 B-D; 105 CD Ἔστιν οὖν εἰκός εἰς τοιοῦτο (statt τοιοῦτον bei MPG) ἀ ν α β ή - σ ε σ θ α ι μέγεθος, ἐφ' ὅ (statt ἐφ' ὄν bei MPG) ὅρος οὐδείς ἐπισκόπτει (Hs. B statt ἐπικόπτει bei MPG) τήν αὔξησιν ... τοῦ βαροῦντος ἡμᾶς, τοῦ ἐμβριθοῦς λέγω τούτου καί γεώδους φορτίου, τῆς ψυχῆς ἡμῶν ἀποσεισθέντος etc.

[9] Siehe dazu III 4, S. 233 ff; ebd., Exkurs, S. 252 ff

[10] Vgl. de an. et resurr. 101 C - 104 A (Die Stelle wird übersetzt und interpretiert in III 4 (Exkurs), S. 266 f).

[11] De an. et resurr. 93 C: statt ἀγαπητῆς κινήσεως τε καὶ ἐνεργείας bei Migne muß es wohl ἀγαπητικῆς κινήσεως τ.κ.ἐ. heißen.

[12] De an. et resurr. 93 C Τοῦτο γάρ ἐστιν ἡ ἀγάπη, ἡ πρὸς τὸ καταθύμιον ἐνδιάθετος σχέσις.

[13] M. Scheler,"Das Ressentiment im Aufbau der Moralen", in: Vom Umsturz der Werte, S. 74

[14] So u.a. legt A. Nygren, Eros und Agape, S. 45-47, den"Sinngehalt des Agapegedankens" fest

[15] M. Scheler, a.a.O., S. 73

[16] De an. et resurr. 96 C; statt αὐτῆς (MPG) lesen wir mit der Hs. A (in margine) αὐτή (bzw. αὕτη: Hs. B); statt ἐν αὐτῇ (MPG) muß es wohl ἐν ἑαυτῇ (:Hss. A,B) heißen. Auch hier ist die Übersetzung von K. Weiß ad loc., BdK 56,S. 295, ungenau. Wichtig ist es noch, in diesem Zusammenhang auf die Erosbestimmung K. Barths hinzuweisen: "Eros ... war in der griechischen Religion, Mystik und Philosophie und vor allem wohl im altgriechischen Lebensgefühl der Inbegriff menschlicher Lebenserfüllung und Lebenserhöhung,das mit Schaudern und Entzücken geschilderte und gepriesene Erlebnis des Endes und Anfangs alles Wählens und Wollens, des Seins in der Überschreitung des menschlichen Seins - eines Erlebnisses, wie es im sinnlichen, bes. im sexuellen (und insofern im engeren Sinn:im erotischen) Rausch, wie es aber auch in der inneren geistigen Begegnung mit dem Übersinnlichen und Übervernünftigen, mit dem unbegreiflichen und doch präsenten Ursprung alles Seins und alles Wissens, in der Begegnung mit der Gottheit und im Einswerden mit ihr stattfinden kann" (Die Kirchliche Dogmatik III/2, S. 336 f).

[17] Vgl. dazu etwa A. Nygren, Eros und Agape, S. 117-121

[18] Wendet sich die ἀγάπη von dem wahrhaft Guten ab, so ist das für Gregor letztlich ein falsches Urteil, ein Schuß an der Erkenntnis des Guten vorbei (=eine διαμαρτία περὶ τὴν τοῦ καλοῦ κρίσιν (de an. et resurr. 64 C); vgl. hierzu III 4 (Exkurs),S.257 ff, 265). Nur unter der Bedingung dieses Fehlschusses spricht also Gregor vom "Schließen der Augen vor dem Guten" (120 D) oder vom "Sich-Fernhalten" (ἀπέχεσθαι) der "Kraft der Liebe" (ἡ δύναμις τῆς ἀγάπης) von dem Guten, bzw. den νοητά (!)(65 A). Die Behauptung von J. Daniélou, "L'ἀγάπη d'ailleurs n'est pas determinée dans son objet; elle peut se porter vers le bien ou vers le mal" (Platonisme, S. 201), ist daher unhaltbar.

[19] Vgl. dazu III 4, o. S. 250 ,Anm. 54

[20] Vgl. dazu vor allem de an. et resurr. 93 B - 97 A

[21] Siehe dazu III 5, o. S. 286 f

[22] Vgl. hierzu de an. et resurr. 97 B - 101 A. Offenbar mit Platon ist hier vorausgesetzt: αἰτία ἑλομένου· θεὸς ἀναίτιος (Rep.11, 617 e). Daß das Göttliche keinen Neid, ja keinen Haß kenne, ist bekanntlich bei den Griechen eine der zentralen Gottesbestimmungen (Vgl. dazu etwa E. Milobenski, Der Neid in der griechischen Philosophie. Wiesbaden 1964, *passim;*

in bezug auf Platon bes. S. 23 f). Vor allem bei den Platonikern aber herrschte, vom 'Timaios' her begründet, der Gedanke vor, Gott sei gut und "in einem Guten erwächst nimmer und in keiner Beziehung irgendwelche Mißgunst" (Tim. 29 e_{1-2}). Vgl. etwa Ol. Kom. z. Phaid. 5 § 2. 5-6, Westerink 91 sowie dessen interessante Begründung in 1 § 15, Westerink 57 : τό γάρ φθονεῖν ἔσχατον πάθος ἐπί τῇ ὕλῃ ἀνῆκον τῇ μεταλαμβανούσῃ μόνον. ἔστι δέ φθονεῖν τό μεταλαμβάνειν μόνον, ἀλλά μή μεταδιδόναι. Siehe dazu auch unten S. 372, Anm. 55.

[23] Vgl. etwa die Wendungen: 97 B ἕλκεται κατά πᾶσαν ἀνάγκην ... ἡ ψυχή; ebd. δεῖ γάρ πάντη καί πάντως τῷ θεῷ ἀποσωθῆναι τό ἴδιον; ebd. ἡδεῖα εὔκολος αὐτῇ ἡ πρός τόν ἐπισπώμενον προσχώρησις γίνεται; 97 D ἐπισυμβαίνει δέ κατ' ἀνάγκην ἡ ἀλγεινή διάθεσις τῷ ἑλκομένῳ etc.

[24] Darauf hat auch J. Daniélou verwiesen und den ἔρως als "un aspect de l'ἀγάπη, sa forme la plus intense, sa ferveur" bezeichnet (Platonisme, S.206). Daß sich in den Schriften des Nysseners sogar eine deutliche Vorliebe für das Wort ἔρως registrieren läßt, hat aber erst E. Mühlenberg, Die Unendlichkeit, S. 167, Anm. 1, gut herausgestellt: "er (sc. Gregor) will das in der Septuaginta und im christlichen Sprachgebrauch häufigere Wort ἀγάπη durch ἔρως ersetzen und gibt eine Rechtfertigung für sein Vorgehen: Cant. or. I p. 26,11-27, 15 und p. 23,8 sqq. (cf. Origenes Comm. in Cant. Prol. p. 79,21-83, 20). ἔρως paßt Gregor besser, weil er in der Analogie zur sinnlichen Liebe die Intensität der Liebe aussagen kann. Cf.Cant. or. XIII, p. 383, 9: ἐπιτεταμένη γάρ ἀγάπη ὁ ἔρως λέγεται. Origines greift in ähnlicher Absicht auf ἔρως zurück und begründet, daß es in Analogie zur sinnlichen auch eine geistige Liebe gebe (Prol. p. 67,1 sqq)."

[25] Vgl. hierzu P. Wilpert, Art. "Begierde": RAC Bd 2, Sp. 62-78

[26] Vgl. vor allem de an. et resurr. 89 A f. Diese Frage stellt und beantwortet in Hinblick auf Platon G. Krüger in: Einsicht und Leidenschaft, S. 193 f.

[27] Ein Ausdruck G. Krügers, a.a.O., S. 155

[28] Zu dieser Behauptung vgl. vor allem E. Mühlenberg, Die Unendlichkeit, S. 151 f

[29] Das Unerreichbare ist für Platon die Idee des Guten und Schönen, das "Paradeigma, das im Seienden steht" (Theait. 176 e). Schon im diesem Sinne des παρά-δειγμα liegt, daß seine volle Verwirklichung nicht möglich ist, und daß es höchstens eine Annäherung daran geben kann. Vgl. hierzu die entsprechenden charakteristischen Ausführungen Platons über die Mittelstellung des Eros und der mit ihm identifizierten φιλο-σοφία in: Symp. 204 a-b, Phaedr. 278 d, Lys. 218 a. Weder schön noch häßlich, weder Gott noch Mensch ist eigentlich der Eros; weder ἀγαθός und σοφός noch κακός und ἀμαθής ist der Philosoph. Die platonische Idee des Guten, die, wenn auch ἐπέκεινα τῆς οὐσίας, das natürliche Ziel allen Strebens darstellt und vom Menschen und seinem Tun eine entsprechende Haltung fordert, bildet die leitende Instanz auch im Dialog des Nysseners (vgl. vor allem de an. et resurr. 104 A - 105 D; 149 D-152 B).

[30] So E. Mühlenberg a.a.O., S. 151

[31] Ein Eros, der zur Sättigung kommt, ist eine contradictio in adjecto. Das ständige Gefühl des Mangels ist ein konstitutives Element von Eros, der

nach der Definition Platons im Symposion (204 d - 206 a) ein "Mittleres zwischen Haben und Nichthaben" ist und bleibt; konsequenterweise müßte er also mit dem Haben erlöschen.

[32] Die unüberbrückbare Kluft zwischen Schöpfer und Geschöpf ist das Axiom par excellence aller theologisch-dogmatischen Analyse Gregors. Vgl. etwa E. Ivánka, Plato Christianus, S. 157 f, 174-185; ders., Hellenistisches und Christliches, S. 54 ff; J. Daniélou, Platonisme, etwa S. 50 f, 202 ff, 292-295, 300-307; E. Mühlenberg, Die Unendlichkeit. S. 162 f, 203 f; W. Völker, Gregor von Nyssa als Mystiker, *passim*, bes.S.25 ff; H. Merki, Ὁμοίωσις θεῷ, bes.S.96 ff; 141 ff; P. Zemp, Die Grundlagen heilsgeschichtlichen Denkens bei G.v.N., etwa S.17 f, 66-72; A. Bournakas, Das Problem der Materie in der Schöpfungslehre des G.v.N., Diss. Freiburg i. Br., 1972, bes. S. 154 ff . Mag nun die zwischen Geschöpf und Schöpfer "klar und absolut" aufgerichtete "Grenzscheide" (E.Ivánka, Plato Christianus, S. 177 - eine Stelle übrigens, die als typisch für das in der Gregorforschung epidemische Wunschdenken gelten kann!) dem christlichen Standpunkt und seinem jüdischen Fundament (vgl. hierzu G.L. Prestige, God in Patristic Thought, London 1956[2], S. 27-28) durchaus gemäß erscheinen, der ontologischen Einstellung des Nysseners entspricht sie kaum (zur schwankenden Bedeutung seines Begriffs von den ὄντα vgl. etwa P. Zemp, a.a.O., S. 30, Anm. 5). Daß man sich der Frage nach dem Verhältnis Gregors zur griechischen Philosophie nicht so bequem entledigen kann, zeigen auch und nicht zuletzt die häufig zu beobachtenden logischen Sprünge der Interpreten selber(vgl.etwa E. Ivánka, Plato Christianus, S. 166, die Liebe zur Gnadengabe des Heiligen Geistes erklärt!), ihr eigenes Befremden vor manchen gregorianischen Passagen (vgl. z.B. E. Mühlenberg, Die Unendlichkeit, S. 146/7; 164/5), ihre starke Neigung, Zitate aus ihrem sachlichen Zusammenhang herauszureißen und "sie in einem mehr oder weniger e r s c h l o s s e n e n System unterzubringen," und schließlich die dem Kirchenvater Gewalt antuende Freizügigkeit ihrer eigenen Übersetzungen.

[33] So gewaltsam "verchristlicht" letztlich E. Mühlenberg, Die Unendlichkeit, S. 204, die ἐπιθυμία des Nysseners.

[34] Am deutlichsten und aufdringlichsten tritt diese unausgewiesene Behauptung bei E. Ivánka, Plato Christianus, S. 174-185 und J. Daniélou, Platonisme, S. 203-205, hervor; von ihnen abhängig sind: E. Mühlenberg, Die Unendlichkeit, S. 25, 203 f; E. Merki, Ὁμοίωσις θεῷ, S. 95-100, 111, 148, 164; P. Zemp, Die Grundlagen heilsgeschichtlichen Denkens bei G.v.N., S. 17-21. E. Mühlenberg sieht zwar ein, daß die "vorausgesetzte Struktur" beim gregorianischen Teilhabebegriff durchaus platonisch ist, er hält aber letztlich an der Ansicht von J. Daniélou fest, welche die Teilhabe nicht auf einer dem Menschen innewohnenden Wesensähnlichkeit mit Gott gründen läßt, sondern sie zum Werk der Gnade erklärt. Dies war für ihn unumgänglich, zumal er schon a priori Gregor ausdrücklich unterstellt hat, "daß er als Christ denkt" (a.a.O., S. 28). Die Annahme der "übernatürlichen" Teilhabe ist für jede theologisch-dogmatische Interpretation des Nysseners, und das heißt eigentlich für die überwiegende Mehrheit der Gregorforschung, offenbar unabdingbar. Ohne sie fiele die Fiktion des darauf aufbauenden Systems zusammen.

[35] Vgl. de an. et resurr. 93 B: Τὸ δὲ κυρίως ὂν ἡ τοῦ ἀγαθοῦ φύσις ἐστίν.

[36] Die Übersetzung stammt von W. Bröcker, Platos Gespräche, S. 158 f /Hervorhebung vom Verfasser/.

[37] Vgl. dazu etwa H. Meinhardt, Teilhabe bei Platon, Freiburg/München 1968, S. 20

[38] Ein Ausdruck E. Ivánkas, Plato Christianus, S. 176. Explizit tritt sonst diese "vom Blickpunkt orthodoxen Glaubens" bedingte Verschiebung vor allem bei J. Daniélou, Platonisme, S. 299 und dem von ihm abhängigen P.Zemp, Die Grundlagen heilsgeschichtlichen Denkens bei G.v.N., S. 17 f, auf.

[39] Vgl. hierzu P. Zemp, a.a.O., S. 66-69, bes. S. 69. Sein in scholastische Angelogie hinauslaufender Exkurs über "die geschaffenen Geistwesen im διάστημα" (S. 69-72) ist nicht untypisch für die Unfruchtbarkeit des Versuchs, den radikalen Bruch zwischen dem Erschaffenen und dem Unerschaffenen zur Prämisse der Analyse des Nysseners zu machen.

[40] Vgl. hierzu W. Pannenberg, "Die Aufnahme des philosophischen Gottesbegriffs als dogmatisches Problem der frühchristlichen Theologie", in: ZKG 70 (1959), S. 21 (=ders, Grundfragen systematischer Theologie, S. 319).

[41] So etwa in de an. et resurr. 44 A (Hauptthema: εἰκών) oder in 149 C f (Hauptthema: "Gott alles in allem").

[42] Vgl. hierzu H. Meinhardt, Teilhabe bei Platon, S. 19 f

[43] De an. et resurr. 105 BC; statt ἐκ δυνάμεως bei Migne (105 B) lesen wir mit den Hss. A und B: εἰς δυνάμεως; sehr wahrscheinlich muß es auch statt ἄν αὔξεσθαι (ebd.) ἀεί αὔξεσθαι (Hs. B) heißen; statt ποιουμένου μεγέθους und ἐν τῇ τῶν ἀγαθῶν ἀφθονίᾳ (MPG 105 C) muß es wohl ποιουμένῃ μεγέθους und ἐπί τῇ τῶν ἀγαθῶν ἀφθονίᾳ (:Hss. A und B) heißen; schließlich lesen wir statt μέγεθος, ἐφ' ὅν bei Migne - μέγεθος, ἐφ' ὅ. Wegen ihrer überladenen und unpräzisen Sätze ist diese ganze Passage eine der am häufigsten mißdeuteten Stellen Gregors. Korrekturbedürftig ist vor allem die Übersetzung von K. Weiß, ad loc.(BdK 56, S. 300 f),sowie die dem Kirchenvater Gewalt antuende, willkürliche Übertragung E. v. Ivánkas, Plato Christianus, S. 168 (: "Die Einwohnung (!) des göttlichen Gutes in der Seele ist von der Art, daß sie das Gefäß (!) ..."). Auch die sich auf "le primat de la mystique de l'amour"gerichtete Auslegung von J. Daniélou, Platonism, S. 203, ist offenbar unhaltbar.

[44] E. Ivánka, Plato Christianus, S. 176/7. Ähnlich J. Daniélou, Platonisme, S. 203 f

[45] Näheres dazu in III 4, S. 233

[46] De an. et resurr. 96 C - 97 A; unbedingt korrekturbedürftig ist wieder die Übersetzung von K. Weiß ad loc. (BdK 56, S. 295). Auch bei dieser Passage muß man sich freilich die Vertauschbarkeit des Guten mit dem Schönen stets vor Augen halten.

[47] Vgl. hierzu I 2, S. 64 f; III 4, S. 243 f; III 5, S. 282 ff

[48] De an. et resurr. 93 B: ἔξω δὲ αὐτῆς (sc.τῆς θείας φύσεως) οὐδέν, ὅτι μὴ ἡ κακία μόνη, ἥτις, εἰ κἄν παράδοξον εἰπεῖν, ἐν τῷ μὴ εἶναι τὸ εἶναι ἔχει· οὐ γάρ ἄλλη τίς ἐστι κακίας (:Hss. A,B statt καί κακίας bei MPG) γένεσις, εἰ μὴ τοῦ ὄντος στέρησις. Τὸ δὲ κυρίως ὄν ἡ τοῦ ἀγαθοῦ φύσις ἐστίν. Ὅ οὖν ἐν τῷ ὄντι οὐκ ἔστιν, ἐν τῷ μὴ εἶναι πάντως ἐστίν. Die so entschieden betonte Negativität der κακία schließt allerdings jeden Gedanken an ihre Übertragung im Sinne des Bösen direkt aus.

[49] Diese Annahme gehört zu der Arbeitshypothese von E. Mühlenberg, Die Unendlichkeit, S. 27 f

[50] Vgl. hierzu bes. III 5, S. 286 f. Mit der Bezeichnung der Ordnung des Guten als "olympisch" greifen wir auf jene philosophische Konstruktion des Göttlichen zurück, die sich im Rückschluß auf die kosmische Ordnung der Welt ergibt und gleichsam die Atmosphäre der selbst zu dieser Ordnung gehörigen olympischen Götter (auf philosophischer Ebene) reproduziert (vgl. dazu W. Pannenberg,"Die Aufnahme des philosophischen Gottesbegriffs als dogmatisches Problem der frühchristlichen Theologie", in: ZKG 70 (1959), S. 11 (=ders., Grundfragen systematischer Theologie, S. 307)).

[51] Plotin VI 8, 18, 18

[52] Zum Terminus μένειν siehe u.a.: Plotin I 6,7,26; I 7, 1,23; IV 8,6,10. Daß das μένειν besonders den Gegensatz zu μεταβάλλειν oder ἥκειν πρός τό χεῖρον ausdrückt, läßt sich vor allem in seiner speziellen Bedeutung erkennen als Terminus für das unveränderliche Verharren der jeweils höheren Hypostasis - trotz ihres entspringen lassenden Wirkens: V 1, 3,10; V 4,2,37; VI 9, 9,5. Vgl. dazu den kenntnisreichen Kommentar von W. Beierwaltes: Plotin. Über Ewigkeit und Zeit, S. 164 f.

[53] So zu Recht W. Beierwaltes, a.a.O., S. 19

[54] So vor allem in de an. et resurr. 93 AB; 96 C; 128 B.

[55] Zur ἀφθονία der"Quelle" vgl. de an. et resurr. 105 BC (übersetzt und kommentiert o.S. 332 f); zum ἄ-φθονον (=neid-los) des Göttlichen, ja des göttlichen Ur-sprungs, vgl. de an. et resurr. 97 C - 100 C. Bekanntlich ist es gerade ein Wesenszug des höchsten Einen Plotins, ἄφθονον sowie (bzw. und dadurch) ἄ-φθονον zu sein: vgl. besonders IV 8,6,8-16. Den Sinn dieser "metaphysischen Gesetzlichkeit" des Einen, gemäß der das Eine neid-lose Überfülle (Gutheit) ist und als solche wirken *muß* und *will*, erklärt treffend W. Beierwaltes a.a.O., S. 13 f.

[56] Im Ausdruck σιωπῇ τιμᾶσθαι gipfelt wohl die Eunomiosstelle,die die gregorianische Gottesvorstellung zusammenfassen sucht, vgl. dazu: Eun. I, 246, 10 ff (Lib. II, § 105). Zu beachten ist dabei vor allem die lediglich "ein Zeichen des Göttlichen gebende" (ἀποσημαίνουσιν) Wendung: τό μή εἰς περιγραφήν τέλους ἔρχεσθαι. Was die Substanz des Göttlichen an sich anlangt: αὐτήν δέ τήν οὐσίαν ὡς οὔτε διανοίᾳ τινί χωρητήν οὔτε λόγῳ φραστήν ... σιωπῇ τιμᾶσθαι ... μή δεῖν ἐξενεγκεῖν ῥῆμα πρό προσώπου θεοῦ. Zur σιωπή bei den Pythagoreern vgl. bes. Ol. Kom. z. Phaid.1 § 13. 3-5, Westerink, 55 (S. 54 weitere Belege): τούτων (sc. τῶν Πυθαγορείων) γάρ καί ἡ σιωπή ἐνδεικνυμένων διά τῆς σιωπῆς τό ἀπόρρητον τοῦ θεοῦ, ὅν μιμεῖσθαι δεῖ τόν φιλόσοφον.

[57] Vgl. Eun. I, 128, 8 ff (Lib. I, § 364): τῷ γάρ διαβάντι τούς αἰῶνας καί πάντα τά ἐν αὐτοῖς γεγονότα καθάπερ τι πέλαγος ἀχανές ἡ τῆς θείας φύσεως θεωρία τοῖς λογισμοῖς προφανεῖσα οὐδέν δώσει σημεῖον ἐφ᾽ ἑαυτῆς γνωριστικόν ἀρχῆς τινος τῷ εἰς τά ἐπέκεινα διατείνοντι τήν καταληπτικήν φαντασίαν. Beachtenswert ist noch die für seine Mentalität typische Wendung, mit der Gregor (ebd. I 363) die Brücke zum christlichen Dogma schlägt: ἡ δέ ὑπέρ τήν κτίσιν οὐσία ...

[58] E. Mühlenberg, Die Unendlichkeit, S. 144 (vgl. dazu auch III 5, o.S. 306 f, Anm. 15)

[59] Vgl. besonders Plotin VI 9,6, 10-15: "So muß man Ihn (sc. den Einen) auch als unendlich (ἄπειρον) ansehen, nicht weil er an Größe oder Zahl unabschreitbar wäre, sondern weil die Fülle seines inneren Vermögens unumfaßbar ist (τῷ ἀπεριλήπτῳ τῆς δυνάμεως). Denn wenn du Ihn denkst wie Geist oder Gott, so ist er mehr; und wenn du Ihn dir als Eines denkst, so ist er auch dann mehr Eines als ...(?) du es dir vorstelltest; er ist einheitlicher als dein Denkvermögen;denn er ist bei sich und ohne jede zufällige Bestimmtheit (ἐφ᾽ ἑαυτοῦ γάρ ἐστιν οὐδενός αὐτῷ συμβεβηκότος)" (nach der Übers. von R. Harder). Auf die plotinischen Ansätze zu einer positiven Auffassung vom Unendlichen hat G. May in seinem Aufsatz über Gregor von Nyssa, "Klassiker der Theologie" I, S. 96 f, aufmerksam gemacht.

[60] Seine Anregungen dazu mögen nicht nur in H.Langerbecks Rezension über das Buch von Völker "Gregor von Nyssa als Mystiker" ("Zur Interpretation Gregors von Nyssa", in: ThLZ 82 (1957), Sp. 86) liegen --, wie er selber gerne zugibt (Die Unendlichkeit, S. 26 f) --, sondern auch und nicht zuletzt in den "Überinterpretationen" von E. Ivánka, vgl. etwa Plato Christianus, S. 176, 182 f.

[61] Vgl. dazu E. Mühlenberg, Die Unendlichkeit, S. 102 ff, 146

[62] Eun. I, 128,4-13 (Lib. I, § 363-364); korrekturbedürftig ist die"lockere" Übersetzung E. Mühlenbergs ad loc., Die Unendlichkeit, S. 107 (beachte besonders wie der Autor seiner Grundtendenz gemäß den Ausdruck γεγονότα (§ 364) als "Geschaffene" (!) wiedergibt). Zur stoischen Herkunft und und Bedeutung des Terminus καταληπτική φαντασία siehe F. Forschner, Die stoische Ethik, S. 68 f (dort weitere Literatur). Καταληπτική φαντασία ist wohl ein Wahrnehmungsgebilde, "das das wirkliche Ding bzw. Ereignis mit seinen Eigenschaften im Bewußtsein repräsentiert, und zwar so,daß der Charakter dieser φαντασία ihren adaequaten Repraesentationscharakter zu erkennen gibt" (ebd., S. 69).

[63] Eun. I, 128, 14 ff (Lib. I, § 364)

[64] Eun. II, 199, 4 ff (Lib. III, Tom. 6, § 67-68; die Übersetzung E. Mühlenbergs ad loc. ist unpräzise und korrekturbedürftig (Die Unendlichkeit, S. 146/7).

[65] Siehe dazu E. Mühlenberg, Die Unendlichkeit, S. 103

[66] Der Dialog "de anima et resurrectione" ist nach Ansicht der meisten Forscher um 379, bzw. 380 entstanden. J. Daniélou,"La chronologie des oeuvres de Grégoire de Nysse", in: Studia Patristica 7 (1966), S. 163, setzt den Dialog genau in den Herbst 380. Vorsichtiger ist G. May, "Die Chronologie des Lebens und der Werke des Gregors von Nyssa", in: EeCPh,S.57 : "Zur Datierung des Dialogs *de anima et resurrectione* wage ich nicht mehr zu sagen, als daß er nach dem Tode der Macrina entstanden ist, also frühestens im Jahre 380; aber das ist nur ein terminus post quem, die Schrift kann um mehrere Jahre jünger sein." Die 12 libri der Schrift "Contra Eunomium" setzt man im allgemeinen auf die Jahre 381-384 an.

[67] De an. et resurr. 73 A ἄλλο τι παντάπασιν οὖσαν τῆς αἰσθητικῆς τε καί ὑλικῆς οὐσίας.

[68] Vgl. vor allem de an. et resurr. 57 B τό θεῖον, ὅ, τί ποτε κατά τήν φύσιν ἐστίν. 93 A αὐτή οὖσα ἡ τοῦ καλοῦ φύσις, ὅ τί ποτε καί εἶναι τό καλόν ὁ νοῦς ὑποτίθεται. Ähnlich de vit. Mos VII/ 1,4,6 αὐτό τό θεῖον, ὅ τί ποτε τῇ φύσει νοεῖται.

[69] Vgl. hierzu III 4, o. S. 230 ff, 236-242

[70] Vgl. dazu besonders die Phaidrosstelle 230 a, wo sich Sokrates fragt, ob er vielleicht ein Ungeheuer sei, oder ein milderes und einfacheres Wesen, das sich von Natur aus eines Teiles erfreue, der göttlicher ist.

[71] Vgl. hierzu etwa G. Krüger, Einsicht und Leidenschaft, S. 228

[72] Vgl. vor allem de an. et resurr. 41 B - 44 A (übers. und komm. in III 4, S. 233 f)

[73] Näheres dazu in III 5, S. 283 ff, 299 ff

[74] Repräsentativ dafür ist vor allem E.v. Ivánka, Plato Christianus, S. 174 f. Zu welcher Mißdeutung des Nysseners sein nachhaltiger Versuch führt, speziell diesen sonderbaren Kirchenvater zum Bahnbrecher der "Ontologie des Geschöpflichen" zu erklären, darauf haben wir schon oft verwiesen.

[75] So bezeichnet E. v. Ivánka, Plato Christianus, S. 172, zu Recht die *platonische* Einstellung zum Menschlichen!

[76] Die Differenzierung des methodischen Ansatzes des Nysseners in *Darstellungsweise* und *Forschungsweise*, möge sie auch ihm selbst kaum bewußt gewesen sein, kann sich als sehr nützlich und fruchtbar erweisen, wenn man sich Klarheit über sein eigentliches Anliegen verschaffen und dieses von dem Schein befreien will, den der äußere von kirchenpolitischen Rücksichtsnahmen tief und nachhaltig bedingte Aufbau seiner Gedanken erzeugt. Die Anregung zu dieser Differenzierung verdanken wir dem Aufsatz von M. Theunissen: "Ὁ αἰτῶν λαμβάνει. Der Gebetsglaube Jesu und die Zeitlichkeit des Christseins", in: Jesus. Ort der Erfahrung Gottes, S. 13-68. M. Theunissen wendet diese Differenzierung, welche eigentlich auf einen Vorschlag von K. Marx im Nachwort zur zweiten Auflage des *Kapital* zurückgeht, auf die "dialektische" Methode Kierkegaards in der *Krankheit zum Tode* an (a.a.O., S. 48), ein Werk, dessen Menschenbild erstaunliche Parallelen zu dem Menschenbild des Dialogs "Macrinia" aufweist! Diesen Zusammenhang als solchen zu erörtern und möglichst auf bestimmte Einflüsse einzugehen (hatte etwa Kierkegaard von dem hervorragenden Kenner Gregors, dem *Johannes Climacus*, dessen Name er so gern als eigenes Pseudonym benutzt, nähere Kenntnis gehabt?), kann freilich nicht Aufgabe dieser Arbeit sein. Wir weisen deswegen hier lediglich auf die dialektische Situation menschlicher Existenz in der *Krankheit zum Tode* (=KT) hin, die als das "inter-esse" in den Differenzen von Unendlichkeit und Endlichkeit, Ewigkeit und Zeitlichkeit, Möglichkeit und Notwendigkeit, zur Synthesis entschieden werden muß, wenn ihre eigentliche Wirklichkeit - das Selbst, das Geist (S.V. XI 127 - KT 8) und Freiheit (S.V. XI 142 - KT 25) ist - erreicht werden soll. Wichtig ist es bei der Vorstellung dieses anthropologischen Modells des "Anti-Climacus", des Pseudonyms der *Krankheit zum Tode*, daß das als das zu synthetisierende "Dritte" erwähnte Selbst als "Verhältnis, das sich zu sich selbst verhält" bestimmt wird (S.V. XI 127 f - KT 8 f), und zwar als "Verhältnis", das, indem es sich zu sich selbst verhält, zu der Macht verhält, welche es gesetzt hat (S.V.XI 128 - KT 10; S.V.XI 145 - KT 28). Das Sich-zu-sich-Verhalten ist demnach eins mit dem Gottesverhältnis. Eine analoge Position läßt sich auch aus dem Dialogus des Nysseners herauslesen (bes. de an. et resurr. 101 C - 104 A, interpretiert in III 4 (Exkurs) o. S. 266 f). Analogien zwischen dem Bischof von Nyssa und dem Dänen Søren Kierkegaard könnte man sonst in der negativistischen Erschließung des Selbstwerdens erblicken, der zufolge

die Menschwerdung des Menschen,"erst 'durch eine Opposition' hervorkommt, durch die sprunghafte Verwandlung des Daseins, als das er sich zunächst vorfindet, in das ganz andere Sein des reinen Vollzugs" (M. Theunissen, "Das Menschenbild in der 'Krankheit zum Tode'", in: Materialien zur Philosophie Søren Kierkegaards. Frankfurt/M. 1979, S. 499.Zum negativistischen Verfahren Gregors siehe auch III 4,S.232 f;ebd.(Exkurs),S.265 f; III 5, S.301). Daß das Denken beider über den konkreten Menschen dann ein appellatives Denken ist, das auf eine "Metaphysizierung" des Evangeliums hinausläuft, können wir hier bloß andeuten.

[77] Sehr charakteristisch dafür ist vor allem die Stelle Cant. or. I, VI 29, 19 f.

[78] So zu Recht der "befremdete" E. Mühlenberg, Die Unendlichkeit, S. 163, der u.a. auch zugesteht, daß sein Versuch,die Christologie des Nysseners im Sinne der christlichen Dogmatik zu interpretieren, ihn mittlerweile vor kaum zu klärende Widersprüche stellt (a.a.O., Anm. 4). Siehe dazu auch die interessanten Anmerkungen zu der gregorianischen Auffassung der Menschheit Christi als ein "Konkretum" bei K. Holl, Amphilochius, S. 222-225 und A. Grillmeier, Jesus der Christus im Glauben der Kirche. Bd 1, S. 540 f.

[79] Der formale Charakter dieser von kirchenpolitischen Rücksichtsnahmen bedingten Wendung läßt sich mit der entsprechenden Eigenart der Stellung von φιλανθρωπία in de an. et resurr. 97 C durchaus vergleichen (siehe dazu III 5, S. 287).

[80] Daß in der von Platon begründeten Tradition die sog. "Mysteriensprache" bei Gregor nicht das eigene innere oder äußere Erleben im Sinne der mystischen Verstehensweise beschreibt, sondern metaphorisch Sachverhalten des Denkens Ausdruck verleiht, diese Ansicht hat schon E. Mühlenberg zu Recht vertreten (Die Unendlichkeit, S. 149 mit Hinweis zu weiterer Behandlung dieses Themas auf A.D. Nock,"Hellenistic Mysteries andChristian Sacraments", in: Mnemosyne IV 5 (1952), S. 178-214).Wenn er auch die Fadenscheinigkeit jener weitverbreiteten psychologisch-mystischen Deutung der Theologie des Nysseners, die immer wieder von"ekstatischen Erlebnissen" im Sinne des mittelalterlichen Begriffs der *unio mystica* spricht (prominenteste Interpreten: H. Koch (siehe dazu unsere Kritik, S.364 f), F. Diekamp, H.U. von Balthasar, J.Daniélou, E. v. Ivánka, W. Völker) aufgedeckt hat, bleibt diese seine Erkenntnis doch unscharf und wird nicht genügend berücksichtigt.

[81] Sehr charakteristisch dafür sind vor allem die Stellen Cant. or. I, VI 31, 1 und de an. et resurr. 80 B

[82] Vgl. die Überschrift des Werkes: Περὶ ἀρετῆς ἤτοι εἰς τὸν βίον Μωυσέως.

[83] Cant. or. I, VI 31, 5; vgl. dazu noch besonders de an. et resurr. 93 B: Τὸ δὲ κυρίως ὂν ἡ τοῦ ἀγαθοῦ φύσις ἐστίν ... Wenn auch nicht so explizit wie im Dialog "de anima et resurrectione" taucht die ontologisch gedachte Begründung des Unbegrenztseins des Göttlichen als des "Seienden an sich" auch in dem von uns vorgestellten Textabschnitt der "Vita Moysis" auf: vgl. etwa die Beispiele in S. 115, 17 f oder den Ansatz in S. 117, 15 f.

[84] De vit. Mos. VII/1, 116, 13 f οὐκ ἄρα περίληψίς τις τῆς ἀορίστου φύσεως νομισθήσεται· τὸ δὲ ἀπερίληπτον καταληφθῆναι φύσιν οὐκ ἔχει. Ganz ähnlich ist die Darstellung des Gedankens in Eun. II 34 f; 28 ff (Lib. III, Tom.1, § 103-104); siehe dazu E. Mühlenberg, Die Unendlichkeit, S. 103.

[85] Angedeutet haben dies folgende Forscher: W. Jaeger, Two Rediscovered Works, S. 76, Anm. 2; E.Horn,"L'Amour divin. Note sur le mot 'Eros' dans S. Grégoire de Nysse", in: RAM 6 (1925), S. 388; J.Gaïth, La conception de la liberté chez G.d.N., *passim*.

[86] De vit. Mos. VII/1, 112, 13: οὕτως ... ἡ ψυχὴ τῆς γηΐνης προσπαθείας ἀπολυθεῖσα ἀνωφερής τε καὶ ὀξυπετής γίνεται πρὸς τὴν ἐπὶ τὰ ἄνω κίνησιν ἀπὸ τῶν κάτω πρὸς τὸ ὕψος ἀνιπταμένη.

[87] De vit. Mos. VII/1, 112,7-13

[88] Das sei noch einmal besonders gegen E. Ivánka gesagt (vgl.ders., Hellenistisches und Christliches, S. 55 f; ders., Plato Christianus, S. 169 f).

[89] Da E. Mühlenberg der menschlichen Seele an sich das göttliche Wesen abspricht, ist er nicht imstande, ihr Streben nach dem Göttlichen als ein erotisches zu begreifen. Sein erklärtes Anliegen, "die Begierde in ihrer Unbegrenztheit durch die Unendlichkeit Gottes" zu begründen, läßt ihn daher nur verwundert fragen, "warum gerade ἔρως das eigentliche Agens zu Gott hin sein soll" (Die Unendlichkeit, S. 161, Anm. 3). Um seine These überhaupt vertreten zu können, nimmt er schließlich Zuflucht zu Vermutungen und Behauptungen, welche die tradierte Bedeutung des Eros wiederholt mißachten (so etwa, wenn er meint, daß ἔρως nach platonischer Tradition schlicht "das Erkenntnisstreben" ist (a.a.O.), oder, wenn er - aus der unhaltbaren Vermutung, "daß der ἔρως seine eigene Unersättlichkeit nicht begründen kann" (a.a.O., S. 151) - den Schluß zieht: "Weil der Mensch *denkend* (!) begreifen kann, daß sein Weg zu Gott (!) unendlich ist, zieht ihm die Heftigkeit des Begehrens niemals den Boden unter den Füßen weg und treibt ihn die Grenzenlosigkeit der Sehnsucht nicht zur Verzweiflung" (a.a.O., S. 169 /Hervorhebung vom Verfasser/)).

[90] Vgl. hierzu etwa G. Krüger, Einsicht und Leidenschaft, S. 155 f

[91] Vgl. de vit. Mos. VII/1, 115, 6 f: ὁ τοίνυν τῶν γινωσκομένων τι τὸν θεὸν εἶναι οἰόμενος, ὡς παρατραπεὶς ἀπὸ τοῦ ὄντως ὄντος πρὸς τὸ τῇ καταληπτικῇ φαντασίᾳ νομισθὲν εἶναι, ζωὴν οὐκ ἔχει. τὸ γὰρ ὄντως ὂν ἡ ἀληθής ἐστι ζωή. τοῦτο δὲ εἰς ἐπίγνωσιν ἀνέφικτον. εἰ οὖν ὑπερβαίνει τὴν γνῶσιν ἡ ζωοποιὸς φύσις, τὸ καταλαμβανόμενον πάντως ζωὴ οὐκ ἔστιν. ὃ δὲ μή ἐστι ζωὴ παρεκτικὸν γενέσθαι ζωῆς φύσιν οὐκ ἔχει.

[92] E. Mühlenberg, Die Unendlichkeit, S. 168. Auch hier scheut sich der Autor keiner Mühe,den Text des Nysseners im Sinne seiner These auszulegen, daß der endliche Mensch denkend die Grenzenlosigkeit seines Weges zum "unendlichen Gott" begreifen kann.

[93] Vgl. dazu etwa Hella Theill-Wunder, Die archaische Verborgenheit. Die philosophischen Wurzeln der negativen Theologie, München 1970,*passim*.

[94] Albrecht Dihle, *Entscheidungsfreiheit*, S. 30 (=ders., The Theory of Will in Classical Antiquity, Berkeley/Los Angeles/London, 1982, S.120 f).

[95] Ebd.

[96] So die Vermutung A. Dihles im Anschluß an E. Mühlenberg (a.a.O., S. 31, bzw. 121).

[97] Vgl. etwa de vit.Mos. VII/1, 112, 15: ἀπὸ τῶν κάτω πρὸς τὸ ὕψος ἀν -

ιπταμένη ;113, 15 ἐξαιρεῖται πρὸς ἐλευθερίαν τὸ συγγενὲς καὶ ὁμόφυλον; 113, 25 ἀκορέστου ἔχει τοῦ πλείονος; 114,12 f βούλεται ... κατὰ πρόσωπον ἀπολαῦσαι τοῦ κάλλους; 116, 15 πᾶσα πρὸς τὸ καλὸν ἡ ἐπιθυμία. Man beachte noch die Bezeichnung des Zieles als θεία φωνή (114,15), ὄντως ὄν (115,17), ἡ ἀληθής ζωή, bzw. ἡ ζωοποιὸς φύσις (115, 9-10), καλόν (116, 3 f).

[98] A. Dihle skizziert u.E. treffend die intellektualistisch bestimmte Tradition der griechischen Philosophie, wenn er schreibt: "The unshaken confidence that the human intellect and the order of being strictly correspond to each other remained the main incentive of philosophical research in general, and ethical theory in particular, throughout the history of Greek philosophy. That is why at least the possibility of perfect cognition was never flatly denied, expect by a few sceptics and agnostics. Both the Stoic sage and the Platonic mystic stood for that ultimate possibility and, consequently, for the priority of cognition in relation to any kind of will or intention in the moral life of man" (The Theory of Will in Classical Antiquity, S. 121).

[99] Vgl. vor allem in Eccl.Or. VII, V 400, 20 - 401, 2: ἔγνων ... ὅπερ ζητῆσαι χρή, οὗ ἡ εὕρεσίς ἐστιν αὐτὸ τὸ ἀεὶ ζητεῖν· οὐ γὰρ ἄλλο τι ἐστι τὸ ζητεῖν καὶ ἄλλο τὸ εὑρίσκειν, ἀλλὰ τὸ ἐκ τοῦ ζητῆσαι κέρδος αὐτὸ τὸ ζητῆσαί ἐστι. Eine der allersonderbarsten, aber zugleich tiefsten und schönsten literarischen Parallelen findet diese Ansicht des Nysseners in einem Gedicht des bedeutenden neugriechischen Dichters Konstantin Kavafis (1863-1933), der als führender Literat des alexandrinischen Literaturbetriebes um die Jahrhundertwende sich offenbar von einem Hauch hellenistischer Geistigkeit anwehen ließ:

ITHAKA

Wenn du zur Fahrt aufbrichst nach Ithaka,
So bete, daß ein weiter Weg es werde
Voller Umschwünge, voller Einsichten.
Die Laistrygonen oder die Kyklopen,
Den zornigen Poseidon fürchte nicht.
Dergleichen triffst du nie auf deinem Weg,
Solang' dein Denken hoch bleibt und erlesene
Erregung dir an Geist und Körper rührt.
Den Laistrygonen oder den Kyklopen,
Dem witigen Poseidon wirst du nicht begegnen,
Wenn du sie nicht in deiner Seele schleppst,
Wenn deine Seele sie nicht vor dich stellt.
- -
- -
- -

...

Behalte stetig Ithaka in deinem Geist.
Die Ankunft dort ist deine Vorbestimmung.
Doch haste mit der Reise nimmermehr.
Besser, sie dauere vieler Jahre Lauf,
Und auf der Insel ankerst du als Greis,
An allem reich, was auf dem Wege du erwarbst,
Niemals erwartend, daß dir Reichtum schenke Ithaka.

...

Ithaka schenkte dir die schöne Reise.
Zu ihm allein bist du hinausgefahren.
Verlange andre Gaben nicht von ihm.

Findest du's arm, Ithaka trog dich nicht,
So weise, wie du wurdest, so erfahren,
Erkanntest du nun wohl, was Inseln Ithaka bedeuten.

/Nach der Übertragung von H. v. den Steinen, K. Kavafis, Gedichte. Amsterdam 1962 (Castrum Peregrini 52)/

[100] Vgl. hierzu II 1, S. 88 mit S. 96, Anm. 10

[101] Siehe dazu II 1, S. 93 f; III 6, S. 360 f

[102] Vgl. etwa Cant. or. I, VI 21, 16. Diese "erotische Entzündung" eignet vor allem - wie Gregor bezeichnenderweise andeutet - jenem, der innerlich jugendlich geblieben ist (ebd., 15 τοῦ νεάζοντος ἔτι κατὰ τὸν ἔσω ἄνθρωπον).

[103] De vit. Mos. VII/1, 144, 12 ἡ τολμηρά τε καὶ παριοῦσα τοὺς ὅρους τῆς ἐπιθυμίας αἴτησις.

[104] Vgl. hierzu etwa W. Schulz, Philosophie in der veränderten Welt, S. 408 f.

[105] "Personal" ist die anthropologische Einstellung Gregors insofern, als sie der *Freiheit*, dieser Auszeichnung jeglichen Begriffs von menschlicher Person par excellence, tendenziell eine *konstitutive* Bedeutung einräumt. Zur "personalen Anthropologie" im ganzen, oder genaugenommen, zu *den* "personalen Anthropologien" vgl. etwa M. Theunissen, "Skeptische Betrachtungen über den anthropologischen Personenbegriff", in: Die Frage nach dem Menschen, FS für M. Müller, Freiburg-München 1966, S. 461-490.

[106] "Die Rückkehr der Seele in den ursprünglich-engelgleichen Zustand und damit in die Ordnung der Engel ist ein Grundgedanke Gregors," behauptet charakteristischerweise P. Zemp, Die Grundlagen heilsgeschichtlichen Denkens bei G.v.N., S. 70, Anm. 40. Trotz seiner wichtigen Einblicke in die anthropologische Orientierung des gregorianischen Denkens (a.a.O., bes. S. 136-139; 164 Anm. 116; 168 (§ 3)) legt er damit eine für die Gregorinterpretation typische Auslegungstendenz vor (vgl. dazu unseren Versuch o. III 1 A, S. 115 f, die Angelogie Gregors zu hinterfragen und hinter den Vordergründen seine eigentliche *Sprache* zu entdecken). Ebenso typisch und unhaltbar ist gewiß auch die mystische Deutung des Nysseners, worauf wir schon hingewiesen haben (o.S. 375, Anm. 80).

[107] Vgl. dazu Nietzsche, Die fröhliche Wissenschaft, WW II 126 (124) : " ... daß es nichts Furchtbareres gibt als Unendlichkeit".

[108] Vgl. vor allem de an. et resurr. 156 C ff, interpretiert in III 5, S.299 ff.

[109] Siehe auch I 2, S. 66 f

[110] Vgl. den beliebten Ausdruck Gregors τὴν ἐπιθυμίαν ἐκκαίεσθαι (de vit. Mos. VII/1, 114, 9; 116,20).

[111] R. Guardini, Der Tod des Sokrates, S. 207

[112] Siehe vor allem I 1, S. 32 f; I 2, S. 59 ff

[113] So ausdrücklich Plotin VI 9,3,7 in einem Satz, der sich auf die Unfähigkeit der Seele bezieht, das allein durch das μὴ ὁρίζεσθαι (ebd.,3,6) *gekennzeichnete* Gestaltlose begrifflich zu bestimmen und dadurch zu ergreifen, bzw. begreifen. Genau denselben Satz hätte wohl auch Gregor von der "Haltung" der Seele vor dem ἀ-όριστον sagen können. Zum logischen Zusammenhang von Unbegrenztheit und Gestaltlosigkeit siehe o. S. 338 ff.

[114] Zum "schönen Wagnis" vgl. I 2, S. 61 ff

[115] Vgl. dazu etwa die Abhandlung von Theodor Binder: *"Diesseits und jenseits des Heroismus"*, in: Scheidewege 12 (1982), S. 634-649, der unsere Darstellung manche wesentliche Anregung zu verdanken hat.

[116] Diese αἴτησις bildet übrigens merkwürdigerweise das Leitmotiv des hochgespannten Lebens und Dichtens von Nikos Kazantzakis, dem bekannten neugriechischen Schriftsteller (Iraklion/Kreta 1883 - Freiburg i. Br., 1957). Charakteristisch dafür ist vor allem das Motto, das dieser kühne "unersättliche" Gottsucher seinem autobiographischen Roman *Rechenschaft vor El Greco* (dt. Übersetzung I. Rosenthal-Kamarinea, 2 Bde, Berlin 1964-1967) vorangestellt hat:

DREI SEELEN, DREI GEBETE

A. Ein Bogen in deinen Händen bin ich, Herr; spanne mich, sonst verfalle ich!
B. Spanne mich nicht zu sehr, Herr, sonst zerbreche ich!
C. Spanne mich zu sehr, Herr, wenn ich auch zerbreche!

In erstaunlich vielem scheint der philosophisch geschulte Kazantzakis Momente und Tendenzen, die im gregorianischen Denken des *Aufstiegs* strukturell schon angelegt sind, literarisch zum sinnlich konkreten Vorschein zu bringen. Wir greifen hier nur ein Beispiel von den vielen auf, welche seine große *Odyssee* (33333 Verse; 1938 in Athen erschienen) bietet -,ein Epos, in dem Kazantzakis den homerischen Odysseus zu neuen Abenteuern über die Kontinente treibt. Lauschen wir etwa dem pathetischen Selbstgespräch von "Odysseus = Gott" (Ξ 1033 f), das sich auf den unendlichen *Aufstieg* bezieht!

<u>1035</u>

"Ich bin der Gott, das dunkle Tier, das ewig aufwärts steigt!"
"Ich beuge mich, doch seh ich nicht, im Dunkelen, dein Angesicht! ..."
- -
- -

<u>1048</u>

"Ich habe Angst! Der Weg empor, der dunkele, ist ohne Ende;
ich trete hin, ich gleite aus, ich stolpere im Fleisch und schreie! ..."
- -
- -

<u>1055</u>

"Wir beide halten die Gefahr, das Drohende der Welt, verborgen!
Der hoffnungsbare Trotz ist es, der mir gefällt, das Fleisch veracht ich..."
- -
- -

1125

"Die Seel, ich weiß es, ist der Docht, und du mein GOTT, du bist die Flam-
/me..."

1266

"Doch ich, Grenzkämpfer, will, daß du die Menschenwerke übertriffst,
daß du zu deinem Ursprung kehrst, zum heiligen Dunkel voller Licht*..."

[* vgl. damit die mystische Wendung Gregors λαμπρός γνόφος ("lichtes
Dunkel"): de vit. Mos. VII/1, 87,10)]

Wichtig ist es hier noch anzumerken, was Gustav A. Conradi, dem wir die
Übertragung dieser Verse ins Deutsche verdanken, in der Einleitung zur
deutschen Ausgabe der Odyssee (München 1973) völlig zu Recht schreibt:"Bewegung und Beweglichkeit sind bei Kazantzakis nicht Mittel und Medium,son-
dern das Ziel schlechthin ... Die Grundleidenschaft dieses Epos, so fassen
wir es jetzt genauer, ist die Bewegung um der Bewegung willen, und zwar
die - die Unsicherheit einschließende - Aufwärtsbewegung" (S. VII). Und
etwas weiter heißt es ebd.: "Das Wesentliche aber, das Entscheidende und
Rettende ist für ihn nicht, frei zu sein, sondern für die Freiheit zu kämpfen. Das Wesentliche ist die Bewegung, die Aufwärtsbewegung, der unauf-
hörliche Kampf" (S. VII). Was ist nun das "feurige Zentrum" dieses Werkes,
in dem Leben und Dichten von N. Kazantzakis den höchsten, verdichtesten
Ausdruck gefunden haben? "Ich liebe nicht den Menschen, nein, die *Glut*
lieb ich, die ihn verzehrt." Auch darin, daß er diesen gerade in zahlreichen Varianten immer wiederkehrenden Gedanken Kazantzakis' auswählt, trifft
G.A. Conradi den zentralen Sachverhalt des kazantzakischen Hauptwerkes genau. Kazantzakis liebt wirklich und glaubt an die allmächtige Kraft der
wollenden, wünschenden Seele:

" ----------------- ... Kühn muß man sich dem Gotte nahen!
Je Größeres du flehst und forderst, desto mehr wird er dir geben!"

Für den hier gewagten Vergleich zwischen Kazantzakis und Gregor von Nyssa
wie für die antike Natur des Kazantzakis überhaupt spricht auch und nicht
zuletzt die Inschrift, die er für seinen Grabstein gewählt hat: *"Ich hof-
fe nichts, ich fürchte nichts -, ich bin frei"*. Freiheit war
eben der Angelpunkt der *begeisterten* unendlichen Suche Kazantzakis' gewesen. Auch darin stimmt er u.E. mit Gregor von Nyssa vollkommen überein,
so fest dieser auch auf dem Boden der ontologisch bestimmten griechischen
Philosophie steht.

[117] Vgl. bes. de vit. Mos. VII/I, 118, 3 f : Τοῦτο δή τό πάντων παραδοξό-
τατον, πῶς τό αὐτό καί στάσις ἐστί καί κίνησις ...

[118] Selbst Ladislaus Boros, der Gregor mit den gewöhnlichen theologischen Kli-
schees des Verhältnisses von "Schöpfer" und "Geschöpf" *begegnet*, kann
offenbar an dieser Tatsache nicht so rasch vorbeigehen (L. Boros, Denken
in der Begegnung. Olten-Freiburg i.Br. 1973, S. 102).Siehe auch die ein-
leuchtende Erklärung des gleichwohl mystisch deutenden H. U. v. Balthasar

für das Geschehen, daß bei Gregor das Gesehene immer überstiegen wird: "D'une part en effet, la 'vraie vue' du désir se traduit immédiatement (en tant que 'vue') en une représentation à dépasser, de sorte que chaque commencement engendre un nouveau commencement" (*Présence et Pensée*, S. 71 f). Eine "Schau des Begehrens" also, nicht eine Schau Gottes!

[119] Diese Formulierung ist in bewußter Anlehnung an den Untertitel der Bekenntnisschrift Kazantzakis' *Asketik. Salvatores Dei* gewählt worden (Asketik. Salvatores Dei. Athen 1927; dt. Übers. K.A. Horst. Wien-München 1953).

[120] Unpräzise und irreführend ist u.E. die Übersetzung R. Harders ad loc., Plotins Schriften III a, S. 339. Auch den folgenden Textabschnitt VI 7,35, 34-45 vermag R. Harder nicht immer sinngemäß zu übertragen.

[121] W. Beierwaltes,"Plotins Metaphysik des Lichtes", in: Die Philosophie des Neuplatonismus, S. 110

[122] W. Beierwaltes, a.a.O., S. 109

[123] Charakteristisch dafür ist vor allem die lapidare Wendung Cant. Or. I,VI 32,7 ὅσῳ δαψιλέστερον ἐμφορεῖται (sc. ἡ ψυχή) τοῦ κάλλους, τοσούτῳ σφοδρότερον τοῖς πόθοις ἀκμάζουσα. Vgl. dazu bes. de an. et resurr. 105 BC.

[124] Siehe hierzu III 4 (Exkurs), S. 257 ff, 267 ff

[125] Zur Berechtigung dieser Auffassung vgl. etwa die Analyse des kierkegaardschen Verinnerlichungsansatzes von W. Schulz, in: "Philosophie in der veränderten Welt", S. 276 f. Kierkegaard projiziert die Haltung des unendlich Strebenden auf das seiner Ansicht nach "höchste Humanum", nämlich Sokrates. Er sieht in ihm den Prototyp der "existierenden Subjektivität".

[126] Vgl. hierzu oben S. 321 ff

[127] G.Krüger, Einsicht und Leidenschaft, S. 155 /Sperrung im Original/

[128] Vgl. vor allem de an. et resurr. 96 C (Die Stelle wird übersetzt und interpretiert, oben S. 324 f).

[129] Vgl. hierzu auch M. Theunissen,"'Ο αἰτῶν λαμβάνει. Der Gebetsglaube Jesu und die Zeitlichkeit des Christseins", in: Jesus. Ort der Erfahrung Gottes, S. 31.

[130] K. Holl, Amphilochius, S. 207

[131] A. Dihle glaubt allerdings einen distinkten anthropologischen *Begriff* des Willens erst bei Augustin entdecken zu können (The Theory of Will in Classical Antiquity, S. 122; 230, Anm. 107).

[132] E. Mühlenberg, Die Unendlichkeit, S. 24

[133] Ebd., S. 23 im Hinblick auf H. U. v. Balthasar, J. Daniélou und W. Völker

[134] So der Titel des Aufsatzes von Hugo Koch: "Das mystische Schauen beim Hl. Gregor von Nyssa", in: ThQ 80 (1898), S. 397-420

[135] E. Mühlenberg, a.a.O., S. 147 f (dort lassen sich auch Anmerkungen mit weiterführenden Literaturangaben finden).

[136] H. Koch, a.a.O., S. 419. Den tiefen Unterschied Gregors zu Plotin herauszuarbeiten, haben wir bereits versucht. Was die ganz andere *Geistes*haltung Philons anlangt, begnügen wir uns hier, nur auf III 1 A,S. 121 f, Anm. 26, hinzuweisen.

[137] So etwa wenn er a.a.O., S. 409, den paradoxen, dennoch völlig unmißverständlichen und zentralen Satz de vit. Mos. VII/1, 115,12 f οὕτως οὖν πληροῦται τῷ Μωϋσεῖ τὸ ποθούμενον, δι' ὧν ἀπλήρωτος ἡ ἐπιθυμία μένει (übers., o.S. 349 f) folgendermaßen verzerrt wiedergibt: "Das Verlangen des Moyses wird nicht erfüllt, sofern seine Begierde ungesättigt bleibt." (!)

[138] H. Koch, a.a.O., S. 417

[139] Ebd., S. 419

[140] Vgl. vor allem den Schluß von Dion. Areop. Theol. 1 § 3: καὶ τότε καὶ αὐτῶν ἀπολύεται (sc. ὁ θεῖος Μωυσῆς) τῶν ὁρωμένων καὶ τῶν ὁρώντων, καὶ εἰς τὸν γνόφον τῆς ἀγνωσίας εἰσδύει τὸν ὄντως μυστικόν, καθ' ὃν ἀπομνεῖ πάσας τὰς γνωστικὰς ἀντιλήψεις, καὶ ἐν τῷ πάμπαν ἀναφεῖ καὶ ἀοράτῳ γίγνεται, π ᾶ ς ὢ ν τ ο ῦ π ά ν τ ω ν ἐ π έ κ ε ι ν α, κ α ὶ ο ὐ δ ε ν ὸ ς ο ὔ τ ε ἑ α υ τ ο ῦ ο ὔ τ ε ἑ τ έ ρ ο υ, τῷ παντελῶς δὲ ἀγνώστῳ τῆς πάσης γνώσεως ἀνενεργησίᾳ, κ α τ ὰ τ ὸ κ ρ ε ῖ τ τ ο ν ἑ ν ο ύ μ ε ν ο ς, καὶ τῷ μηδὲν γιγνώσκειν, ὑ π ὲ ρ ν ο ῦ ν γ ι γ ν ώ σ κ ω ν /Sperrung vom Verfasser/.

[141] Das Stichwort "philosophisch-theologische Haltung des A b s c h i e d s" verdanken wir der ausgezeichneten Studie von Wilhelm Weischedel, Der Gott der Philosophen. Grundlegung einer philosophischen Theologie im Zeitalter des Nihilismus. Darmstadt 1983³, Bd II, S. 255-257.

[142] W. Jaeger, Das frühe Christentum und die griechische Bildung. Berlin 1963, S. 62

[143] W. Jaeger, a.a.O., S. 61 f, gibt uns dazu die interessante Information, Gregor habe sich dem philosophischen Intellektualismus besonders häufig gerade bei griechischen Christen entgegengestellt, die sich allzu sehr auf dogmatische Haarspalterei einließen. Er habe "solchen Intellektualismus für besonders tadelnswert gerade bei Christen" gehalten.

[144] Man ist sogar versucht, gerade angesichts des jugendlich heftigen Gemüts des Bischofs von N y s s a. (bzw. Nysa (!): vgl. RE Bd 17,2, Sp. 1662) - zu einem Ort, der nicht mehr mit Sicherheit zu lokalisieren ist - die gedankliche Parallele zu jenem geheimnisvollen Lande Νῦσα zu ziehen, dessen Name laut U. v. Wilamowitz (GdH II 63), sprachlich mit Dionysos (Διόννυσος < Διόσνυσος, Δεόνυσος) zusammenhängt!

[145] W. Jaeger, a.a.O., S. 62

ANHANG

DER ZUSAMMENHANG DES "PHAIDON" MIT KRONOS UND MELANCHOLIE

(Ein offener Versuch ins Psychologische auf dem Hintergrunde des griechischen - insbesondere aristotelischen - Melancholiebegriffs und der spätantiken Astrologie)

Wir schließen unsere Arbeit mit einem Exkurs über den bemerkenswerten Zusammenhang des "Phaidon" mit Kronos und Melancholie ab: Der platonische Dialog "Phaidon" (und folglich auch seine Nachbildungen) steht nicht nur im Zeichen des Apollon oder gar des Dionysos. Er steht auch und nicht zuletzt im Zeichen des Kronos: Wenn auch durch eine jener ziemlich verwegenen typischen Etymologisierungen Platons, so kann wohl der Kronos den Inbegriff des appellativen Inhalts des "Phaidon" ausdrücken. Der Appell zur Reinheit, zum reinen Geist, läßt sich direkt auf Κρόνος = Κορόνους oder καθαρός νοῦς beziehen. Diese Etymologisierung kann man etwa aus den neuplatonischen Phaidonkommentatoren Olympiodoros oder Damaskios herauslesen, die keine Bedenken zeigen, das καθαρόν (od. καθαρός) des Phaid. 67 b$_2$ mit Kronos, "dem reinen Geiste" zu identifizieren.[1] Mag die unmittelbare Quelle dieser Auffassung Proklos sein, die mittelbare - wenn man von den Hymnen der Orphiker absieht - ist gewiß Platon, der im "Kratylos" den Kronos mit der διάνοια vergleicht und seinen Namen aus κόρος und νοῦς ableitet. Daß κόρος dabei schon das Reine und Unvermischte (des νοῦς) bedeutet, läßt Platon zweifelsohne erkennen: κ ό ρ ο ν γάρ σημαίνει οὐ παῖδα, ἀλλά τό κ α θ α ρ ό ν αὐτοῦ καί ἀ κ ή ρ α τ ο ν τοῦ ν ο ῦ (Krat. 396 b$_{6-7}$ /Sperrung im Original/). Plotin nimmt diesen Gedanken auf (V 1,4, 9-10: Κρόνου ... θεοῦ κόρου καί νοῦ ὄντος) und spinnt ihn weiter aus, indem er den Mythos des Kinderfressens (OF frgm. 146) in dem Sinne deutet, daß der νοῦς, bis er die ψυχή (=Zeus) aus sich entläßt, seine Produkte in sich selber verschließe.[2] So wird dem Kronos, vor allem in der uns interessierenden Spätantike, das θεωρητικόν und φιλόσοφον zugeordnet,[3] das die Seele von Äußerlichkeiten ins Innere ruft. Kronos wird allgemein als der Gott der erhabenen Kontemplation und tiefen Vernunft angesehen und besonders mit der "Rückkehr-zu-sich-selbst" nachdrücklich verbunden.[4] Die "Rückkehr-zu-sich-selbst" bildet aber nicht nur für die Spätantike, vor allem die spätantikische Auslegung des "Phaidon", das Kennzeichen par excellence der καθαρτική ζωή, bzw. ἐνέργεια τῆς ψυχῆς.[5] Sie deutet auch auf die Hauptbewegung des "Phaidon" selber hin, der, wie wir gesehen haben, die Selbsterfahrung der in Abhebung und Überbietung sinnlicher Gegebenheit begriffenen Seele zum eigentlichen Thema hat.[6] Kronos als καθαρός νοῦς und als αὐτός πρός ἑαυτόν ἐπιστρέφων darf also als das mythologische Vorbild dieses platonischen Dialogs gelten, zumal noch eine ganze Reihe anderer Motive "Phaidon" mit Kronos zu verbinden scheinen: Kronos, der einstige Herrscher des goldenen Zeitalters, der entthront und geschändet im finsteren Tartaros einsam wohnt, gilt in der Antike als Gott des Todes und der Toten; ihm werden die Motive des *Kerkers* und der *Fesseln* zugeschrieben, die sich eben auf seine Gefangenschaft im Tartarus und seine Fesselung mit Banden zurückführen lassen, wie auch das *"Fernsein von der Heimat"*, das mit seinem flüchtigen Umherirren durch alle Welt zusammenhängt.[7] Daß alle diese Motive uns aus dem Todesdialog Platons bekannt sind, brauchen wir kaum zu erwähnen.

Von großer Relevanz für unsere Arbeit, die auch die "Auferstehung" (genauer: die "Wiederauferstehung") thematisiert, ist dann die mythologische Vorstellung des *Saturnus* als des alten Saatengottes. Die Natur dieses Gottes bewährt sich in der Erdentiefe und suggeriert das Symbol und Beispiel vom Akkerbau. Das "Säen" des Kornes als Akt der Vernichtung und zugleich der Wiederauferstehung läßt sich offenbar mit in die genuine Paradoxie des "Phaidon" selbst einbeziehen, welche dem Denkenden, ja dem Menschen überhaupt, die "Voll-endung" im Sterben, dem scheinbaren Ende gewährt. Besonders bei seiner christlichen Umgestaltung, dem Dialog Gregors von Nyssa "de anima et resurrectione" tritt aber das Symbol des "Säens" - wie schon genau gezeigt worden ist - ausdrücklich hervor.[8] Es ist nicht von ungefähr, daß gerade Gregor den urgriechischen Akt der "Bestattung" und zugleich der Zeugung in seinem Dialog mit Vorliebe benutzt hat. Denn alle seine Weisheit scheint wohl doch der Tiefe hörig zu sein; sie wird gewonnen, wie wir bereits gesehen haben, aus der Versenkung ins Leben des kreatürlichen und natürlichen Seins (des konkreten bedürftigen Anthropos vor allem) und von dem Laut der dogmatisch übernatürlichen Offenbarung dringt nicht vieles zu ihr.[9]

Läßt sich aber die durch das "Säen" des Kornes hindurch sich abzeichnende Dualität auf Saturn in irgendeiner konkreteren Weise beziehen? Wie dem Akt des "Säens" haftet auch der antiken Kronos- und Saturnvorstellung eine immanente Polarität an, die vor allem E. Panofsky und F. Saxl in ihrer schönen Studie über "Dürers Melencolia I" aufgerollt und der Dialektik des griechischen Melancholiebegriffs zugeordnet haben. Der langsamste und höchste der Planeten, der seit der Mitte des vierten Jahrhunderts mit dem Gotte Saturn identifiziert worden ist, galt nämlich auf der einen Seite als der Urheber jeder tiefen Kontemplation, auf der anderen aber als der Urheber der Trägheit, der Trauer und des Stumpfsinns der Seele. In diesem als einen *Sowohl-Als-auch* zu verstehenden dialektischen Zug der Saturnvorstellung hat sich die uralte Polarität des Kronosbegriffs niedergeschlagen, insofern Kronos selbst seit jeher als ein Gott der Extreme erscheint: Auf der einen Seite ist er "der alte weise Gott, der ... als höchste Intelligenz, als ein Προμηθεύς und προμάντιος verehrt wird ..." - auf der anderen aber ist er "... ein durch plumpe List zu übertölpelnder Unheld."[10] Auf diese Dialektik des Saturn gründet sich auch "die tiefste und entscheidendste Entsprechung" zwischen ihm und der *Melancholie*: denn wie der Saturn, so verleiht auch die Melancholie der Seele auf der einen Seite die Trägheit und den Stumpfsinn, auf der anderen aber - unter günstigen Bedingungen, wenn sie nämlich "natürlich" und "wohltemperiert" bleibt - die Befähigung zu außerordentlichen Leistungen: *Die Männer, die als Künstler, Philosophen und Politiker von überragender Bedeutung gewesen seien, die seien sämtlich Melancholiker gewesen,* heißt es bei Aristoteles.[11] Hier wird freilich auf die dialektische "Extremitas" des griechischen Melancholiebegriffs insbesondere angespielt, wie sie sich aus der aristotelischen Einsicht in die seelische Polarität und Gefährdung der melancholischen Gemütsanlage ergibt. Im berühmten Problema XXX,1 des Aristoteles tritt bekanntlich der alten Auffassung der Melancholie als μελαγχολία διά νόσον eine μελαγχολία διά φύσιν gegenüber, die zwar mit jener immer noch insofern zusammenhängt, als es eben ein und derselbe "humor melancholicus" ist, der bei dauernd anomaler Menge oder Beschaffenheit die natürlich-temperamentliche und die unnatürlich-krankhafte Melancholie erzeugt, die aber keineswegs ein bloßes Übel darstellt, vielmehr diejenige Veranlagung bedeutet, die, unter günstigen Bedingungen, d.h. wenn sie ihre Ungleichmäßigkeit, bzw. "Anomalie" "wohltemperiert" hält (955 a_3 εὔκρατον εἶναι τήν ἀνωμαλίαν), den menschlichen Geist zu seinen größten Leistungen befähigt. Daß auch diese natürliche und in jeder Beziehung "wohltemperierte" Melancholie der Hochbegabten jeden Augenblick - "wenn sie sich nicht in acht nehmen" (954 b_{29} ἂν ἀμελῶσιν), heißt es bei Aristoteles - in Gefahr ist, ins "Krankhafte", in einen, wie wir heute sagen würden, entweder "depressiven" oder "manischen" Zustand umzuschlagen, deckt gerade ihre wesentliche Labilität auf: eine Eigenschaft, die ihr stets den Charakter eines bloßen Grenzzustandes gibt.[12] Das ist die "Extremitas" eben, die jene tiefe Entsprechung zwischen der Melancholie und dem Saturn, diesem Dämon der Gegensätze, begründet.

Es erhebt sich nun die Frage (wenn es erlaubt ist, von Aristoteles oder gar der Spätantike aus zu Platon zurückzublicken), ob diese besonders ausgeprägte Polarität, die die Vorstellung des Saturns und der Melancholie charakterisiert, nicht auch vom gleichsam "saturnischen" Dialog Platons par excellence, dem "Phaidon" und seinem Postulat erzeugt wird, jedenfalls erzeugt werden kann. Abgesehen von der Tatsache, daß die für die Folgezeit von unabsehbarer Bedeutung gewordene aristotelische These vom Zusammenhang zwischen Genialität und Melancholie praktisch den platonischen Gedanken, daß die μανία den Urquell aller großen geistigen Leistungen bedeute,[13] und daß daher die tiefsten Denker im gemeinen Leben wie die Narren wirkten, vom Metaphysischen ins Psychophysiologische hinüberspielt,[14] an den höchsten und dem täglichen Leben fernstehenden Planeten Saturn erinnert vor allem die im "Phaidon" mit Nachdruck artikulierte Aufforderung zu "sterben", sich nämlich - "an-und-für-sich" die Seele, ohne den Leib und ohne den (bzw. die) Anderen - der reinen höchsten θεωρία ganz hinzugeben. Zeigt sich in dieser unheimlichen Aufforderung zu kompromißloser Katharsis und zu kompromißlosem Weltverzicht, ja zu "Entleiblichung" und Vereinsamung, nicht derselbe Ianuskopf, der den Saturn kennzeichnet?[15] Kann der Appell zur ἀπάθεια und Befreiung vom Kerker des Leibes und der Erde (vgl. bes. Phaid. 114 b$_6$f), das Oben des "Sterbens", nicht leicht in die leere Welt der bedrohlichen Seite der Melancholie stranden? Man sieht wohl im "Phaidon" besonders deutlich, daß selbst die Dinge nicht einfach Dinge-an-sich sind, sondern sie einen "Willen", ein Streben in sich haben, an der Seinsfülle des übersinnlichen Vorbildes, d.h. der Idee, teilzunehmen (vgl. Phaid. 100 c - 101 c). Jeder Versuch eines genuin gegenständlichen Aufbaus der Welt wird somit - wenn man allerdings einen Augenblick von der Lehre Platons absieht - offenkundig sinnlos. Die Affekte und die Sinne verlieren von selbst ihren apriorischen Gegenstand, insofern sie, wie wage sie immer der Selbstwahrnehmung scheinen mögen -, als motorisches Gebaren einem gegenständlichen Aufbau der (sinnlich-wahrnehmbaren) Welt erwidern.[16] Wenn letztere im Rahmen des platonischen ontologischen Vorrangs des Übersinnlichen entleert wird, erscheinen sie als völlig obsolet und sind es natürlich auch. "Sie verwirren und schrecken uns, so daß wir das Wahre zu schauen nicht vermögen," wie der "Phaidon" gerade (66 d$_6$ f in bezug auf den gesamten Leib) uns lehrt. Weil das Wahre eben, das Was-sein (τὸ τί ἐστιν) eines Dinges (das, was einen Tisch etwa zum Tisch macht, das Tisch-sein), sich nicht mit dem sinnlichen Auge des Leibes ersehen läßt, sondern nur mit dem der Seele, des Geistes, wird eindringlich appelliert, sich *auch* dem eigenen Leibe soviel wie möglich zu *entfremden*, Sinne und Affekte rückhaltlos zu verleugnen, zu "sterben". Daß das über den ganzen Dialog "Phaidon" als Postulat stehende Mysterienwort κάθαρσις, die Ertötung insbesondere der sich im Leibe erhebenden Affekte, die es impliziert, die Distanz von der Umwelt tatsächlich bis hin zur ausdrücklichen Entfremdung vom eigenen Körper zu führen vermag, zeigt beispielhaft der unbefangene Kommentar des Olympiodoros ad Phaid. 66 c$_{7-8}$: ῥητέον οὖν ὅτι οὐ διαιρετέον, ὡς οἱ πολλοί, τὸν ἄνθρωπον εἰς ψυχὴν καὶ τὸ σῶμα καὶ τὰ ἐκτός, οἷον ἐγὼ καὶ τὸ ἐμὸν καὶ τὰ τοῦ ἐμοῦ, ἀλλ' εἰς ψυχὴν καὶ τὰ ἐκτός, καὶ τὸ σῶμα γὰρ τῶν ἐκτός ὡς πρὸς τὴν ψυχήν (6 § 8. 9-12, Westerink, S.101).

Hat aber dann das dionysische Wagnis über alle Schranken hinweg "leichter und leichter zu werden" überhaupt noch einen Sinn, wenn der Bezug zu der angeblich beklemmenden Enge des eigenen "schweren" Leibes rein äußerlich geworden ist? Wenn das Leben, so wie es von Platon selbst vorgestellt wird: als die Verbindung von Leib und Seele, so völlig ausgeschaltet wird, daß es an jene Gerätschaften des tätigen Lebens in dem Umkreis des berühmten "Melencolia"-Stichs von Albrecht Dürer erinnert, die - weil *jede* natürliche und schaffende Beziehung zu ihnen fehlt - am Boden ungenutzt, als Gegenstand des reinen Grübelns liegen, als σύμβολα eines nicht mehr zu vergegenwärtigenden Göttlichen? Und ist es von der dionysischen Heftigkeit der Eros-Energie, mit der im "Phaidon" das philosophische Hinübersteigen zur ἀπάθεια und ferner zum Abwesenden-Ursprung behauptet wird, nicht nur noch ein Schritt zu jener charakteristischen Eigenschaft der melancholischen Beschaffenheit, sich stets gleichsam auf einem schmalen Grate zwischen zwei Abgründen bewegend, "b e s o n d e r s   h e f t i g   (σφόδρα)   z u   r e a g i e r e n?" ...[17]

ANMERKUNGEN

[1] Vgl. etwa Dam. I § 119, Westerink, S. 74-75

[2] Plotin V 1, 7, 31-36: πλήρη δὲ ὄντα (τὸν νοῦν) ὧν ἐγέννησε καὶ ὥσπερ καταπιόντα πάλιν τῷ ἐν αὑτῷ ἔχειν μηδὲ ἐκπεσεῖν εἰς ὕλην μηδὲ τραφῆναι παρὰ τῇ 'Ρέᾳ, ὡς τὰ μυστήρια καὶ οἱ μῦθοι οἱ περὶ θεῶν αἰνίττονται Κρόνον μέν, θεὸν σοφώτατον πρὸ τοῦ Διὰ γενέσθαι, ἃ γεννᾷ πάλιν ἐν ἑαυτῷ ἔχειν, ᾗ καὶ πλήρης καὶ νοῦς ἐν κόρῳ. Anders als Platon versteht offensichtlich Plotin den κόρος als Fülle, als Autarkie und Vollkommenheit des νοῦς.

[3] Τὸ δὲ φιλόσοφον τῷ Κρόνῳ, καθόσον ἐστὶ νοερὸν καὶ ἄνεισι μέχρι τῆς πρωτίστης αἰτίας, heißt es etwa im Kommentar des Proklos zu Tim. A 11 E, Diehl I 34.

[4] Man vergleiche etwa wie Olympiodoros den Mythos des Kinderfressens in seinem Kommentar zu "Phaidon" (1 § 5. 3-6, Westerink, S. 45) deutet: διὸ καὶ Κρόνος εἴρηται, οἷον /ὁ/ κορόνους τις ὢν διὰ τὸ ἑαυτὸν ὁρᾶν· διὸ καὶ καταπίνει τὰ οἰκεῖα γεννήματα λέγεται ὡς α ὐ τ ὸ ς π ρ ὸ ς ἑ α υ τ ὸ ν ἐ π ι σ τ ρ έ φ ω ν /Sperrung vom Verfasser/. Diese Kronosvorstellung stammt sicherlich aus Proklos, der den ἀγκυλομήτη (schon bei Hom. Il. 2,205 und Od. 21,415) i.e. den krummsinnigen, verschlagenen Gott eindeutig mit der "Rückkehr-zu-sich-selbst" verbindet (vgl. Proklos, In Rep. Kom. II 74,26-75,12; II 224,11 f (Kroll)).

[5] Vgl. etwa Ol. 4 § 2, Westerink, S. 77 f

[6] Vgl. hierzu I 1, o.S. 29 f, 33 ff

[7] Diese Motive des Kronos tauchen in der astrologischen Hauptquelle des Mittelalters, der großen Einleitung des Abû Ma'šar, die im IX. Jahrhundert verfaßt wurde und ihrerseits von den astrologischen Vorstellungen des Späthellenismus abhängig ist, explizit auf (Abû Ma'šar stützt sich allerdings dabei, was den Saturn anbetrifft, auf die *Saturn*vorstellung der Spätantike, in der neben den Wesenszügen des Kronos auch andere Elemente, vor allem die des eigentlichen *Saturnus* als des uralten lateinischen Flurgottes, zusammenfließen. Aus verständlichen Gründen kann im Rahmen dieses Anhangs zwischen Kronos und Saturn nicht unterschieden werden). Vgl. hierzu E. Panofsky (und) F. Saxl: Dürers "Melencolia I". Eine quellen- und typengeschichtliche Untersuchung. Leipzig, Berlin 1923 (Studien der Bibliothek Warburg 2), S. 5 ff. Unser Anhang ist im ganzen diesem bemerkenswerten Buch besonders verpflichtet.

[8] Vgl. dazu bes. III 5, o. S. 283 ff, 299 f

[9] Man vergleiche dazu etwa III 1 B, S.134 ff; III 4 (Exkurs), S.258 ff; III 5, S. 284 ff; 290 ff ; 301 f; III 6, S. 321 ff; 340 ff; 347 ff .

[10] Panofsky (und) Saxl, Dürers "Melencolia I", S.10. Dualistisch "in bezug auf sein eigenes, gleichsam persönliches Schicksal" sei die Kronosvorstellung auch deshalb, weil Kronos "auf der einen Seite ... der Herrscher des goldenen Zeitalters ... - auf der andern ... der traurige, entthronte und geschändete Gott ..." ist; "auf der einen Seite erzeugt (und verschlingt) er unzählige Kinder - auf der andern Seite ist er zu ewiger Unfruchtbarkeit verdammt" (ebd.).

[11] Arist. Probl. XXX,1 , 953 a 10 f

[12] So zu Recht Panofsky (und) Saxl, Dürers "Melencolia I", S. 16 f und bes. 18

[13] Zu den vier Arten der "rechten" oder guten Maria bei Platon vgl. bes. Phaidr. 244 a - 254 a und 249 d ff

[14] Vgl. Panofsky (und) Sayl, a.a.O., S. 17

[15] Man vergegenwärtige sich abermals, daß auch der Saturn "als der Urheber jeder tiefen Kontemplation, die Seele von Äußerlichkeiten ins Innere ruft, sie immer höher steigen läßt und schließlich mit dem höchsten Wissen und prophetischen Gaben beschenkt" (K. Giehlow, "Dürers Stich Melencolia I und der maximilianische Humanistenkreis", in: Mitteilungen der Gesellschaft für vervielfältigende Kunst 1.c.27 (1904), S. 14 (Nr. 1/2)). Ausdrücklich dem Saturn werden auch in der Renaissance - nach dem Dante-Kommentator Jacopo della Lana etwa,"die äußerst spirituellen, allem Erdenleben abgekehrten religiosi contemplativi"zugeordnet (Panofsky (und) Saxl, Dürers "Melencolia I", S.14).

[16] So zu Recht W. Benjamin, Ursprung des deutschen Trauerspiels, S.120

[17] Panofsky (und) Saxl, Dürers "Melencolia I", S. 18 /Sperrung im Original_/

ABKÜRZUNGS- UND LITERATURVERZEICHNIS

I. ABKÜRZUNGEN

A. *Siglen für Ausgaben, Reihen, Buchtitel, Aufsatzsammlungen, Lexika und Sammelwerke*[1]

BdK Bibliothek der Kirchenväter. Eine Auswahl patristischer Werke in deutscher Übersetzung, hrsg. v. O. Bardenhewer, K. Weyman und J. Zellinger. Bd 56, München 1927 (Enthält u.a.: Den Dialog "de anima et resurrectione", übers. v.K. Weiß)

BGL Bibliothek der griechischen Literatur, hrsg. v. P. Wirth und W. Gessel, Stuttgart 1971 ff

EeCPh Actes du colloque de Chevetogne, erster internationaler Kongreß über Gregor von Nyssa: Écriture et Culture Philosophique dans la Pensée de Grégoire de Nysse, ed. M. Harl, Leiden 1971

GdH Wilamowitz-Möllendorff U.v., Der Glaube der Hellenen, 2 Bde, Berlin 1955^2 (Nachdr. der Ausg. Berlin 1931/32)

GGrR Nilsson M.P., Geschichte der griechischen Religion, München Bd 1, 1967^3 (1941^1), Bd 2, 1961^2 (1950^1)

GRuPh Akten des zweiten internationalen Kongresses über Gregor von Nyssa in Münster: Gregor von Nyssa und die Philosophie, hrsg. v. H. Dörrie, M. Altenburger, V. Schramm, Leiden 1976

Irr. Dodds, E.R., The Greeks and the irrational, Berkeley 1951

JA Moses Mendelssohn, Gesammelte Schriften, Jubiläumsausgabe, Stuttgart 1971 ff (siehe *Literaturverzeichnis*, A. Textausgaben)

K Nietzsche, Groß- und Kleinoktavausgabe des Kröner Verlages, Leipzig

KlP Der kleine Pauly, Stuttgart 1964 ff

MPG J.P. Migne (ed.), Patrologiae cursus completus, Series I: Ecclesia graeca 1-167 (mit lat. Übers.), Paris 1857-1912

---

[1] Für die übrigen Abkürzungen wird auf das nachstehende *Literaturverzeichnis* verwiesen

OF	Orphicorum fragmenta, coll. O. Kern, Berlin 1922
PhB	Philosophische Bibliothek
RAC	Reallexikon für Antike und Christentum, hrsg. v. Th. Klauser, Stuttgart 1941 ff
RE	Realenzyklopädie der klassischen Altertumswissenschaft (Pauly-Wissowa). Neue Bearbeitung 1894 ff
S.V.	Kierkegaard, Samlede Vaerker, Kopenhagen 1901 ff (siehe *Literaturverzeichnis*, A. Textausgaben)
SVF	Stoicorum veterum fragmenta, ed. H.v. Arnim, Leipzig 1903-05
ThWNT	Theologisches Wörterbuch zum Neuen Testament, hrsg. v. G. Kittel, fortges. v. G. Friedrich, Stuttgart 1933
VS	Vorsokratiker: H. Diels-W.Kranz, Fragmente der Vorsokratiker, Berlin 1934-37
WuR	"Wirklichkeit und Reflexion", Festschrift für W. Schulz zum 60. Geburtstag, hrsg. v. H. Fahrenbach, Pfullingen 1973
WW	Nietzsche, Werke in 3 Bdn, Hrsg. K. Schlechta, München 1960^2

B. *Periodika*

AGPh	Archiv für Geschichte der Philosophie
AJP	American Journal of Philology
ARW	Archiv für Religionswissenschaft
Gnomon	Gnomon. Kritische Zeitschrift für die gesamte klassische Altertumswissenschaft
Gymnasium	Zeitschrift für Kultur der Antike und humanistische Bildung
H	Hermes. Zeitschrift für klassische Philologie
HThR	Harvard Theological Review
KS	Kant-Studien
MH	Museum Helveticum
OCP	Orientalia Christiana Periodica
PhR	Philosophische Rundschau
RAM	Revue d' Ascêtique et de Mystique
RevSR	Revue de sciences religieuses
RFN	Rivista di filosofia neoscolastica
RSR	Recherches de science religieuse
RThom	Revue Thomiste
Schol	Scholastik. Vierteljahresschrift für Theologie und Philosophie
SO	Symbolae Osloenses
ThLZ	Theologische Literaturzeitung
ThQ	Theologische Quartalschrift
VC	Vigiliae christianae
ZKG	Zeitschrift für Kirchengeschichte
ZKTh	Zeitschrift für katholische Theologie
ZNTW	Zeitschrift für die Neutestamentliche Wissenschaft

C. *Häufig verwendete Abkürzungen*

a.a.O.	am angegebenen Ort
Abh.	Abhandlung
Anm.	Anmerkung (en)
Art.	Artikel
Aufl.	Auflage (1967^3 = 3. Aufl. 1967)
Ausg.	Ausgabe
Bd (e)	Band (Bände)
bes.	besonders
Bibl.	Bibliothek
bzw.	beziehungsweise
Cod.	Codex (-ices)
ders.	derselbe
d.h.	das heißt
d.i.	das ist
Diss.	Dissertation
dt.	deutsch
ebd.	ebenda
ed.	edidit, edited by
Einl. (eingel.)	Einleitung (eingeleitet)
Ep.	Epistula
erl.	erläutert
etc.	et cetera
f (ff)	folgend (e)
Frgm.	Fragment
FS	Festschrift
ggf.	gegebenenfalls
grch.	griechisch
G.v.N. (G.d.N.)	Gregor von Nyssa (Grégoire de Nysse, Gregorio di Nissa)
hrsg. (Hrsg.)	herausgegeben (Herausgeber)
Hs. (Hss.)	Handschrift (en)
interpr(et).	interpretiert
Kap.	Kapitel

Kom. (kom.)	Kommentar (kommentiert)
Lib.	Liber
Lit.	Literatur
m.a.W.	mit anderen Worten
Nachdr.	Nachdruck
Nachw.	Nachwort
n. Chr.	nach Christus
o.	oben
Or.	Oratio
§	Paragraph
Reg.	Register
Rez.	Rezension
sc.	scilicet
Sch.	Scholion, -lia
S.	Seite
sog.	sogenannt
Sp.	Spalte
Suppl.	Supplement
Tom.	Tomus
u.	unten
u.a.	unter anderem
Übers. (übers.)	Übersetzung (übersetzt)
u. dgl.m.	und dergleichen mehr
u. E.	unseres Erachtens
u.s.w.	und so weiter
v.	von
v.a.	vor allem
v. Chr.	vor Christus
vgl.	vergleiche
Vol.	Volumen
Vortr.	Vortrag (Vorträge)
z.B.	zum Beispiel
zit.	zitiert
z.T.	zum Teil
z.Z.	zur Zeit

II. LITERATURVERZEICHNIS (NEBST ANGABE DER ANGEWANDTEN ABKÜRZUNGEN)

A. *Textausgaben*

Aelianus Claudius, De natura animalium libri XVII, ed. R. Hercher, Leipzig 1864-66, 2 Bde (zit. = Ael. nat.)

Aischylos,Tragoediae, ed. G. Murray, Oxford 1955^2

Albinos, Erhaltene Schriften, ed. C.F. Hermann, Platonausgabe Leipzig 1880, Bd 6, S. 147-151 (Prologos); 152-189 (Didaskalikos)

Alexander von Aphrodisias, De mixtione, I. Bruns, Berlin 1892 (Commentaria in Aristotelem Graeca, Suppl. II,2)

Aristophanes, Comoediae, ed. F.W. Hall et W.M. Geldart, Oxford 1901

Aristoteles, ed. I. Bekker, Berlin 1831

- Ges.-Ausg. in 23 Bdn. London: Heinemann; Cambridge/Mass.: Harvard University Press 1965 ff (Bd 16 Problemata XXII-XXXVIII. Übers. v. W.S. Hett)
- Werke in deutscher Übersetzung, Hrsg. E. Grumach (seit 1970: Hrsg. H. Flashar), Darmstadt 1956 ff
- Index Aristotelicus, comp. H. Bonitz, Berlin 1870

Augustinus, De sermone domini in monte, Corpus Christianorum, series latina 35, 1967 (hrsg. und eingel. v. A. Mutzenbecher)

Basilius, Epistulae, MPG 32, 219-1112

Cicero, Tusculanae disputationes, ed. M. Pohlenz, Stuttgart 1957

- "Gedanken über Tod und Unsterblichkeit" (Somnium Scipionis, Tusculanae disputationes I, Cato Major). Übers., Einl. und Anm. von K. Reich, H.G. Zekl, K. Bringmann, Hamburg 1969 (PhB 273)

Clemens von Alexandreia,Stromata, ed. O. Stählin, Leipzig 1906-9

Cleomedes, De motu circulari corporum caelestium libri II, ed. et Latina interpretatione instr. H. Ziegler, Leipzig 1891

Corpus Hermeticum = Hermes Trismégiste, Coll. Budé, Texte établi par A.D. Nock et traduit par A.J. Festugière. Paris 1945-54

Damaskios (=Ps.-Olympiodoros), In Platonis Phaedonem commentarii, hrsg., übers.und kom. von L.G. Westerink ("The greek commentaries on Plato's Phaedo", vol. II). Amsterdam-Oxford-New York 1977 (zit.= Dam. (unter Angabe von Kapitel, Paragraph und ggf. Zeile))

- Dubitationes et Solutiones de primis principiis in Platonis Parmenidem (=de Principiis), ed. C.A. Ruelle, 2 Bde. Paris 1889 (Nachdruck Paris 1964)

- Vitae Isidori reliquiae, ed. adnotationibusque instr. C. Zintzen. Hildesheim 1967

Diodorus, Bibliotheca Historica, ed. F. Vogel/T.Fischer. Leipzig 1888-1906 5 Bde

Diogenes Laertius, Vitae philosophorum, hrsg. v. H.S. Long, Oxford 1964

- X.Buch: Epikur, aus dem Griechischen übers. v. O. Apelt, hrsg., eingel. und kom. v. K. Reich u.H.G. Zekl, Hamburg 1968(Meiner,PhB 266)

Dionysios Areopagita, De mystica theologia, MPG 3, 997-1064

Eunapios, Vitae Sophistarum, ed. I. Giangrande. Rom 1956

Euripides,Tragoediae, Hrsg. G. Murray, Oxford 1955-1960, 3 Bde

- Hypsipyle, ed. E.W. Bond, London: Oxford University Press 1963

Feuerbach, L., Das Wesen des Christentums, Bd 5 der Suhrkamp Theorie-Werkausgabe: Feuerbach, L. in 6 Bänden, hrsg. von E. Thies, Frankfurt a.M. 1976

Galenos, De placitis Hippocratis et Platonis libri IX, rec.I. Müller, Leipzig 1874

- Corpus medicorum Graecorum, Vol. V: 9,1: Galenos, ed. I. Mewaldt, G. Helmreich, I. Westenberger. Leipzig-Berlin 1914
- Medicorum Graecorum opera, ed. C.G. Kühn, Leipzig 1821-33

Gregor von Nazianz, Epistulae, MPG 37, 21-388

Gregorii Nysseni Opera, ed. cur. W. Jaeger[1]

Bd I: Contra Eunomium Libri I + II, ed. W. Jaeger, Leiden 1960^2 (Berlin 1921^1)
Bd II: Contra Eunomium Librum III, ed. W. Jaeger, Leiden 1960^2 (Eun.)
Bd III,1: Opera dogmatica minora, ed. F. Müller, Leiden 1958
Bd V: In inscriptiones Psalmorum, In sextum Psalmum, ed. J. McDonough, In Ecclesiasten Homiliae, ed. P. Alexander, Leiden 1962.
Bd VI: In Canticum Canticorum, ed. H. Langerbeck, Leiden 1960 (Cant.)
Bd VII,1: De vita Moysis, ed. H. Musurillo, cur. W. Jaeger, H. Langerbeck, Leiden 1964 (De vit. Mos.)

---

[1] Gregorii Nysseni opera,auxilio aliorum vivorum doctorum edenda curavit Wernerus Jaeger + (und H. Langerbeck +),Leiden 1952 ff. Zitiert unter Angabe von Abkürzung, Band, Seite und Zeile (z.B. De vit. Mos. VII/1, 116,17-19)

Bd VIII,1: Opera Ascetica, ed. W. Jaeger, J.P. Cavarnos, V.W. Callahan, Leiden 1952
Bd VIII,2: Epistulae, ed. G. Pasquali, Leiden 1959^2 (1925^1)
- Dialogus de anima et resurrectione qui inscribitur Macrinia,MPG (=Migne, Patrologia Graeca) 46, 11-160 (De an. et resurr.)[1]
- De hominis opificio, MPG 44, 125-256 (De hom. opif.)
- Oratio catechetica magna, MPG 45, 9-105
- De beatitudinibus, MPG 44, 1193-1302(Beat.)
- De infantibus qui praemature abripiuntur, MPG 46,161-192 (De inf.)
- Oratio in diem natalem Domini, MPG 46, 1127-1150 (In diem nat.)

Für die übrigen Schriften Gregors von Nyssa ist ebenfalls auf Migne, Patrologia Graeca 44/46 zu verweisen

Hegel,G.W.F., Vorlesungen über die Geschichte der Philosophie, Bde 18,19 und 20 der Suhrkamp-Theorie-Werkausgabe: Hegel, G.W. F. in 20 Bänden, hrsg. von E. Moldenhauer und K.M. Michel, Frankfurt a.M.,1969-71

Herodotus, Historiae, recens. H. Stein, 2 Bde, Berlin 1869 ff

Hierokles, De providentia; bei Photios, Bibl.cod. 214; 251, ed. R. Henry, Photius, Bd II: Paris 1969; Bd VII : Paris 1974

Homeri opera, hrsg. v. D. Monro und T.W. Allen, Oxford 1902 (Ilias,zit. = Il; Odyssee,zit.= Od.)

Isocrates, Orationes, ed. F. Blass, Leipzig, Bd 1 1879^2, Bd 2 1877^2

Jamblich, De vita Phythagorica, ed. L. Deubner. Leipzig 1937

- Pythagoras. Legende, Lehre, Lebensgestaltung. Grch-dt., hrsg. von M. von Albrecht. Zürich-Stuttgart 1963
- De mysteriis, ed. G. Parthey. Berlin 1857

Kant, Kritik der reinen Vernunft, hrsg. von R. Schmidt, Hamburg 1926 (PhB 37 a) (Kr.d.r.V.)

Kierkegaard, Samlede Vaerker, udgivne af A.B. Drachmann, J.L. Heiberg og H. O. Lange, Koebenhavn 1901 ff(zit. = S.V. (Band-, Seitenzahl))

- Gesammelte Werke, übersetzt von E. Hirsch (und Mitarbeiter), Düsseldorf 1950 ff (1964^2)[2]

---

1 Dazu wurden ferner benutzt: St. Gregorii Nysseni, De anima et resurrectione, ed. J. Krabinger (us), Leipzig 1837 (zit. = Krabinger); Gregor von Nyssa, "Sämtliche Werke", Bd 1 (Dogmatica), S. 210-384: ΠΕΡΙ ΨΥΧΗΣ ΚΑΙ ΑΝΑΣΤΑΣΕΩΣ Ο ΛΟΓΟΣ Ο ΛΕΓΟΜΕΝΟΣ ΤΑ ΜΑΚΡΙΝΙΑ,Väterverlag "Gregorios Palamas", Thessaloniki 1979 (in grch.).
2 Hinter den dänischen Quellennachweisen wird nach der Ausgabe von E. Hirsch mit folgenden Abkürzungen der hauptsächlich benutzten Werke zitiert: "Über den Begriff der Ironie"= BI; "Die Krankheit zum Tode" = KT; "Abschließende unwissenschaftliche Nachschrift", 1. und 2. Bd = UN I,II.

Leibnitz, G.W., Die Theodicee. Neu übers. und mit Einl., Anm. und Reg. versehen v. A. Buchenau, Leipzig 1925 (G.W. Leibniz, Philos. Werke, Hrsg. v. A. Buchenau und E. Cassirer, Bd 4)

Marinos, Vita Prokli, ed. J.F. Boissonade; in dem Appendix der Ausgabe des Diogenes Laertios von Cobert. Paris 1850 (Nachdruck 1929)

Maximos von Tyros, Διαλέξεις, ed. H. Hobein. Leipzig 1910

Mendelssohn Moses, Gesammelte Schriften, Jubiläumsausgabe. In Gemeinschaft mit F. Bamberger, H. Borodianski (Bar-Dayan), S. Rawidowicz, B. Strauss, L. Strauss. Begonnen von I. Elbogen, J. Guttmann, E. Mittwoch. Fortgesetzt von Alexander Altmann. Deutsche Schriften, Bde 1-13. Stuttgart 1971 ff

- Phädon oder über die Unsterblichkeit der Seele, mit e. Nachwort, hrsg. von Dominique Bourel, Hamburg 1979 (PhB 317) (zit. unter Angabe von Seiten- und Zeilenzahl)

Nemesios Emesenus, De natura hominis. Hrsg. C.F. Matthaei, Hildesheim 1967^2 (zit. = de nat. hom.)

Olympiodoros, In Platonis Phaedonem commentaria, hrsg., übers. und kom. v. L.G. Westerink ("The Greek commentaries on Plato's Phaedo", vol. I). Amsterdam-Oxford-New York 1976 (zit. = Ol. (unter Angabe von Kapitel, Paragraph und ggf. Zeile))

Oracula Chaldaika: W. Kroll, De oraculis Chaldaicis. Breslauer Philolog.Abhandlungen VII, 1, 1894 (Nachdruck Hildesheim 1962)

Origenes, De Principiis, hrsg. und eingel. v. H. Görgemanns und H. Karpp. Darmstadt 1976

Philo von Alexandreia, Opera, ed. L. Cohn et P. Wendland, Berlin 1896-1915

- Les Oeuvres de Philon d'Alexandrie, ed. R. Arnaldez, J. Pouilloux et C. Mondésert,Paris 1961 ff(Bd 15: "Quis rerum divinarum heres sit". Introd., trad. et notes par M. Harl, 1966)
- Indices, comp. H. Leisegang, Berlin 1930

Pindarus, Carmina cum fragmentis, ed. B. Snell, Pars I: Leipzig 1964^4 (1971^5); Pars II (ed. H. Maehler): Leipzig 1975^4

Platonis opera, ed. I. Burnet, Oxford 1899-1906

- Lexikon Platonicum, comp. F. Ast, Berlin 1908
- Platon. Lexikon der Namen und Begriffe, verf. von O. Gigon und L. Zimmermann, München-Zürich 1975

Plotini opera, ed. P. Henry et H.R. Schwyzer, Paris-Brüssel, vol. I (1951); vol. II (1959)

- Schriften, übers. von R. Harder, Leipzig 1930-37; neu begonnen mit Text und Anm., Hamburg 1956 ff.

Plutarchus, Moralia, rec. et ed. C. Humbert, M. Pohlenz et alii,Leipzig 1925-1971

Porphyrios, Opuscula, ed. A. Nauck, 2. Auflg. Leipzig 1886 (Nachdruck Hildesheim 1963). Enthält: Φιλόσοφος ἱστορία, Vita Pythagorae, de antro nympharum, de abstinentia, ad Marcellam.

- Πρός Γαῦρον περὶ τοῦ πῶς ἐμψυχοῦται τὰ ἔμβρυα, ed. K. Kalbfleisch (zit. = Klb.). Anhang zu den Abh. Akad. Berlin 1895
- Sententiae ad intelligibilia ducentes, ed. E. Lamberz. Leipzig 1975 (zit. = sent.)
- Vita Plotini, in: Plotini opera Bd I, S. 1-41, ed. P. Henry et H.R. Schwyzer, London-Leiden 1951 (=Editio minor I, Oxford 1964, S. 1-38)
- Κατὰ Χριστιανῶν (Gegen die Christen), 15 Bücher, Zeugnisse, Fragmente, Referate, hrsg. von A. Harnack, Abh. d. Akad. Berlin, 1916; Ergänzung dazu: Sitz. Ber. d. Akad. Berlin 1921, S. 266-84

Proklos, Commentary on the First Alcibiades of Plato, ed. L.G. Westerink. Amsterdam 1954

- In Platonis Cratylum commentaria, ed. G. Pasquali. Leipzig 1908
- The Elemente of Theology (Στοιχείωσις θεολογική), ed. (with Translation, Introduction and Commentary) E.R. Dodds , 2. Aufl. Oxford 1963
- Hymni, ed. E. Vogt. Wiesbaden 1957
- In Platonis Rempublicam commentarii, ed. W. Kroll, 2 Bde. Leipzig 1899, 1901.
- Theologie Platonicienne, ed. H.D. Saffrey et L.G. Westerink, Buch I/II. Paris 1968/1974.
- In Platonis Timaeum commentaria, ed. E. Diehl, 3 Bde. Leipzig 1903, 1904, 1906

Simplicius, Commentarius in Epicteti Enchiridion, ed. J.Schweighaeuser,Leipzig 1800.

- In Aristotelis Physica commentaria, ed. H. Diels, Berlin 1882/95 (Commentaria in Aristotelem Graeca, vol. IX und X)

Stobaeus, J., Anthologium, ed. C. Wachsmuth et O. Hense, Berlin 1884/1912

Synesios, Hymnes. Texte ét. et trad. par C. Lacombrade, Paris 1978 ("Les Belles Lettres". Bd 1 der Ges.-Ausg.)

Tertullianus, De anima. Hrsg. J.H. Waszink, Amsterdam 1947

Themistios, Paraphrase zu Arist. de anima, ed. R. Heinze, Berlin 1899 (Commentaria in Aristotelem Graeca, Vol. V,3)

Tragicorum Graecorum Fragmenta, ed. A. Nauck, Leipzig 1889^2

Xenokrates Fragmenta, ed. R. Heinze, Leipzig, 1898

Xenophontis opera, hrsg. v. E.C. Marchant, Oxford 1901

H.G. Liddell-R.Scott, A Greek-English Lexicon, Oxford 1958^9. G.W.H. Lampe, A Patristic Greek Lexicon, Oxford 1961 ff

B. *Literatur*

(Einige Werke werden ihrer grundsätzlichen Bedeutung wegen hier aufgeführt, auch wenn sie in der voranstehenden Arbeit nicht eigens zitiert werden).

Akylas, A.M.: Ἡ περὶ ἀθανασίας τῆς ψυχῆς δόξα τοῦ Πλάτωνος ἐν συγκρίσει πρὸς τὴν τοῦ Γρηγορίου τοῦ Νύσσης, Ἀθήνησιν 1888 (Diss. Jena)

Albert, K.: Griechische Religion und Platonische Philosophie, Hamburg 1980

- Vom Kult zum Logos. Studien zur Philosophie der Religion. Hamburg 1982

Altaner, B.: Patrologie, Freiburg i.Br.-Basel-Wien 1978[8]

Altheim, F. /und/ R. Stiehl: Porphyrios und Empedokles. Tübingen 1954

Amstutz, J.: ΑΠΛΟΤΗΣ. Eine begriffsgeschichtliche Studie zum jüdisch-christlichen Griechisch, Bonn 1968

Andresen, C.: Logos und Nomos. Die Polemik des Kelsos wider das Christentum, Berlin 1955 (Arbeiten zur Kirchengeschichte 30).

Anrich, G.: Das antike Mysterienwesen in seinem Einfluß auf das Christentum, Göttingen 1894

Apelt, O.: Platon, Phaidon. Übers. und erl., Leipzig 1923 (zit. = Phaidon)

Armstrong, A.H. (Hrsg.): The Cambridge History of later Greek and early medieval philosophy, Cambridge 1970 (S. 447-486: St. Gregory of Nyssa)

- Plotinian and Christian Studies, London 1979

Atti del Colloquio Milano (17-19 Maggio 1979): Arche e Telos. L'anthropologia di Origene e di Gregorio di Nissa. Analisi storico-religioso. Milano 1981

Aufhauser, J.B.: Die Heilslehre des hl. Gregor von Nyssa, München 1910

Balas, D.C.: Μετουσία Θεοῦ. Man's participation in God's perfections according to St. Gregory of Nyssa, Rom 1966 (Studia Anselmiana 55)

- "Eternity and Time in Gregory of Nyssa's Contra Eunomium", in: GRuPH, S. 128-155

Balthasar, H.U. von: Présence et Pensée. Essai sur la philosophie religieuse de Grégoire de Nysse, Paris 1942

- Gregor von Nyssa, Der versiegelte Quell. Auslegung des Hohen Liedes. Einsiedeln 1954²

Barbel, J.: Gregor von Nyssa, Die große katechetische Rede. Übers. und kom., Stuttgart 1971 (Bibliothek d. griechischen Literatur Bd 1)

Bardenhewer, O.: Geschichte der altkirchlichen Literatur. Darmstadt 1962 (=Freiburg i.Br. 1923²)

Barth, H.: Die Seele in der Philosophie Platons, Tübingen 1921

Barth, K.: Die Kirchliche Dogmatik, Bd III/2 ("Die Lehre von der Schöpfung", Zürich 1959²),S. 336 ff ("Über den Gegensatz der Begriffe *Eros* und *Agape*"); Bd IV/2 ("Die Lehre von der Versöhnung", Zürich 1955), S. 831-853: "Das Problem der christlichen Liebe".

Bayer, J.: Gregors von Nyssa Gottesbegriff, Diss. Gießen 1935

Beckman, J.: The Religious Dimension of Sokrates' Thought (Studies in religion/sciences religieuses, supplements 7). Waterloo/Ontario: Laurier Univ. Pr. 1979

Bedu-Addo, J.T.:"The role of the hypothetical method in the Phaedo", in: Phronesis 24 (1979), S. 111-132

Beierwaltes, W.: Plotin. Über Ewigkeit und Zeit (Enneade III 7). Übers., eingel. und kom. von Werner Beierwaltes, Frankfurt a.M. 1967

- Proklos. Grundzüge seiner Metaphysik, Frankfurt a.M. 1965; 1979² (Philosophische Abhandlungen, Bd 24)
- Platonismus und Idealismus, Frankfurt a.M. 1972 (Philosophische Abhandlungen,Bd 40)
- "Plotins Metaphysik des Lichtes", in: Die Philosophie des Neuplatonismus, S. 75-117 (=Zeitschrift für philosophische Forschung 15 (1961), S. 334-362)

Benjamin, W.: Ursprung des deutschen Trauerspiels, Frankfurt a.M. 1978

Berdjajew, N.:Das Ich und die Welt der Objekte, Darmstadt 1951

Bergades, J.C.: De universo et de anima hominis doctrina Gregorii Nysseni, Diss. Leipzig (in grch.), Thessalonicae 1876

Berlinger, R.: Augustins dialogische Metaphysik, Frankfurt a.M. 1962

Binder, T.:"Diesseits und Jenseits des Heroismus", in: Scheidewege 12 (1982), S. 634-649

Bluck, R.S.: Plato's Phaedo. A Translation with Introduction, Notes and Appendices, London 1955

Böhringer, F.: Die Kirche Christi und ihre Zeugen oder die Kirchengeschichte in Biographien. Bd 8², Stuttgart 1876,2: Gregorius von Nyssa,S. 1-184 (1842¹ ff, Zürich, 9 Bde)

Boros, L.: Denken in der Begegnung. Olten/Freiburg i.Br. 1973

Bouchet, J.R.:"Le vocabulaire de l'union et du rapport des natures chez saint Grégoire de Nysse",in: Revue Thomiste 68 (1968),S. 533-582

Bournakas, A. Das Problem der Materie in der Schöpfungslehre von Gregor von Nyssa, Diss. Freiburg i. Br. 1972

Brentano, F.: Die Psychologie des Aristoteles, insbesondere seine Lehre vom ΝΟΥΣ ΠΟΙΗΤΙΚΟΣ, Darmstadt 1967 (unveränd. reprogr. Nachdruck Mainz 1867)

Bröcker, W.: Platos Gespräche, Frankfurt a.M. 1967^2

- Aristoteles, Frankfurt a.M. 1957^2

Bultmann, R.: Das Urchristentum, Zürich/München 1976^4 (1949^1)

Burckhardt, J.: Griechische Kulturgeschichte, Stuttgart/Basel 1930-1931^2 (Berlin/Stuttgart 1898-1902^1),4 Bde

Burdach, K.: Faust und die Sorge. Deutsche Vierteljahresschrift für Literaturwissenschaft und Geistesgeschichte 1 (1923), S. 1 ff

Burkert, W.: Weisheit und Wissenschaft. Studien zu Pythagoras, Philolaos und Platon, Nürnberg 1962 (=Erlanger Beitr. zu Sprach- und Kunstwiss. 10)

- Griechische Religion, Stuttgart 1977

Campenhausen, H.F. von: Griechische Kirchenväter, Stuttgart 1977^5 (1955^1)

Capelle, W.: Die Vorsokratiker. Die Fragmente und Quellenberichte, übers. und eingel.,Stuttgart 1968

Capuder, A.: "Note complémentaire 'au dernier mot de Socrate'", in: Živa Antika 19 (1969), S. 21-23

Carafides, J.L.: "The last words of Socrates", in: Platon 23(1971),S. 229-232

Carlini, A.: Studi sulla tradizione antica e medievale del Fedone, Roma 1972 (Bibl. Athena X).

Cavarnos, J.P.:"The Relation of Body and Soul in the Thought of Gregory of Nyssa", in: GRuPH, S. 61-78

Cherniss, H.F.: The Platonism of Gregory of Nyssa, New York 1971^2 (=University of California Publications in Classical Philology, vol. XI (1930-33), S. 1-92, Berkeley 1934; zit. = The Platonism).

Classen, C.J.: Sprachliche Deutung als Triebkraft platonischen und sokratischen Philosophierens, München 1959 (Zetemata 22)

Colpe, C.: Art. "Gnosis II" (Gnostizismus), Reallexikon für Antike und Christentum (RAC) 11 (1981), Sp. 537-659

Courcelle, P.:"Grégoire de Nysse lecteur de Porphyre", in: Revue des études Grecques 80 (1967), S. 402-406

Crouzel, H.:"Grégoire de Nysse, est-il le fondateur de la théologie mystique? Une controverse récente", in: Revue d'Ascétique et de Mystique (RAM) 33 (1957), S. 189-202

Daniélou, J.:"L'apocatastase chez S. Grégoire de Nysse", in: Recherches de science religieuse (RSR) 30 (1940), S. 328-347

- Platonisme et Théologie Mystique. Essai sur la doctrine spirituelle de S. Grégoire de Nysse, Paris 1954² (zit.= Platonisme)
- "Ἀκολουθία chez Grégoire de Nysse", in: Revue des sciences religieuses (RevSR) 27 (1953), S. 219-249
- "La résurrection des corps chez Grégoire de Nysse",in: Vigiliae Christianae 7 (1953), S. 154-170
- "La colombe dans la Mystique byzantine", in: Eranos-Jahrbuch 23 (1954), S. 389-418
- Grégoire de Nysse: La vie de Moise. Introduction et traduction. Sources chrétiennes 1 (1955²)
- "La chronologie des oeuvres de Grégoire de Nysse",in: Studia Patristica 7 (1966), S. 159-169
- "Grégoire de Nysse et le Néo-Platonisme de l'école d'Athènes", in: Revue des études Grecques 80 (1967), S. 395-401

Diekamp, F.: Die Gotteslehre Gregors von Nyssa, Münster 1896

Diels, H.: Der antike Pessimismus, Berlin 1921

Dieterich, A.: Nekyia. Beiträge zur Erklärung der neuentdeckten Petrusapokalypse, Leipzig 1893 (Nachdr. Darmstadt 1969)

Dihle, A.: Die goldene Regel. Eine Einführung in die Geschichte der antiken und frühchristlichen Vulgärethik, Göttingen 1962 (Studienhefte zur Altertumswissenschaft, 7)

- Art. "Ethik", in: Reallexikon für Antike und Christentum, Bd 6, bes. Sp. 683 ff (Fehlen des Willensbegriffs in der antiken Ethik) und 770 ff (Intellektualismus der ethischen Theorie christlicher Theologie im 4. Jahrhundert und ihrer Affektenlehre).
"Das Problem der Entscheidungsfreiheit in frühchristlicher Zeit.Die Überwindung des gnostischen Heilsdeterminismus mit den Mitteln der griechischen Philosophie", in: OIKONOMIA (Quellen und Studien zur Orthodoxen Theologie, hrsg. v. F.v. Lilienfeld), Bd 9: "Gnadenwahl und Entscheidungsfreiheit in der Theologie der Alten Kirche", S. 9-31, Erlangen 1980 (zit. = Entscheidungsfreiheit).
- The Theory of Will in Classical Antiquity, Berkeley-Los Angeles-London 1982
- "Vom sonnenhaften Auge", in: Platonismus und Christentum (FS für H. Dörrie, hrsg. von H.D. Blume und F. Mann), S. 85-91, Münster 1983 (Jahrbuch für Antike und Christentum, Ergänzungsband 10).

Diller, H.: "Ὄψις ἀδήλων τά φαινόμενα", in: Hermes 67 (1932),S.14-42

Dirlmeier, F. (Hrsg.): Platon, Phaidon. Übers. und erl., München 1959 (zit. =Phaidon).

Dodds, E.R.:"The Parmenides of Plato and the Origin of the Neoplatonic 'One'", in: Classical Quarterly 22 (1928),S. 129-142

Döring, K.: Exemplum Socratis. Studien zur Sokratesnachwirkung in der kynisch-stoischen Popularphilosophie der frühen Kaiserzeit und im frühen Christentum, Wiesbaden 1979 (Hermes-Einzelschriften, 42)

Dörrie, H.:"Porphyrios' 'Symmikta Zetemata'",München 1959 (Zetemata: Monographien zur klassischen Altertumswissenschaft, Heft 20; zit.= Symmikta)

- Platonica Minora, München 1976 (Studia et Testimonia antiqua VIII) (zit. = Plat. Min.)
- "GregorsTheologie auf dem Hintergrunde der neuplatonischen Philosophie", in: GRuPH, S. 21-42 (zit.= Gregors Theologie)

Dörries, H.: Griechentum und Christentum bei Gregor von Nyssa. Theologische Literaturzeitung 88 (1963), S. 569-582

Duchesne, J.-Guillemin: "Iranische Kosmogonien": Anhang zu RE Art. "Weltschöpfung" von H. Schwabl, RE Suppl. 9 (1962), 1582-1589

Düring, I.: Aristoteles. Darstellung und Interpretation seines Denkens, Heidelberg 1966

- Aristotle's Protrepticus. An attempt at Reconstruction, Göteborg 1961

Ebeling, H. (Hrsg.): Der Tod in der Moderne, Meisenheim am Glan 1969 (Neue wissenschaftliche Bibliothek; 91: Philosophie)

Eisler, R.: Orphisch-dionysische Mysteriengedanken in der christlichen Antike, Leipzig/Berlin 1925 (Vortr. d. Bibl. Warburg 1922/23)

Eliade, M.: Der Mythos der ewigen Wiederkehr, Düsseldorf 1953

- Schamanismus und archaische Ekstasetechnik, Frankfurt a.M. 1982^3
- Von Zalmoxis zu Dschingis-Khan, Köln-Lövenich 1982 (übers. aus der frz. Originalausgabe "De Zalmoxis à Gengis-Khan", Paris 1979)

Englert, L.: Untersuchungen zu Galens Schrift Thrasyboulos, Leipzig 1929 (Studien zur Geschichte der Medizin 18)

Epp. R.H.:"Some Observations on the Platonic Concept of Katharsis in the Phaedo", in: Kinesis 1 (1969), S. 82-91

Escribano, A.I.: Hören und Schauen. Gregor von Nyssa und die Alexandriner. Habilitationsschrift. München 1964 (ungedrucktes Manuskript).

Esper, M.N.: Allegorie und Analogie bei Gregor von Nyssa, Diss. Bonn 1979

Ferguson, E.:"Progress in Perfection: Gregory of Nyssa's *Vita Moysis*", in: Studia Patristica 14 (1976), S. 307-314

Festugière A.J.: Contemplation et vie contemplative selon Platon, Paris 1950^2
- La révélation d'Hermès Trismégiste. Bd I: L'astrologie et les sciences occultes, 1944; Bd II: Le dieu cosmique, 1949; Bd III:Les doctrines de l'âme, 1953; Bd IV: Le dieu inconnu et la Gnose, 1954

Fink, E.: Vom Wesen des Enthusiasmus, Essen 1947

Flashar, H.:"Die medizinischen Grundlagen der Lehre von der Wirkung der Dichtung in der griechischen Poetik", in: Hermes 84 (1956), S. 12-48)

Forschner, M.: Die stoische Ethik. Über den Zusammenhang von Natur-, Sprach- und Moralphilosophie im altstoischen System. Stuttgart 1981

Frank, E.: Plato und die sog. Pythagoreer. Halle 1923

Friedländer, P.: Platon, Berlin 1964-75^3, 3 Bde

Freud, S.: Das Unbehagen in der Kultur, Wien 1930

Gadamer, H.G.:"Hermeneutik und Historismus", in: Philosophische Rundschau IX (1961), S. 241-276
- Platos dialektische Ethik und andere Studien zur platonischen Philosophie, Hamburg 1968
- "Die Unsterblichkeitsbeweise in Platons 'Phaidon'"(=Die Unsterblichkeitsbeweise), S. 145-161 in: Wirklichkeit und Reflexion (zit. = WuR), FS für W. Schulz zum 60.Geburtstag, Hrsg. H. Fahrenbach, Pfullingen 1973
- Plato. Texte zur Ideenlehre. Hrsg. und übers. von H.G. Gadamer, Frankfurt a.M. 1978

Gaiser, K.: Protreptik und Paränese bei Platon, Stuttgart 1959
- Platons ungeschriebene Lehre, Stuttgart 1963
- (Hrsg.) Das Platonbild. Zehn Beiträge zum Platon-Verständnis, Hildesheim 1969

Gaïth, J.: La conception de la liberté chez Grégoire de Nysse, Paris 1953 (Études de Philosophie Médiévale 43)

Geffcken, J.: Der Ausgang des griechisch-römischen Heidentums, Heidelberg 1920 (Religionswiss. Bibl. 6)

Giehlow, K.:"Dürers Stich 'Melencolia I'und der maximilianische Humanistenkreis", in: Mitteilungen der Gesellschaft für vervielfältigende Kunst 1903/1904

Gigon, O.: Sokrates. Sein Bild in Dichtung und Geschichte, Bern 1947 (1979^2)

- Grundprobleme der antiken Philosophie, Bern 1959
- "Die Erneuerung der Philosophie in der Zeit Ciceros", in: Entretiens von Vandoeuvres" 3 (1955), S. 25-61

Görgemanns, H.: Beiträge zur Interpretation von Platons Nomoi, München 1960 (Zetemata 25)

- Art. "Anfang", in: RAC Suppl. 1 (im Druck)

Goggin, Th.A.: The Times of St. Gregory of Nyssa as reflected in the Letters and the Contra Eunomium. Patristic Studies 79 (Washington 1947).

González, S.: La fórmula μία οὐσία τρεῖς ὑποστάσεις en San Gregorio de Nisa, Rom 1939

- "El realismo platónico de San Gregorio de Nisa", in: Gregorianum 20 (1939), S. 189-206

Gossen, K.T.: Art. "Schwan", in: RE 2 A,1, Sp. 782-792

Graeser, A.: Probleme der platonischen Seelenteilungslehre. Überlegungen zur Frage der Kontinuität im Denken Platons. München 1969 (Zetemata 47)

- Sophistik und Sokratik, Plato und Aristoteles: Die Philosophie der Antike, Bd 2 der "Geschichte der Philosophie", hrsg. v. W. Röd, München 1983

Graf, F.: Eleusis und die orphische Dichtung Athens in vorhellenistischer Zeit, Berlin-New York 1974 (Religionsgeschichtliche Versuche und Vorarbeiten, Bd 33)

Grillmeier, A.: Jesus der Christus im Glauben der Kirche, Bd 1: Von der Apostolischen Zeit bis zum Konzil von Chalcedon (451). Freiburg i. Br. 1979

Gronau, K.: De Basilio, Gregorio Nazianzeno Nyssenoque Platonis imitatoribus, Diss. Göttingen 1908

- Poseidonios und die jüdisch-christliche Genesisexegese, Leipzig 1914 (zit. = Poseidonios)

Guardini, R.: Der Tod des Sokrates. Eine Interpretation der platonischen Schriften Euthyphron, Apologie, Kriton und Phaidon, Berlin 1943

Guthrie, W.K.C.: Orpheus and Greek religion, Cambride 1952^2 (1935^1)

- The Greeks and their Gods, London 1950
- A History of Greek Philosophy, Cambridge 1962 ff
- "Plato's Views on the Nature of the Soul", in: Entretiens von Vandoeuvres" 3 (1955), S. 3-22

Hackforth, R.: Plato's Phaedo. Transl. with an introd. and comm., Cambridge 1955

Hager, F.P.: Die Vernunft und das Problem des Bösen im Rahmen der platonischen Ethik und Metaphysik. Bern/Stuttgart 1963

- "Die Materie und das Böse im Platonismus", in: Die Philosophie des Neuplatonismus, S. 427-474 (=Museum Helveticum 19 (1962), S. 73-103)
- "Plotin", S.137-153 in: Klassiker der Philosophie Bd 1, hrsg. v. D. Höffe, München 1981

Harder, R.: Über Ciceros Sommnium Scipionis, Halle 1929

- Kleine Schriften, München 1960

Harnack, A.: Lehrbuch der Dogmengeschichte, Leipzig 1931^5, 2 Bde

- Die Mission und Ausbreitung des Christentums in den ersten drei Jahrhunderten, Leipzig 1924^4(1902^1)

Hartmann, E.: "Predication and immortality in Plato's Phaedo", in Archiv für Geschichte der Philosophie 54 (1972), S. 215-228

Heidegger, M.: Sein und Zeit, Tübingen 1977^{14} (Halle a.d. Saale 1927^1)

- Platons Lehre von der Wahrheit, Bern 1954^2

Heinze, R.: Xenokrates. Darstellung der Lehre und Sammlung der Fragmente. Leipzig 1898

Hilt, F.: Des hl. Gregors von Nyssa Lehre vom Menschen systematisch dargestellt, Köln 1890

Himmerich, W.: Eudaimonia. Die Lehre des Plotin von der Selbstverwirklichung des Menschen, Würzburg 1969 (Forschungen zur neueren Philosophie und ihrer Geschichte,13)

Hirzel, R.: Der Dialog, Leipzig 1895

- "Der Selbstmord", in: Archiv für Religionswissenschaft 11 (1908), S. 75-104; 243-284; 417-476

Hörner, H.: "Über Genese und derzeitigen Stand der großen Edition der Werke Gregors von Nyssa",in: EeCPh,S. 18-50 (zit.="Die große Edition der Werke Gregors von Nyssa")

Hoffmann, E.: Platonismus und Mystik im Altertum, Sitzungsberichte der Heidelberger Akademie der Wissenschaften. Phil.-hist. Klasse, Jahrg. 1934/35, 2. Abhandlung (Heidelberg)

Holl, K.: Amphilochius von Ikonium in seinem Verhältnis zu den großen Kappadoziern, Tübingen-Leipzig 1904 (zit. = Amphilochius)

Horn, G.:"L'Amour divin. Note sur le mot 'Eros' dans S. Grégoire de Nysse", in: Revue d'Ascétique et de Mystique 6 (1925), S. 378-389

Hübner, R.M.: Die Einheit des Leibes Christi bei Gregor von Nyssa. Untersuchungen zum Ursprung der "physischen" Erlösungslehre. Leiden 1974

Ivánka, E. von:"Die Quelle von Ciceros De natura deorum II, 45-60 (Poseidonios bei Gregor von Nyssa)",in: Archivum philologicum 59 (1935), S. 10-21

- "Vom Platonismus zur Theorie der Mystik (Zur Erkenntnislehre Gregors von Nyssa)",in: Scholastik 11 (1936), S. 163-195
- Hellenistisches und Christliches im frühbyzantinischen Geistesleben, Wien 1948 (zit.= Hellenistisches und Christliches)
- Plato christianus. Übernahme und Umgestaltung des Platonismus durch die Väter, Einsiedeln 1964

Jäger, G.: "Nous" in Platons Dialogen, Göttingen 1967 (Hypomnemata, H.17)

Jaeger, W.: Nemesios von Emesa. Quellenforschungen zum Neuplatonismus und seinen Anfängen bei Poseidonios, Berlin 1915

- Paideia. Die Formung des griechischen Menschen. Berlin 1954-55[3]
- Die Theologie der frühgriechischen Denker, Stuttgart 1953
- Two Rediscovered Works of Ancient Christian Literature: Gregory of Nyssa and Macarius, Leiden 1954 (Two Rediscovered Works).
- Rezension über H. Merki, "'Ομοίωσις θεῷ" , Freiburg/Schw. 1952, in: Gnomon 27 (1955), S. 573-581
- "The Greek Ideas of Immortality", in: Harvard Theological Review 52 (1959), S. 135-147
- "Die asketisch-mystische Theologie des Gregor von Nyssa", in: Humanistische Reden und Vorträge, Berlin 1960, S. 266-285
- "Paideia Christi",im Sammelband: Erziehung und Bildung in der heidnischen und christlichen Antike (zit. ="Erziehung und Bildung", hrsg. v. Horst-Theodor Johann), S. 487-502
- Das frühe Christentum und die griechische Bildung, Berlin 1963
- Gregor von Nyssa's Lehre vom Heiligen Geist, Leiden 1966 (Aus dem Nachlaß hrsg. v. H. Dörries).

Jonas, H.: Gnosis und spätantiker Geist, Bd I: Die mythologische Gnosis, Göttingen 1954[2];Bd II,1:Von der Mythologie zur mystischen Philosophie. 1954

Kahn, Chr. H.:"Religion and Natural Philosophy in Empedokles' Doctrine of the Soul", in: Archiv für Geschichte der Philosophie 42 (1960), S. 3-35

Karpp, H.: Probleme altchristlicher Anthropologie. Biblische Anthropologie und philosophische Psychologie bei den Kirchenvätern des dritten Jahrhunderts. Gütersloh 1950

Kavafis, K.: Gedichte. Eingeleitet und aus dem Neugriechischen übertragen von Helmut von den Steinen. Amsterdam 1962 (Castrum Peregrini 52)

Kazantzakis, N.: Asketik. Salvatores Dei, dt. Übers.K.A. Horst, Wien-München 1953 (1927[1], Athen)

- Odyssee, dt. Übers. G.A. Conradi, München 1973 (1938[1], Athen)
- Rechenschaft vor El. Greco, übers. v. I. Rosenthal-Kamerinea, Berlin 1964-67, 2 Bde (1956[1], Athen)

Kelsen, H. Aufsätze zur Ideologiekritik, hrsg. v. E. Topitsch, Neuwied a.
Rh.-Berlin 1964 (Soziologische Texte 16)

Kerényi, K.: "Unsterblichkeit und Apollonreligion", in: Apollon. Studien
über antike Religion und Humanität (Wien-Amsterdam-Leipzig 1937),
S. 37-58

Kleist, H.v.: "Über das Marionettentheater", in: Heinrich von Kleist, Sämtliche Werke und Briefe, hrsg. v. H. Sembdner, München 1961

Koch, H.:"Das mystische Schauen beim Hl. Gregor von Nyssa",in: Theologische
Quartalschrift 80 (1898), S. 397-420

Kondylis, P.: Die Aufklärung, Stuttgart 1981

Konstantinou, E.G.: Die Tugendlehre Gregors von Nyssa im Verhältnis zu der
Antik-Philosophischen und Jüdisch-Christlichen Tradition, Diss.,
Würzburg 1966

Krämer, H.J.: Arete bei Platon und Aristoteles. Zum Wesen und zur Geschichte der platonischen Ontologie, Heidelberg 1959.

- Der Ursprung der Geistmetaphysik. Untersuchungen zur Geschichte
des Platonismus zwischen Platon und Plotin. Amsterdam 1964

Kremen, A.F.: Platons metaphysische Psychologie, Diss. Köln 1973

Krüger, G.: Einsicht und Leidenschaft, Frankfurt a.M. 1973[4] (1939[1])

Kuhn, H.: Sokrates. Versuch über den Ursprung der Metaphysik. München 1959

- Rezension über Friedländers "Platon I", Berlin 1954[2], in: Gnomon
27 (1955), S. 545-551
- "Die wahre Tragödie",S.231-323, in: Das Platonbild, hrsg. v. K.
Gaiser, Hildesheim, 1969

Langerbeck, H.:"Zur Interpretation Gregors von Nyssa", in: Theologische Literaturzeitung 82 (1957), Sp. 81-90

Leisegang, H.: Art. "Philon von Alexandrien", in: RE 20,1, Sp. 1-50

- Art. "Platon", in: RE 20,1, Sp. 2342-2537 (Sonderdruck Waldsee
1950)
- Die Gnosis, Stuttgart 1955[4]

Lekatsas, P.: Ἡ Ψυχή, Athen 1956

Lemmer, M. (Hrsg.): Vergil Aeneis. Obers. J. Götte, mit 136 Holzschnitten
der 1502 in Straßburg ersch. Ausg., Leipzig/München 1979

Lendle, O.: Gregor von Nyssa. Encomium in Sanctum Stephanum Protomartyrem.
Grch. Text, eingel. und hrsg. mit Appar. Criticus und Obers. v.
O. Lendle, Leiden 1968

Lesky, A.: Geschichte der griechischen Literatur, Bern/München 1963² (1957/58¹)

Leys, R.: L'image de Dieu chez S. Grégoire de Nysse, Bruxelles-Paris 1951 (Museum Lessianum, Section théologique 49)

Lieske, A.: "Die Theologie der Christusmystik Gregors von Nyssa", in: Zeitschrift für katholische Theologie 70 (1948), S. 49-93, 129-168, 315-340

Linforth, I.M.: The arts of Orpheus, Berkeley 1941

Löwith, K.: Weltgeschichte und Heilsgeschehen, Stuttgart 1953

Loofs, F.: Art. "Gregor von Nyssa", in: Realencyklopädie für protestantische Theologie und Kirche, Bd 7, S. 146-153

May, G.: "Die Chronologie des Lebens und der Werke des Gregor von Nyssa", in: EeCPh, S. 51-67

- "Gregor von Nyssa", in: Klassiker der Theologie, Bd I, München 1981, S. 91-103

Meinhardt, H.: Teilhabe bei Platon. Ein Beitrag zum Verständnis platonischen Prinzipiendenkens unter besonderer Berücksichtigung des "Sophistes". Freiburg-München 1968 (Symposion, 26)

Merki, H.: Ὁμοίωσις θεῷ. Von der platonischen Angleichung an Gott zur Gottähnlichkeit bei Gregor von Nyssa, Freiburg/Schw. 1952 (Paradosis Bd 7)

Merlan, Ph.: From Platonism to Neoplatonism, Den Haag 1953 (1960²; 1968³); Dazu Rez. v. H. Dörrie, Philos. Rundschau 3 (1955), S. 14-25

Milobenski, E.: Der Neid in der griechischen Philosophie, Wiesbaden 1964

Moulinier, L.: Le pur et l'impur dans la pensée des Grecs (D'Homère à Aristote), Paris 1952

- Orphée et l'orphisme à l'époque classique, Paris 1955

Mühlenberg, E.: Die Unendlichkeit Gottes bei Gregor von Nyssa. Gregors Kritik am Gottesbegriff der klassischen Metaphysik, Göttingen 1966 (zit. = Die Unendlichkeit).

- "Das Verständnis des Bösen in neuplatonischer und frühchristlicher Sicht", in: Kerygma und Dogma 15 (1969), S. 226-238
- "Synergism in Gregory of Nyssa", in: Zeitschrift für die Neutestamentliche Wissenschaft 68 (1977), S. 93-122

Müller, C.W.: Gleiches zu Gleichem, Wiesbaden 1965

Nestle, W.: Vom Mythos zum Logos, Stuttgart 1940

Nicolai, W.:"Der Mythos vom Sündenfall der Seele", in: Gymnasium 88 (1981), S. 512-524

Norden, E.: Agnostos Theos. Untersuchungen zur Formengeschichte religiöser Rede, Leipzig-Berlin 1913

Nygren, A.: Eros und Agape. Gestaltwandlungen der christlichen Liebe, Gütersloh 1937

Otto, W.F.: Theophania. Der Geist der altgriechischen Religion, Hamburg 1956

- Die Manen oder Von den Urformen des Totenglaubens. Eine Untersuchung zur Religion der Griechen, Römer und Semiten und zum Volksglauben überhaupt. Darmstadt 1981^4 (Berlin 1923^1)

Pannenberg, W.:"Die Aufnahme des philosophischen Gottesbegriffs als dogmatisches Problem der frühchristlichen Theologie", in: Zeitschrift für Kirchengeschichte 70(1959), S. 1-45 (=ders. Grundfragen systematischer Theologie, Göttingen 1967, S. 296-346)

Panofsky, E. /Saxl, F.: Dürers "Melencolia I". Eine quellen- und typengeschichtliche Untersuchung, Leipzig-Berlin 1923 (Studien der Bibliothek Warburg 2)

Pellegrino, M.:"Il Platonismo di San Gregorio Nisseno nel dialogo 'Intorno all' anima e alla risurrezione'",in: Rivista di Filosofia Neo-Scolastica 30 (1938), S. 437-474 (zit. = Il Platonismo)

Pfister, F.: Art. "Katharsis", in: RE, Suppl. VI ,Sp. 146-162

Pohlenz, M.: Aus Platons Werdezeit, Berlin 1913

- Die Stoa. Geschichte einer geistigen Bewegung, Bde I und II (Erläuterungen), Göttingen 1978^5
- Stoa und Stoiker. Die Gründer: Panaitios, Poseidonios. Eingel. und übertr. von M. Pohlenz, Zürich 1950
- "Furcht und Mitleid?", in: Hermes 84 (1956), S. 49-74

Praechter, K.: Kleine Schriften, hrsg. von H.Dörrie, Hildesheim 1973

Prestige, G.L.: God in Patristic Thought, London 1956^2

Quasten, J.: Patrology, Bde I-III, Utrecht-Antwerpen 1950-1960

Reinhardt, K.: Poseidonios, München 1921

- Kosmos und Sympathie, München 1926
- Platons Mythen, Bonn 1927
- Art. "Poseidonios", in: RE 22, 1, Sp. 558-826

Ries, K.: Isokrates und Platon im Ringen um die Philosophie. Diss.München 1959

Rilke, R.M.: Werke in 6 Bänden, ausgw. und hrsg. vom Insel Verlag, Frankfurt a.M. 1960

Rist,J.M.:Eros and Psyche, Toronto 1964

Ritter, A.M.:"Die Gnadenlehre Gregors von Nyssa nach seiner Schrift 'Über das Leben des Mose'", in: GRuPH, S. 195-239 (zit. = Die Gnadenlehre).

Robin, L.: La théorie platonicienne de l'amour, Paris 1908

- "Platos Phédon", in: Plato, Oeuvres complètes (Collection Budé: "Les Belles Lettres"), Tom IV,1. Texte établi par Léon Robin, Paris 1926 (Neue Ausg. Paris 1983, Notice de L. Robin, Texte êt. et trad. par P. Vicaire).

Robinson, T.M.: Plato's Psychology. Toronto 1970 (Phoenix Suppl. 8)

Rohde, E.: Psyche. Seelencult und Unsterblichkeitsglaube der Griechen, 2 Bde in 1 Bd., Darmstadt 1980 (Nachdr$_1$ d. 2. Auflg., Freiburg i. Br., Leipzig und Tübingen 1898) (1894^1)

- Kleine Schriften, Leipzig/Tübingen 1901

Roloff, D.: Gottähnlichkeit, Vergöttlichung und Erhöhung zum seligen Leben. Untersuchungen zur Herkunft der platonischen Angleichung an Gott, Diss. Münster 1967.

Rupp, J.: Gregors, des Bischofs von Nyssa Leben und Meinungen, Leipzig 1834

Salmona, B.:"Ragione e libertà in Gregorio di Nissa", in: Vetera Christanorum 16 (1979), S. 251-258

Schadewaldt, W.:"Furcht und Mitleid", in: H 83 (1955), S. 129-171

Schaefer, J.: Phronesis bei Platon, Bochum 1981

Scheler, M.:"Tod und Fortleben", in: Schriften aus dem Nachlaß, Bd 1, S. 9-52, Bern 1957

- "Das Ressentiment im Aufbau der Moralen",in: Vom Umsturz der Werte Abhandlungen und Aufsätze, bes. S. 70 ff$_4$("Die christliche Moral und das Ressentiment"), Bern 1972^5 (1955^4)

Scherer, G.: Das Problem des Todes in der Philosophie, Darmstadt 1979

Schickel, J. (Hrsg.):"Grenzenbeschreibung".Gespräche mit Philosophen, Hamburg 1980.

Schmidt, H.J.: Nietzsche und Sokrates. Philosophische Untersuchungen zu Nietzsches Sokratesbild, Meisenheim am Glan 1969 (Monographien zur philosophischen Forschung, Bd 59)

Schneider, A.: Der Gedanke der Erkenntnis des Gleichen durch Gleiches in antiker und patristischer Zeit, München 1923

Schoemann, J.B.: "Gregors von Nyssa theologische Anthropologie als Bildtheologie", in: Scholastik 18 (1943), S. 31-53, 175-200 (zit. auch: "Gs. v. N. Anthropologie als Bildtheologie").

Schulz, W.: Philosophie in der veränderten Welt, Pfullingen 1972

- "Zum Problem des Todes", in: Denken im Schatten des Nihilismus, S. 313-333. FS für Weischedel, hrsg. v. A. Schwan, Darmstadt 1975 (= S. 166-183 in: Der Tod in der Moderne, hrsg. v. H. Ebeling, Meisenheim am Glan 1979)

Schwager, R.:"Der wunderbare Tausch. Zur 'physischen' Erlösungslehre Gregors von Nyssa", in: Zeitschrift für katholische Theologie 104 (1982), S. 1-24

Schwyzer, H.-R.: Art. "Plotin", in: RE 21,1, Sp. 471-592

Skard, E.: Nemesios Studien I-V. Sombolae Osloenses XV - XIX und XXII, Oslo 1936-42

Smith, A.: Porphyry's Place in the Neoplatonic Tradition, The Hague 1974

Snell, B.: Die Entdeckung des Geistes. Studien zur Entstehung des europäischen Denkens bei den Griechen. Göttingen 1975[4]

Solmsen, F.: Plato's theology, Ithaca-New York 1942

Spannent, M.: Le stoicisme des Pères de l'Église. De Clément de Rome à Clément d'Alexandrie, Paris 1957 (Patristica Sorbonensia,1)

Stenzel, J.: Platon der Erzieher, Leipzig 1928

- Kleine Schriften zur griechischen Philosophie. Hrsg. B. Stenzel, Darmstadt 1972[4] (1956[1])

Stéphanou, E.:"La Coexistance initiale du corps et de l'âme d'après S. Grégoire de Nysse et S. Maxime l'Homologète", in: Échos d'Orient 31 (1932), S. 304-315

Stewart, D.J.:"Sòcrates' last bath", in: Journal of the History of Philosophy 10 (1972), S. 253-259

Stöckl, A.: Christliche Philosophie in der Patristik, Aalen 1968 (=Mainz 1891)

Strauss, L.: "Einleitung zu M. Mendelssohns 'Phädon'", in: Moses Mendelssohn, Jubiläumsausgabe, Bd 3,1 (Stuttgart 1972), S. XIII-XXXIII

Stritzky, M.B. von: Zum Problem der Erkenntnis bei Gregor von Nyssa, Diss. Münster 1973 (Münsterische Beiträge zur Theologie 37)

- "Beobachtungen zur Verbindung zwischen Gregor von Nyssa und Augustin", Vigiliae Christianae 28 (1974), S. 176-185

Struve, W.: Die neuzeitliche Philosophie als Metaphysik der Subjektivität. Interpretationen zu Kierkegaard und Nietzsche. Freiburg i.Br. 1949 (=Symposion 1 (1949), S. 211-335)

Tarán, L.:"Plato,'Phaedo',62 A", in: American Journal of Philology 87 (1966), S. 326-336

Taubes, J.: Abendländische Eschatologie, Bern 1947 (Beiträge zur Soziologie und Sozialphilosophie Bd 3)

Theiler, W.: Die Vorbereitung des Neuplatonismus, Berlin 1930 (Problemata 1); Zürich-Berlin 1964²

- Forschungen zum Neuplatonismus, Berlin 1966

Theill-Wunder, H.: Die archaische Verborgenheit. Die philosophischen Wurzeln der negativen Theologie, München 1970

Theunissen, M.: Der Begriff Ernst bei Søren Kierkegaard, Freiburg i.Br./München 1958 (Symposion 1)

- Der Andere. Studien zur Sozialontologie der Gegenwart. Berlin 1965, 1977²
- "'Ο αἰὼν λαμβάνει. Der Gebetsglaube Jesu und die Zeitlichkeit des Christseins", S. 13-58, in: Jesus-Ort der Erfahrung Gottes, FS für B. Welte, Freiburg i. Br. 1976
- "Das Menschenbild in der *Krankheit zum Tode*", S.496-510, in: Materialien zur Philosophie Søren Kierkegaards, hrsg. und eingel. v. M. Theunissen und W. Greve, Frankfurt a.M. 1979
- Kritische Theorie der Gesellschaft: zwei Studien, Berlin/New York 1981 (2. Auflage des 1969 in 1. Auflage erschienenen Heftes "Gesellschaft und Geschichte. Zur Kritik der kritischen Theorie", vermehrt um eine Laudatio für J. Habermas)
- "Skeptische Betrachtungen über den anthropologischen Personenbegriff",S. 461-490, in: Die Frage nach dem Menschen. FS für M. Müller, Freiburg-München 1966

Thomas, H.W.: ΕΠΕΚΕΙΝΑ. Untersuchungen über das Überlieferungsgut in den Jenseitsmythen Platons. Diss. München 1938

Tielsch, E.: "Die Wende vom antiken zum christlichen Glaubensbegriff. Eine Untersuchung über die Entstehung, Entwicklung und Ablösung der antiken Glaubensvorstellung und -definition in der Zeit von Anaxagoras bis zu Augustin (500 vor bis 400 nach Chr.)", in: Kant-Studien 64 (1973), S. 159-199

Topitsch, E.: "Die platonisch-aristotelische Seelenlehren in weltanschauungskritischer Beleuchtung", in: Sitzungsberichte der Österreichischen Akademie der Wissenschaften, 233. Bd, 4. Abhandlung, Wien 1959

- "Seelenglaube und Selbstinterpretation", in: Archiv für Philosophie 9 (1959), S. 1-36
- Gottwerdung und Revolution. Beiträge zur Weltanschauungsanalyse und Ideologiekritik. München 1973

Townsley, A.L.:"Parmenides and Gregory of Nyssa: an antecedent of the dialectic of participation in being in the Vita Moysis", in: Salesianum 36 (1974), S. 641-646

Tsouyopoulos, N.: Strafe im frühgriechischen Denken, Freiburg i.Br./München 1966 (Symposion 19)

Überweg, F./K. Prächter: Die Philosophie des Altertums, Berlin 1926^{12}

Verhees, J.: "Die ΕΝΕΡΓΕΙΑΙ des Pneumas als Beweis für seine Transzendenz in der Argumentation des G.v.N.", in: Orientalia Christiana Periodica 45 (1979), S. 5-31

Vogel, C.J. de: "The sōma-sēma formula. Its function in Plato and Plotinus compared to Christian writers", in: Neoplatonism and early christian thought. Essays in honour of A.H. Armstrong (ed. by Blumenthal H.J. and Markus R.A., London 1981), S. 79-95

Völker, W.: Gregor von Nyssa als Mystiker, Wiesbaden 1955

- "Zur Gotteslehre Gregors von Nyssa", in: Vigiliae Christanae 9(1955), S. 103-128

Voigtländer, H.D.: Der Philosoph und die Vielen. Wiesbaden 1980.

Volkmann-Schluck, K.H.: Plotin als Interpret der Ontologie Platos. Frankfurt a. M. 1957^2 (Philosophische Abhandlungen Bd 10)

- "Seele und Idee. Der dritte Unsterblichkeitsbeweis in Platos 'Phaidon'",in: Dialektik und Dynamik der Person, S.253-264. FS für R. Heiss zum 60. Geburtstag, Köln-Berlin 1963

Vollert, W.:"Hat Gregor von Nyssa die paulinische Eschatologie verändert?", in: Theologische Blätter 14 (1935), S. 106-112

Waerden, B.L. van der: Die Pythagoreer, Zürich-München 1979

Waszink,J.H.: Tertullian. Über die Seele, eingel., übers. und erl. v. J.H. Waszink, Zürich-München 1980.

Weber, K.O.: Origenes der Neuplatoniker. Versuch einer Interpretation, München 1962 (Zetemata 27).

Weischedel, W.: Der Gott der Philosophen. Grundlegung einer philosophischen Theologie im Zeitalter des Nihilismus. Darmstadt 1982 (Reprograph. Nachdr. der 1975 in 3. Aufl. erschienenen zweibd. Ausg. (Bd I:1971^1, Bd II: 1972^1)

Weiswurm, A.A.: The Nature of Human Knowledge according to Saint Gregory of Nyssa, Washington 1952 (The Catholic University of America. Philosophical Studies, vol. 136)

Wellmann, E.: Art. "Empedokles", in: RE 5,2, Sp. 2507-2512

Wendland, P.:"Das Gewand der Eitelkeit", Hermes 51 (1916), S. 481-485

West, M.L.: The orphic Poems, Oxford 1983

Whittaker, J.M.: "Neupythagoreismus und negative Theologie", in: Mittelplatonismus, S. 169-186 (=Symbolae Osloenses 44 (1969), S. 109-125).

Wilamowitz-Möllendorff, U.v.: Platon, Berlin 1919-20, 2 Bde (I 1959[5], II 1962[3])

- Die Katharmoi des Empedokles, Berlin 1929

Willms, H.: Εἰκών. Eine begriffsgeschichtliche Untersuchung zum Platonismus. 1. Teil: Philo von Alexandria, Münster 1935

Wilpert, P.: Art. "Begierde", in: Reallexikon für Antike und Christentum, Bd 2, Sp. 62-78

Winden, J.C. M. van:"Das Christentum und die Philosophie", in: Der Mittelplatonismus, S. 397-412

Wippern, J. (Hrsg.): Das Problem der ungeschriebenen Lehre Platons. Beiträge zum Verständnis der platonischen Prinzipienphilosophie, Darmstadt 1972 (Wege der Forschung, Bd 186)

Wlosok, A.: Laktanz und die philosophische Gnosis, Heidelberg 1960

Wolfson, H.A.:"Albinos und Plotin über göttliche Attribute", in: Mittelplatonismus, S.150-168 (=Harvard Theological Review 45 (1952),S. 115-130)

Yeager, K.L.: The nature of the soul in Plato's Phaedo, Diss. Boston 1981

Zeller, E.: Die Philosophie der Griechen in ihrer geschichtlichen Entwicklung, Leipzig, Bd I 1920-22[6]; Bd II,1 1922[5]; Bd II,2 1921[4]; Bd III,1 1923[5]; Bd III,2 1903[4]

Zemp, P.: Die Grundlagen heilsgeschichtlichen Denkens bei Gregor von Nyssa, Diss. München 1970 (Münchner theologische Studien II, 38 Bd)

Ziegler, K.: Art. "Orphische Dichtung", in: RE 18,2, Sp. 1321-1417

Ziegler, L.: Von Platons Staatheit zum christlichen Staat, Olten 1948

Zintzen, C. (Hrsg.): Die Philosophie des Neuplatonismus, Darmstadt 1977 (Wege der Forschung Bd 436)

- Der Mittelplatonismus, Darmstadt 1981 (Wege der Forschung Bd 70)

Zuntz, G.: Persephone. Three essays on religion and thought in Magna Graecia, Oxford 1971

Becker, Jürgen
BEGEGNUNG – GADAMER UND LEVINAS
Der «Hermeneutische Zirkel» und die «Alteritas» ein ethisches Geschehen
Frankfurt/M., Bern, Las Vegas, 1981. 104 S.
Europäische Hochschulschriften: Reihe 20, Philosophie. Bd. 63
ISBN 3-8204-6839-0   br. sFr. 32.–

Ethik ist zu verstehen als ein Prozess zwischen einem Ich und dem anderen. Dies wird im Wesentlichen in der Philosophie, sprich Hermeneutik Gadamers, methodisch angesprochen, in der Erfahrung mit dem anderen bei Levinas ermöglicht. So ist das Erscheinen des anderen, sein Offenbarwerden, Geburt der Ethik. Methode und Erfahrung sind dann *ein* Geschehen, sind lebendige Philosophie.

Dudley, John
GOTT UND Θεωρία BEI ARISTOTELES
Die metaphysische Grundlage der Nikomachischen Ethik
Frankfurt/M., Bern, 1981. 244 S.
Europäische Hochschulschriften: Reihe 20, Philosophie. Bd. 89
ISBN 3-8204-5738-0   br. sFr. 57.–

Das Verhältnis von Ethik und Metaphysik ist seit langem ein wichtiger Gegenstand der Aristotelesinterpretation. Die vorliegende Studie greift diese Frage auf. Es soll anhand gründlicher Erklärungen einschlägiger Texte dargetan werden, wie nach Aristoteles die höchste Tätigkeit und das Glück des Menschen der Tätigkeit Gottes nachgebildet sind. Dabei werden Schlüsselbegriffe wie νοῦς, θεῖος, θεωρία, ἐνέργεια, und πρᾶξις eingehend untersucht.
Aus dem Inhalt: Die Natur Gottes – Die Bedeutung des menschlichen Intellektes – Die Betrachtung Gottes – Die Bedeutung von der menschlichen θεωρία – Gott als Zweckursache des vollkommenen Lebens und Glücks des Menschen – Die Liebe des Menschen zu Gott.

Verlag Peter Lang Bern · Frankfurt a.M. · New York
Auslieferung: Verlag Peter Lang AG, Jupiterstr. 15, CH-3000 Bern 15
Telefon (0041/31) 32 11 22, Telex verl ch 32 420